Talal Abu - Gazaleh

ICT DICTIONARY

معجم طلال أبو غزالة

لتقنية المعلومات والاتصالات

English - عربي

المملكة الاردنية الهاشمية

رقم الايداع لدي دائرة

المكتبة الوطنية

٢٠١٣/٢/٤٠٣

٠٠٤,٠٣

معجـم طلال أبوغزالــه لتقنية المعلومات والاتصالات

شركة طلال أبوغزاله للترجمة والتوزيع والنشر

الطبعة الثانية: ٢٠١٣

عدد الصفحات: ٣٦٤ صفحه

ر.أ: ٢٠١٣/٢/٤٠٣

الواصفات: /الحواسيب // القواميس

❖أعدت دائرة المكتبة الوطنية بيانات الفهرسة والتصنيف الأولية

INTRODUCTION

The world of Information and Communication Technologies is continuously changing and shifting in form and content. The past few months have witnessed the introduction of a large number of concepts, terminologies, technologies, applications and communication protocols that were never thought of few years ago. The role that ICT plays in every human's life has extended exponentially over the past few years. ICT has helped our society to be transformed from an industrial to a knowledge based society where value is measured by non-physical intellectual contribution rather than roads, buildings and businesses compounds. It has become quite customary for universities to offer courses and assessments online, for a client to receive the bank manager's response a short text message and for individuals and enterprises alike to conduct governmental transactions online.

With great pleasure I present the Talal Abu-Ghazaleh ICT Dictionary to add to the valuable series of professional and scientific publications. This dictionary of ICT terminologies in Arabic and English is hoped to be of value for both students and practitioners in the various knowledge and practice fields of the domain. We will also revise the dictionary from time to time to keep abreast of developments in this ever-changing domain. The dictionary also aims to enrich the Arabic Language references by introducing to the Arabic lexicon new translated terminologies that can be used in everyday life to describe technologies, machines .and practices

I have great pride in this new edition as a valuable addition to the series of other TAG-Org's :dictionaries

- Talal Abu-Ghazaleh Accountancy and Business Dictionary
- Talal Abu-Ghazaleh Intellectual Property Dictionary
- Talal Abu Ghazaleh Dictionary of Legal Terms
- Talal Abu Ghazaleh Dictionary of Patent Terms
- Talal Abu-Ghazaleh Collocations Dictionary

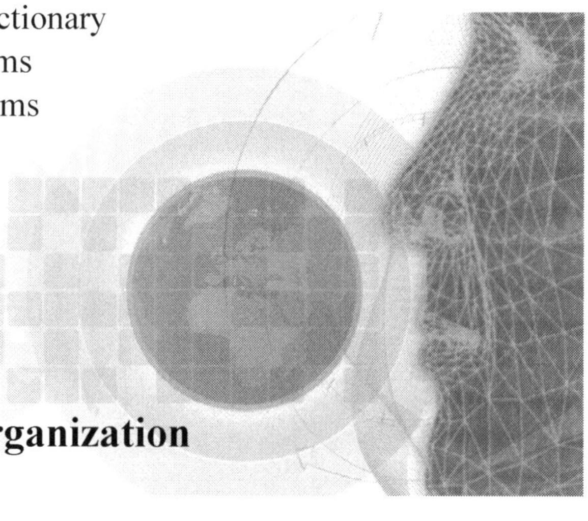

Talal Abu-Ghazaleh
Chairman of Talal Abu-Ghazaleh Organization

مقدمة

عالم تقنيات المعلومات والاتصالات هو عالم آخذ في التغيير والتحول في الشكل والمضمون معاً وبصورة مستمرة. وشهدت الأشهر القليلة الماضية إطلاق عدد كبير من المفاهيم والمصطلحات والتقنيات والتطبيقات وبروتوكولات الاتصال التي لم تكن قابلة للتنفيذ قبل سنوات قليلة. كما أن الدور الذي تمثله تقنيات المعلومات والاتصالات في حياة كل انسان قد تعاظم كثيرا خلال سنوات قليلة. كما أن الدور الذي تمثله تقنيات المعلومات والاتصالات في حياة كل انسان قد تعاظم كثيرا خلال السنوات القليلة الماضية بل ساعدت تقنيات المعلومات والاتصالات في تحويل مجتمعنا من اقتصاد صناعي معتمد على ما هو ملموس الى مجتمع قائم على المعرفة حيث تقاس فيه قيمة المساهمة بابعادها غير المادية وبابعادها غير المادية وباعتماد متناه على المساهمات الفكرية بدلا من المباني والطرقات ومجمعات الاعمال. وها قد أصبح من الممكن طرح البرامج والمواد الجامعية الكترونيا وتقييم الطلبة آنيا والحصول على رد مدير البنكعن طريق رسالة قصيرة أو أداء املعاملات الحكومية عن طريق الحاسوب المحمول أو الهاتف النقال.

إن لمن دواعي سروري أن أقدم معجم طلال أبو غزالة لتنقنيات المعلومات والاتصالت ليكون إضافة قيمة الى إصدارات طلال أبو غزالة المهنية والعلمية. ويؤمل من هذا القاموس الذي يقدم عدداً من المصطلحات التقنية في حقول تقنيات المعلومات والاتصالات باللغتين العربية والإنكليزية أن يكون مفيداً لكل من الطلاب والعاملين في الحقول المعرفية المختلفة في هذا المجال. وبالإضافة الى ذلك فإنني أؤمن بضرورة إعادة نشر طبعات محدَّثة ومنقَّحة لهذا القاموس من حين لآخر نظرا لسرعة وتيرة التغيرات في هذا المجال الحيوي. كما أن هذا القاموس يهدف الى إثراء مراجع اللغة العربية من خلال إضافة مجموعة جديدة من المصطلحات المترجمة يمكن استخدامها في الحياة اليومية لوصف التقنيات والآلات والممارسات.

اعتزازي كبير أن يمثل الإصدار الجديد إضافة تدعيم هامة إلى سلسلة المعاجم الأخرى الصادرة عن المجموعة وهي:

- معجم طلال أبو غزالة للمحاسبة والأعمال.
- معجم طلال أبو غزالة للملكية الفكرية.
- معجم طلال أبو غزالة القانوني.
- معجم طلال أبو غزالة لبراءات الاختراع.
- معجم طلال أبو غزالة للمتلازمات اللفظية.

طلال أبو غزالة

رئيس مجموعة طلال أبو غزالة

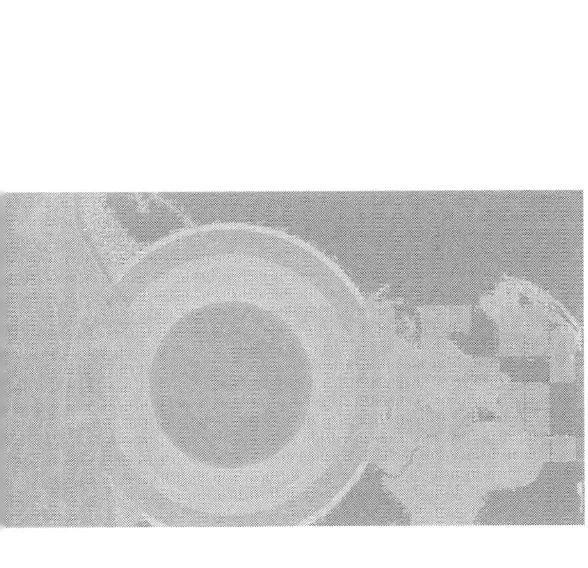

TAG-Org OFFICES

Jordan
(Amman-General Administration)

TAG-Org Building, No. 26, Prince Shaker bin Zaid Street, Shmeisani, Amman
P.O. Box: 921100, Amman 11192, Hashemite Kingdom of Jordan
Telephone: (+ 962-6) 5100 900
Fax: (+ 962-6) 5100 901
Email: tagi@tagi.com

Amman - AGIP
General Administration Building, No. 26, Prince Shaker bin Zaid Street, Shmeisani, Amman
P.O. Box: 921100, Amman 11192, Hashemite Kingdom of Jordan
Telephone: (+ 962-6) 5100 900
Fax: (+ 962-6) 5603 941
Email: jordan@agip.com

Amman - Jordan Office
Talal Abu-Ghazaleh Knowledge Society Building- Jordan Office, No. 19 Mecca Street-Um Uthinah
P.O. Box: 3966, Amman 11953 Jordan
Telephone: (+ 962-6) 5100 600
Fax: (+ 962-6) 5100 601
Email: tagco.amman@tagi.com

Talal Abu-Ghazaleh Graduate School of Business (TAGSB)
Graduate Admissions, Mecca Street
P.O. Box: 921951, Amman 11192, Jordan
Telephone: (+ 962-6) 5509222
Fax: (+ 962-6) 5509102
Email: info@tagsb.edu.jo

Talal Abu-Ghazaleh University (TAGIUNI)
Regional office: Bldg. No. 45, Abdel Rahim Al-Waked Street, Shmeisani
P.O.Box: 921100, Amman 11192 Jordan
www.tagiuni.com

AFAGHNISTAN

Kabul
House No. 108, Near Flower Street and Herati Mosque, Sher-n-Naw, Kabul, Afghanistan.
P.O. Box 13004, Qalai-e-Fathullah, Kabul, Afghanistan
Telephone: 0093-7526 00515/ 7794 64384
Fax: 001-514-9339 023 *(through Canada)*
Email: afganistan@tagi.com
Email: afghanistan@agip.com

ALGERIA

Algeria
CENTER COMMERCIAL ET D'AFFAIRES EL QODS, Bureau No. 09-22 (Boite Postale: 143), Cheraga, Algeria
P.O. Box: 148, Algiers 16004
Telephone: (+ 213-21) 341419
Fax: (+ 213-21) 341423
Email: algeria@agip.com

BAHRAIN

Manama
T.J. Tower – wings 91 and 92 Building 683, Road 2811, Block 428 Seef District
Manama - Kingdom of Bahrain
P.O. Box: 990 Manama, Kingdom of Bahrain.
Telephone: (+973) 17550003
Fax: (+973) 17550049
Email: tagco.bahrain@tagi.com
Email: bahrain@agip.com

Talal Abu-Ghazaleh University College of Business (TAGUCB)
TAG-Org Building # 1002 Road # 5121
Suwayfiyah # 351, Manama
P.O. Box: 990 Manama, Kingdom of Bahrain
Telephone: (+973) 173 83000
Fax: (+973) 17383001

CHINA

Shanghai
413, Tongsheng Tower, No. 458 Pudong Fushan Rd,
Shanghai, China, 200122
Telephone: (+86-21) 5878 6281
Fax: (+86-21) 5878 2853
Email: china@agip.com

Beijing
Office 30, 5/F, China Life Tower, 16 Chaowai Street, Chaoyang, District, Beijing, China 100020
Email: china@agip.com

Hong Kong
SUITE 3304, 33/F, Office Tower Convention Plaza, 1Harbour Rd Wanchai, Hong Kong
Email: china@agip.com

CYPRUS

Nicosia
24 Gregoriou Xenopoulou Street, Kyza Court, Office 302, 1061 Nicosia, Cyprus.
P.O.Box: 16270, 2087 Nicosia, Cyprus.
Telephone: (+ 357) 22 518 610
Fax: (+ 357) 22 518 680
Email: cyprus@agip.com

EGYPT

Cairo
51 El Hegaz Street, 10th Floor, Mohandseen, Cairo, Egypt
P.O. Box: 96 Imbabah, Cairo 12411, Egypt
Tel: (+ 202) 33002200
Fax: (+ 202) 33045256
Email: tagco.cairo@tagi.com
Email: egypt@agip.com

6 October
TAG-Org Building, A26 Smart Village
Telephone: (+202) 35352900
Fax: (+202) 35370433
P.O. Box: 150 Smart Village 12577, 6 October, Egypt
Email: tagco.cairo@tagi.com
Email: egypt@agip.com

INDIA

New Delhi
AGIP TMP Agents India Pvt, Ltd.
HL Arcade, 3rd Floor, Plot No. 14, Sector – V (MLU) Market, Dwarka
New Delhi 110075, India
Telephone: (+ 91-11) 4512 2000
Fax: (+ 91-11) 4512 2099
Email: india@agip.com

IRAQ

Baghdad
Mahala 712, Zukak 25, Building 11/2
Al-Muthana District, Zayona, Baghdad, Iraq
P.O. Box: 28361 Al-Dawoodi, Postal Code 12631, Baghdad, Iraq
Telephone: (+964) 7902 153509
Mobile: (+964) 770269 6631
Fax: (+962-6) 5100901
Email: tagco.iraq@tagi.com
Email: iraq@agip.com

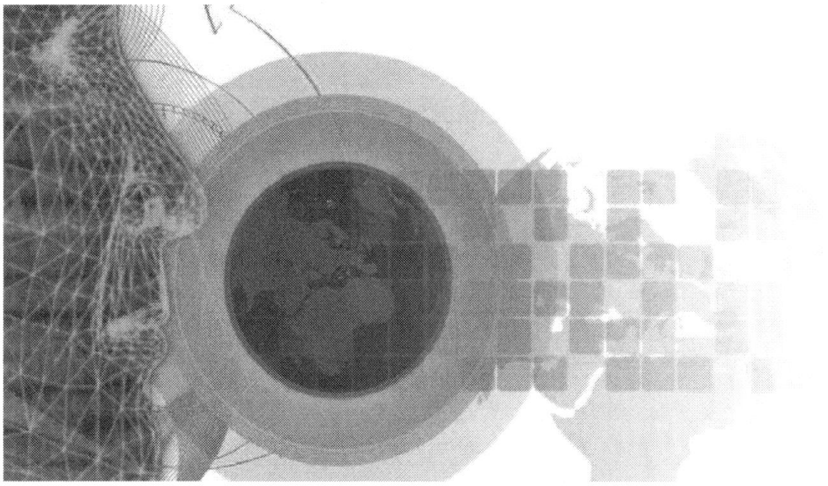

Erbil
Italian village, house no. 463 next to the 2nd gate, Kurdistan- Erbil
Telephone: (+964-6) 62561715
Mobile: (+964-750) 4237048 / 4221470
Fax: (+962-6) 5100901
Email: tagco.erbil@tagi.com
Email: erbil@agip.com

KUWAIT

Kuwait
Fahed Al-Salem Street, Souk Al-Kabir Building, Block A, 9th Floor
P.O. Box: 4729, Safat 13048, State of Kuwait
Telephone: (+ 965) 2243 3004
Fax: (+ 965) 2244 0111
Email: tagco-kuwait@tagi.com
Email: kuwait@agip.com

LEBANON

Beirut-TAGI
Alam Elddin Street – Al Mansour Building, 1st floor Sanayeh,Beirut
P.O.Box: 11-7381, Beirut, Lebanon
Telephone: (+ 961-1) 754 222
Fax: (+ 961-1) 353 858
Email: tagco.beirut@tagi.com

Beirut-AGIP
Anise Tabbarah Street – Al Halabi Building, 1st floor Sanayeh.Beirut
P.O.Box: 11-7381, Beirut, Lebanon
Telephone: (+ 961-1) 753 222
Fax: (+ 961-1) 350548
Email: lebanon@agip.com

Libya - Jordan
TAG-Org Building, No.26, Prince Shaker bin Zaid Street, Shmeisani, Amman
P.O. Box: 921100, Amman 11192, Jordan
The Hashemite Kingdom of Jordan
Telephone: (+962) 6 5100 900
Fax: (+962) 6 5100 901
Email: libya@agip.com

MOROCCO

Casablanca
ESPACE PORTE D'ANFA, Porte No. 3, Rue Bab Mansour
3éme étage, Appt N°11 Casablanca 20050, Kingdom of Morocco
P.O. Box: 19005 Casa El Hank, Kingdom of Morocco
Telephone: (+ 212- 5 -22) 3661 19 / 21 / 26
Fax: (+ 212-5-22) 366 133
Email: morocco@agip.com

OMAN

Muscat
Al Taie Building, 3rd floor, Al Qurum, Al-Elam Street
P.O. Box: 2366 Ruwi, Postal Code No.112, Muscat, Oman
Telephone: (+ 968-24) 560153 / 560740
Fax: (+ 968-24) 567794 / 563249
Email: tagco.oman@tagi.com
Email: oman@agip.com

Arab Omani Management Training Institute - Muscat
Al-Wateyah, Rumailah Building, 2nd floor Muscat - Sultanate of Oman
P.O. Box: 2366 - Ruwi 112
Telephone: (+ 968) 24563650
Fax: (+ 968) 24566281
Email: araboman@tagorg.com

PAKISTAN

Karachi
Anum Empire 604, 6th Floor, Block 7/8, Shara-e-Faisal, Karachi, Pakistan
P.O.Box: 13035 Karachi- Pakistan
Telephone: (+ 92-21) 34388113 /4
Fax :(+ 92-21) 34388115 / 6
Email: pakistan@agip.com

PALESTINE

Gaza
AL Quds St-Ansar Square-Alawkaf Building Apartment 10-11, Palestine
P.O. Box: 505, Gaza City, Palestine
Telephone: (+ 970-8) 2824 166 / 2826 917 / 2827 947
Fax: (+ 970-8) 284 0387 / 282 4156
Email: tagco-gaza@tagi.com
Email: gaza@agip.com

Ramallah
Green Tower Building, 3rd floor, Al-Nuzha Street, near Ramallah Public Library.
P.O. Box: 3800, Al-Beerah, Ramallah, Palestine
Telephone: (+ 970-2) 298 8220 / 298 8221 / 298 9401
Fax: (+ 970-2) 298 8219 / 298 8150
Email: tagco.ramallah@tagi.com
Email: westbank@agip.com

QATAR

Doha
Business Park, E-Block, 5th floor
Airport Road, Doha, Qatar
P.O. Box: 2620, Doha, State of Qatar
Telephone: (+ 974) 44416455
(+974) 44424023 / 44424024 / 44440911
Fax: (+ 974) 44355175 / 44425687
Email: tagco.qatar@tagi.com
Email: qatar@agip.com
Email: taglegal.qatar@tag-legal.com

SAUDI ARABIA

Riyadh
King Fahad Road, Olaya
P.O. Box: 9767, Riyadh 11423 Saudi Arabia
Tel: (+ 966-1) 464 2936
Fax: (+ 966-1) 465 9915 / 465 2713
Email: tagco.riyadh@tagi.com
Email: ksa@agip.com

TAGITRAIN Center - Riyadh
King Fahad Road, Olaya
P.O. Box: 9767, Riyadh 11423 Saudi Arabia
Tel: (+ 966-1) 464 2936
Fax: (+ 966-1) 465 9915 / 465 2713

Khobar
Mada Tower (A) – 1st Floor- Prince Turki Bin Abdul-Aziz Street – Corniche – Al-Khobar
P.O. Box: 3187, Al-Khobar 31952, Saudi Arabia
Telephone: (+ 966-3) 882 0940
Fax: (+ 966-3) 882 1032
Email: tagco.khobar@tagi.com

Jeddah
Talal Abu-Ghazaleh Organization Building, Madinah Road with Tahlia Street Cross
P.O. Box: 20135, Jeddah 21455, Kingdom of Saudi Arabia
Telephone: (+ 966-2) 668 5458
Fax: (+ 966-2) 668 5415
Email: tagco.jeddah@tagi.com

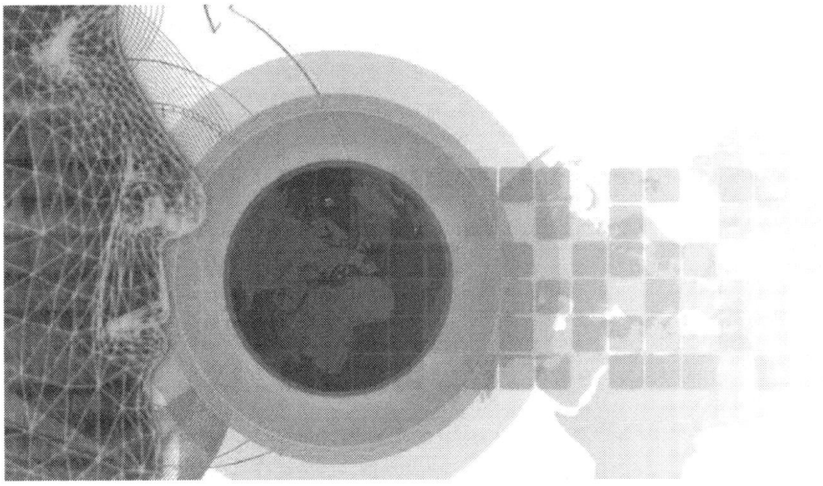

Abha
Al Othaim Market Building, First Floor, Office No.06, Abha – Khammis Mushait Road
P.O. Box 15221, Abha 61911, Saudi Arabia.
Tel: (+966-7) 225 4660 / 225 4661
Fax: (+966-7) 227 1878
Email: tagco.abha@tagi.com

SUDAN

Khartoum
Sudanese Islamic Bank Building-6th Floor, Apartment No. 1, Algaser Street
P.O. Box: 1623 Khartoum, Sudan
Telephone: (+ 249-1) 83763483
Fax: (+ 249-1) 83763484
Email: tagco.sudan@tagi.com
Email: sudan@agip.com

SYRIA

Damascus
Kafersoseh - The Southern Highway
P.O. Box: 31000, Damascus, Syria
Telephone: (+ 963-11) 214 0160 / 62 / 63
Fax: (+ 963-11) 214 0164-62
Email: tagco-syria@tagi.com
Email: syria@agip.com

TUNISIA

Tunisia
Appt. B. 3.2, 7 Rue Chott Errommen, Montplaisir, Tunis 1002
P.O. Box: 1, Montplaisir 1073, Tunis, Tunisia
Telephone: (+ 216) 71 90 3141/ (+ 216) 71 90 1078/ (+ 216) 71 90 4621/ (+ 216) 71 90 8499
Fax: (+ 216) 71 90 9426
Email: tunisia@agip.com

TURKEY

Ankara
Tunus Cad. No. 15/4 Kavaklidere, 06680 Ankara, Turkey
Telephone: (+90-312) 4176095 (pbx)
Fax: (+90-312) 4170091
Email: turkey@agip.com

Istanbul
Istanbul Office- Audit Services
KARINCA
Cumhuriyet Cad. 34/3
34697 Beyoglu, Istanbul, Turkey
Telephone: 00 90 212 240 2842
Fax: 00 90 212 240 2843
Email: can.koc@karincaymm.com.tr

UNITED ARAB EMIRATES

Abu-Dhabi
Al Masraf Bld- 8th Floor, Sheikh Hamdan St.
P.O. Box: 4295, Abu-Dhabi, UAE
Telephone: (+ 971-2) 672 4425 / 672 4426
Fax: (+ 971-2) 672 3526
Email: tagco.abudhabi@tagi.com

Dubai (TAGI)
Moh'd Abdul Rahman Al- Bahar Building, Entrance No.1, 3rd Floor, Salahuddin Street, Deira.
P.O. Box: 1991, Dubai, United Arab Emirates
Telephone: (+ 971-4) 266 3368 / 266 3369
Fax: (+ 971-4) 266 5132
Email: tagco.dubai@tagi.com

Dubai (AGIP)
Moh'd Abdul Rahman Al- Bahar Building, Entrance No.2, 3rd Floor, Salahuddin Street, Deira.
P.O. Box: 1991, Dubai, United Arab Emirates
Telephone: (+ 971-4) 268 2192 / 268 2194
Fax: (+ 971-4) 268 2282
Email: uae@agip.com

Ras Al-Khaimah
Al-Seer Building No.1, 3rd Floor, Oman Street, Al-Nakheel
P.O. Box: 403, Ras Al-Khaimah, United Arab Emirates
Telephone: (+ 971-7) 228 8427
Fax: (+ 971-7) 228 5929
Email: tagco.rak@tagi.com

Al-Ain
Abu-Dhabi Islamic Bank Bldg., 1st floor, office no.303.
P.O. Box: 18006 Al-Ain, United Arab Emirates
Telephone: (+ 971-3) 765 7966
Fax: (+ 971-3) 765 7988
Email: tagco.alain@tagi.com

Jebel Ali
Jebel Ali Free Zone LB 09, office no.103
P.O. Box: 17191, Jebel Ali, Dubai, UAE
Telephone: (+ 971-4) 881-8117
Fax: (+ 971-4) 881-8117
Email: agip.jebelali@agip.com

Um Al-Quwain
Da'ret Al'mlak Building- 1st floor, King Faisal Street
P.O. Box: 274, Um Al Quwain, UAE
Telephone: (+ 971-6) 766 0855
Fax: (+ 971-7) 228 5929
Email: tagco.rak@tagi.com

Sharjah
Al Soor area, Tower 400, Floor 19
P.O. Box: 952, Sharjah, UAE
Telephone: (+971-6) 575 66 22
Fax: (+971-6) 575 66 55
Email: tagco.sharjah@tagi.com

Hamriyah
Hamriyah Free Zone - Office No. E2-115G-14, Sharjah, UAE
P.O. Box: 42740 Hamriyah Free Zone, Sharjah, UAE
Telephone: (+971-6) 575 66 22
Fax: (+971-6) 575 66 55
Email: tagco.sharjah@tagi.com

Ajman
Ajman Tower Building, Al Bustan Area – Union St.
P.O. Box: 1785, Ajman, UAE
Telephone: (+971-6) 575 66 22
Fax: (+971-6) 575 66 55
Email: tagco.sharjah@tagi.com

YEMEN

Sana'a
Beirut Street, Faj Attan, in front of the Sudanese Embassy
P.O. Box: 2055 Sana'a, Republic of Yemen
Telephone: (+ 967-1) 433 411
Fax: (+ 967-1) 433 422
Email: yemen@tag-consultants.com
Email: yemen@agip.com

IRAN

Tehran
ADIB LAW FIRM
Domestic & International Law
Suite # 4, Bldg. No.100, Africa Blvd., Mirdamad Intersection, Tehran, Iran.
Postal Code: 19697-75615
Tel: (+98-21) 88874264, 88882626, 88783084
Fax: (+98-21) 88874263

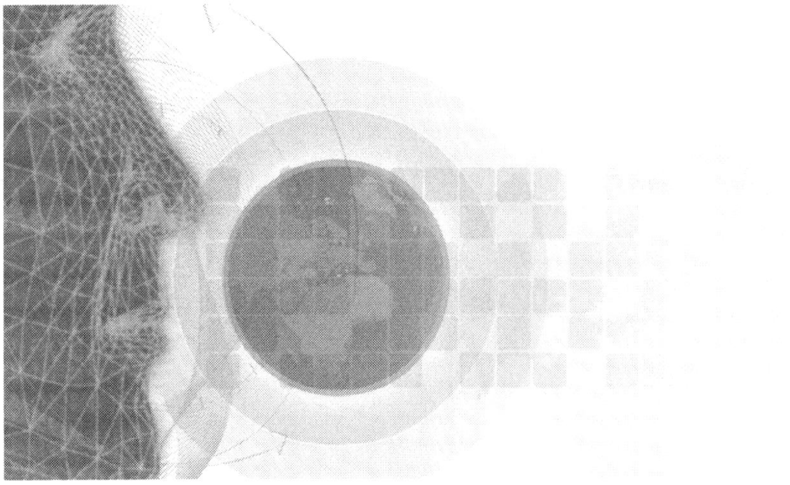

NIGERIA

Lagos
Femi Sunmonu & Associates
Solicitors & Notary Public
#216B Eti-Osa Way Dolphin Estate - Ikoyi
Lagos –Nigeria
Fax: + 234 9 6232913
Mb: + 234 8037867111

RUSSIA

Moscow
117602, the Russian Federation, Moscow,
Nikulinskaya street, build 31

Malta

San Gwann
No 11, Triq il-Pluviera San Gwann SGN 1931
Malta

Switzerland

Geneva
15, rue du Cendrier, CH-1211 Geneva 1,
Switzerland
Facsimile: + 41-22-738-27-22
Email: audicslt@audiconsult.ch

Germany

Dusseldorf
POPPEK LAW FIRM
Goethestraße 7 D-40237 Düsseldorf
Tel.: +49-(0)211-353588
Fax: +49-(0)211-352997
office@law-poppek.de
http://www.law-poppek.de/
http://www.poppek-sh.com

Belgium

Bruxelles
1000 Brussels, Square de Meeus, 38/40,
Belgium

Canada

Montréal
1 Westmount Square, Suite 360, Montréal, QC,
H3Z 2P9 Canada
Telephone: (+ 1-514) 9336 190
Fax: (+ 1-514) 9339 023
Email: nsalame@tagorg.com

United States of America

New York
Robin Rolfe Resources, Inc., 2125 Center Ave.,
Suite 406, New York, For Lee, NJ, 07024-5874
USA.
Telephone: (+ 1-201) 461 6630 ext. 101
Fax: (+1-201) 4616635
Email: rar@robinrolferesources.com

Buffalo
Telephone: (+ 1-716) 888 2865 / 888 2248
Fax: (+ 1-716) 888 2248
Email: egress@tagcb.edu.jo

United Kingdom

Edinburgh
39 Caiystane Terrace, Edinburgh EH10 6ST,
Scotland, UK.
Telephone: (+ 44-131) 445 2638
Fax: (+ 44-131) 477 6939
Email: jsmall@tagi.com

France

Paris
Avocat a la Cour 146 Rue de Longchamp
75116 - Paris (FRANCE)
Telephone: (+ 33-1) 4727 0228
Fax: (+ 33-1) 4727 0246
Email: fboustany@tagi.com

Hungary

Budapest
H-1054 Budapest, Szabadság tér 7.
Bank Center, Hungary
Tel.: (+36-1) 474 8223
Fax: (+36-1) 474 8181
E-mail: gbusku@agip.com

Brazil

Brasilia
TAG-Org Building, No. 26, Prince Shaker bin
Zaid Street, Shmeisani, Amman
P.O. Box: 921100, Amman 11192, Hashemite
Kingdom of Jordan
Telephone: (+ 962-6) 5100 900
Fax: (+ 962-6) 5100 901

Chile

Santiago
TAG-Org Building, No. 26, Prince Shaker bin
Zaid Street, Shmeisani, Amman
P.O. Box: 921100, Amman 11192, Hashemite
Kingdom of Jordan
Telephone: (+ 962-6) 5100 900
Fax: (+ 962-6) 5100 901

Argentina

Buenos Aires
TAG-Org Building, No. 26, Prince Shaker bin
Zaid Street, Shmeisani, Amman
P.O. Box: 921100, Amman 11192, Hashemite
Kingdom of Jordan
Telephone: (+ 962-6) 5100 900
Fax: (+ 962-6) 5100 901

Colombia

Bogota
TAG-Org Building, No. 26, Prince Shaker bin
Zaid Street, Shmeisani, Amman
P.O. Box: 921100, Amman 11192, Hashemite
Kingdom of Jordan
Telephone: (+ 962-6) 5100 900
Fax: (+ 962-6) 5100 901

Mexico

Mexico City
26, Prince Shaker bin Zaid Street, Shmeisani,
Amman
P.O. Box: 921100, Amman 11192, Hashemite
Kingdom of Jordan
Telephone: (+ 962-6) 5100 900
Fax: (+ 962-6) 5100 901

Professional Societies:

General Administration, No. 26, Prince Shaker
bin Zaid Street, Shmeisani, Amman
P.O. Box: 921100, Amman 11192, Hashemite
Kingdom of Jordan
Telephone: (+ 962-6) 5100 900
Fax: (+ 962-6) 5100 901

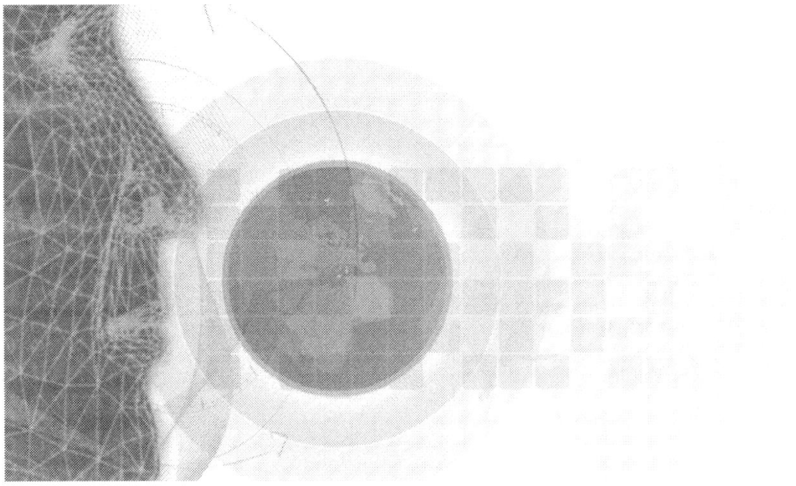

Arab Society of Certified Accountants (ASCA)
Email: info@ascasociety.org

Arab Society for Intellectual Property (ASIP)
Email: info@aspip.org

Licensing Executive Society Arab Countries (LES-AC)
Email: les@lesarab.org

Arab Knowledge Management Society (AKMS)
Email: akms@akms.org

Arab Intellectual Mediation Society (AIPMAS)
Email: info@aipmas.org

Talal Abu-Ghazaleh Knowledge Society (TAG-KS)
Talal Abu-Ghazaleh Knowledge Society Building, 19 Mecca Street-Um Uthinah
P.O Box: 3966, Amman 11953 Jordan
Telephone: (+ 962-6) 5100 600
Fax: (+ 962-6) 5100 601
Email: tag-knowledge@tagorg.com

Economic Policy Development Forum
TAGIUNI Bldg. No. 45, Abdel Rahim Al-Waked Street, Shmeisani
P.O. Box: 921951, Amman 11192, Jordan
Telephone: (+ 962-6) 5509222
Fax: (+ 962-6) 5509102

Corporate Governance Center
Talal Abu-Ghazaleh Knowledge Society Building, 19 Mecca Street-Um Uthinah
P.O. Box: 3966, Amman 11953 Jordan
Telephone: (+ 962-6) 5100 600
Fax: (+ 962-6) 5100 601

Family Business Governance Center
TAG-Org Building, No. 26, Prince Shaker bin Zaid Street, Shmeisani, Amman
P.O. Box: 921100, Amman 11192, Hashemite Kingdom of Jordan
Telephone: (+ 962-6) 5100 900
Fax: (+ 962-6) 5603 941

ALL 4 Palestine

Paris

10 Rue Benouville 75016 Paris, France

Arab States Research and Education Networks (ASREN)
Dusseldorf
Goethestrabe 7- 40237 Dusseldorf, Germany

Arab Organization for Quality Assurance in Education (AROQAE)
Bruxelles
1000 Brussels, Square de Meeus, 38/40, Belgium

Academies:

General Administration, No. 26, Prince Shaker bin Zaid Street, Shmeisani, Amman
P.O. Box: 921100, Amman 11192, Hashemite Kingdom of Jordan
Telephone: (+ 962-6) 5100 900
Fax: (+ 962-6) 5100 901

Talal Abu-Ghazaleh Professional Training Group (TAGITRAIN)
Email: tagitraining@tagitraining.com

Talal Abu-Ghazaleh Finance and Banking Academy (TAG-Banking Academy)
Email: tag-cima@tagi.com

Talal Abu-Ghazaleh Cambridge International Center (TAG-Cambridge)
Email: tagcic-amman@tagorg.com

Talal Abu-Ghazaleh Languages Academy (TAG-Lingual)
Talal Abu-Ghazaleh Knowledge Society Building, 19 Mecca Street-Um Uthinah
P.O. Box: 3966, Amman 11953 Jordan
Telephone: (+ 962-6) 5100 600
Fax: (+ 962-6) 5100 601
Email: taglingual@tagorg.com

Talal Abu-Ghazaleh Confucius (TAG- Confucius)
Talal Abu-Ghazaleh Knowledge Society Building, 19 Mecca Street-Um Uthinah
P.O. Box: 3966, Amman 11953 Jordan
Telephone: (+ 962-6) 5100 600
Fax: (+ 962-6) 5100 606
Email: info@tagconfucius.com

TAG-Org WEBSITES

Talal Abu-Ghazaleh Organization (TAG-Org)
www.tagorg.com

Services:

Talal Abu-Ghazaleh & Co. International (TAGI)
www.tagi.com

Talal Abu-Ghazaleh Intellectual Property TMP Agents-TAGIP(AGIP)
www.agip.com

Talal Abu-Ghazaleh Legal (TAG- Legal)
www.tag-legal.com

Talal Abu-Ghazaleh & Co. Consulting (TAG-Consult)
www.agcon.com

Talal Abu-Ghazaleh Information Technology International (TAG-ITI)
www.tagiti.com

Talal Abu-Ghazaleh Valuation (TAG-Value)
www.tagvaluation.com

Talal Abu-Ghazaleh Projects (TAG-Advisors)
www.abughazalehprojects.com

Talal Abu-Ghazaleh Translation Distribution and Publishing (TAG-Translate)
www.tagtranslate.com

Talal Abu-Ghazaleh Real Estates Management and Development (TAG-Aqarat)
www.tag-aqarat.com

Talal Abu-Ghazaleh Capital Services (TAG-Capital)
www.tag-capital.com

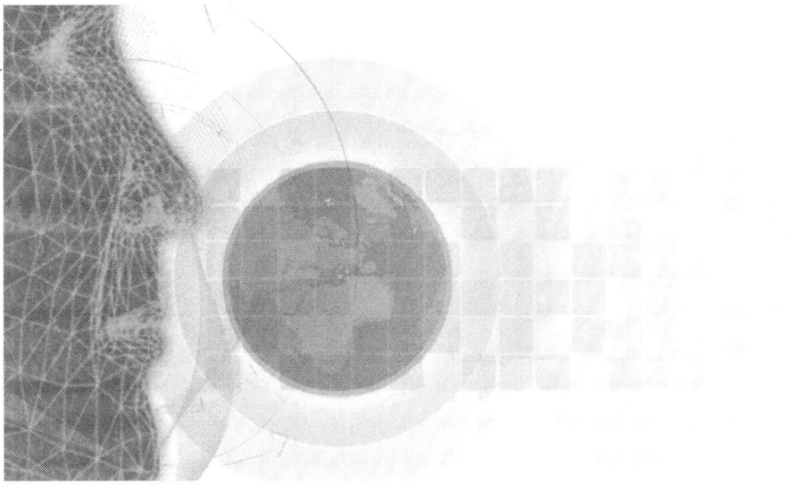

Talal Abu-Ghazaleh Recruitment and Human Resources Development (TAG-Recruit)

www.tagirecruitment.com

Talal Abu-Ghazaleh Profeessional Training Group (TAGTRAIN)

www.tagitraining.com

Talal Abu-Ghazaleh Arabic Encyclopedia (TAGIPedia)

beta.tagipedia.org

Talal Abu-Ghazaleh Cambridge IT Skills Center (TAG-Cambridge)

www.agcaitc.com

Talal Abu-Ghazaleh & Co. International Domains (TAG-Domains)

www.tagidomains.com

Talal Abu-Ghazaleh Intellectual Property Renewals (AGIP-Renew)

www.ag-ip-renewals.com

Arab Society of Certified Accountants (ASCA)

www.ascasociety.org

Arab Society for Intellectual Property (ASIP)

www.aspip.org

Licensing Executive Society – Arab Countries (LES-AC)

www.lesarab.org

Arab Knowledge and Management Society (AKMS)

www.akms.org

Talal Abu-Ghazaleh Knowledge Society (TAG-KS)

www.tagks.com

Arab Organization for Quality Assurance in Education (AROQAE)

www.aroqa.org

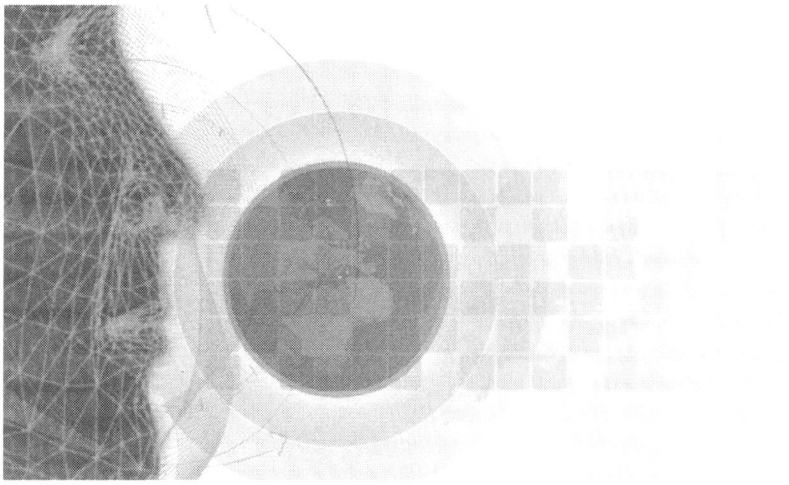

Arab Intellectual Property Mediation Society (AIPMAS)
www.aipmas.org
Organization of States Research and Education Network (ASREN)
www.asrenorg.net
Talal Abu-Ghazaleh University (TAGIUNI)
www.tagiuni.com
Talal Abu-Ghazaleh Graduate School College of Business (TAGSB)
www.tagcb.edu.jo
Talal Abu-Ghazaleh University College of Business (TAGUCB)
www.tagucb.edu.com
Talal Abu-Ghazaleh Research Center (TAG-Research)
www.tagrsc.com
Talal Abu-Ghazaleh University Management Advisory Services (TAG-Universities)
www.taguniconsult.com
Talal Abu-Ghazaleh Academies (TAG-Academy)
www.tag-academies.com
Talal Abu-Ghazaleh Tenders (TAG-Tenders)
www.tagtenders.com
Talal Abu-Ghazaleh Finance and Banking Academy (TAG-Banking Academy)
www.tagbankingacademy.com
Talal Abu-Ghazaleh Information & Communication Technology Academy (TAG-ICT Academy)
www.tagictacademy.com

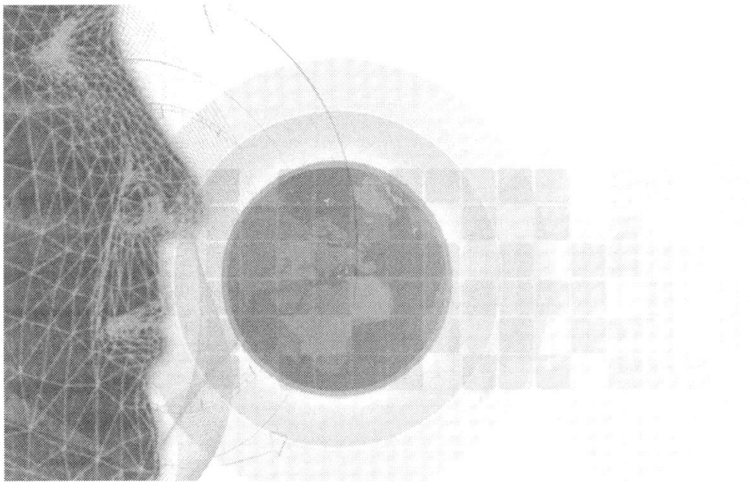

Talal Abu-Ghazaleh Academy for Languages (TAG Lingual)
www.tag-languages.com
Talal Abu-Ghazaleh Cambridge International Center (TAG-Cambridge)
www.tag-cic.com
Talal Abu-Ghazaleh Educational Consulting (TAG-Education)
www.tageducational.com
Talal Abu-Ghazaleh Confucius (TAG-Confucius)
www.tagconfucius.com
Talal Abu-Ghazaleh Chinese Visa Section (TAG-Visa)
www.tag-visa.com
Talal Abu-Ghazaleh E-Solutions (TAG E Solutions)
www.tagesolutions.com
Talal Abu-Ghazaleh International Press and Publishing (TAG-Publish)
www.tagpublication.com
Talal Abu-Ghazaleh International Advertising (TAG Media)
www.tagorgmedia.com
Talal Abu-Ghazaleh IP News Agency (TAG-IP News)
www.ag-ip-news.com
Talal Abu-Ghazaleh Education News Agency (TAG Educa News)
www.tageducanews.com
Talal Abu-Ghazaleh Information Technology International News Agency (TAG-IT News)
www.tagitnews.com

JORDAN:

General Administration
TAG-Org Building, No. 26, Prince Shaker bin Zaid Street, Shmeisani, Amman
PO Box: 921100, Amman 11192, Hashemite Kingdom of Jordan
Telephone: (+ 962-6) 5100 900
Fax: (+ 962-6) 5100 901
Email: tagi@tagi.com

الأردن

الإدارة العامة
مبنى مجموعة طلال أبوغزاله، رقم ٢٦، شارع الأمير شاكر بن زيد، الشميساني، عمان، الاردن
صندوق البريد: ٩٢١١٠٠، عمان ١١١٩٢، المملكة الأردنية الهاشمية
هاتف: ٥١٠٠٩٠٠ (+٩٦٢٦)
فاكس: ٥١٠٠٩٠١ (+٩٦٢٦)
البريد الإلكتروني: tagi@tagi.com

Chairman's Office

51 El Hegaz Street, 10th Floor, Mohandseen, Cairo, Egypt
P.O.Box: 96 Imbabah, Cairo 12411, Egypt
Tel: (+ 202) 33002200
Fax: (+ 202) 33045256
E-mail: sla@tagi.com

مكتب الرئيس

٥١ شارع الحجاز، الطابق العاشر، المهندسين، القاهرة، مصر
ص.ب: ٩٦ إمبابة ١٢٤١١، القاهرة، مصر
هاتف: ٣٣٠٠٢٢٠٠(+٢٠٢)
فاكس: ٣٣٠٤٥٢٥٦ (+٢٠٢)
البريد الإلكتروني: sla@tagi.com

A

* (Asterisk)	النجمة: تُستخدَم للإشارة إلى أي حرف ضمن مجموعة حروف وفي لغات البرمجة كعلامة ضرب ولاغراض التكرار وكمؤشر.
.aero	إسم نطاق الطيران: إسم مجال على الشبكة الدولية مخصص فقط للشركات والجمعيات والمؤسسات الحكومية في مجال الطيران.
.aiff (ِAudio Interchange File Format)	إمتداد ملفات الصوت، تنسيق ملفات تبادل الصوت: صيغة ملفات الصوت تُستخدَم لتخزين بيانات الصوت الخاصة بالحواسيب الشخصية وأجهزة الصوت الإلكترونية الأخرى.
.arc	إمتداد ملف يُستخدَم مع ملفات الأرشفة المضغوطة من نوع LH-ARC.
.arj	إمتداد ملف يُستخدَم مع ملفات الأرشفة المضغوطة من نوع Robert Jung ARJ.
.art	إمتداد ملف صور كانون أو AOL المضغوطة.
.asc	إمتداد ملف يُستخدَم مع الملفات المكتوبة وفقاً للرموز القياسية الأمريكية لتبادل المعلومات.
.asp	إمتداد ملف يُستخدَم مع صفحات الخادم الفعَّالة.
.avi	إمتداد أحد أنواع ملفات الفيديو وضعته شركة مايكروسوفت.
.bak	إمتداد ملف أحد أنواع الملفات الإحتياطية.
.bat	امتداد الحزم: إمتداد ملف يحتوي على أوامر نظام التشغيل.
.bin	إمتداد الملف الثنائي: إمتداد ملف يحتوي على تسلسل من البيانات ثمانية الرقم الثنائي أو الشيفرة القابلة للتنفيذ.
.biz	مجال على الشبكة الدولية من المستوى العالي تستخدمه مؤسسات الأعمال.
.com	1- إسم المجال على الشبكة الدولية عالي المستوى لتحديد عناوين الشركات التجارية في الولايات المتحدة. 2- إمتداد ملف تنفيذي أو ملف أوامر في أنظمة التشغيل دوس وويندوز.
.coop (.cooperative)	اسم المجال على الشبكة الدولية عالي المستوى يستخدمه الأعضاء الشرعيين للجمعيات والمنظمات التعاونية.
.dat	إمتداد ملف بيانات عام.
.edu	اسم المجال على الشبكة الدولية عالي المستوى يحدد العناوين الخاصة بالجامعات والكليات والمؤسسات التعليمية.
.exe	إمتداد ملف تنفيذي: إمتداد ملفات قابلة للتشغيل في نظام التشغيل ويندوز.
.jar (Java Archive)	إمتداد ملفات لغة البرمجة جافا.
.PPS (power point slide)	امتداد ملفات تطبيق العروض التقديمية باور بوينت من تطوير شركة مايكروسوفت.
.ps	اسم المجال الأعلى للأراضي الفلسطينية على الشبكة الدولية.
.tmp (Temporary Files)	إمتداد ملفات مؤقتة.
.trm (Windows Terminal)	إمتداد ملفات طرفية لنظام التشغيل ويندوز.
.txt	امتداد ملف نصي.
.wri	امتداد ملف كتابي مُستخدَم في نظام التشغيل ويندوز.
.Z compress	إمتداد ملفات يونكس المضغوطة ببرنامج زي.

A1 (Address 1 Code)	شيفرة العنوان الاول (اي 1): مُفسِّر شيفرة أُستخدم لفحص نتائج المترجم.
A-2	اي 2: لغة برمجة قديمة وهي إمتداد لنظام A-0 المستخدم في حواسيب يونيفاك 1.
A-3	اي 3: لغة برمجة قديمة وهي إمتداد للغة البرمجة A-2 تم تطويرها في عام 1955.
A3D	صوت ثلاثي الأبعاد: تقنية تم تطويرها من قِبَل شركة أوريال تبث الصوت بتأثير ثلاثي الأبعاد من خلال سماعتين.
A4C (Authentication, Authorization, Accounting, Auditing and Charging)	معمارية التحقق والتخويل والمساءلة والتدقيق وفرض رسوم.
A56	اي 56: هو مُجمِّع لنظام موتورولا DSP56000 وDSP56001 المعالج للإشارات الرقمية.
AAC (Adaptive audio Coding)	تشفير الصوت التكييفي: طريقة لضغط ملفات الصوت الرقمية صُممت لتوفر جودة صوت تفوق جودة MP3 المعتادة.
AADL (Axiomatic Architecture Description Language)	لغة الوصف المعمارية البديهية: هي لغة تسمح لمواصفات نموذج مصغر بالظهور حسب معايير الهندسة المعمارية متعددة المعالجة من مستوى واجهة المترجم/نظام التشغيل نزولاً الى مستوى الرقاقة الإلكترونية.
AAL	راجع ATM Adaption Layer.
AAP (Association of American Publishers)	جمعية الناشرين الامريكين: مجموعة من الناشرين الأمريكيين متخصصة في وضع معايير لتجهيز الوثائق.
AAP DTD (Document Type Definition)	تعريف نوع الوثيقة من جمعية الناشرين الامريكين: معيار تجهيز الوثائق العلمية.
aard	أداة لفحص الذاكرة تُستخدَم في برامج لغة سي ++.

.zip	إمتداد أحد أنواع الملفات المضغوطة.
@ (At Sign)	@ : إشارة تُستخدَم لتحديد عنوان بريد الكتروني.
"How to" manual	كتيب بيان الكيفية: كتيب إرشادي وجيز لبيان كيفية تشغيل جهاز.
A & B	الف وباء: هو إجراء لإشارة رقم ثنائي يُستخدَم في معظم تسهيلات النقل.
A posteriori adaptation	تكييف لاحق: مفهوم مفاده تكييف التقنية بعد اختراعها لتصبح مواءمة لغرض استخدامي جديد.
A# (A sharp)	اي#: مكون من الإصدار الثاني لبرنامج أكسيوم المتخصص بعلم جبر الحاسوب.
A.L.I.C.E (The Artificial Linguistic Internet Computer Entity)	كيان حاسوب الشبكة الدولية اللغوي الاصطناعية: برنامج متحدث يعالج اللغات الطبيعية تم تطويره بلغة جافا ويمكن تعديله بإستخدام لغة توصيف الذكاء الصناعي.
A/B Switch Box	مفتاح ثنائي الوضع: هوعلبة مفاتيح يدوية تحتوي على مدخلين أو مخرجين (أ و ب) بالإعتماد على إستخدامها وتربط هذه العلبة عموماً وحدتين طرفيتين بجهاز حاسوب واحد أو وحدة طرفية واحدة بجهازي حاسوب.
A/E/C Systems Conferences	مؤتمرات أنظمة العمارة والهندسة والتشييد: المؤتمر السنوي لصناعة العمارة والهندسة والتشييد لتشجيع تبادل المعلومات والتقنيات الجديدة المستخدمة من قبل تلك الصناعات.
A/UX	1- أبيل يونكس: تنفيذ شركة ابيل لنظام التشغيل يونكس لبعض حواسيب ماكينتوش. 2- مصطلح مستخدم في عمليات المسح بحيث يكون المسح بحجم الصفحة الأصلية دون تكبيرها أو تصغيرها.

ABIOS (Advanced Basic Input/output System)	نظام الإدخال/الإخراج الأساسي المتطوِّر: وحدة تخزينية تحوي البرنامج الأساسي لنظام تشغيل الحاسوب.
Abiword	أبي ورد: معالج نصوص مفتوح المصدر ومجاني.
A-Bone	شبكة الهادئ الآسيوي الأساسية: الشبكة الدولية للمحيط الهادئ الآسيوي الذي يصل المستخدمين في شرق وجنوب البلدان الآسيوية وأستراليا بسرعة تي 1 أو أعلى من دون الحاجة لإرسال البيانات عبر مرافق أميركا الشمالية ويشمل أيضا روابط مع أوروبا والولايات المتحدة.
Aboriginal people	شعب أصلي.
Aboriginal technology	تقنية السكان الأصليين.
Abort	إيقاف.
Aborted cycle	دورة متوقفة.
ABR (Available Bit Rate)	معدل تدفق الأرقام الثنائية المتاح: هو خدمة مستخدمة في شبكات نمط الإنتقال اللامتزامن عندما لا تكون هناك حاجة إلى تزامن المصدر والجهة المقصودة وتسمح آليات هذه الخدمة أن تخصص الشبكة عرض النطاق المتاح بشكل معقول عبر مصادر معدل تدفق الأرقام الثنائية المتاح حاليا.
Absolute Address	العنوان المطلق.
Absolute Cell Reference	مرجع الخلية المطلق: مرجع للخلية مستخدم في برنامج الجداول الإلكترونية لا يتغير عند نسخ أو نقل الصيغة الرياضية.
Absolute Code	البرمجة المطلقة: طريقة برمجة تُستخدَم عند الحاجة لأن تُكتب العناوين بلغة الآلة مكتوبة تماما كما ستظهرعند التنفيذ.
Absolute Link	الرابط المطلق.
Absolute Path	مسار مطلق: إسم مسار يتضمن المشغل (إذا إقتضى الأمر) والدليل الأصلي مرتبطين بالأدلة الفرعية وتنتهي بإسم الملف.
AARP (Apple Address Resolution Protocol)	بروتوكول أبيل لتحليل العنوان: نظام أبيل للسماح لبروتوكول أبيل توك للعمل على الشبكات كبديل عن بروتوكول لوكال توك.
AARP Probe Packets	حزم اكتشاف بروتوكول أبيل لتحليل العنوان: تقنية تستخدم في أبيل توك لمعرفة وإكتشاف رقم جهاز في الشبكة مُستخدَم من قبل أي شخص.
AAS (Auto Area Segmentation)	تجزئة المساحة التلقائية: تقنية قراءة الرموز البصرية مستخدمة لضمان وضوح الصور التي يتم مسحها وإبقاء النص سهل القراءة.
AAUI	راجع Apple Attachment Unit Interface.
A-B Box	صندوق (أ و ب): مفتاح يدوي يحتوي على مدخلين (أ و ب) ومخرج واحد أو مدخل واحد ومخرجين بالإعتماد على الإستخدام ويربط عموماً وحدتين طرفيتين بجهاز حاسوب واحد أو وحدة طرفية واحدة بجهازي حاسوب.
Abandonware	برمجيات قديمة لم تعد مستخدمة.
Abbrev	إختصار.
Abbreviation	إختصار.
ABC	لغة البرمجة اي بي سي: لغة وبيئة برمجة أساسية عامة الأغراض.
ABC Algol	اي بي سي الغول: إمتداد لـلغة الخوارزميات 60 بهيكلة بيانات عشوائية ومعاملات محددة من قبل المستخدِم.
ABCL/C+ (Actor-Based Concurrent Language)	اللغة المتزامنة القائمة على الممثل: لغة موجهة للكيانات معتمدة على لغة سي.
Abilene	شبكة عالية الأداء.
Abend (Abnormal End)	نهاية غير طبيعية.
ABI (Application Binary Interface)	واجهة التطبيق الثنائية: هي واجهة بين برنامج تطبيقي ونظام التشغيل أو واجهة بين تطبيق ومجموعة برمجيه أو بين الأجزاء المكونة لتطبيق معين.

Abstract Syntax	تركيب نصي تجريدي: وصف لبنية معطيات مستقل عن وصف بنية أجهزة الحاسوب وعن البرمجيات المستخدمة.
Abstract Syntax Notation One (ASN.1)	الترميز الأول للتركيب النصي التجريدي: مقياس دولي منذ عام 1984 لتصنيف بنية البيانات.
Abstract Syntax Tree	شجرة التراكيب التجريدية: تمثيل شبيه بالشجرة للبرامج المستخدمة في الكثير من بيئات البرمجة المتكاملة والمحررات بنيوية التوجه.
Abstract Window Toolkit (AWT)	حقيبة أدوات الشاشة التجريدية: مكتبة ضمن مكتبات جافا تحتوي على مجموعة واجهات للبرامج التطبيقية يتم إستخدامها بواسطة مبرمجي جافا لإنشاء عناصر الواجهات الرسومية للمستخدمين مثل الأزرار والنوافذ.
Abuse	يسيء المعاملة، إساءة.
AC (Alternating Current)	تيار متناوب، تيار متردد.
AC (Authentication Certificate)	شهادة التحقق من هوية المستخدم.
AC Adapter	محوِّل تيار متناوب/متردد: وحدة تزويد خارجية بالطاقة الكهربائية تحوِّل جهد التيار المنزلي من 110 او 220 فولت متناوب إلى جهد مستمر منخفض يمكن إستخدامه لتشغيل مكونات الحاسوب الإلكترونية التي لا تتضمن مصدر داخلي للطاقة.
Academia	المجال الاكاديمي.
Academy	أكاديمية.
ACAP (Application Configuration Access Protocol)	بروتوكول طلب إعدادات الوصول: بروتوكول يعزز من بروتوكول الوصول إلى رسائل الشبكة الدولية من خلال السماح للمستخدم بإعداد دفاتر عناوين وخيارات المستخدم وبيانات أخرى من أجل الدخول والوصول العام.
Absolute Pointing Device	أداة التأشير المطلقة: أداة تأشير يرتبط موقعها الفيزيائي دائما مع موضع المؤشرعلى الشاشة حيث تتطابق حواف منطقة الحركة لهذا الجهاز مع حواف الشاشة أو حواف النافذة الحالية ضمن الشاشة فعلى سبيل المثال إذا حرك المستخدم قلم اللوحة الرسمية في أي إتجاه فإن ذلك سيستدعي تحركا للمؤشر على الشاشة يوافق حركة القلم.
Absolute URL (Absolute Uniform Resources Locator)	محدّد المصادر الموحَّد المطلق: عنوان صفحة على الشبكة الدولية يحدد المسار الكامل لصفحة ما تحتوي على إسم النطاق والبروتوكول.
Absolute Value	قيمة مطلقة: مقدار العدد بغض النظر عن العلامة الجبرية (موجبة أو سالبة).
Abstract	ملخص أو تقديم.
Abstract Class	1- فئة مُجرَّدة: هي عكس الفئة الملموسة في لغة البرمجة وهي تلك الفئة التي لا يمكن تكوين ذوات ملموسة منها. 2- صنف مجرد من التطبيق الفعلي يحوي أسماء الدوال دون وجود وصف كامل لها.
Abstract Data Type	نوع بيانات مُجرَّد: نوع بيانات يحدده المستخدِم للإستعمال في البرامج والتطبيقات يُعرَّف عبر بنود أو حدود المعلومات التي يمكن أن يحتويها وعبر العمليات التي يستطيع القيام بها.
Abstract Machine	آلة مُجرَّدة: تصميم لمعالج لا يُقصد به التنفيذ بل يشكل نموذجا مرحليا لمعالجة لغة الآلة التجريدية.
Abstract Machine Language	لغة الآلة التجريدية: هي اللغة التي تَستعمِل التعليمات الأساسية للآلة ولا تعمل على أي نوع آخر من الآلات.

ACC (Accumulator) مجمّع، مراكم: سجل في وحدة الحساب والمنطق يُستعمَل عادة لتجميع نتيجة العمليات الحسابية أو لعد العناصر.

Accelerated Graphics Port (AGP) منفذ الرسومات المتسارع: قناة عالية السرعة تصل بين نقطتين مخصصة لنقل بيانات الرسومات في الحواسيب الشخصية أعدتها شركة انتيل لحل مشكلة بطء تطبيقات الرسوم.

Accelerator Board لوحة مُسرّع/تسريع: لوحة مخصصة لتنفيذ عمليات محددة و بسرعة فائقة تضاف إلى الحاسوب لتخفيف العبئ على وحدة المعالجة المركزية و تنفيذ العمليات بسرعة أعلى.

Accelerator Card بطاقة مُسرّع /تسريع: بطاقة مُضافة داخليا تَستبدل وحدة المعالجة المركزية الموجودة بوحدة معالجة مركزية عالية الأداء تُعد هذه البطاقة دارة مطبوعة تحتوي على نسخة أسرع وأحدث من المعالج نفسه مما يزيد من فعالية وأداء نظام الحاسوب.

Acceptable technology تقنية مقبولة: تقنية تستوفي متطلبات قوانين التجارة الألكترونية.

Acceptable Use Policy سياسة إستخدام مقبولة: السلوك المتوقع من شخص ما عند إستخدامه الحاسوب أو خدمة ما على شكل بيان يصدره مزوِّد خدمات الشبكة الدولية أو خدمة تزويد المعلومات عن طريق الشبكة الدولية يشير إلى الأنشطة التي يمكن أو لا يمكن للمستخدِم القيام بها.

Acceptance test اختبار قبول: الفحص الذي يتم إجراؤه لاعتماد برنامج/برمجية من قبل المستخدم ومطابقته للإحتياجات والمواصفات الموضوعة.

Acceptor قابل، مستقبل.

Access وصول، دخول، نفاذ، منفذ، مدخل:
1- عملية كتابة البيانات على الذاكرة أو قراءتها منها.
2- الإتصال بالشبكة الدولية أو أي شبكة أو نظام آخر.
3- إمكانية الوصول إلى الذاكرة من أجل قراءة أو كتابة البيانات.

Access يوصل، وصول، إذن وصول.

Access Arm ذراع الوصول: ذراع ميكانيكية مستخدمة في وحدة الإسطوانات الممغنطة تحرك رؤوس القراءة والكتابة على الإسطوانات.

Access Bus ناقل الوصول: ناقل تسلسلي يربط الوحدات الطرفية بالحاسوب قامت بتطويره شركة فيليبس في أوائل تسعينيات القرن الماضي حيث يسمح هذا الناقل بإضافة أو حذف الأجهزة متدنية السرعة من الحاسوب.

Access Code رمز الدخول.

Access Control ضبط/ التحكم في الوصول/الدخول: آلية لتحديد الوصول إلى بنود أو معلومات معينة بناءً على هوية المستخدِم أو عضويته في مجموعة معينة.

Access Control List (ACL) قائمة ضبط الوصول: قائمة مرتبطة بملف يحتوي على معلومات تتعلق بالمستخدمين أو المجموعات المخولة بالوصول إلى ملف أو جهاز أو شبكة حاسوب.

Access Control System نظام التحكم في إذن الوصول.

Access Denied وصول غير مسموح به.

Access Key مفتاح وصول: مفتاح يتيح لمستخدم الحاسوب الوصول بشكل مباشر إلى جزء محدد من صفحة الشبكة الدولية بواسطة لوحة المفاتيح.

Access key مفتاح الوصول: مفتاح يسمح لمستخدم الحاسوب بالانتقال على

	شبكة لاسلكية وعادة ما يربط هذه الشبكة اللاسلكية بشبكة سلكية أخرى.
Access Privileges	إمتيازات الوصول: امتياز يسمح لمستخدم جهاز حاسوب في شبكة معينة بإستخدام وقراءة وكتابة وتنفيذ الملفات في أجهزة الحاسوب الأخرى عبر الشبكة.
Access protection	حماية إذن الوصول.
Access Provider	مزود الوصول.
Access Rate	معدل الوصول.
Access request	طلب الحصول على إذن الوصول.
Access Rights	حقوق الوصول: هي الإمتيازات الممنوحة للمستخدم أو البرنامج والتي تتمثل بقراءة وكتابة وحذف الملفات الموجودة في نظام الحاسوب وقد ترتبط هذه الحقوق بخادم معين أو ببرامج محددة وملفات بيانات.
Access Speed	سرعة الوصول.
Access Time	زمن الوصول: متوسط الوقت بين طلب المعلومات المخزَّنة على مكون معين مثل مشغل القرص الصلب أو ذاكرة الوصول العشوائي والحصول على هذه المعلومات.
Access to confidential information	إذن وصول إلى معلومات سرية.
Access to extranet	إذن وصول للشبكة البينية.
Access to internet	إذن وصول للشبكة الدولية.
Access to intranet	إذن وصول للشبكة المحلية.
Accessibility	إمكانية الوصول.
Accessibility	الوصولية، قدرة الوصول.
Accessibility Aids	أدوات المساعدة على الوصول.
Accessible	قابل للوصول، يمكن الوصول إليه، في المتناول، متوفر.
Accessible records	سجلات قابلة للوصول إليها.
Accessible technology	تقنية يمكن الوصول إليها:.هي تقنية قابلة للاستخدام من قبل الجميع بمن فيهم ذوي التحديات الذهنية والجسدية.
	الفور إلى جزء محدد من صفحة الموقع على الشبكة الدولية من خلال لوحة المفاتيح.
Access Line	خط وصول: 1- إدارة تتألف من أربعة أسلاك بين المستخدم أو نظام التبادل الهاتفي المحلي ومركز التحويل الذي يقدم الخدمة. 2- خط من موقع العميل إلى مكتب شركة الهاتف المركزي.
Access Mechanism	آلية الوصول: 1- مكونات مشغل القرص التي تحرك رؤوس القراءة والكتابة نحو المسار المطلوب على القرص المغنط أو القرص الضوئي. 2- دارة تتيح لجزء واحد من نظام الحاسوب إرسال إشارات إلى جزء آخر. 3- وسيلة برمجية تتيح لتطبيق ما أن يقرأ مصدراً أو يكتب عليه.
Access Method	طريقة الوصول: وسيلة برمجية تتيح لتطبيق أن يقرأ مصدراً أو يكتب عليه.
Access Network	شبكة الوصول: شبكة تتصل بشكل مباشر بالمستخدم أو المشترك النهائي.
Access Node	نقطة وصول: النقطة التي تدخل اليها وتخرج منها معلومات المستخدم المنتقلة عبر قناة ضمن شبكة الإتصالات.
Access Number	رقم وصول: رقم الهاتف الذي يستخدمه المشترك للوصول إلى خدمة عبر الشبكة الدولية.
Access Path	مسار الوصول إلى الشبكة الدولية.
Access Permission	إذن وصول.
Access Point	نقطة الوصول: جهازيتوسط مجموعة من الأجهزة لتكوين

Accessing	الحصول على إذن الوصول.
Accessory	أداة مكملة، ملحق.
Accidental downloads	مواد منزّلة بالصدفة.
Accidental hacker	مقتحم بالصدفة: شخص يقوم باقتحام النظام الأمني لبرنامج أونظام معلومات أو محتوى شبكي للأخرين دون قصد.
Accidental website visitor	زائر بالصدفة للموقع الشبكي.
Account	حساب.
Account	يعلل، يفسر، حساب، محاسبة، مساءلة، تقرير.
Account Lockout	ايقاف الحساب: إقفال الحساب مؤقتا ومنع التعديل عليه.
Account Name	إسم الحساب.
Account password	كلمة مرور الحساب.
Account Policy	السياسة المطبقة على الحساب.
Accountability	المساءلة.
Accountable	موضع مساءلة.
Accounting	محاسبة.
Accounting File	ملف محاسبي.
Accounting Machine	آلة محاسبة: هي آلة مكتبية قديمة تُستعمَل في حساب وإعداد الفواتير وكشوفات الرواتب بإستخدام بطاقات ممغنطة.
Accounting solutions	حلول محاسبية.
Accredited Registrar	مسجِّل معتمد.
ACCU (Association for C and C++ Users)	جمعية مستخدمي لغتي سي وسي++: جمعية للأشخاص المهتمين بلغة البرمجة سي واللغات المتفرعة منها.
Accuracy	دقة، درجة الدقة، إتقان: مدى الصواب أو الخلو من الخطأ في القياس.
Accurate information	معلومات دقيقة.
ACD (Automatic Call Distribution)	توزيع تلقائي للمكالمات: نظام هاتفي محوسب يمكنه التعامل مع عدد كبير من المكالمات في الوقت نفسه وتوجيهها إلي مستقبليها وفق تعليمات مبرمجة ضمن قاعدة بيانات للإستفادة منها في الإحصائيات أو جمع المعلومات.
ACIS (Andy, Charles and Ian's System)	نظام آندي وتشارلز وإيان: برمجية صممت كمحرك هندسي ضمن تطبيقات التصميم ثلاثي الأبعاد حيث يؤمن هذا المحرك هيكلية عمل مفتوحة للنمذجة الشبكية والسطوح والأجسام الصلبة من خلال بناء بياني موحد ويُعتبر هذا المحرك من التصاميم الهندسية المُستعمَلة على نطاق واسع ضمن تطبيقات النمذجة الهندسية.
ACK (Acknowledgment)	إشعار إستلام، رسالة تأكيد وصول: رسالة مرسلة من من جهاز المستقبِل للبيانات إلى جهاز المرسل عبر بروتوكول معين (مثل برتوكول التحكم بنقل البيانات) تُؤكد فيها سلامة وصول البيانات.
Acknowledgements	1- الشكر والإمتنان للأشخاص الذين شاركوا في بناء نظام معين وتكون هذه العبارة مستخدمة في الغالب في مستهل وثيقة وصف النظام. 2- أجزاء من بيانات تنتقل عبر شبكة الحاسوب بين مرسل ومستقبل لتأكيد إستقبال حزم المعلومات بينهما.
ACM (Association for Computing Machinery)	جمعية الات الحوسبة: جمعية تم إنشاؤها في عام 1947 ومخصصة لتعزيز المعرفة والكفاءة الفنية في معالجة المعلومات.
Acoustic Coupler	وصلة صوتية، قارن صوتي، رابط سمعي: جهاز إتصالات للبيانات يحول إشارات البيانات الكهربائية إلى إشارات صوتية لبثها عبر خطوط الهاتف وبالعكس.

ACPI (Advanced Configuration and Power Interface)	واجهة متقدمة للاعداد والطاقة: مواصفة خاصة بإدارة الطاقة لتوضيح معايير مقابس الطاقة لتعرُّف الأجهزة ونظم التشغيل عليها آلياً.
Acquire	يستحوذ أو يحصل على.
Acquired	مُستَحوذٌ عليه.
Acquisition	اقتناء.
Acquisition	إكتساب: جمع البيانات في أول مرحلة من مراحل عملية بناء وتطوير أنظمة المعلومات.
ACR (Attenuation to Crosstalk Ratio)	تخفيف نسبة التشويش: عامل يحدد المدى الذي يمكن فيه بث الإشارات في أي وسط.
Acrobat	أكروبات: برمجية وصيغة ملفات خاصة طورتها شركة أدوبي تسمح للوثائق والنصوص والصور البيانية بالعرض على حواسيب مختلفة عن نوع التطبيق الأساسي لصيغة المستندات المحمولة.
Acrobat Reader	قارئ أكروبات:الإسم السابق لقارئ أدوبي وهو برمجية عرض مستندات أدوبي أكروبات وهي ملفات صيغة المستندات المحمولة المتوافقة مع أنظمة التشغيل ويندوز وMac وOS/2 وعدة أنظمة من يونيكس.
Acronym	تسمية مختصرة: تسمية مكونة من الأحرف الأولى أو المقاطع الأولى لكلمات إسم معين أو عبارة ما.
ACSE (Association Control Service Element)	عنصر خدمة التحكم بالربط: طريقة ترابط في نموذج ربط الأنظمة لتوصيل أو منع إجراء بين برنامجين تطبيقيين.
Act	يفعل، يمثل، قانون، تشريع، مرسوم.
Action	فعل، إجراء قضائي.
Action oriented manager	مدير معني بالفعل.
Action Query	إستعلام إجرائي: إستعلام يُجري تعديلات على عدد من السجلات في عملية واحدة فقط ويشمل الحذف والتحديث والإلحاق وإنشاء الجداول.
Action Statement	عبارة إجرائية: تصريح إجرائي لمختلف لغات البرمجة يؤدي إلى حفظ ملف أو فتح ملف، الخ.
Action-oriented thinking	تفكير متجه للفعل.
Activation	تفعيل، تنشيط.
Activation Record	سجل تفعيل: بنية بيانات لكل عملية تشغيل تحتوي معطيات وعناوين ومتغيرات يُستخدم هذا السجل في إدارة البيانات أثناء تنفيذ البرامج.
Activator	منشط، مشغل.
Active Accessibility	قابلية/إمكانية الوصول النشط: تقنية مصممة لتحسين الطريقة التي تساعد فيها إمكانية الوصول للعمل مع برمجيات مايكروسوفت ويندوز.
Active Cell	خلية فعّالة/نشطة: خلية في برمجية الجداول الإلكترونية تكون مختارة عبر مؤشر الفأرة أو عبر لوحة المفاتيح بحيث تَجري عليها عمليات التحرير والتعديل والإدخال.
Active Channel	قناة فعّالة/نشطة: نظام توصيل للمعلومات من تطوير شركة مايكروسوفت يوفر بيئة تشغيل تدفع المعلومات إلى المستخدمين من مزويدي الشبكة الدولية ومن الشبكات الداخلية.
Active Client	عميل فعّال/نشط: عميل يراقب جودة الخدمات على الشبكة عن طريق تنظيم مكالمات دورية وجمع بيانات الجلسات.
Active Content	محتوى فعّال/نشط: جزء من محتويات صفحة شبكية يمكن أن تتغير دوريا مع الزمن أو حسب طلب المستخدم وعادة ما يتم إنشاء هذا الجزء من الصفحة بإستخدام تقنية آكتف إكس.

عرض ترانزيستور ذو الفيلم الرقيق) لتوفير شاشة عرض واضحة ودقيقة أغلى ثمنا من شاشة عرض المصفوفة الخامدة.

Active Platform منصة/بيئة نظم تشغيل. فعّالة/نشطة.

Active Program برنامج فعّال/نشط: برنامج مُحمَّل على الذاكرة الرئيسية جاهز للتنفيذ يستحوذ أكثر من غيره على وقت المعالج في بيئة نظم التشغيل متعددة المهام.

Active Server خادم نشط.

Active Server Pages صفحات الخادم النشطة: تقنية تم تطويرها بواسطة شركة مايكروسوفت تُستخدَم في إنشاء صفحات مواقع شبكية ديناميكية حيث يتم تنفيذ الأوامر المكتوبة بهذه اللغة من قبل الخادم وليس من قبل جهاز المستخدم.

Active Star شبكة نجمية فعّالة/نشطة: شكل من أشكال الشبكات النجمية يقوم فيها الحاسوب المركزي بإعادة توليد وإرسال جميع الإشارات المرسلة عبر الشبكة إلى الأجهزة الطرفية.

Active Vision الرؤية الفعّالة/النشطة: فرع من أبحاث الرؤية المتعلقة بالحاسوب تستند إلى أن مشاكل الرؤية الآلية يمكن أن تُحل بالسماح للإنسان الآلي بجمع وتحليل سلسلة من الصور بشكل ديناميكي من زوايا مختلفة.

Active Window نافذة فعّالة/نشطة: جزء من شاشة المستخدم التي تحوي العرض أو الوثيقة التي تتأثر بحركة مؤشر الفأرة أو بالأمر الحالي أو بالإدخال النصي في بيئة تستطيع عرض أكثر من نافذة واحدة على الشاشة.

Active Data Object كيان بيانات فعّال/نشط: هو عبارة عن هيكل يحوي بيانات ووظائف ويمتاز بأنه نشط و متغير.

Active Desktop سطح مكتب فعّال/نشط: خاصية إختيارية لتحديث وتعديل سطح المكتب الخاص بويندوز وهي خاصة بمتصفح الشبكة الدولية من مايكروسوف من اصدار 4.0 وما تلاه تسمح للمستخدم بإضافة محتوى لغة وصف النصوص التشعبية لسطح المكتب بالإضافة إلى الخصائص الأخرى.

Active Directory (AD) دليل/فهرس فعّال/نشط: خدمة أنشأتها شركة مايكروسوفت في أنظمة تشغيل ويندوز لتعريف وادارة صلاحيات المستخدمين لمصادر الشبكة وانظمة المعلومات.

Active Directory Service Interface (ADSI) واجهة خدمة الدليل النشط: واجهة برمجية للتعامل مع دليل/فهرس مايكروسوفت الفعَّال/النشط.

Active File ملف فعّال: ملف قيد الإستخدام.

Active Framework For Data Warehouse إطار عمل نشط لمستودع البيانات: أسلوب لتخزين البيانات طوّرته شركتا مايكروسوفت وتكساس إنسترومنتس.

Active Hub محور فعّال/نشط: جهاز موزع يعيد توليد وبث جميع الإشارات ضمن شبكة على شكل نجمة مركزية.

Active Matrix مصفوفة فعّالة/نشطة: تقنية العرض البلوري السائل المستخدمة في شاشات العرض المسطحة الرقيقة في الحاسوب.

Active Matrix Display عارض المصفوفة النشطة: نوع من وحدات العرض الملونة تُستخدَم في الحواسيب المحمولة (تُسمى وحدة

ACTOR	أكتور: لغة برمجة موجَّهة للكيانات طورتها مجموعة وايتواتر في عام 1988.
Actor	رمز/مُمَثِّل: يستخدم في نماذج تمثيل متطلبات مستخدمي الانظمة والبرمجيات في مرحلة التحليل.
Actual Data	بيانات حقيقية.
Actual Size	حجم فعلي.
Actuate	يُشغِّل، يُحرِك.
Actuator	مُفعِّل: آلية مشغل القرص لتحريك رؤوس القراءة والكتابة إلى الموقع الذي توجد عليه البيانات المطلوبة.
Actuators	مشغلات، محركات.
Ad Hoc Network	شبكة مؤقتة: شبكة محلية أو محدودة مزودة بإتصالات لاسلكية مؤقتة بحيث تُعد بعض الأجهزة جزءا من هذه الشبكة لمدة الإتصال فقط.
Ada	فيروس إدا: فيروس يصيب ملفات الأوامر.
Ada Language	لغة ادا: لغة برمجة قائمة على لغة باسكال تم تطويرها بادئ الأمر لصالح وزارة الدفاع الأمريكية.
Adapt	يكيف، يهيئ.
Adaptability	القابلية للتكيف.
Adaptable robotics	روبوتية قابلة للتكيف.
Adaptation	تكيف، تهيأة.
Adapter	محوِّل/مُوفِّق: 1-لوح يحتوي على دارات تسمح لنظام بالعمل مع نظام آخر. 2-برنامج موجود بين برنامجي حاسوب يوفق بينهما حتى يتمكنا من العمل معاً.
Adapter Card	بطاقة محوِّل، لوح مهايئ: لوح يحتوي على دارات تسمح لنظام بالعمل مع نظام آخر.
Adapter ISDN	محوِّل/مهايئ الشبكة الرقمية للخدمات المتكاملة: قطعة تصل بين حاسوب والشبكة الرقمية للخدمات المتكاملة.
Active Movie	تقنية فيديو رقمي ذات بيئات تشغيل متعددة طورتها شركة مايكروسوفت لتنفيذ ملفات من نوع MPEG وAVI وQuivk Time بالإضافة إلى ملفات WAV الصوتية.
ActiveStore	تقنية التخزين الفعّال/النشط: مبادرة من ميكروسوفت لدعم تطبيقات البيع بالتجزئة بصرف النظر عن البائع.
ActiveSync	برنامج التزامن الفعّال :برنامج تزامن للتنسيق بين الأجهزة طورته شركة مايكروسوفت.
ActiveX	تقنية أكتف إكس: مجموعة من التقنيات طورتها شركة مايكروسوفت في منتصف التسعينيات تُمكِّن عناصر البرمجيات من التعامل مع بعضها البعض ضمن بيئة شبكية بغض النظر عن اللغة المستخدمة لإنشاء هذه العناصر.
ActiveX Control	أداة ضبط أكتف إكس: برمجية قائمة على تقنية أكتف إكس المستخدمة لإضافة التفاعل ومزيد من الوظائف.
ActiveX Data Object (ADO)	كيانات بيانات نشطة: برمجة واجهة التطبيقات من شركة مايكروسوفت والتي تسمح للمبرمجين بالوصول إلى قواعد بيانات بشكل يسير عبر تطبيقات الشبكة الدولية.
Activity	نشاط.
Activity Light	ضوء الفعّالية: وهو عبارة عن صمام إلكتروني يبعث الضوء في الواجهة الأمامية للحاسوب و/ أو مشغل الأقراص ليشير إلى وقت إستخدام الحاسوب أو مشغل الأقراص.
Activity Ratio	نسبة النشاط/الفعّالية: نسبة عدد السجلات التي يجري إستخدامها الى عدد السجلات الكلي في قاعدة البيانات.

	ضبط الأخطاء من نقطة إلى نقطة أو إلى عدة نقاط.
Add/Remove Program	إضافة وحذف البرامج: إسم قائمة متوفرة في نظام تشغيل ويندوز من مايكروسوفت تسمح بإضافة وحذف البرامج.
Added security	أمن اضافي.
Adder	جامع: دارة ينتج عنها حاصل جمع الأرقام الثنائية المدخلة إلى الحاسوب.
Add-In	راجع Add-on.
Add-In Memory	ذاكرة إضافية داخلية: ذاكرة تضاف مباشرة إلى وحدة المعالجة المركزية لزيادة سعة الذاكرة الرئيسة.
Addition Record	سجل إضافي: 1-سجل يصف قيود جديدة (مثل عميل جديد أو موظف جديد أو منتج جديد) ضمن قواعد البيانات بحيث يأتي بعد ذلك دور تدقيق هذه البيانات وإدخالها إلى قاعدة البيانات. 2-سجل يحوي التغيرات على ملف يُستخدَم لتعديل الملف الأستاذ فيما بعد.
Additional Character	رمز/علامة إضافية: علامات خاصة على الحروف والأرقام ورموز التحكم.
Add-On	إضافة: 1-عملية إضافة قطع نظام الحاسوب لتحسين أدائه وزيادة إمكانياته. 2-برنامج مساعد يفيد في توسيع إمكانيات تطبيق موجود. 3-مكمّل: أي برنامج أو إصدار أو جهاز يستعمل ليكمل وظيفة برنامج أو إصدار أو جهاز آخر.
Add-On Memory	ذاكرة إضافية خارجية: ذاكرة إضافية توصل بالذاكرة الرئيسة بواسطة كيبل لزيادة سعة التخزين أو تُستخدَم كذاكرة إحتياطية.
Adaptive Answering	رد تكيفي: قدرة المودم على معرفة ما إذا كانت المكالمة الواردة عبارة عن فاكس أو بث بيانات والرد عليها وفقاً لذلك.
Adaptive Delta Pulse Code Modulation	تضمين تكيفي لترميز التغير النبضي: خوارزميات ضغط/فك ضغط البيانات الصوتية حيث تُخزّن هذه الخوارزميات الإشارات الصوتية المقطعة كعينات رقمية على شكل سلسلة من التغييرات على الإشارة مما يزيد من فعالية نقل وفك البيانات.
Adaptive Differential Pulse Code Modulation	تضمين تكيفي لترميز التغير التبايني: خوارزمية ضغط الصوت الرقمي.
Adaptive Load Balancing	موازنة حِمل تكيفية: التنسيق التكيفي الدقيق في أنظمة الحاسوب وشبكاته من أجل توزيع البيانات وعمليات المعالجة على المصادر المتاحة في تلك الأنظمة والشبكات بشكل متساوٍ.
Adaptive Routing	التوجيه التكيفي: القدرة على إختيار مسار إتصالات جديد لتجنب الضغط أو لتجنب مشكلة إزدياد حركة نقل البيانات في نقطة أو دائرة ما.
Adaptive System	نظام تكيفي: نظام قادر على تعديل سلوكه بناءً على مزايا معينة مستقاة من بيئته أو من تجاربه السابقة.
ADB (Apple Desktop Bus)	ناقل سطح مكتب أبيل: ناقل تسلسلي بطيء السرعة لوصل لوحة المفاتيح والفأرة وغيرها بحواسيب ماكنتوش وحواسيب أبيل السلسلة الثانية (IIGS).
ADC (Analog to Digital Converter)	محوِّل البيانات التناظرية إلى رقمية.
ADCCP (Advanced Data Communication Control Protocol)	بروتوكول ضبط إتصالات البيانات المتقدم: بروتوكول أُستخدم في بث مجموعات بيانات

Address Mapping Table	جدول مطابقة العناوين: جدول تستخدمه الموجهّات أو مزودات أنظمة أسماء المجال لإيجاد عناوين بروتوكول الشبكة الدولية أو مطابقة نوع من العناوين مع نوع آخر.
Address Mask	قناع العنوان:رقم مرجعي يُستعمَل لتقسيم عناوين الشبكة الدولية إلى عنوان شبكة و عنوان مستخدم.
Address Mode	نسق/ نمط العنوان: طريقة مستخدمة للدلالة على عنوان معين في الذاكرة.
Address Modification	تعديل العنوان: طريقة تحديث عنوان معين خلال عملية الحساب لكي يشير إلى موقع آخر.
Address Munging	حماية العنوان: عملية إخفاء عنوان بريد إلكتروني للحيلولة دون قيام الأشخاص والمنظمات من إستخدامه كهدف لإرسال البريد الإلكتروني غير المرغوب به.
Address Register	سجل العنوان: دارة عالية السرعة ضمن وحدة المعالجة المركزية مهمتها حفظ عنوان الذاكرة (كله أو جزء منه) مؤقتا وذلك لنقله فيما بعد إلى ناقل العناوين لتحديد العنوان الذي يطلب المعالج التعامل معه.
Address Resolution	تحليل العنوان: هي طريقة تعريف الحاسوب وذلك عن طريق العثور على العنوان المطابق المقابل له ضمن جدول مطابقة العناوين.
Address Resolution Protocol	بروتوكول تحليل العنوان: بروتوكول لتحديد عنوان شبكة إتصالات فيزيائي لحاسوب.
Address Translation	ترجمة العنوان: بروتوكول تحويل العناوين من نوع إلى آخر مثل العنوان الفعلي إلى العنوان الإفتراضي.
Addressable	قابل للعنونة/للوصول: يمكن الوصول إليه من خلال عنوان في ذاكرة الحاسوب.
Address	عنوان، يخاطب.
Address	عنوان: 1-رقم مُميز يُعطى لكل حجرة من حجرات الذاكرة التي تخزَّن فيها البيانات 2-رقم أو مجموعة من الأرقام والحروف المميزة التي تُعرِّف جهازا ما أو موقع ضمن الشبكة الدولية أو ضمن شبكة حاسوبية أخرى. 3-رمز يُستخدَم لتعريف وجهة البريد الإلكتروني.
Address Book	كتاب العناوين: قاعدة بيانات تحتوي على لائحة بالعناوين الشبكية للمستخدمين يُستخدَم لاسترجاع العناوين البريدية لمن يرغب المستخدم بارسال بريد إلكتروني إليهم.
Address Buffer	حيز العناوين: حيز صغير للتخزين يحتوي على عنوان الموقع الذي تُستخرَج منه التعليمة التالية أو البيان التالي.
Address Bus	ناقل العناوين: قناة إلكترونية أووصلة فيزيائية دقيقة جدا تتألف من 20 الى 64 خط مستقل حسب الحاسوب مهمتها تمكين المعالج من إختيار موقع الذاكرة المراد التعامل معه عبر تحديد العنوان المطلوب ثم نقل محتويات الموقع من مكان إلى آخر ضمن الحاسوب مثل المعالج الدقيق إو الذاكرة.
Address Classes	فئات/أصناف العناوين: عناوين تُعيَّن للمواقع تقسم إلى ثلاث فئات أ، ب، ج تختلف في الحجم والعدد.
Address Decoder	مفكك ترميز العناوين: جهاز إلكتروني مهمته تحويل العنوان العددي إلى إختيار فعلي لموقع معين في الذاكرة أو بتعبير آخر هو دارة منطقية وظيفتها إنتاج إشارات معينة ترسلها إلى الذاكرة عند تطبيق عنوان أو مجال معين من العناوين على ناقل العناوين.

Addressee	مُخاطَب.
ADF (Automatic Document Feeder)	مغذي الورق الآلي: آلة تزويد الورق تدخل ورقة تلو الأخرى في وحدة معينة مثل الطابعة أو الماسحة الضوئية.
ADJ (Adjacent)	متجاور: متحول منطقي يشير الى كون حالتين (من كلمة أو من غرض ما) متجاورتين أو البحث عن كلمتين فقط عند ورودهما بشكل متجاور.
ADM (Add Drop Multiplexer)	وحدة إتصال متعددة للإضافة والإزالة: هي وحدة إتصال متعددة في شبكات الألياف الضوئية تتمتع بالقدرة على جمع أكثر من إشارة ذات نطاق منخفض إلى تدفق بيانات ذي نطاق عريض عالي وفي الوقت ذاته يمكنها إستخلاص أو إسقاط إشارات نطاق عريض وتحويلها إلى نطاق منخفض بإزالتها من التدفق وتحويلها إلى مسارات شبكية أخرى.
Administration	إدارة .
Administrative Alerts	تنبيهات إدارية.
Administrative license	ترخيص إداري: تصريح يصدر عن الجهات المعنية لتنظيم استعمال شئ ما وفقاً لاتفاقية التنوع البيولوجي توفر أساساً للمطالبة بتعويض عن الأضرار البيئية ومكافحة التلوث كما قامت بعض الأنظمة الأخرى باستعمال نمط الترخيص الإداري في قطاعات الجينات والتكنولوجيا الحيوية كأنشطة تجارية تتعلق بالتعامل بالكائنات الحية (الاستيراد ـ النقل ـ البحث ـ الصنع ـ الإنتاج ـ النشر) وبما يتفق مع قانون البيئة وتقنية المعلومات.
Administrative solutions	حلول إدارية.
Administrator	مسؤول النظام: الشخص التقني المسؤول عن إدارة العمل على أنظمة الحاسوب متعددة المُستخدِمين وأنظمة الإتصالات أو كليهما معاً وتشمل مهام مدير النظام تخصيصَ حسابات المستخدمين وكلمات المرور الخاصة بهم وبناء مستويات وصول آمنة (ضد الإختراق) وتخصيص مساحات التخزين على الأجهزة المزودة إضافة إلى مراقبة وتحليل الوصول غير المصرَّح به لوقاية النظام من الفيروسات وغيرها من المخاطر.
Administrator	مدير.
Admission control system	نظام التحكم في الدخول.
Admission request	طلب الدخول.
ADO.NET	تقنية أدو.نيت: مجموعة من عناصر البرمجيات الخاصة بالحاسوب يمكن أن يستخدمها المبرمجون للوصول إلى قواعد وخدمات البيانات.
Adobe Type Manager	مدير خطوط أدوبي: برنامج من شركة أدوبي يقوم بالتعامل مع الخطوط المتوافقة مع تقنية بوست سكريبت.
Adopter	متبني.
ADP (Automatic Data Processing)	معالجة بيانات ألي: معالجة آلية للمعلومات والبيانات بإستخدام أجهزة كهربائية وميكانيكية.
ADPCM	راجع Adaptive Delta Pulse Code Modulation.
ADSL (Asymmetric Digital Subscriber Line)	خط المشترك الرقمي غير المتماثل/غير المتناظر: تقنية تُستخدَم لنقل المعلومات الرقمية بما في ذلك إشارات الفيديو إلى المنازل والشركات بنطاق حزمي عريض وبسرعة عالية تصل إلى 24 ميجابت في الثانية عبر خطوط

	الهاتف العادية توفر عرض نطاق ترددي مختلف في كل اتجاه.
Advanced Backup	نسخ إحتياطي متطوّر: نسخ إحتياطي مع تحكم أكبر بالخيارات.
Advanced Digital Network	شبكة رقمية متطورة/متقدمة.
Advanced Installations	تثبيتات/تركيبات متقدمة.
Advanced Power Management	إدارة الطاقة المتطورة/المتقدمة.
Advanced RISC	حوسبة مجموعة التعليمات المختصرة المتطورة.
Advanced RISC Computing Specification	مواصفات حوسبة مجموعة المعلومات المختصرة المتطورة.
Advanced RISC Machines	آلات حوسبة مجموعة التعليمات المختصرة المتطورة.
Advanced SCSI Programming Interface	واجهة نظام الحاسوب الصغير المتطورة.
Advanced Streaming Format	صيغة التدفق المتطور: هي صيغة ملف مُستخدَم في ويندوز ميديا لتخزين المحتويات السمعية و/أو الفيديوية المضغوطة بإستخدام مجموعة متنوعة من الترميزات في ملف تنسيق التدفق المتطور وتشغيله مرة أخرى بإستخدام ويندوز ميديا بلير (شريطة تحميل الترميز المناسب).
Advancement	تقدم، تعزيز.
Adventure Game	لعبة مغامرات.
Advertise	يعلن.
Advertisement	إعلان.
Advice	مشورة.
Advisor	مستشار.
Advocate	يناصر، مناصر.
Adware	برمجيات الإعلانات.
Adware Cookie	كوكي برمجيات الإعلانات: ملف تضعه بعض المواقع الإلكترونيه في المتصفح لأغراض إعلانية.
Adware detection	اكتشاف البرمجيات الدعائية: رصد الحزم الدعائية التي ترسل لمستخدم الشبكة الدولية دون طلب منه.
AE (Application Entity)	كيان تطبيقي: يشير هذا المصطلح في نموذج الأيزو المرجعي الى أحد الطرفين المشتركين في جلسة إتصالات معينة.
Aerial robot	روبوت جوي.
Aerial surveillance	مراقبة جوية.
AES (Advanced Encryption Standard)	معيار التشفيرالمتطور.
AFC ()	راجع Application Foundation Classes.
AFDW (Active Framework for Data Warehousing)	إطار العمل الفعال لتخزين البيانات.
Affect	يحرك مشاعر، يؤثر في.
Affected	متأثر بـ
Affecting	مثير للعواطف.
Affection	عاطفة، شعور.
Affectionate	محب، رقيق.
Affective	عاطفي.
Affective computing	حوسبة عاطفية: تطوير نظم وأجهزة تتعرف على المشاعر الإنسانية.
Affective robot	روبوت عاطفي: روبوت معد على نحو يمكنه من محاكاة بعض المشاعر الإنسانية.
Affiliate	شركة تابعة.
Affinity	القرابة: خاصية برمجيات يستعملها نظام متعدد المعالجات لإختيار المعالج الذي سيقوم بتشغيل البرامج.
Affluence	ثراء.
Affordance	معرفة المستخدم لآلية عمل مهمة في تطبيق ما قبل تنفيذ هذه المهمة.
AFIPS (American Federation of Information Processing Societies)	الإتحاد الأمريكي لجمعيات معالجة المعلومات.
AFP (Apple Filing Protocol)	برتوكول الإيداع من أبيل: وهو عبارة عن برتوكول للتواصل مع خوادم الملفات الخاصة ببرمجيات ابيل شير.

يوفر التصديق والتشفيرعلى الشبكة الدولية.

AI — راجع Artificial Intelligence

Aid — يعاون، معاون، معونة، أداة مساعدة.

Aided — مُعاوَن بـ

Aesthetic — علم الجمال: خاصية لا بد من مراعاتها من قبل مصممي الأنظمة وخصوصاً عند تصميم واجهات التطبيق.

AIFF (Audio Interchange File Format) — صيغة ملف التبادل الصوتي: معيار لصيغة ملف صوتي يُستخدم لتخزين البيانات الصوتية على الحواسيب الشخصية وغيرها من الأجهزة الصوتية.

AIM — راجع AOL instant Messenger.

AIN (Advanced Intelligent Network) — شبكة ذكية متطورة: شبكة ذاتية التوجيه تستطيع المراقبة والإدارة والتعامل مع الأخطاء وغيرها من القدرات التي تضمن إستمرارها في العمل دون أخطاء.

AirPort — إيربورت: مجموعة من المنتجات اللاسلكية مثل موجهات ومهايئات وصول لاسلكية من إنتاج شركة أبيل.

AirSnort — إيرسنورت: برنامج خاص بنظام تشغيل لينوكس لفك ترميز بروتوكول الترميز اللاسلكي على معيار شبكة B802.11.

AIT (Advanced Intelligent Tape) — شريط ذكي متطور: شريط ممغنط عالي السرعة وكبير الحجم لخزن البيانات أنتجته شركة سوني.

AIX (Advanced Interactive Executive) — نظام التشغيل التفاعلي المتقدم: نظام تشغيل قائم على يونيكس من إنتاج شركة آي بي إم.

AJAX (Asynchronous JavaScript and XML) — لغة جافا سكريبت ولغة التوصيف القابلة للتوسيع اللاامتزامنتين: تقنية تطوير مواقع

AFS (Andrew File System) — نظام ملف أندرو: نظام ملفات مستقل الموقع يَستخدِم مخزن محلي لتخفيف حجم العمل ورفع أداء بيئة الحاسوب الموزعة.

Age — يعمر، يكبر، عصر ، عمر.

Age of open source ideas — عصر أفكار المصدر المفتوح: عصر توفير البرمجيات بلغة المصدر للمستخدم لاتاحة فرصة التعديل والاضافة.

Agent — عامل، أداة، أداة تنفيذ، عملية إعداد وتبادل المعلومات.
1- العميل البرمجي هو برنامج يؤدي عملا عند حصول حدث معين ويمكن للعملاء نقل ملف مختصر في أول يوم من الشهر أو مراقبة البيانات الواردة وتنبيه المستخدِم عند وصول أي معاملة.
2- عميل الشبكة الدولية هو برنامج يجمع المعلومات أو يؤدي بعض الخدمات من دون الوجود الشخصي للمستخدم وحسب برنامج زمني محدد.

Aggregate Functions — الدّوال المجمَّعة: دوال تُستخدم في لغات الإستفسار عن البيانات ووظيفتها عرض نتيجة واحدة بالإعتماد على مجموعة من البيانات في حقل أو مجموعة حقول من قاعدة بيانات.

Aggregated Links — وصلات تجميعية: عمليات إتصال تسمح للأجهزة بإستخدام ما يصل إلى أربع وصلات متوازية.

Aggregation Of Links — تجميع الروابط.

Aging — تقادم الملف : عدم قدرة ملف نظام على عرض البيانات بشكل متسلسل.

Agree — يوافق.

Agreement — اتفاق.

Agreement for Sales of Data Processing Equipment — اتفاق لبيع معدات معالجة البيانات.

AH (Authentication Header) — مقدمة التحقق: بروتوكول أمن

الشاشة بسبب انخفاض الكثافة النقطية للشاشة أو نتيجة تحويل خاطئ لإشارة تناظرية إلى رقمية.

Aliasing Bug — علة الاستعارة: نوع من أخطاء الحاسوب المبهمة التي يمكن أن تظهر في شيفرة مسؤولة عن التخصيص الديناميكي للذاكرة.

Align — يحاذي: يرتب الأسطر بحيث تكون على بعد معين من نقطة معينة كالهامش مثلاً وذلك في برامج معالجة النصوص.

Alignment — المحاذاة: ترتيب الأشياء ضمن مواقع أو صفوف أو أعمدة ثابتة أو محددة مسبقاً كمحاذاة الفقرات في معالج النصوص.

All Points Addressable — إمكانية الوصول إلى كل النقاط: طريقة خاصة برسومات الحاسوب يمكن فيها عنونة كل نقطة والتحكم بها على حدة.

Allegro — مكتبة اليجرو: مكتبة سريعة للوظائف تُستخدَم في برمجة ألعاب الحاسوب وبرامج الرسومات بلغة سي و سي++.

Alliance — اتحاد، حلف.

Allocation Block Size — الحجم المخصّص: حجم مجموعة بيانات على وسط تخزين كالقرص الصلب والذي يتم تحديده من خلال عوامل مثل حجم القرص الإجمالي وخيارات التجزئة.

Allocate — يوزِّع، يخصِّص: تخصيص مساحة كافية من الذاكرة لاستخدام برنامج معين.

Allocation — توزيع، تخصيص: تخصيص مساحة من الذاكرة لاستخدام برنامج معين من قبل أنظمة التشغيل.

Allocation Unit — وحدة التوزيع/التخصيص: وحدة تخزين على قرص تتألف من عدد

وتطبيقات الشبكة الدولية التفاعلية.

Alarm — ينذر، إنذار، جهاز إنذار، منبه: إشارة صوتية أو على شكل صورة يصدرها الحاسوب لمستخدِم لتنبيهه حول حدوث خطأ أو خطر محتمل.

Alert — يقظ ، ينبه، تحذير: رسالة يعرضها تطبيق ما أو نظام تشغيل للفت نظر المستخدِم إلى حدوث خطأ أو خطر محتمل.

Alert Box — رسالة/صندوق التحذير: صندوق يظهر على الشاشة ويحتوي على رسالة تحذير في أوقات معينة.

Alerter Service — خدمة التحذير: خدمة في نظام تشغيل مايكروسوفت ويندوز تُستخدَم لإرسال التنبيهات الإدارية للمستخدمين حول الأمور المتعلقة بالأمن والوصول وغيرها.

Algebraic Sign — إشارة جبرية: العلامة التي تأتي قبل الرقم ويمكن أن تكون موجبة أو سالبة.

ALGOL (Algorithmic Language) — لغة الخوارزميات (الجول): لغة برمجة جبرية تُستخدَم بشكل أساسي لحل المسائل الحسابية والعلمية بإستخدام الخوارزميات.

Algorithm — الخوارزمية: مجموعة متسلسلة من الخطوات المنطقية والاحتسابية لحل مشكلة ما وسميت بذلك نسبة إلى مبتكرها الخوارزمي الذي وضعها في القرن التاسع للميلاد.

Alias — إسم مستعار: إسم في نظام الحاسوب يُشير إلى إسم آخر حيث أن معظم أسماء عناوين الشبكة الدولية هي أسماء مستعارة كليا أو جزئيا.

Aliasing — المظهر المشوه بالنتوءات: ظهور الخطوط المنحنية أو المائلة بشكل مشوه النتوءات على

	محدد من القطاعات التي يستخدمها نظام التشغيل لقراءة أو كتابة المعلومات.
All-Purpose Computer	حاسوب جميع الأغراض.
ALOHA	ألوها: نوع من أنواع أنظمة بث الوصول المتعدد قامت جامعة هاواي بتطويره من أجل إتصالات الراديو الأرضية والأقمار الصناعية.
ALOHAnet	شبكة ألوها: أسلوب وصول عشوائي عبر قناة راديو يعتمد على الإجابة الإيجابية بالإستلام الصحيح للتحكم بالخطأ.
Alpha	ألفا: مجموعة من وحدات المعالجة المركزية ذات 64 رقم ثنائي لها تصميم حاسوبي يستخدم تعليمات أقل تعقيداً طورته شركة إتش بي.
Alpha AXP	ألفا إي اكس بي: معالج مركزي مصغر ذو 64 رقم ثنائي له تصميم حاسوبي يستخدم تعليمات أقل تعقيداً طورته شركة ديجيتال إكويبمنت بادئ الأمر.
Alpha Blending	دمج ألفا: دمج قناة ألفا مع طبقات أخرى لإظهار صورة نصف شفافة تُظهر ما يقع خلفها.
Alpha Box	صندوق ألفا: حاسوب يَستخدِم معالج DECchip 21064.
Alpha Channel	قناة ألفا: الأرقام الثنائية الثمانية ذات الترتيب الأعلى في نقطة الرسم ذات الـ 32 رقم ثنائي التي تُستخدَم للتحكم في الـ 24 رقم ثنائي المتبقية وذلك لأغراض التلوين.
Alpha Test	إختبار ألفا: إختبار البرنامج الأولي من قبل مجموعة من المستخدمين المحتملين.
Alter Table	تعديل الجدول: هو من الأوامر المستخدمة في لغة الاستعلام الهيكلية من أجل تعديل هيكل الجدول من حقول أو شروط.
Analogue circuit	دائرة متناظرة .
Analogue communication	اتصال تناظري.
Analysis	تحليل.
Analyst	محلل.
Analytic	تحليلي، بارع في التحليل .
Analytical Chart	الرسم البياني التحليلي، مخطط تحليلي.
Angle Brackets	أقواس زاوية: <> تستخدم عادة لتضمين شيفرة من نوع معين.
Angstrom	وحدة أنجستروم: وحدة قياس أطوال الموجات تساوي واحد نانوميتر.
ANI (Automatic Number Identification)	تحديد/تعريف الرقم التلقائي.
Animal cognition	إدراك الحيوانات: استخدام إدراك الحيوانات كنموذج لبناء أطر إدراكية اصطناعية لدى الروبوتات.
Animate	يحيي، ينشط، يقوي، يرسم رسوما متحركة ويحركها.
Animated Cursor	مؤشر متحرك: مؤشر شاشة يُظهر مجموعة من الأطر المتتابعة عند موقع المؤشر بدلا من صورة واحدة.
Animated GIF	تنسيق الصور الرسومية الحركية: مجموعة من الصور الرسومية بصيغة GIF تُعرض بشكل متتابع في الموقع نفسه لتوحي بصورة متحركة.
Animation	إحياء، رسوم/ صور متحركة: تحريك المخططات أو الرسوم المكونة من سلسلة من الصور وعرضها بشكل سريع متسلسل.
Animator	فني رسوم متحركة.
ANN (Artificial Neural Network)	الشبكات العصبونية الاصطناعية راجع Artificial Life.
Annotation	ملاحظة، تعليق: ملاحظة أو تعليق على بعض أجزاء الوثيقة لتوفير معلومات ذات علاقة.

Annoybot	برنامج إزعاج: برنامج على قناة الدردشة على الشبكة الدولية يتفاعل مع المستخدم بطريقة مزعجة.
Anonymity	مجهولية الهوية: القدرة على إرسال رسالة بريد إلكتروني أو مقالة إلى مجموعة إخبارية من دون الإفصاح عن هوية المرسل.
Anonymous	مجهول الهوية.
Anonymous FTP	القدرة على الوصول إلى ملفات معينة على نظام حاسوب عن طريق بروتوكول نقل الملفات بدون الحاجه إلى إسم مستخدم.
Anonymous Post	بريد مجهول الهوية: رسالة بريد إلكتروني مجهولة المصدر/هوية المرسل.
Anonymous Remailer	مرسل بريد إلكتروني مجهول الهوية: خادم بريد إلكتروني يستقبل رسائل واردة من مصادر معروفة ويعيد ارسالها إلى وجهتها المقصودة دون إيضاح المصدر/ هوية المرسل.
Anonymous Server	خادم مجهول الهوية: 1-البرمجية المستخدمة من قبل مرسل بريد إلكتروني مجهول الهوية. 2- برمجية تقدم خدمة الوصول إلى ملفات معينة عن طريق بروتوكول نقل الملفات بدون الحاجه إلى إسم مستخدم.
ANSI (American National Standards Institute)	المعهد القومي الأميركي للمعايير/ للتنميط : منظمة تأسست في 1918 تنسق تطوير المعايير القومية الأميركية التطوعية في القطاعين الخاص والعام مسؤولة عن عدة معايير في أنظمة الحاسوب مثل عناوين بروتوكول الشبكة الدولية.
ANSI X3.30-1997	معيـــار المعهـــد القـــومي الأمـــيركي للمعـــايير بـــاعتماد التقـــويم المـــيلادي لتسهيل تبادل البيانات بين أنظمة المعلومات.
ansi.sys	ANSI.SYS: مُشغِّل أجهزة قابل للتركيب لحواسيب تعمل بنظام تشغيل مايكروسوفت دوس يَستخدِم أوامر المعهد القومي الأميركي للمعايير لتعزيز تحكم المستخدم بالجهاز.
ANSI/SPARC (Standard Planning And Requirement Committee)	لجنة التخطيط والمتطلبات المعيارية في المعهد القومي الأميركي للمعايير: لجنة تابعة للمعهد القومي الأميركي للمعايير قدمت في السبعينيات من القرن العشرين بنية عامة تتكون من ثلاثة خطط تُستخدَم كأساس لبعض أنظمة إدارة قواعد البيانات.
Answer Mode	نسق، نمط الإجابة: خاصية تسمح للمودم بالإجابة على أي مكالمة هاتفية واردة آليا وتُستخدَم أيضا في أجهزة الفاكس.
Answer Only Modem	موديم إجابة فقط: موديم قادرعلى إستقبال المكالمات والإجابة عليها فقط ولكن لا يمكنه إرسال المكالمات أو إنشاء الإتصالات.
Answer/Originate Modem	موديم إجابة/إرسال: موديم يمكنه إستقبال وإرسال المكالمات الهاتفية وهو أكثر أنواع أجهزة الموديم شيوعا.
Anthropomorphic	يجسد الصفات بشرية.
Anthropomorphism	عزو/تجسيد الصفات البشرية من قبل غير العاقل.
Anthropomorphize	يعزو/يجيد الصفات البشرية من قبل غير العاقل.
Anthropomorphosis	التحول إلى الشكل البشري.
Anti	مضاد، مكافحة.
Anti piracy	مكافحة القرصنة.
Anti spam	مكافحة البريد الالكتروني المزعج.

Anycasting	تقنية أني كاستنغ: تقنية عنونة بروتوكولات الشبكة الدولية التي تستخدمها بعض الخوادم الأساسية والمؤسسات ذات الشبكات الموزعة الكبيرة.
Any-to-Any Connectivity	إتصال متبادل: خاصية بيئة الشبكات الحاسوبية المتكاملة حيث يمكن التشارك بالبيانات بين عدة بروتوكولات وأنواع من المضيفات وتقنيات الشبكات.
A-Ø (or Aø)	اي Ø: هي لغة لبرنامج يونيفاك 1 أو يونيفاك 2 تَستخدِم تعليمات شيفرة الثلاثة عناوين لمعالجة المشاكل الرياضية.
AO/DI (Always On-line Dynamic ISDN)	شبكة رقمية للخدمات المتكاملة دائمة الاتصال: إتصال بين عميل شبكة الخدمات المتكاملة الرقمية ومزود خدمة المعلومات بإستخدام قناة دي القائمة على معيار X.25 والتي تبث إشارات فعّالة دائما.
AOC (Advice of Charge)	إشعار بالتكلفة: تكلفة المكالمة كما تحسبها محطة الهواتف الخلوية ويُعبَر عن هذه القيمة بوحدات محلية.
AOL Instant Messenger	خدمة التراسل الفوري من شركة (AOL): تطبيق رسائل يتيح للمشتركين إرسال وإستقبال الرسائل النصية والصوتية والفيديوية عبر الشبكة الدولية وبالسرعة الحقيقية.
AOL NetFind	محرك بحث نيت فايند من AOL.
AON (Active Optical Network)	شبكة ضوئية نشطة/فعّالة.
AOP (Aspect Oriented Programming)	البرمجة الموجهة للموضوع: مجموعة من أساليب وأدوات البرمجة التي تدعم البنية المجزئة على مستوى شيفرة المصدر.
Anti virus	مكافحة الفيروسات.
Antialiasing	مقاومة الخشونة: تقنية برمجية تستخدم للتقليل من المظهر الخشن للخطوط المنحنية والقطرية التي يسببها العرض السيء على الشاشة.
Antiglare	مقاومة التوهج: أي إجراء متخذ للتقليل من الأشعة المنعكسة على الشاشة من مصدر ضوء خارجي.
Anti-Replay	منع إعادة الإرسال: مفهوم منع إرسال رسالة بريد إلكتروني إلى المرسَل إليه أكثر من مرة من دون علم المرسِل الأصلي.
Anti-spam software	برمجيات مضادة للبريد الالكتروني المزعج.
Anti-spyware software	برمجيات مضادة لبرمجيات التجسس.
Antistatic Device	جهاز مضاد للكهرباء الساكنة: جهاز مصمم لتقليل إحتمال إصابة المعدات بصدمة كهربائية ناتجة عن تجمع الشحنات الكهربائية الساكنة.
Anti-surveillance software	برمجيات مضادة للمراقبة.
Anti-virus Program	برنامج مضاد للفيروسات: برنامج حاسوبي يقوم بمسح الذاكرة ووسائط التخزين للتعرف على الفيروسات وعزلها والقضاء عليها ويقوم أيضا بفحص الملفات التي يتلقاها الحاسوب للتأكد من خلوها من الفيروسات.
Anti-virus software	برمجيات مضادة للفيروسات.
Anti-virus upgrade	تحديث البرمجيات المضادة للفيروسات.
AntiWorm	مكافحة الديدان: برنامج حاسوبي مصمم لحماية الحاسوب من الفيروسات التي تنتشر عبر شبكات الحاسوب والملقبة بالديدان و قد يجمع بين خصائص البرمجيات المضادة للفيروسات وجدار الأمن الشخصي.
Any Key	أي مفتاح: مفتاح عشوائي على لوحة مفاتيح الحاسوب لإتخاذ إجراء معين.

التحليل يحتوي على كمية كبيرة من المخرجات وبرامج أولوية أكثر تعقيداً.

APIPA — راجع IP Automatic Private Addressing.

A-Plus — أي +: برنامج شهادات يغطي المعدات والبرمجيات لبيئات تشغيل حواسيب آي بي إم وماكنتوش.

APM — راجع Advanced Power Management.

APNIC (Asian Pacific Network Information Center) — مركز معلومات شبكة المحيط الهادئ الآسيوية: سجل الشبكة الدولية الإقليمي الخاص بمنطقة المحيط الهادئ الآسيوية.

APON (ATM Passive Optical Network) — شبكة صيغة النقل غيرالمتزامن الضوئية غير الفعَّالة: شبكة وصول ضوئية من نقطة إلى عدة نقاط.

App (Application) — تطبيق: برنامج مصمم للمساعدة في تأدية مهمة معينة مثل معالجة الكلمات أوالمحاسبة او إدارة المخازن.

APPC (Advanced Program-to-Program Communication) — إتصالات متقدمة من برنامج إلى آخر: بروتوكول يُمكِّن برامج الحاسوب من التواصل عبر شبكة.

Appearance — المظهر: كيفية ظهور النوافذ في نظام التشغيل ويندوز وتغير مكوناتها وشكلها.

Append — يلحق، يضيف: وضع أو إدخال ملحق بإضافة بيانات إلى آخر الملف أو قاعدة البيانات أو توسيع سلسلة رموز.

Apple Attachment Unit Interface — واجهة وحدة الربط الخاصة بشركة أبيل: هي قطعة إلكترونية تُستعمَل لربط حاسوب أبيل ببطاقات الشبكات.

APA (All Points Addressable) — جميع النقاط القابلة للعنونة: تشير إلى مصفوفة يمكن عنونتها بجميع الأرقام الثنائية.

Apache — شركة /برمجيات أباتشي.

Apache Group — مجموعة أباتشي- مؤسسة برمجيات تقدم الدعم لمجتمع أباتشي لمشاريع البرمجيات مفتوحة المصادر.

Apache HTTP Server Project — مشروع خادم بروتوكول نقل النص التشعبي لأباتشي: مشروع لتطوير خادم بروتوكول نقل النصوص التشعبية يتميز بأنه مفتوح المصادر لأنظمة التشغيل الحديثة بما فيها يونيكس وويندوز.

Apache Project — مشروع أباتشي: بادرة لإنشاء وتطوير البرمجيات مفتوحة المصدر من أباتشي.

APCICT [Asian and Pacific Training Centre for Information and Communication Technology for Development] Virtual Academy — الاكاديمية الافتراضية لمركز التدريب الآسيوي والأطلسي في تقنية المعلومات والاتصالات للتنمية وهو برنامج للتعلم عن بعد في تقنية المعلومات والاتصالات.

Aperture Grill — شبكة فتحات، حاجز متصالب مثقب: أحد التقنيات المستخدمة في صنع شاشات أنابيب الأشعة الكاثودية وفي هذه التقنية توضع نقاط الفسفور في طبقة الفسفور كخطوط رأسية دقيقة جداً من الألوان الثلاث (الأحمر والأخضر والأزرق).

APEX (Assembly Process Exhibition) — معرض عمليات التجميع.

API (Application Programming Interface) — واجهة برمجة التطبيقات: لغة تسمح بالإتصال بين تطبيقات الحاسوب وبرامج التحكم.

APIC (Advanced Programming Interrupt Controller) — جهاز التحكم المتطور في المقاطعة القابلة للبرمجة: جهاز تحكم في المقاطعة القابلة للبرمجة الأكثر صعوبة في

Apple Desktop Bus
ناقل أبيل المكتبي: ناقل تسلسلي بطيء السرعة لوصل لوحات المفاتيح و الفأرة وأجهزة مدخلات أخرى بحواسيب ماكنتوش وحواسيب أبيل السلسلة الثانية (IIGS).

Apple Events
أحداث أبيل: خاصية أُضيفت إلى نظام تشغيل أبيل ماكنتوش يسمح لتطبيق معين بإرسال أمر مثل حفظ أو فتح إلى تطبيق آخر.

Apple Extended Keyboard
لوحة مفاتيح أبيل الممتدة: لوحة مفاتيح مزودة بمائة وخمسة مفاتيح تعمل مع أنواع من حواسيب أبيل ماكنتوش.

Apple II
أبيل 2: الحاسوب الشخصي الثاني الذي قدمته شركة أبيل للحواسيب في عام 1977.

Apple Key
مفتاح أبيل: مفتاح على لوحة مفاتيح أبيل يحمل علامة أبيل.

Apple Macintosh
أبيل ماكنتوش: عائلة من الحواسيب المكتبية والمحمولة من أبيل وأول حاسوب يَستخدِم واجهة رسومية.

AppleDraw
برنامج الرسمِ أبيل درو.

AppleScript
لغة أبيل النصية: لغة نصية تُستخدَم مع حواسيب أبيل ماكنتوش التي تعمل تحت نظام تشغيل 7 لتنفيذ الأوامر والوظائف الآلية.

AppleShare
برمجية أبيل شير: نظام تشغيل للشبكات طورته شركة أبيل لتحويل حاسوب أبيل ماكنتوش إلى خادم تزويد ومشاركة ملفات.

Applet
برنامج صغير: برنامج صغير يُظهر رسوما وصورا متحركة مُصمم بلغة الجافا يتم تحميله بسرعة عالية ويُمكن لأي متصفح يدعم جافا إستعراضه.

AppleTalk
تقنية أبيل توك: مخطط شبكة إتصالات أبيل المحلية تم تطويره عام 1985 لإستخدامه من قبل حواسيب أبيل وغيرها للإتصال والمشاركة بالموارد مثل الطابعات وخوادم الملفات.

AppleTalk Phase 2
تقنية أبيل توك المرحلة الثانية: مرحلة مصممة لتحسين خدمات التحويل والتسمية الخاصة بتقنية أبيل توك لتوفير حركة أفضل في الشبكة وإختيار أفضل للمحوّلات.

AppleWorks
برمجيات أبيل وركس: حزمة برمجيات واسعة الإنتشار طُورّتها شركة أبيل في عام 1983 لتعمل على حاسوب أبيل 2 وتتضمن برامج لمعالجة النصوص وإدارة الملفات والإتصالات.

Appliance
جهاز: جهاز معدات مستقل أوبيئة برمجيات محددة لأداء مهمة معينة.

Appliance Server
خادم تطبيقي مستقل: خادم مصمم لتسهيل عمليتي التركيب والصيانة.

Application
طلب، تطبيق: التطبيق هو برنامج أو مجموعة برامج تُنفذ ضمن بيئة حاسوب صُممت لتُمكِن المستخدمين من توظيف الحاسوب في أداءِ وظائفِ العمل اليوميةِ ويشمل برامج قواعد البيانات ومعالجات النصوص والجدولة.

Application Binary Interface
واجهة التطبيقات الثنائية: عبارة عن مجموعة من التعليمات التي تحدد الكيفية التي يُستعمل فيها تطبيق ما مع المعدّات الحاسوبية وكيفية تخزين البيانات.

Application Centric
مركزية التطبيق: التركيز على التطبيق بوصفه الأساس أو نقطة البداية.

مزوِّد بنية التطبيقات التحتية: مزوِّد يقدم مجموعة كاملة من خدمات البنية التحتية لإستضافة تطبيقات عبر الشبكة الدولية.	Application Infrastructure Provider
طبقة التطبيقات: أعلى طبقة في نموذج ترابط الأنظمة المفتوحة وبروتوكول الشبكة تحتوي على إشارات تُنفذ وظائف مفيدة للمُستخدِم مثل نقل الملفات أو الوصول إلى حاسوب عن بعد وتشكل هذه الطبقة الواجهة التي يتفاعل معها المُستخدِم مباشرة.	Application Layer
إدارة التطبيقات.	Application management
إشعارمن التطبيق.	Application Notification
لغة تطبيقية التوجه، لغة تطبيقية.	Application Oriented Language
حزمة التطبيقات: حزمة برمجيات تم تصميمها لغرض أو صناعة محددة.	Application Package
مبرمج تطبيقات: الشخص الذي يكتب البرامج التي تَستخدِم الحاسوب كأداة لحل مشاكل تطبيقية معينة.	Application Programmer
معالج تطبيقات: حاسوب يعالج البيانات مقابل آخر يؤدي وظائف التحكم مثل معالج أمامي أو جهاز قاعدة بيانات.	Application Processor
برنامج تطبيقات: برنامج لإدخال البيانات أو تحديثها أو الاستعلام عنها أو اصدار تقرير يعالج بيانات المستخدِم.	Application Program
واجهة برنامج التطبيقات: مجموعة من البرامج الفرعية يستخدمها برنامج تطبيقات لتوجيه أداء الإجراءات من قبل نظام التشغيل.	Application Program Interface
برمجة التطبيقات: إعداد برامج حاسوب تطبيقية لإيجاد حلول لمشاكل معينة.	Application Programming
مطوّر التطبيقات: مبرمج يحلل ويصمم وينفذ شكل ووظائف البرامج التطبيقية.	Application Developer
بيئة تطوير التطبيقات: مجموعة متكاملة من الأجهزة والبرمجيات المستخدمة لتطوير تطبيق معين.	Application Development Environment
نظام تطوير التطبيقات: بيئة برمجة مصممة لتطوير تطبيق معين وتشمل بشكل عام محرر نصوص ومكتبة للبرمجيات الفرعية الشائعة الإستخدام.	Application Development System
إدخال التطبيقات.	Application Entry
ملف التطبيق: ملف ثنائي يحتوي على رموز الآلة المتعلقة بتطبيق معين.	Application File
فئات التطبيق الاساسي: إطار عمل رسومي لبناء واجهات مُستخدِم رسومية قائمة على لغة جافا قامت بتطويره شركة مايكروسوفت.	Application Foundation Classes
بوابة التطبيق: برمجية تعمل على آلة تسمح للتطبيقات بدخول شبكة ما أو مصادر ما والمقصود منها الحفاظ على الأمن على شبكة معزولة للسماح للمعلومات بالمرور بين الشبكة الخاصة والعالم الخارجي.	Application Gateway
النظام الفرعي لتوليد التطبيقات.	Application Generation Subsystem
مولّد التطبيقات: برمجية لتوليد شيفرة الآلة لتشغيل تطبيق إستنادا إلى وصف الوظيفة المطلوبة.	Application Generator
كومة التطبيقات: كتلة من الذاكرة يستخدمها تطبيق معين لتخزين معلوماته المؤقته اللازمه في الحسابات.	Application Heap
اتفاق خدمة استضافة التطبيق.	Application Hosting Service Agreement

Application Server	خادم التطبيقات: حاسوب في بيئة عميل/خادم يؤدي دور الخادم لتطبيق معين.
Application Service Provider	مزود خدمة التطبيقات: شركة توفر خدمات قائمة على الحاسوب للعملاء عبر شبكة.
Application Shortcut Key	مفتاح إختصار التطبيق: مفتاح أو مجموعة من المفاتيح عند الضغط عليها تؤدي وظيفة ضمن تطبيق معين والتي تحتاج عادة عدة خطوات من المستخدم للتنفيذ.
Application Software	برمجيات التطبيق: برنامج مصمم لجعل الحاسوب يؤدي مهمة معينة.
Application Suite	رزمة برمجيات: مجموعة من البرمجيات تباع كرزمة واحدة لحل المشاكل المشتركة.
Application virtualization	تحول التطبيقات للنمط الافتراضي.
Applications	طلبات، تطبيقات.
Applications' portfolio architecture	معمارية/بنية حقيبة التطبيقات.
Application-Specific Integrated Circuit	دارة متكاملة محددة التطبيقات: شريحة مصممة بشكل خاص لتطبيق محدد بخلاف الشريحة عامة الأغراض.
Appropriate technology	تقنية مناسبة .
Approving authority	السلطة التي لها حق الموافقة. السلطة الإدارية التي لها حق الموافقة على اتخاذ قرار معين بشأن تقنيات المعلومات والاتصالات.
Appserver	خادم تطبيق: خادم يقدم خدمة التطبيق.
APSK (Amplitude and Phase Shift Keying)	الإتساع وادخال ازاحة الفترة: تمثيل البيانات الرقمية بإشارات قياسية.
APT (Automatically Programmed Tools)	أدوات مبرمجة تلقائيا.
Aqua	ضوء أخضر مزرق شبيه باللون الأزرق المائي.
Acquirer	مُستحوذ.
Arbiter	حَكَم.
Arbitrate	يحكم، يفصل في نزاع، يعرض نزاعا على حكم.
Arbitration	تحكيم.
Arbitration File	تجزئة ملف بطريقة عشوائية.
Arcade Game	مُجمَّعات ألعاب الفيديو.
Archie	آرتشي: نظام خوادم ملف يقوم بالبحث في ملفات متوافرة على الشبكة الدولية من خلال بروتوكول تبادل الملفات.
Archie Client	مستخدم آرتشي.
Archie Server	خادم آرتشي.
Architect	معماري، مصمم بنية.
Architecture	معمارية، فن العمارة، تصميم، تشييد، بناء، أسلوب البناء. البنية/المعمارية هي طريقة تصميم وإنشاء الأجهزة والبرامج لتحقيق الأهداف التي أُنشأت لاجلها.
Archivability	قابلية الحفظ/الأرشفة.
Archive	أرشفة, أرشيف، حفظ الملفات.
Archive	يؤرشف، يحفظ، أرشيف.
Archive Bit	مؤشر حالة آخر تحديث للملف.
Archive File	ملف الأرشيف.
Archive Site	موقع الأرشفة.
Archived copy	نسخة مُأرشفة.
Archives	محفوظات، ملفات الأرشيف.
Archiving	أرشفة، حفظ.
Archivist	مسئول حفظ/أرشيف.
Archivists	مسئولو حفظ/أرشيف.
ARCNet (Attached Resource Computer Network)	شبكة الحواسيب المرتبطة بمصدر: بروتوكول للشبكات المحلية كان شائعا في ثمانينات القرن الماضي.
ARCNet Plus	شبكة الحواسيب المرتبطة بمصدر المُعززة.
Area Search	بحث منطقة.
Areas	مساحات، أماكن، مواقع، مجالات.
Arg (Argument)	المعامل، المتغير المستقل.

ARIN (American Registery for Internet Numbers)	السجل الأميركي لأرقام الشبكة الدولية.
Arithmetic	حسابي.
Arithmetic Circuit	دائرة حسابية.
Arithmetic Expression	مصطلح حسابي، تعبير حسابي.
Arithmetic Functions	دوال، وظائف حسابية.
Arithmetic Logic Unit	وحدة الحساب والمنطق: أحدى مكونات المعالج المركزي المسؤولة عن تنفيذ العمليات الحسابية والمقارنات المنطقية.
Arithmetic Operand	معامل/ طرف حسابي.
Arithmetic Operation	عملية/وظيفة حسابية.
Arithmetic Operator	عامل حسابي.
Arm	يسلح، ذراع.
ARM (Application Response Measurement)	قياس إستجابة التطبيق.
Armament	تسليح.
Armed robot	روبوت مسلّح.
ARP (Address Resolution Protocol)	بروتوكول تحليل العنوان: هو بروتوكول اتصالات مُستخدَم لتحويل عنوان طبقة الشبكة إلى عنوان طبقة الوصلة.
ARP Request	طلب بروتوكول تحليل العنوان.
ARPANET (Advanced Research Projects Agency Network)	شبكة وكالة مشاريع البحوث المتقدمة: شبكة أقامتها وكالة الدفاع الأمريكية بالتعاون مع بعض الجامعات وتُعتبرالأساس الذي بُنيت عليه الشبكة الدولية.
ARQ (Automatic Repeat Request)	طلب التكرار التلقائي: وهو طريقة لضمان سلامة إنتقال البيانات.
Arranged Sequentially	مُرتب ترتيبا تسلسليا.
Array	مصفوفة.
Array Element	عنصر مصفوفة.
Array Processor	معالج مصفوفة.
Arrow Key	مفتاح سهم (للأعلى أو للأسفل أو لليمين أو لليسار).
Art	فن .
ART (Adaptive Resonance Theory)	نظرية الرنين التكيفي.
Article	موضوع/ مقالة: رسالة إخبارية على الشبكة الدولية.
Articulation	الترابط المنتظم/الإفصاح: أحدى مراحل التفاعل بين المُستخدِم والحاسوب.
Artifact	نتاج صناعي/غير بشري: ما أنتجه الإنسان من ملفات أو تقارير من خلال الحاسوب.
Artificial	إصطناعي.
Artificial Intelligence	الذكاء الإصطناعي: 1- قدرة حاسوب أو آلة على أداء أنشطة يُعتقد عادةً بأنها أنشطة تحتاج إلى ذكاء بشري. 2- فرع من فروع علم الحاسوب يُعنى بتطوير الآلات التي تتمتع بقدرات الذكاء البشري.
Artificial Language	لغة اصطناعية.
Artificial Life	شبكة عصبية إصطناعية: نوع من ذكاء الحاسوب الإصطناعي يَستخدِم برمجيات قائمة على مفاهيم مأخوذة من الشبكات العصبية الحيوية.
Artificial morality	أخلاقية اصطناعية.
Artificial morality of robots	أخلاقية اصطناعية للروبوت.
Artificial Neural Network	الشبكة العصبونية الإصطناعية.
ARU (Audio Response Unit)	وحدة الإستجابة الصوتية.
AS (Autonomous System)	نظام مستقل: نظام لا يعتمد توقيت عمل أي وحدة فيه على وحدة أخرى.
Ascender	الصاعد: أحرف طويلة يمتد جزءها الأعلى على باقي الأحرف.
Ascending Order	ترتيب تصاعدي.
Ascending Sort	فرز تصاعدي.
ASCII (American Standard Code for Information Interchange)	الرموز القياسية الأمريكية لتبادل المعلومات: هو نظام ترميز الحروف والارقام في الحواسيب ومعدات الاتصالات وغيرها من الأجهزة والمعدات التي تستخدم النصوص لتبادل المعلومات بين نظم معالجة البيانات ونظم الإتصالات والمعدات المتصلة بها.

Aspect Ratio	نسبة الظهور/الجانب: نسبة عرض الرسمة إلى إرتفاعها.
ASPI (Advanced SCSI Programing Interface)	واجهة برمجة حاسوبية صغيرة متقدمة.
ASR (Automatic Send /Receive)	الإرسال و الإستقبال التلقائي: يستخدم الإرسال والإستقبال التلقائي عادةً في برامج عميل البريد الإلكتروني للتنسيق التلقائي مع الخادم.
ASR (Automatic System Recognition)	التمييز التلقائي للنظام.
Assault	يتهجم، يعتدي، تهجم، اعتداء.
Assemble	يُجمِّع: جمع البيانات اللازمة لبرنامج ثم ترجمتها إلى لغة الالة ليتمكن المعالج من معالجتها.
Assembler	المُجمِّع: برمجية قادرة على تحويل البرنامج المكتوب بلغة التجميع إلى لغة الآلة التي يستطيع المعالج فهمها وتنفيذها.
Assembly Cache	ذاكرة الترجمة التجميعية السريعة.
Assembly Language	لغة التجميع: هي لغة برمجة منخفضة المستوى.
Assembly List	بيان الترجمة التجميعية.
Assembly Listing	قائمة الترجمة التجميعية.
Assembly Program	برنامج الترجمة التجميعية.
Assembly Run	تنفيذ/تشغيل الترجمة التجميعية.
Assertion	التوكيد: دال أو عبارة صح أو خطأ لتأكيد أن العبارة دائما صح في نقطة معينة.
Assertive licensing	ترخيص تأكيدي.
Assessment	تقييم.
Assessment report	تقرير تقييم.
Assessor	مقيم.
Asset	أصل.
ASSET (Asset Source for Software Engineering Technology)	أصول تقنيات هندسة البرمجيات: برنامج لتحسين امكانيةإعادة إستخدام النظام/البرمجية.
ASCII Character	حرف/رمز أسكي.
ASCII Character Set	مجموعة حروف شيفرة/ رمز أسكي.
ASCII File	ملف أسكي.
ASCII Keyboard	لوحة مفاتيح أسكي: لوحة مفاتيح رموزها مبنية على شيفرة أسكي.
ASCII String	سلسلة رموز شيفرة أسكي.
ASCII Transfer	تبادل شيفرة أسكي.
ASF (Advanced Streaming Format)	صيغة التدفق المتقدم.
ASIC (Application Specific Integrated Circuit)	دائرة متكاملة مدمجة محددة حسب التطبيق.
ASK (Amplitude Shift Keying)	سعة التحول :طريقة للتمييز بين الموجات المختلفة عن طريق إختلاف إرتفاع الموجات المتعاقبة.
ASMP (Asymmetric Multiprocessing)	معالجة متعددة غير متزامنة: معالجة تقوم بتنفيذ أكثر من برنامج في نفس الوقت من خلال أكثر من معالج مركزي وذاكرة واحدة.
ASN (Autonomous System Number)	رقم النظام المستقل.
ASN.1 (Abstract Syntax Notation)	هيكليات التمثيل المجرد للبيانات: معيار لتصنيف البيانات وفقا لهرم على طريقة عدد صحيح أو عدد ثنائي أو منطقي وهو مستخدم كثيرا في الإتصالات الأرضية والخلوية والطيران.
ASP (Active Server Pages)	صفحات الخادم الفعّالة/النشطة.
ASP Aggregator	مُجَمِع صفحات الخادم الفعّالة/النشطة.
ASP.NET	لغة تطوير صفحات الخادم الفعّالة/النشطة: لغة برمجة لتطوير مجموعة من الصفحات الشبكية التفاعلية.
ASP.NET Sever Control	التحكم بخادم شبكة صفحات الخادم الفعّالة/النشطة.
ASP.NET Web Application	تطبيق شبكة صفحات الخادم الفعّالة/النشطة.

Asset Management	إدارة الأصول: هي عملية جمع وتصحيح شاملة لجميع العناصر في المؤسسات من برمجيات ومعدات وتسجيل هذه البرمجيات والمعدات كأصول للشركة وإدارتها بشكل سليم.
Assignment	تعيين/مهمة: في تقنيات الحاسوب التعيين هو جهاز طرفي أو وحدة ذاكرة يتم إستخدامه في برنامج من خلال تعريفه بالشيفرة المصدرية.
Assignment Operator	مُشغل التعيين.
Assignment Statement	عبارة التعيين.
Assistive/Adaptive technology	تقنية مساعدة: يطلق هذا التعبير على التقنيات التي تُستخدَم في مساعدة ذوي التحديات الذهنية والجسدية.
Associate	ربط: إعلام نظام التشغيل أن إمتداد اسم ملف معين مرتبط بتطبيق معين فيقوم نظام التشغيل بفتح التطبيق وتحميل الملف تلقائيا عند النقر على الملف.
Associative Storage	ذاكرة ارتباطية.
Associativity	الإرتباط.
Association Control Service Element	عنصر خدمة التحكم المشترك.
Asymmetric connections	اتصالات غيرمتماثلة: اتصالات توفر عرض نطاق ترددي مختلف في كل اتجاه.
Asymmetric Digital Subscriber Line (ADSL)	خط المشترك الرقمي غير المتماثل: تقنية ومعدات تسمح بتحقيق اتصالات رقمية عالية السرعة عبر خط الهاتف وبسرعتين مختلفتين للتحميل والتنزيل.
Asymmetric Digital Subscriber Loop	حلقة خط المشترك الرقمي غير المتماثل.مرادف لِ Asymmetric Digital Subscriber Line.
Asymmetric encryption (public-key encryption)	التشفير غير المتماثل /تشفير المفتاح العام: آلية تشفير وفك تشفير الرسائل تقوم باستخدام مفاتيحين رقميين متصلين رياضيا، المفتاح العام للتشفير والخاص لفك التشفير.
Asymmetrical Transmission	نقل غير متماثل: نقل يوفر عرض نطاق ترددي مختلف في كل اتجاه.
Asynchronous	غير متزامن: تنفيذ يتطلب إشارة أن المهمة/العملية السابقة أُنجزت ليبدأ تنفيذ مهمة/عملية جديدة.
Asynchronous Communication	الإتصالات غير المتزامنة.
Asynchronous Device	أجهزة غير متزامنة: أجهزة عملياتها الداخلية غير متزامنة مع أي جزء من النظام.
Asynchronous Input/Output	إدخال/ إخراج (إرسال) غير متزامن.
Asynchronous Operation	عملية غير متزامنة: عملية يتم تنفيذها بشكل مستقل عن أي آلية توقيت.
Asynchronous Procedure Call	نداء الإجراء غير المتزامن: استدعاء وظيفي يتم تنفيذه بشكل منفصل عن برنامج تنفيذ عندما يتوفر أكثر من شرط تنفيذ.
Asynchronous Protocol Specification	معيار بروتوكول غير متزامن.
Asynchronous Static RAM	ذاكرة وصول عشوائي ساكنة غير المتزامنة.
Asynchronous Transfer Mode	صيغة النقل غير المتزامن.
Asynchronous Transmission	النقل غير المتزامن: تختلف فيه فترات التقطع بين الحروف ولهذا فهو يتطلب حروف تحكم الإيقاف والإبتداء مع كل حرف بيانات مرسل.
Asynchronous Chip	الرقاقة الإلكترونية غير المتزامنة.
AT (Advanced Technology)	تقنية متقدمة/متطورة.
ATA (Advanced Technology Attachment)	ملحق تقني متقدم.

ATA Hard Drive Card	بطاقة تقنية إلحاق متقدمة لمشغل الأقراص الصلبة: بطاقة توسعية مُستخدَمة للتحكم من خلال المشغل.
ATAPI (AT Attachment Packet Interface)	أتابي: الواجهة البينية المستخدمة في نظام حواسيب آي بي إم للولوج الى أجهزة الأقراص المدمجة ذات ذاكرة القراءة فقط.
ATDP (Attention Terminate Dial Pulse)	نبضة تنبيه توقف الإتصال الهاتفي.
ATFP (Apple Talk Filing Protocol)	برتوكول الإيداع في أبيل توك: وهو عبارة عن برتوكول للتواصل مع خوادم الملفات الخاصة ببرمجيات أبيل شير.
Athlon	أثلون: معالج متعدد العمليات من انتاج شركة أيه إم دي.
Atlas (Abbreviated Test Language for Avionics Systems)	أتلاس: لغة الإختبار المختصرة لأنظمة الطيران.
ATM (Asynchronous Transfer Mode)	صيغة النقل غير المتزامن.
ATM Adaption Layer	طبقة تكييف صيغة النقل الغير متزامن: وهي طبقة تهدف إلى دعم بروتوكولات نقل المعلومات القائمة على نمط الإنتقال اللامتزامن وتحدد هذه الطبقة كيفية تقسيم وإعادة تجميع الحزم في خلايا نمط الإنتقال اللامتزامن وكيفية التعامل مع النواحي المختلفة للإرسال ف.
ATM Forum	منتدى صيغة النقل غير المتزامن.
Atom	ذرة.
Atomic Operation	عملية ذرية: عملية لا يمكن تجزئتها إلى عمليات أصغر إما لعدم القدرة على تفسيرها أو لإنقطاعها.
Atomic Structure	الهيكلية الذرية/التركيب الذري: إحدى المكونات الأساسية في بناء برنامج أو حلقات مثل عبارات "إذا" و"إلا".
Atomic Transaction	معاملة ذرية .
Atomicity	ذرية.
ATRAC (Acoustic Transform Adaptive Coding)	الترميز التكيفي للتحوّل الصوتي: عائلة من خوارزميات ضغط الملفات السمعية قامت بتطويرها شركة سوني ويُعد ميني ديسك أول منتج تجاري يحتوي على هذه الخوارزميات والذي أُطلق في عام 1992.
Structured All Through	تقييم منهجي: أسلوب منهجي لاكتشاف العيوب في نظام أو برنامج حاسوبي يشمل مراجعة منهجية للبحث عن الأخطاء والعيوب وإزالتها.
Attach	إلحاق.
Attached Document	وثيقة ملحقة.
Attached File	ملف ملحق.
Attached Processor	معالج ملحق.
Attached Resource Computer Network	شبكة حاسوب ذات مصدر ملحق.
Attachment Unit Interface (AUI)	واجهة بينية لوحدة الإلحاق.
Attack	يهجم، يعتري، يصيب، يشن هجوما، هجم، هجوم.
Attacker	مهاجم: تعبير يطلق على من يقوم بعملية الاعتداء الافتراضي على حواسيب الغير بغية إصابتها بفيروس أو كسر الحواجز الأمنية الخاصة بها أو الاطّلاع على المعلومات المخزَّنة فيها.
Attain	ينال، يحرز، يحقق، يحصل على.
Attainment	نَيْل، إحراز، مكتسب.
Attention allocation	توزيع الانتباه: قدرة الروبوت على توزيع انتباهه على العناصر المحيطة به .
Attention deficit hyperactivity disorder	اضطراب ضعف الانتباه المقترن بنشاط مفرط: تدريب الأطفال الذين يعانون من هذا الاضطراب بواسطة تقنيات معلومات واتصالات مناسبة يمكن أن يسهم في مواجهة هذا النوع من الاضطرابات والارتقاء بتحصيلهم العلمي.

Attenuation	تخفيف، وهن: إضعاف الإشارة المنقولة مثل تشتيت الإشارة الرقمية أو تخفيض اتساع الإشارة الكهربائية عند انتقالها.
Attract Mode	أسلوب جذب: أسلوب عرض نوافذ إضافية عند فتح نوافذ لجذب المستخدمين.
Attribute	خاصية: خاصية مميزة مثل إسم الملف أو نوعه أو موقعه.
Attribution license	اسناد رخصة، ترخيص إرجاعي: ترخيص يصدره صاحب الحق في العمل الفكري للغير بالاستعمال واسع النطاق بشرط التنويه بأن ملكية العمل الفكري يعود لصاحبه الاصلي
Attribution Line	خط الخاصية.
ATX (Advanced Technology Extended)	تقنية متقدمة موسّعة: خاصية للوحة الحاسوب الأم ذات قدرات سمعية ومرئية مبنية داخليا.
AUC (Authentication User Community)	هيئة التحقق من هوية المُستخدِم.
Auction	مزاد، يعرض الشئ بالمزاد.
Auction website	موقع شبكي للمزادات.
Audio	سمعي.
Audio Board	لوحة صوتية.
Audio Card	بطاقة صوتية: بطاقة تقوم بتحويل الإشارات الصوتية التناظرية من الميكروفون والأشرطة أو غيرها من وحدات الادخال إلى الشكل الرقمي الذي يمكن تخزينه في الحاسوب.
Audio Compression	ضغط الصوت: طريقة لتخفيض صخب إشارة صوتية من خلال الحد من التشوه الظاهري عند تشغيل الإشارة أو نقلها.
Audio Conference	مؤتمر/اجتماع صوتي.
Audio engineering	هندسة سمعية.
Audio frequency	تردد سمعي.
Audio Output	مخرجات صوتية.
Audio Output Device	جهاز إخراج سمعي(مثل السماعات).
Audio output devices	أجهزة اخرج سمعية.
Audio Output Port	بوابة المخرجات الصوتية: دارة تحتوي على محول رقمي إلى تناظري لتحويل الإشارات من الحاسوب إلى نغمات مسموعة.
Audio Response	إستجابة صوتية: الأصوات المُنتَجة من الحاسوب إستجابة لنوع من الإدخال حيث يمكن أن يتم توليد المخرجات بمزيج من الكلمات أو ربط الكلمات بمقاطع صوتية.
Audiocast	تحويل صوتي: تحويل إشارة صوتية بإستخدام بروتوكولات الشبكة الدولية.
Audiotext	نص صوتي: تطبيق يسمح للمستخدمين بإرسال وإستقبال البيانات من خلال الهاتف.
Audiovisual	سمعي و مرئي.
Audio-visual learning kits	مجموعة أدوات التركيب/ الاستعمال الشخصي للتعلم السمعي والبصري.
Audit	يدقق، تدقيق: فحص معدات وبرامج وأنشطة الحاسوب للتحقق من فاعلية الأداء.
Audit Policy	سياسة التدقيق.
Audit Trail	مسار التدقيق: وسائل تتبع جميع الأنشطة المؤثرة على المعلومات من ادخال البيانات الى النظام وحفظها الى حين حذفها حيث يسمح هذا الاجراء بمعرفة جميع الحركات والتغيرات التي طرأت على سجل ما.
Auditing	تدقيق/مراجعة: العملية التي يستخدمها نظام تشغيل ما لكشف وتسجيل أمور السلامة مثل محاولة إضافة أو دخول أو مسح المواد.
Auditing solutions	حلول تدقيقة.
Auditor	مدقق.
Augend	العدد المضاف إليه.

Augmenter	مُتمم: كمية تضاف إلى كمية إخرى لإيصالها إلى قيمة معينة.
AUI Cable	كيبل واجهة وحدة الإلحاق.
AUP	راجع Acceptable Use Policy.
Aural User Interface	واجهة المستخدم الشفوية.
Authentic	أصيل.
Authentic software	برمجيات أصيلة/موثوق بها.
Authentic user	مستخدم أصيل/موثوق به.
Authentic website	موقع شبكي أصيل/موثوق به.
Authenticate	يثبت أصالة الشيء.
Authentication	المصادقة، التحقق، الإعتماد: التحقق من أهلية الإستخدام أو إثبات أصالة الشيء أو التحقق من الشخصية أو من هوية الشخص.
Authentication Center	مركز التحقق.
Authentication Header	ترويسة/نص التحقق: الجزء الخاص بتأكيد الهوية في البيانات المنقولة.
Authentication program	برنامج التحقق: برنامج للتحقق من شخصية شخص ما ومن أمثلته البرنامج المخصص للتعرف على شخصية المسافرين من خلال حدقة العين أو بصمة الصوت.
Authentication software	برمجيات التحقق: برمجيات محوسبة للتحقق من أصالة الأشياء والأشخاص ومن أمثلته برامج التعرف إلى الصوت وبصمة العين التي تديرها السلطات في المطارات للتثبت من شخصية المسافر.
Authenticode	شيفرة التحقق من هوية المُستخدِم/المصادقة.
Authoring Language	لغة تأليف: لغة حاسوب أو نظام تطبيق مصمم لتأليف البرامج وقواعد البيانات والمواد المتعلقة بالحاسوب.
Authoring Software	برمجية تأليف.
Authoring System	نظام تأليف: برمجية تطبيقية تسمح للمشغل ببناء وتنسيق ملف لنوع معين من بيئة الحاسوب.
Authorities	سلطات.
Authority	سلطة، جهة إدارة.
Authorization	تفويض، ترخيص الدخول: إعطاء إذن لدخول النظام.
Authorization Code	شيفرة التفويض، ترخيص الدخول.
Authorize	يخول، يرخص، يمنح سلطة.
Authorized service provider	مقدم خدمة مُخَوَل.
Authorized user	مستخدم مُخَوَل.
Auto Answer	إجابة تلقائية: إعداد يسمح لمودم بالإجابة على مكالمة واردة تلقائيا.
Auto Associative	مرتبط ذاتيا.
Auto Attendance	حضور/تواجد تلقائي.
Auto Detect	كشف تلقائي.
Auto ID	تعريف تلقائي: طريقة التعرف الهوية الشخص وجمع البيانات التلقائي.
Auto Restart	إعادة تشغيل الحاسوب تلقائياً.
Autocomplete	إستكمال تلقائي: خاصية تتوفر في العديد من محرري وبرمجيات معالجة النصوص ومتصفحات الشبكة الدولية وتنطوي هذه الخاصية على تنبؤ البرنامج للكلمة أو العبارة التي يرغب المُستخدِم بطباعتها.
Autocorrect	تصحيح تلقائي.
Autodial	إتصال تلقائي.
autoexec.bat (Automatically Executed batch file)	ملف حزمي ذاتي التشغيل: ملف يحتوي على أوامر تُنفذ فور تشغيل الحاسوب في بيئتي تشغيل دوس وويندوز.
Autoformat	تنسيق تلقائي.
AUTOIP	راجع Addressing Automatic IP.
Autokey	مفتاح تلقائي: خاصية في لوحة المفاتيح لتكرار ضربة المفتاح عند الضغط عليه أطول من المعتاد.

Autoload	تحميل تلقائي.
Autoloader	مُحمِل تلقائي: برنامج يسمح بتحميل البرامج وتنفيذها تلقائيا.
Automata Theory	نظرية الأتمتة: دراسة العمليات الحاسوبية وحدود قدرتها وكيفية معالجة الأنظمة للمدخلات والمخرجات بالإضافة إلى دراسة العلاقة بين النظريات السلوكية وعمليات الأجهزة المؤتمتة.
Automatability	قابلية الحوسبة/الاتمتة.
Automatable	قابل للحوسبة/للاتمتة: قابل للتنفيذ الالي أو المحوسب.
Automate	يحوسب، يؤتمت، ينقل الشيء للصيغة الالية.
Automated business environment	بيئة أعمال ألية .
Automated Clearing House (ACH)	المقاصة الآلية: شبكة من المصارف تربط موفري برمجيات معالجة بطاقات الائتمان وشركات البطاقات لمعالجة الدفعات أليا.
Automated control	تحكم آلي.
Automated Design Tool	أداة تصميم مؤتمتة.
Automated directory	دليل ألي.
Automated Home	منزل آلي: منزل يتم إنجاز معظم المهام فيه آليا.
Automated library	مكتبة ألية.
Automated licensing process	عملية ترخيص ألية.
Automated Office	مكتب آلي.
Automatic Answering	إجابة تلقائية: إعداد يسمح لمودم بالإجابة على مكالمة واردة تلقائيا
Automatic Coding	ترميز آلي/تلقائي.
Automatic Data Processing	معالجة البيانات آليا.
Automatic Dialing	إتصال آلي/تلقائي.
Automatic doors control	تحكم آلي بالأبواب.
Automatic energy saving technology	تقنية توفير طاقة ألية.
Automatic Error Correction	تصحيح خطأ آلي/تلقائي.
Automatic information exchange	تبادل معلومات ألي.
Automatic IP Addressing	بروتوكول الشبكة الدولية الآلي/ التلقائي: طريقة لتعيين عناوين الشبكة الدولية تلقائيا.
Automatic lighting control	تحكم آلي بالاضواء.
Automatic ordering of replacement	طلب استبدال الي.
Automatic password generation	توليد ألي لكلمة مرور: تقديم كلمة مرور ألي يعفي المستخدم من ابتكارها.
Automatic Patching	تصحيح الأخطاء التلقائي في البرامج.
Automatic Private IP Addressing	عنونة خصوصية ألية/تلقائية وفقا لبروتوكول الشبكة الدولية.
Automatic Programming	برمجة آلية/تلقائية.
Automatic scheduler	مجدول ألي.
Automatic Sequence Controlled Calculator	آلة حاسبة متحكم بها بالتسلسل الآلي/التلقائي.
Automatic System Reconfiguration	إعادة توليف/تشكيل النظام أليا/تلقائيا.
Automatic Teller Machine	آلة الصراف الالي.
Automatic Teller Machine hacking	اقتحام آلة الصراف الالي.
Automatic windows control	تحكم آلي بالنوافذ.
Automatic work schedule	جدول عمل ألي.
Automation	الحوسبة،الاتمتة، التشغيل الالي/التلقائي.
Automation system	نظام اتمتة/حوسبة.
Automonitor	مراقب آلي: عملية أو ميزة في النظام قادرة على مراقبة ذاته وتقدير حالته الداخلية.
Autonomous	ذاتي، مستقل.
Autonomous Agent	عامل مستقل.
Autonomous building	مبنى مستقل: مبنى يتم تشغيله على نحو مستقل غير معتمد على خدمات البنية التحتية التي تعتمد عليها المباني عادة.
Autonomous robot	روبوت مستقل: روبوت يتمتع بقدرة عالية على التحرك على نحو مستقل.
Autonomous System Number	رقم نظام مستقل.

Autotrace	تتبع تلقائي: خاصية برنامج رسم تقوم برسم خطوط على حواف صورة نقطية لتحويل الصورة إلى صورة شعاعية وفقا للشكل.
AUX (Auxiliary)	اضافي، خارجي: الإسم المنطقي لجهاز مساعد.
Auxiliary storage	مخزن ثانوي.
Auxiliary Device	جهاز مساعد.
Auxiliary Equipment	معدات ثانوية/مساعدة.
Auxiliary Memory	ذاكرة مساعدة/ثانوية.
Auxiliary Storage	تخزين مساعد (ذاكرة إضافية).
Availability	قابلية التوافر/الاتاحة: أحد اساليب تصميم الانظمة وما يرتبط بها من تطبيق للخدمات والذي يضمن الايفاء بتوفير الخدمات ووصول المستخدم للنظام طول الفترة التعاقدية.
Availability management	إدارة التوافر/الإتاحة : احدى عناصر مكتبة البنية التحتية لتقنية المعلومات الخمسة مسؤولة عن ضمان تطبيق نظام متاح للاستخدام وفقا لشروط اتفاقيات مستوى الخدمة.
Available Time	وقت التوافر: الوقت الذي تعمل فيه المعدات أو تكون متوفرة فيه للعمل.
Avatar	رسم تشكيلي: تمثيل جرافيكي لمستخدم أو صورة أو كاريكاتير أو صورة متحركة لحيوان أو جسم يختاره المستخدم لتمثيل "هويته".
AVR (Automatic Voice Recognition)	تعرف آلي/تلقائي على الصوت.
AVS	راجع Anti Virus Software/Program.
Awareness	إحاطة، وعي.
AWK	اي دبليو كيه:لغة معتمدة في نظام التشغيل يونكس مصممة لتطبيقات معالجة الملفات النصية.
Autonomous user of ICT	مستخدم مستقل لتقنيات المعلومات والاتصالات.
Autonomy	ذاتية، استقلالية.
Autoplay	تشغيل تلقائي: خاصية بملفات الصوت أو الأقراص المضغوطة.
Autopolling	الاستقصاء التلقائي: عملية تحديد حالة كل جهاز في مجموعة دوريا بحيث يتمكن البرنامج الفعّال من معالجة الأحداث المولّدة من كل جهاز.
Auto-Reliable	اعتماد ذاتي: خاصية في المودم تسمح له بالإرسال إلى مودم آخر بدون ضغط أو كشف الأخطاء الداخلية.
Autorepeat	تكرار تلقائي: تكرار الحرف إذا بقي المفتاح مضغوطا لفترة طويلة.
Autoresponder	مستجيب آلي.
Autorestart	إعادة التشغيل الآلية/التلقائية.
autorun.inf	إعلام تلقائي بالإدخال: خاصية في نظام التشغيل ويندوز تقوم بتشغيل القرص المضغوط أو غيره تلقائيا عند الإدخال.
Autosave	حفظ تلقائي: حفظ الملف وهو نشط/فعّال عند فترات زمنية معينة دون تدخل المستخدم.
Autosizing	قياس تلقائي: قدرة الشاشة على قبول إشارات بتمايز واحد وعرض الصورة بتمايزات مختلفة وتنسيق الصورة تلقائيا ليتم احتوائها في المساحة المتوفرة.
Autostart Routine	برنامج البدء التلقائي: عملية يتم من خلالها تحضير النظام أو الجهاز للعمل عند التزويد بالطاقة أو عند القيام بأي عمل محدد آخر.
Autosterogram	أوتوستيروغرام: صورة أحادية الأبعاد مصممة لخداع العقل البشري بحيث يراها ثلاثية الأبعاد.
Autotext	نص تلقائي: طريقة لتخزين أجزاء من وثيقة معالج نصوص لإعادة إستخدامها.

AWT (Abstract Window Toolkit)	أدوات النوافذ المجردة: صنف مكتبي من شركة صن ميكروسيستمز يزوِد بإطار عمل لتطبيق واجهة مستخدِم بيانية.
Axis	محور: خط مرجعي يمكن قياس إحداثيات الأجسام وفقا له
AZERTY	هي واحدة من أنواع لوحات المفاتيح وهي عكس لوحة المفاتيح QWERTY المنتشرة والمألوفة فالأحرف AZERTY تبدأ من الأعلى بجهة اليسار في أول سطر بلوحة المفاتيح.

B

B Channel	قناة ب: مصطلح إتصالات يشير إلى قناة الشبكة الرقمية للخدمات المتكاملة (ISDN) والتي يتم من خلالها إجراء الإتصال الصوتي أو نقل البيانات.
B1FF	لغة (B1FF): لغة شبكية عامة إبتكرتها المجموعات التي شعرت أنها مراقبة من قبل الحكومات والشركات في بداية عهد الشبكة الدولية تتسم بقدرة هذه اللغة على تغيير الكلمات إلى الحد الذي يكفي لتضليل البرامج التي تبحث عن كلمات معينة.
B2B	راجع Business to Business e-Business.
B2C	راجع Business to Consumer e-Business.
B2E	راجع Business to Employee e-Business.
Back Button	زر الرجوع: زر في واجهة متصفح الشبكة الدولية يقوم بالرجوع صفحة إلى الخلف.
Back Door	باب خلفي: ثغرة أمنية يتركها المصممون لنظام معين عن قصد حتى يتمكن المبرمجون من إجراء تعديلات على النظام من خلالها.
Back Link	مساندة ارتباط: الروابط الواردة إلى موقع إلكتروني أو صفحة على شبكية حيث يشير عدد الروابط الواردة إلى شعبية أو أهمية ذلك الموقع أو تلك الصفحة.
Back Orifice	باك أوريفيس: برنامج حاسوب جدلي يمَكن المستخدم من التحكم بالحاسوب الذي يتم تشغيله بواسطة نظام ميكروسوفت ويندوز عن بعد.
Back Panel	لوحة خلفية: اللوحة الموجودة في الجهة الخلفية من صندوق الحاسوب والتي تُثبّت عليها وصلات مصادر الطاقة الخارجية والأجهزة الطرفية.
Back up	يحمي، حماية، نسخ احتياطي.
Back up copy	نسخة احتياطية.
Backbone	عمود فقري: وهو ذلك الجزء من شبكة الإتصالات الذي يتحكم بحركة الإتصالات الرئيسة.
Backbone Cabal	مجموعة العمود الفقري: مجموعة لم تعد موجودة من مديري الشبكات المسؤولين عن وضع السياسات والإجراءات للمجموعات الإخبارية في ثمانينات القرن الماضي.
Backbone Site	موقع العمود الفقري: هي عبارة تطلق على مواقع الشبكة الدولية أو خواجم البريد الإلكتروني والتي تعالج كميات كبيرة من معاملات الوسطاء في عمليات البيع والشراء.
Back-end	جهة/طرف خلفي: الجزءالغير ظاهر من البرنامج والذي يقوم بمعالجة البيانات التي تجمعها الواجهة البينية من المستخدم.
Back-end Processor	معالج الطرف الخلفي: حاسوب أو جزء من حاسوب يعمل على تخزين البيانات في قاعدة البيانات وإسترجاعها منها.
Back-end System	نظام الطرف الخلفي: حاسوب يعمل على بيانات سبق وأن عالجها نظام حاسوب آخر.

Background	الخلفية: 1- الصورة التي تظهر على سطح المكتب في أنظمة الحاسوب. 2- منطقة غير مرئية للمستخدم تعمل فيها البرامج.
Background Noise	تشويش الخلفية: التشويش الملازم لخط أو دارة والذي لا يرتبط بوجود إشارة.
Background Printing	طباعة مصاحبة: إرسال وثيقة إلى طابعة أثناء تنفيذ الحاسوب لمهمة أو أكثر.
Background Processing	معالجة خلفية: معالجة تتم دون ادراك المستخدم او الحاجة لتدخله.
Background Program	برنامج خلفي: برنامج ذو أهمية ثانوية في نظام برمجة متعدد.
Background Task	مهمة خلفية: نافذة مفتوحة غير نشطة.
Backing Store	وحدة التخزين الإحتياطية.
Backlit	اضاءة خلفية: شاشة بلورات سائلة لها مصدر إضاءة خاص بها خلف الشاشة بحيث تبدو الخلفية أكثر سطوعاً والأحرف والرموز أكثر وضوحاً.
Backlit Display	شاشات الاضاءة الخلفية: وسيلة عرض تعمل بالبلورات السائلة وتَستخدِم مصدر إضاءة خلف الشاشة لتحسين وضوح الصورة وإمكانية القراءة وخاصة في البيانات ذات الإضاءة الساطعة.
Back office	باك أوفيس: نسخة قديمة من برامج خوادم الشبكات من شركة مايكروسوفت وقد تم ترخيصها ودعمها كحزمة شاملة.
Backplane	لوحة المقابس: لوحة وصل تحتوي على مقابس لإدخال ألواح الدوائر المطبوعة.
Backspace key	مفتاح الرجوع إلى الخلف: مفتاح يُرجع المؤشر إلى الخلف لحذف حرف أو رمز.
Backtracking	طريقة الحل النظامي: حل المسائل بطريقة ألية من خلال بحث نظامي عن الحلول الممكنة حيث يتم إستثناء الحلول غير الصحيحة/المنطقية ولا تتم تجربتها مرة أخرى.
Backup	أخذ نسخة إحتياطية.
Backup Copy	نسخة إحتياطية: نسخة من قرص أو شريط بيانات أو ملف برامج يُحتفظ بها إحتياطا في حال خسران البيانات النشطة نتيجة لعطل ما أو هجمة الكترونية.
Backup File	ملف إحتياطي: نسخة إحتياطية من ملف حاسوبي على شريط أو قرص ثابت أو غير ثابت.
Backup software	برمجيات النسخ الاحتياطية.
Backus-Naur Form	نموذج باكوس العادي: لغة تصف لغة أخرى من حيث تحديد تسلسل الرموز التي تشكل جملة برمجية صحيحة من حيث القواعد التي تحكمها.
Backward Chaining	تسلسل عكسي: نوع من التحليل المنطقي في الذكاء الإصطناعي يبدأ من الإستنتاج ويعمل بشكل عكسي.
Backward Compatibility	توافق مع منتج سابق: قدرة منتَج ما على أن يحل مكان منتج سابق من خلال العمل بإنسجام مع المنتجات الأخرى المصممة لتُستخدَم مع المنتَج السابق.
BAD (Broken As Designed)	خلل بسبب التصميم الرديء: عبارة تطلق على برنامج يعاني من خلل بسبب رداءة التصميم وليس لعيب في شيفرة البرنامج.
Bad Sector	قطاع تالف: قطاع في القرص لا يمكن إستخدامه لتخزين البيانات بسبب تلفه.

Bad Track مسار تالف: مسار من مسارات قطاع ما في القرص لا يمكن إستخدامه لتخزين البيانات بسبب تلفه.

Balanced Line خط متوازن: خط بث يحتوي على ناقلين قادرين على نقل فولتيات متساوية وتيارات ذات قطبية وإتجاهات متعاكسة.

Ball Printer طابعة الرأس الكروي: طابعة تستخدم رأس طباعة صغير كروي الشكل عليه أحرف ورموز ناتئة.

Balloon Help بالون/مربع مساعدة: وسيلة مساعدة على شكل مربع حوار يظهر عند وضع المؤشر على موقع المساعدة المطلوب.

Ban حظر، منع.

Band نطاق.

Bandpass Filter مصفاة نطاق الموجة: مصفاة تستقبل الترددات وتصفي غير المرغوب منها وتسمح بمرور نطاق إرسال (نطاق ترددات) واحد فقط.

Bandwidth سعة البث، عرض النطاق الترددي: يصف مدى الترددات في نطاق ما أي الفرق بين أعلى تردد وأدنى تردد في النطاق وهو طاقة الإرسال للحاسوب أو قنوات أو شبكات الإرسال وتُستخدَم للتعبير عن سرعة الربط بالشبكة الدولية.

Bandwidth Allocation تحديد سعة البث/عرض النطاق: يشير إلى طرائق متعددة مستخدمة في مجال الإتصالات لتصميم وتحديد قنوات التردد لتطبيقات لاسلكية مختلفة.

Bandwidth Brokerage سمسرة سعة البث /عرض النطاق: إدارة مجال شبكة عامة وضمان نوعية خدمات نقل البيانات على الشبكات العامة.

Bandwidth Exchange تبادل عرض النطاق.

Bandwidth Management إدارة سعة البث /عرض النطاق: يشير الى الية إدارة حركة البيانات عبر الشبكة.

Bandwidth on Demand زيادة سعة البث /عرض النطاق حسب الطلب: القدرة على زيادة معدل نقل البيانات وفقاً لطلب مُستخدِم قناة الاتصال.

Bandwidth Reservation حجز سعة البث /عرض النطاق: توفير امكانية طلب مُستخدِم أو برنامج أولوية أستخدام أو نقل البيانات عبر الشبكة قي حال المشاركة مع المستخدمين أو البرامج الأخرى.

Bandwidth shaping تنظيم سعة البث /عرض النطاق: الطرائق المستخدمة لتنظيم سير البيانات بشكل سلس عبر الشبكة.

Bandwidth Test اختبار سعة البث /عرض النطاق: برنامج يُستخدَم لتحديد الحد الأقصى من البيانات التي يمكن نقلها عبر شبكة أو خط الشبكة الدولية.

Bandwidth theft سرقة سعة البث /عرض النطاق.

Bandwidth Trading المتاجرة بسعة البث /عرض النطاق: تبادل حقوق نقل البيانات على خطوط الإتصالات في تاريخ مستقبلي.

Bang لفظ علامة التعجب: للفظ إستخدام علامة التعجب في إسم ملف أو في مسار معين في أنظمة تشغيل يونيكس.

Bang Path عنوان البريد الإلكتروني: عنوان يحدد المسار إلى الحاسوب المستهدف بغرض إرسال بريد إلكتروني عبر ميزة نسخ الملفات في نظام التشغيل يونكس.

Bank مصرف، بنك.

Bank records سجلات المصرف/البنك.

Banner لوحة دعائية تظهر على صفحات مواقع الشبكة الدولية.

Bar Chart مخطط أو رسم بياني عامودي الشكل.

Base Two Number System — نظام العد الثنائي. : نظام مرجعي مكون من رقمين. راجع Binary System.

BASIC (Beginner's All-Purpose Symbolic Instruction Code) — لغة تعليم المبتدئين الرمزية لكافة الأغراض (بيسيك): لغة برمجة تم تطويرها في الستينيات من القرن العشرين وتُعد لغة بسيطة تعليمية تُستعمَل في التطبيقات العلمية الحسابية العامة.

Basic public service — خدمة عامة أساسية.

Basic Service Set — مجموعة الخدمات الأساسية: مجموعات المحطات التي قد ترتبط ببعضها البعض في شبكة محلية لاسلكية 802.11.

Batch — رزمة/حزمة من العناصر: تكرار يتكون من جميع التعليمات والمعطيات المتعلقة ببرنامج معين أو عدد من البرامج.

Batch Processing — معالجة حزمية:
1- إحدى طرائق عمل الحواسيب حيث يجري تنفيذ تعليمات البرنامج بصورة متعاقبة ودفعة واحدة وبدون تدخل المستخدم
2- عملية تحصيل البيانات وجمعها وتشكيلها على دفعات ومن ثم معالجتها كلها دفعة واحدة وإخراج النتائج بعد ذلك.

Batch Program — برنامج حزمي: برنامج غير تفاعلي مثل رامج إدراج التقارير أو الفرز.

Batch System — نظام حزمي.

Batch Total — مجموع الحزم.

Batched-job Processing — راجع Batch Processing

Batching — رزم، تجميع، تكوين الدفعات: تجميع السجلات والبيانات بهدف معالجتها في الحاسوب في تنفيذ واحد.

Bat-handle Switch — مفتاح عصوي: مفتاح يده تشبه مضرب البيسبول في شكلها.

Battery — بطارية.

Baud — الباود: وحدة لقياس سرعة البث وتشير الى عدد الإشارات في الثانية.

BBL (Broadband Loop) — حلقة النطاق العريض.

Bar Code — شيفرة الخطوط العمودية: ملصق رموز على السلع في المحلات التجارية يظهر عليه خطوط عمودية مختلفة العرض.

Bar Graph — مخطط أو رسم بياني بالأعمدة

Bar Code Scanners — ماسحات شيفرة الخطوط العمودية.

Barrier — مانع، عائق.

Base — أساس، أسس:
1- الأساس هو الجذر والعدد الذي يُضرب بنفسه عددا من المرات يحددها الأس.
2- أساس اللوغاريتم: وهو كمية تستخدم لتعريف نظام تمثيل الأرقام وتكون القاعدة في النظام العشري 10 وفي النظام الثنائي 2 وهكذا.
3- قاعدة: أحد ثلاثة أطراف أو أجزاء في الترانزيستور.
4- يؤسس على.

Base Address — عنوان مرجعي: عنوان أساسي في ذاكرة الحاسوب يُستخدَم كمرجع للعناوين الأخرى.

Base Eight Number System — نظام العد الثماني: نظام مرجعي مكون من ثمانية أرقام. راجع Octal System.

Base Number — رقم أساسي.

Base Sixteen Number System — نظام العد الست عشري: نظام مرجعي مكون من ست عشر رقما. راجعHexadecimal System.

Base Station System — نظام المحطة القاعدة: قسم في شبكة الهاتف المحمول مسؤول عن سير الإشارات وإرسالها بين الهاتف المحمول ونظام تحويل الشبكة.

Base Ten Number System — نظام العد العشري: نظام مرجعي مكون من عشرة أرقام. راجع Decimal System.

بداية الملف: 1- شيفرة يضعها برنامج قبل أول بايت في الملف ويستخدمها نظام التشغيل لتتبع المواقع. 2- مواقع البداية لملف معين على قرص.	Beginning-of-File
سلوك.	Behavior
روبوتية سلوكية.	Behavioral Robotics
روبوتية قائمة على السلوك.	Behavior-based Robotics
مقاييس بيل للإتصالات: مجموعة من مقاييس بث البيانات وضعتها شركة الهاتف والبرق الأمريكية (AT&T) أواخر سبعينيات وبداية ثمانينيات القرن العشرين والتي أصبحت مقاييس معتمدة لأجهزة الموديم من خلال قبولها الواسع في أميركا الشمالية.	Bell Communication Standards
موديم متوافق مع مقاييس بيل: موديم يعمل وفقا مقاييس بيل للإتصالات.	Bell-Compatible Modem
خوارزمية بيلمان فورد لتحويل المسار لمتجه المسافة: خوارزمية تستخدمها المحولات على الشبكة الدولية لتبادل المعلومات حول الوضع الراهن للشبكة وكيفية تحويل الحزم إلى الأماكن المقصودة.	Bellman-Ford Distance-Vector Routing Algorithm
الأجراس والصفارات: مصطلح إنكليزي عام يشير إلى الخصائص الإستثنائية في بعض المنتجات مثل الخصائص التي تُضاف إلى بعض المعدات أو البرمجيات وتؤدي أكثر من مجرد الوظائف الأساسية.	Bells and Whistles
إختبار، مرجع مقارنة، مقياس: 1-إختبار يُستخدَم لقياس أداء معدات الحاسوب وبرامجه. 2-نقطة مرجعية لإجراء القياسات إستنادا إليها كإستخدام برنامج لتقييم عمل الحاسوب.	Benchmark
خدمة النشرات أو الإعلانات الإلكترونية: هي عبارة عن حاسوب يحتوي على جهاز موديم وقرص صلب ذي سعة كبيرة وبرنامج خاص بالإتصالات مكرس لخدمة المشتركين بحيث يستقبل رسائلهم وملفاتهم ويحفظها على القرص الصلب وبالتالي يتيح لهم تناقلها عبر أجهزتهم الخاصة.	BBS (Bulletin Board Service)
1- رمز فحص الكتل: رمز يتم إضافته إلى مجموعة بيانات لفحص دقتها. 2- نسخة مخفية من البريد الالكتروني. راجع Blind Carbon Copy.	BCC (Block Check Character Or Blind Carbon Copy)
الترميز الثنائي للاعداد العشرية: طريقة لتمثيل الأعداد العشرية برموز ثنائية وذلك بالتعبير عن كل عدد عشري بواسطة أربعة أرقام ثنائية ويُستخدَم هذا التمثيل للتمكين من تخزين ومعالجة البيانات العشرية بالمكونات الثنائية.	BCD (Binary Coded Decimal)
النسخ الاحتياطي لوحدة تحكم المجال. راجع Domain Controller.	BDC (Backup Domain Controller)
تنسيق التوزيع النقطي: تنسيق توزيع الصور على شكل أرقام ثنائية.	BDF (Bitmap Distribution Format)
إشعار الإزدحام الصريح الخلفي: رسالة مرحلة تُشعر جهاز الإرسال بوجوب المبادرة بإجراء لتجنب الإزدحام.	BECN (Backward Explicit Congestion Notification)
ذاكرة الوصول العشوائي الديناميكية لمخرجات البيانات الموسّعة المندفعة: نوع من ذاكرة الوصول العشوائي لمخرج البيانات الموسّع تؤدي مهام المعالجة لعناوين الذاكرة دفعة واحدة.	BEDO DRAM (Burst Extended Data Output Dynamic Random Access Memory)

Beta Site	موقع بيتا: منظمة أو مجموعة تجري فحصا للبرمجيات أو أجهزة ومعدات قبل طرحها في الأسواق.
Beta Test	إختبار بيتا: فحص لأجهزة ومعدات أو برمجيات جديدة يجريه المستخدمون في منشآتهم تحت ظروف تشغيلية اعتيادية.
Beta Testing	إختبار بيتا.
Betweenling	بيني: تقنية متحركة تعتمد على أشكال البداية والنهاية وتكوّن الأطر "البينية" الضرورية.
Beyond Economical Repair	غير قابل للاصلاح الاقتصادي: مصطلح يُستخدَم لوصف أجهزة ومعدات لا يمكن إصلاحها بل يتم إستبدالها.
Bezel	غطاء: الغطاء الأمامي لحاسوب مكتبي.
Bezier Curve	منحنى بيزير: خطوط تتوالد أو تَنتُج بطريقة رياضية يمكن أن تُعرَض على شاشة الحاسوب على شكل منحنيات غير متناسقة وكثيرا ما تُوجد هذه الخطوط في برامج الرسم.
BF (Bandwidth Efficiency)	كفاءة سعة البث/عرض النطاق: مقياس لمدى إستفادة شكل معين من التعديل من عرض النطاق المتوفر لوصلة معينة من الإتصالات.
BFT	راجع Transfer Binary File.
BGA (Ball Grid Array)	مصفوفة كرة الشبكة.
BGMP (Border Gateway Multicast Protocol)	بروتوكول البوابة الحدودية متعددة البث.
BGP (Boarder Gateway Protocol)	بروتوكول اختيار المسارات في الشبكة الدولية.
BHO (Browser Help Object)	مساعد المتصفح: برنامج صغير يتم تشغيله تلقائياً كلما قام المستخدم بفتح متصفح الشبكة الدولية.
BI Security (Business Intelligence Security)	أمن ذكاء الاعمال: هو معيار أُستخدم من قبل الحكومة الأمريكية
Benign Virus	فيروس حميد: فيروس لا يسبب ضرر مثل حذف البيانات او ايقاف عمل نظام الحاسوب.
BeOS	نظام تشغيل بي: نظام تشغيل للحواسيب الشخصية بدأت بتطويره شركة الحواسيب Be في 1991.
Beowulf	تقنية بيولف: تشير إلى فئة من الحواسيب المتوازية بإستخدام عدة حواسيب صغيرة لتوفير الطاقة لحاسوب واحد ضخم.
Beowulf-Class Computing	حوسبة فئة بيولف.
Berkeley Internet Name Domain	اسم مجال/نطاق بيركلي: برمجية تم تطويرها في جامعة كاليفورنيا في بيركلي وتُستخدَم في خوادم مجالات أسماء الشبكات.
Berkeley Sockets API	واجهة برمجة التطبيقات لمقابس بيركلي: واجهة تتألف من مكتبة لتطوير التطبيقات بلغة البرمجة C والتي تؤدي إتصالات متداخلة العمليات.
Bernoulli Sampling Process	عملية سحب عينات بيرنولي: سلسلة من المحاولات المستقلة والمتطابقة لإجراء تجربة عشوائية حيث لكل محاولة نتيجة أو اثنتين محتملتين.
BERT (Bit Error Rate Transfer)	نقل معدل الخطأ في الأرقام الثنائية.
Best of Breed	أفضل الموجود، أفضل الناتج، أفضل السلالة: مصطلح يُستخدَم لوصف منتَج يُعد الأفضل بين فئة من المنتجات.
Best practices	ممارسات مثلى، أفضل الممارسات
Beta	بيتا، تجريبي: فترة من فترات التطوير لبرنامج أو جهاز جديد أو جهاز قائم يجري تحديثه في طور الفحص والاختبار من قبل المستخدم.

	ليحدد الشروط الواجب توفرها في المنتجات الحاسوبية الموثوق بها.
Bias	جهد الإنحياز، الجهد اللازم لتشغيل الدارة. إستقطاب: 1-جهد ذو مقدار معين يُمرر في الدارة لتحديد منسوب تشغيل الدارة. 2-جهد مُسلّط على عنصر كهربائي للتحكم في خصائص تشغيل الدارة. 3-نوع من التشويه في الأرقام الثنائية المرسلة.
Bidirectional	ثنائي/مزدوج الإتجاه: القدرة على الحركة أو النقل أو البث في إتجاهين.
Bidirectional Parallel Port	منفذ متوازي مزدوج الإتجاه: منفذ متوازي يمكن أن ينقل البيانات في الإتجاهين وبسرعة أكبر بكثير من سرعة المنفذ المتوازي العادي.
Bidirectional Printing	الطباعة مزدوجة الإتجاه: قدرة الطابعة على الطباعة من اليسار إلى اليمين بالعكس.
Bi-Endian	نهاية ثنائية الإتجاه: القدرة على التحول بين ترتيب ذي نهاية كبيرة أو ذي نهاية صغيرة.
BIFF (Binary Interchange File Format)	صيغة ملف ثنائي التبادل: صيغة ملف جداول الكترونية تحمل بيانات ومخططات بيانية أُستخدمت مع إكسل 2.2.
Biff	إعلام بوصول بريد إلكتروني (بيف): برنامج لتنبيه المُستخدِم بوصول بريد إلكتروني.
Bifurcation	تشعُّب، تفرُّع: إنقسام يؤدي إلى نتيجتين محتملتين أو التفرع إلى جزئين.
Big5	تقنية بيج فايف: طريقة ترميزصينية تقليدية.
Big Blue	العملاق الأزرق: إسم أُطلق على شركة آي بي إم مستمد من شعارها الأزرق والأبيض والطلاء الأزرق المستخدَم في معظم حواسيبها القديمة.
Big Endian	ذو النهاية الكبرى: تخزين الأعداد بطريقة يتم فيها وضع البايت الأكثر أهمية أولا.
Big Iron	العملاق الحديدي: يشير إلى حواسيب ضخمة وباهظة الثمن وفائقة السرعة.
Big Red Switch	الزر الأحمر الكبير: زر تشغيل/إغلاق الحاسوب والذي يشكل آخر حل يمكن اللجوء إليه عندما تفشل أي طريقة أخرى كما يؤدي إستخدامه إلى مسح جميع البيانات بحيث لا يمكن العودة إليها.
bigint Data Type	نوع البيانات رقم كبير (بيج إنت): نوع يسمح بتخزين بيانات كعدد صحيح ويُستخدَم قي الحالات الخاصة حيث يُمكِن لقيم العدد الصحيح أن تتجاوز المدى الذي يدعمه نوع البيانات "رقم صحيح".
Billboard	لوحة إعلانات.
Billing	البحث عن قاعدة البيانات، الفوترة أو الاستحصال.
Billion	بليون، مليار.
Bimodal Virus	فيروس ثنائي النمط: فيروس يصيب سجلات التشغيل والملفات على نظام الحاسوب.
Bin	خانة: موضع تخزين الرقم الثنائي الواحد في الذاكرة.
Binary	ثنائي، نظام العد/الترميزالثنائي: نظام عد/ترميز يقوم على رقمين صفر وواحد.
Binary Chop	راجع Binary Search.
Binary Coding Schemes	طرق الترميزالثنائية.
Binary Compatibility	توافقية ثنائية: قابلية نقل البرامج التنفيذية من بيئة تشغيل أو حاسوب إلى أخرى.

Binary Number عدد ثنائي: عدد مكتوب بنظام العد الثنائي.

Binary Number System نظام الاعداد الثنائية.

Binary Numeral عدد/رقم ثنائي: أحد الرقمين (صفر، واحد) اللذين تُمثل بهما الأعداد في نظام العد الثنائي.

Binary Search بحث ثنائي: خوارزمية بحث عن عنصر باسم معروف في قائمة مرتبة تسلسليا عن طريق مقارنة أولا العنصر الذي يُبحث عنه بالعنصر الموجود في منتصف القائمة ومن ثم يقسم البحث القائمة إلى جزئين ويحدد القسم الذي يجب أن يكون فيه العنصر.

Binary System نظام ثنائي.

Binary Transfer راجع Binary File Transfer.

Binary Tree شجرة ثنائية: نوع معين من هيكلة البيانات على هيئة شجرة حيث يكون لكل تفرع تفرعين على الأكثر.

Binary Variable متغير ثنائي: متغير يتكون من قيمتين فقط (إما صفر أو واحد) أو (+) أو (-).

Binaural Sound صوت لكلا الأذنين: الصوت الناتج عن نظام ذي قناتين تتصل كل قناة بسماعة أو مكبر صوت مختلف.

Bind يربط: ربط معلومتين مع بعضهما بعضا.

BIND راجع Berkeley Internet Name Domain.

Binder رابط:

1-برنامج مهمته تحويل شيفرة المصدر للبرنامج إلى صيغة تنفيذية.

2-ملف ورقة عمل خاصة بمايكروسوفت أوفيس يسمح للمستخدمين بربط مستندات ذات علاقة بتطبيقات أخرى ويمكن عرض وحفظ وفتح وإرسال هذه المستندات عبر البريد كمجموعة واحدة.

Binary Component مكّون ثنائي: أي أداة تُستخدَم في الحاسوب وتعمل بحالتين لا غير مثل الحلقة الممغنطة والدارة الكهربائية.

Binary Connector موصِّل ثنائي.

Binary Conversion تحويل ثنائي: تحويل عدد مكتوب بالصيغة الثنائية إلى نظام عددي له قاعدة أخرى مثل العشري.

Binary Device جهاز ثنائي:

1- مكون إلكتروني يمكن أن يسجل حالتين في أي وقت كان.

2- جهاز يعالج البيانات ويسجلها على شكل ثنائي أو يقرأ الشيفرة بشكل ثنائي.

Binary Digit رقم ثنائي: الرمز الذي يدل على أحد رقمي النظام الثنائي إما صفر أو واحد.

Binary File ملف ثنائي:صيغة ملف يحتوي على بيانات بدلا من رموز أبجدية ويمكن أن يحتوي على شيفرة الرمز التي لا يمكن عرضها أو تحريرها.

Binary File Transfer نقل الملفات الثنائية: إرسال ملف من موقع إلى آخر حيث يتم نقل جميع الأرقام الثنائية الثمانية للبايت إما كما هي أو عبر ترميزمعين.

Binary Format صيغة ثنائية:

1-المعلومات المخزنة بصيغة الشيفرة الثنائية مثل البيانات والنصوص والصور والصوت والفيديو.

2-الأرقام المخزنة بالصيغة الثنائية.

Binary Logic منطق ثنائي، منطق النظام الثنائي: عناصر المنطق الرقمي التي تعمل في حالتين فقط مثل الدوائر المستخدمة في الإلكترونيات الرقمية.

Binary Notation ترميز ثنائي، التمثيل الثنائي لعدد: أي تمثيل يَستخدِم عددين فقط هما صفر وواحد.

BIOS (Basic Input Output System) — نظام المدخلات والمخرجات الأساسي: مجموعة من الإجراءات أو البرامج منخفضة المستوى المخزنة في ذاكرة القراءة فقط تقوم بتحميل نظام تشغيل الحاسوب والإتصال بالأجهزة والمعدات مثل الفأرة ولوحة المفاتيح والذاكرة وما شابه ذلك لتحقيق الملاءمة بين الحاسوب وأجهزته للتحكم بجميع المدخلات والمخرجات.

BIOS Test — إختبار نظام المدخلات والمخرجات الأساسي.

Biotechnology — التقنية الحيوية: الحقل العلمي الذي تستخدم فيه الخلايا والكائنات الحية في التطبيقات التقنية والهندسية والطبية.

Bipartite Virus — فيروس ثنائي/ذو شطرين.

Biped robot — روبوت ذو قوائم.

Bipolar — ثنائي القطب: 1-يتمتع بقطبين موجب وسالب. 2-وصف لنوع من الترانزستورات يعتمد على كلا النوعين من حاملي الشحنات.

Bipolar Storage — مخزن ثنائي القطب: ذاكرة يتم صنعها من مكونات ثنائية الأقطاب.

BIS (Business Information System) — أنظمة معلومات الأعمال.

BISDN (Broadband ISDN) — الشبكة الرقمية للخدمات المتكاملة عريضة النطاق: تمديد منطقي للشبكة الرقمية للخدمات المتكاملة.

Bistable — ثنائي الإستقرار: قادر على إتخاذ حالتين مستقرتين.

Bistable Circuit — دارة ثنائية الإستقرار، دارة ذات حالتين مستقرتين: دارة يمكن أن تكون على أي من حالتين فتبقى كذلك إلى أن يحدث ما ينقلها إلى الحالة الثانية. مرادف الدارة القلّابة flip-flop.

Binding — ربط.

Binding Time — زمن الربط: الفترة الزمنية التي يحصل عندها ربط المعلومات لدى إستخدام البرنامج.

BinHex — تطبيق بين هيكس: تطبيق للتحويل من نظام ثنائي إلى نظام ست عشري أو تطبيق تحويل ملف بيانات ثنائية إلى نص الرموز القياسية الأمريكية لتبادل المعلومات.

Binomial Distribution — التوزيع الثنائي: التوزيع المتكرر لاحتمالية عدد معين من التتابعات في عدد من محاولات بيرنولي المستقلة المتكررة.

BioAPI (Biometric Application Programming Interface) — واجهة برمجة تطبيقات الحيوية الإحصائية.

Bioinformatics — المعلوماتية الحيوية: تطبيق مبادئ علم الحاسوب واستخدام تقنيات المعلومات في الطب وعلم الاحياء.

Biometric identification — التحقق/المطابقة/المعاينة الحيوية: استخدام تقنيات المعلومات لتحديد هوية الشخص من خلال مؤشراته الحيوية.

Biometric surveillance — مراقبة حيوية: مراقبة بأجهزة تقنية لتحليل البيانات الحيوية لشخص ما.

Biometrics — البيولوجيا الإحصائية، التعرف البيولوجي على شخص معين، القياسات الحيوية: قياس وتحليل البيانات الحيوية باستخدام تقنيات المعلومات.

Bionics — علم الإلكترونيات الحيوية: علم دراسة وظائف وخواص الأنظمة الحية وتطوير أجهزة مصممة لتعمل بالطريقة ذاتها.

Bioremediation technology — تقنية المعالجة البيولوجية: تقنية تتوخى إعادة البيئة التي تم تلويثها إلى حالتها الأصلية.

Bisync (Binary Synchronous Communications Protocol)	بروتوكول الإتصالات الثنائية المتزامنة: معيار إتصالات طورته شركة آي بي إم هدفه تمكين استخدام قواعد إدارة الوصلات المشتركة مع ثلاثة أحرف أبجدية لترميزالرسائل.
Bit (Binary Digit)	بت، رقم ثنائي: مختصر للتعبير عن الارقام الثنائية ذات القيمة واحد أو صفر.
Bit Block	كتلة أرقام ثنائية: مجموعة مستطيلة من عناصر الصورة (البكسيل) يتم التعامل معها كوحدة واحدة في رسومات الحاسوب والعرض.
Bit Block Transfer	نقل كتلة أرقام ثنائية: وظيفة تنقل كتلة مستطيلة من الأرقام الثنائية من الذاكرة الرئيسة إلى ذاكرة العرض بسرعة عالية في رسومات الحاسوب.
Bit Bucket	حاوية أرقام ثنائية: موقع وهمي في الذاكرة يمكن طرح البيانات فيه.
Bit Cell	خلية الرقم الثنائي: موضع رقم واحد (الصفر أو الواحد) في ذاكرة الحاسوب أي أصغر عنصر في ذاكرة الحاسوب يمكن الإشارة إليه لإستخراج محتواه أو التخزين فيه.
Bit Combination	تركيبة رقمية ثنائية: مجموعة من الأرقام الثنائية في ترتيب فريد يُمكِن استخدامها لتمثيل رمز في شيفرة معينة.
Bit Data Type	نوع بيانات الأرقام الثنائية.
Bit Density	كثافة الأرقام الثنائية/كثافة التسجيل: عدد الأرقام الثنائية المخزّنة في وحدة تخزين معينة.
Bit Depth	عمق الأرقام الثنائية: عدد الأرقام الثنائية لكل عنصر صورة المخصصة لتخزين معلومات الألوان ضمن ملف رسومات.
Bit Efficiency	كفاءة الأرقام الثنائية: خاصية يوصف بها البرنامج كعامل من عوامل تقييم لأدائ وهي عبارة عن عدد الأرقام الثنائية التي يلزم تخزينها لتنفيذ عملية معينة.
Bit Image	صورة أرقام ثنائية: مجموعة متتابعة من الأرقام الثنائية تمثل في الذاكرة صورة تُعرض على الشاشة لاسيما في الأنظمة التي تستخدم واجهة رسومية.
Bit Manipulation	معالجة الأرقام الثنائية: عملية يقصد بها تغيير رقم ثنائي واحد أو أكثر ضمن البايت أو الكلمة.
Bit Mask	قناع الأرقام الثنائية: مجموعة متتابعة من الأعداد الثنائية تُستخدَم لإستخلاص بعض الأعداد الثنائية في سلسلة ثنائية أو رقم ثنائي آخر.
Bit of Information	الرقم الثنائي المعلوماتي: الرقم الثنائي أو أي شيء يمثله والذي يشكل أصغر جزء يحمل معلومة أو جزءا من معلومة.
Bit Parallel	توازي الأرقام الثنائية: بث عدد من الأرقام الثنائية في الوقت ذاته بحيث يُرسَل كل رقم ثنائي على سلك مختلف في الكابل.
Bit Pattern	نمط الرقم الثنائي: عدد المجموعات التي يمكن تشكيلها من الأرقام الثنائية لتمثيل البيانات. مرادف bit combination.
Bit Plane	مستوى الرقم الثنائي: جزء من الذاكرة مستخدم في التحكم بشيء معين مثل اللون أو المؤشر.
Bit Position	موقع الرقم الثنائي: موقع الرقم الثنائي في الكلمة.
Bit Serial	تسلسل الأرقام الثنائية: بث الأرقام الثنائية واحد تلو الآخر على خط أو سلك واحد.

Bitmapped Graphics — رسوميات خرائط الأرقام الثنائية: تمثيل لصورة رقمية على شكل مصفوفة من عناصر الصورة.

BITNET (Because it's Time to NETwork) — شبكة بتنيت (لأنه قد حان الوقت للإتصال عبر الشبكة): شبكة إتصالات واسعة تأسست في عام 1981 لأغراض التعليم العالي والبحث وأُستخدمت لتزويد خدمات البريد الإلكتروني ونقل الملفات بين حواسيب الأطر الرئيسة في أميركا الشمالية وأوروبا واليابان.

Bit-Oriented Protocol — بروتوكول أرقام ثنائية: بروتوكول إتصالات ينقل كل بايت على حدى دون معرفة البيانات الكلية.

Bits per Inch — عدد الأرقام الثنائية لكل بوصة: مقياس لكثافة المعلومات التي يحتوي عليها وسط تخزين معين.

Bits per Pixel — عدد الأرقام الثنائية لكل بيكسل.

BitTorrent — بروتوكول مشاركة الملفات بين النظراء:.طريقة لتوزيع كميات كبيرة من البيانات على نطاق واسع دون أن يتكبد الموزع الأصلي كامل تكاليف المعدات الصلبة والإستضافة والموارد ومدى النطاق.

BIX (Byte Information Exchange) — تبادل معلومات البايت: خدمة معلومات قائمة على النصوص قدمتها مجلة بايت.

Biz. News Groups — مجموعات مناقشة الأخبار المتعلقة بالأعمال.

BizTalk Server — برمجية/خادم بيز تالك: برنامج من اصدار شركة مايكروسوفت يعمل على تكامل أنظمة المؤسسة مع شركائها التجاريين.

BL (Bitrate x Length) — معدل الأرقام الثنائية ضرب الطول.

Bit Stream — تدفق بيانات الأرقام الثنائية: سلسلة الخانات التي يتم إرسالها عبر خط إتصال دون أن يحتوى على فواصل بين مجموعات الرموز.

Bit String — سلسلة الأرقام الثنائية: عدد محدود من الأرقام الثنائية المتتابعة تمثل بيانات مشفرة حيث يتم تحديد أهمية كل رقم ثنائي من خلال موقعه في السلسلة وعلاقته مع الأرقام الثنائية الأخرى.

Bit Stuffing — إقحام أرقام ثنائية: عملية إدخال أرقام ثنائية زائدة إلى مجرى البيانات المرسلة.

Bit Transfer Rate — معدل إرسال الأرقام الثنائية: عدد الأرقام الثنائية المرسلة عبر قناة ضمن فترة محددة من الزمن وعادة خلال ثانية واحدة.

Bit Twiddler — عابث بالأرقام الثنائية :

1-برنامج يقوم بالتعامل مع البيانات الثنائية.

2-هاوي عنده فهم عميق لمبادئ الحاسوب.

Bit. Newsgroup — مجموعات إخبارية من فئة الرقم الثنائي: أحد التسلسلات الرئيسة لمجموعات الشبكة الدولية الإخبارية يقوم بعرض محتوى بعض قوائم البريد عبر شبكة Bitnet.

Bitblt (Bit Block Transfer) — نقل كتلة الارقام الثنائية: عملية دمج بعض الصور لتكوين صورة واحده.

Bitmap — خارطة الأرقام الثنائية: مجموعة من الأرقام الثنائية تمثل معا صورة رسومية بحيث يقابل كل رقم ثنائي أو مجموعة من الأرقام الثنائية بيكسل واحد في الصورة.

Bitmapped Font — خط خريطة الأرقام الثنائية: مجموعة من الرموز بحجم ونمط معينين حيث يتم وصف كل رمز بخارطة أرقام ثنائية منفردة (مجموعة من النقاط).

BLAST (Blocked Asynchronous Transmission) — بث كتلي غير متزامن: بروتوكول لبث كم ضخم من البيانات على مسافات طويلة عبر خط حامل البيانات كما يُجيز تأخير أوقات البث كما في الأقمار الصناعية.

Blind Carbon Copy — نسخة مخفية: أسلوب في إرسال نسخة من البريد الإلكتروني إلى عدة أشخاص دون أن يعرف بعضهم بعضا حيث أن أسماء المُرسَل إليهم لا تظهر في ترويسة رسالة البريد.

Blind Courtesy Copy — راجع Blind Carbon Copy.

Blind Search — بحث أعمى: بحث لا يسبقه أدنى معرفة في موضوع البحث.

Blinking — ومض، وميض، لمعان: ظهور واختفاء رموز على الشاشة بشكل متكرر لجذب الانتباه.

BLISS (Basic Language for Implementing System Software) — اللغة الأساسية لتنفيذ برمجيات النظام (بليس): لغة برمجة تُستخدَم في برمجة أنظمة التشغيل.

Bloatware — برمجيات منتفخة: برمجيات تحتوي على مزايا إضافية غير مستخدمة عادة تؤثر على أداء البرمجية.

Block — يسد، يعترض سبيله، كتلة، سد، زمرة. الكتلة: هي مجموعة من الأرقام الثنائية المتلاصقة والتي تكّون في مجموعها وحدة من البيانات ويُستخدَم هذا المصطلح في إدارة قواعد البيانات ومعالجة النصوص والإتصالات.

1-في بعض قواعد البيانات الكتلة هي أصغر وحدة بيانات يستطيع البرنامج استرجاعها/مناداتها.

2-في معالجة النصوص الكتلة هي مجموعة متلاصقة من الرموز.

3-في الإتصالات الكتلة هي مجموعة من الأرقام الثنائية التي تُرسَل كوحدة واحدة.

Black Box — الصندوق الاسود: مصطلح يُطلق على نظام أو جهاز يُستعمَل دون الحاجة إلى معرفة مكوناته وآلية عمله.

Black Box Testing — إختبار الصندوق الأسود: عملية إختبار الأجهزة والبرامج بناء على المدخلات والمخرجات وذلك دون معرفة المكونات أو طريقة العمل.

Black Hat — قبعة سوداء: شخص يعمل على تخريب النظام الذي ترغب المؤسسة بحمايته.

Black Hole — الثقب الاسود: مكان على الشبكة تُنبذ فيه المعلومات دون إخطار أو تنبيه.

Black List — القائمة السوداء: قائمة بأسماء المواقع المحجوبة أو المستخدمين الذين لم يعد مسموحا لهم إستعمال خدمة معينة.

BlackBerry — بلاك بيري:جهاز محمول باليد تم إطلاقه في عام 1999 حيث يدعم خدمة البريد الإلكتروني والهاتف النقال وإرسال الرسائل النصية وإرسال الفاكس عبر الشبكة الدولية وتصفح مواقع الشبكة العنكبوتية وغيرها من خدمات المعلومات اللاسلكية.

Blackout — فقدان تام للقدرة الكهربائية.

Blade PC — حاسوب نصلي: حاسوب صغير الحجم مبني على نفس مبدأ الخادم النصلي.

Blade Server — خادم نصلي: أحد مكونات مراكز البيانات وهي خزائن قادرة على احتواء عدد أكبر من المعالجات في هيكل معدني واحد.

Blank — 1- فارغ، خال، مساحة فارغة: رمز يظهر في الطباعة على شكل مسافة بين رمزين آخرين أو كلمتين أو عددين.

2- يمحو.

نقل الكتلة: نقل البيانات في مجموعات. Block Transfer

هجمة تم منعها. Blocked Attack

سجلات كُتلية: مجموعة من السجلات المخزنة والتي يمكن قراءتها في عملية واحدة. Blocked Records

موقع شبكي موقوف. Blocked website

1- سد، اعتراض، منع. Blocking

2-تجميع، تكتيل: ضم سجلين أو أكثر في كتلة واحدة من أجل زيادة فعالية مدخلات الحاسوب وعمليات الإخراج.

عامل التجميع/ التكتيل: عدد السجلات في الكتلة ويُحسب عن طريق تقسيم طول الكتلة على طول كل سجل موجود في الكتلة. Blocking Factor

مدونّة: موقع إلكتروني يعرض المعلومات التي يضعها شخص واحد أو أكثر حسب ترتيب زمني معين ويحتوي عادة على روابط للتعليق على إعلان أو خبر ما. Blog

البلوتوث: هو معيار تم تطويره من قبل مجموعة من شركات الإلكترونيات للسماح لأي جهازين إلكترونيين (حواسيب وهواتف خلوية ولوحات المفاتيح) بالقيام بعملية إتصال تلقائيا دون تدخل من قبل المستخدم ودون الحاجة الى أسلاك أو كابلات. Bluetooth

اقتحام البلوتووث. Bluetooth hacking

تشويش. Blur

قرص الليزر الأزرق (بلو راي): قرص ضوئي عالي التعريف فائق السعة يتسع لحوالي 4 ساعات ونصف الساعة من الفيديو. Blu-ray

صورة مرتبة في أرقام ثنائية: صورة رقمية معروضة أو مخزنة على شكل مجموعة من النقاط الملونة في شبكة مستطيلة. BMP (Bit Mapped Graphic)

يركب، مجلس، لوح. Board

رسم تخطيطي كُتلي: مخطط فيه مربعات ومستطيلات مرتبطة بأسهم للدلالة على الترابطات بين معدات الحاسوب وبرمجياته. Block Diagram

معدل أخطاء الكتل: نسبة عدد الكتل التي تحتوي على أخطاء إلى العدد الكلي للكتل التي جرى نقلها. Block Error Rate

رأس الكتلة/عنوان مجموعة البيانات: المعلومات التي تظهر في بداية مجموعة من البيانات وتخدم أغراضاً مثل تحديد المجموعة والتحقق من وجود أخطاء فيها ووصف خصائصها مثل طول ونوع البيانات التي تحتويها المجموعة. Block Header

طول الكتلة: إجمالي عدد السجلات أو الكلمات أو الرموز التي تحتوي عليها مجموعة من البيانات. Block Length

نقل الكتلة: القدرة على تحديد جزء متلاصق من النصوص أو البيانات ونقله. Block Move

قناة الإرسال المضاعف، قناة الإتصال متعددة الكتل: إحدى قنوات الإرسال التي تتلقى البيانات من أجهزة مختلفة في الوقت نفسه وتدفع هذه الكتل للتداخل عبر قناة النقل وتجمع هذه القناة بين مزايا الإرسال الإنتقائي والإرسال المقطعي. Block Multiplexer Channel

نمط الإرسال المضاعف: طريقة في نقل كتل البيانات بين الذاكرة الرئيسة وعدة وحدات طرفية. Block Multiplexer Mode

حجم الكتلة. Block Size

هيكلية الكتلة: أداة تصورية مستخدمة في جمع سلاسل الجمل في جملة واحدة مركبة والسماح للمبرمج بالتحكم بنطاق متغيرات البرنامج. Block Structure

Board level executives تنفيذيو مجلس المدراء.

Body جسم، قوام.
1-محتوى رسالة في مجموعات أخبار البريد الإلكتروني والشبكة الدولية.
2-الجزء الواقع بين الهامش العلوي والهامش السفلي في صفحة مطبوعة تحتوي على نص.
3-الجزء الرئيس من برنامج معين.

Body scanner ماسح الجسد الضوئي.

Bold مُغمّق: تظليل باللون الغامق.

Bomb قنبلة، يقذف بالقنابل.

Bombardment قصف بالقنابل

Bombing إلقاء القنابل.

Bonding الربط: ربط جهازين أو أكثر للعمل كجهاز واحد.

Bookmark العلامة المرجعية: إشارة في الشبكة الدولية للوصول إلى صفحة أو موقع شبكي معين.

Boolean Algebra جبر منطقي: فرع من الجبر إبتكره العالم جورج بول يتم التعبير فيه عن العلاقات بين المتغيرات بعمليات منطقية هي "و" و "أو" و "نفي" بدلاً من الأرقام، يُطبق هذا المنطق في الدوائر الكهربائية المستخدمة في الحوسبة الرقمية.

Boolean Complementation تتميم منطقي، بوابة النفي.

Boolean Logic المنطق الرياضي.

Boost يقوي ،يزيد.

Boot بدء تشغيل الحاسوب.

Boot Block منع تشغيل الحاسوب.

Boot Disk قرص التشغيل: قرص تحميل ملفات نظام الحاسوب.

Bootable Disk قرص ذاتي التشغيل: يُستخدَم في إستعادة نظام متعطِل عندما يكون من غير الممكن تحميل نظام التشغيل المخزَّن على القرص الصلب.

Bootstrap راجع Boot.

Bootstrap Loader محمّل التشغيل: برنامج صغير يوجد في ذاكرة القراءة فقط أو أي ذاكرة غير متطايرة يُنفذ المعالج هذا البرنامج لمجرد تشغيل الحاسوب حيث يقوم البرنامج بقراءة الأقراص المتوفرة لتحميل نظام التشغيل.

Border Gateway Protocol بروتوكول بوابة الحدود: بروتوكول تستخدمه شبكة جمعية العلوم الوطنية يعتمد على بروتوكول البوابة الخارجية وهو البروتوكول الأساسي المُستخدَم في الشبكة الدولية.

Born digital document وثيقة رقمية المنشأ.

BORSCHT (Battery Feed, Over Voltage Protection, Ringing, Supervision, Coding, Hybrid, and Testing) تغذية البطارية وحماية من زيادة والجهد والرنين والإشراف والترميز والهجين والاختبار: دارة بينية بين خطوط الهاتف العادية التي تحمل إشارات الصوت التناظرية ووسائل إرسال الإشارات المتزامنة الرقمية التي تحوّل الإشارات التناظرية إلى إشارات رقمية ومن ثم ترسلها بشكل متزامن.

Bot برنامج الي (بوت): برنامج يؤدي مهمة بشكل دوري وألي وذكي.

Bottom-Up Design تصميم تصاعدي: منهجية لتصميم برنامج يتم فيها تحديد مهام البرنامج ذات المستوى الأدنى أولاً ومن ثم المهام الأعلى مستوىً منها.

Bounce الإرتداد: إرجاع بريد إلكتروني إلى المُرسِل عندما يفشل خادم البريد الالكتروني في الوصول إلى وجهته.

Bounce Keys مفاتيح مرتدة: خاصية تتيح للمستخدم تعديل لوحة المفاتيح لتجاهل الضغط السريع أو المتكرر على المفتاح ذاته.

Box	صندوق: مصطلح عامي يشير بشكل عام إلى أي جهاز يعالج المعلومات مثل الحاسوب الشخصي أو الخادم.
BPB (BIOS Pattern Block)	مجموعات نمط نظام الإدخال/الإخراج الأساسي.
BPDU (Bridge Protocol Data Unit)	وحدة بيانات بروتوكول التجسير: جزء من بروتوكول الشجرة الممتدة يساعد على وصف وتحديد صفات منفذ المحَول حبث تسمح هذه الوحدة للمحوّلات بالحصول على معلومات عن بعضها البعض.
BPL (Broadband Over Power Line)	إتصال عريض النطاق عبر الخطوط الكهربائية.
BPM (Business Process Management)	إدارة عمليات الأعمال.
bps (Bit per Second)	بت في الثانية: السرعة التي يَنقل فيها جهاز اتصالات ما مثل الموديم البيانات.
BPSK (Binary Phase Shift Keying)	ادخال ازاحة الفترة الثنائي: تضمين بيانات رقمية أو إشارات مورس وذلك بإنحراف في الطور مقداره + 90 درجة عن الناقل تُستعمَل لنقل البيانات.
BRA ISDN (Basic Rate Access ISDN)	الشبكة الرقمية للخدمات المتكاملة ذات معدل الوصول الاساسي: شبكة الخدمات المتكاملة الرقمية ذات القناتين "ب" المستخدمة للصوت والبيانات و" د" المستخدمة لأية توليفة من البيانات والضبط وإرسال الإشارات وإقامة شبكات خدمة X.25.
Brackets	الاقواس: حاصرتان تُستخدَمان في البرمجة للإحتواء على الأرقام أو الحروف التي تظهر أسفل رقم أو حرف أو رمز معين.
Brain imaging	تصوير الدماغ.
Brain scanner	ماسح الدماغ الضوئي.
Brain topology	هيكلية/جغرافية الدماغ.
Branch Instruction	تعليمات التفرع: تعليمات تُمكِن الحاسوب من الاختيار بين مجموعة من البرامج الفرعية البديلة بناءً على الظروف التي يحددها الحاسوب أثناء تنفيذ البرنامج.
Branching	تفرع: عملية حاسوبية تنطوي على اختيار إجراء معين من بين عدة إجراءات.
Branchpoint	نقطة التفرع، نقطة التعليمات الفرعية.
Brand	يبتكر علامة، يسمي منتجا بعلامة، علامة.
Branding	ابتكار علامة.
Breach	يخرق، خرق.
Break	يكسر، يحل رمزاً.
Break Key	مفتاح إيقاف تنفيذ البرنامج الحالي.
Break Mode	نمط التوقف.
Breakable password	كلمة مرور قابلة للاختراق.
Breakable restricted website	موقع شبكي مقيّد الدخول إليه. قابل للاختراق.
Breakdown Time	فترة تعطل النظام.
Breaker	مُخترق، من يحل رمز.
Breaking	اختراق، حل الرمز.
Breaking blocked websites	اختراق المواقع الشبكية التي تم منع الوصول إليها.
Breaking restricted websites	اختراق المواقع الشبكية التي تم تقييد الدخول إليها.
BRI (Basic Rate Interface)	واجهة معدّل السرعة الأساسية: إحدى واجهات الوصول الأساسي، مرادف لِBRA ISDN.
BRI ISDN (Basic Rate Interface ISDN)	واجهة معدّل السرعة الأساسية للشبكة الرقمية للخدمات المتكاملة: تهيئات الشبكة الرقمية للخدمات المتكاملة المُعرَّفة في معيار الطبقة المادية رقم 1.430 الذي قام بوضعه الإتحاد الدولي للإتصالات السلكية واللاسلكية.

Bridge	يبني جسرا، يُجَسِّر علاقة، جسر. الجسر: جهاز يربط شبكتين محليتين ببعضها البعض عن طريق بروتوكولات الاتصالات السلكية واللاسلكية سواء كانتا تستخدمان البروتوكولات ذاتها أم لا.
Bridging	بناء جسر.
Bridging the digital divide	جَسر الانقسام الرقمي: السعي لتقليص الفارق بين البلدان التي تتسم بضعف في المعلومات وفقر رقمي والبلدان التي تتسم بالثراء المعلوماتي وسهولة الحصول على تقنيات رقمية واستخدامها.
Briefcase	حقيبة: وهي عبارة عن مجلد في كل من نظامي التشغيل ويندوز 95 و98 تُستخدَم في مزامنة الملفات بين جهازي حاسوب وعادة ما يكونان جهاز حاسوب مكتبي وجهاز حاسوب محمول.
Brightness	سطوع.
Brightness Control	مفتاح ضبط درجة سطوع الشاشة.
Brightness Level	مستوى سطوع الشاشة.
British Naval Connector	الوصلة البحرية البريطانية: نوع شائع جداً من الوصلات التي تعمل بالترددات الراديوية وهو مستخدم في نهاية كابل متحد المحور.
Broadband	نطاق عريض: وسيلة عالية السرعة لإرسال كميات كبيرة من البيانات والصور والصوت عبر مسافات طويلة.
Broadband Coverage	تغطية عريضة النطاق.
Broadband Modem	موديم عريض النطاق.
Broadband Network	شبكة عريضة النطاق.
Broadband network access	إذن وصول إلى شبكة عريضة النطاق.
Broadband provider	مقدم خدمة النطاق العريض.
Broadcast	بث، إرسال.
Broadcast Band	نطاق البث/الترددات.
Broadcast engineering	هندسة البث/الترددات.
Broken Line	خط متقطع: خط متقطع في مخطط سير البيانات في برنامج ما.
Broken password	كلمة مرور مُخترَقة.
Brokerage website	موقع شبكي للوساطة.
Brouter	موجّه جسري: جهاز يساند وظائف كل من الجسر والموجه.
Browse	يتصفح، يستعرض.
Browser	مُتَصَفِّح: 1-برنامج يُستخدَم لتصفح الملفات المخزَّنة في حاسوب ما. 2-برنامج يُمكِن مُستخدِم الشبكة الدولية من دخول المواقع واستعراض المعلومات التي تحتوي عليها.
Browser Box	صندوق متصفح: نظام للوصول الى الشبكة العنكبوتية العالمية وعرض صفحاتها على شاشة التلفاز.
BRS	راجع Big Red Switch.
Brute-force attack	هجمة فك التشفير: اسلوب اختراق يَستخدِم كل الاشكال الممكنة لكلمة المرور أو مفتاح فك التشفير حتى يتم اختراقه.
BSC (Binary Synchronous Communication)	إتصال ثنائي متزامن.
BTS (Base Transceiver Station)	قاعدة محطة الإرسال والاستقبال: معدات تُسهِل الإتصال اللاسلكي بين معدات المستخدم (مثل الهواتف المحمولة والحواسيب ذات الإتصال اللاسلكي بالشبكة الدولية وغيرها) والشبكة.
BTW (By The Way)	إختصار لعبارة "بالمناسبة".
Bubble	فقاعة، إزاحة: في المعالجة وتنفيذ البرامج هي إزاحة في تنفيذ تعليمة ضمن سلسلة تعليمات تؤدي إلى تأخير كل التعليمات التي تليها بسبب إنشغال الدارة.
Bubble Chart	مخطط فقاعي: مخطط يَستخدِم عادة رموزاً شبيهة بالفقاقيع لوصف الرسم البياني لتدفق البيانات.

	المعالجة المركزية تَستخدِم أسلوب التخزين المؤقت.
Bug	1-خلل، علة: خطأ برمجي أو خلل أو عيب خفي في تصميم البرنامج المنطقي أو في قواعد اللغة المكتوب بها. 2-حشرة: جهاز تنصت خفي.
Bug detector	كاشف الحشرات/العِلل.
Build	يبني.
Builder	بَنَّاء، باني.
Building	مبنى، القيام بالبناء.
Building automation	حوسبة/اتمتة المبنى.
Building automation network	شبكة المبنى الالية.
Building automation solutions	حلول أتمتة المباني.
Building automation system	نظام اتمتة/حوسبة المبنى.
Building environment	بيئة المبنى.
Building functionality	وظيفة /وظيفية المبنى: قدرة المبنى على أداء الوظائف المطلوبة منه والتي قد تكون في بعضها وظائف ذات طبيعة تقنية دقيقة.
Building management system	نظام إدارة الأبنية: شبكة من المتحكمات الذكية القابلة للبرمجة للتحكم بالتدفئة والتكييف والتهوية وخدمات الأبنية الأخرى حيث تستقبل المتحكمات الذكية إشارات القياس القادمة من المجسَّات وبناء عليها يتم التحكم بتجهيزات المبنى.
Built-in	متضمن، داخلي، ضمني، مبيت: خاصية أو صفه أو عملية معينه موجودة ضمنيا في جهاز أو برنامج ما.
Built-in Check	ضبط داخلي، تدقيق آلي: جهاز في الحاسوب يتحكم بدقة البيانات إما المنقولة أو المخزَّنة داخله.
Built-in Font	خط مدمج/ضمني: هو شكل حرف أو مجموعة من أشكال الحروف المخزَّنة في الذاكرة الدائمة للطابعة.

Bubble Memory	ذاكرة فقاعية: ذاكرة تتكون من مجموعة من الفقاعات الممغنطة المتواصلة في طبقة قاعدية لغشاء رقيق.
Bubble Sort	ترتيب فقاعي: إجراء مُستخدِم لفرز مجموعة من العناصر يبدأ بترتيب البندين الأولى والثاني بالتبديل حسب معيار الفرز ومن ثمّ البندين الثاني والثالث وهكذا إلى نهاية المجموعة.
Bubble Storage	التخزين الفقاعي.
Bucket	وعاء: منطقة في الذاكرة معنونة كوحدة ويمكن إستخدامها كحيز للاحتفاظ بالبيانات.
Buddy	رفيق، صديق.
Budget	موازنة: عرض النفقات المقدرة أو المخطط لها لفترة زمنية قادمة
Budgetary	ميزانية.
Buffer	حاجب، مخزن مؤقت، مستودع: 1- مستودع مؤقت في ذاكرة الوصول العشوائي لتخزين البيانات الناتجة والداخلة. 2-مخزن مؤقت يعمل على تخزين المعلومات المرسلة أو المستقبلة في عملية ارسال البيانات.
Buffer Pool	مساحة من الذاكرة مخصصة للذاكرات المؤقتة.
Buffer Storage	تخزين مؤقت/إنتقالي: مساحة من ذاكرة الوصول العشوائي مخصصة للتخزين المؤقت للبيانات.
Buffered Computer	حاسوب ذو ذاكرة مؤقتة: حاسوب يحتوي على أداة تخزين مؤقتة للتعويض عن الاختلافات الناتجة عن سرعات البث.
Buffered Information	معلومات مخزّنة في ذاكرة مؤقتة.
Buffered Input/Output	الإدخال/الإخراج من خلال ذاكرة التخزين المؤقتة.
Buffered Peripheral	الوحدة الطرفية ذات الذاكرة المؤقتة: وحدة مساعدة لوحدة

Built-in Function وظيفة مدمجة/ضمنية: وظيفة متوفرة من خلال مرجع بسيط ومجموعة من الدلالات في لغة برمجة عالية مستوى.

Built-in Groups مجموعات مدمجة/ضمنية.

Built-in Procedure إجراء مدمج/ضمني: برنامج فرعي يؤدي وظيفة أو عملية محددة مسبقا في بنية لغة البرمجة المستعملة.

Built-in Program برنامج مدمج/ضمني.

Bulk e-mail بريد إلكتروني ضخم: عدد غفير من رسائل البريد الإلكتروني يتم إرسالها دفعة واحدة للمتلقي ويُعَد مخالفة قانونية في بعض البلدان

Bulk Eraser جهاز مسح كتلي/ضخم.

Bulk Storage تخزين ضخم: وسط قادر على احتواء كميات كبيرة من المعلومات مثل الشريط أوالقرص.

Bullet نقطة داكنة اللون للتعداد.

Bullet Points تنقيط، نقاط: رموز مستخدمة لترتيب قائمة أو مجموعة من الكلمات وتكون على شكل دائرة أو مربع.

Bulleted List قائمة ذات تعداد نقطي.

Bulletin Board System نظام لوحة النشرات.

Bully يضايق.

Bullying مضايقة الغير.

Bundle بيع المعدات أو البرمجيات على شكل حزم.

Bundled System نظام مُجمَّع.

Burglar لص.

Burglar alarm جهاز إنذار للتحذير من السطو أو السرقة.

Burglarious سطوي، ذو علاقة بالسطو.

Burglarize يسطو.

Burglary سطو.

Burn CD تسجيل على قرص مدمج.

Burst دفعة، نقل دفعي:
1-نقل كتلة بيانات مرة واحدة دون انقطاع.
2-فصل الأوراق المتصلة إلى صفحات مفردة.

Burst Mode وضع الإندفاع: عملية إرسال البيانات بالسرعة القصوى المسموح بها خلال فترات زمنية قصيرة.

Bus Enumerator جهاز عدّ الأجهزة المتصلة بالناقل.

Bus Extender جهاز تمديد المسافة المادية الخاصة بالناقل.

Bus Mastering تحكم بالناقل: خاصية تدعمها هياكل نقل عديدة تُمكِّن جهاز معين متصل بناقل من البدء بالعمليات.

Bus Mouse فأرة الناقل: فأرة توصل بالحاسوب باستخدام واجهة بينية متخصصة.

Bus Network شبكة الناقل.

Bus System نظام الناقل.

Bus Topology هيكلية/جغرافية الناقل.

Business عمل تجاري.

Business coach مختص بتمرين الاعمال: مختص في مجال دفع الافراد لتحقيق الاداء المثالي في بيئة الاعمال.

Business consultant مستشار أعمال.

Business continuity استمرارية العمل: استمرار عمل المؤسسة في اداء نشاطاتها خلال وبعد تعرضها لهجوم ما.

Business continuity management إدارة استمرارية العمل: ضمان استمرارية خدمات ونشاطات المؤسسة حتى عند تعرضها لكارثة أو عطل ما.

Business continuity officer مسؤول/ ضابط استمرارية العمل: الموظف المسؤول عن ضمان استمرار عمل حواسيب المؤسسة وأنظمتها وشبكتها ومنع توقفها ومواجهة الأعطال والحوادث والهجمات.

Business continuity solutions حلول استمرارية الاعمال.

Business decision قرار أعمال.

Business development تطوير الأعمال.

Business discontinuity توقف الاعمال.

يتمثل نشاطها الأساسي في محاولة وقف التعدي على حقوق التأليف والنشر للبرمجيات.

Business solutions — حلول الاعمال.

Business strategy — إستراتيجية الأعمال.

Business Suite — مجموعة تطبيقات الأعمال.

Business value — قيمة الاعمال.

Business value generation — توليد قيم الاعمال: من غايات الاستخدام الرشيد لتقنيات المعلومات والاتصالات توليد القيم لمؤسسات الاعمال.

Business value of IT investment — قيمة الاعمال للاستثمار في تقنيات المعلومات.

Business-to-Business e-Business — الاعمال الالكترونية بين مؤسسات الاعمال: استخدام الشبكة الدولية لأتمتة أداء المعاملات والحركات التجارية بين مؤسسات الاعمال.

Business-to-Consumer e-Business — الاعمال الالكترونية بين مؤسسات الاعمال والافراد: استخدام الشبكة الدولية لاداء المعاملات والحركات الالكترونية وتوفير المنتجات والخدمات ما بين مؤسسات الاعمال والمستهلكين الافراد.

Business-to-Employees e-Business — الاعمال الالكترونية بين مؤسسات الاعمال والموظفين: استخدام الشبكة الدولية من قبل المؤسسات لتوفير الخدمات والمنتجات والمعلومات لموظفي مؤسسات الاعمال.

Button — زر:1- المفتاح الموجود أعلى الفأرة. 2-إطار صغير: مساحة محددة على الشاشة تنفذ أمرا معينا عند النقر عليها بالفأرة.

Button Help — زر المساعدة.

BWA (Broadband Wireless Access) — وصول لاسلكي ذو نطاق عريض: وصول لاسلكي فائق السرعة.

Bypass — تجنب، تفادي، ممر جانبي: في مجال الإتصالات يعني هذا

Business e-coach — مختص بتمرين الأعمال الإلكتروني: مختص في مجال دفع الافراد لتحقيق الاداء المثالي في بيئة الاعمال الالكترونية.

Business function — وظيفة أعمال.

Business Graphics — الرسوم البيانية المتعلقة بإدارة الأعمال.

Business informatics — معلوماتية الاعمال.

Business Intelligence — ذكاء الأعمال: أية معلومات تتعلق بتاريخ أو الوضع الحالي أو التوقعات المستقبلية لمؤسسة ما.

Business Intelligence Technology — تقنية استخبارات الاعمال.

Business Logic — منطق الأعمال: جزء من البرنامج التطبيقي يقوم بمعالجة البيانات واخراج النتائج المطلوبة بالاعتمادعلى السياسات والاجراءات الخاصة بمؤسسة الاعمال حيث تتكون تطبيقات الاعمال من واجهات المستخدمين ومنطق الأعمال وبيانات الاعمال.

Business model — نموذج الاعمال.

Business model restructurability — قابلية إعادة هيكلة نموذج الاعمال.

Business modeling — نمذجة الاعمال، تصميم نموذج الاعمال.

Business networking — ربط/تواصل الأعمال.

Business networking website — موقع تواصل الاعمال: موقع مختص بربط المؤسسات والأفراد لغايات الاعمال.

Business process re-engineering — إعادة هندسة العمليات التجارية: مفهوم مفاده رفع كفاءة وفعالية العملية التجارية عن طريق اعادة تصميمها غالبا باستخدام تقنيات المعلومات والاتصالات.

Business sector — قطاع الأعمال.

Business Software — برمجيات الأعمال.

Business Software Alliance — ائتلاف برمجيات الأعمال: هي مجموعة تجارية تأسست في 1988 وتمثل عدداً من شركات تطوير البرمجيات العالمية حيث

	المصطلح تجنب استخدام بنية شبكة شركات الإتصالات الهاتفية باستخدام الأقمار الصناعية وأنظمة الموجات الكهرومغناطيسية الدقيقة.
Byte (B)	بايت، مجموعة أرقام ثنائية: ثمانية أرقام ثنائية القيمة يستخدمها الحاسوب كوحدة واحدة لتمثيل الحروف والارقام.
Byte Mode	وضع البايت: طريقة لنقل البيانات بين وحدة طرفية ومعالج مركزي حيث يتم نقل بايت واحد في كل مرة.
Byte Multiplexer Channel	قناة إتصال متعددة للبايت: أحد أنواع قنوات الإدخال والإخراج يُستخدَم في نقل البيانات بين الوحدات الطرفية والذاكرة حيث يتم نقل بايت واحد في كل مرة.
Byte-addressable Computer	حاسوب قابل للعنونة بالبايت.
Bytecode	تمثيل ثنائي لشيفرة المصدر: يتم تحويل شيفرة البرامج الأصلية لهذا التمثيل بسبب سهولة تشغيله من قبل المفسّر.
Bytecode Interpreter	مفسّر التمثيل الثنائي لشيفرة المصدر: برميجة تقرأ التمثيل الثنائي لشيفرة برنامج وتفسّره لاغراض التنفيذ.
Byte-oriented Computer	حاسوب موجَّه بالبايت: حاسوب دوائره مصممة لمعالجة البيانات على التوالي وتكون وحدة التخزين في ذاكرته البايت.
Bytes per Inch	بايت لكل بوصة.

C

C	لغة البرمجة "سي": لغة برمجة عالية المستوى مصممة من قبل دينيس ريتشي في سبعينيات القرن الماضي تحتوي على العديد من مزايا اللغات متدنية المستوى بما في ذلك القدرة على التعامل مع عناوين الذاكرة والأرقام الثنائية وهي اللغة التي وُضع فيها نظام التشغيل يونيكس.
C Drive	سواقة سي: مشغل القرص الصلب الرئيس في نظامي التشغيل دوس وويندوز.
C#	لغة البرمجة "سي#": لغة برمجة موجهة للكيانات تم تطويرها من قبل شركة مايكروسوفت.
C+	لغة البرمجة "سي+": لغة برمجة موجهة للكيانات تعمل ضمن بيئة الأنظمة متعددة المعالجات.
C++	لغة البرمجة "سي++": لغة برمجة موجهة للكيانات متطورة.
CA (Certification Authority)	سلطة التصديق، سلطة اصدار الشهادات، سلطة التحقق من هوية المالك: مؤسسة تصدر شهادات رقمية للتأكيد على صحة ملكية مفتاح التشفير العام لضمان سرية وأمان البيانات المرسلة عبر الشبكات العامة.
Cabinet	خزانة: حيز توضع به الخادمات.
Cable	كابل، كيبل من الأسلاك المعزولة: سلك أو حزمة من الأسلاك المعزولة عن بعضها البعض ضمن غلاف واحد.
Cable Modem	موديم كيبلي: موديم يرسل ويستقبل البيانات عبر كابل متحد المحور خاص بشبكة تلفزيونية كبديل عن إستخدام خطوط الهاتف كما هو الحال في الموديم التقليدي.
Cable Telephony	خدمة الهاتف الكيبلي: خدمة هاتفية توفرها شركات التلفزيون الكيبلية تَستخدِم الإتصال الصوتي عبر الشبكة الدولية والشبكة الأساسية بدلا عن شبكة الهاتف التقليدية.
Cable Television	تلفزيون كيبلي: 1- نظام توزيع تلفزيوني يبث إشارات المحطات التي تلتقطها الهوائيات من خلال الكابلات إلى مستقبلات المشتركين. 2- بث برامج التلفاز إلى المنازل والمكاتب عن طريق كابل متحد المحور.
Cable TV piracy	قرصنة تلفزة بطاقات الاشتراك.
Cabling Diagram	مخطط توصيل الكابلات: مخطط يظهر مسار الأسلاك التي تربط مكونات نظام حاسوب ما أو الأجهزة المحيطة بالحاسوب ويستخدم المخطط لبيان ربط محركات الأقراص مع جهاز تحكم الأقراص.
CAC (Connection Admission Control)	ضبط قبول الإتصال: هو مجموعة الأعمال التي تقوم بها الشبكة خلال مرحلة تهيئة الإتصال لتقرير ما إن كان بالإمكان قبول إتصال من دائرة افتراضية أم لا.
Cache	ذاكرة التخزين المؤقت: ذاكرة تُوجد داخل المعالج تُستعمَل فيها مكونات فائقة السرعة ذات سعة تخزينية صغيرة بسبب إرتفاع تكاليف تصنيعها تحوي هذه الذاكرة جزء من البيانات الموجودة في الذاكرة الرئيسية

بشكل مؤقت حيث يقوم المعالج بالبحث عن البيانات في الذاكرة المؤقتة قبل البحث في الذاكرة الرئيسية لتوفير الوقت.

Cache Card	بطاقة ذاكرة التخزين المؤقت: بطاقة توسعية تزيد من سعة ذاكرة التخزين المؤقت في الحاسوب.
Cache Memory	راجع Cache.
CAD (Computer Aided Design)	التصميم بمساعدة الحاسوب: تنفيذ التصاميم باستخدام الحاسوب لضمان الدقة والسرعة.
CAD/CAM (Computer Aided Design/Computer Aided Manufacturing)	التصميم بمساعدة الحاسوب/ التصنيع بمساعدة الحاسوب.
CADD (Computer Aided Design and Drafting)	التصميم والصياغة بمساعدة الحاسوب: نظام من معدات الحاسوب وبرامجه يشبه نظام التصميم بمساعدة الحاسوب ولكن يتمتع بمزايا إضافية تتعلق بهندسة الاحداثيات بما في ذلك القدرة على عرض مواصفات الأبعاد.
Caddy	محفظة: محفظة بلاستيكية تحفظ القرص المُدمَج وحاليا لا تحتاج معظم محركات الأقراص المدمجة الحديثة لمحفظة.
CAE (Computer Aided Engineering)	الهندسة بمساعدة الحاسوب: تطبيق يُمكّن المُستخدِم من إجراء اختبارات وتحليلات هندسية على التصاميم التي يقوم بها الحاسوب.
CAI (Computer-Assisted Instruction)	التدريس بمساعدة الحاسوب: إستخدام الحاسوب كأداة لعرض المعلومات والمهارات والتمارين للمُتعلِم.
CAL (Computer Aided Learning)	التعلم بمساعدة الحاسوب: وسيلة مرئية تحاكي تصورات وخيالات المُتعلِم أو الطالب ومحصلتها النهائية هي تنمية مواهب المُتعلِم وتعلمه بأساليب تقنية حديثه.
Calculate	يحسب.
Calculator	آلة حاسبة.
Calendar	تقويم سنوي.
Calendar Program	برنامج التقويم/المذكرة: برنامج على شكل مفكرة إلكترونية يُستخدَم لتحديد المواعيد.
Calibration	معايرة.
Caliper	أداة قياس الأبعاد الخطية.
Call	إستدعاء، نداء، المناداة.
Call Instruction	تعليمة استدعاء: تعليمة تحول مجرى البرنامج الرئيس إلى برنامج فرعي والعودة إلى البرنامج الرئيس بعد الانتهاء.
Call Preference	ميول/أفضليات الاستدعاء.
Call Sequence	تسلسل الاستدعاء: مجموعة من التعليمات للوصول إلى البرامج الفرعية وتوفير البيانات التي تحتاجها.
Callback Modem	موديم إعادة الإتصال: موديم عند إستجابته لمكالمة هاتفية ينهي الإتصال على الفور لفحص شيفرة المتصل وبعد التأكد منها يستدعي المتصل لإجراء الإتصال أو التخاطب.
Callback Security	أمن إعادة الإتصال.
Caller	متصل، منادي، مستدعي.
Calling Program	برنامج مناداة.
CALS (Computer-Aided Acquisition and Logistics Support)	حصول على المعلومات ودعم لوجستي بمساعدة الحاسوب: معيار تابع لوزارة الدفاع الامريكية يتعلق بالتبادل الإلكتروني للبيانات مع المزودين التجاريين.
CAM (Computer Aided Manufacturing)	التصنيع بمساعدة الحاسوب : إستخدام الحاسوب في التحكم بعملية التصنيع وضبطها.
Camera	كاميرا.
Campaign	يدشن حملة، حملة انتخابية.
Campaign website	موقع شبكي خاص بحملة انتخابية.
Campaigner	قائم على حملة انتخابية.

CAP (Carrierless Amplitude and Phase Modulation) — تضمين الفترة والسعة دون حامل: هو تصميم جهاز الإرسال والإستقبال لخط المشترك الرقمي غير المتناظر وُضع عن طريق مختبرات أبيل.

Capabilities — قدرات.

Capability — قدرة.

Capacitance — السعة : القدرة على تخزين الشحنة الكهربائية.

Capacity — سعة، قدرة، طاقة استيعاب : قدرة الحاسوب على تخزين ومعالجة البيانات وإستيعابها والتي تقاس من ناحية حجم القرص الثابت والذاكرة وسرعة وحدة المعالجة.

Capacity management — إدارة الاستيعاب: احدى عناصر مكتبة البنية التحتية لتقنية المعلومات الخمسة مسؤولة عن ضمان الوفاء باحتياجات العمل وتعريفات الخدمة باستخدام الحد الأدنى من موارد الحوسبة.

Caps (Capital Letters) — حروف كبيرة.

Caps Lock — مفتاح الحروف الكبيرة : مفتاح عندما يكون مُفعَّلا تظهر الحروف على لوحة المفاتيح بالحالة الكبيرة ولا يؤثر هذا المفتاح على باقي الرموز كالأرقام وعلامات التنقيط وغيرها.

Capture — إستيلاء : الحصول على مدخلات الحاسوب من مصدر خارجي كالصوت أو الصورة.

Car tracking — تعقب السيارات.

Carbon awareness — وعي الخطر الكربوني: الإلمام بخطر التلوث الناجم عن زيادة الكربون في الجو.

Carbon dioxide emissions — انبعاثات ثاني أكسيد الكربون: تعد تقنية المعلومات والاتصالات من مسببات انبعاثات ثاني أكسيد الكربون وهو ما يجعل

Campaigning — إقامة حملة انتخابية.

CAN (Campus Area Network) — شبكة حرمية، شبكة الأبنية المتعددة: هي شبكة تنطوي على الربط بين أبنية تقع في منطقة جغرافية واحدة.

Cancel Message — رسالة إلغاء: رسالة تُرسل إلى خوادم مجموعات الأخبار usenet تطلب إلغاء أو حذف مقالة معينة من الخادم.

Cancelbot (Cancel Robot) — برنامج إلغاء: برنامج يحدد أو يتعرف على المقالات ضمن المجموعات الإخبارية وفقا لمجموعة من المعايير ومن ثم يلغي توزيع تلك المقالات.

Candidate Key — مفتاح مرشَّح: معّرف مميز لمجموعة حقول مترابطة قي جدول أوضمن علاقة معينة في قاعدة بيانات وقد يكون المفتاح المرشح إما بسيطا أو مركبا.

Candidate password — كلمة مرور مُرشحة.

Canned Program — برنامج معد للبيع: برنامج معد مسبقا لأداء مهمة معينة ومتوفر للبيع.

Canned Routine — برنامج فرعي معد للبيع: برنامج فرعي معد مسبقا يتم نسخه إلى برنامج آخر ويُستخدَم كما هو من دون تعديل أو برنامج فرعي يؤدي مهمة معالجة معينة.

Canned Software — برمجيات معدة للبيع: برمجيات معدة مسبقا ومتوفرة للشراء مثل برامج الجداول الإلكترونية، كما تسمى حزم برمجية وهي برامج عامة تُكتب سلفا ومصممة لتنفيذ أكثر من وظيفة.

Canonical Form — شكل مقولب، شكل قواعد البيانات: شكل معياري أو مبسط لتعبير أو بيان معين أو مخطط بيانات.

Canonical Name — الإسم الحقيقي للخادم أو المصدر.

مراجعة وتعديل طرق توظيف تقنيات المعلومات والاتصالات السبيل الأساسي للحد من هذه الانبعاثات.

Carbon effectiveness	فعالية مواجهة التلوث الكربوني.
Carbon efficiency	كفاءة مواجهة التلوث الكربوني.
Carbon efficient Technology	تقنية كفوءة في مواجهة التلوث الكربوني.
Carbon emission	انبعاث كربوني.
Carbon footprint	انبعاثات/أثار الكربون.
Carbon reduction	خفض الانبعاثات الكربونية: تقليل معدل الكربون في البيئة وهو ما يعد إحدى غايات البشرية في الألفية الجديدة.
Carbon-effective organization	منظمة فعَّالة في مواجهة التلوث الكربوني
Card	بطاقة: إحدى وسائل تخزين المعلومات مثل البطاقات المثقبة والممغنطة.
Card Cage	قفص البطاقات، هيكل البطاقات: المساحة المغلقة التي تضم بداخلها لوحات الدارات (البطاقات) والتي تتكون عادة من هيكل سميك يحتوي على توصيلات مشتركة للدارات والمسارات والذاكرات وغيرها.
Card Catalogue	فهرس بطاقات.
Card Puncher	أداة ثقب البطاقات، مثقب البطاقات: أداة إدخال البيانات تقوم بتخريم الثقوب على البطاقات لتسجيل البيانات عليها.
Card Reader	قارئ البطاقات: جهاز يقرأ شيفرة البطاقات المثقبة باستشعار الثقوب الموجودة عليها وترجمة شيفرتها من الشكل الثقبي إلى نبضات كهربائية شيفرية كوسيلة لإدخال البيانات إلى الحاسوب.
Carder (Criminal who steals credit cards over the internet)	سارق بطاقات الإئتمان عبر الشبكة الدولية.
Caret	علامة إقحام : 1-علامة ترسيم (^) موجودة في لوحة المفاتيح تُستخدَم لإظهار الموضع الذي يجب أن تُقحم فيه أو تضاف إليه كلمة أو عبارة ناقصة. 2- مؤشر الشاشة.
Carnivore	محلل الشبكة كارنيفور: محلل شبكات يَستخدمه مكتب التحقيقات الفيدرالي ليحلل حزم البريد الإلكتروني للمجرمين المشتبه بهم.
Carpal Tunnel Syndrome	متلازمة النفق الرسغي: إضطراب يصيب عصب الرسغ مما يؤدي إلى التخدر وعدم الإحساس باليد.
Carriage	عربة، ذراع : آلية التحكم بالآلة الكاتبة أو الطابعة تنفذ تلقائيا عمليات تغذية الورق وإزاحته ووضعه وإخراجه.
Carriage Return	رجوع العربة، مفتاح الإرجاع، رجوع ذراع الآلة الكاتبة إلى موضع البداية: العملية التي تتسبب بطباعة الرمز التالي إلى أقصى يسار الهامش والتقدم إلى السطر التالي في الوقت ذاته.
Carry	المنقول، المحمول، مرحل، الباقي: العدد الذي ينتج عن جمع عددين يزيد مجموعهما عن أساس النظام العددي المُستخدَم ويُرحَّل إلى الخانة التالية.
Carry bit	رقم ثنائي الحمل: مؤشر يبين أن عملية حمل/ترحيل قد حدثت.
Cartesian Coordinates	الإحداثيات الديكارتية: نظام إحداثيات تكون محاوره أو أبعاده ثلاثة خطوط مستقيمة متعامدة متقاطعة ويكون أصلها نقطة تقاطع الإحداثيات.

هذه الصفحات إمكانية إرفاق صفحات نمطية مع وثائق لغة توصيف النصوص التشعبية.

Case 1-صندوق الحاسوب الخارجي الذي يحتوي على الألواح الإلكترونية وغيرها من مكونات الحاسوب.
2-مؤشر في برنامج معالج النصوص يشير الى ما إن كان الحرف كبيراً أو صغيراً.

CASE راجع Computer Aided Software Engineering.

Case Mod تعديل هيكل الحاسوب.

Case Statement عبارة الحالة: نوع من عبارات التحكم (في لغات برمجة مثل إيه دي إيه وباسكال وسي) تنفذ مجموعة من التعليمات بناءً على قيمة أساسية معينة.

Case-sensitive Search بحث حساس لحالة الحرف: بحث في قاعدة البيانات يعيد السجلات التي تظهر بها الكلمة التي يجري البحث عنها بما في ذلك تحديد حجم الحرف (كبير أو صغير).

Cassette Tape شريط الكاسيت: الشريط الممغنط الموجود داخل جهاز التسجيل واعادة العرض (الكاسيت).

Cast عملية تحويل البيانات من نوع إلى آخر في لغة البرمجة.

CAT (Computer Aided Testing) الإختبار بمساعدة الحاسوب: 1-إجراء يستخدمه المهندسون للتحقق من التصاميم وتحليلها. 2- الإمتحانات في التعلم بمساعدة بالحاسوب.
3- الرسم السطحي المحوري المحوسب وهو إجراء طبي يُستخدَم فيه الحاسوب لتوليد صورة ثلاثية الأبعاد لعضو من أعضاء الجسم.

Cartesian Product الناتج الديكارتي: مجموعة من العناصر (س، ص) يُمكِن تكوينها من مجموعات معينة لس وص.

Cartridge كنانة، خرطوشة، كارتردج: جهاز تخزين يتكون عادة من شريط ممغنط وعلبة واقية.

Cartridge Font خط الخرطوشة: خط لطابعة حاسوب مُخزَن في رقاقة معدة للقراءة فقط داخل الخرطوشة.

CAS (Column Address Select) إختيار عنوان العمود.

Cascade متسلسل، متتالي، متعاقب:
1-سلسلة من المكونات أو الشبكات تكون مخرجات كل منها عبارة عن مدخلات لما يليها.
2-سلسلة متصلة من الأجهزة أو الصور.

Cascade Connection وصلات تعاقبية : مجموعة من وصلات مراحل التضخيم أو الشبكات أو دوائر الضبط التي تُعتبر مخرجاتها مدخلات لما يليها.

Cascade Control نظام التحكم التعاقبي: نظام تحكم أوتوماتيكي تكون وحدات التحكم فيه متصلة وفقا لتسلسل معين حيث تعمل كل وحدة تحكم على تنظيم تشغيل وحدة التحكم التي تليها ضمن التسلسل.

Cascade Star Topology هيكلية/جغرافية نجمية، توزيع الشبكات النجمية التعاقبية.

Cascading Hub موزع تعاقبي: موزع مجموعات الأجهزة المتعاقبة.

Cascading Menu قائمة تعاقبية: نظام قوائم تصويرية تسلسلية تظهر فيه قائمة جانبية من القوائم الفرعية عند وضع المؤشر على الفئة الرئيسة.

Cascading Style Sheet صفحة أسلوبية تعاقبية: تنسيق لوثائق لغة توصيف النصوص التشعبية يتيح لمعدي ومستخدمي

بفحوى البريد لا يُنتظر منهم الرد.

CCBS (Call Completion to Busy Subscriber) — إكمال المكالمة لمشترك مشغول: خدمة إضافية تسمح للشبكة بمراقبة الطرف المشغول الذي يحاول المُستخدِم الإتصال به.

CCC (Computer Controlled Character) — رمز يتحكم به الحاسوب.

CCD (Charge-Coupled Device) — الأداة المقترنة بالشحنة: شريحة إلكترونية مستخدَمة منذ عشرين عاما وتسمى أحيانا بالعين الإلكترونية أُستخدمت في الروبوت وفي المراصد الفلكية و في كاميرات تصوير الفيديو وحديثا تم إستخدامها في الماسحات الضوئية وكاميرات التصوير الفوتوغرافي لتصبح الكاميرا معروفة باسم الكاميرا الرقمية.

CCD memory (Charge-Coupled Device memory) — ذاكرة متقارنة الشحن: ذاكرة إلكترونية تسجل كثافة الضوء كشحنة متغيرة.

CCI (Common Client Interface) — واجهة برامج مشتركة: واجهة تحكم تستطيع البرامج من خلالها التحكم بنسخة محلية من متصفح الشبكة الدولية.

CCIE (Cisco Certified Internetworking Expert) — شهادة خبير شبكات دولية معتمد من سيسكو.

ccNUMA (Non-Uniform Memory Access) — وصول الذاكرة غير الموحد: ذاكرة الحاسوب المستخدمة في تصميم متعدد المعالجة تُمكِن المعالج من الوصول إلى الذاكرة المحلية الخاصة بشكل أسرع.

CCP (Certificate in Computer Programming) — شهادة في برمجة الحاسوب.

CCS (Common Command Set) — مجموعة أوامر عامة.

CCS7 (Common Channel Signaling System 7) — نظام إرسال الإشارات عبر القناة المشتركة رقم 7: نظام دولي يُستخدَم للإتصال بين مكاتب الهاتف وغيرها من أنظمة الإتصالات.

Catalog — 1-قائمة معلومات: قائمة تحتوي على معلومات معينة مثل إسم الملف أو حيز التخزين وطوله ونوعه.
2- قاموس البيانات في قواعد البيانات.

Catalogue — فهرس، كتالوج، يفهرس.

Cataloguing — فهرسة.

Categories — أصناف.

Categorizeability — القابلية للتصنيف.

Categorizeable — قابل للتصنيف.

Categorization — تصنيف.

Categorize — يصنف.

Category — صنف.

Cathode-Ray Tube — أنبوب أشعة القطب السالب: أحد أنواع الشاشات تتكون من مدفع يطلق إلكترونات على شاشة مطلية بمادة مشعة.

CATV (Communication Antenna Television) — تلفزيون هوائي الإتصال: الإسم الذي أُطلق في البداية على التلفزيون الكيبلي حيث كان يُستخدَم هوائي واحد في أعلى نقطة في منطقة ما لبث الإشارات إلى المنازل في المناطق التي تقع دون تلك النقطة.

CBDS (Connectionless Broadband Data Service) — خدمة بيانات النطاق العريض بدون اتصال: خدمة شبكات أوروبية للمدن الكبرى تشبه خدمة البيانات متعددة الميجابيت المُحوَّلة في العديد من النواحي.

CBEMA (Computer and Business Equipment Manufacturers Association) — جمعية منتجي معدات الحواسيب والأعمال.

CBL (Computer Based Learning) — تعلُم قائم على الحاسوب.

CBR (Constant Bit Rate) — معدل بث موحد.

CBT (Computer Based Training) — تدريب قائم على الحاسوب.

CBX (Converged Branch Exchange) — تبادل التفرع المتقارب.

CC (Carbon Copy) — نسخة: إرسال نسخة من البريد الإلكتروني إلى شخص أو مجموعة أشخاص للاعلام

CCW (Counter Clock Wise)	حركة عكس عقارب الساعة.
CD (Compact Disk)	قرص مُدمَج : قرص ضوئي صغير تُسجل عليه البيانات بطريقة رقمية.
CD Player	مشغل الأقراص المُدمَجة : جهاز لتشغيل الأقراص المدمجة الصوتية.
CD Plus	قرص مُدمَج مُحسَّن: شكل من الأقراص المُدمَجة يجمع بين البيانات والتسجيلات الصوتية.
CD Recorder	مسجل الأقراص المُدمَجة: أداة مستخدمة للكتابة على أقراص ذاكرة القراءة فقط وتُستخدَم للأرشفة والتخزين طويل الأمد.
CD-DA (CD Digital Audio)	قرص مُدمَج رقمي صوتي: الشكل الأصلي للقرص المُدمَج الذي طورته شركتا فيليبس وسوني في ثمانينيات القرن الماضي والذي صُمم للتسجيلات الصوتية فقط.
CDDI (Copper Distributed Data Interface)	واجهة نحاسية للبيانات الموزعة: شكل من أشكال واجهة البيانات الموزَّعة بالألياف تَستخدِم أسلاكا نحاسية بدلا من الألياف البصرية.
CD-E (CD Erasable)	قرص مُدمَج قابل للحذف وإعادة النَسخ.
Cdev (Control panel Device)	جهاز لوحة التحكم: إعدادات قابلة للتعديل حسب الرغبة في لوحة التحكم الخاصة بحواسيب أبل ماكنتوش ترتبط ببرنامج أو جهاز محدد.
CDF (Channel Definition Format)	صيغة تعريف القنوات: هيئة الملف المستخدَم في تقنية القنوات النشطة لشركة مايكروسوفت.
CDFS (CD-ROM File System)	نظام ملفات أقراص ذاكرة القراءة فقط: نظام الملفات الذي يتعامل مع أقراص ذاكرة القراءة فقط في أنظمة تشغيل ويندوز ذات 32 بت بدءاً من ويندوز 95.
CD-I (Compact Disk Interactive)	قرص مُدمَج تفاعلي/متفاعل: شكل من الأقراص المُدمَجة طورته شركتا فيليبس وسوني يُمكِن أن يتضمن نصوصا وتسجيلات صوتية وصورا متحركة.
CDI (Customer Data Integration)	تكامل بيانات العملاء: الجمع بين التقنية والبرمجيات والعمليات والخدمات اللازمة لتحقيق تمثيل دقيق وكامل عن العميل عبر القنوات ومصادر البيانات المتعددة.
CDMA (Code Division Multiple Access)	الوصول المتعدد بتقسيم الشيفرة: شكل من أشكال الإتصال المتعدد يَستخدِم طريقة لبث إشارات متعددة في الوقت ذاته على حيز مشترك من النطاق.
CDN (Content Delivery Network)	شبكة توصيل المحتويات: نظام للمحتوى الموزَّع على شبكة داخلية أودولية عامة يتم فيها نسخ المحتويات وتوزيعها في أنحاء الشبكة.
CDP (Certificate in Data Processing)	شهادة في معالجة البيانات: شهادة كانت تُعطى لإجتياز إمتحان في أجهزة الحاسوب والبرمجيات وتحليل الأنظمة والبرمجة والإدارة والمحاسبة.
CDPD (Cellular Digital Packet Data)	حزمة بيانات رقمية خلوية: شبكة بيانات رقمية لاسلكية منخفضة السرعة تُعد تعزيزا لشبكة خلوية تناظرية أخرى.
CD-R (CD Recordable)	قرص مُدمَج قابل للتسجيل: قرص مُدمَج يُستخدَم للتسجيل مرة واحدة فقط ولا يُمكِن مسح البيانات المُسجَلة عليه وتصل سعته التخزينية إلى 74 دقيقة صوت أو 650 ميغابايت.
CD-ROM (CD Read Only Memory)	قرص مُدمَج لذاكرة القراءة فقط: نوع من الأقراص يحتوي على بيانات متنوعة لا يمكن

	للمستخدِم تعديل هذه البيانات أو الكتابة عليها بل عرضها فقط.
CDROM/XA (CD-ROM Extended Architecture)	قرص مُدمَج ممتد البنية: شكل ممتد للقرص المُدمَج طوّرته شركات فيليبس وسوني ومايكروسوفت يدعم خصائص إضافية في الصوت والصورة والبيانات المتشابكة.
CD-RW (CD Rewritable)	قرص مُدمَج قابل لإعادة التسجيل: قرص مُدمَج يسمح بالتسجيل واعادة التسجيل على القرص نفسه أكثر من 1000 مرة والسعة التخزينية لهذه الأقراص تصل إلى 74 دقيقة صوت أو 650 ميغابايت.
CDS (Circuit Data Service)	خدمة نقل البيانات عبر الدارات: خدمة تستخدم تقنية دارات تحويل لتوفير نقل أسرع للبيانات بإستخدام حاسوب محمول وهاتف خلوي.
CDSL (Consumer Digital Subscriber Line)	خط المشترك الرقمي للمستهلك: نوع من خطوط المشترك الرقمية اللاتناظرية من شركة روكويل الدولية تدعم أجهزة الموديم التناظرية العادية.
CDV (Cell Delay Variation)	تغيير تأخير الخلية: قياس للتنوع في تأخير الخلية خاص بإتصال طبقة نمط الإرسال اللامتزامن.
CE (Compact Edition)	إصدار مُدمَج.
CEATEC	المعرض الموحد للتقنيات المتطورة.
CEBIT (Computer Electronics Bureau Information and Telecommunication)	مكتب الالكترونيات وتقنية المعلومات والإتصالات: أضخم معرض اتقنيات المعلومات في العالم يستهدف جميع المهنيين والخبراء في الصناعة.
CEBus (Consumer Electronic Bus)	ناقل المستهلك الإلكتروني: معيار لإتحاد الصناعات الإلكترونية خاص بشبكة التحكم للمنزل بإستخدام وسائط متنوعة مثل أسلاك الهاتف والكيبل متحدة المحور بالإضافة إلى الخطوط اللاسلكية.
Cell	خلية: تقاطع الصف مع العمود في الجداول الإلكترونية.
Cell Padding	المسافة الواقعة بين محتويات الخلية وإطار الخلية.
Cell Reference	مرجع الخلية: عنوان الخلية التي تحتوي على قيمة معينة مطلوبة لحل معادلة رياضية في برامج الجداول الإلكترونية.
Cell Relay	نقل الخلايا: تقنية لنقل البيانات تَستخدِم حزماً (خلايا) صغيرة محدودة الطول يمكن نقلها بسرعة عالية.
Cellular Automata	إنسان آلي خلوي: النموذج الأبسط لعملية موزعة فضائيا تتكون من مصفوفة خلايا ثنائية البعد تتطور خطوة خطوة وفقا لوضع الخلايا المجاورة وقواعد معينة تعتمد على المحاكاة يُمكِن إستخدامها لمحاكاة العمليات الواقعية للمخلوقات الحية تم إختراعها في أربعينيات القرن الماضي من قبل جون فون نيومان وستينسلو أولام في مختبر لوس آلاموس الوطني.
CELP (Code Excited Linear Prediction)	رمز التنبؤ الخطي: أداة تسجيل تسمح بنقل الإشارات التناظرية خلال مراحل متعاقبة تتحكم بها إشارات موقوتة.
Censor	يراقب، مراقب، يخضع للرقابة.
Censorable	قابل للمراقبة.
Censoring	رقابة.
Censorship	رقابة.
Censorware	برمجيات الرقابة على المحتويات.
Central Office	مكتب مركزي: وحدة تحويل محملة في نظام الهاتف تخدم الجمهور العام حيث تحتوي على المعدات والترتيبات التشغيلية اللازمة لإنهاء وربط خطوط الهاتف وقنوات الإتصال.
Central Processor	معالج مركزي: راجع CPU Central Processing Unit.
Central Service desk	مكتب مساعدة مركزي.

Centralized back up	نسخ احتياطي مركزي.
Centralized database	قاعدة بيانات مركزية.
Centralized digital documents storage	مخزن وثائق رقمية مركزي.
Centralized Network	شبكة مركزية.
Centralized paper documents storage	مخزن وثائق ورقية مركزي.
Centralized Processing	معالجة مركزية: جميع عمليات المعالجة يتم تنفيذها في مكان أومرفق واحد.
Centralized storage	مخزن مركزي.
Centralized storage system	نظام تخزين مركزي.
Centre	مركز.
Centrex (Central Office exchange server)	خادم تبادل البيانات في المكتب المركزي.
Centrino	سينترينو: حزمة تقنية من شركة إنتل توفر دعماً داخلياً لاسلكيا لأجهزة الحاسوب المحمولة بحيث تجعل من الممكن تشغيل الحاسوب المحمول طوال اليوم (حتى 7 ساعات) دون الحاجة إلى إعادة شحن البطارية.
Centrino Duo	سينترينو مزدوج: بيئة عمل جهاز سينترينو التي تستخدم وحدة المعالجة المركزية التي تحتوي على الشريحة الأساسية المزدوجة.
Centronics	سينترينكس: مصنع أمريكي رائد في مجال صناعة آلات الطباعة.
CEPT (European Conference of Posts and Telecommunication)	المؤتمر الأوروبي لشركات البريد والإتصالات.
CERN server	خادم سيرن: خادم عام ومتكامل الخدمات والميزات المتعلقة بالملفات يعتمد علىا برتوكول التحكم بنقل البيانات/بروتوكول الشبكة الدولية.
CERT (Computer Emergency Response Team)	فريق طوارئ أمن الحاسوب.
Certified ethical hacker	مقتحم أخلاقي مُعتمد: خبير حاصل على إجازة في اقتحام النظام الأمني لبرنامج أونظام معلومات أو محتوى شبكي بغية اختبار مدى قدرة النظام المعني على الصمود أمام محاولات الاقتحام.
Certified ethical hacking	اقتحام أخلاقي معتمد: إجازة يحصل عليها الخبير في اقتحام النظام الأمني لبرنامج أونظام معلومات أو محتوى شبكي لاختبار مدى قدرة النظام المعني على الصمود أمام محاولات الاقتحام بهدف تقديم المشورة الفنية في مجال مكافحة الاقتحام.
Certified green technology auditor	مدقق تقنية خضراء معتمد: مدقق مجاز في مجال مراجعة مدى إسهام التقنية التي تستخدمها المؤسسة في تعزيز البيئة.
Certified software	برمجيات مُعتمدة.
CES (Consumer Electronics Show)	معرض الإلكترونيات الإستهلاكية : معرض تجاري يُعقد كل سنة في شهر كانون الثاني في لاس فيغاس- نيفادا تحت رعاية جمعية الإلكترونيات الإستهلاكية لعرض المنتجات والإعلان عن المنتجات الجديدة.
CFML (Cold Fusion Markup Language)	لغة توصيف الانصهار البارد: لغة توصيف مستخدمة في تصميم صفحات الشبكة العنكبوتية.
CFS (Cluster File System)	نظام الملفات العنقودي: نظام تخزين الملفات بحيث يُمكِن المشاركة بها من قبل عدة خوادم عنقودية.
CGA (Color/Graphics Adapter)	بطاقة تهيئة الرسومات الملونة.
CGI (Common Gateway Interface)	بروتوكول واجهة البوابة المشتركة: بروتوكول يسمح لخادم التطبيقات بالتعامل مع برامج أخرى.

CGI Program	برنامج بروتوكول واجهة البوابة المشتركة: برنامج مكتوب بلغة معينة مثل لغة بيرل يُستخدَم لإنشاء صفحات شبكة عنكبوتية تفاعلية.
CGM (Computer Graphic Metafile)	ملف بيني للرسومات الإلكترونية: المعيار الدولي لتخزين وتبادل البيانات الرسومية ثنائية الأبعاد.
Chad	قطعة زائدة.
Chain Printer	طابعة تسلسلية.
Chaining	تسلسل.
Chanfix	خدمة مؤتمتة لإعادة تشغيل القنوات غير المسجّلة.
Change	يغير، يستبدل، تغيير.
Change Management	إدارة التغييرات: عملية متابعة والتحكم بالتغييرات كالتحديثات التي تجرى على المعدات أو البرمجيات.
Change management	إدارة التغيير.
Change management program	برنامج إدارة التغيير.
Change manager	مدير التغيير.
Change Record	سجل التغيير/التعديل: سجل يُستخدَم لتغيير معلومات واردة في سجل رئيس نظير.
Changeability	القابلية للتغيير.
Changeable ICT culture	ثقافة تقنية معلومات واتصالات قابلة للتغيير.
Changer	مُغير، قائم على التغيير.
Changes	تغيرات.
Channel	قناة: 1- وصلة تمر من خلالها البيانات بين جهازين تكون القناة داخلية أو خارجية. 2- وسط نقل المعلومات: تحمل قناة الإتصال البيانات تناظريا أو رقميا حسب نوع القناة وقد تكون هذه القناة مادية مثل الكابل الذي يصل بين محطتين في شبكة أو قد تتألف من بث كهرومغناطيسي على أحد الترددات في النطاق. 3- ممر يتم من خلاله تسجيل البيانات إلى وسط أو محيط تخزين.
Channel	قناة، أنبوب، يشق على شكل قناة.
Channel Access	الوصول إلى القناة: 1-طريقة مُستخدَمة في أنظمة الشبكات للوصول إلى قناة الإتصالات بين حاسوبين أو أكثر. 2-طريقة وصول في التقنية اللاسلكية مثل الوصول المتعدد بتقسيم الشيفرة.
Channel Adapter	محوِّل القناة: أداة تسمح بربط قنوات الأجهزة التي تعمل بمعدلات سرعة مختلفة وتمكين نقل البيانات بسرعة أقل.
Channel Aggregator	مُجمِّع القنوات.
Channel Capacity	سعة القناة: أكبر عدد من الأرقام الثنائية أو الإشارات الأخرى التي يمكن أن تنتقل عبر قنوات الإتصال في الثانية.
Channel Definition Format	صيغة/نَسَق تعريف القنوات: هو تنسيق الملف المُستخدَم في تقنية القنوات النشطة لمايكروسوفت وهو منتشر في أمريكا وكندا.
Channel Hop	القفز من قناة إلى أخرى على التلفاز بسرعة.
Channel Op (Channel operator)	المسؤول عن القناة، مُشغِّل القناة: الشخص الذي يتمتع بأقصى الصلاحيات في قناة الدردشة عبر الشبكة الدولية.
Channel Service Unit	وحدة خدمة القنوات: جهاز يوجد على الروابط الرقمية ينقل البيانات بسرعة أكبر من الموديم لكنه لا يسمح بوظائف الإتصال العادية عبر الهاتف.
Channeler	موصِل.
Channelability	القابلية التوصيل.
Channelable	قابل للتوصيل.
Channelled	موصول.
Channelest	القائم على التوصيل.

Character Generator	مولّد الرموز: وحدة وظيفية تحوّل التمثيل المشفر لرمز معين إلى تمثيل بياني (صوري) من أجل العرض.
Character Height	إرتفاع الرموز: مستوى إرتفاع الحروف الكبيرة المطبوعة.
Character Image	صورة الرمز: مجموعة من الأرقام الثنائية مرتبة بشكل رموز تظهر على الشاشة.
Character Map	خارطة الرموز: مرفق موجود في أنظمة تشغيل ويندوز من مايكروسوفت يُستخدَم لرؤية الرموز مهما كان خطها أو شكلها.
Character Matrix	مصفوفة الرمز (الكتابي): أداة تخزين إلكترونية في قارئة الرموز الممغنطة يوجد فيها موضع تخزين لكل مقطع من المقاطع التي يتكون منها الرمز تُستخدَم لمقارنة كل رمز بأشكال وقوالب الرموز المخزّنة إلى أن تجد القالب أو الشكل المطلوب التعرف عليه.
Character Mode	النمط الرمزي: وضع خاص بعمليات الحاسوب يتم فيه عرض النصوص فقط.
Character Printer	طابعة الرموز: 1- طابعة تطبع رمز واحد كل مرة. 2- الطابعة التي لا يمكن أن تطبع الصور.
Character Processing	معالجة الرموز: القدرة على التحكم في كل رمز (حرف أو رقم) في سلسلة رموز.
Character Reader	قارئ الرموز الكتابية: جهاز متخصص يمكنه أن يترجم البيانات المدونة بالرموز العادية التي يستخدمها الإنسان إلى لغة الآلة مباشرة.
Character Recognition	تمييز الرموز، التعرف الإلكتروني على الرموز: قدرة الآلة على التعرف على الرموز الكتابية مثل الحروف والأرقام والعلامات والخطوط ضوئيا أو مغناطيسيا.
Chaos	فوضى.
CHAP (Challenge Handshake Authorization Protocol)	بروتوكول تحدي التحقق من المصافحة.
Chapter	فصل: جزء من برنامج.
Character	رمز كتابي، حرف طباعي: صفة تُتطلق على أي رمز يمكن كتابته عبر لوحة المفاتيح ويشمل الأرقام من صفر إلى تسعة والحروف اللاتينية الكبيرة والصغيرة أو الأحرف العربية والرموز الخاصة مثل & * % #.
Character Cell	خلية الرمز :كتلة من النقاط تُستخدَم لتشكيل رمز واحد على شاشة عرض أو طابعة.
Character Code	رمز الحرف: نمط من أرقام ثنائية مُخصّص لتمثيل رمز معين.
Character Code Check	فحص رمز الحرف: عملية اختبار الأرقام الثنائية الممثلة للرمز الكتابي والمُسجَلة بعرض الشريط الممغنط أو الورقي.
Character Data	بيانات الرموز: بيانات على شكل حروف وأرقام وعلامات كتابية.
Character Definition Table	جدول تعريف الرموز الكتابية: جدول من الأنماط يحتفظ بها الحاسوب في الذاكرة ويستخدمها كمرجع لتحديد ترتيب النقاط المستخدمة لتكوين وعرض الرموز على الشاشة.
Character Density	كثافة الرموز الكتابية : عدد الرموز التي يُمكِن تخزينها في وحدة طول معينة.
Character Device	جهاز رمزي: جهاز طرفي مثل الطابعة أو لوحة المفاتيح يستقبل المعلومات أو يرسلها على شكل سيل من الرموز رمزا إثر الآخر.
Character Entity	كيان الرمز: رمز يُستخدَم في لغة ترميز النصوص التشعبية لوصف الرموز والأحرف الدولية والأحرف الخاصة الأخرى حيث تتم صيانة كيان الأحرف من قبل المنظمة الدولية للمعايير.

Charge	شحنة: كمية كهربائية غير متوازنة في جسم معين حيث أن الزيادة أو النقصان في الإلكترونات في الجسم يولد كهربية سالبة أو موجبة.
Charge-Coupled Device	جهاز متقارن الشحن: جهاز يحتوي على عناصر شبه ناقلة بحيث أن الشحنة الخارجية من عنصر ما ستكون مدخلاً للعنصر التالي له وهكذا تُستخدَم هذه الأجهزة في الذاكرة حيث تدور المعلومة المخزنة فيها عوضاً عن ثباتها في موقع معين كذلك تُستخدَم في أجهزة التعرف الضوئي لآلات التصوير الرقمية وغير الرقمية.
Chart	مخطط، رسم بياني، جدول، خريطة: مخطط يعرض علاقة بين مجموعة من البيانات.
Charting	التخطيط/الرسم البياني.
Chassis	هيكل: البنية المعدنية التي يتم تركيب المكونات الإلكترونية عليها مثل لوحات الدارات المطبوعة والمراوح.
Chat	المحادثة، الدردشة.
Chat History	تاريخ المحادثة.
Chat Preference	أفضليات المحادثة: أفضليات تتحكم بالطريقة التي يظهر فيها الحوار في غرفة الدردشة.
Chat Room	غرفة المحادثة: مساحة مخصصة على الشبكة الدولية لإجراء دردشة مع الآخرين في الزمن الفعلي.
Chat Server	خادم غرف المحادثة.
Chat upgrade	تحديث المحادثة.
Chatbot	عميل المحادثة: برنامج يتابع قناة المحادثة بإنتظار أحداث معينة (كلمات أو أوامر أو دخول أو خروج أحد المتحدثين) لتنفيذ تعليمات معينة.
Character Rectangle	مستطيل الرموز: المساحة التي يحتلها التمثيل الرسومي (التخطيطي) لرمز معين.
Character Set	مجموعة الرموز الكتابية: مجموعة من الرموز الفريدة تربطها علاقة مشتركة وتشمل الحروف والأرقام والفراغ والرموز الخاصة.
Character Style	شكل أو أسلوب الرمز الكتابي: خصائص تركيب الحروف في نظم التعرف البصري على الحروف.
Character User Interface	واجهة مستخدم الرموز: واجهة مستخدم تعرض رموز نصية فقط.
Character-addressable Computer	حاسوب قابل للعنونة بالرموز الكتابية: حاسوب يعالج البيانات كرموز مفردة وبالتالي قادر على التعامل مع الكلمات ذات الأطوال المتفاوتة.
Characteristic	خاصية، ميزة، مميزة، دليل.
Character-oriented Computer	حاسوب موجّه بالرموز: الحاسوب يُمكنه معالجة مواقع الرموز بدلاً من الكلمات.
Character-oriented Protocol	بروتوكول رمزي التوجه: بروتوكول إتصالات تُستخدَم فيه مجموعة رموز لإرسال البيانات وتُرسل كسلسلة من الرموز بدلا من إرسالها كقناة من الأرقام الثنائية ويُعرف أيضا باسم Byte oriented Protocol.
Characters per Inch	رمز لكل بوصة: قياس خاص بعدد الرموز الكتابية ذات حجم وخط معينين التي يُمكِن أن تُوضع في حد طوله بوصة واحدة.
Characters per Second	رمز لكل ثانية : 1- مقياس لسرعة الطابعة التي لا تعمل على الليزر. 2- مقياس للسرعة التي يمكن لجهاز معين مثل محرك الأقراص أن ينقل بها البيانات.

Chernobyl Virus — فيروس تشيرنوبل: فيروس حاسوب يُعتبَر من أكثر الفيروسات المنتشرة ضررا.

Chew — مضغ: نسبة من الحزم التي تلتهمها الشبكة أو تضيع فيها وهي صفة تُعبِر عن بطء الشبكة الذي يسببه عادة الحجم الكبير للبيانات.

Chiclet Keyboard — لوحة المفاتيح المطاطية: لوحة مفاتيح تتكون من مفاتيح مطاطية صغيرة على شكل مستطيل أو معين تشبه الممحاة.

Chief advertising officer — كبير مدراء الاعلان.

Chief analytics officer — كبير مدراء التحليل.

Chief architect — كبير المعماريين.

Chief channel officer — كبير مدراء القنوات.

Chief communications officer — كبير مدراء الاتصالات.

Chief content officer — كبير مدراء المحتوى.

Chief data officer — كبير مدراء البيانات.

Chief digital officer — كبير مدراء الرقميات.

Chief idea officer — كبير مدراء الأفكار.

Chief information officer — كبير مدراء المعلومات.

Chief information security officer — كبير مدراء أمن المعلومات.

Chief innovation officer — كبير مدراء الابتكارات.

Chief internet officer — كبير مدراء الشبكة الدولية.

Chief knowledge officer — كبير مدراء المعرفة.

Chief learning officer — كبير مدراء التعلم.

Chief media officer — كبير مدراء الاعلام.

Chief networking officer — كبير مدراء الشبكة.

Chief privacy officer — كبير مدراء الخصوصية.

Chief programmer — كبير المبرمجين.

Chief programmer team — فريق كبير المبرمجين.

Chief risk officer — كبير مدراء المخاطر.

Chief science officer — كبير مدراء العلوم.

Chief scientist — كبير العلماء.

Chief technical officer — كبير المدراء الفنيين.

Chief technologist — كبير التقنيين

Chief technology officer — كبير مدراء التقنية.

Cheapernet — الشبكة الأرخص: شكل من أشكال شبكة إيثرنيت تَستخدِم كابل متحد المحاور ينتهي بموصل حربة نيل-كونسيلمان أو هي شبكة إيثرنيت ذات أسلاك رفيعة.

Cheat Code — شيفرة الغش: مجموعة من الرموز التي يتم إدخالها لتغيير سير اللعبة في ألعاب الفيديو مثل نقل اللعبة إلى المرحلة التالية.

Check — يتفقد، يفحص، يتحقق.

Check Bit — رقم التدقيق/الفحص.

Check Box — مربع العلامة، خانة الإختيار: صندوق صغير تظهر فيه علامة إختيار عند التفعيل وتختفي عند إبطاله.

Check Character — رمز التدقيق: رمز يدل وجوده على صحة ودقة البيانات.

Check Digit — خانة التدقيق: عدد يُستخدَم لضمان إدخال الأرقام إلى الحاسوب بشكل صحيح أو العدد المُستخدَم لإجراء فحص.

Check Hole — ثقب الفحص/التدقيق.

Checklist — قائمة مراجعة، قائمة فحص: قائمة لابد من التأكد من إتمام مكوناتها.

Checkpoint — نقطة استئناف، نقطة الفحص/ التدقيق :
1-موضع تدقيق في عملية يتم عنده حفظ البيانات في حال الإستئناف لاحقا.
2-ملف يحتوي معلومات تصف حالة النظام في وقت معين.

Checksum — مجموع تدقيقي: قيمة تُستخدَم لضمان حفظ البيانات أو نقلها دون أخطاء.

Cheese Worm — دودة الجبن: دودة مصممة لتنفيذ مجموعة من أوامر شيل على أي مضيف يقبل إتصالات برتوكول التحكم بنقل البيانات على بوابة TCP 10008.

chown (Change Owner)	أمر تغيير المالك: أمر في نظام يونيكس يحدد ملكية الملف.
CHRP (Common Hardware Reference Platform)	منصة مرجعية مشتركة لأجزاء الحاسوب المادية: وصف كان الهدف منه جعل بور بي سي منصة معيارية من خلال تحديد الحد الأدنى المطلوب من قطع الحاسوب المادية مثل المنافذ والمقابس والذاكرة المؤقتة.
Churn Rate	معدل الاستنزاف: معدل انسحاب المشتركين من خدمة معينة مثل خدمة الهاتف الخلوي أو خدمة أجهزة النداء الآلي.
Churning	متماوج: صفة تُطلق على الحاسوب الذي يستغرق وقتاً طويلاً لمعالجة عملية معينة.
CICS (Customer Information Control System)	نظام التحكم بمعلومات المستخدمين: برنامج من شركة آي بي إم لادارة نقل البيانات بين الأجهزة الطرفية المحلية والبعيدة وقد تم تطويره بادئ الأمر لمعالجة عمليات حواسيب آي بي إم الضخمة.
CID (Caller ID)	هوية المتصل.
CIDR (Classless InterDomain Routing)	التوجيه اللاطبقي للنطاقات البينية: معيار قائم على الأرقام الثنائية والبادئات لتفسير عنوان بروتوكول الشبكة الدولية ويسانده بروتوكول اختيار المسارات في الشبكة الدولية الرابع مما يتيح التوجيه بين العديد من الشبكات المستقلة.
CIF (Common Intermediate Format)	صيغة متوسطة مألوفة: صيغة تُستخدَم لتوحيد معايير الكثافة النقطية الأفقية والعمودية لنقاط تسلسلات YCbCr في إشارات الفيديو.
CIFS (Common Internet File Systems); also known as Server Message Block (SMB)	نظام ملف الشبكة الدولية المشترك (المعروف بخادم رسائل التطبيقات): بروتوكول شبكي مُستخدَم في نظام التشغيل ويندوز على مستوى التطبيقات يوفر
Chief visionary officer	كبير مدراء الرؤية المستقبلية.
Chief web officer	كبير مدراء الشبكة العنكبوتية.
Child Directory	دليل فرعي: دليل داخل دليل آخر.
Child Menu	قائمة فرعية.
Child Process	عملية فرعية.
Child protection	حماية الطفل: من أبرز تطبيقات حماية الطفل في حقل تقنيات المعلومات والاتصالات حمايته من الاستغلال الجنسي عبر الشبكة الدولية وتعريضه للمواقع الإباحية.
Children	أطفال.
Chimes of Doom	رنّات العطل: مجموعة من الرنات الصادرة نتيجة عطل كبير في حواسيب ماكنتوش.
Chip	شريحة/رقاقة: دارة متكاملة.
Chip Card	بطاقة الرقاقة: بطاقة صغيرة تُخزِن أو تُعالِج المعلومات وتُوجَد عادة في الدوائر المتكاملة أو الأشرطة الممغنطة.
Chip on Board	رقاقة على لوحة: شريحة مُركَّبة على اللوحة المطبوعة.
Chipset	مجموعة رقائق: مجموعة من الرقائق المصممة للعمل كوحدة لأداء مهمة معتادة.
chmod (Change Mode)	خاصية التغيير: أمر خاصية التغيير في نظام يونيكس حيث يعمل على تحديد الحماية أو الإذن لملف أو برنامج.
Choke	كلمة عامية تعني النشاط المفرط على الشبكة.
Choose	يختار: إختيار أمر أو خيار من واجهة بينية من خلال النقر على زر في مربع حوار أو سحب قائمة ووضع مؤشر الفأرة على أحد خياراتها.
Chooser	المختار: إحدى مزايا مكتب أبل ماكنتوش توفر للمُستخدِم إستخدام طابعة أو جهاز على شبكة.
Chooser Extension	إمتداد المختار: برنامج يضيف بنوداً على مزايا مكتب أبل ماكنتوش.

	بشكل أساسي وصول مشترك إلى الملفات والطابعات والمنافذ التسلسلية والإتصالات المختلفة بين العقد على الشبكة.
CIH Virus	راجع Chernobyl Virus.
CIM (Common Information Model)	نموذج المعلومات المشترك : معيار عام يحدد كيفية تمثيل العناصر الخاضعة للإدارة في بيئة تقنية المعلومات كمجموعة مألوفة من الكيانات والعلاقات.
CIM System (Computer Input microfilm system)	نظام إدخال المايكروفيلم الى الحاسوب: عملية يتم فيها مسح البيانات (النصوص والرسومات) المخزَنة في المايكروفيلم وتحويلها إلى رموز يُمكِن للحاسوب استخدامها والتحكم بها.
CIMP (Common Management Information Protocol)	بروتوكول معلومات الإدارة المشتركة: معيار مراقبة وتحكم بالشبكات من المنظمة الدولية للمعايير.
CIP (Commerce Interchange Pipeline)	خط أنابيب التبادل التجاري: مصطلح يُطلق على تجهيز الحاسوب المتكامل المستمد من نظام بروتوكولات الشبكة الموحَد.
Cipher	شيفرة.
CIR (Committed Information Rate)	معدل المعلومات الالزامي: متوسط حجم البيانات المرسلة عبر مسار إتصال وهو الحجم الذي لا يضمنه في ظروف عمله العادية.
Circuit	دائرة.
Circuit Analyzer	محلل الدارة/الدائرة: أي جهاز لقياس خاصية أو أكثر من خصائص الدارة الكهربائية.
Circuit Board	لوح دارات/دوائر: لوح معزول تُركَّب عليه الدارات أو الأجزاء مثل الرقاقات المصغرة.
Circuit Breaker	قاطع الدارة/الدائرة: مفتاح يفصل تدفق التيار عندما يتجاوز التيار مستوىً معيناً.
Circuit Card	لوح الدارة/الدائرة.
Circuit Data Service	خدمة بيانات الدارة/الدائرة: خدمة تَستخدِم تقنية خطوط الإتصال الهاتفية من أجل النقل السريع للبيانات بإستخدام حاسوب محمول وهاتف خلوي.
Circuit Switched Data	بيانات منقولة عبر خطوط الهاتف: الشكل الأصلي لبث البيانات الذي تم تطويره لأنظمة الهاتف القائمة على تقنية الوصول المتعدد بالتقسيم الزمني مثل النظام العالمي للإتصالات الخلوية.
Circuit Switching	النقل عبر خطوط الهاتف: طريقة لفتح خطوط إتصالات كما هو الحال في نظام الهاتف من خلال إنشاء إتصال مادي بين الطرف المُرسِل والطرف المُستقبِل.
Circular List	قائمة دوارة: هي عبارة عن مجموعة من البنود في إدارة البيانات يُشير كل منها إلى الآخر مما يتيح تنظيم مجموعة متسلسلة من البيانات ضمن المواقع غير المتجاورة.
CIS	راجع Information Systems Computer.
Citizen	مواطن.
Citizen participation	مشاركة المواطن: تسهم تقنيات المعلومات والاتصالات في زيادة وتحسين مستوى مشاركة المواطنين في العملية السياسة.
Citizen-centered ICT platform	منصة تقنيات المعلومات والاتصالات المعنية بالمواطن.
Citizenship	مواطنة.
Citrix	نظام سيتركس: هو نظام الوصول إلى البرمجيات والتطبيقات المستخدمة من قبل العملاء والموظفين عبر الشبكة الدولية.
Civil law jurisdictions	الاختصاص القضائي للقانون المدني.
Civil liberties	حريات مدنية.
Civil liberty	حرية مدنية.
Civil society	مجتمع مدني.

Clipboard Computer حاسوب لوحة الكتابة: حاسوب محمول يشبه مظهره وعملياته لوحة كتابة عادية ويَستخدِم قلما لإدخال البيانات بدلا من الفأرة أو لوحة المفاتيح.

Clipper Chip شريحة المترجم: شريحة قدمتها حكومة الولايات المتحدة الأميركية لتُستخدَم في جميع الأجهزة التي تَستخدِم الترميز مثل الحواسيب وأجهزة الإتصالات بحيث تتحكم الحكومة بمفتاح فك الترميز لأغراض الرقابة.

Clipping Path مسار القص: مضلع أو منحنى يعمل كقناع لإخفاء أو حجب الوثيقة بحيث تظهر محتويات القصاصة عند الطباعة.

CLIR (Calling Line Identification Restriction) منع التعرف على رقم المتصل: حجب رقم المتصل لدى متلقي المكالمة.

CLNS (ConnectionLess Network Service) خدمة الشبكة غير المتصلة: هي خدمة متوفرة في الطبقة الثالثة من الشبكة حيث يتم نقل حزم البيانات بشكل مستقل دون الحاجة إلى وجود شبكة معينة للإرسال.

Clobber يخرِّب: تدمير البيانات عن طريق كتابة بيانات أخرى عليها

Clock ساعة، ساعة إلكترونية، موَّقت: 1- دارة إلكترونية في الحاسوب تولد نبضات دورية تُستخدَم لتوفيق التزامن بين عدد من الدارات المنطقية في الحاسوب.
2- الدارة المدعومة ببطارية وتتابع الوقت والزمن في الحاسوب.

Clock Doubling مضاعفة الساعة: تقنية تُمكِن الشريحة من معالجة البيانات والتعليمات بضعف سرعة باقي النظام.

Clock Rate معدل الساعة: معدل سرعة النبضات في ساعة الحاسوب.

Civil society initiatives مبادرات المجتمع المدني.

Civil society organization منظومة المجتمع المدني.

Classified information معلومات محجوبة.

Clean technology تقنية نظيفة.

Cleaning robot روبوت منظِف.

CLI راجع Interface Command Line.

Client حاسوب المستخدم، عميل.

Client side scripting البرمجة النصية من طرف العميل.

Client Side Scripting language لغة البرامج النصية من طرف العميل.

Client/server architecture معمارية الخادم والعميل: مجموعة من منصات الحواسيب تمكّن حاسوب العميل من ارسال طلبات الخدمات عبرالشبكة الى خادم/حاسوب مركزي يقوم بتنفيذها وارجاع النتيجة للعميل.

Client's needs احتياجات العميل.

Climate change awareness وعي تغير المناخ: الإلمام بقضية تغير المناخ وأسبابها وتطوراتها.

Clip قص، قطع: قص جزء من صورة معروضة يتجاوز حجمها الحدود المعينة.

CLIP (Calling Line Identification Presentation (Caller ID)) خدمة تحديد رقم الطالب: خدمة تنقل طلب المتصِل إلى المتصَل به خلال إشارة الرنين وقبل إشارة المتصَل به لتحديد رقمه وفي بعض الأحيان تتوفر خدمة إظهار إسم المتصِل.

Clip Art فن القصاصات: مجموعة من الصور والرسوم تُحفظ ضمن معرض أو قرص وتُستخدَم في إعداد الوثائق والجرائد والمجلات.

Clip Source Tag علامة مصدر القصاصة.

Clipboard ذاكرة تخزين مؤقت للقصاصات:
1-مساحة تخزين تحفظ بشكل مؤقت المعلومات المنسوخة أو المقصوصة من وثيقة ويندوز أو ماكنتوش.
2-حاسوب يُستخدَم كأداة إدخال رئيسة.

صور يُمكِن استرجاعه عندما يشاء موظف الامن لفحص حركة الأشخاص المرغوب التعرف عليهم.

Closed File ملف مغلق: ملف مواصفاته غير معلنة.

Closed Shop مركز مغلق: بيئة حاسوب يُمنع فيها وصول المبرمجين والمختصين الآخرين إلى الحاسوب.

Closed System نظام مغلق: نظام حاسوب لا يوجد فيه فتحات تمديد وتوسعة لإضافة أنواع جديدة من الدارات ضمن وحدة النظام.

Closed website موقع شبكي مغلق.

CLR (Cell Loss Ratio) نسبة خسارة الخلية: أحد مقاييس جودة الخدمة في نمط الإرسال اللامتزامن وهي النسبة المئوية للخلايا التي تضيع في الشبكة بسبب الخطأ أو الازدحام.

CLS (Common Language Specifications) مواصفات اللغة المشتركة: مواصفة مفتوحة طورتها شركة مايكروسوفت تصف الشيفرات التنفيذية وبيئة التشغيل لِ Microsoft.Net.

Club website موقع شبكي لنادي.

Cluster تجمع: 1-مجموعة من نقاط البيانات على رسم.
2-حاسوب إتصالات والأجهزة الطرفية المصاحبة له.

Cluster Analysis تحليل التجمع: نهج عام لحل المشاكل المتعددة تهدف إلى تحديد ما إن كانت العناصر الفردية تقع ضمن مجموعات أو عناقيد.

Cluster Controller متحكم التجمع:
1- وحدة تحكم تُدير عدة أجهزة طرفية مثل الطرفيات أو محركات الأقراص.
2-جهاز وسطي يقع بين حاسوب ومجموعة من الأجهزة الفرعية ويُستخدَم للتحكم بالتجمع.

Cluster Network شبكة التجمع.

Clock Speed سرعة الساعة: النبضات الداخلية للحاسوب. مرادف لِ Clock Rate.

Clock Tick دقة الساعة: نبضة واحدة من ساعة وحدة المعالجة المركزية.

Clock/Date ساعة/تاريخ: دارة توقيت داخلية تحافظ على التوقيت والتاريخ الصحيحين وتُغذى ببطارية لذلك تبقى تعمل حتى وإن أُطفئ الحاسوب.

Clocking توقيت.

Clocking Chip شريحة التوقيت.

Clone نسخة، استنساخ، تقليد: حاسوب مشابه تماما بالشكل والسلوك للحاسوب الأصلي الأرقى والأغلى ثمناً بحيث يحتوي على المعالج نفسه وينفذ التطبيقات والبرامج نفسها.

CLOS (Common LISP Object System) نظام كيانات ليسب الشائع: نظام معالجة شائع بلغة ليسب.

Close إنهاء، إغلاق، يغلق:
1- أمر يخبر العميل بإغلاق الإتصال الراهن مع الخادم.
2- إنهاء تطبيق معين.
3- إنهاء إتصال حاسوب بحاسوب آخر عبر شبكة.

Close Button زر الإغلاق: زر مربع الشكل في واجهة المستخدم الرسومية على يسار شريط العنوان يؤدي النقر عليه إلى إغلاق الواجهة.

Closed Architecture هيكلية مغلقة:
1-أي تصميم للحاسوب تكون مواصفاته غير متوفرة.
2-نظام حاسوب لا يوجد فيه فتحات تمديد وتوسعة لإضافة أنواع جديدة من الدارات ضمن وحدة النظام.

Closed Circuit Television الدائرة التليفزيونية المغلقة: مجموعة كاميرات مراقبة مرتبطة بجهاز تسجيل للصور تُمكِن موظف الامن من مراقبة ما يجري في أرجاء المنشأة وتحتفظ الدائرة بمخزون

	حيث تَستهلك طاقة قليلة وتتحمل الضجيج الشديد.
CMOS Setup	إعدادات مكمل معدن أكسيد اشباه الموصلات "سيموس": برنامج يُستخدَم للتحكم بالإعدادات التي يُمكِن الوصول إليها عند تشغيل الحاسوب يشمل ذلك التحكم بالتاريخ والوقت والبوابات والمشغلات المثبتة مسبقا في النظام.
CMS (Content management system)	نظام إدارة المحتوى: نظام مسؤول عن إضافة محتوى لموقع شبكي معين وتعديله وحذفه.
CMYK (Cyan, Magenta, Yellow, Key (Black))	نموذج ألوان السماوي والأرجواني والأصفر والاسود: نموذج للألوان يُستخدَم في الطابعات من أجل توفير الحبر.
CNCT (Certified Network Computer Technician)	فني شبكات حاسوب معتمد.
CNE (Certified NetWare Engineer)	مهندس نظام تشغيل شبكات معتمد.
CNR (Communication and Network Riser)	صاعد الشبكة والاتصالات: مقبس موجود في اللوحات الأم لبعض أجهزة الحاسوب الشخصية يُستخدَم في الشبكات والمعدات السمعية ومعدات الإتصال الهاتفي المتخصصة.
CNS (Converted Network Services)	خدمات الشبكة المُحوَّلة: توصيل خدمات الصوت والصورة والبيانات وأشكال خدمات الشبكات الأخرى من نقطة وصول في مقر العميل عبر وسيلة وصول واحدة وبثها من مرفق واحد.
COA (Certificate Of Authenticity)	شهادة توثيق البرامج الأصلية: هو ملصق عليه الإسم التجاري المُسجَل لصاحب الملكية.
Coach	يمرن، تمرين، مدرب.
Coaching	تمرين.
Cluster System	نظام التجمع: مجموعة أجهزة متصلة مع بعضها البعض إلكترونيا وتخضع كلها لتحكم وحدة معالجة مركزية واحدة.
Cluster Virus	فيروس التجمع.
Clustering	تجميع: عملية وصل حاسوبين أو أكثر مع بعضهما البعض بطريقة تسمح لهما بالتصرف كأنهما حاسوب واحد.
CLUT (Color Look Up Table)	جدول البحث اللوني: 1-جدول يُستخدَم عادة لتخزين مجموعة الألوان المُستخدَمة في الصورة. 2-جدول محفوظ على مكيِّف الفيديو في الحاسوب يحتوي على قيم إشارات الألوان المختلفة التي يُمكِن عرضها على شاشة الحاسوب.
CMC (Computer Mediated Communication)	إتصال عبر الحاسوب.
CMC-7 type Font	شكل حرف الطباعة "سي إم سي 7": شيفرة دولية تتألف من مجموعة محددة من رموز الطباعة المعدة خصيصا لنظام تمييز الرموز المغنطة.
CMI (Computer Managed Instruction)	التعلم بإدارة الحاسوب: إستخدام الحاسوب لتنظيم وإدارة برنامج تعليمي للطلاب.
CMIP (Common Management Information Protocol)	بروتوكول المعلومات الإدارية العام: بروتوكول لإدارة الشبكات يوفر تطبيقا للخدمات التي تُحددها خدمة المعلومات الإدارية العامة بحيث تسمح بالإتصال بين تطبيقات إدارة الشبكات وعملاء الإدارة.
CMMS (Computerized Maintenance Management systems)	أنظمة إدارة الصيانة المحوسبة: حزمة برمجيات تحتفظ بقاعدة بيانات للمعلومات المتعلقة بعمليات الصيانة الخاصة بالمؤسسة.
CMOS RAM	ذاكرة الوصول العشوائي المصنوعة من مكمل معدن أكسيد اشباه الموصلات "سيموس": ذاكرة صغيرة مدعومة ببطارية صغيرة مصنوعة من مكمل معدن أكسيد اشباه الموصلات

COAST (Cache On A STick)	الذاكرة المؤقتة العصوية: معيار تغليف للوحدات التي تحتوي على ذاكرة الوصول العشوائي الساكنة المستخدمة في الذاكرة المؤقتة.
COB (Chip On Board)	راجع Chip On Board.
COBOL (Common Business-Oriented Language)	لغة الأعمال العامة (كوبول): احدى لغات البرمجة التي تُستعمَل في تطوير التطبيقات التجارية.
Cobweb Site	موقع شبكي لم يتم تحديثه منذ فترة طويلة جدا.
Cocoa	كوكوا: مجموعة من أدوات التطوير والواجهات الكينونية متوفرة في بيئة حواسيب ماكنتوش.
Codability	القابلية للترميز.
Codable	قابل للترميز.
Codable data	بيانات قابلة للترميز.
Code	1- يرمز، رمز، يشفر، شيفرة، نظام شيفري، مدونة، مجموعة قواعد. 2- الشيفرة المصدرية: الجمل والصيغ المكتوبة بلغة برمجة معينة.
Code Access Security	امن الوصول للشيفرة المصدرية: حل من شركة مايكروسوفت يوثق شيفرة البرنامج المصدرية لمنع شيفرة ما غير موثوق بها من أداء النشاطات.
Code Check	فحص/تدقيق الشيفرة: عملية إزالة الأخطاء من برنامج.
Code Conversion	1-عملية تحويل تعليمات البرامج من شكل إلى آخر. 2-عملية تحويل البيانات من تمثيل إلى آخر.
Code cracker	فاك شيفرات.
Code Division Multiple Access	رمز شعبة متعددة الوصول: تقنية لاسلكية رقمية مُستخدَمة في الإتصالات الراديوية للبث بين هاتف نقال ومحطة راديوية.
Code Page	صفحة الشيفرة المصدرية: جدول يربط بين الرموز الظاهرة على الشاشة والتمثيل الثنائي لها.
Code Profiler	تحليل الشيفرة المصدرية: أداة لتحليل سلوك الشيفرة بغرض تحسين أدائها.
Code Red Worm	دودة الشيفرة الحمراء: دودة حاسوب ظهرت على الشبكة الدولية في 13 تموز عام 2001 وتهاجم الحواسيب التي تشغل خادم معلومات الشبكة الدولية انتاج شركة مايكروسوفت.
Code Segment	1- مقطع من الذاكرة يحتوي على تعليمات البرامج. 2- جزء من شيفرة برنامج معين.
Code Signing	توقيع الشيفرة المصدرية: طريقة لضمان أن برنامج تنفيذي معين جاء من ناشر معتمد للبرمجيات ولم يتم تغييره من قبل أحد آخر.
Code Snippet	جزء الشيفرة الصغير: مصطلح برمجة لمنطقة صغيرة من شيفرة المصدر أو النص القابل لإعادة الإستعمال.
Codec (Coder/Decoder)	الترميز وفك الترميز: داره أو برنامج يعمل على تحويل الإشارات أو البيانات من شكل إلى آخر وبالعكس.
Coded	مُرمَز، مُشفر، مُبرمَج.
Coder	مُشفِر، مُبرمِج: الشخص الذي يشفر البيانات أو يكتب البرامج.
Codifiable information	معلومات يمكن ترميزها.
Codifiable language	لغة قابلة للترميز.
Coding	ترميز.
Coding Form	نموذج/ورقة الترميز: ورقة مطبوعة بنموذج يُمكن إستخدامه لكتابة برنامج مشفر.
Coding system	نظام ترميز.
CODSYL (Conference On Data Systems Language)	مؤتمر لغات أنظمة البيانات: منظمة أسستها وزارة الدفاع الأميركية في عام 1959 وتحولت إلى مجموعة من اللجان التطوعية ثم انفصلت في منتصف التسعينيات واشتهرت بتعريفها للغة كوبول.

Coercion	قلب، تحويل: تحويل بيانات برمجة معينة من نوع إلى آخر.
COFDM (Coded Orthogonal Frequency Division Multiplexing)	إرسال متعدد الأقسام للترددات المتعامدة المشفرة: مخطط تعديل رقمي يَستخدِم عددا كبيرا من الناقلات الفرعية المتعامدة المتقاربة.
Cognition	إدراك، مُدرَك، معرفة.
Cognitive	إدراكي.
Cognitive development	تطوير ذهني.
Cognitive robot	روبوت ذو قدرات ذهنية: روبوت معد على نحو يجعله يجري عمليات ذهنية مثل التفضيل وبناء القناعات وتعيين الأهداف والتعامل مع المعلومات والتحكم بالأشياء.
Cognitive robotics	روبوتية ذهنية: ذلك الحقل المعني بتصميم الروبوت على نحو يمكنه من إدراك ما حوله وبناء حالة ذهنية لتحقيق أهداف معقدة في بيئة معقدة.
COGO (Coordinate Geometry)	لغة الهندسة الإحداثية (كوجو) : لغة حاسوب راقية موجهة للهندسة المدنية بحيث تُمكِن الشخص من كتابة برنامج بإستخدام مصطلحات فنية معروفة للمهندسين وتغذيتها للحاسوب.
Coherence	إنسجام, ترابط.
Cold Backup (See Offline Backup)	التخزين الإحتياطي لقواعد البيانات غير المُستخدَمة.
Cold Boot (also called cold start)	تشغيل بارد: عملية تشغيل الحاسوب تشمل قيام النظام بعمليات فحص للمعدات يتم بعدها تحميل نظام التشغيل إلى القرص.
Cold Fault	خلل بارد: خطأ فادح يحصل مباشرة عند تشغيل الحاسوب نتيجة لسوء تركيب المكونات في النظام.
Cold Link	ربط بارد: ربط المعلومات في ملفين حيث يتطلب تحديث الرابط إعادة نسخ المعلومات من ملف المصدر إلى ملف الهدف.
Collaboration	تعاون.

Collaboration Data Object	أغراض البيانات الجماعية: واجهة تطبيقات برمجية توجد في منتجات مايكروسوفت ويندوز وخادم تبادل مايكروسوفت.
Collaborative Commerce (c-commerce)	التجارة التعاونية: نموذج في التجارة الإلكترونية يشير الى التعاون بين الأفراد أوالجماعات عبراستخدام الشبكة الدولية.
Collaborative Filtering	تصفية جماعية: التقنيات التي تُعرّف مجموعة المعلومات التي يُمكِن أن يكون المُستخدِم مهتما بها أو وسيلة للحصول على المعلومات من تجارب وآراء عدد من الأشخاص.
Collaborative human-robot decision making	صنع القرار التعاوني بين الإنسان والروبوت
Collapsed Backbone	شبكة أساسية متداعية.
Collate	ترتيب، ضم، تجميع ترتيبي: دمج البيانات من مجموعتين متشابهتين أو أكثر لتكوين مجموعة واحدة تحتفظ بترتيب العناصر في المجموعات الأصلية.
Collating Sequence	تسلسل تجميعي: علاقة الترتيب بين الأغراض والعناصر يتم إنشاؤها من خلال الترتيب التجميعي.
Collating Sort	تصنيف تجميعي، ترتيب تجميعي: تصنيف يَستخدِم أسلوب الدمج المستمر لملفين أو أكثر لإنتاج تسلسل معين من السجلات أو عناصر البيانات.
Collecting	تجميع.
Collector	مجمّع، مجمّع ترانزستور، مجمّع برامج.
Collision	تصادم: نتيجة محاولة جهازين أو محطتي عمل إرسال إشارات في الوقت نفسه على القناة ذاتها.
Collision Detection	كشف التصادم: عملية تقوم من خلالها الشبكة باكتشاف محاولة جهازي حاسوب الوصول إلى الشبكة في الوقت نفسه

نوع من العرض بالمصفوفات غير الفعّالة التي توفر جودة أفضل من تقنيات المصفوفات غير الفعالة العادية.

Colorimeter مقياس الألوان، جهاز قياس تركيز الألوان.

COLP (Connected Line Identification Restriction) محددات تعريف خط المتصل، مقيد تحديد هوية المتصل.

Column عمود: وهو صف عامودي في مخطط أو رسم بياني.

Column Chart تمثيل بياني عامودي:مخطط بياني على شكل مقاطع عامودية.

COM راجع Component Object Model.

COM Callable Wrapper بوابة إتصالات تغليفية قابلة للإستدعاء.

COM port راجع Communication Port.

Combat robot روبوت قتالي.

Combinational Explosion إنفجار تجميعي.

Combinatorics الرياضيات التجميعية.

Combined technology تقنية مجمّعة.

COMDEX كومدكس : أول عرض لتجارة الحاسوب في الولايات المتحدة.

COMIT II لغة "كوميت 2": لغة برمجة رفيعة المستوى وهي أول لغة لمعالجة النظم الرمزية ومطابقة الأنماط.

Comma-Delimited File ملف محدد بفواصل: ملف بيانات مؤلف من حقول وسجلات على شكل نص مفصولة عن بعضها البعض بفواصل مما يسمح بالتواصل بين أنظمة قواعد البيانات المختلفة.

Command أمر, إيعاز، يأمر، أمر، قيادة.

Command Buffer مخزن مؤقت للأوامر.

Command Button زر الأمر: منطقة داخل النافذة تُنفذ أمرا معينا عند الضغط عليها بالفأرة.

Command Interpreter مفسر الأوامر: برنامج يستقبل الأوامر من المستخدم و ينفذها.

Command Key مفتاح الأمر.

Command Language لغة الأوامر: لغة تتكون من وحجب الرسائل بحيث يُرغَم كل حاسوب على إعادة إرسال الرسائل في وقت عشوائي آخر.

Colocation موقع تشاركي: وضع المعدات التي يمتلكها عميل أو منافس ما في منشأة خاصة بالمؤسة.

Color Bits أرقام الألوان الثنائية.

Color Box مربع الألوان.

Color Burst تدفق الألوان.

Color Cycling تدوير الألوان.

Color Depth عمق اللون، درجة عمق اللون.

Color Gamut مجموعة الألوان الكاملة المتوفرة في جهاز معين مثل الشاشة أو الطابعة.

Color map خارطة الألوان: طريقة شائعة الإستخدام لتوفير مساحة لحفظ الملفات أثناء إنشاء صور ذات ألوان مكونة من 8 أرقام ثنائية.

Color Model نموذج الألوان.

Color Monitor شاشة ملّونة.

Color Palette جدول الألوان: طريقة شائعة الإستخدام لتوفير مساحة لحفظ الملفات أثناء إنشاء صور ذات ألوان مكونة من 8 أرقام ثنائية.

Color Plane مستوى الألوان: يحتوي على معلومات حول الألوان الخاصة بكل رمز ظاهر في مساحة العرض (الألوان الأمامية والخلفية).

Color Printer طابعة ملّونة.

Color Saturation مدى الإشباع باللون الأبيض: درجة خلط اللون باللون الأبيض حيث يعني الإشباع المرتفع وجود القليل من اللون الأبيض أما الإشباع المنخفض فيعني وجود الكثير من اللون الأبيض.

Color Scanner ماسحة ملّونة.

Color Separation فصل الألوان.

Color Space مساحة اللون.

Color Supertwist لون فائق التحريف: تقنية موجودة في شاشات البلور السائل وهي

	بشكل مُرمَّز لتأمين أعلى حد من الخصوصية والسرية.
Commercial Internet Exchange	تبادلات تجارية عبر الشبكة الدولية.
Commercial off-the-shelf Board	لوحة تجارية جاهزة: لوحة مبيعات تؤدي غرضا معينا وتُباع في السوق لها واجهة تعامل محددة.
Commercial usage	استعمال تجاري.
Commercial website	موقع شبكي تجاري.
Commercially unfeasible technology	تقنية غير مجدية تجاريا.
Commercially viable patented technology	تقنية مجدية تجاريا ذات براءة اختراع.
Commercial Online Service	خدمة تجارية عبر الشبكة.
Common Access Method	طريقة الدخول المشتركة/طريقة الوصول المشتركة.
Common Application Language	لغات التطبيق المشتركة: لغات تُمكِن إستخدامها لإعداد برامج في بيئات حاسوبية متعددة.
Common Carrier	شركة إتصالات عامة: تقوم بتزويد الخدمة للجمهور وتستمد أنظمتها من الحكومة.
Common Client Interface	واجهة العميل المشتركة: واجهة تطبيقات برمجية تُمكِن العميل من الوصول إلى تطبيقات محوّلات مصادر متعددة.
Common humanity	إنسانية مشتركة: مفهوم يشير الى دور تقنية المعلومات والاتصالات في نشر وترسيخ مفهوم الانسانية على مستوى العالم وهو من المفاهيم التي يسعى التحالف العالمي لتقنية المعلومات والاتصالات والتنمية الى نشرها وتعزيزها.
Common Language Runtime	فترة تشغيل اللغة المشتركة.
Common Language Runtime Host	مضيف فترة تشغيل اللغة المشتركة.
Common law jurisdictions	الاختصاص القضائي للقانون العام.
	عمليات إجرائية حيث يسبب كل أمر تنفيذ وظيفة معينة.
Command Line	سطر الأمر: سلسلة من النصوص تُكتَب وفقا للغة أوامر وتُمرر إلى المفسر لتنفيذها.
Command Line Interface	واجهة تقبل الأوامر على شكل إيعازات واحد تلو الآخر.
Command Mode	حالة الأمر: حالة ينتظر فيها البرنامج إصدار أمر.
Command Processing	معالجة الأمر.
Command Processor	معالج الأمر.
Command Shell	واجهة الاوامر، برنامج الاوامر الخارجي: جزء من برمجية وعادة ما تكون برنامج منفصل يوفر الإتصال المباشر بين المستخدم ونظام التشغيل من الأمثلة عليها ماكنتوش ودوس.
Command State	وضعية الأمر: الوضعية التي يقبل فيها الموديم الأوامر مثل أمر الإتصال برقم هاتف.
command.com	ملف التفسير: الملف المسؤول عن تفسير الأوامر في نظام التشغيل ويندوز.
Command-driven	مساق بالأوامر: قبول الأوامر على شكل رسائل وكلمات رمزية يجب أن يتعلمها المُستخدِم.
Command-driven System	نظام تقوده الأوامر.
Comment	تعليق أو ملاحظة: نص ملحق في برنامج لأغراض التوثيق.
Comment	يعلق، تعليق.
Comment Out	كتابة ملاحظة: تعطيل أحد الجمل البرمجية في برنامج بشكل مؤقت من خلال شمولها في عبارة تعليق.
Commerce Access Provider	مزود الوصول التجاري.
Commerce Server	خادم تجاري: خادم مخصص للمساعدة على تنفيذ الأعمال التجارية حيث يتم تبادل البيانات بين هذا الخادم ومتصفح شبكة

Communication Terminal Protocol	بروتوكول الإتصالات الطرفية: بروتوكول طرفي يسمح لمُستخدِم في موقع بعيد الوصول إلى حاسوب كما لو كان مرتبطا به مباشرة.
Communication-enabled applications	تطبيقات قائمة على الاتصالات.
Communications security audit	تدقيق أمن الاتصالات.
Communications technology	تقنية اتصالات.
Communicator	موصل، ناقل.
Community	جماعة.
Community development	تطوير/تنمية المجتمع.
COMNET Conference & Expo (Conference and Exposition for the Communication Networking Industry)	مؤتمرات ومعارض شركة كومنت لشبكات الإتصالات.
Comp. newsgroup	مجموعات إخبارية مُدمجَة: ميزة تخزين النقاشات الحرة والمقالات على الشبكة الدولية لمدى واسع من الأخبار.
CompactFlash	ذاكرة مضغوطة: ذاكرة تخزين دائمة قابلة للمسح والتعديل وذات سعة عالية.
CompactPCI	بطاقة التلفزيون المنزلي المضغوطة: بطاقة أكثر آمناً من بطاقات التلفزيون العادية المُستخدَمة في الحاسوب وهي مصممه لدعم وصلة المكونات الطرفية.
Compact Model	قوالب الضغط: النموذج أو الشكل المضغوط من المعدات الإلكترونية.
Company	شركة، صحبة.
Company governors	حكام الشركة: يطلق هذا التعبير على المجالس العليا في الشركة كمجلس الإدارة والجمعية العامة.
Company's productivity	إنتاجية الشركة.
Compaq	شركة كومباك: شركة عملاقة في صناعة الحواسيب مالكها الحالي هو شركة هيولت باكرد.
Common Type System	نظام مشترك: مصطلح مُستخدَم لوصف أنواع البيانات في إطار عمل شبكة مايكروسوفت.
Common User Access	وصول مُستخدِم مشترك: مجموعة من المعايير لإدارة واجهات المُستخدِم المصممة لتسهيل تطوير التطبيقات التي تتماشى مع المنصات المختلفة.
Communicant	موصل، ناقل، مبلغ.
Communicatable robot	روبوت قابلة للتواصل.
Communicate	يوصل، ينقل.
Communication	اتصال، اتصالات، نقل، تبليغ.
Communication Channel	قناة إتصالات.
Communication Controller	متحكم إتصالات.
Communication devices	أجهزة الاتصال.
Communication engineering	هندسة الاتصالات.
Communication Link	رابط/وصلة إتصالات.
Communication Network	شبكة إتصالات.
Communication Port	منفذ إتصالات.
Communication Program	برنامج إتصالات.
Communication Protocol	بروتوكول إتصالات.
Communication revolution	ثورة الاتصالات.
Communication Satellite	قمر صناعي للإتصالات.
Communication Satellite Corporation	مؤسسة أقمار صناعية للإتصالات.
Communication security	أمن قناة الاتصالات.
Communication security manager	مدير أمن الاتصالات .
Communication Server	خادم إتصالات.
Communication Slot	فتحة الإتصالات: فتحة توسعية لبطاقات واجهة الشبكة.
Communication Software	برمجية إتصالات: برمجية تتحكم بأجهزة الإتصالات المختلفة.
Communication System	نظام إتصالات: المزيج من برمجيات ومعدات الإتصالات وروابط نقل البيانات.
Communication technology	تقنية اتصالات.

Comparator	دارة المقارنة: دائرة تعتمد الإشارة الخارجة منها على نتيجة مقارنة الإشارتين الداخلتين.
Compare	يقارن.
Comparison Criteria	معيار المقارنة.
Compatibility	التوافقية: إمكانية تبادل البرمجيات أو المعدات بين الحواسيب المختلفة الصنع دون انتقاص في الأداء ودون الحاجة إلى التعديل.
Compatibility Box	صندوق التوافقية.
Compatibility Mode	نمط التوافقية.
Compatible	متوافق، متوائم.
Competitive intelligence	استخبارات تنافسية: استخبارات تقوم بها الشركات للاستعلام عن منافسيها.
Compilation	تأليف/ترجمة: عملية تحويل برنامج مكتوب بلغة برمجية عالية المستوى إلى لغة الآلة.
Compilation Run	تنفيذ التأليف/ الترجمة.
Compile Time	وقت التأليف/ الترجمة: الزمن المستغرق في ترجمة البرنامج من لغة المصدر إلى لغة الآلة.
Compile-and-Go	التأليف/ الترجمة والتنفيذ: عملية تشمل الترجمة والتحميل لأغراض التنفيذ في عملية واحدة مستمرة.
Compiled BASIC	بيسيك مؤلفة/مترجمة: لغة ترجمة بسيطة.
Compiled Language	لغة مؤلفة/مترجمة: لغة تتم ترجمتها إلى لغة الآلة قبل البدء بعملية التنفيذ بعكس اللغة ذات المفسّر حيث تتم ترجمة وتنفيذ كل عبارة على حدة.
Compiler	مؤلف/مترجم: برمجية تُستخدَم في ترجمة البرامج المكتوبة بإحدى لغات البرمجة عالية المستوى إلى لغة الآلة.
Compile-time Binding	ربط أثناء التأليف/البرمجة.
Complement	مُتمِّم، مُكمِّل.
Complementary networks	شبكات تكميلية.
Complementary Operation	عملية تكميلية: عملية تُتمِّم العملية الأولى أو الأساسية.
Complementary websites	مواقع شبكية متكاملة.
Complete Trace	التتبع الكامل: تتبع برمجة وتنفيذ البرنامج خطوة بخطوة لإكتشاف الأخطاء.
Completely virtualized	تحول كامل للنمط الافتراضي.
Completeness Check	تدقيق التكامل: التحقق من عدم فقدان أي من الحقول.
Complex	مُرَكَّب، مُعقَّد، مجَمع، عقدة، صعب.
Complex IT security configurations	تراتيب أمن تقنية معلومات مُعقَّدة.
Complex motor coordination	تنسيق محركات معقَّد: تصميم روبوتي ينطوي على تصميم معقَّد للمحركات.
Complex password	كلمة مرور مُعقدة.
Complexity	تعقيد، صعوبة.
Compliance	توافق.
Compliance audit	تدقيق التوافق: تدقيق مُنصَّب على فحص أداء الشركة فيما يتصل بكون أوضاعها متوافقة مع معايير أو قوانين معينة.
Compliant	متوافق.
Component	عنصر/مكوِّن: أبسط عنصر أساسي في نظام أو تركيب إلكتروني.
Component Object Model	نموذج الكيان المُكَوِن: هو معيار ثنائي الواجهة أطلقته شركة مايكروسوفت في عام 1993 ليتم استخدامه في تمكين الاتصال في طائفة واسعة من لغات البرمجة.
Component Pascal	عنصر لغة البرمجة باسكال.
Component Size	حجم العنصر.
Component Software	برمجيات العناصر/المكّونات: إجراءات برمجة لتجميع العناصر/المكّونات مع بعضها لتكوين برنامج متكامل.
Componentware	برمجيات العناصر/المكّونات.

تسريب: الدخول أو الإفصاح عن المعلومات بدون إذن أو تخويل.

CompTIA (Computing Technology Industry Association) جمعية صناعة تقنيات الحاسوب: مؤسسة غير ربحية أُنشأت في عام 1982 وضعت الأساس لكثير من المبادرات.

Compound Statement عبارة مركبة: جملة برمجية/ تعليمة مؤلفة من جملتين برمجيتين/تعليمتين أو أكثر.

CompuServe شركة كومبيوسيرف: شركة تزويد خدمات المعلومات والإتصالات بما في ذلك الدخول إلى الشبكة الدولية اشتهرت بمنتديات الدعم للمعدات والبرمجيات التجارية.

Computation احتساب.

Computational Intelligence ذكاء احتسابي.

Computation-Bound محدودية الاحتساب: خاصية يكون فيها أداء الحاسوب محدودا بعمليات حسابية يجب على المعالج المصغر القيام بها.

Compute يحسب، يحصي.

Computed محسوب.

Computed tomography scan brain التصوير المقطعي الحاسوبي للدماغ.

Computer الحاسوب، الحاسبة الإلكترونية، الحاسب الآلي.

Computer access request طلب الحصول على إذن للوصول للحاسوب.

Computer addiction إدمان الحاسوب.

Computer Aided Design راجع CAD.

Computer Architecture معمارية/ بنية الحاسوب.

Computer Based Information system نظام المعلومات المحوسب/ الحاسوبي: مجموعة من الادوات والمعدات والبرمجيات وقواعد البيانات وأدوات الاتصالات والافراد والاجراءات المستخدمة في جمع ومعالجة وتخزين وتوزيع البيانات.

Compose Mail كتابة بريد إلكتروني.

Composer مؤلف، برنامج التأليف.

Composite مُركَّب.

Composite design تصميم مُركَّب.

Composite Key مفتاح مُركَّب: مفتاح يتألف من حقلين أو أكثر في ملف أو حقلين أو أكثر في جدول من جداول قواعد البيانات لضمان عدم التكرار.

Composite Symbol رمز مُركَّب.

Composite Video Display شاشة عرض مُركَّبة: شاشة تستقبل إشارة مُركَّبة عبر كابل أو شكل واحد من أشكال التلفزة.

Compound Document وثيقة مُركَّبة.

Compress يضغط، يكبس، يكثف، يركز، ينضغط، يتكثف، يتركز.

Compressed مضغوط، مكبوس، مكثف، مركَّز.

Compressed Digital Video فيديو رقمي مضغوط.

Compressed Disk قرص مضغوط.

Compressed File ملف مضغوط.

Compressed SLIP (Compressed Serial Line Internet Protocol) بروتوكول خط الشبكة الدولية التسلسلي المضغوط.

Compressibility الانضغاطية، القابلية للضغط، القابلية للتكثيف، القابلية للتركيز.

Compressible قابل للضغط، قابل للتكثيف، قابل للتركيز.

Compression ضغط، كبس، تكثيف، تركيز، إختزال: عملية تصغير الكيانات مثل الإشارات والرموز لتسريع نقلها عبر قناة الاتصالات.

Compression Utility تقنية ضغط البيانات.

Compressive صفة الضغط.

Compressor ضاغط: جهاز أو برنامج أو برمجية لضغط البيانات أو الملفات.

Compromise تنازل، شبهة ، حل وسط،

Computer infection	اصابة/تلوث حاسوبي: تعرض حاسوب أونظام معلومات محوسب لبرمجيات ضارة مثل الفيروسات.
Computer infection prevention	منع اصابة/تلوث الحاسوب.
Computer Information Systems	أنظمة المعلومات الحاسوبية.
Computer Instructions	تعليمات الحاسوب.
Computer Language	لغة حاسوبية: مجموعة من الرموز التي يستخدمها المبرمجون لتكوين برامج الحاسوب.
Computer Literacy	معرفة إستخدام الحاسوب.
Computer literacy rate	معدل المعرفة باستخدام الحاسوب.
Computer Manufacturer	مُصنّع حاسوب.
Computer Mediated Communication	راجع CMC.
Computer Name	إسم الحاسوب.
Computer Network	شبكة حواسيب.
Computer Networking	ربط الحواسيب.
Computer output devices	أجهزة اخرج حاسوبية.
Computer Press Association	رابطة الصحافة الحاسوبية.
Computer Professionals for Social Responsibility	مهنيو الحاسوب المهتمون بالمسؤولية الإجتماعي.
Computer recycling	إعادة تدوير حاسوبي.
Computer Revolution	ثورة الحاسوب.
Computer scan	مسح حاسوبي.
Computer Science	علم الحاسوب: هو النهج العلمي والرياضي للاحتساب وتصميم آلات الحوسبة والعمليات المحوسبة.
Computer Security	أمن/سلامة الحاسوب: نظام حماية الحاسوب من العبث أو الاختراق أو إفشاء المعلومات غير المرغوب به.
Computer simulated environment	بيئة تمت محاكاتها حاسوبيا.
Computer Simulation	محاكاة حاسوبية.
Computer specification	مواصفات الحاسوب: تحديد خصائص الحاسوب المرغوب باقتنائه من حيث السرعة وسعة التخزين.
Computer Buff	عاشق/هاوي الحواسيب.
Computer Compatible Tape	شريط متوافق مع الحاسوب.
Computer Conferencing	مؤتمر/حوار باستخدام الحاسوب: مشاورات بين شخصين أو أكثر تتم بالإتصال عن طريق الحاسوب.
Computer Control Console	لوحة تحكم الحاسوب بالمدخلات والمخرجات.
Computer crash	انهيار/تعطل حاسوب.
Computer crimes	جرائم حاسوبية.
Computer Dependent	معتَمِد على الحاسوب.
Computer Design	تصميم الحاسوب.
Computer Engineer	مهندس حاسوب.
Computer Engineering	هندسة الحاسوب.
Computer Game	لعبة حاسوبية.
Computer Game License Agreement	اتفاق ترخيص لعبة حاسوبية.
Computer Generations	أجيال الحاسوب: الفترات الزمنية لتطور الاساس التقني للحاسوب من الانابيب المفرغة الى الترانزستورات الى الدوائر المتكاملة.
Computer Graphics	رسوم الحاسوب.
Computer Graphics Metafile	ملف تعريف رسوم الحاسوب: هو تنسيق ملف قياسي للرسومات ثنائية الابعاد ورسومات خطوط المسح والنصوص المُعرَّفة من قبل ISO/IEC 8632.
Computer Hacker	قرصان الحواسيب: الشخص القادر على اقتحام الحاسوب وجعله يعمل بالطريقة التي يريدها بغرض التخريب.
Computer hacking	اقتحام/قرصنة الحاسوب.
Computer hacking software	برمجيات اقتحام/قرصنة الحواسيب.
Computer hang	توقف الحاسوب.
Computer Human Interaction	التفاعل الإنساني مع الحاسوب.
Computer Independent Language	لغة برمجية مستقلة عن معمارية الحاسوب.

لِحماية البيانات من الضياع أو الكتابة عليها أو قراءتها من قبل شخص آخر.

Concurrent Class صنف متزامن.

Concurrent Execution معالجة متزامنة.

Concurrent licensing ترخيص متزامن.

Concurrent Processing المعالجة المتزامنة: قدرة الحاسوب على تشغيل أكثر من برنامج في الوقت نفسه.

Concurrent Versioning System نظام الاصدارات المتزامنة: برنامج يتابع العمل والتغيرات على عدد من الملفات لعدد من المؤلفين أو المبرمجين.

Condensed مُكثَف.

Condition حالة، شرط، ظرف.

Conditional Branch تفرع شرطي: التعليمة التي تَنقل الأمر فقط إذا تحقق الشرط.

Conditional Code شيفرة شرطية.

Conditional Compilation ترجمة شرطية.

Conditional Expression تعبير شرطي.

Conditional Implication Operation عملية التضمين الشرطي: جملتين مرتبطين تُنفَذ إحداهما بتحقق الأخرى.

Conditional Jump قفزة شرطية: أمر يؤدي إلى قفز التنفيذ إلى موقع آخر من البرنامج عند تحقق شرط معين.

Conditional Operation عملية شرطية.

Conditional Statement عبارة شرطية.

Conditional Transfer نقل شرطي.

CONF/3PTY (Conference, 3-party) مؤتمر ثلاثي الأطراف.

Conference مؤتمر.

Conference Room قاعة مؤتمرات.

Conferencing تشاور، تداول، مؤتمر، اتحاد هيئات.

Confidential data بيانات سرية.

Confidential information معلومات سرية.

Confidentiality سرية.

config.sys ملف الترتيب الأساسي لنظامي التشغيل دوس وOS2 يحتوي على جميع تعليمات بنية النظام.

Computer Support Groups مجموعات دعم حاسوبية.

Computer System نظام حاسوبي.

Computer Telephone Integration تكامل الحاسوب والهاتف، الدمج الحاسوبي الهاتفي.

Computer virus removal إزالة فيروس الحاسوب.

Computer-aided production engineering هندسة إنتاج بمساعدة الحاسوب.

Computer-Aided Software Engineering هندسة البرمجيات بمساعدة الحاسوب: برامج تُستخدَم في دعم بعض أو جميع مراحل تطوير نظم المعلومات والبرمجيات بما في ذلك التحليل والتصميم والبرمجة.

Computer-Aided Strategic Planning تخطيط إستراتيجي بمساعدة الحاسوب.

Computerization حوسبة.

Computerize يحوسب.

Computerized محوسب.

Computerphile هاوي حاسوب: شخص منغمس في عالم الحاسوب وجمع الحواسيب أو أن الحوسبة جزء من هواياته.

Computers حواسيب.

Computing حوسبة.

Computing infrastructure البنية التحتية للحوسبة.

COMSAT (Communication Satellite Corporation) شركة أقمار صناعية للإتصالات.

Concatenate ترتيب (سلاسل الرموز) في قائمة سلسلية.

Concatenated Data Set فئة بيانات متسلسلة: مجموعة منفصلة من البيانات المرتبطة تتم معالجتها كوحدة واحدة.

Concealment device جهاز إخفاء.

Conceptual Schema مخطط المفاهيم: خريطة للمفاهيم وعلاقاتها مع بعضها البعض تُستخدَم في قواعد البيانات.

Concordance فهرس أبجدي.

Concurrency Control التحكم المتزامن: مصطلح يُستخدَم في قواعد البيانات

Configuration	شكل، صورة، هيئة، ترتيب، تعريف، تشكيل: مجموعة من الأجهزة المبرمجة للعمل معا.
Configuration File	ملف تشكيل: ملف يحتوي على مواصفات وتعليمات تشغيل الآلة.
Configuration management	إدارة التشكيل: عملية للحفاظ على تماسك النظام وتوافق صفاته الفنية مع متطلبات المُستخدِم طيلة فترة استخدامه.
Configuration Utility	خدمة تشكيل.
Configuration Planning	تخطيط تشكيل.
Configure	يشكل، يهيء، يرتب.
Congestion	ازدحام : مجالات المعالجة أو إتصالات أكبر من قدرة النظام.
Conjunctive Function	دالة اقتران.
Connect	يربط، يصل.
Connectability	قابلية الربط.
Connected government	حكومة مرتبطة: يُطلق هذا التعبير على الحكومة التي تعتمد اعتمادا واسعا على الشبكة الدولية في إدارة شؤون مواطنيها.
Connection	علاقة سببية، رابط، وصله : الوصله من الممكن أن تكون كهربائية أوافتراضية مثل جهازين مرتبطين على الشبكة الدولية.
Connectionless	بلا إتصال.
Connective	عامل ربط: أداة تربط بين متغيرين بعلاقة معينة لتكوين متغير ثالث.
Connectivity	قابلية الوصل، القدرة على التوصيل.
Connector	موصِّل: أداة لتوصيل أو فتح الدوائر الكهربائية.
Conscious	واع، مدرك.
Consciousness	وعي.
Consistency	توافق.
Console	لوحة تحكم: وحدة تحكم مثل أداة طرفية يتواصل من خلالها المُستخدِم مع الحاسوب.
Consolidate	يجمع، يوحد، يقوي، يندمج، يتماسك.
Consolidation	تجميع، توحيد، تماسك، دمج.
Consolidator	برنامج التوحيد أو الضم.
Constant	ثابت/قيمة ثابتة.
Constraint	قيد/ضابط: القيود التي تحدد حلول المسألة أو تضبطها.
Construct	تركيبة: هي وحدة مركَّبة من عدة عبارات في لغات البرمجة الراقية.
Constructed language	لغة مبنية/مشيدة: مفهوم لغوي يشير الى اللغات التي تم ابتكارها من قبل أشخاص ولم تتطور طبيعيا.
Consultant	استشاري، مستشار: خبير في إستخدام الحاسوب وتطبيقاته.
Consulting	استشارة، مشاورة.
Consumer-to-Business e-Business	الاعمال الالكترونية بين الافراد ومؤسسات الاعمال: استخدام الشبكة الدولية لبيع وشراء المنتجات والخدمات وتوفير المعلومات من قبل الافراد لمؤسسات الاعمال.
Consumer-to-Consumer(C2C) e-Business	الاعمال الالكترونية ما بين الافراد: استخدام الشبكة الدولية لبيع وشراء المنتجات والخدمات وتوفير المعلومات من قبل الافراد للأفراد الاخرين.
Contact	تلامس، إتصال.
Contact Center	مركز إتصال.
Contact Manager	مدير إتصال: نوع من قواعد البيانات تُمكّن المستخدم من الإحتفاظ بسجل إتصالات خاص بالآخرين.
Contactless cards	بطاقات تماس: بطاقات ذات قدرة على التواصل دون اتصال حسي مع قارئ البطاقات.
Content	محتوى، مضمون.
Content creation	انشاء محتوى.
Content creator	مبتكر/منشئ محتوى.
Content distortion	تشويه المحتوى.

حواسيب الشركة وأنظمتها ومنع توقفها ومواجهة الأعطال والحوادث والهجمات.

Continuous Backup تخزين إحتياطي مستمر.

Continuous network شبكة مستمرة.

Contouring تمثيل محيطي.

Contradiction تناقض (منطقي).

Contradictory Function دالة متناقضة.

Contrast تباين، تضاد.

Control يتحكم، تحكم، يسيطر، سيطرة، يراقب، مراقبة، يكبح، كبح، توجيه.

Control Bus ناقل التحكم: ناقل لايصال أوامر التحكم والتوجيه الصادرة عن وحدة المعالجة المركزية والواردة إليها.

Control Character رمز تحكم: رمز غير طباعي يُكتب ضمن النص الجاري إعداده على الشاشة أو يكون جزء من لوحة المفاتيح لإعلام الحاسوب بوجوب إجراء عملية ما.

Control Circuits دوائر التحكم.

Control Code رمز التحكم.

Control Counter عداد التحكم : عداد يحتوي على عنوان التعليمة التالية الواجب تنفيذها.

Control Data بيانات التحكم.

Control Field حقل التحكم، منطقة تنظيم.

Control Flow سريان التحكم.

Control Function دالة التحكم.

Control Instruction تعليمات التحكم.

Control Light زر التحكم الضوئي، مصباح التحكم.

Control Logic منطق التحكم.

Control management إدارة السيطرة/التحكم.

Control manager مدير السيطرة/التحكم.

Control Memory ذاكرة التحكم.

Control Operation عملية التحكم.

Control Panel لوحة التحكم.

Control Program برنامج التحكم: البرنامج الذي

Content filter مصفاة محتوى.

Content licensing ترخيص محتوى.

Content management system نظام إدارة المحتوى.

Content Scrambling System نظام خلط المحتويات.

Content strategies إستراتيجيات محتوى.

Content-free مستقل أو غير معتمد على المحتوى.

Contention تنافس: تنافس أجزاء النظام للوصول إلى موارد مشتركة مثل الذاكرة أو المحطات الطرفية.

Contents Directory دليل المحتويات.

Context Sensitive Menu قائمة حساسة للسياق: قائمة تحتوي على خيارات فعّالة أو غير فعّالة بحسب السياق.

Context Switching تبديل السياق: إجراء يقطع نشاط جاري ويتحول إلى إجراء آخر.

Context-Dependent معتمد على السياق: معالجة البيانات التي تتميز بأن عملها مرتبط بما حولها.

Context-sensitive Help مساعدة حساسة للسياق: رسالة مساعدة تُعطي للمُستخدِم معلومة معينة عن جزء معين من البرنامج الذي يستخدمه بدل معلومات عن كامل البرنامج.

Contextual Search بحث سياقي: توجيه المُستخدِم لمحرك البحث للبحث في ملفات محددة.

Continuity استمرار.

Continuity management إدارة الاستمرارية: ضمان استمرار خدمات تقنيات المعلومات والاتصالات ومواجهة الأعطال والتوقفات.

Continuity plan خطة الاستمرارية: الخطة التي تعتمدها المؤسسة لضمان استمرار عمل حواسيبها وأنظمتها ومنع توقفها ومواجهة الأعطال والحوادث والهجمات.

Continuity planning تخطيط الاستمرار: تخطيط ينشد ضمان استمرار عمل

	إلى آخر.
Conversion Table	جدول تحويل: جدول مقارنة رموز رقمية في نظامين عددين مختلفين.
Converter	محوّل/مغيّر: جهاز تحويل تيار الطاقة لإعطاء أطوال موجية مختلفة.
Cooked Mode	النمط الجاهز: نمط يقوم فيه نظام التشغيل بحساب جميع المتغيرات وتفسير جميع الرموز الخاصة قبل إرسالها إلى البرامج.
Cookie Filtering Tool	أداة فلترة الكوكيز.
Cookies	الكوكيز: هي ملفات بيانات نصية يُخزّنها خادم الشبكة الدولية على حاسوب العميل لتعريف أو تحديد المُستخدِم لتخصيص خيار معين.
Cookies Policy	سياسة الكوكيز: خاصية تتيح للمُستخدِم قبول أو رفض الكوكي المرسلة عن طريق متصفح الشبكة الدولية لمعرفة ما يفضله العميل.
Cooperative Multitasking	تعدد المهام التعاوني.
Cooperative Processing	معالجة تعاونية.
Coordinate	ينسق.
Coordination	تنسيق.
Coordinator	منسق.
COPPA (Children's Online Privacy Protection Act)	قانون حماية خصوصية الأطفال على الشبكة الدولية.
Coppermine	منجم نحاس (كبرمين): هو إسم شيفرة إنتل لشرائح وحدة المعالجة المركزية في أجهزة بينتيوم 3 والتي تستعمل وصلات ألمنيوم أُطلقت هذه الشرائح في عام 1999.
Coprocessor	معالج مشارك.
Copy	نسخة، نَسخَ.
Copy Protection	حماية النَسخ: الحماية من النَسخ عن الأصل بدون إذن أو تخويل.
Copyable content	محتوى يمكن نسخه.
	يتولى التحكم في تتبع تنفيذ عمليات الحاسوب.
Control Register	سجل التحكم.
Control Section	قسم التحكم.
Control Sequence	تسلسل التحكم.
Control Statement	عبارة التحكم: عبارة في برنامج التحكم تقوم بالتحكم في سير وتتابع تنفيذ العمليات.
Control Storage	مخزن التحكم.
Control Structure	هيكلية/بنية التحكم.
Control Switch	مفتاح التحكم.
Control System	نظام تحكم/سيطرة.
Control Transfer	تحويل/ تبديل التحكم.
Control Unit	وحدة التحكم: في المعالج المركزي وحدة التحكم/السيطرة مسؤولة عن تنسيق تنفيذ الجمل البرمجية على شكل تعليمات تُوزّع على وحدات الحاسوب مثل وحدة الحساب والمنطق والذاكرة والادخال والاخراج.
Control Variable	متغير التحكم.
Controllability	القابلية للتحكم.
Controlled building	مبنى خاضع للتحكم.
Controller	متحكم/جهاز التحكم.
Controllers	متحكمون.
Conventional Memory	ذاكرة اعتيادية: نوع من الذاكرة تستطيع الحواسيب عنونتها عند العمل في أول 640 كيلوبايت من الذاكرة.
Convergence	التقاء: تلاقي بين فروع المعرفة والتكنولوجيا مثل الإتصالات الهاتفية والحوسبة.
Conversational	تخاطبي: خاصية نمط عمليات يرتبط فيه المُستخدِم مع النظام في حوار من الأوامر التي يستجيب لها النظام.
Conversational Interaction	تفاعل تخاطبي.
Conversational Language	لغة تخاطب.
Conversational Mode	نمط تخاطبي.
Conversion	تحويل: تحويل البيانات من نمط

Copycat website	موقع شبكي مُقلد.
Copyright	حقوق النسخ.
Copyright	حقوق الطبع والنشر.
Copyright age	عصر حقوق الطبع والنشر.
Copyrighted	محمي بموجب حقوق الطبع والنشر.
Copyrighted content	محتوى محمي بحقوق الطبع والنشر.
Copyrighted digital material	مادة رقمية محمية بحقوق الطبع والنشر.
Copyrighted material	مادة محمية بحقوق الطبع والنشر.
CORBA (Common Object Request Broker Architecture)	هيكلية وسيط طلب الكيانات العام: تقنية تُمكِن أجزاء البرامج من الاتصال بأجزاء برامج أخرى حتى لو كانت تلك البرامج مكتوبة بلغات برمجية مختلفة وتعمل ضمن منصات تشغيل مختلفة.
Core	قلب، لب، بؤرة، حلقة ممغنطة.
Core Class	صنف مركزي.
Core Memory	ذاكرة رئيسة.
Core Program	برنامج مركزي: برنامج أو جزء من برنامج موجود في ذاكرة الوصول العشوائي.
Core Storage	مخزن حلقي/مركزي.
Core technology	تقنية مركزية/اساسية.
Cornerstone technology	تقنية أساسية.
Coroutine	روتين ثانوي: روتين في الذاكرة يتم تنفيذه بالتزامن مع آخر.
Corporate /Company government	حكومة الشركة/المؤسسة: مجمل الهيئات الإدارية العليا التي تدير المؤسسة وتوجه مسارها ومنها الجمعية العامة ومجلس الإدارة والإدارة العليا.
Corporate culture changer	مُغيّر ثقافة المؤسسة.
Corporate culture's changeability	قابلية ثقافة المؤسسة للتغير.
Corporate espionage	تجسس مؤسساتي: قيام شركة بالتجسس على شركة أخرى للحصول على أسرار العمل الخاص بها.
Corporate governance	حوكمة الشركات: أسلوب إدارة الشركة من قبل المجالس (بما في ذلك مجلس الإدارة والجمعية العامة) واعتماد وسائل الإدارة الرشيدة والذي يتضمن تحديد أبرز سياسات الشركة والمعايير الحاكمة لعملية تنفيذ أهداف الشركة وتحقيق مهمتها الإستراتيجية ومراقبة أدائها.
Corporate ICT infrastructure	بنية المؤسسة التحتية لتقنيات المعلومات والاتصالات.
Corporate surveillance	مراقبة مؤسساتية.
Corrective Maintenance	صيانة تصحيحية/علاجية.
Corrupt	يعطب، يفسد، فاسد، تعطيل، غير صالح للإستخدام.
Corrupted	معطوب، فاسد.
Corrupted file	ملف معطوب.
Corrupted password	كلمة مرور معطوبة.
Corrupted password recovery	استعادة كلمة مرور معطوبة.
Corruptibility	قابلية الإعطاب.
Corruptible	قابل للإعطاب.
Corruption	إعطاب، عطل، فساد.
Corruptor	مُعطِب.
Cost	يكلف، كلفة.
Cost effectiveness	فعالية التكلفة: مصطلح يشير الى قدرة الاعمال والافراد على تحقيق الاهداف بأقل قدر ممكن من التكاليف.
Cost reduction	خفض الكلفة.
Cost-Benefit Analysis	تحليل مردودية التكاليف، تحليل التكلفة والعائد.
Cost-effective hardware solutions	حلول معداتية فعّالة التكلفة.
Counter Register	مسجل العداد.
Counting Loop	حلقات عد: مجموعة من العبارات يتم تكرارها لزيادة أو نقصان قيمة متغير للوصول إلى أو تحقيق شرط معين.
Country	بلد، دولة.

Country Code	رمز الدولة.
Country-Specific	خاص بالدولة: خاصية تتعلق بالبرمجيات أو المعدات التي تَستخدِم رموز أو مصطلحات خاصة بدولة.
Country-specific plan	خطة خاصة ببلد.
Coupling	ربط.
Courseware	برامج منهجية: البرمجيات المخصصة لأهداف التعليم أو التدريب.
Coverage	تغطية.
Covert listening device	جهاز تنصت سري: جهاز لاسلكي مصغر وميكروفون يُستخدَمان لأغراض التنصت والتجسس.
Covert listening devices	أجهزة تنصت سرية.
CP/M (Control Program/Monitor)	برنامج تحكم/مراقبة.
CPA	راجع Computer Press Association.
CPC (Cache Poisoning Checker/Computer Print Control)	مستكشف التسمم الخفي/التحكم بأخطاء الطباعة.
CPE (Customer Premises Equipment)	معدات عقار المستخدم.
CPI (Computer to PBX Interface)	واجهة الحاسوب مع نظام التبادل الهاتفي.
CPM (Cross Phase Modulation)	تضمين عبر المرحلة.
CPRM (Content Protection for Recordable Media)	حماية المحتوى لوسائط الإعلام القابلة للتسجيل.
CpS	راجعCharacters per Second.
CPSK (Coherent Phase Shift Keying)	ادخال ازاحة الفترة المتجانس.
CPSR	راجع Computer Professionals for Social Responsibility.
CPU (Central Processing Unit)	وحدة المعالجة المركزية: أحد مكونات الحاسوب التي تقوم بتفسير التعليمات ومعالجة البيانات.
CPU Cache	ذاكرة وحدة المعالجة المركزية المؤقتة.
CPU Cycle	دورة وحدة المعالجة المركزية.
CPU Fan	مروحة وحدة المعالجة المركزية.
CPU Speed	سرعة وحدة المعالجة المركزية.
CPU Time	الوقت الذي يستغرقه برنامج في التنفيذ.
CPU-Bound	محدود بوحدة المعالجة المركزية.
Crack	يحطم، يصدع، تخريب، كسر الحماية.
Crackability	قابلية الاختراق/التحطيم.
Crackable	قابل للاختراق/للتحطيم.
Crackable network	شبكة قابلة للاختراق.
Crackable password	كلمة مرور قابلة للاختراق.
Cracked	مُحطم، مُتصدع، مُختَرَق.
Cracker	مُحطِم/ مُختَرِق الحماية: شخص يحاول اقتحام شبكة و/أو نظام حاسوبي.
Cracking	تحطيم.
Cradle	حامل حاسوب.
CRAMFS (Compressed ROM File System)	نظام ملفات ذاكرة مضغوطة للقراءة فقط ضمن نظام تشغيل لينوكس.
Crash	ينهار، يتحطم، يعطب، ارتطام، تحطم، تهشم، توقف، إختلال.
Crash Recovery	التعافي من الإختلال، إسترداد النظام.
Crash test	اختبار سريع.
Crawl	زحف: البحث في الشبكة الدولية عن المضيفين وصفحات الشبكة العنكبوتية والمدونات.
Crawler	الزاحف: هو أحد تطبيقات الشبكة الدولية قادر على تصفح الشبكة الدولية بطريقة منهجية وآلية حيث يقوم الزاحف بإنشاء نسخة عن جميع صفحات مواقع الشبكة الدولية التي يقوم بزيارتها ليتم تصنيفها من قبل محرك البحث لتوفير ألية بحث سريعة.

Cron	كرون: برنامج يسمح لكافة أشكال معالجة يونيكس (لينوكس وزنيكس) بتنفيذ عمليات بشكل متكرر وأوقات معينه.
Crop	قطع جزء من صورة على الحاسوب.
Cross Assembler	مجمّع تقاطعي: مجمّع يقوم بالتنفيذ على منصة معدات ولكنه يولّد رمز آلة لأخرى.
Cross Check	تدقيق ترافقي.
Cross Compiler	مترجم تقاطعي: مترجم يقوم بالتنفيذ على بنية معدات ولكنه يولّد رمز آلة لأخرى.
Cross Development	تطوير تقاطعي: إستخدام نظام معين في تطوير برامج لأنواع مختلفة من الأستخدامات.
Cross functional team	فريق متعدد الوظائف: هو فريق يضم أعضاء ذوي خبرات مختلفة ووظائف تنظيمية متعددة لتسهيل اتخاذ القرار.
Cross-Linked Files	ملفات متقاطعة: خطأ في نظام الملفات يعمل على تدمير محتويات ملف قائم من خلال كتابة محتويات ملف آخر في المجموعة ذاتها.
Cross-platform Network	شبكة متعددة بيئات العمل.
CRT Console	راجع Cathode-Ray Tube
CRT Screen	راجع Cathode-Ray Tube
CRT Terminal	راجع Cathode-Ray Tube
Crypt-analysis	تحليل تشفيري.
Cryptic	خفي، مشفر.
Cryptic password	كلمة مرور مشفرة.
Cryptograph	كتابة بالشفيرة، شيفرة.
Cryptographic program	برنامج تشفيري.
Cryptography	تشفير البيانات: تحويل النص الاصلي الى نص غير قابل للفهم الا من قبل المُستَلِم للنص.
CS	راجع Computer Science.
CSIRAC (Council for Scientific and Industrial Research Automatic Computer)	الحاسوب الالي لمجلس البحث العملي والصناعي: أول جهاز حاسوب تم تشغليه في أستراليا
Cray-1	كراي-1: حاسوب عملاق صممه فريق بحث لشركة كراي.
CRC	راجع Cyclic Redundancy Check
Creatable	قابل للابتكار.
Creatable software	برمجيات قابلة للابتكار.
Create	يبتكر، ينشئ.
Creatability	قابلية الابتكار.
Creation	خلق أو بناء ملف أو ما شابه.
Creative	ابتكاري، خلّاق.
Creative Commons license	ترخيص العموم المبدع: ترخيص يقوم صاحب العمل الفكري بمنحه للغير لاستعمال العمل الفكري وفق نماذج تراخيص منظمة العموم المبدع والتي تتسم بكونها تراخيص مرنة واسعة النطاق تستلهم فكرة تعزيز سلاسة تبادل المعرفة وحركة الفكر ومواجهة التقييدات المبالغ فيها التي ينطوي عليها نظام الملكية الفكرية التقليدي حسبما ترى المنظمة.
Creative thinking	تفكير خلّاق.
Creativity enabler	مُمَكِّن للابداع.
Creator	مبتكر، منشئ.
Credible website	موقع شبكي ذو مصداقية.
Credit card hacking	اقتحام البطاقة الائتمانية.
Crime rate	معدل الجريمة.
Crimes	جرائم.
Criminal	مجرم.
Crisis prevention	منع الأزمة.
Crisis recovery	التعافي من الأزمة.
Critical Error	خطأ حرج: خطأ يسبب توقف في المعالجة حتى يتم إصلاح الحالة.
Critical Error Handler	جزء من البرنامج يبدأ بالعمل عند حصول خطأ.
Critical Path Method	طريقة المسار الحرج.
CRM (Customer Relationship Management)	إدارة العلاقات العامة مع العملاء.

CSU/DSU (Channel Service Unit/Data Service Unit)	وحدة خدمات القنوات/وحدة خدمات البيانات.
CT Expo. (Computer Telephony Expo.)	معرض حاسوب الاتصالات الهاتفية.
CTCP (Client to Client Protocol)	بروتوكول عميل-إلى-عميل.
CTI (Computer Telephony Integration)	تكامل الحاسوب مع الاتصالات الهاتفية.
Ctrl (Control Key)	مفتاح التحكم.
CTS (Clear To Send)	جاهز للإرسال.
CUG (Closed User Group)	مجموعة مغلقة من المشتركين.
CUI	راجع Interface Character User.
Cultural gap	فجوة ثقافية: مفهوم يشير الى الاختلاف الثقافي بين جهتين والذي يعوق التواصل بينهما.
Cultural information archivists	مسؤولو حفظ/أرشيف المعلومات الثقافية.
Culture	ثقافة.
Culture of creativity	ثقافة الإبداع.
Culture of invention	ثقافة الاختراع.
Culture of piracy	ثقافة القرصنة: شيوع فكرة قرصنة الأعمال الفكرية ومسوغاتها في المجتمع.
Curly Brackets	أقواس الإقتباس "{}".
Current	تيار، حالي.
Cursor	مؤشر.
Custom	مخصّص.
Custom Queuing	اصطفاف مخصّص.
Custom Software	برمجية مخصّصة.
Customer data	بيانات المستهلكين.
Customer relationship management (CRM) software	برمجيات إدارة علاقات العملاء.
Customer satisfaction	رضا العميل: مفهوم مركزي في تقنيات المعلومات والاتصالات مفاده ارتياح مستخدم التقنية لمستوى الخدمة و/أو المُنتَج.
Customizability	قابلية التجهيز وفقا لطلب المستهلك.
Customizable	قابل للتجهيز/للتخصيص وفقا لطلب المستهلك.

عام 1949 ويُعتبر خامس جهاز حاسوب إلكتروني يحتوي على برامج مخزّنة تم تطويره على الإطلاق حيث تم منح جهاز الحاسوب هذا في عام 1964 لمتحف فيكتوريا.

CSMA (Carrier Sense Multiple Access)	وصول متعدد مدرك للناقل: نظام تحكم بالشبكات حيث تتحقق كل نقطة من عدم وجود أي حركة على الشبكة قبل إرسال البيانات الخاصة بها.
CSMA/CA (CSMA Collision Avoidance)	وصول متعدد مدرك للناقل متجنب للتصادم: نظام تحكم بالشبكات حيث تتحقق كل نقطة من عدم وجود أي حركة على الشبكة قبل إرسال البيانات الخاصة بها ويوفر قدرة تجنب تصادم البيانات المرسلة.
CSMA/CD (CSMA Collision Detection)	وصول متعدد مدرك للناقل محدد للتصادم: نظام تحكم بالشبكات حيث تتحقق كل نقطة من عدم وجود أي حركة على الشبكة قبل إرسال البيانات الخاصة بها ويوفر خاصية اكتشاف التصادم في البيانات المرسلة.
CSMP (Continuous System Modeling Program)	برنامج نمذجة النظام المستمر.
CSN (Circuit Switched Network)	شبكة الدائرة المحوّلة.
CSNET (Computer Science Network)	شبكة علم الحاسوب.
CSS	راجع Sheets Cascading Style.
CSSL (Continuous System Simulation Language)	لغة محاكاة النظام المستمر.
CST (Computer Service Technician)	فني خدمات الحاسوب.
CSU (Channel Service Unit)	وحدة خدمة القنوات.

Customizable solutions	حلول تُصنَع وفقا للطلب/قابلة للتخصيص.
Customization	التجهيز/التخصيص وفقا لطلب المستهلك.
Customize	تخصيص، يُجهز وفقا لطلب المستهلك.
Customized	مُجهز وفقا لطلب المستهلك.
Customized management consulting	استشارة إدارية قابلة للتخصيص.
Customized solutions	حلول مصنعة وفق الطلب/قابلة للتخصيص.
Cut	يقص، يخفض، قص، خفض.
Cut and Paste	قص ولصق: طريقة لنسخ البيانات من نافذة إلى أخرى.
Cut-through Switch	مفتاح القطع: جهاز تحويل يبدأ بإخراج حزمة بيانات قبل إستلامها بالكامل مما يوفر سرعة في نقل البيانات عبر الشبكة بدلا من إخراج حزمة البيانات بعد إستلامها بالكامل.
Cutting	خفض.
CVS	راجع Concurrent Versioning System.
CXML (Commerce XML)	لغة التوصيف القابلة للتوسيع التجارية.
Cyber-	بادئة معناها إفتراضي أو إلكتروني.
Cyber age	العصر الالكتروني .
Cyber attack	هجمة الكترونية: محاولة لتخريب موقع على الشبكة الدولية أو اقتحامه.
Cyber attacker	مهاجم الكتروني: مهاجم في مجال الحواسيب المرتبطة شبكيا
Cyber burglary	سطو الكتروني.
Cyber citizen	مواطن افتراضي: تعبير يُطلق على الشخص الذي يَستخدِم الشبكة الدولية استخداما كثيفا وينتمي إلى مجموعات شبكية.
Cyber citizenship	مواطنة الكتروني: تعبير يُطلق على المواطنة القائمة على استخدام الشبكة الدولية استخداما كثيفا والانتماء الى مجموعات شبكية.
Cyber criminal	مجرم الكتروني.
Cyber espionage	تجسس تقني.
Cyber laws	قوانين الفضاء الالكتروني.
Cyber spying	تجسس في المجال الالكتروني.
Cyber/ Electronic harassment	تحرش الكتروني: تحرش بالغير ضمن إطار الفضاء الالكتروني.
Cyber-art	فن إفتراضي/إلكتروني.
Cyber-bullying	مضايقة الكترونية: مضايقة في مجال الحواسيب المرتبطة شبكيا.
Cyber-cafe	مقهى إفتراضي/إلكتروني.
Cyber-cash	نقد إفتراضي/إلكتروني
Cyber-chat	تخاطب إفتراضي/إلكتروني
Cyber-cop	محقق إفتراضي/إلكتروني: محقق إنتهاكات الشبكة الدولية.
Cyber-culture	ثقافة إفتراضية/إلكترونية.
Cyberdog	كلب إفتراضي/إلكتروني: مجموعة من تطبيقات الشبكة الدولية التي وضعتها شركة ابيل لخط نظام التشغيل Mac OS.
Cyber-lawyer	محامي إفتراضي/إلكتروني.
Cyber-life	حياة إفتراضية/إلكترونية.
Cyber-security legislation	تشريع أمن الفضاء الالكتروني.
Cyber-space	مساحة إفتراضية/إلكترونية.
Cyber-speak	حديث إفتراضي/إلكتروني.
Cyber-squatter	محتل إفتراضي/إلكتروني.
Cybrarian	أمين مكتبة إفتراضي/إلكتروني.
Cycle	دورة.
Cycle Time	زمن الدورة.
Cyclic Binary Code	شيفرة ثنائية دورية.
Cyclic Redundancy Check	فحص عن الفائض المتكرر دوريا، الكشف عن الأخطاء بصورة دورية.
Czman	أداة إنشاء وثائق بشكل أوتوماتيكي إخترعها غراهام ستوني.

D

D Channel	قناة D (دلتا): مصطلح إتصالات لاسلكية يُشير إلى قناة شبكة الخدمات المتكاملة الرقمية التي تتحكم بتبادل المعلومات.
DA	ملحقات سطح المكتب: 1-برنامج صغير موجود في الحواسيب العاملة ضمن نظامي ماكنتوش وويندوز مهمته تزويد المُستخدِم بامكانية إستخدام ومعايرة الساعة والأجندة والآلة الحاسبة وما إلى ذلك من تطبيقات صغيرة ومفيدة. 2-محلل تفاضلي: محلل رقمي إلى قياسي. 3- تحصيل البيانات.
DAA (Distributed Application Architecture)	معمارية/بنية التطبيق الموزّع.
DAB (Digital Audio Broadcasting)	بث سمعي رقمي.
DAC (Digital to Analog Converter)	محوّل من رقمي إلى تناظري: جهاز يقوم بتحويل البيانات الرقمية إلى إشارة تناظرية.
DACL (Discretionary Access Control List)	قائمة ضبط الوصول التقديرية: مجموعة من البيانات ترافق ملف أو دليل أو مصدر إلى شبكات أخرى تحدد صلاحية الوصول للمستخدمين أو المجموعات أو العمليات أو الأجهزة.
Daemon	الخفي: برنامج ضمن أنظمة تشغيل يونيكس يعمل في المنطقة الخلفية ولا يتعامل مباشرة مع المُستخدِم.
Daisy Chain	سلسلة الأقحوان: خط ناقل بين عدد من الأجهزة المنظمة في سلسلة بحيث يتم نقل الإشارات من وحدة إلى وحدة مجاورة بشكل تسلسلي.
Daisy Wheel Printer	طابعة ذات عجلات، طابعة دوّارة الرأس: طابعة تكون فيها حروف الطباعة على عجلة أو قرص تعطي جودة طباعة كالآلات الكاتبة.
DAMA (Demand Assigned Multiple Access)	تقنية تعدد الوصول حسب الطلب: تُستخدَم هذه التقنية في تحديد سعة البث للعملاء محدودي الحاجة وتحدد أنظمة تقنية الوصول المتعدد قنوات إتصال أو دوائر بناءً على طلبات صادرة عن الوحدات الطرفية للمستخدمين إلى نظام تحكم بالشبكة.
Damaged file	ملف معطوب.
Damaged file recovery	استعادة ملف معطوب.
Damping	إخماد، كبح: تقنية تُستخدَم لمنع حدوث زيادة غير مرغوبة في التيار أو الجهد وذلك في دائرة إلكترونية أو جهاز ما.
DAMPS (Digital Advanced Mobile Phone System)	نظام الهواتف النقّالة الرقمي المتطور.
Dancing robot	روبوت راقص.
DAO (Data Access Objects)	كيانات الوصول إلى البيانات: واجهة برمجية للوصول إلى البيانات من تطوير شركة مايكروسوفت.
DAP (Directory Access Protocol)	بروتوكول الوصول إلى الدليل.
Dark Fiber	الليف القاتم: ليف ضوئي غير حامل للإشارة ذو سعة (عرض حزمة) غير مستخدمة في الإتصالات التي تعتمد على الألياف الضوئية.
DARPA (Defense Advanced Research Project Agency)	وكالة مشروع البحث المتقدم في الدفاع.
DAS (Dual Attachment Station)	محطة إتصال مزدوج.

DASD (Direct Access Storage Device)	جهاز التخزين مباشر الوصول: هو أقراص تخزين مغناطيسية تسمح بالوصول إلى البيانات بطريقة مباشرة.
DAT (Digital Audio Tape)	شريط سمعي رقمي.
Data	بيانات: مجموعة غير مترابطة من الحقائق والأرقام والرموز والحروف التي يمكن معالجتها بالحاسوب.
Data Abstraction	تجريد البيانات: مفهوم مفاده اخفاء تفصيلات تمثيل البيانات في التطبيقات.
Data Acquisition	جمع البيانات: 1-جمع البيانات من مصدر خارج النظام، مثال ذلك جمع البيانات عن طريق مجسات خارجية. 2-جمع البيانات من مصادرها لإدخالها الى الحاسوب.
Data Aggregate	مجموعة/مجمّع البيانات: مجموعة من حقول البيانات في سجل تُعطى إسما واحدا ويُرجَع إليها كمجموعة تحتوي عادة على وصف لموقع البيانات ضمن كتل البيانات ووصف علاقة البيانات مع المجموعة بأكملها.
Data archiving	حفظ/أرشفة البيانات.
Data archiving optimization	مثالية أرشفة البيانات: رفع كفاءة أرشفة البيانات إلى المستويات القصوى.
Data archiving strategy	إستراتيجية أرشفة/حفظ البيانات.
Data archiving strategy service	خدمة إستراتيجيات أرشفة/حفظ البيانات.
Data Attribute	خواص/صفات/ سمات البيانات: عبارة عن معلومات بنيوية تصف نوعية البيانات وسياق ورودها ضمن السجلات.
Data back-up software	برمجيات نسخ البيانات الاحتياطية.
Data Bank	بنك البيانات.
Data base architect	معماري/مصمم بنية قاعدة البيانات.
Data Bit	عدد ثنائي.
Data Buffering	التخزين المؤقت للبيانات.
Data Bus	ناقل البيانات: كابل ينقل البيانات بين عناصر الحاسوب الداخلية أو بين أكثر من حاسوب.
Data Capture	حصر البيانات: عملية تحصيل البيانات وتحويلها إلى الصيغة التي يفهمها الحاسوب.
Data Carrier	حامل بيانات: لأي مكون مثل الشريط المغناطيسي يقوم بنقل البيانات.
Data Center Tiers	طبقات/صفوف مركز البيانات: نظام يتكون من أربع طبقات يوفر طرائق بسيطة وفعّالة لتحديد تقنيات تصميم هيكلية لمواقع مراكز البيانات.
Data center virtualization	تحول مركز البيانات للنمط الافتراضي.
Data Chaining	سلسلة البيانات: هي عملية حفظ مقاطع من البيانات ضمن مساحات غير متعاقبة من القرص أو الشريط المغناطيسي أو الذاكرة بحيث يحتفظ بالمقدرة على إعادة وصل الأجزاء المبعثرة هنا وهناك وفق الترتيب المناسب لها ومثال ذلك حفظ ملف واحد على قرصين أو حفظ أجزاء الملف الواحد ضمن أماكن مختلفة من القرص.
Data Channel	قناة البيانات: قناة ذات إتجاهين لتوصيل البيانات بين أجهزة المدخلات والمخرجات ووحدة المعالجة المركزية.
Data Collection	جمع البيانات:عملية تجميع البيانات لمعالجتها في الحاسوب.
Data Communication	نقل البيانات، إرسال وإستقبال البيانات.

Data Element — عنصر بياني: 1-التركيب الأساسي للبيانات في نظام معالجة آلي.
2-مجموعة حروف تحدد مادة بيانات.
3-مادة أو بند معلومات.
4-أصغر وحدة بيانات يمكن الرجوع إليها مثل رقم العميل أو سعر الوحدة.

Data Encapsulation — تغليف البيانات: معروف أيضا باسم اخفاء البيانات هي الآلية التي يتم من خلالها الإبقاء على تفاصيل تنفيذ فئة خفية عن المستخدم.

Data Encryption Key — مفتاح تشفير البيانات: سلسلة من الرموز تُستخدَم لتشفير البيانات الأخرى وفك تشفيرها.

Data Entry — إدخال البيانات: عملية كتابة بيانات جديدة على ذاكرة الحاسوب أو هي عملية إدخال البيانات إلى نظام معالجة البيانات عن طريق محطة طرفية أو وسائط أخرى.

Data Entry Device — جهاز إدخال البيانات: جهاز لإدخال البيانات إلى الحاسوب كطرفية بلوحة المفاتيح أو قارئة البطاقات أو جهاز المفتاح القرصي أو الشريطي.

Data Field — حقل بيانات: مساحة في الذاكرة تحوي سجل بيانات.

Data Field Masking — تقنيع حقل البيانات: عملية تصفية أو إختيار جزء من حقل البيانات لضبط إسترجاعه وعرضه.

Data File — ملف بيانات: وحدة تخزين واسترجاع بيانات تشتمل على بيانات مُجمَّعة وفقا لنمط معين وموصوفة من قبل معلومات الضبط التي يمكن للنظام الوصول إليها.

Data filtering — تصفية/ ترشيح البيانات.

Data Flow — تدفق البيانات: 1- حركة البيانات أثناء عملية المعالجة فيما

Data Communication System — نظام نقل البيانات.

Data Compression — ضغط البيانات: حذف بعض الحقول بغرض توفير مساحة للتخزين أو وسيلة لتقليل حجم البيانات عن طريق إزاحة الفراغات والأقسام الخالية والمادة غير المستخدمة من كتل البيانات.

Data Control — تحكم بالبيانات، ضبط البيانات، رقابة البيانات: الإجراءات الضرورية للتأكد من صحة البيانات عند دخولها أو خروجها من وحدة المعالجة المركزية.

Data controller — المُتحكم في البيانات.

Data Conversion — تحويل البيانات: تغيير طريقة تمثيل البيانات مثل تغيير تمثيل البيانات من البطاقات المثقبة إلى الأقراص الممغنطة أو من النظام الثنائي إلى العشري.

Data Declaration — تصريح البيانات: هو عبارة ضمن برنامج تُحدد خواص المتغير حيث تسمح معظم لغات البرمجة بتحديد إسم المتغير ونوع بياناته وقد تعطي أيضا إمكانية تحديد قيمة ابتدائية له وفي حالة كون نوع البيانات متغير الحجم فإن التصريح قد يتضمن تحديد حجم المتغير.

Data deletability — قابلية البيانات للحذف.

Data Dependency — إعتمادية البيانات: وضع ترجع فيه تعليمات الحاسوب إلى نتائج التعليمات السابقة التي لم تُستكمل.

Data Directory — دليل البيانات: مجموعة مرتبة من عناصر البيانات التي تملك ميزات دليل ومعجم وفهرس البيانات .

Data driven website — موقع شبكي تقوده البيانات.

Data Intense Application تطبيق مُكثّف البيانات: نظام أو برنامج حاسوب يُمكِنه تناول كميات كبيرة من البيانات والتعامل مع المهمات المتكررة بشكل كبير.

Data intensive world عالم ذو حضور معلوماتي كثيف.

Data Interchange Format صيغة تبادل البيانات: تنسيق ملف معياري للصفحات الجدولية وغيرها من البيانات التي تكون على شكل صفوف وأعمدة.

Data Item بند بيانات: وحدة واحدة من البيانات.

Data Leakage تسرب البيانات.

Data Library مكتبة البيانات: قائمة مفهرسة تضم ملفات بيانات على قرص أو غيره من وسائل التخزين.

Data Link وصلة بيانات: وصلة بين أي جهازين قادرين على إرسال وإستقبال البيانات مثل الحاسوب والطابعة أو الحاسوب وجهاز طرفي.

Data Link Connection Identifier مُحدِّد وصلة اتصال البيانات: مُحدِّد لأخطارالشبكة حول كيفية توجيه البيانات.

Data Link Escape رمز التغير في بث البيانات: هو رمز تحكم يُغير معنى الرموز التي تليه مباشرة ويشير إلى أنها شيفرة تحكم وليست بيانات.

Data Link Layer طبقة وصل البيانات: الطبقة الثانية من نموذج ربط الأنظمة القياسي ذي الطبقات السبعة المُستخدَم في إتصال حاسوب بآخر وظيفتها صناعة حزم البيانات وعنونتها وكذلك إدارة عملية تدفق الإرسال.

Data loss ضياع البيانات.

Data Management إدارة البيانات: التحكم في البيانات بالحصول عليها وإدخالها ومعالجتها وإخراجها وتخزينها.

بين أجزاء الحاسوب من موضع إدخالها الى وجهتها.
2-نقل البيانات من وسط تخزين خارجي الى وحدة المعالجة المركزية والذاكرة ومنهما إلى وسط تخزين خارجي مرة أخرى.

Data Fork شعبة البيانات: نظام ملفات لحواسيب ماكنتوش حيث يحتوي جزء من المستند المحفوظ على المعلومات التي يزوده بها المُستخدِم مثل النصوص في وثائق معالج النصوص حيث يتكون ملف ماكنتوش من ترويسة الملف وشعبة البيانات وشعبة الموارد وتُستخدَم جميعها من قبل نظام التشغيل لإدارة وحفظ الملف.

Data Format شكل/بنية البيانات: طريقة الإحتفاظ بالبيانات في شكل رموز أو أرقام ثنائية أو خلاف ذلك.

Data Frame اطار البيانات: حزمة من المعلومات تنتقل عبر الشبكة كوحدة واحده وتُعرَف حسب الطبقة التي ستنتقل من خلالها.

Data Gathering جمع/تجميع البيانات مرادف Data collection.

Data Handling مناولة البيانات، التعامل مع البيانات: مصطلح يُطلق على مجموعة عمليات ثانوية يجريها الحاسوب لخدمة عملية معالجة البيانات وبخاصة إذا كانت كمية البيانات كبيرة ومن هذه العمليات التصنيف والتبويب والترتيب وتوصيف الملفات والسجلات وإنتاج التقارير الإحصائية بطريقة مرتبه وآمِنه.

Data Integration تكامل البيانات.

Data Integrity صحة/سلامة البيانات: تسهيلات لضمان دقة البيانات وثباتها في الظروف الطبيعية وفي حالات العطل وتوافقها مع القيمه المتوقعه خاصة بعد إرسالها أو معالجتها.

الحاسوب.

Data Processing — معالجة البيانات: الوظيفة العامة التي يقوم بها الحاسوب وهي تحويل البيانات من شكل إلى آخر.

Data processor — معالج بيانات.

Data Protectability — قابلية البيانات للحماية.

Data protection — حماية البيانات.

Data protection laws — قوانين حماية البيانات.

Data Purification — تنقية البيانات: عمليات لتقليل الأخطاء في البيانات قبل إدخالها إلى نظام معالجة البيانات.

Data Rate — معدل البيانات: السرعة التي تستطيع بواسطتها دارة أو خط إتصالات نقل البيانات وتقاس عادة بوحدة رقم ثنائي لكل ثانية.

Data recovery software — برمجيات استعادة البيانات.

Data security — أمن البيانات.

Data Sensing — تَحسس/جَس البيانات.

Data Signal — إشارة البيانات: المعلومات المرسلة عبر خط أو دارة وهي عبارة عن نبضه أو تردد كهربائي أو ضوء يشير إلى حركة البيانات في شبكة سلكية أو لاسلكية.

Data Source — مصدر البيانات: يمكن أن يكون جزء من آلة أو أمر يصدر من الحاسوب إلى أداة خارجية متصله به.

Data steaming — تدفق البيانات: سلسلة من الإشارات المُشفرة رقميا (حزم بيانات) تُستخدَم لنقل أو تلقي المعلومات بأي شكل كانت.

Data storage — مخزن بيانات.

Data storage devices — أجهزة تخزين بيانات.

Data storage media — وسيط تخزين البيانات.

Data Stream — تدفق البيانات: سلسلة من البيانات المنسجمة المترابطة على شكل نبضات إلكترونية خلال إرسال أو إستقبال البيانات لمعالجتها.

Data Management System — نظام إدارة البيانات: نظام خاص لمعالجة البيانات يقوم بتخزينها وإدارتها والتحكم بها.

Data Manipulation — تلاعب/تداول البيانات: برامج تتلقى الأوامر من المستخدمين وتَعرِض طرقاً للتعامل مع البيانات وتُوجِه مكونات الحاسوب المادية الى كيفية التعامل مع البيانات.

Data Migration — ترحيل البيانات: نقل البيانات من نظام حاسوب إلى آخر كأن تُنقل من قاعدة البيانات إلى مكان آخر.

Data mine — منجم بيانات.

Data miner — منقّب البيانات: مختص باستخلاص أنماط جديدة من البيانات التاريخية المخزنة لدى منظمة ما.

Data mining — تنقيب البيانات: عملية تحديد واستخلاص أنماط أو علاقات بين البيانات المفيدة تجارياً بإستخدام أدوات إحصائية متقدمة.

Data Mode — نمط البيانات.

Data Model — نموذج البيانات: بنية محددة تُستخدَم لتمثيل البيانات.

Data Module — وحدة بيانات: وحدة تخزين تحتوي على أقراص ممغنطة بالإضافة إلى أذرع الوصول ورؤوس القراءة/الكتابة الخاصة بها.

Data Network — شبكة بيانات: هي شبكة مصممه لنقل البيانات المشفَّرة على شكل إشارات رقمية.

Data Packet — حزمة بيانات.

Data Path — مسار البيانات: دارة متوازية تصل مكونات الحاسوب الرئيسة مما يسمح بنقل النبضات الكهربائية من مكّون الى أخرعبر وصلة بيانات.

Data Plotter — جهاز رسم بياني: جهاز يرسم رسوماً بيانية بواسطة إحداثيات النقاط.

Data Preparation — تحضير البيانات: تنظيم المعلومات وتخزينها ضمن شكل يقبله

Data Transmission	بث/إرسال البيانات: عملية إرسال واستقبال المعلومات من جهاز إرسال إلى جهاز استقبال عبر شبكة إتصالات.
Data Type	نوع البيانات: هو تصنيف لتحديد واحد من أنواع مختلفة من البيانات والأنواع الرئيسة للبيانات هي الكامل والحقيقي والمركّب.
Data Validation	التحقق من صحة البيانات: تفقد صحة البيانات أو تفقد إمتثالها للمعايير المطبقة.
Data verifying devices	أجهزة التحقق من البيانات.
Data Warehouse	مستودع البيانات: مستودع مركزي للبيانات التي تجمعها نظم معلومات مؤسسات الأعمال.
Data Word	كلمة بيانات، كلمة بيانية: وحدة معلومات عبارة عن مجموعة من الأرقام الثنائية مخزّنة في كلمة واحدة لوسط التخزين.
Data's processability	قابلية البيانات للمعالجة.
Database	قاعدة بيانات: مجموعة من البيانات المخزّنة بطريقة نموذجية دون تكرار والمتصلة مع بعضها البعض ضمن علاقات متبادلة قابلة للبحث والمعالجة.
Database Administrator	مسؤول قاعدة البيانات: هو الشخص المسؤول عن إدارة وتنظيم قاعدة البيانات بالإضافة إلى تقييم وإختيار وتنفيذ نظم إدارة قواعد البيانات.
Database Analyst	محلل قاعدة البيانات: هو الشخص المسؤول عن تحليل قاعدة البيانات وتزويد المصممين بكافة المعلومات اللازمة لتساعدهم في عملية تصميم قاعدة البيانات.
Database Application	تطبيق قاعدة بيانات: هو برنامج حاسوب يهدف أساسا لادخال واسترجاع البيانات من قاعدة بيانات محوسبة.
Data Structure	هيكلية البيانات: هو نظام لترتيب المعلومات المتقاربة مع بعضها البعض أو هي صيغ متخصصة لتنظيم البيانات وتخزينها في مجموعة مكونات بشكل منتظم.
Data Switch	مفتاح البيانات: جهاز في نظام الحاسوب يحول البيانات الواردة إلى مواقع عدة لتحويلها من مدخلات إلى مخرجات.
Data Terminal	طرف أو جهاز بيانات: 1-جهاز لإدخال وإخراج البيانات من الحاسوب. 2-جهاز تغيير البيانات إلى شكل ملائم للإرسال.
Data theft	سرقة البيانات.
Data Traffic	حركة سير البيانات عبر الشبكة.
Data Transcription	تسجيل البيانات: نقل أو نسخ البيانات من وسط تخزين إلى آخر مع تغيير شيفرتها عند الحاجة.
Data Transfer	نقل البيانات: 1- نقل البيانات من وسط تخزين إلى الذاكرة. 2-نسخ البيانات من حاسوب إلى آخر.
Data Transfer Rate	معدل نقل/إنتقال البيانات: معدل عدد الأرقام الثنائية أو الرموز أو الكتل التي تمر بين الأدوات المتقابلة في نظام بث البيانات لكل وحدة من الزمن ويُقاس بعدد المقاطع أو آلاف المقاطع المنقولة في الثانية عبر قناة معينة أو بين مصدر ومقصد.
Data Transfer Speed	سرعة نقل البيانات: 1- سرعة نقل البيانات في الحاسوب أو بين أجهزة طرفية والحاسوب. 2- سرعة إنتقال البيانات في شبكة ما. 3- سرعة إنتقال إشارات صوتية أو فيديو في الزمن الحقيقي.

هيكلية/بنية قاعدة البيانات: الوصف العام لسجلات قاعدة البيانات بما في ذلك عدد الحقول ونوع البيانات المخزَّنة في كل حقل.	Database Structure
ماسح نقاط ضعف قاعدة البيانات.	Database vulnerability scanner
وصلات البيانات: نقل البيانات بين وحدات وظيفية بوسائل بث البيانات وفقا لبروتوكول معين.	Datacom
مجتمع تقوده البيانات.	Data-Driven Society
برمجيات منع تسرب البيانات.	Data-leak prevention software
برمجيات منع ضياع البيانات.	Data-loss prevention software
توسع التاريخ: هو تحويل جزء السنه من التاريخ ليكون أربع أرقام بدل من رقمين.	Date Expansion
صيغة/ شكل التاريخ: الشكل المستخدم للتعبير عن تاريخ حدث معين.	Date Format
الإطار الزمني: فترة من الزمن يَستخدِمها برنامج لتحديد نقطة البداية أو النهاية في أداء وظائفه.	Date Horizon
ختم التاريخ: خاصية برمجية تقوم بإدراج التاريخ الحالي تلقائيا إلى وثيقة أو سجل لتحديد زمن اداء النشاطات المختلفة.	Date Stamp
موقع شبكي للتعارف.	Dating website
راجع Database Management System.	DBMS
البث الإذاعي المباشر من خلال الأقمار الصناعية.	DBS (Direct Broadcast Satellite)
راجع Data Channel.	DC
هيكل محتوى الوثيقة.	DCA (Document Content Architecture)
ربط المزيج الرقمي.	DCC (Digital Cross Connect)
مكتشف حامل البيانات.	DCD (Data Carrier Detected)
مصمم قاعدة البيانات: هو الشخص الذي يقوم بتصميم قاعدة البيانات اعتمادا على المعلومات التحليلية التي يقدمها محلل قاعدة البيانات.	Database Designer
تطوير قاعدة البيانات.	Database development
محرك قاعدة البيانات: جزء من برنامج وظيفته تأمين إمكانية الوصول الى نظام إدارة قاعدة البيانات.	Database Engine
نظام إدارة قاعدة البيانات: نظام خاص بمعالجة البيانات يساعد في تخزين ومعالجة وإدارة وضبط البيانات ويعمل كواجهة برمجية بين قاعدة البيانات والمُستخدِم.	Database Management System
تسويق قاعدة بيانات: تسويق يعتمد اعتمادا أساسيا على الاستفادة من قواعد البينات الخاصة بالعملاء.	Database marketing
تطبيع/تسوية قاعدة البيانات: مجموعة خطوات متبعة للحصول على تصميم فعّال لقاعدة بيانات ووصول صحيح وتخزين مناسب للبيانات.	Database Normalization
نشر قاعدة بيانات: عملية آلية تقوم بتأليف منشورات بناء على معلومات مستخرجة من قاعدة بيانات مثل دليل الهاتف.	Database Publishing
لغة استعلام قاعدة البيانات: هي لغة تُستخدَم لتنفيذ الإستفسارات على قاعدة بيانات.	Database Query Language
تطبيقات استرجاع قواعدالبيانات.	Data-base retrieval applications
بحث في قاعدة البيانات: وسيلة استرجاع البيانات المخزَّنة في جداول وسجلات قاعدة البيانات.	Database search
خادم قاعدة البيانات: حاسوب شبكي مسؤول بشكل رئيس عن حفظ قاعدة البيانات المشتركة وتمكين الوصول إليها ومعالجة طلبات المستخدمين.	Database Server

هو نوع خاص من مفاتيح التعديل على لوحة مفاتيح الآلة الكاتبة أو الحاسوب يُستخدَم لاضافة التشكيل لرسالة ما.

Deadlock — الجمود: عدم القدرة على الإستمرار بسبب إنتظار برنامجين أو جهازين رداً من الآخر قبل إستكمال عملية معينة.

Deallocate — إلغاء التخصيص: إلغاء مصدر حاسوبي مخصص لبرنامج أو مُستخدِم معين مثل ذاكرة أو جهاز طرفي.

Deblock — يشتت: عملية تُطبَق على فيديو يحوي مربعات لتحسين الجودة.

Debounce Technique — اسلوب وقف الارتداد: طريقة تُستخدَم مع المفاتيح الميكانيكية للحد من النبضات الناتجة عن تغير وضع المفتاح.

Decay — تلاشي/تباطؤ: تناقص في قوة الإشارة إلى أن تنطفئ.

Deceleration Time — زمن التباطؤ: يُعتبر الحد الأدنى من الزمن الذي يجب أن ينقضي بين إستكمال عملية القراءة أو الكتابة ووقت توقف الحركة.

Decentralized back up — نسخ احتياطي لامركزي.

Decentralized database — قاعدة بيانات لامركزية.

Decentralized file sharing network — شبكة لامركزية للمشاركة في الملفات.

Decentralized Processing — معالجة لامركزية: عمليات المعالجة التي يتم تنفيذها من قبل مجموعة من المعالِجات في مواقع مختلفة.

Decentralized storage — مخزن لامركزي.

Decentralized storage system — نظام تخزين لامركزي.

Decimal — نظام العد/الترميز العشري: نظام عد/ترميز يقوم على عشرة أرقام (0..9

DCE (Data Circuit-terminating Equipment also called Data Communications Equipment or Data Carrier Equipment / Distributed Computing Environment) — معدات إتصالات/نقل البيانات: 1- وهي واجهة أو وصلة (RS-232C) يَستخدِمها الموديم أو أي جهاز تسلسلي في تبادل البيانات مع الحاسوب.
2- بيئة حواسيب موزعة: تقنية قياسية لصناعة البرمجيات وتهيئة الحواسيب وإدارتها وتبادل البيانات في نظم الحواسيب الموزعة تُستخدَم هذه التقنية في نظم حواسيب الشبكات الكبيرة والتي تحتوي على خوادم متباينة الأحجام وموزعة في أماكن مختلفة.

DCL (Data Control Language) — لغة التحكم بالبيانات: لغة لتخزين البيانات وحذفها.

DCO (Distributed Component Object) — الكيان المكّون الموزع: يشير الى كيان موزَّع الأجزاء والمحتويات مثل الخصائص والوظائف.

DCOM (Distributed Component Object Model) — نموذج الكيانات المكّونة الموزَّعة: إصدار من شركة مايكروسوفت لمواصفات نماذج الكيانات يحدد كيفية إتصال المكونات والعناصر مع بعضها البعض عبر الشبكات التي تعتمد نظام ويندوز.

DCS (Desktop Color Separation) — فصل ألوان سطح المكتب.

DCS (Distributed Control System) — نظام التحكم الموزَّع: نظام تحويل للشبكات تستخدمه ناقلات الإتصالات.

DDL (Data Definition/ Description Language) — لغة تعريف البيانات: مجموعة من الأوامر تُستخدَم في لغة الاستعلام الهيكلية لتعريف وبناء قاعدة البيانات.

Deactivate — يعطل، يبطل مفعول.

Deactivation — تعطيل، إبطال مفعول.

Deactivator — مُعطل، مُبطل مفعول.

Dead Code — شيفرة غير قابلة للتنفيذ: وهي جزء من شيفرة مصدر خاصة ببرنامج لا يتم تنفيذها مطلقاً.

Dead Key — مفتاح إضافة تشديد أو حركة:

على نحو يسمح لها بتنفيذ القرارات الحيوية بشكل سريع.

Declaration — إعلان، إقرار.

Declare — يعلن، يُصرِّح.

Decompiler — برنامج تفكيك الترجمة: برنامج يحول لغة الآلة إلى لغة مصدر عالية المستوى.

Decompress — فك الضغط: إعادة البيانات المضغوطة إلى حجمها الأصلي.

Decryption — فك الشيفرة.

Dedicated Server — خادم مخصص (لخدمة واحدة فقط): جهاز حاسوب يعمل لوحده لتوفير الخدمات لحواسيب العملاء ضمن شبكة محلية معينة وإدارة نظام تشغيل الشبكة.

Deep copy — نسخ عميق: نسخ يشمل جميع مكونات الدالة و ليس العنوان فقط.

Default — تلقائي، إفتراض أولي: إفتراض يتخذه النظام عندما لا يحدد المُستخدِم قيماً معينة.

Default Button — الزر الذي يتم إختياره أليا من قبل الحاسوب في صندوق الحوار.

Default Home Page — الصفحة الرئيسية التلقائية/ الافتراضية: هو ملف لغة توصيف النصوص التشعبية الذي يتم إسترجاعه من خادم الشبكة الدولية عند تصفح موقع شبكي وعادة يُسمى باحد تسميتين index.html أو index.htm.

Default password — كلمة المرور الافتراضية: هي كلمة مرور معدة من قبل مُنتج الجهاز تُسلَّم للمشتري عند شرائه الجهاز.

Defensive licensing — ترخيص دفاعي.

Definition — تعريف، تحديد.

Deformation — تغير أو تشويه الشكل.

Defragmentation — إزالة التجزئة: إعادة ترتيب ملف للتخلص من التجزئة.

Decimal System — نظام الأساس العشري: نظام العد الذي يَستخدِم الأعداد العشرية من صفر إلى تسعة للتعبير عن الأرقام.

Decipherable password — كلمة مرور قابلة لفك شيفرتها.

Decision — قرار.

Decision Box — مربع إتخاذ القرار: رمز ماسي الشكل يُستخدَم في توثيق نقطة قرار في مخطط بياني وتتم كتابة القرار في مربع القرار وتتفرع نتائج القرار من النقاط الظاهرة في المربع.

Decision delegateability — قابلية القرار للتفويض.

Decision making — صنع القرار.

Decision making process — عملية صناعة القرار.

Decision Support Database — قاعدة بيانات دعم القرار: قاعدة بيانات لاتخاذ قرارات إحصائية صحيحة.

Decision support system — نظم دعم القرار: مجموعة من الافراد والإجراءات والبرمجيات وقواعد البيانات والأجهزة والمعدات لدعم صنع القرار لحل مشكلة محددة.

Decision Table — جدول القرارات: هي قائمة بالقرارات ومعاييرها مصممة على شكل مصفوفة لتُدرج المعايير (المدخلات) والنتائج (المخرجات) لكافة الإندماجات الممكنة الخاصة بالمعايير كما يُمكِن وضع جدول القرارات في برنامج معين لتوجيه معالجتها وعند تغيير قائمة القرارات يتغير البرنامج تبعاً لذلك.

Decision Tree — شجرة إتخاذ القرار: تمثيل رسومي لكافة البدائل في عملية اتخاذ القرار.

Decision-driven organization — منظمة تقودها القرارات: منظمة تعتمد اعتمادا كبيرا على القرارات المؤثرة الصادرة عن قيادتها التنفيذية وهي مهيكلة

Degradation	تدهور،تراجع: 1- تدهور في جودة الإشارة بسبب تشويش الخطوط في مجال الإتصالات. 2- تراجع في مستوى الأداء أو الخدمة في مجال نظم الحاسوب.
Degrade	يتدهور، يتراجع، يحط من قدر، يهبط برتبة الشيء.
Deinstall	إزالة البرامج: عملية إزالة جميع الملفات والعناصر الموجودة في مواقع مختلفة بشكل كامل من النظام.
Deinterlace	إزالة تداخل الصورة.
DEK	راجع Data Encryption Key.
Del	مفتاح الحذف.
Delay Line	دارة التأخير: دارة مصممة لإحداث تأخير محوسب في إشارة بث.
Delegateability	قابلية التفويض.
Delegateable decision	قرار قابل للتفويض.
Delegate	يفوض.
Delegated authorities	سلطات مُفوضَة.
Delegation	تفويض، وفد.
Deleteability	قابلية الحذف.
Delete	حذف: حذف نص أو ملف أو جزء من وثيقة حذفاً نهائياً.
Deleted file	ملف محذوف.
Delimiter	محدِّد: رمز أو سلسلة من الرموز لتحديد بداية وحدة بيانات أو نهايتها.
Deliver	يُوْصِل، يُسَلِّم.
Delivery Receipt	إيصال إستلام: ميزة إختيارية تعمل على إشعار المستخدم وتنبيهه بأن رسالته قد وصلت للمُرسَل إليه.
Demand Driven Processing	معالجة مدفوعة: معالجة البيانات مباشرة بعد توفرها أو بعد أن تُصبح جاهزة.
Demand management	إدارة الطلب.
Demand Paging	التصفح عند الطلب: نسخ صفحة من شيفرة برنامج في الذاكرة حينما يطلب البرنامج ذلك.
Demand Priority	أولوية الطلب.
Demand Processing	معالجة الطلب.
Demand Report	تقرير الطلب.
Dematerialization	التحول غير المادي: تحول المعالجة المادية إلى افتراضية .
Dematerialize	يتحول الى نمط غير مادي: يحول المعالجة المادية إلى افتراضية.
Dematerialized	تم تحويله لنمط غير مادي: معالجة مادية تم تحويلها إلى افتراضية.
Dematerialized/ Dephysicalized company	شركة تم تحويلها الى نمط غير مادي.
DeMilitarizedZone (DMZ)	المنطقة منزوعة السلاح: هي شبكة فرعية مادية أو افتراضية في امن الحواسيب تحتوي على خدمات المؤسسة التي يتم توفيرها لشبكة أكبرغيرموثوق بها كالشبكة الدولية.
Demo	عرض: نسخة جزئية أو محدودة من حزمة برمجيات تُوزع مجاناً لأغراض الدعاية.
Demo Program	برنامج لغرض العرض: نموذج برنامج قيد التطوير أولي يعرض قدرات وشكل البرنامج.
Democracy	ديمقراطية.
Democratization	التحول الديمقراطي.
Democratization of information	ديمقراطية المعلومات: التدفق الحر للأفكار والآراء والمعرفة.
Democratize	ينتقل للديمقراطية.
Democratized	تم التحول/الانتقال للديمقراطية.
Demodulation	الإستخلاص، إزالة التضمين: هو استخراج المعلومات الأصلية من إشارة موجة الناقل.
Demolish	يدمر، يهدم، يأتي على الشيء
Demolition	تدمير، هدم.

Descriptor	واصف: 1- هو كلمة مشابهة لبند مفهرس في كتاب تُحدد موضوعاً أو عنصراً معيناً في وثيقة أو مجموعة من الوثائق المخزَّنة في إسترجاع البيانات. 2- هو عبارة عن معلومة مخزَّنة تُستخدَم لوصف شيء آخر في البرمجة. 3- برنامج لعرض مقاطع الفيديو الرقمية.
Deselect	إلغاء الإختيار.
Deserialize	تحويل التسلسل: تحويل مجموعة بيانات متسلسلة من الأرقام الثنائية إلى مجموعة متوازية من البايتات.
Design	يُصمم، تصميم.
Design changes	تغييرات في التصميم.
Design Cycle	دورة التصميم: جميع مراحل تطوير وإنتاج برمجيات أو معدات الحاسوب المادية.
Design for all	تصميم للجميع: مفهوم مفاده جعل تصميمات تقنيات المعلومات والاتصالات متاحة للجميع بما في ذلك من يعانون من تحديات جسدية أو ذهنية.
Designability	قابلية التصميم.
Designability of an ICT system	قابلية نظام تقنيات المعلومات والاتصالات للتصميم.
Designable	قابل للتصميم.
Designer	مصمم.
Desk	مكتب، مقر.
Desk Checking	تدقيق المكتب: فحص أومحاكاة عمل التطبيق أو البرنامج للتأكد من عدم وجود مشاكل.
Desktop	سطح المكتب: مصطلح مجازي يطلق على مساحة العمل ضمن شاشة الحاسوب حيث تحوي أيقونات وقوائم تُستخدَم في تحريك الصور والعناصر على الشاشة وكذلك تنفيذ التطبيقات وايقافها بسهولة ويُسر كما يجري في سطح المكتب العادي الملموس.
Denial-of-Service (DoS) Attack	هجمة منع الخدمة: محاولة لتخريب موقع على الشبكة الدولية عن طريق اشغال الخادم/الحاسوب المركزي بسيل من الطلبات المزيفة لمنعه من خدمة المستخدمين أو ايقافه عن العمل.
Denied access	وصول مرفوض.
Dephysicalization	التخلي عن الشكل الملموس، التحول للشكل الرقمي.
Dephysicalized process	عملية تم تحويلها للنمط الغير مادي.
Dequeue	1-صف ذو طرفين: هو هيكل بيانات مُجرَّد يُمكِن إضافة أو حذف البيانات منه من الأمام أو الخلف. 2-إزالة من الصف.
Derived Class	الفئة المشتقة: هي عبارة عن فئة ترث خصائص من فئة أعلى في البرمجة الموجهة للكيانات.
Derived Font	خط مشتق: خط تم تعديله وفقاً لخط سابق.
Derived Relation	علاقة مُشتقَّة: علاقة تأتي كنتيجة لعملية أو أكثر من عمليات الجبر العلائقي على علاقات أخرى.
DES (Data Encryption Standard)	معيار تشفير البيانات: تصميم لتشفير بيانات الحاسوب طورَّته شركة آي بي إم واستخدمته الحكومة الأمريكية كمعيار عام 1976.
Descendant	مجموعة مُشتقَّة: هي شكل مجموعة متخصص أكثر من مجموعة أخرى ذات مستوى أعلى في البرمجة الموجَّهة للكيانات.
Descending Sort	ترتيب تنازلي للبنود: أن يسبق حرف الياء حرف الألف أو أن يسبق رقم كبير رقم أصغر منه.

Desktop Computer	حاسوب مكتبي: حاسوب صغير يُستخدَم في المكاتب يشمل معالج صغير ومخزن بيانات وأجهزة مدخلات ومخرجات ضمن صندوق واحد ويمكن وضعه على سطح مكتب الموظف.
Desktop Publishing	نشر مكتبي: برنامج يعمل على الحواسيب الشخصية لإنتاج وتصميم الصفحات الخاصة بالصحف والمجلات أو أي مطبوعات أخرى كالمواد الدعائية أو الملصقات حيث تَستخدِم معظم دور النشر والمطابع والمؤسسات الصحفية ووكالات الإعلان هذه البرامج لتصميم الصفحات التي يريدون طباعتها.
Desktop Video	فيديو مكتبي: عملية إستخدام الحواسيب الشخصية في عرض صور الفيديو من خلال كاميرا صغيرة مُدمَجة أعلى شاشة الحاسوب.
Desktop virtualization	تحول سطح المكتب للنمط الافتراضي.
Destaging	فض البيانات، تخفيض درجة البيانات: تحريك البيانات من محرك تدريج (ذي سرعة عالية) إلى مخزن البيانات (ذي سرعة منخفضة).
Destination	وجهة، منتهى، الهدف، المقصد، المكان المقصود، الجهة المقصودة: المكان الذي يُنقَل أو يُنسَخ إليه الملف مثل المجلد أو الفهرس.
Destined	مُقدّر، متوجّه إلى.
Destiny	قدر.
Destroy	يدمر.
Destructibility	القابلية للتدمير.
Destruction	تدمير.
Destructive Read	قراءة تدميرية: خاصية لبعض أنظمة الذاكرة يتم فيها تمرير البيانات إلى المعالج مع تدمير النسخة المخزنة في الذاكرة من خلال عملية القراءة.
DESX	خوارزمية معيار ترميزالبيانات اكس: شكل محسن من أشكال معيار تشفير البيانات.
Detect	يكتشف، يكشف: قدرة الحاسوب على إكتشاف أخطاء في البيانات يُمكِن أن تُؤثر على عمل النظام أو اكتشاف فيروسات أو أعطال الذاكرة.
Detectability	القابلية للكشف.
Detection	كشف/اكتشاف.
Detection system	نظام اكتشاف.
Detective	مفتش خاص، تحري.
Detector	كاشف.
Developability	القابلية للتطوير.
Developed country	دولة متطورة.
Developer	مُطوّر، واضع البرامج، مؤلف برمجيات الحاسوب، الشركة المنتجة للبرمجيات.
Developing country	دولة نامية.
Development	تطوير، وضع، إنشاء: العملية الشاملة لإنشاء أو وضع أوتطويرالبرامج والانظمة.
Development awareness	وعي التنمية.
Development divide	الفجوة التنموية.
Development enabler	مُمَكن للتنمية.
Development initiatives	مبادرات تنموية.
Development lead	مُقدّم التطور: المسؤول عن التطور في المؤسسة.
Developmental robotics	روبوتية متطورة.
Device	جهاز، أداة، معدة: 1- مصطلح عام في عالم الحواسيب يُطلق على الطابعات والمنافذ التسلسلية ومحركات الأقراص وكلها أنظمة فرعية ضمن نظام الحاسوب أو وحدة من الوحدات

برمجي لمتابعة الملفات المخزَّنة عبر شبكات متعددة حيث تسمح لمسؤول الشبكة بمشاركة الملفات الموجودة على أكثر من خادم وجعلها تبدو موجودة في مكان واحد.

DGIS (Direct Graphics Interface Standard) — معيار واجهة الرسوميات المباشرة: واجهة طورتها أنظمة برمجيات الرسوميات كبرنامج حاسوبي يسمح للبرامج بعرض الرسوميات على شاشة عرض فيديو.

DHCP (Dynamic Host Configuration Protocol) — بروتوكول تهيئة المضيف ديناميكيا: بروتوكول إتصالات يعطي القدرة لمسؤولي الشبكة بتوزيع عناوين بروتوكول الشبكة الدولية بصورة تلقائية عبر شبكة المنظمة.

DHTML (Dynamic HTML) — لغة توصيف النصوص التشعبية الديناميكية: خليط من تحسينات لغة توصيف النصوص التشعبية تستخدم لإخراج الرسوم المتحركة والتفاعلات والتحديث الديناميكي لصفحات الشبكة العنكبوتية.

Diagnostic Routine — إجراءات تشخيصية: برنامج مصمم لتحديد خلل الحاسوب أو اكتشاف أخطاء التشفير.

Diagnosis — التشخيص: إجراءات وأنظمة تتحرى وتعزل أي عطب أو خلل في أجهزة إتصالات أو شبكة أو نظام.

Diagram — رسم، شكل، مخطط بياني، رسم توضيحي: رسم تخطيطي لتدفق البيانات أو دارة أو منطق.

Dialer — طالب الرقم الهاتفي:
1-جزء الحاسوب الذي يقوم بطلب الرقم الهاتفي.
2-جزء الحاسوب الذي يُستخدَم يدويا لطلب رقم.
3-برنامج يبدأ سلسلة طلب أرقام لموديم أو هاتف معين.

المكونة للحاسوب
2- وحدة أساسية لا تقبل التجزئة تؤدي وظيفة معينة مثل الترانزستور.

Device Address — عنوان الجهاز: موقع ضمن مساحة العناوين في ذاكرة الوصول العشوائية يُمكِن تغيير محتوياتها من قبل المعالج أو من قبل جهاز داخلي.

Device Controller — المُتحكم بالأجهزة: معالج مستقل يوفر مسارات البيانات بين أجهزة المدخلات والمخرجات والذاكرة الرئيسة.

Device Driver — مُشغل الأجهزة: مكونات برمجية وظيفتها تمكين نظام الحاسوب من الإتصال بالأجهزة وفي معظم الحالات يتولى مشغل الجهاز مسؤولية التعامل مع المعدات وذلك لنقل البيانات إلى الجهاز.

Device failure — تعطُّل جهاز.

Device Manager — مدير الأجهزة: برنامج خدمات يسمح بمشاهدة وتعديل إعدادات المعدات كالقطاعات والعناوين الأساسية ومتغيرات الإتصالات التسلسلية.

Device Name — إسم الجهاز: الإسم المختصر الذي يستعمله نظام الحاسوب لتعريف الأجهزة في نظام التشغيل.

Devise — يخترع، يبتكر.

DFB (Distributed Feedback) — تغذية راجعة موزعة.

DFM (Design for Manufacturability) — تصميم المصنعية: فن الهندسة العام لتصميم المنتجات بطريقة يسهل تصنيعها.

DFP (Digital Flat Panel) — لوحة مسطحة رقمية: معيار واجهة رقمية يُحدِّد مُوصِّل الفيديو وإشارات شاشات العرض المسطحة لشاشات اتحاد مقاييس الإلكترونيات الفيديوية.

DFS (Distributed File System) — نظام الملفات الموزعة: نظام

Dialogue Box	صندوق حوار: نافذة خاصة تظهر في التطبيقات أو الأنظمة ذات واجهة مُستخدِم رسومية مهمتها طلب المعلومات والعمليات من المُستخدِم.
Dial-up	الطلب الهاتفي: 1- عملية طلب رقم وذلك بإستخدام شبكة الهاتف العامة عوضا عن إستخدام دارات وكابلات تابعة لشبكة خاصة. 2- الإتصال هاتفيا بالحاسوب أو بين محطتين.
Dial-up Networking	شبكة الطلب الهاتفي: إحدى أنواع شبكات الحاسوب التي تعتمد على الإتصال وإرسال البيانات عبر أسلاك الهاتف والموديم.
Diary	يوميات، دفتر يوميات.
DIB (Device Independent	خارطة أرقام ثنائية مستقلة عن الجهاز،
Bitmap)	صورة نقطية مستقلة عن الجهاز: هيكلية بيانات داخلية في نظام التشغيل ويندوز لتكوين رسوميات غير متصلة بجهاز إخراج معين.
Dictionary attack	هجوم قاموسي: السعي لفك تشفير أمني أو رموز أمنية من خلال القيام بتجربة عدد كبير من الكلمات والعبارات المعدة سلفا كقائمة أو قاموس.
DID (Direct Inward Dialing)	طلب الرقم الداخلي مباشرة: القدرة على الإتصال هاتفيا بمقسم داخل المؤسسة من دون الحاجة للجوء إلى عامل المقسم.
Diffusion	نشر، انتشار، إسهاب.
Digit	1- رقم (من صفر الى تسعة في النظام العشري). 2- خانة: الرمز الواحد من الرموز التي يتكون منها نظام عددي معين، مثل أي من الأعداد من صفر إلى تسعة في نظام العد العشري

Digit Punch	ثقب رقمي.
Digital	رقمي: الرقمية عبارة عن تقنية إلكترونية من أجل توليد وحفظ ومعالجة البيانات بصورة ثنائية (موجبة وغير موجبة بحيث أن الصورة الموجبة يمثلها الرقم 1 والصورة غير الموجبة يمثلها الرقم صفر) وبذا فان البيانات المحفوظة أو المرسلة بإستخدام التقنية الرقمية عبارة عن سلسلة من الأصفار والآحاد.
Digital age	العصر الرقمي.
Digital asset management	إدارة الأصول الرقمية.
Digital bridge	جسر رقمي: تعبير يطلق على توظيف التقنيات الرقمية لتحقيق أهداف تنموية.
Digital camera	كاميرا رقمية: وحدة ادخال حاسوبية تعتمد على تخزين الصور بشكل رقمي.
Digital cameras	الكاميرات الرقمية.
Digital circuit	دائرة رقمية.
Digital citizen	مواطن رقمي: مواطن يَستخدِم الشبكة الدولية للمشاركة بالحياة السياسية والمجتمعية.
Digital communication	اتصال رقمي.
Digital Computer	حاسوب رقمي: حاسوب يؤدي العمليات الحسابية والمنطقية على بيانات ممثلة رقميا بإستخدام الأرقام الثنائية.
Digital copyright	حقوق الطبع والنشر الرقمية.
Digital data storage	مخزن بيانات رقمي.
Digital divide	الانقسام الرقمي: مصطلح يشير الى الفروقات الواضحة في حجم انتشار واستخدام التقنيات الرقمية بين الدول و الاقاليم الجغرافية.
Digital document	وثيقة رقمية.
Digital file	ملف رقمي.

Digital freedom	الحرية الرقمية: حرية تبادل المعلومات والأفكار والإبداعات في المجال الرقمي لاسيما الشبكي وهو شعار يرفعه منتقدو نظام الملكية الفكرية التقليدي الذين يرون أن هذا النظام مفعم بقيود مبالغ فيها.
Digital future	المستقبل الرقمي.
Digital gap	فجوة رقمية: مفهوم يشير الى الفجوة بين بلدان العالم الغني وبلدان العالم الفقير على مستوى الحصول على التقنيات الرقمية واستخدامها.
Digital governance	حوكمة رقمية: استخدام المجال الرقمي وتطبيقاته في الحوكمة على مختلف مستوياتها.
Digital government	حكومة إلكترونية: استخدام الشبكة الدولية لربط المؤسسات الحكومية ببعضها البعض وتوفير خدماتها للمؤسسات والافراد رقميا لتعزيز الشفافية وزيادة السرعة والارتقاء بجودة الخدمات.
Digital imaging technology	تقنية تصوير رقمي.
Digital intellectual property	ملكية فكرية رقمية.
Digital Library	مكتبة رقمية.
Digital Logic	منطق رقمي: أسلوب رقمي للتعامل مع التعابير وجداول الحالات التي تحتوي على متغيرات منفصلة.
Digital map	خريطة رقمية.
Digital material	مادة رقمية.
Digital navigable map	خريطة رقمية قابلة للتنقل: خريطة رقمية يمكن التنقل بين أجزائها.
Digital notification	إخطار رقمي.
Digital opportunity initiatives	مبادرات الفرص الرقمية: عنوان لحزمة مبادرات ذات طبيعة تقنية غرضها ردم الفجوة الرقمية بين الشعوب.
Digital poverty	فقر رقمي: انخفاض مستوى الوعي الرقمي وتوظيف الإمكانيات الرقمية.
Digital recorder	مسجل رقمي.
Digital records	سجلات رقمية.
Digital Representation	تمثيل رقمي: إستخدام نبضات منفصلة أو كميات مرتبة بشكل شيفري لتمثيل متغيرات أو بيانات على شكل أرقام أو رموز.
Digital revolution	ثورة رقمية.
Digital signature	توقيع رقمي: خطة رياضية لإثبات صحة رسالة أو وثيقة رقمية حيث ينتشر استخدام التواقيع الرقمية في التعاملات المالية للكشف عن التزوير أو التلاعب.
Digital society	مجتمع رقمي.
Digital Subscriber Line (DSL)	خط المشترك الرقمي.
Digital Subscriber Line (DSL) protocol	بروتوكول خط المشترك الرقمي.
Digital television	تلفزة رقمية.
Digital Transmission	إرسال/بث رقمي: نقل المعلومات بطرق كهرومغناطيسية على شكل إشارات نبضية منفصلة على فترات بحيث تمثل هذه النبضات الأرقام الثنائية صفر وواحد.
Digital transmission	نقل رقمي.
Digital TV frequency	تردد تلفزي رقمي.
Digital university	جامعة رقمية.
Digitalized institution	مؤسسة متحولة للرقمية.
Digitize	يُرَقم، يحوِّل إلى شكل رقمي: تحويل أي مصدر مدخلات يتغير باستمرار (تناظري) إلى كمية نبضية رقمية منفصلة مُمثلة بالأرقام الثنائية.
Digitized material	مادة تم جعلها رقمية.
Digitizing	التحول للشكل الرقمي (الرقمنة).

كالتصويت على نحو مباشر.

Direct licensing ترخيص مباشر.

Directive توجيهة، تعليمة: هي عبارة تُكتب في البرنامج الأصلي لتوجه عملية الترجمة في الترجمة التجميعية.

Director مدير، عضو مجلس إدارة، مُخرج.

Directory فهرس، دليل المحفوظات: فهرس يتضمن المعلومات الأساسية المخزَّنة على قرص التخزين وتشمل أسماء الملفات أو تاريخ إنشائها أو تعديلها.

Disability robot روبوت إعاقة: روبوت مُعد على نحو يُمكّنه من مساعدة أصحاب التحديات الجسدية والذهنية.

Disability robotics روبوتية الإعاقة: حقل علمي غرضه تطوير روبوتات تساعد أصحاب التحديات والاحتياجات الخاصة.

Disable يُبطل، يعطل، يوقف، إبطال، تعطيل، غير قادر، منع أمر معين من الحدوث.

Disabled مُعطل، مَعُوق.

Disabled attacker مهاجم تم منعه.

Disabled network access protection حماية إذن الوصول إلى شبكة معطلة.

Disablement تعطيل، ايقاف.

Disabling تعطيل، ايقاف.

Disabling access protection ايقاف حماية إذن الوصول.

Disabling attacker ايقاف مهاجم.

Disabling function تعطيل وظيفة.

Disassembly فك الترجمة التجميعية: تحويل لغة الآلة إلى لغة التجميع الاصلية.

Disaster كارثة، نكبة.

Disaster recovery التعافي من الكارثة.

Disaster recovery software برمجيات التعافي من الكوارث.

Disciplined منتظم، منضبط.

Disclosability قابلية الإفصاح.

Digitizing intangible cultural heritage تحويل الارث الثقافي غير الملموس للشكل الرقمي: تسجيل ما تم توارثه من ثقافات تقليدية غير ملموسة كالأعمال الفنية والرسومات الإبداعية الفولكلورية أو التعبيرات الحركية تسجيلاً رقمياً.

Digitizing traditional cultural expression تحويل التعبيرات التقليدية الثقافية للشكل الرقمي: تسجيل التعبيرات التقليدية والأعمال الفلكلورية تسجيلاً رقمياً.

Dimension بعد، إمتداد، تحديد بعد.

DIMM (Dual Inline Memory Module) وحدة ذاكرة مزدوجة الإستقامة: لوحة كهربائية صغيرة تحمل شرائح الذاكرة وتتصل بقابس على اللوحة الرئيسة.

DIP (Dual Inline Package) حزمة خطية مزدوجة: حزمة من الدارات المتكاملة تتكون من صفين من الموصلات المعدنية وتكون موصّلة للمكونات الإلكترونية الأخرى للحاسوب.

Direct يدل، يوجه، مباشر، صريح.

Direct Access وصول مباشر: هو الوصول إلى جزء معين من مكان التخزين دون حاجة النظام لعمل بحث متعاقب.

Direct Access Processing معالجة الوصول المباشر.

Direct Access Storage تخزين الوصول المباشر: وسائط تخزين يتم فيها الوصول إلى البيانات المطلوبة بشكل مباشر.

Direct Connect Modem موديم إتصال مباشر: جهاز يحول الإشارات الثنائية إلى نبضات كهربائية يمكن نقلها عبر خطوط الهاتف.

Direct democracy ديمقراطية مباشرة: تسهم تقنيات المعلومات والاتصالات من خلال التواصل المباشر عبر الشبكة الدولية والشبكات الخاصة بتسهيل التعبير عن الرأي والمشاركة بالعملية الديمقراطية

يمكن إستخدامها للتخزين كوحدة واحدة.

Disk Storage — جهاز التخزين القرصي.

Diskette — قرص صغير/مصغر: الإسم الرسمي للقرص المرن وهو قرص ممغنط يتميز بالمرونة وصغر الحجم ورخص الثمن ويُغلف بغلاف من البلاستيك.

Diskette Input/Output Unit — وحدة إدخال/إخراج القرص الصغير: جهاز يتكون من أكثر من محرك أقراص يمكنه إدخال ما يكون مخزنا على الأقراص من بيانات إلى حاسوب مركزي كبير مباشرة وتخزين البيانات التي يخرجها الحاسوب على أقراص.

Disorder — يوقع الاضطراب، اضطراب، عدم اتزان، انعدام النظام، فوضى.

Disparity — تباين، تفاوت.

Displacement — إزاحة، بُعد نسبي: مقدار من المسافة التي تفصل بين البند المراد تحديد موقعه في الجداول وبين أول بند فيه أو أي بند آخر يُتخذ مرجعا للتحديد.

Display — عرض: 1- عرض البيانات على الشاشة. 2- شاشة/جهاز عرض.

Display devices — أجهزة عرض .

Display Panel — لوحة عرض: سطح عمودي تظهر عليه المعلومات للإطلاع العام.

Display Screen — شاشة عرض: وحدة العرض المرئي.

Display Symbol — رمز العرض: مجموعة من الرموز التي لها حدود يمكن إظهارها على الشاشة.

Display Tube — أنبوبة عرض: أنبوب الأشعة المهبطية يُستخدَم كواسطة لعرض البيانات.

Disclosability indicator — مؤشر قابلية الإفصاح: مؤشر درجة الإفصاح المسموح بها.

Disclosable information — معلومات قابلة للإفصاح.

Disclosable knowledge — معرفة قابلة للإفصاح.

Disclose — يفصح.

Disclosure — إفصاح.

Disclosure of confidential information — الإفصاح عن معلومات سرية.

Discontinuity — توقف.

Discrete — منفصل، مستقل: صفة لمكون أو دارة أو جهاز قائم بحد ذاته بحيث يتمتع بخاصية كهربائية واحدة معينة.

Disinform — يضلل: يوفر معلومات خاطئة.

Disinformation — تضليل: توفير معلومات خاطئة.

Disinformed — مُضلَّل: أُعطيَ معلومات خاطئة.

Disjunction — إنفصال، فصل، عامل الإختيار الضمني: عملية مركَّبة يكون ناتج المعادلة فيها خارج منطقة التقاطع.

Disk — قرص: قرص دائري مسطح من البلاستيك (مثل القرص المرن) أو المعدن (مثل القرص الصلب) مُغطى بمادة ممغنطة يُمكِن أن تحفظ المعلومات المسجلة بشكل رقمي.

Disk Address — عنوان القرص: عنوان يسبق كل سجل ويبين الموقع المُحدَّد له على مسار القرص لتمكين الوصول إليه.

Disk Drive — محرك أقراص: جهاز كهرومغناطيسي يقرأ البيانات المخزَّنة على الأقراص ويكتب عليها لغرض التخزين.

Disk Oriented Computer — حاسوب موجه بالأقراص.

Disk Pack — حامل الأقراص: مجموعة من الأقراص في علبة حافظة تُستخدَم عادة في الحواسيب الكبيرة وهو وسط قابل للنقل أو هو واسطة تخزين قابلة للنقل أو النزع تتكون من عدة أقراص ممغنطة

Disposability قابلية التخلّص منه.

Disposable قابل للتخلّص منه.

Disposable information معلومات قابلة للتخلّص منها.

Disposal طرح، تخلّص من.

Disposal of consumer information التخلّص من معلومات المستهلكين.

Dispose يتصرف في، يتخلص من.

Disposed مُتخلَص منه.

Disposer مُتخلِص من

Disposing تخلُص من.

Disposing electronically stored information تخلُص من معلومات مخزّنة إلكترونيا.

Disposition تخلُص من

Disrupted معطل، منقطع.

Disruption تعطيل، انقطاع.

Disruption of service انقطاع /تعطيل الخدمة.

Disruptive تعطيلي.

Disruptive technology تقنية انقطاع/تعطيل.

Disseminate يفشي، ينشر.

Dissemination إفشاء، نشر.

Disseminator مفش، ناشر.

Distortion تشويش، تشويه.

Distributed مُوَزَّع.

Distributed Data Processing System نظام معالجة البيانات الموزعة: يشمل عمل مجموعة من الانظمة كل نظام في مكان مختلف وبإستقلالية تامة على جزء معين من المهمة و يشمل الناتج النهائي نتائج كل نظام.

Distributed Denial-of-Service (DDoS) Attack هجوم الحرمان من الخدمة الموزَّع: هجوم يهدف الى تعطيل أو منع قدرة الحاسوب المركزي/ الخادم على التجاوب مع طلبات العملاء عن طريق اشغاله بسيل من الطلبات المزيفة المرسلة من مجموعة من الحواسيب الموزَّعة على مناطق جغرافية متباعدة لمنعه من خدمة المستخدمين أو ايقافه عن العمل.

Distributed Logic منطق موزَّع: نظام تشترك فيه عدة أجهزة طرفية ذكية في إستخدام وحدة معالجة واحدة لكن كل جهاز منها قادر على إجراء عمليات المعالجة والتحكم الأساسية.

Distributed processing المعالجة الموزَّعة: عمليات معالجة يتم تنفيذها من قبل مجموعة من المعالجات متوفرة من مواقع مختلفة متاحة عبر الشبكة.

Distributed System نظام موزَّع: نظام يتألف من مجموعة من الحواسيب المستقلة المتباعدة جغرافيا والمتصلة ببعضها عن طريق شبكة ومزوَّد ببرمجيات لتمكين الحواسيب من تنسيق أنشطتها والتشارك بمواردها والبيانات بحيث يحصل المستخدمون على منشأة حاسوبية واحدة متكاملة.

Distribution توزيع.

Distribution of Intelligence توزيع الذكاء: تزويد الأجهزة الطرفية والطرفيات بقدرة المعالجة.

Disruptable transfer of data تحويل بيانات قابل للإعاقة.

Diversion تحويل وجهة.

Diversion of internet traffic تحويل حركة استخدام الشبكة الدولية.

Diversity تنوع.

Divide يقسم، يفصل، انفصال.

Dividend/ Divisor المقسوم: أحد المعاملات المُستخدَمة في عملية القسمة وهو العدد المطلوب قسمته (البسط).

Division قسمة: تحليل مقدار هو المقسوم إلى أجزاء متساوية بعدد المقسوم عليه لينتج ناتج وباقي.

DivX برنامج ديف اكس: برنامج تشغيل ملفات الفيديو بجميع أنواعها من تطوير شركة ديف اكس.

	ميغابت/الثانية من البيانات عبر سلك نحاسي.
DMTF (Desktop Management Task Force)	قوة مهام الإدارة الموزَّعة: جمعية تم تأسيسها في عام 1992 ترتبط بتطوير ودعم وصيانة مقاييس الإدارة للحواسيب الشخصية وتهدف إلى تخفيض كلفة وتعقيدات إدارة الحواسيب الشخصية.
DNA (Distributed Network Application)	تطبيقات الشبكة الموزَّعة: إطار عمل لتطوير التطبيقات من شركة مايكروسوفت.
DNS (Domain Name System)	نظام إسم النطاق/المجال: النظام الذي يحوِّل بين أسماء الحواسيب المضيفة و عناوين بروتوكول الشبكة الدولية الخاصة بها.
Do Until Structure	هيكلية "افعل حتى": مجموعة من الجمل التي يُمكِن تنفيذها فوراً وبشكل متكرر بالإعتماد على نتائج الإختبار المحدد في العبارة الشرطية.
Do While Structure	هيكلية "افعل ما دام": مجموعة من الجمل التي يتم تنفيذها بشكل متكرر طالما أن شرطاً محدداً في الجملة الشرطية ما زال مطبقاً.
DOCSIS (Data Over Cable Service Interface Specification)	مواصفة واجهة خدمة إرسال البيانات عبر الكابل: مقياس لواجهة أجهزة الموديم ذات الكيبلات.
Document	يوثق، وثيقة، مستند.
Document deleteability	قابلية الوثيقة للحذف.
Document imaging	تصوير الوثائق.
Document management software	برمجيات إدارة الوثائق.
Document management software system	نظام برمجيات إدارة الوثائق.
Document management system	نظام إدارة الوثائق.
Document storage	مخزن وثائق.
DLC (Data Link Control)	التحكم بوصلة البيانات: الخدمة التي توفرها طبقة وصلة البيانات للوظيفة المُعرَّفة في نموذج ربط الأنظمة وهو بروتوكول لتصحيح الأخطاء مسؤول عن بث البيانات بين عقدتين باستخدام وصلة مادية.
DLCI	راجع Data Link Connection Identifier.
DLT (Digital Linear Tape)	شريط خطي رقمي: وسط تخزين مغناطيسي يُستخدَم للإحتفاظ بنسخة إحتياطية من البيانات ويسمح هذا الشريط بنقل أسرع للبيانات مقارنة بتقنيات الأشرطة الأخرى.
DM (Distributed Memory)	تلفاز رقمي: تلفاز يتم فيه ترميزمعلومات الصورة إلى إشارات رقمية على جهاز الإرسال ومن ثم فك الترميزلدى جهاز الإستقبال.
DMA (Direct Memory Access)	وصول مباشر إلى الذاكرة: عملية الوصول إلى الذاكرة دون الحاجة إلى تعطيل المعالج.
DMAR (Destination Memory Address Register)	مسجل وجهة عناوين الذاكرة.
DME (Distributed Management Environment)	بيئة إدارة موزَّعة: بروتوكول مراقبة الشبكة والتحكم بها الذي وضعته مؤسسة البرمجيات المفتوحة .
DMI (Desktop Management Interface)	واجهة إدارة الحواسيب المكتبية: أول مقياس لإدارة الحواسيب المكتبية وضعته قوة مهام الإدارة الموزَّعة.
DMT (Discrete Multi-Tone Modulation)	ترميز الطبقات المتعددة غير المترابط: تقنية ترميز مبنية على تقسيم التردد المتعدد حيث تُستخدَم معالجات للإشارات الرقمية لتقسيم عرض النطاق المتوفر إلى عدد من القنوات الفرعية بحيث تتيح نقل حوالي 6

يُستخدم للتعريف بموقع أو عنوان شبكي محدد.

Domain name administrator مدير اسم النطاق.

Domain names أسماء النطاقات: الإسماء المسندة لتعريف مواقع أو عناوين الشبكة الدولية.

Domain officer المسئول عن أسماء النطاقات.

Domain registrar مسجل أسماء النطاقات.

Domains نطاقات.

Domestic robot روبوت منزلي/مُدَجن.

Domestic technology تقنية منزلية.

Domotics التشغيل الآلي للمنزل: تعبير يُطلق على التقنية المُستخدَمة في جعل البيوت آلية.

DOS (Disk Operating System) نظام تشغيل القرص (دوس): نظام تشغيل الحواسيب الشخصية من تطوير شركة مايكروسوفت.

Dot Matrix طابعة المصفوفة النقطية: طابعة تُستعمَل لإنتاج حروف و رموز وصور.

Dot Matrix Character حرف طابعة المصفوفة النقطية: رمز مكون بواسطة المصفوفة النقطية.

Double Address Instruction تعليمات مزدوجة العنوان.

Double Click نقرة مزدوجة.

Double Density Disk قرص مزدوج الكثافة.

Double Precision 1-دقة عالية: مصطلح يُعبر عن مدى دقة تخزين البيانات.
2-مصطلح يُعبر عن تخزين الأرقام ذات الفواصل العشرية.

Double Register سجل مزدوج.

Double Sided Disk قرص ثنائي الجانب.

Doubleword كلمة مزدوجة.

Down Time زمن التعطل.

Download تنزيل.

Download يُنزِّل، مادة مُنزَلة.

Downloading تنزيل.

Downloads مُواد مُنزَلة ، تنزيلات.

Document's imageability قابلية الوثائق للتصوير.

Documentary وثائقي، فيلم وثائقي، عرض وثائقي.

Documentation توثيق:1-إدارة المستندات والسجلات من حيث تعريفها وتجميعها وتخزينها.
2-كتابة الشروحات والمعلومات المتعلقة بالبرنامج في المراحل المختلفة من عملية تطويره لوصفه والرجوع إليها في حالة التعديل.
3-سجل المواد المتعلقة بتطبيق الحاسوب وتتضمن تحليل ووصف المشكلة ومخططات التدفق والتعليمات البرمجية المكتوبة وتعليمات التشغيل.

Documentation Library مكتبة التوثيق: تجميع لكل الوثائق المتعلقة ببرنامج أو بنظام معين وبكل البرامج التي يتكون منها النظام.

DOM (Document Object Model) نموذج كيان الوثيقة: بيئة عمل ونظام تشغيل ونموذج موجَّه الهدف مستقل اللغة لتمثيل لغة وصف النصوص التشعبية ولغة وصف النصوص التشعبية التوسعية.

Domain مجال، نطاق، اسم نطاق.

Domain Controller متحكم المجال/النطاق: خادم على الشبكة يتحقق من طلبات التعريف و يتأكد من أسماء المستخدمين وكلمات السر بالإضافة إلى فرض بعض السياسات على المستخدمين.

Domain Migration متحكم نقل المجال/النطاق: نقل البيانات عبر المجالات المختلفة دون أي خطأ أو تغير على البيانات وعادة ما يكون هناك أكثر من نوع بيانات مثل الصور والنصوص.

Domain Name إسم النطاق: هو الإسم المسند مثل tagorg.com الذي

DSF (Devices Stimulation Framework)	إطار عمل تحفيز الأجهزة
DSLAM (Digital Subscriber Line Access Multiplexer)	الوصول إلى خط المشترك الرقمي المضاعف.
DSN (Distributed Systems Network)	شبكة الأنظمة الموزعة.
DSP (Digital Signal Processor)	معالج الإشارات الرقمية.
DSR (Dynamic Source Routing)	بروتوكول توجيه المصدر الديناميكي.
DSRC (Dedicated Short-Range Communications)	إتصالات مخصصة قصيرة المدى: تقنية لاسلكية تُستخدَم فيما يتعلق بحركة المركبات.
DSS (Digital Subscriber System)	نظام إستقبال الإشارات الرقمية عبر الأقمار الصناعية.
DSS1 (Digital Subscriber System No. 1)	نظام إرسال إشارات المشترك الرقمية رقم 1.
DST (Destination)	الوجهة: الجهة المستهدفة وهي مقابل كلمة المصدر (SRC).
DSTN (Double Super Twisted Nematic)	عرض البلورات الدوارة الفائقة بالمسح الثنائي.
DSTP (Data Space Transfer Protocol)	بروتوكول النقل الفضائي للبيانات.
DSU (Digital Service Unit)	وحدة الخدمات الرقمية.
DSVD (Digital Simultaneous Voice and Data)	تقنية إرسال البيانات والتراسل الصوتي المتزامنة الرقمية.
DTD (Document Type Definition)	لغة تعريف نوع المستند: هي لغة تصف محتويات مستند مكتوب بلغة التوصيف العامة القياسية.
DTE (Data Terminal Equipment)	جهاز نقل البيانات الطرفي.
DTMF (Dual Tone Multi Frequency)	التردد المتعدد للنغمات المزدوجة.
DTR	راجع Data Transfer Rate.
DTTV (Digital Terrestrial Television)	التلفزيون الأرضي الرقمي.
Dual Attachment Concentrator	مُكثّف إتصال مزدوج.
Dual BIOS (Dual Basic Input/Output System)	نظام إدخال/إخراج أساسي مزدوج.
Dual Core	ثنائي النواة: هيكلية جديدة لوحدة المعالجة المركزية تعتمد
Downstream	أتجاه سير البيانات: من المزوِّد إلى العميل.
Downstream bandwidth (download, downlink bandwidth)	سعة البث للتنزيل: كمية المعلومات القابلة للتحميل من الشبكة الدولية إلى حاسوب المُستخدِم في وقت معين.
Downtime	مدة التعطل: المدى الزمني الذي يَتعطل فيه الحاسوب أو الشبكة أو الموقع على الشبكة الدولية.
DPL (Digital Power Link)	خط كهربائي رقمي.
DPMI (DOS Protected Mode Interface)	واجهة تشغيل نظام تشغيل القرص (دوس) في نمط محمي.
DPSK (Differential Phase Shift Keying)	ادخال ازاحة الفترة التفاضلية.
DQDB (Distributed Queue Dual Bus)	الناقل المضاعف لخط الإنتظار الموزَّع.
DQPSK (Differential Quadrature Phase Shift Keying)	ادخال ازاحة الفترة الرباعية التفاضلية.
Draft Mode	وضع المسودة: نمط السرعة الأعلى والجودة الأقل في الطابعات.
Draft Quality Printer	آلة طباعة ذات نوعية عادية.
Drag and Drop	السحب والإسقاط: سحب المحتوى وإسقاطه في مكان آخر.
DRAM (Dynamic Random Access Memory)	ذاكرة الوصول العشوائي الديناميكية.
Driver	سائق، ناقل الحركة، عامل: هو برنامج روتيني فرعي يتعامل مع عملية إدخال/إخراج كاملة في علم الحاسوب.
DRM (Digital Rights Management)	إدارة الحقوق الرقمية.
DRQ (Data ReQuest)	طلب نقل بيانات.
Drum Plotter	راسمة ذات أسطوانة دوّارة.
Drum Printer	طابعة ذات أسطوانة.
Dry Run	تشغيل تجريبي (لبرنامج معين).
DS (Digital Signal)	إشارة رقمية.
DSA (Digital Signature Algorithm)	خوارزمية التوقيع الرقمي.
DSAP (Destination Service Access Point)	نقطة وصول الخدمات إلى الهدف.

Duron	ديورون: وحدة معالجة مركزية طورتها شركة أيه إم دي وتم تصنيعها لتكون بديلا بكلفة أقل لمعالج انتل بنتيوم III.
DUT (Device Under Test)	جهاز قيد الفحص.
DVB (Digital Video Broadcasting)	بث الفيديو الرقمي: نموذج للبث التلفزيوني الرقمي العالمي مستخدم في أوروبا والشرق الأقصى.
DVD (Digital Video Disc)	قرص فيديو رقمي: يُستخدم للتخزين متعدد الأغراض له سعة ومساحة أكبر من الأقراص العادية.
DVD Decryptor	جهاز فك شيفرة أقراص الفيديو الرقمية.
DVD-RW	قرص فيديو رقمي قابل للنسخ: قرص رقمي يمكن إعادة كتابة البيانات والنسخ عليه.
DVI (Digital Video Interactive)	الفيديو الرقمي التفاعلي.
DVMRP (Distance Vector Multicast Routing Protocol)	بروتوكول التوجيه بعيد المدى متعدد القوالب: يُستخدَم هذا البروتوكول في مشاركة المعلومات بين الموجهات لنقل الحزم متعددة القوالب عبر الشبكات.
DVMT (Dynamic Video Memory Technology)	تقنية الذاكرة الفيديوية الديناميكية.
DVR (Digital Video Recorder)	مسجل الفيديو الرقمي.
DWDM (Dense Wavelength Division Multiplexing)	مضاعفة الكثافة عبر تقسيم الموجات.
DXC (Data Exchange Control)	الربط التبادلي الرقمي.
Dynamic	حركي/ديناميكي.
Dynamic Allocation	التخصيص الديناميكي.
Dynamic Backup	تخزين إحتياطي ديناميكي.
Dynamic Data Exchange	تبادل البيانات الديناميكي.
Dynamic Dump	التفريغ الديناميكي:عملية يتم تنفيذها من قبل المبرمج تعمل على إنهاء البرنامج قبل إغلاقه

	على وجود وحدتين للمعالجة المركزية متصلتين كهربائيا ببعضهما البعض مما يوفر الوقت و يزيد حجم البيانات المُعالَجة.
Dual Inline Memory Module	وحدة ذاكرة مباشرة مزدوجة.
Dual Inline Package	حزمة مباشرة مزدوجة.
Dual Mode	نمط مزدوج.
Dual-Robot system	نظام ثنائي الروبوتية.
Due diligence	المراجعة/الفحص الواجب: عملية تقييم وضع الشركة أو نشاط الاعمال.
Dumb Terminal	طرفيات محدودة: جهاز طرفي لا يملك معالج دقيق داخلي وبالتالي فهو لا يملك مقدرة على معالجة مستقلة عن جهاز الحاسوب المُضيف.
Dummy Argument	قيمة وهمية: متغير يظهر في تعريف سلسلة من الأوامر أو وظيفة معينة يتم إستبدالها بعنوان وقت الإتصال.
Dummy Record	سجل وهمي: معلومات لا أهمية لها يتم تخزينها لغرض معين مثل تعبئة متطلب الطول.
Dummy Routine	برنامج روتيني وهمي.
Dump	التفريغ: نقل البيانات المخزنة داخلياً في الحاسوب من مكان لآخر (من الذاكرة مثلاً إلى الطباعة) دون معالجتها.
Dump Program	برنامج التفريغ إحدى برامج نظام التشغيل يونيكس والمُستخدَم في عمل نسخ إحتياطية من أنظمة الملفات على شريط أو قرص آخر.
DUN	راجع Dial-up Networking.
Duplex Transmission	نقل البيانات بالإتجاهين عبر دارة معينة.
Duplicate	نسخة ثانية.
Durability	ديمومة، متانة، قابلية التحمل، القدرة على التحمل.

	بالشكل المناسب من أجل الحصول على قائمة بالأوامر التشغيلية ووظائف الذاكرة الفعالة وقت الإنهاء.
Dynamic IP Address	عنوان بروتوكول الشبكة الدولية الديناميكي.
Dynamic Link Library	المكتبة المربوطة ديناميكياً.
Dynamic Memory	ذاكرة ديناميكية: نوع من الذاكرة يلزم تنشيطها كهربائيا بصفة دورية حتى لا تفقد البيانات المخزَّنة فيها.
Dynamic Relocation	إعادة تحديد المواقع الديناميكية: القدرة على نقل برامج الحاسوب أو البيانات من ذاكرة مساعدة إلى الذاكرة الرئيسة في أي موقع ملائم.
Dynamic Storage	تخزين ديناميكي.
Dynamic web page	صفحة شبكية حركية.
Dynamic website	موقع شبكي حركي/ديناميكي.
Dynamism	حركية/ديناميكية.
Dynaset	مجموعة ديناميكية: مجموعة من البيانات المرتبطة ديناميكياً بقاعدة البيانات.
DYSTAL (Dynamic Storage Allocation)	تخصيص المخزون الديناميكي: إضافة قوائم ونصوص وترتيب وإحصائيات وعمليات عديدة للغة البرمجة فورتران.

E

E3 (Electronic Entertainment Expo)	معرض الترفيه الإلكتروني: معرض سنوي عُقد أول مرة في أيار 1995 خاص بصناعة ألعاب الفيديو ويعد الحدث الرئيس الذي يتم فيه الكشف عن منتجات ترفيهية جديدة لتجار البيع بالتجزئة والصحافة.
EAI (Enterprise Application Integration)	تكامل تطبيقات المؤسسة: مجموعة من الأدوات والبرامج البينية التي تسمح بتبادل المعلومات بين التطبيقات المُستخدَمة في مؤسسة والسماح بإستخدامها عبر متصفح الشبكة الدولية.
EAN (European Article Numbering)	معيار الترقيم الأوروبي.
EAP (Extensible Authentication Protocol)	بروتوكول التصديق القابل للتوسع: هو إطار عمل توثيقي يُستخدَم في الشبكات اللاسلكية والوصلات البينية.
Early Binding	ربط مبكر: ربط الأنواع المختلفة بالمتغيرات والتعابير عند وقت تجميع البرنامج.
EARN (European Academic and Research Network)	شبكة البحث الأكاديمي الأوروبية.
EAROM (Electrically Alterable Read Only Memory)	ذاكرة قراءة فقط قابلة للتغيير كهربائيا: هي ذاكرة تسجيل البيانات واسترجاعها بشكل غير محدد ويمكن أن تُمسح البيانات المخزَّنة عليها بتغيير كهربائي وتسجل بيانات جديدة عليها.
Earth shaking technology	تقنية تهز الارض.
Earth-friendly Information Technology operation	عملية تشغيلية لتقنية المعلومات مُنسجمة مع الأرض.
Easter Egg	بيضة الفصح: ميزة مخفية لبرنامج حاسوبي قد تكون محظورة من قبل الإدارة ويُمكِن أن تكون مجموعة صور متحركة أو رسالة فكاهية.
E-bay	موقع E-bay: هو أشهر مواقع المزادات الإلكترونية على الشبكة الدولية على الإطلاق حيث يُمكِّن المُستخدِم من المزايدة على أشياء عديدة مثل أجهزة الحاسوب وملحقاتها والكتب وألعاب الفيديو والمجوهرات والتحف.
EBCDIC (Extended Binary Coded Decimal Interchange Code)	رمز التقاطع العشري الثنائي الموسّع: نظام ترميز قياسي يستخدم 8 أرقام ثنائية ليمثل ما يصل إلى 256 رمز مكون من الأرقام والأحرف الأبجدية.
E-bomb (Electromagnetic Bomb)	القنبلة الكهرومغناطيسية: سلاح يولد مجال كهرومغناطيسي عالي القدرة يعطل جميع الأجهزة الكهربائية الموجودة في مجاله.
E-book	كتاب إلكتروني: عبارة عن نسخة إلكترونية للكتاب الورقي التقليديّ يُقرأ بواسطة الحاسوب أو جهاز القارئ الإلكتروني.
E-business (Electronic Business)	الاعمال الإلكترونية: استخدام الشبكة الدولية لاداء التعاملات والحركات الالكترونية.
ECC	راجع Code Error Correction.
Echo	الصدى/الترديد: 1- رجوع الإشارة المرسلة إلى المُرسِل بشكل مختلف عن الإشارة الأصلية أو إعادة إشارة مستلمة إلى المُرسِل في الإتصالات. 2-قيام الحاسوب بطباعة كل ما يظهر على شاشة العرض في الوقت نفسه.

ECHS (Extended Cylinder Head Sector)	القطاع الرئيس ممتد الاسطوانة: نمط وصول تَستخدِمه الحواسيب لإعطاء البيانات عناوين على مشغلات القرص الصلب التي تكون أكبر من 504 ميغابايت.
ECMA (European Computer Manufacturers Association)	جمعية مصنعي الحواسيب الأوروبية.
ECML (Electronic Commerce Modeling Language)	لغة نمذجة التجارة الإلكترونية: مجموعة مشتركة من أسماء الحقول خاصة بنماذج الطلب عن طريق الشبكة الدولية مصممة لتوفير طريقة قياسية لتحويل معلومات الفواتير والدفعات والشحنات من المحافظ الرقمية إلى المواقع التجارية.
Eco-efficiency indicators	مؤشرات فعّالية الحفاظ على البيئة.
Eco-friendly green printing	طباعة خضراء منسجمة مع البيئة.
Eco-friendly technology	تقنية صديقة للبيئة.
E-Collaborative Hub	محور إلكتروني تعاوني: بوابة متاحة على الشبكة الدولية يلجأ اليها صنّاع السياسات والمدربون والممارسون للوصول إلى المعلومات المتعلقة بمختلف حقول تقنية المعلومات والاتصالات.
E-commerce	تجارة إلكترونية: التبادل التجاري (البيع والشراء) للسلع والخدمات والمعلومات والدفع مقابل المشتريات عبر الشبكة الدولية باستخدام تقنيات المعلومات والاتصالات وبشكل مباشر بين طرفي العملية.
E-commerce communication technology	تقنية اتصالات التجارة الإلكترونية.
E-commerce coordinator	منسق تجارة إلكترونية.
E-commerce transaction	معاملة/حركة تجارية إلكترونية.
E-commerce website	موقع شبكي خاص بالتجارة الإلكترونية.
E-compliance	توافق إلكتروني.
Economic development	تنمية اقتصادية.
Economic espionage	تجسس اقتصادي: قيام دولة بالتجسس على دولة أخرى أو بمساعدة مؤسسة للتجسس على مؤسسات أخرى.
Economic growth driver	عامل قيادة النمو الاقتصادي: تعد تقنية المعلومات والاتصالات إحدى أبرز العوامل القائدة في النمو الاقتصادي.
Economics	علم الاقتصاد.
Economy	اقتصاد.
Economy of IT solution	اقتصاد حلول تقنية المعلومات.
ECP (Enhanced Capabilities Port)	منفذ القدرات المحسنة: بوابة طورتها شركتا مايكروسوفت وهيوليت باكارد وأُعتبرت واجهة الطباعة المتوازية الأكثر شيوعا.
ECR (Electronic Cash Register)	مُسجل النقد الإلكتروني.
ECSD (Enhanced Circuit Switched Data)	البيانات المنقولة عبر خطوط الهاتف المحسنة: هو نسخة محسنة من نظام نقل البيانات عبر شبكات تبديل الدارات عالية السرعة.
EDA (Electronic Design Automation)	أتمتة التصاميم الإلكترونية: برمجية مستخدمة لتصميم الدارات والشرائح المتكاملة.
EDACS (Enhanced Digital Access Communication System)	نظام الإتصالات الرقمي المطور الخاص بالوصول: هو نظام إتصالات راديوي متوفر في نطاقات التردد العالي والعالي جداً وتردد 800 و900 ميجاهيرتز ومجموعة متنوعة من التهيئات من أجل تلبية متطلبات الإتصال.
EDFA (Erbium-Doped Fiber Amplifier)	جهازتقوية الإشارات المُرسَلة عبر الألياف الضوئية.
EDGE (Enhanced Data Rates For GSM Evolution)	معدلات البيانات المحسَّنة لتطور النظام الموحَّد للاتصالات النقَّالة: هي تقنية هاتف جوّالة تسمح

البرنامج مجموعة متنوعة من أشكال الوثائق والمستندات ويوفر تحكما كبيرا بالوصول وقدرات بحث عبر الشبكات المحلية والشبكات اللاسلكية.

EDO (Extended Data Out) — مخرج البيانات الموسّع: نوع من الذاكرة يَسمح لوحدة المعالجة المركزية بالوصول إلى الذاكرة الرئيسية بسرعة أكبر بنسبة 10% - 15% من ذاكرة الصفحة السريعة.

EDO RAM (Extended Data Out RAM) — ذاكرة وصول عشوائي لمخرج البيانات الموسّع: نوع من أنواع ذاكرة الوصول العشوائي الديناميكية تحتفظ بالبيانات المتاحة لوحدة المعالجة المركزية بينما يجري تهيئة الوصول التالي للذاكرة مما ينتج عن ذلك زيادة في السرعة.

EDP (Electronic Data Processing) — معالجة البيانات الإلكترونية: معالجة البيانات بإستخدام المعدات الإلكترونية مثل الحاسوب الرقمي.

EDP System (Electronic Data Processing System) — نظام معالجة البيانات الإلكتروني: مجموع الخطوات والإجراءات والأجهزة المُستخدَمة في معالجة البيانات بالوسائل الإلكترونية والمنطق الذي تقوم عليه.

EDSAC (Electronic Delay Storage Automatic Computer) — حاسوب التخزين الآلي الإلكتروني (إيدساك): أول حاسوب إلكتروني رقمي تم تطويره في بريطانيا.

Education revolutionizing — تثوير التعليم: القيام بقفزات منهاجية فيما يتصل بأطر التعليم نتيجة توظيف تقنيات المعلومات والاتصالات.

Educational documentary — فيلم وثائقي تعليمي.

Educational empowerment — تمكين تعليمي.

بمعدلات نقل متزايدة للبيانات وموثوقية محسَّنة.

EDI (Electronic Data Interchange) — تبادل البيانات الإلكتروني.

EDIFACT (Electronic Data Interchange For Administration, Commerce and Transport) — تبادل البيانات الإلكتروني في الإدارة والتجارة والنقل: مبادرة من قبل الأمم المتحدة لتطوير رسائل مفتوحة ومتعددة القطاعات خاصة بتبادل البيانات إلكترونيا بحيث يمكن استعمالها في العالم أجمع.

EDIINT (Electronic Data Integrated Internet Integration) — تكامل تبادل البيانات الإلكتروني على الشبكة الدولية: مجموعة من البروتوكولات لإجراء تبادلات فائقة التنظيم بين المؤسسات مثل القيام بالمشتريات أو إرسال طلبات قروض.

Edit — يحرر، يعدل ، ينقح: 1- تعديل شكل او هيئة البيانات بإضافة أو حذف أحرف مثل رقم صفحة أو الفاصلة العشرية. 2- إحداث تغيير على ملف أو مستند موجود أصلا .

Editing Data — تعديل، تحرير، تهيئة البيانات: ترتيب البيانات بالشكل اللازم لمعالجتها او عرضها على وحدة إخراج وتشمل حذف البيانات غير الضرورية وصياغة الحقول بالشكل المقبول للحاسوب وإعداد البيانات في شكل مطبوع مثل وضع الفواصل والعلامات الكتابية وغيرها.

EDM (Engineering Data Management) — إدارة البيانات الهندسية: نظام معلومات يحافظ على جميع البيانات الهندسية بينما لا يزال المنتج في مرحلة التصميم.

EDMS (Electronic Document Management System) — نظام إدارة الوثائق الإلكتروني: برنامج يدير المستندات من أجل النشر الإلكتروني ويدعم هذا

E-form (Electronic Form)	نموذج إلكتروني: نموذج على الشبكة الدولية يحتوي على حقول فارغة ليملأها المُستخدِم بالمعلومات المطلوبة ليتم إرسالها إلى الشركة/الجهة الطالبة للمعلومات.
EFR (Enhanced Full Rate)	معدل كامل مُحسّن: معيار لترميزالكلام تم تطويره لتحسين جودة الصوت مقارنة بمعيارالمعدل الكامل للنظام الشامل للإتصالات النقالة.
EFS (Encrypting File System)	نظام الملفات الإلكتروني: خاصية توجد في مايكروسوفت ويندوز 2000 وويندوز اكس بي تسمح بتشفير الملفات والمجلدات بإستعمال خوارزميات متقدمة و يُستعمل لحماية الملفات بحيث لا يستطيع أي برنامج دخول الملف إلا إذا كان يملك الشيفرة السرية.
EFTS (Electronic Funds Transfer Systems)	أنظمة التحويل/النقل الإلكتروني للأموال: تنفيذ العمليات المالية مثل دفع الفواتير أو موازنة الحسابات إلكترونيا عبر شبكة إتصالات لاسلكية بدلا من النقل اليدوي أو وسائل الدفع التقليدية الأخرى.
EGA (Enhanced Graphics Adapter)	مكيف الرسومات المُحسَّن: مواصفة عرض قياسية خاصة بحاسوب آي بي إم الشخصي تم تقديمها في 1984 وتوفر عرض ألوان وصور عالية الوضوح والدقة.
Ego Surfing	بحث عن الأنا/الذات: إستخدام محرك البحث لمعرفة عدد المرات التي ذُكر فيها اسم شخص ما على الشبكة الدولية أو البحث في الشبكة عن اسم شخص أو وصلات ترتبط بصفحات مواقع الشبكة الدولية الخاصة بذاك الشخص.

Educational robot	روبوت تعليمي.
Educational technology	تقنية تعليمية.
Edutainment Software	برمجيات التعليم الترفيهي: محتوى متعدد الوسائط يوجد ضمن برمجية معينة أو على ذاكرة القراءة فقط في القرص المُدمَج أو على موقع الشبكة العنكبوتية يهدف إلى تعليم المُستخدِم بالإضافة إلى الترفيه عنه.
EDVAC (Electronic Discrete Variable Automatic Computer)	حاسوب المتغير المتميز الإلكتروني (إيدفاك): أحد أول الحواسيب الإلكترونية تم تطويره في عام 1952.
EEMS (Extended Expanded Memory Specification)	مواصفة الذاكرة الموسَّعة الممتدة: نسخة ممتدة من مواصفة الذاكرة الموسّعة تسمح بعدد يصل إلى 64 صفحة ذاكرة بالإضافة إلى تخزين الشيفرات والبيانات في ذاكرة موسَّعة.
EEPROM (Electrically Erasable Programmable Read Only Memory)	ذاكرة قراءة فقط قابلة للبرمجة والمحو كهربائيا: نوع من أنواع الذاكرة المقروءة القابلة للبرمجة والمحو يُمكِن محوها بإستخدام إشارة كهربائية وتُستخدَم للتخزين المستقر لفترات طويلة من دون وجود الكهرباء مع استمرار قابلية البرمجة.
Effectiveness	فعّالية: مصطلح يشير الى قدرة مؤسسات الاعمال والافراد على تحقيق الاهداف.
Efficiency	كفاءة: مصطلح يشير الى قدرة مؤسسات الاعمال والافراد على تنفيذ الاعمال والمهمات بأقل استهلاك ممكن للمصادر (بما في ذلك الوقت والجهد).
EFI (Extensible Firmware Interface)	واجهة البرامج المبنية الموسّعة: مواصفة تُعرِّف واجهة برمجيات بين نظام تشغيل وبرامج مبنية في بيئة التشغيل.

Eiffel# (Pronounced "Eiffel Sharp") إيفيل شارب: لغة برمجة كينونية التوجه.

Eight Channel Code رمز ثماني القناة: ترميز يستخدم في الشريط الورقي بحيث يكون لكل رمز عدد محدد من الثقوب (لا يتجاوز الثمانية) التي تثقب بعرض الشريط المقسم طوليا إلى ثماني قنوات أو مجار متوازية.

Eighty Column Card بطاقة الثمانين عمودا: بطاقة تثقيب قياسية تحتوي على 80 عمودا لتسجيل البيانات.

EIGRP (Enhanced Interior Gateway Routing Protocol) بروتوكول تحويل البوابة الداخلية المحسن: بروتوكول تحويل تمتلكه سيسكو قائم على بروتوكول تحويل البوابة الداخلية يجمع بين مزايا بروتوكولات الربط وبروتوكولات المتجهات البعيدة.

EII (Enterprise Information Integration) تكامل معلومات المؤسسة: نظام يجمع معلومات المؤسسة من جميع مصادر البيانات الموجودة فيها.

EIP (Enterprise Information Portal) بوابة المؤسسة المعلوماتي: بوابة إلكترونية (موقع إلكتروني) يحتوي على جميع المعلومات المتعلقة بأعمال الشركة.

EIR (Equipment Identification Register) سجل تعريف المعدات.

EIR (Excess Information Rate) معدل المعلومات الزائد.

EIS راجع Executive Information System.

EISA (Extended Industry Standard Architecture) معمارية صناعية قياسية ممتدة: تصميم قياسي للحواسيب المتوافقة مع آي بي إم.

EIST (Enhanced Intel SpeedStep Technology) تقنية الخطوة السريعة المحسنة من إنتيل: تقنية تمكن معالجات إنتيل من العمل بسرعة منخفضة مما يقلص من الطاقة المستهلكة من قبل المعالج خاصة في إستخدام طاقة البطارية في الحواسيب المحمولة.

E-governance حوكمة إلكترونية: استخدام التطبيقات الإلكترونية في الحوكمة على مختلف مستوياتها.

E-government website موقع شبكي خاص بالحكومة الإلكترونية.

EGP (Exterior Gateway Protocol) بروتوكولات البوابة الخارجية: بروتوكول لتوزيع المعلومات المتعلقة بتوفر الموجّهات والمداخل التي تربط فيما بين الشبكات وتُسمى أيضا مدخل أو بوابة أو موجّه.

EGPRS (Enhanced General Packet Radio Services) خدمات الحزمة العامة الراديوية المحسّنة: خدمات حجز البث الراديوي عند عملية إرسال البيانات وتُساعد في التقليل من الإعتماد على لوحات دوائر الشبكات الكهربائية التقليدية مما يقوي خدمة إرسال البيانات ويوفر الوقت والتكلفة.

EHCI (Extended Host Controller Interface) واجهة المتحكم المضيف الممتدة: مقياس يسمح لحاسوب مضيف بإنشاء واجهة مع أجهزة الناقل التسلسلي الجامع 2.0.

EIA (Electronic Industries Association) إتحاد الصناعات الإلكترونية: منظمة تجارية تم تأسيسها كتحالف للجمعيات التجارية لمصنعي الإلكترونيات في الولايات المتحدة وتُحدِّد هذه الجمعية المعايير الخاصة بالمكونات الإلكترونية.

EIB (European Installation Bus) ناقل التركيب الأوروبي.

EIDE (Enhanced Integrated Drive Electronics) إلكترونيات الأجهزة المتكاملة المحسنة: وصلة محسنة عن إلكترونيات السواقات المتكاملة تعمل على تحسين عمل وسرعة نقل البيانات من وإلى محرك القرص الصلب.

Eiffel إيفيل: لغة برمجة كينونية التوجه من شركة برمجيات إيفيل طورها بيرتراند ميار في 1985.

Either-Or Operation	عملية إما - أو.
EJB (Enterprise JavaBeans)	جافابينز المؤسسات: مكون للبرمجيات في بيئة تشغيل J2EE التي توفر بيئة جافا خالصة لتطوير وتشغيل التطبيقات الموزعة.
Eject	يُخرج، يُطلق.
ELAN (Emulated LAN)	راجع LANE.
Elationship (Electronic Relationship)	علاقة إلكترونية: مصطلح يستخدم لوصف أي نوع من العلاقات الإلكترونية التي تنشأ بين الأشخاص على الشبكة الدولية.
ELD (Electroluminescent Display)	شاشة العرض الإشعاعي الإلكتروني: أول شاشة مسطحة ذات زاوية واسعة أستخدمت في الحواسيب المحمولة.
Elect	ينتخب، يختار.
Electorate	وحدة انتخابية.
Electric actuators	مشغل كهربائي.
Electron control	التحكم في الإلكترونات
Electronic accounting	محاسبة إلكترونية.
Electronic address	عنوان البريد الإلكتروني.
Electronic archiving	حفظ/أرشفة إلكترونية.
Electronic authentication	إثبات أصالة الشيء إلكترونيا، التحقق من الشخصية الإلكترونية.
Electronic Card catalogue	فهرس بطاقات إلكتروني.
Electronic cash (e-Cash, Digital Cash)	النقد الالكتروني (الرقمي). يصف أي نظام لتخزين أو صرف القيمة تم انشاؤه من قبل كيان خاص (غيرحكومي)
Electronic circuit	دائرة إلكترونية.
Electronic citizen	مواطن إلكتروني: مواطن يستخدم تقنيات المعلومات والاتصالات للمشاركة بالحياة السياسية والمجتمعية.
Electronic Clock	ساعة إلكترونية.
Electronic Commerce	راجع e-Commerce.
Electronic commerce consultant	مستشار التجارة الألكترونية.
Electronic control	تحكم إلكتروني.
Electronic control unit	وحدة تحكم إلكتروني.
Electronic data disposal	التخلص من البيانات الإلكترونية.
Electronic data processing	معالجة بيانات إلكترونية.
Electronic democracy	ديمقراطية إلكترونية.
Electronic democratization	التحول الديمقراطي الإلكتروني.
Electronic distribution of music	توزيع إلكتروني للموسيقى.
Electronic Document	وثيقة إلكترونية.
Electronic documentation	توثيق إلكتروني.
Electronic door openers	فواتح أبواب إلكترونية.
Electronic enabler	مُمَكن إلكتروني.
Electronic espionage	تجسس إلكتروني.
Electronic government (e-government)	حكومة إلكترونية: يطلق هذا التعبير على الحكومة التي تعتمد اعتمادا واسعا على التطبيقات الإلكترونية في إدارة شئون مواطنيها. تُعد الحكومة الإلكترونية نموذجا في الاعمال الإلكترونية يشير الى استخدام وشراء وتوفير السلع والخدمات والمعلومات لقطاع الأعمال أو المواطنين الأفراد من قبل كيان حكومي.
Electronic Mail (E-mail)	بريد إلكتروني.
Electronic micro-controllers	وحدات التحكم بإلكترونيات الدقيقة.
Electronic optimization	المثالية الإلكترونية: رفع الكفاءة الإلكتروني إلى المستويات القصوى.
Electronic profiling	إعداد تعريفات موجزة إلكترونيا.
Electronic publishing	نشر إلكتروني.
Electronic racism	عنصرية إلكترونية.
Electronic reader	قارئ إلكرتوني.
Electronic readiness assessment	تقييم الاستعداد الإلكتروني.

Electronic recruitment	توظيف إلكتروني: استقطاب الأشخاص المرغوب فيهم عبر الشبكة الدولية.
Electronic registrar	مسجل إلكتروني.
Electronic self-publishing	نشر إلكتروني ذاتي.
Electronic signature	توقيع إلكتروني.
Electronic storage	مخزن إلكتروني.
Electronic storing of content	تخزين إلكتروني لمحتوى.
Electronic storing system	نظام تخزين إلكتروني.
Electronic tourism	سياحة إلكترونية.
Electronic voting	تصويت إلكتروني.
Electronic Wallet	المحفظة الإلكترونية:مجموعة من البيانات الشخصية والمالية والأدلة الإلكترونية يجمعها ويقوم بإدارتها مستخدم الشبكة الدولية
Electronic war	حرب إلكترونية.
Electronic war zone	منطقة حرب إلكترونية.
Electronically stored information	معلومات مخزنة إلكترونيا.
Electronically stored information management	إدارة المعلومات المخزنة إلكترونيا.
Electronically stored information retention	الاحتفاظ بالمعلومات المخزنة إلكترونيا.
Electronic-commerce legal infrastructure	البنية التحتية القانونية للتجارة الإلكترونية.
Electronics engineering	هندسة إلكترونية.
Electrostatic Plotter	راسمة الكهرباء الساكنة: راسمة صور نقطية النمط على ورق مشحون بالكهرباء الساكنة.
Electrostatic Printer	طابعة الكهرباء الساكنة.
Elemental Area	منطقة العنصر: نقطة من النقاط التي تكون الصورة.
Elevator	مصعد: الصندوق المربع الموجود ضمن شريط التمرير والذي يمكن أن يتحرك صعودا وهبوطا لتغيير موقع النص أو الصورة على الشاشة.
ELFEXT (Equal Level Far-End Crosstalk)	مقياس حساب تداخل الإشارات بين الأسلاك المتقاربة عند المستقبل.
Ellipsis	علامة الإستمرارية، علامة الحذف في الطباعة: الرمز (...) الذي يشير إلى جملة غير مكتملة وتستخدم في قوائم الشاشة للدلالة على أن هناك المزيد من الخيارات.
Elliptic Curve Cryptography	تشفير المنحنى البيضاوي: طريقة لتشفيرالمفتاح العام توفر فكاً سريعاً للشيفرة ومعالجة رقمية للتوقيع.
Else If Statement	إلا إذا: عبارة شرطية يتم وضعها بعد عبارة "إذا" التي إذا كانت صحيحة تؤدي وظيفة معينة.
Email address harvesting	جمع عناوين البريد الإلكتروني: مفهوم يستخدم لجمع عناوين البريد الإلكتروني الخاصة بعدد من المستخدمين دون إذنهم وهو ما قد يعد مخالفة قانونية في بعض البلدان.
E-mail archiving	حفظ/أرشفة البريد الإلكتروني.
E-mail Bomb	قنبلة بريد إلكتروني: تقنية يستخدمها المحترفون في إختراق الحواسيب وهي نوع من انتهاك الشبكات الذي يتضمن إرسال عدد ضخم من الرسائل الإلكترونية إلى عنوان بريدي معين في محاولة جعل صندوق البريد مليء بالرسائل.
Email box breaking	اختراق صندوق البريد الإلكتروني.
Email hacking	اقتحام البريد الإلكتروني.
Email personalization	إضفاء الطابع الشخصي على البريد الإلكتروني.
Email's traceability	قابلية البريد الإلكتروني للتتبع.
Embedded devices	أجهزة مدمجة/مضمنة.

Embedded-System	نظام ُمدمج/مضمَن: نظام حاسوب مُبرمج لمهمة محددة مثل جميع الأجهزة التي نستخدمها في حياتنا اليومية.
EMC (Electromagnetic Compatibility)	توافق كهرومغناطيسي: قدرة جهاز إلكتروني على العمل في بيئة كهرومغناطيسية دون التأثير سلباً على الأجهزة المحيطة به ودون أن يتأثر بها.
Emergency Repair Disk	قرص الإصلاح الطارئ: قرص مرن يحتفظ بنسخ احتياطية عن ملفات الأنظمة والإعدادات المهمة ويستخدم في التعرف على المشاكل ومحاولة حلها.
Emerging technology	تقنية ناشئة.
EMI (Electromagnetic Interference)	تداخل كهرومغناطيسي: تداخل يحدث داخل الأنظمة نتيجة انتشار المجالات الكهرومغناطيسية.
Emission	انبعاث.
Emissions	انبعاثات.
Emit	يبتعث، يقذف، يصدر.
Emitted	منبعث.
EMM (Expanded Memory Manager)	مدير الذاكرة الممتدة: برنامج تشغيل ينفذ الجزء البرمجي الخاص بمواصفة الذاكرة الموسع لجعل تلك الذاكرة متاحة لحواسيب آي بي إم الشخصية.
Emotag	رموز البريد الإلكتروني: حرف أو كلمة أو عبارة ضمن رسائل البريد الإلكتروني أو تقارير المجموعات الإخبارية محاطة بقوسين زاويين (<>).
Emoticons	وجوه تعبيرية: رسومات على شكل وجوه تستخدم في البريد الإلكتروني والرسائل الفورية لتدل على شعور أو موقف الشخص، من الأمثلة عليها الإشارة التالية التي تدل أن الشخص يبتسم ☺.
Empathy	التعاطف.
Empathy simulation	محاكاة العواطف: روبوتات قادرة على أن تحاكي عواطف الإنسان لاسيما فيما يتصل بالقيام بحركات تظهر السعادة والحزن.
Employee productivity	إنتاجية الموظف.
Employee scheduling	جدولة عمل الموظفين.
Employee scheduling software	برمجيات جدولة الموظفين.
Employee scheduling system	نظام جدولة عمل الموظفين.
Employee web	شبكة موظفين: شبكة حاسوبية تربط مجموعة من الموظفين ببعضهم البعض.
Employee's morale	معنويات الموظفين.
Employees internet abuse	إساءة استخدام الموظفين للشبكة الدولية.
Employment	توظيف، استخدام.
Empower	يُمَكِن، يقوي، يعزز.
Empowerability	القابلية للتمكين.
Empowerable	قابل للتمكين.
Empowerment	تمكين.
Empty String	سلسلة لا تحتوي على رموز أو أحرف أو أرقام أو فراغات.
EMS (Expanded Memory Specification)	مواصفة الذاكرة الموسّعة: وسيلة لإضافة ذاكرة إلى الحواسيب الشخصية.
Emulation	محاكاة/مضاهاة/تقليد: إستخدام طرق خاصة في البرمجة لجعل حاسوب معين يعمل بطريقة مماثلة تماما لعمل جهاز آخر.
Emulator	جهاز المضاهاة/المحاكاة/التقليد: حاسوب أو أي جهاز آخر مصمم لمحاكاة حاسوب آخر وتنفيذ برامج مكتوبة للعمل على الجهاز الآخر.
Emulator Circuits	دوائر جهاز المحاكاة.
EMV (Europay, MasterCard, VISA)	معيار يحدد التفاعل بين البطاقات وأجهزة معالجة البطاقات من أجل المعاملات المالية على المستويات المادية

Encryption تشفير: معالجة كتلة من المعلومات من خلال جعلها غير مقروءة إلا من خلال فك التشفير بغية منع أي شخص من قراءة تلك المعلومة باستثناء الشخص المقصود إرسالها إليه.

Encryption Key مفتاح التشفير: رقم سري فريد يستعمل لتشفير البيانات من أجل حمايتها من عمليات الوصول غير المرخص لها.

End Key مفتاح النهاية: مفتاح على لوحة المفاتيح يستخدم لتحريك المؤشر إلى أسفل الشاشة أو الملف أو إلى الكلمة التالية أو آخر السطر.

End of File نهاية ملف: موضع انتهاء مجموعة بيانات وتحدد بعلامة معينة يميزها الحاسوب.

End of Line نهاية خط/سطر:1-مجموعة رموز أو إشارات تدل على نهاية سطر في نص معين. 2- رمز شيفرة آله يشير إلى نهاية مجموعة سجلات.

End of Line Channel قناة نهاية السطر: واحدة من القنوات الثماني في الشريط الورقي وتستخدم للدلالة على نهاية كل سجل بإحداث ثقب فيه

End of Reel نهاية بكرة الشريط/ لفة الشريط.

End of Volume نهاية التداول/ المجلد: هو موضع انتهاء الحافظة أي الشريط الممغنط وغيره وهو غير موضع انتهاء الملف المسجَل فقد ينتهي الملف قبل نهاية الشريط.

End User مستخدم نهائي، مستعمل نهائي، مستعمل عادي: الشخص الذي يستعمل الأنظمة المحوسبة.

Endless Loop حلقة لا نهائية: سلسلة من الأوامر والتعليمات تتكرر إلى ما لا نهاية.

Endnote حاشية، ملاحظة هامشية: النص الذي يظهر في أسفل الصفحة ويحمل تفسيرا إضافيا.

والرقمية. يأتي اسم هذا المعيار من الأحرف الأولى لشركات يورو باي وماستر كارد وفيزا.

Enable 1-يُمكن، إعطاء حق/ أولوية شرعية لعملية معينة.
2-جعل عملية معينة جاهزة للعمل أو نشطة.

Enablement تمكين.

Enabler مُمَكن.

Enabler of carbon reduction مُمَكن لخفض الانبعاث الكربوني.

Enabler of sustainable development مُمَكن للتنمية المستدامة.

Encapsulate تغليف: 1- معالجة مجموعة من بُنى المعلومات ككتلة واحدة بدون التأثير أو إعارة الإهتمام لبنيتها الداخلية في الإتصالات. 2- يجري تغليف التفاصيل التنفيذية لأي فئة ضمن ملف منفصل لا يحتاج المبرمج لمعرفة محتوياته وإنما يهمه فقط طريقة إستخدام كينونات هذه الفئة في البرمجة الموجهة للكيانات.

Encapsulated Type نوع مغلَف: مجموعة من البيانات يحددها المبرمجون من حيث القيم التي يمكن أن تحتويها والعمليات التي يمكن القيام بها.

Enciphering تشفير: تحويل نص سهل القراءة إلى نص غير مفهوم لا يمكن قراءته بواسطة جداول أو خوارزميات معينة.

Encode 1-تمثيل الرموز العادية الكتابية برموز اصطلاحية ملائمة للآلة.
2- تحويل بيانات أو إشارة من شكل إلى أخر .

Encrypt يشفِر.

Encrypted مشفَر.

Encrypted content محتوى مشفَر.

Encryptablility قابلية التشفير.

Encryptable قابل للتشفير.

أو إنهاء أمر معين أو مدخل وأيضا يعمل على إزاحة مؤشر الشاشة إلى السطر اللاحق في مستند معين.

Enterprise Computing — حوسبة المؤسسات:هو مصطلح مبهم بعض الشيئ ويرجع إلى الشبكات والخدمات الحاسوبية الأخرى التي تحتاج إلى معالجة ضمن مؤسسات ضخمة و موزعة مثل آي بي إم ومايكروسوفت.

Enterprise Relationship Management — إدارة علاقات المؤسسات: إدارة معلومات المؤسسات بواسطة بعض أو جميع زبائن المؤسسة ومورديها وشركائها وموظفيها.

Entertainment robot — روبوت ترفيهي.

Entrance Window — نافذة الدخول: تعتبر النافذة الأولى التي من خلالها يدخل المستخدم إلى النظام.

Entrepreneur — مقاول، مبادر.

Entrepreneurship — مبادرة، مقاولة، نزعة المبادرة.

Entropy — قوة.

Entry Point — نقطة الدخول: موقع في البرنامج يمكن بدء التنفيذ منه.

Enumerator — جهاز الترداد/التعداد/الحساب: 1- الجهاز الذي يعُد العناصر أو يرتبها في قائمة. 2- مُشغل أجهزة ألعاب يقوم بالبحث عن الأجهزة ذات العُقَد الأقل من عقدته ويكوّن تعريفات مميزة للأجهزة ويرسل التقارير إلى مدير التهيئة خلال التشغيل.

Environment — بيئة.

Environmental degradation — الإهانة البيئية: التعامل مع البيئة تعاملا مهيناً يفتقر إلى الاحترام والحرص.

Environmental footprint — البصمة البيئية.

Environmental footprint of computing infrastructure — البصمة البيئية للبنية التحتية للحواسيب: الأثر البيئي للبنية التحتية للحواسيب.

Environmental technology — تقنية بيئية.

End-user satisfaction — رضا المستخدم النهائي: مؤشر قبول/ارتياح المستخدم النهائي لتقنية المعلومات والاتصالات بمنتج و/أو خدمة تقنية

Energy conservation technology — تقنية المحافظة على الطاقة.

Energy cost — كلفة الطاقة.

Energy management — إدارة الطاقة.

Energy management solutions — حلول إدارة الطاقة.

Energy needs cutting — خفض الحاجة الى استهلاك الطاقة.

Energy saving initiatives — مبادرات موفرة للطاقة.

Energy storage — مخزن طاقة.

Energy-plus house — منزل ذو طاقة زائدة: منزل ينتج طاقة من مصادر متجددة.

Engine — 1-محرك: معالج أو جزء من برنامج يحدد كيف يدير البرنامج البيانات ويعالجها.
2-معالج خاص يستعمل داخل الحاسوب لتسريع الرسومات وعملية الطباعة.

Engineer — مهندس.

Engineering — هندسة.

Enhance — يعزز، يزيد.

Enhanced Mode — نمط محسّن/خاص: تستخدم حواسيب 386 و486 وPentuim نمط مايكروسوفت ويندوزالمحسّن للإستفادة من الذاكرة الإفتراضية بحيث يسمح للحواسيب بتشغيل أكثر من برنامج واحد في الوقت ذاته حتى لا تتداخل مواقع البرامج في الذاكرة.

Enhanced software — برمجيات مُعززة.

Enhancement — تعزيز.

Enlarge — تكبير.

Enter Key — مفتاح "إدخال": و هو الزر الموجود على لوحة المفاتيح يحمل علامة سهم كبير و يعمل على تأكيد

نموذج رسومي يُستخدم لتمثيل الكيانات وخصائصها ولاقات الارتباط فيما بينها من نوع واحد لواحد وواحد لمتعدد ومتعدد لمتعدد.

E-readiness — الاستعداد الإلكتروني: استعداد الافراد او المؤسسات او المجتمعات لاستخدام الشبكة وتقنية المعلومات والاتصالات ا لدعم الاقتصاد وتعزيز الرخاء والمشاركة المجتمعية.

E-readiness rankings — تصنيف الاستعداد الإلكتروني: مؤشر لترتيب البلدان حسب استعدادها الإلكتروني.

ERP (Enterprise Resource Planning) — مجموعة من البرمجيات المترابطة التي تستخدم في إدارة موارد الشركات وعادة تستخدم هذه البرمجيات لإدارة الحسابات والمستودعات والذمم الدائنة والمدينة.

Error — خطأ.

Error Analysis — تحليل الأخطاء.

Error Checking — تحقق من الأخطاء: عملية إختبار البيانات المُعالجة أو المنقولة أو التي تم إستلامها لضمان سلامة البيانات وأنها تتوائم مع المواصفات المطلوبة.

Error Control — تحكم بالأخطاء: هي إجراءات يتم إتخاذها للسيطرة على الاخطاء ومنها الحجز.

Error Correction — تصحيح الخطأ: تقنية لإستعادة سلامة البيانات المستلمة و التي فَسدت خلال النقل و تغير ترتيب أرقامها الثنائية.

Error Correction Code — شيفرة تستخدم لتصحيح الأخطاء.

Error Detection Coding — شيفرة الكشف عن الأخطاء.

Error Diagnostics — إجراء تشخيص الأخطاء: تسجيل عبارات برنامج الحاسوب التي تحتوي على أخطاء.

Environmentally friendly use of information technology — استعمال لتقنية المعلومات مُنسجم مع البيئة.

Environmentally responsible building — مبنى مسئول بيئياً.

Environmentally sound IT infrastructure — بنية تحتية لتقنيات المعلومات مقبولة بيئيا.

Environmentally-responsible solutions — حلول مسؤولة بيئيا.

Enviro-tech — التقنية البيئية: التقنية المعززة للبيئة.

Envisionability — قابلية التَخيُل/التصور.

Envisionable software system — نظام برمجيات قابل للتَخيُل.

Epigenetic robotics — روبوتية لاجينية/ متغيرة الصفات.

EPP (Enhanced Parallel Port) — بوابة موازية محسنة،: منفذ متواز محسن: بوابة وصل بين الأجهزة الطرفية تُستخدم غالبا من أجل الطابعات ومحركات الأقراص الإضافية أو محركات الأشرطة المغناطيسية.

EPS (Encapsulated PostScript) — تقنية بوست سكريبت المغلفَة: نسق ملف بوست سكريبت مستخدم لنقل الصور البيانية بين التطبيقات وبيانات التشغيل.

EPSF (Encapsulated PostScript File) — ملف بوست سكريبت المغلَّف: تنسيق ملف مستخدم في نقل محتويات الصفحة رقمياً إلى برامج تصميم الصفحات حيث تمثل هذه الملفات الصور الرسومية على شكل معادلات رياضية.

E-publication — منشور إلكتروني.

Equalization — معادلة، تسوية: تقنية مستخدمة للتقليل من تشويه الطور والتعويض عن فقدان الإشارة عبر المسافات الطويلة.

Equation — معادلة رياضية.

Equipment — معدة.

Equity — مساواة، سهم، أسهم، ملكية.

ERD (Entity Relationship Diagram) — مخطط علاقات الكيانات:

Espial — تجسس، ملاحظة.

Espionage — تجسس.

ESRB (Entertainment Software Rating) — تصنيف البرامج الترفيهية وفقاً للفئات العمرية الملائمة.

E-strategy development — تطوير الإستراتيجية الإلكترونية.

E-tail — بيع التجزئة الإلكتروني.

E-text (Electronic Text) — نص إلكتروني: معلومات نصية متوفرة ضمن تنسيق مشفر رقمياً يمكن أن يقرأه كل من الأشخاص والوسائط الإلكترونية.

Ethical hacker — مقتحم أخلاقي: متخصص في اختبار أمن الحواسيب والمعلومات يقوم بخرق النظام الأمني لبرنامج أونظام معلومات أو محتوى شبكي للأخرين بعد الاتفاق معهم بغية اختبار مدى قدرة النظام المعني على الصمود أمام محاولات الاقتحام.

Ethically questionable technology — تقنية مشكوك في أخلاقيتها.

Ethics — أخلاق، علم الأخلاق.

ETX (End-of-Text character) — رمز نهاية النص: إشارة إتصال مستخدمة لإبلاغ الحاسوب المُستقبِل أنه تم الوصول إلى نهاية سيل البيانات.

EULA (End User License Agreement) — اتفاقية ترخيص المستخدم النهائي: الإتفاقية القانونية بين المُصنّع ومشتري البرامج فيما يخص شروط التوزيع وإعادة البيع والقيود المفروضة على الإستعمال.

Euphoria (End User Programming with Hierarchical Objects for Robust Interpreted Application) — يوفوريا/ النشوة (برمجة المستخدم النهائي باستخدام الكيانات الهرمية لتطبيقات التفسير القوي): لغة برمجة إجرائية ترتكز على البساطة والوضوح والتطوير والاداء المتسارع.

Evaluation — تقييم: حساب قيمة رقمية أو التعبير بالأرقام.

Error File — ملف الخطأ.

Error Handling — التعامل مع الأخطاء: و هي العملية الكلية إبتداءا من التنبؤ بالخطأ ثم إكتشافه ثم حله وإزالته و يتم ذلك عن طريق برامج خاصة متوفرة لبعض التطبيقات.

Error Message — رسالة خطأ. رسالة يظهرها الحاسوب على الشاشة للإشعار بوجود خطأ وبيان نوعه.

Error Rate — معدل حدوث الخطأ: عدد الأخطاء الواقعة بالنسبة إلى عدد الإجراءات.

Error Ratio — نسبة الخطأ: نسبة الأخطاء إلى عدد وحدات البيانات التي تمت معالجتها.

ESA (Entertainment Software Association — جمعية البرمجيات الترفيهية: جمعية متخصصة في خدمة احتياجات العمل والشؤون العامة للشركات التي تنشر الحواسيب والألعاب الإلكترونية الترفيهية.

ESCD (Extended System Configuration Data) — بيانات تهيئة النظام الممتدة: جزء من ذاكرة نظام المدخلات والمخرجات الأساسي غير المتطايرة على اللوحة الأم في الحاسوب الشخصي تُخزن فيها البيانات الخاصة بأجهزة ISA PnP.

ESD (Electronic Software Distribution) — توزيع البرمجيات الإلكتروني: تمكين المستخدمين من تنزيل منتجات البرمجيات إلكترونياً.

ESDI (Enhanced Small Device Interface) — واجهة الأجهزة الصغيرة المُحسنة: واجهة قرص صلب تنقل البيانات بسرعة تتراوح بين 1 و3 ميغابايت في الثانية.

ESI (Extended System Interface) — واجهة النظام الممتدة.

ESP (Enhanced Serial Port) — منفذ تسلسلي مُحسن: منفذ وصل للأجهزة الطرفية يستخدم في العادة للفأرة وأجهزة المودم الخارجية.

Evaluator	مُقيم.
Even Parity	التماثل: طريقة لإكتشاف الأخطاء في عمليات تخزين ونقل البيانات عن طريق إستعمال رقم ثنائي إضافي مع كل حزمة بيانات بحيث يكون عدد الارقام الثنائية التي يكون قيمتها واحد زوجيا.
Event	حدث: إجراء يقوم به المستخدم ليستجيب له برنامج ما.
Event Driven	مُوَجَّه بالحدث: برنامج يؤدي وظيفته من خلال الاستجابة لأحداث خارجية كأن يقوم المستخدم بالضغط على مفتاح أو النقر على الفأرة.
Event Driven Programming	البرمجة المُوجَّهة بالحدث: نوع من البرمجة يستجيب فيها البرنامج لمجموعة من الأحداث بشكل مستمر مثل الضغط على المفاتيح أو حركات الفأرة.
Event Handler	معالج الحدث: روتين برمجي يعالج عدة أحداث مثل الضغط على مفتاح أو تحريك الفأرة أو النقر عليها.
Event Log	سجل الأحداث: سجل لتسجيل المعلومات والأحداث المتعلقة بتنفيذ البرنامج.
Event Viewer	مستعرض الأحداث: خاصية موجودة في مايكروسوفت ويندوز 2000 و ويندوز إكس بي يسمح للمستخدم بالدخول إلى الأحداث والأخطاء والمعلومات الأخرى في ويندوز واستعراضها.
Ever-changing ICT culture	ثقافة تقنية معلومات واتصالات دائمة التغير.
Ever-changing technology	تقنية دائمة التغيير.
Evolutionary robotics	روبوتية تطورية.
Evolve	يتطور.
Evolving	متطور.
Evolving technology	تقنية متطورة.
EVP (Enhanced Virus Protection)	حماية محسنة من الفيروس: حماية إضافية تساعد في حماية الحاسوب من تنفيذ أي برمجيات خبيثة بدون معرفة أو إذن المستخدم.
Exabyte (EB)	ايكسا بايت. وحدة قياس سعة التخزين والتي تعادل 1024 بيتا بايت ما يقارب كونتليون بايت.
Exception handling	معالجة الخطأ: أساليب برمجية لمعالجة الأخطاء دون وقف تنفيذ البرنامج بشكل عام.
Exchange	يستبدل، تبادل، استبدال، يقايض، مقايضة.
Exchange Server	خادم بريد إلكتروني: مُنتَج تطبيقي طوّرته مايكروسوفت لادارة البريد الالكتروني.
Exchangeability	القابلية للتبادل.
Exchangeable information	معلومات قابلة للتبادل.
Excite	محرك بحث إكسايت: احد أكبر محركات البحث على الشبكة الدولية تم تأسيسه في 1995 حيث يُنجز البحث استناداً الى المفهوم أو الدلالة إذ يُعطي في نتائج البحث جميع المستندات والوثائق التي ترتبط بالمفهوم إضافة إلى الوثائق التي تحتوي الكلمات المفتاحية للبحث. يمنح محرك بحث إكسايت المستخدم خيار إظهار المزيد من الوثائق ذات الصلة ويُمكّن المُستخدم من تحديد لغة البحث ولا يتأثر بحالة الأحرف وقد اعتمدته أميريكان أون لاين (AOL) ليكون مُحرك البحث الرسمي فيها.
Exclusive license	ترخيص حصري.
Exclusive ORing	إجراء عملية "أو"/عملية "أو" المقصورة: هي عملية يكون ناتجها

قابلية التوسع، توسعية: إمكانية إضافة قطع أخرى إلى الحاسوب أو تغيير بعض القطع الموجودة لإضافة مزايا جديدة أو زيادة السرعة. — Expandability

آلة حاسبة موسّعة الوظائف: آلة حاسبة تقوم بالإضافة إلى العمليات الحسابية الأساسية بعمليات أخرى مثل حساب الجذر التربيعي واللوغاريتم والأس. — Expanded Function Calculator

الذاكرة الموسّعة: تقنية مستعملة في نظام تشغيل القرص (دوس) ليتمكن من إستخدام أكثر من MB1 من ذاكرة الوصول العشوائي. — Expanded Memory

توسّع، تمدد: طريقة لزيادة قدرات الحاسوب بإضافة أجهزة تقوم بعمليات غيرأساسية. — Expansion

لوحة التوسّع: لوحة دارات إلكترونية مصممة لتتلاءم مع الناقل العمومي الداخلي للحاسوب وتُركّب عليها وحدات دارات إضافية. — Expansion Board

فتحة التوسّع/حيز التمدد: المجرى المستطيل الضيق الذي تُركّب عليه لوحة التوسع والموصول بوحدة المعالجة. — Expansion Slot

مشورة خبيرة في تقييم مخاطر أمن تقنية المعلومات. — Expert IT security risk assessment advice

نظام خبير: برنامج حاسوبي يحاكي حصافة وسلوك إنسان أو منظمة لديها علم و خبرة وتجربة في حقل معين قادر على وضع المقترحات وأداء الوظائف البشرية. يحتوي النظام الخبير على قاعدة معرفية تحوي الخبرات المتراكمة ومجموعة من القواعد التي تستعمل لتطبيق هذه القاعدة المعرفية لكل حالة. — Expert System

انقضاء، انتهاء. — Expiration

"صحيح أو متحقق" إذا كان أحد الارقام الثنائية صحيح وخاطئ إذا كان كلاهما خاطئ.

القابلية للتنفيذ. — Executability

ملف قابل للتنفيذ: ملف مكتوب بلغة الآلة يمكن للمعالج تنفيذه مباشرة بدون الحاجة إلى ّمفسِر. — Executable File

ملف تنفيذي: ملف يجعل الحاسوب يقوم بمهام وفق تعليمات مُرَمّزة. — Executable File

أمر قابل للتنفيذ، عبارة تنفيذية: عبارة برمجية تتضمن أمرا إلى الجهاز بإجراء عمل معين. — Executable Statement

فيروس تنفيذي: فيروس لا يبقى عالقا بالذاكرة ولكن يخزن نفسه في ملف قابل للتخزين و ينتشر في كل مرة ينفذ فيها هذا الملف. — Executable Virus

ينفذ: أداء الحاسوب للعمليات المحددة في تعليمات البرنامج. — Execute

تنفيذ: قيام الحاسوب بتنفيذ تعليمة برمجية. — Execution

وقت التنفيذ: الوقت الذي تحتاجه وحدة المعالجة المركزية لفك شيفرة تعليمة وتنفيذها بعد جلبها من الذاكرة. — Execution Time

تنفيذي. — Executive

نظام المعلومات التنفيذي: مجموعة من الافراد والإجراءات والبرمجيات وقواعدالبيانات والأجهزة والمعدات لدعم وظائف المدراء التنفيذين بتوحيد وتلخيص العمليات الجارية ضمن المؤسسة من مصادر داخلية وخارجية. — Executive Information System

نظام دعم التنفيذيين. — Executive support system

تنفيذيون. — Executives

يخرج، خروج. — Exit

الفصل المنطقي المانع أو المقصور: مرادف Exclusive Or Operation. — Exjunction

Extended Punched-card Code — ترميز البطاقات المثقبة الموسّع: ترميز يمثل فيه لكل رمز بتركيبة فريدة من الثقوب في عمود واحد فقط.

Extensible Language — لغة قابلة للتوسّع/للامتداد: لغة برمجة تسمح للمستخدمين بإضافة ميزات أو تعديلها للإيفاء بمتطلبات معينة.

eXtensible Linking Language — لغة الربط القابلة للتوسيع: لغة برمجة أساسية مصاغة بطريقة تمكن من إضافة أبنية وصيغ وتراكيب وعمليات رياضية أو منطقية جديدة بحيث تلائم تطبيقات واستعمالات معينة مثلً لغة بيسك الموسّعة.

Extent — مدى: حيز تخزين يحتفظ به نظام التشغيل من أجل ملف أو برنامج معين.

Extension — 1-إمتداد: توسيع فعّالية برنامج بإضافة مهام وظيفية إليه.
2-مجموعة من الرموز تضاف إلى إسم ملف وتعمل على توضيح معناه أو تعريف الملف كجزء من فئة معينة.
3-برنامج أو وحدة برمجية يضيف وظائف إلى الأنظمة التشغيلية أو يوسع فعّاليتها.

External — خارجي.

External Buffering — تخزين انتقالي خارجي، التخزين النقلي الخارجي: تخزين البيانات مؤقتا في مجمّع خارجي يوجد في وحدة التحكم الملحقة بالجهاز الطرفي الذي يتم نقل البيانات فيما بينه وبين الحاسوب.

External Command — أمر خارجي: برنامج موجود في نظام التشغيل يتم تحميله على الذاكرة وتنفيذه عند إدخال إسمه في مكان إدخال أوامر النظام.

External Data Representation — تمثيل خارجي للبيانات: شكل للبيانات طورته شركة

Expiration Date — تاريخ انتهاء الصلاحية: التاريخ الذي تتوقف فيه نسخ البرامج الدعائية أو التجريبية عن العمل.

Expiry — انقضاء أجل.

Exploded View — منظر مفصل: منظر تظهر فيه الأجزاء المكونة مفككة ومفصلة.

Exploit — استغلال: برنامج أو معلومات أو مجموعة أوامر تستغل وجود خطأ أو حساسية في برنامج ما للوصول إلى تصرفات غير التي وصفها المبرمجون.

Exploration — اكتشاف.

Explore — يستكشف.

Explorer — مستكشف/ متصفح فهارس وملفات.

ExploreZip — ExploreZip : معروف أيضا باسم -I Worm.ZippedFiles وهو فيروس مدمر يهاجم الحواسيب التي تستخدم نظم تشغيل ويندوز.

Exponent — أس، دليل القوة، قوى عشرية أسية: رمز أو عدد يوضع فوق الجهة اليمنى بالانكليزية (اليسرى بالعربية) لرمز أو عدد ليدل على القوة التي رُفع إليها.

Exponential Notation — رمز أُسي، علامة أسية: طريقة لكتابة الأعداد الكبيرة جدا أو الصغيرة جدا التي تأخذ مساحة كبيرة إذا كتبت بالطريقة الإعتيادية.

Expression — تعبير:تركيبة من العمليات الرياضية أو المنطقية والثوابت والدالات وأسماء الحقول وعناصر التحكم والخصائص التي تُنتج قيمة واحدة. يمكن للتعابير إنجاز الحسابات، أو معالجة الأحرف، أو فحص البيانات وغير ذلك.

Extended Display Identification — بيانات تعريف شاشة العرض الممتدة.

	شركة صن ميكروسيستمز ويعد جزءا من معايير الشبكات الخاصة بها.
External Design	تصميم خارجي: التوصيف التفصيلي للعلاقات التي تربط بين عناصر النظام بما في ذلك التصميم المنطقي ووصف المعدات المادية التي تُستخدم في النظام.
External Form	شكل خارجي (للبيانات): الشكل أو الهيئة التي تكون البيانات ممثلة بها بحيث يمكن للإنسان أن يقرأها ويفهمها مباشرة. مرادف human-readable form.
External Function	وظيفة/دالة خارجية: روتين فرعي موجود بشكل منفصل عن البرنامج الرئيس.
External Hard Disk	قرص صلب خارجي: قرص صلب مستقل يتصل بالحاسوب بواسطة كيبل بيانات ويعتبر وحدة تخزين محمولة.
External Interrupt	تدخل خارجي: تدخل يتسبب بها مصدر خارجي كمشغل النظام أو جهاز مراقبة خارجي أو حاسوب آخر.
External Reference	مرجع خارجي: في برنامج حاسوب هو عبارة عن مرجع إلى برنامج أو روتين خارجي مستقل.
External Storage	تخزين خارجي: أداة خارجية متصلة بالحاسوب تُخزن المعلومات بشكل مؤقت وذلك لنقلها من حاسوب إلى آخر.
External Viewer	مراقب خارجي: تطبيق منفصل يستعمل لرؤية وعرض الملفات والوثائق.
Extract	إزالة الضغط عن الملفات المضغوطة.
Eyeballs	الأعين: عدد الأفراد الذين يتصفحون موقع شبكي معين أو الإعلانات المبينة فيه.

الصحيحة الأصغر قيمة الموجبة.

FAD (Functioning As Designed) يعمل حسب التصميم.

Fail عطل، اخفاق، فشل، يتعطل، يخفق، يكف عن أداء وظيفته.

Failing/ Failure تعطل، إخفاق، فشل.

Fail-soft System نظام ذو عطل بسيط: نظام لا يتوقف كاملا في حالة حدوث عطل ويُكمل أداء وظائفه ولكن بقدرة أقل.

Failure analysis تحليل الأعطال.

Failure detection system نظام اكتشاف الأعطال.

Failure Rate معدل الفشل: عدد مرات الفشل ضمن فترة زمنية محددة حيث يُستخدَم معدل الفشل في قياس موثوقية جهاز ما مثل القرص الصلب.

Fair Queuing صف عادل، ترتيب عادل، اصطفاف منصف: خطة تنظيمية تُستخدَم في الشبكات والتوصيل الإحصائي المتعدد للسماح لعدة تدفقات بيانية بالمشاركة بسعة الوصلة بشكل منصف.

Fake infiltration alert تحذير زائف بحدوث اختراق.

Fake website موقع شبكي مزيف.

Fall detection اكتشاف السقطات: اكتشاف حالات الوقوع التي يعانيها البشر لاسيما كبار السن وأصحاب الاحتياجات الخاصة والتحديات الجسدية إذ يعقب الاكتشاف إرسال رسالة إلى جهة يُمكنها تقديم يد العون بسرعة.

Fallout تداعيات: أي فشل في مكونات النظام عندما يتم اختبار المكونات في مرحلة الفحص النهائي.

Falsity حالة الخطأ/الزيف.

FAQ (Frequently Asked Questions) أسئلة تطرح بشكل متكرر، أسئلة متكررة: قائمة من الأسئلة

F

F Connector مقبس لتوصيل الكيبلات أحادية المحور يُستخدَم في توصيل أجهزة الإستقبال التلفزيونية ومسجلات أشرطة الفيديو ومصادر الكيبلات أو الهوائيات.

F2C (Fortran 77 to C translator) مترجم من فورتران 77 إلى لغة سي.

F2F (Face-to-Face) وجها لوجه.

Facial patterns أنماط وجوه.

Facial recognition التعرف على الوجه: تعرف الآلة على ملامح وجه الإنسان.

Facial thermograph مِرسام الوجه الحراري: جهاز يُستخدَم للتعرف على المشاعر لدى الانسان كالخوف والضغط من خلال قياسات يجريها على وجه الإنسان.

Facility تسهيلات، مرافق، وسيلة برمجية، إمكانات تسهيلية، مسارات إتصالات، قناة إتصال: برنامج أو أداة برمجية تقوم بوظيفة أو عملية معينة مساعدة لعمل البرمجية على شكل جزء من مجموعة برامج متكاملة.

Facsimile جهاز الفاكس: جهاز إرسال المذكرات المطبوعة سلكيا أو بالراديو.

Fact Gathering and Analysis جمع وتحليل الحقائق.

Factor عامل: عدد عندما يُقسم على عدد آخر يكون ناتج القسمة عدد صحيح أي من دون باقي.

Factorial المضروب (معامل الضرب): وظيفة حسابية تُرجع مضروب رقم طبيعي وكل الأرقام

FAT (File Allocation Table) — جدول توزيع الملف: نظام تخزين الملفات المُستخدَم في نظامي تشغيل دوس وويندوز اكس بي.

Fat Client — عميل ضخم: معمارية برمجية تستند الى أن حاسوب العميل يؤدي معظم أو جميع عمليات المعالجة مع تدخل طفيف أو عدم تدخل من المزوِّد.

Fat Server — مزوِّد/خادم ضخم: معمارية برمجية تستند الى أن مزوِّد الخدمة يؤدي معظم أو جميع عمليات المعالجة.

Fatal Exception — خطأ فادح/قاتل: خطأ في برنامج حاسوبي يؤدي إلى إنهاء تشغيل البرنامج.

Father File — الملف الأب/العلوي/القديم: هو الملف الذي يحتوي على ما قبل آخر مجموعة مقبولة من مجموعات متغيرة من البيانات فالملف الأب يسبقه مباشرة الملف الجد وكذلك يلحقه الملف الابن ويُطلق على زوج الملفات الأب والابن أحيانا الملف الوالد والولد أو الخلف والسلف أو ملف مستقل وغير مستقل.

Fault Tolerance — تحمل الخلل: مقدرة الحاسوب أو نظام التشغيل على الإستجابة لحدث أو خلل مفاجئ كتوقف التغذية الكهربائية أو حدوث عطل في المعدات بطريقة تضمن عدم فقدان البيانات وعدم حدوث تضارب في الأعمال قيد الإنجاز.

Favorable information technology culture — ثقافة تقنية معلومات مُحبَذة.

Favorites — الصفحات المفضلة: توفر محركات بحث الشبكة الدولية موقع لحفظ عناوين المواقع الإلكترونية والروابط المفضلة بغرض الإستعادة السريعة.

التي تطرح بشكل متكرر وأجوبتها النموذجية.

Fast ATA (Advanced Technology Attachment) — مرفق التقنية الحديثة السريع: معدلات النقل الأعلى المُستخدَم من قبل واجهة معدات بيئة التطوير المتكاملة المحسَّنة.

Fast Ethernet — شبكة إيثرنت السريعة: مصطلح يدل على عدد من معايير إيثرنت التي تدعم سرعات تصل إلى 100 ميجابت في الثانية.

Fast IP (Fast Internet Protocol) — بروتوكول الشبكة الدولية السريع: تقنية تحويل بروتوكول الشبكة الدولية المُنتَج من قبل شركة COM3 باستخدام نسخة معدّلة من برتوكول القفزة التالية حيث تُرسل الآلة الأصلية الحزمة الأولى إلى الموجّه الذي يرسلها بدوره إلى الجهة المقصودة من ثم تُرسل الآلة المقصودة رداً باستخدام عنوان الطبقة 2 للمُرسل وفي حال استلمت الآلة المُرسِلة الرد فإنها تعلم بوجود إتصال مباشر دون الحاجة إلى المرور بالموجّه وبذلك ترسل باقي الحزم عبر الطبقة 2.

Fast Packet Switching — تحويل الحزم السريع: آلية تحويل للحزم تزيد من الناتج من خلال تخفيض تكاليف تشغيل النظام.

Fast Page Mode — ذاكرة نمط الصفحة السريعة: تعمل من خلال إرسال عنوان السطر مرة واحدة فقط إلى العديد من مواضع الوصول إلى الذاكرة في مواقع متجاورة مما يحسن وقت الوصول وتُعد ذاكرة نمط الصفحة السريعة نسخة محسنة من ذاكرة نمط الصفحة.

Fast SCSI (Small Computer Systems Interface) — واجهة أنظمة الحاسوب الصغير السريعة: واجهة تنقل 10 ميجابايت/الثانية بدلاً من 5.

FDDI (Fiber Distributed Data Interface)	واجهة البيانات الموزعة بالألياف: يوفر هذا البروتوكول معيارا لنقل البيانات في شبكة إتصال محلية يمكن أن تمتد إلى حوالي 200 كم.
FDDI II (Fiber Distributed Data Interface 2)	الواجهة المحسَّنة للبيانات الموزعة بالألياف.
FDHP (Full Duplex Handshaking Protocol)	بروتوكول المصافحة كامل الإزدواجية: بروتوكول تَستخدِمه أجهزة الموديم المزدوجة لتحديد نوع مصدر البث ومن ثم مطابقته.
FDM (Frequency Division Multiplexing)	إرسال متعدد بتقسيم التردد: وسيلة يتم من خلالها تحميل عدة إشارات إرسال على عدة حزم منفصلة لقناة الإتصال الواحدة وعليه يمكن إرسال كل الإشارات معا.
FDMA (Frequency Division Multiple Access)	وصول متعدد بتقسيم التردد: التقنية المُستخدَمة في شبكة الهاتف الخلوي التناظرية التي تُقسم النطاق إلى قنوات بتردد 30 كيلو هيرتز.
FDX (Full Duplex)	كامل الازدواجية، الإرسال مزدوج الاتجاه، مزدوج الإرسال والإستقبال: طريقة في تشغيل دارة الموصلات بحيث يُمكِن الإستقبال والإرسال في الوقت نفسه من كل طرف في الدائرة.
Feasibility Study	دراسة جدوى أو إمكانية: دراسة لتحديد قابلية استخدام حاسوب مُعين لحل مشكلة في معالجة البيانات.
Feather	ريشة: أثر رسومي و/أو تقنية تأخذ صورة رسومية أو نص وتمزجها في الخلفية أو الأمامية.
Feature	ميزة، خاصية، مَعلَم: هو ما يتميز به جهاز مادي أو برنامج.
Feature Analysis	تحليل المَعالِم (الرموز الكتابية).
FEC (Forward Error Correction)	تصحيح الأخطاء في نقل البيانات.
Fax	فاكس/مستنسخ لاسلكي: نظام نقل الصور المرئية أو عملية استنساخ الصور والمواد المطبوعة يجري فيها مسح ضوئي إلكتروني للصورة.
Fax Modem	فاكس موديم: جهاز يُمكِن من إرسال واستقبال البيانات المرسلة عبر الفاكس.
Fax Server	خادم الفاكس: مجموعة من البرمجيات التي تعمل ضمن خادم مُزوَّد بموديم قادر على الإرسال عبر فاكس واحد أو أكثر مرتبط بخطوط هاتفية لإرسال الإشارات عبر بروتوكول الشبكة الدولية.
FC (Federal Communication)	الإتصال الفدرالي.
FCB (File Control Block)	كتلة التحكم بالملفات: طريقة للتعامل مع ملفات دوس 1.0.
FCC (Federal Communication Commission)	مفوضية الإتصالات الفيدرالية: هيئة فيدرالية أنشأها الكونغرس الأمريكي لتنظيم جميع أنشطة الإتصالات المحلية والدولية الصادرة من الولايات المتحدة.
FCC ID (Federal Communications Commission IDentification)	بطاقة تعريف مفوضية الإتصالات الفدرالية.
FCIP (Fiber Channel Internet Protocol)	برتوكول الشبكة الدولية ذي القناة الليفية.
FC-PGA (Flip-Chip Pin Grid Array)	الرقاقة المقلوبة ذات المصفوفة الشبكية للتوصيلات.
FCS (Frame Check Sequence)	تسلسل فحص الإطار: يشير هذا المصطلح إلى الرموز التي تمت إضافتها إلى إطار معين من أجل الكشف عن الأخطاء وتصحيحها.
FDC (Floppy Disk Controller)	جهاز التحكم بالقرص المرن.
FDD (Floppy Disk Drive)	سواقة/مشغل القرص المرن.

	يُستعمَل مع دارات متعددة الأجناس وذلك بسبب صغر حجمه وانخفاض استهلاكه للطاقة وسهولة صناعته.
Fetch	جلب، حصول على معلومات، إحضار
FEXT (Far End Cross talk)	تشويش على الطرف البعيد: تداخل الكترومغناطيسي كنوع من انواع التشويش الذي يُرسِل إشارة على أحد أزواج الأسلاك ويأخذ القراءة على الجهة الأخرى من السلك للأزواج الباقية.
FFDT (Full Duplex Technology)	تقنية كاملة الإزدواجية: امتداد واجهة البيانات الموزَّعة بالألياف يَنتج عنه سرعات كبيرة جدا من معدلات البيانات تصل إلى 200 ميغا بايت/الثانية.
Fiber Channel	قناة ألياف/قناة ليفية: تقنية تُستخدَم لنقل البيانات بين أجهزة الحاسوب بمعدل السرعة فائق يساوي واحد جيجابايت أي ما يعادل بليون بت في الثانية الواحدة كما تُستخدَم هذه التقنية لبناء منطقة التخزين الشبكية.
Field	حقل، مجال، خانة: جزء من سجل في قاعدة بيانات يحتوى على معلومات عن جانب محدد مثل مؤلف الكتاب أو عنوانه أو عنوان المؤسسة.
Field Effect	التأثر/التأثير المجالي: ظاهرة يخضع فيها سريان حاملات التيار في المواد الصلبة إلى تأثير مجال كهربائي خارجي.
FIF (Fractal Image Format)	تنسيق صورة كسورية: تشير الى صيغة الصور باستخدام هندسة الكسور.
FIFO (First-In First-Out)	داخل أولاً خارج أولاً، الأول في الدخول هو الأول في الخروج: أسلوب تخزين البيانات في قائمة أو جدول واسترجاعها بحيث يكون العنصر المُخزّن أولا هو الذي يُسترجع أولا.
FECN (Forward Explicit Congestion Notification)	إشعار أمامي بالإزدحام الصريح: رسالة مرحلة تُشعِر جهاز الإستقبال بوجوب المبادرة بإجراء لتجنب الإزدحام.
Federated Identity	الهوية الموحَّدة: عملية التحقق من هوية المُستخدِم عبر عدة أنظمة أو مؤسسات تقنية.
Feed Hole	ثقب تحريك الورق: ثقوب مخرمة في شريط ورقي للتمكن من سحبه (تدويره) بواسطة عجلة مسننة.
Feedback	تغذية راجعة/عكسية: 1- الحصول على ناتج أو مخرج عملية معينة واستخدامه مرة أخرى في الآلة نفسها أو كمدخل لعملية أخرى في طور آخر. 2-نتائج قرارات أو أفعال سابقة تُستخدَم في اتخاذ قرارات مستقبلية.
Feeding	تغذية: تقديم أو تحريك ورق الطباعة أو الشريط الورقي.
Female Connector	موصل إستقبال، موصل أُنثوي: موصل ذو فتحات أو فجوات.
Femto	رمز البادئة في النظام المتري: يشير الى سابقة بقيمة 10-15.
FEP (Front End Processor)	معالج أمامي، نظام المعالجة الأمامي: حاسوب صغير ذكي يُستخدَم لإنجاز وظائف الإدخال والإخراج والإتصالات في المعالجة اللاسلكية كالإستفسار وتعدد الإتصال وضبط الأخطاء وتحويل الشيفرة والتخزين الانتقالي وإعطاء البيانات هيئة معينة.
FET (Field Effect Transistor)	ترانزيستور ذو تأثير حلقي/مجالي: 1- عنصر إلكتروني يتحكم به تدفق التيار حيث تعمل الإشارة الخارجية على تغيير مقاومة الجهاز وعندها يتدفق التيار بتغيير عرض القناة الموصِّلة. 2- ترانزيستور أحادي القطب:

Fighting robot روبوت مقاتل.

File يضبر، يحفظ في إضبارة، يقدم طلبا، ملف. الملف: هومجموعة من البيانات المُخزنة في الحاسوب والتي يُطلق عليها اسما حيث توجد أنواع مختلفة من الملفات مثل ملفات البيانات والملفات النصية وملفات البرامج وملفات المجلدات ولكل نوع من الملفات طريقة في تخزين المعلومات فعلى سبيل المثال تُخزن النصوص في ملفات نصية.

File Access وصول إلى ملف: الكيفية التي تُستخرج أو تُسجَّل فيها البيانات.

File Allocation Unit وحدة تخصيص الملف: مجموعة من القطاعات على قرص يتعامل معها الحاسوب كوحدة واحدة.

File Attributes خاصيات الملف: تصنيف يحدد كيفية مشاهدة الملف أو ما إذا كان قابلاً للتعديل ويتم الاحتفاظ بهذه الصفات في أدلة نظام الملفات ومن ضمن الصفات الشائعة ملف للقراءة فقط أو ملف مخفي أو نظام أو أرشيف.

File Compression ضغط الملف: عملية تصغير الحجم التخزيني للملف وذلك بضغط البيانات لتخزين الملف في مساحة أصغر أواستعدادا لنقله.

File Conversion تحويل الملف.

File Extension امتداد اسم الملف: يُستعمل امتداد اسم الملف لتمييز نوع الملف.

File Format صيغة الملف.

File Fragmentation 1-وجود أجزاء الملف على عدة أماكن متباعدة على القرص. 2-وجود معلومات مترابطة في عدة أماكن بعيدة في الملف.

File Handle التعامل مع الملف.

File Header ترويسة الملف.

File Infection ملف ملوّث.

File Intersection تقاطع الملف: يشير الى الحقول أو السجلات المشتركة بين ملفين.

File Label علامة/عنوان/بطاقة الملف: مُلصقة على الشريط الممغنط تصف الملف/الملفات المخزَّنة مثل الاسم والرقم والتواريخ.

File Layout نسق/تصميم الملف.

File Maintenance صيانة الملف:تعديل محتويات الملف عن طريق إضافة السجلات أو حذفها أو تصحيحها.

File Management System نظام إدارة الملف: نظام يَستعمِله نظام التشغيل أو برنامج لتعديل الملفات والتعامل معها.

File Manager مدير الملف: برنامج يوفر واجهة رسومية للتعامل مع الملفات.

File Name اسم الملف.

File Organization تنظيم الملف: طريقة ترتيب ملف والوصول إليه.

File Processing معالجة ملف: إنشاء الملف واستعماله وصيانته بالتحديث الدوري لإدخال التغيرات التي حدثت خلال فترة محددة أو لإبراز فعَّالية البيانات الحالية.

File Property خاصية الملف.

File Protection حماية الملف: حماية الملف من محاولات التعديل أوالحذف الغير مرخص بها.

File Recovery إصلاح/استرجاع الملف: استرداد محتويات الملف بعد فقدانه.

File Retrieval استرجاع الملف.

File scan مسح الملف: فحص الملف لاستطلاع وجود تلوث أو برمجيات ضارة.

File Server خادم/مزود الملف: خادم يوفر للأجهزه المربوطة على الشبكة إمكانية الوصول إلى بعض الملفات أو يوفر مساحه لتخزين ملفات عليها.

File Sharing المشاركة بالملفات: إتاحة إمكانية الوصول إلى نفس الملف الموجود على جهاز من أكثر من مُستخدِم.

Filename Globbing توسيع اسم الملف: هي عبارة عن عملية توسيع اسم ملف غير محدد يحتوي على رمز بديل عن عدة رموز مثل علامة الاستفهام ؟ التي تحل محل رمز واحد وعلامة النجمة * التي تحل محل سلسلة من الرموز.

Files destruction تدمير ملفات.

Files servers خوادم الملفات.

Filespec مواصفات الملف: إشارة إلى موقع ملف معين على القرص والتي تتضمن مشغل القرص واسم الدليل واسم الملف.

Filter يصفي، يرشح، مصفاة، مرشحة.

Filter Keys مفاتيح التصفية: إحدى مزايا مايكروسوفت ويندوز تسمح للوحة المفاتيح بتجاهل الضربات القصيرة أو المتكررة على المفاتيح من أجل تسهيل عملية الطباعة على الأشخاص الذين يعانون من رعشة في اليد.

Filtering تصفية، ترشيح.

Filtering Program برنامج حجب المواقع الإلكترونية.

Filtering system نظام تصفية.

Financial engineering هندسة مالية.

Financial Management System نظام الإدارة المالي.

Financial records سجلات مالية.

Find البحث عن، إيجاد.

Findable website موقع شبكي قابل للعثور عليه.

Finger program برنامج الإصبع: برنامج مُتاح عبر الشبكة المحلية يوفر معلومات حول مستخدمي الشبكة الآخرين.

FIP (Fast Infrared Port) منفذ سريع للأشعة تحت الحمراء، بوابة تحت حمراء سريعة: بوابة إدخال/إخراج لاسلكية موجودة في الحواسيب النقالة لتبادل البيانات مع جهاز خارجي باستخدام الأشعة تحت الحمراء.

File sharing مشاركة ملفات

File sharing network شبكة مشاركة الملفات: شبكة تسمح بالمشاركة في الملفات.

File Size حجم الملف.

File Storage تخزين/حفظ /خازنة الملف: أجهزة يمكنها استيعاب كتلة من البيانات ضمن نظام الحاسوب مثل وحدات الأقراص الممغنطة ووحدات الأشرطة الممغنطة ووحدات البطاقات الممغنطة.

File Structure هيكلية الملف.

File System نظام الملفات: 1- طريقة تخزين البيانات واسترجاعها على قرص. 2- مجموعة برامج تكرارية قصيرة تُوجد عادة ضمن نظام التشغيل لتدبير مواقع الملفات مادياً على واسطة التخزين وإنشاء الملفات وتناولها والتحكم في عمليات إدخال البيانات المتصلة بها.

File Transfer نقل الملف: عملية تحريك أو نقل ملف معين من موقع إلى آخر مثل نقل ملف من مكان لآخرأو من حاسوب إلى آخر.

File Type نوع الملف.

File's corruptibility قابلية الملف للإعطاب.

File's recoverability قابلية الملف للاستعادة.

Filegrapper باحث عن الملفات، لاقط الملفات: تتمتع جميع مزوِّدات خدمة الشبكة الدولية بوسيلة للبحث عن البرامج بطريقة سريعة لعرض الملفات المتوفرة أو الموجودة ويمكن البحث عن الملفات باستخدام الموضوع أو المحتوى أو الفئة وفي أغلب الأحيان عن طريق الإسم.

File-Handling Routine برنامج تكراري خاص بالتعامل مع الملف.

Fixed-point Notation ترميز الفاصلة الثابتة: عدد ثابت من الأماكن العشرية بعد موقع معين.

Fixed-point spacing فراغات ثابتة الموقع.

Flag إشارة: هي إشارة إلى وجود حالة أو وضع معين يستخدمها الحاسوب في معالجة وتفسير المعلومات.

Flagship Technology التقنية الرائدة: التقنية الأساسية لشركة ما والتي كانت هي غرض تأسيس الشركة أو التقنية التي جعلت الشركة مشهورة مثل نظام دوس وأوفيس وويندوز الخاصة بشركة مايكروسوفت.

Flame بريد إلكتروني مهين أو نشرة مجموعة إخبارية مهينة.

Flame War جدال مهين على موقع نقاش إلكتروني عام مثل Usenet.

Flamer الشخص الذي يرسل بريداً إلكترونياً مهيناً.

Flash فلاش: برمجية تُستخدم لتأليف وعرض الوسائط المتعددة من شركة أدوبي.

Flash Memory ذاكرة نقّالة (فلاش): رقاقة حاسوب تحتوي على ذاكرة نقّالة تُستخدم لحفظ البيانات ومسحها والإضافة اليها.

Flash Memory Card بطاقة ذاكرة نقّالة.

FlashMail موجّه البريد الإلكتروني: موجّه بريد إلكتروني يتيح قراءة ومعالجة البريد الإلكتروني من متصفح الشبكة الدولية قابل للتنفيذ من قبل أية آداة متصلة بالشبكة الدولية.

Flat File ملف مسطح: ملف يحتوي على مجموعة من السطور كل سطر يعبر عن سجل في الملف.

Flat Memory ذاكرة مسطحة: ذاكرة تظهر لبرنامج كحيز كبير معنّون

FIPS (Federal Information Processing Standards) معايير معالجة المعلومات الفيدرالية: نشرات يصدرها المعهد الوطني للمعايير والتقنية في الولايات المتحدة الذي يحدد التعليمات الأمنية الخاصة بالمعلومات للدوائر والوكالات الحكومية.

Fire prevention plan خطة منع الحريق.

Firewall الجدار الناري: نظام حماية لتقييد الدخول على الحواسيب المرتبطة بشبكة محلية من خارج الشبكة عن طريق مراقبة حركة مرور حزم البيانات من منفذ دخول واحد فقط.

Firm يرسخ، يوطد، يثبت، ثابت، راسخ، مؤسسة.

FIRST (Forum of Incident Response and Security Team) منتدى فريق الإستجابة للاحداث والأمن: منتدى ينسق جهود العديد من فرق طوارئ أمن الحاسوب، غالباً الحكومية منها، من جميع أنحاء العالم.

First Line indent مسافة بادئة السطر الأول: يشير الى الفراغ المتروك في السطر الأول من كل فقرة في النص.

First time hacker مقتحم لأول مرة: شخص يقوم باقتحام/خرق النظام الأمني لبرنامج أونظام معلومات أو محتوى شبكي للأخرين لأول مرة.

Fishbowl منطقة آمنة في نظام الحاسوب: منطقة نظام الحاسوب يمكن فيها مراقبة المتطفلين.

FIX (Federal Internet Exchange) التبادل الفيدرالي عبر الشبكة الدولية: احدى نقاط الإتصال بين شبكات حكومات الولايات المتحدة الأميركية والشبكة الدولية.

Fixed Disk قرص صلب/ثابت.

Fixed Storage وسيلة تخزين ثابتة/غير متحركة.

Fixed-Length Field حقل ثابت الطول.

Floating Point Arithmetic حساب النقطة العائمة/الفاصلة العشرية: العمليات الحسابية التي يتم إجراؤها على أرقام الفاصلة العشرية المتحركة.

Floating Point Notation ترميز النقطة العائمة/الفاصلة العشرية، صيغة تمثيل الأعداد الحقيقية: صيغة رقمية يُمكِن استخدامها لتمثيل أعداد حقيقية كبيرة جداً وأعداد حقيقة متناهية الصغر.

Floating Point Number رقم النقطة العائمة/الفاصلة العشرية: رقم يتم تمثيله من خلال الجزء العشري من رقم حقيقي.

Floating Point Operation(FLOP) عملية النقطة العائمة/الفاصلة العشرية: عملية حسابية تجرى على البيانات المخزنة بصيغة تمثيل الأعداد الحقيقية.

Floating Point Register مسجل النقطة العائمة/الفاصلة العشرية: مسجل مصمم لتخزين قيم الفاصلة العشرية.

Floating Point System نظام النقطة العائمة/الفاصلة العشرية: نظام رقمي يتغير فيه موقع الفاصلة بالنسبة لأحد أطراف الأرقام.

Floating Toolbar شريط أدوات عائم: شريط أدوات قادر على التواجد في أي مكان على الشاشة.

Flooding فيض/سيل: مصطلح يشير إلى أساليب تعطيل تقديم الخدمة من خلال إشغال حيز مصدر معين مما يؤدي إلى تعطل النظام أو منع الوصول الشرعي.

Floppy Disk راجع Flexible Disk.

Flops عمليات النقطة العائمة/الفاصلة العشرية في الثانية: احدى وحدات قياس سرعة الحاسوب وتشير الى عدد عمليات النقطة العائمة/الفاصلة العشرية التي يَستطيع الحاسوب إجراءها في الثانية.

سواء كانت ذاكرة وصول عشوائي أم ذاكرة افتراضية.

Flat Panel Display شاشة مسطحة: شاشة عرض للحاسوب أو التلفزيون رقيقة السمك.

Flat Screen مرادف لِ Flat Panel Display.

Flatbed Plotter راسمة المنصة المسطحة: راسمة يُثبَّت فيها الورق على منصة مسطحة ويتحرك فيها قلم على محوري الورقة للرسم.

Flexible Disk (Called Also: Floppy Disk) قرص مرن: وسيلة تخزين للبيانات تحتوي على قرص مغناطيسي رفيع مرن.

Flicker رمشة/وميض متقطع: تذبذب سريع مرئي على شاشة الحاسوب أو التلفزيون (في صور الفيديو أو الأفلام).

Flip-Flop دارة قلّابة (ذات وضعين ثابتين): دارة لها حالتان تستقر على واحدة منهما إلى أن تدخل فيها نبضة فتنقلب إلى الحالة الأخرى وتُستخدَم هذه الدوائر لتخزين البيانات.

Float 1-العائمة: اسم نوع البيانات المستخدم في بعض لغات البرمجة مثل لغة سي لإظهار المتغيرات التي يُمكِن أن تُخزِن أرقام الفاصلة المتحركة.
2-تعويم: تحويل البيانات من الترميز ذي الفاصلة العشرية الثابتة إلى الترميز ذي الفاصلة العشرية العائمة.

Floating Defects العيوب العائمة: نوع من العيوب التي تُوجد في مشغل القرص الصلب حيث تصبح رؤوس مشغل القرص خارجة عن المحاذاة مما يتسبب في حدوث أخطاء عشوائية في القراءة والكتابة.

Floating licensing ترخيص عائم.

Flow	يتدفق، يجري، يسيل، تدفق.
Flow Control	ضبط التدفق: 1- إدارة الإرسال بين جهازين في شبكة ما أو بين وحدة س المركزية والأجهزة الطرفية. 2- التحكم بتدفق البيانات.
Flow Diagram	رسم تخطيطي لسير العمليات: 1- تمثيل رسومي لسير العمليات في نظام معلومات أو برنامج أو عملية. 2- مخطط تدفق البيانات.
Flow Direction	اتجاه مخطط سير العمليات، اتجاه تدفق البيانات.
Flow of Control	1- تسلسل التعليمات: ترتيب تنفيذ أو تقييم عبارات برنامج وظيفي. 2- تسلسل تدفق البيانات: الترتيب الذي يتم من خلاله تنفيذ أو تقييم العبارات أو التعليمات أو طلبات استخدام برنامج أوامر أو برنامج وظيفي.
Flowchart	مخطط انسيابي/ بياني/سير العمليات، رسم توضيحي: تمثيل تخطيطي باستخدام الرموز والخطوط المتصلة لعملية أو مسألة أو تدفق بيانات أو تعليمات برامج الحاسوب أو غير ذلك.
Flowcharting Aids	مساعدات المخطط الانسيابي: أدوات مساعدة في إعداد مخططات سير العمليات.
Flowcharting Symbols	رموز مُستخدَمة في إعداد المخطط الانسيابي.
Flowcharting Templates	قوالب مُستخدَمة في إعداد المخطط الانسيابي.
Flowcharting Worksheets	أوراق عمل إعداد المخطط الانسيابي.
Flowline	خط تدفق البيانات.
Flow-matic	فلوماتيك: هي عبارة عن لغة عالية المستوى وهي على الأرجح أول لغة معالجة بيانات شبيهة باللغة الإنجليزية قامت جريس هوبر بوضع هذه اللغة وبحلول عام 1958 كان جهاز التجميع والمستندات الخاصة بهذه اللغة متوفر ومستخدم تجارياً.
Flow-Process Diagram	مخطط سير العمليات.
Flush	تفريغ محتويات وحدة التخزين المؤقت.
Flying robot	روبوت طائر.
FM (Frequency Modulation)	تضمين ترددي: هو تحميل إشارة على إشارة عن طريق تغيير تردد الموجه الحاملة.
FMS (Fleet Management System)	نظام إدارة أسطول المركبات.
FNR (Format and Restore)	تنسيق واستعادة: مصطلح مُستخدَم من قبل الفنيين للإشارة إلى الإستمرار بتنسيق واستعادة نظام حاسوب معين.
FO (Fiber Optics)	ألياف بصرية.
FOCUS (Federation on Computing in the United States or Forum of Control Data Users)	اتحاد الحوسبة في الولايات المتحدة: تأسس عام 1991 من قبل جمعية الات الحوسبة ومعهد مهندسي الكهربائيات الامريكي ويُعد هذا الاتحاد المجمع الأمريكي الرسمي في الإتحاد الدولي لمعالجة المعلومات.
FOIRL (Fiber -Optic Inter-Repeater Link)	رابط مكرِّر إشارات الألياف البصرية: معيار قديم يتعلق بإرشادات الألياف البصرية المُستخدَم في نقل 10 ميجابايت في الثانية من الإيثرنت ويبلغ الحد الأقصى لطول الجزء 1.
Folder	مجلد.
Folio	رقم الصفحة المطبوع.
Follow-up	متابعة.
Font	خط الطباعة (نوع الخط).
Font Card	بطاقة خط الطباعة: بطاقة تحوي على قائمة بأسماء الخطوط المتوفرة.
Font Cartridge	خرطوشة خطوط: وحدة تخزين

Foreground — أمامي، مقدمة.

Foreground Program — برنامج أمامي، مقدم.

Foreign Key — المفتاح المرجعي: حقل يُستخدَم لربط جدول بجدول آخر في قاعدة البيانات ويجب أن يكون من نفس نوع بيانات المفتاح الرئيس المربوط به.

Forgettable password — كلمة مرور سهلة النسيان.

Forgotten password — كلمة مرور منسية.

Form — يشكل، يرتب، هيئة، صيغة، ترتيب شكل، هيئة، قالب، صيغة، نموذج.

Form Feed — تغذية الطابعة بالورق، تقديم الصفحة، تلقيم الورق: عملية ميكانيكية تُجريها الطابعة على ورق الطباعة المتصل وتتمثل في تحريك الصفحة الواحدة بحيث تصبح قمتها في مواجهة الصفحة الطابعة.

FORMAC (Formula Manipulation Compiler) — لغة المترجم المعالج للصيغ (فورماك): لغة برمجة راقية لمعالجة الصيغ الرياضية وهي امتداد للغة فورتران.

Formal Code Inspection — فحص رسمي للشيفرة: مراجعة منظمة للبرنامج بعد تدوينه يؤديها فريق من الفاحصين وذلك بالاستماع إلى شرح المبرمج لخطوات برنامجه خطوة بخطوة ثم مناقشته بشأن الأخطاء.

Formal Design Review — مراجعة رسمية للتصميم: دراسة لتصميم البرنامج أو النظام يقوم بها فريق من المراجعين الذين يعملون معا ويكون لكل منهم دور محدد في العرض والمناقشة.

Formal Language — لغة رسمية: لغة تُعرَّف من خلال صيغ رياضية دقيقة أو صيغ قابلة للمعالجة بالآلة.

Formal Logic — منطق مقولب، منطق شكلي، منطق صوري: دراسة تركيب وصيغة خوارزمية صحيحة بغض

غير قابلة للتعديل تحتوي على خط أو أكثر.

Font Editor — محرر خطوط الطباعة.

Font Family — عائلة خطوط الطباعة: مجموعة من الخطوط التي تملك الشكل نفسه بأحجام متنوعة بما في ذلك الخط الغامق والخط المائل ومتغيرات الخطوط الغامقة والمائلة.

Font Generator — مولّد خطوط الطباعة: برنامج حاسوبي يقوم بتحويل خط الطباعة إلى أنماط النقاط المطلوبة لحجم معين.

Font Number — رقم تعريف خط الطباعة: رقم تستعمله البرامج لإستخدام الخط.

Font Size — حجم الخط.

Foo — سلسلة مُستخدَمة من قبل المبرمجين لتحل محل معلومات أكثر تحديداً.

Foobar — متغير عالمي يُفهَم أنه يمثل أي شيء يتم مناقشته ويُعد شيفرة إنشاء غير مكتوبة ولكن مفهومة يستخدمها المبرمجون.

Food technology — تقنية طعام.

Footer — تذييل: نص مشترك يظهر في أسفل كل صفحة من وثيقة معينة ويُمكِن أن يحوي رقم الصفحة والتاريخ واسم المؤلف وعنوان الوثيقة.

Footprint — بصمة، أثر، انبعاث.

FOR Loop — الحلقة التكرارية: عبارة بلغة البرمجة تسمح بتنفيذ الشيفرة مراراً وتكراراً.

Force — يجبر، قوة، إجبار: القيام بإجراء معين لا يحدث بالعادة أو التدخل في عملية برنامج حاسوب بتنفيذ تعليمة فرعية لنقل التحكم إلى جزء آخر من البرنامج وذلك من أجل تجاوز خطأ تسبب في توقف البرنامج

Forward Chaining تحليل استنتاجي أمامي: هي طريقة في مجال الذكاء الاصطناعي تُستخدَم في الإستدلال حيث تبدأ بكافة البيانات ذات العلاقة وتعمل باتجاه الحل باستخدام قواعد التحليل الخاصة بالنظام.

Forward Compatibility توافق مع منتَج مستقبلي: قدرة النظام على قبول مدخلات تستهدف إصدارات لاحقة أو تستهدف النظام بحد ذاته.

Forward Slash الشَرطَة الأمامية.

Forwarding تحويل الرسائل: إرسال رسالة تم استقبالها إلى مستقبِل جديد إما بالتعديل عليها أو كما هي.

FOSS (Free and Open Source Software) برمجيات حرة ومفتوحة المصدر: برمجيات يتم ترخصيها بحرية لمنح المستخدمين حق تغيير تصميمها وتحسينه من خلال توفير شيفرة المصدر الخاصة بها.

FPD (Full Page Display) عرض الصفحة كاملة عرض فيديو بحجم وكثافة نقطية كافية لإظهار صورة عرضها 8.5 بوصة وطولها 11 بوصة على الأقل.

FPGA (Field Programmable Gate Array) مصفوفة البوابات القابلة للبرمجة في حقول: نوع من مصفوفة البوابات يتم برمجتها في حقول وهي جهاز مصفوفة بوابات منطقي يمكن تهيئته وإعادة تهيئته من مُصنِّع النظام وأحيانا من مٌستخدِم النظام.

FPIC (Field Programmable InterConnect) جهاز ربط بيني ذو حقل قابل للبرمجة: هو جهاز "أسلاك" قابل للبرمجة من خلال ربط دبوس واحد على الجهاز بدبوس آخر مما يوفر ربطا بينيا قابلا للبرمجة.

النظر عن معاني العبارات في الخوارزمية. مرادف لِ Symbolic logic.

Format شكل، هيئة، صيغة، نسق، تنسيق، شكل الطباعة.
1-الصيغة أو الهيئة التي يتم تأسيس البيانات عليها.
2- تهيئة ملف أو مستند للطباعة أو العرض بإضافة أي معلومات ضرورية بحيث يتمكن جهاز الإخراج من معرفة كيف سيتم عرض هذا الملف أو الوثيقة في صورة مخرجات.
3- تهيئة القرص الصلب أو الأقراص المرنة بإعادة إعداد أقسام القرص وجدول تخصيص المساحة الذي يتم عن طريقه معرفة كيفية الوصول إلى البيانات المخزنة.

Format Bar شريط التنسيق.

Formatted File ملف مٌنسَّق: ملف تكون البيانات التي يضمها مدونة برموز الكتابة العادية لا بالشيفرة الآلية الثنائية حيث يُمكِن للإنسان فهمها.

Forms أشكال.

Formula معادلة: هي تسلسل رموز تُمثل مفاهيم مختلفة ممكن أن تكون عناوين خلايا أو أرقام أو رموز.

Formula صيغة، وصفة، معادلة.

Formularize يصيغ.

Formulation صياغة.

FORTRAN (Formula Translator) لغة فورتران: لغة برمجة راقية وضعت عام 1957 للتطبيقات العلمية مصممة لحل المشكلات التي يُمكِن التعبير عنها عدديا.

Forum منتدى: حيز على الشبكة الدولية موجّه لتمكين المستخدمين من إجراء نقاشات كتابية عن موضوع معين بوضع رسائلهم والرد عليها.

يمكن تمثيلها بالهندسة التقليدية ويَستخدِم فنيو الرسم بالحاسوب هذا الشكل للحصول على صور طبيعية مثل الغيوم والغابات.

Fraction كسر، جزء.

Fractional Part جزء كسري.

Fractional T1 تي وان الكسوري: خدمة يستطيع العميل من خلالها استخدام أقل من 24 قناة على خط الإتصال الرقمي عالي السرعة الذي ينقل 1.5 مليون رقم ثنائي في الثانية (T1) دون دفع تكلفة كامل الخط.

Fractional T3 تي ثري الكسوري: خدمة يستطيع العميل من خلالها استخدام أقل من 28 قناة على خط الإتصال الرقمي عالي السرعة الذي ينقل 45 مليون رقم ثنائي في الثانية (T3) دون دفع تكلفة كامل الخط.

FRAD (Frame Relay Access Devices) أجهزة وصول الإطار التتابعي: هي الأجهزة والبرمجيات التي تحوّل الحزم إلى اطارات يمكن إرسالها عبر شبكة واسعة.

Frame إطار.

Frame Source مصدر الإطار: هو عبارة عن وثيقة محتويات في بيئة لغة توصيف النصوص التشعبية تعمل على البحث عن وثيقة المصدر التي تُعرَض ضمن إطار المتصفح المحلي.

Frames Page صفحة الأطر.

Franchise due diligence المراجعة الواجبة السابقة لمنح الامتياز.

FRC (Functional Redundancy Checking) تحقق التكرار الوظيفي: طريقة لمنع الأخطاء وذلك بجعل معالجين ينفذان التعليمات ذاتها على البيانات ذاتها في الوقت ذاته وفي حال كانت النتائج مختلفة فإن ذلك يدل على وجود خطأ.

FPLMTS (Future Public Land Mobile Telecommunication System) نظام الإتصالات اللاسلكية الأرضية العامة المستقبلي: أنظمة هواتف نقَّالة من الجيل الثالث تهدف إلى توحيد الأنظمة المتنوعة التي نراها اليوم في تركيب لاسلكي قادر على توفير نطاق واسع من الخدمات.

FPU (Floating Point Unit) وحدة النقطة العائمة/الفاصلة العشرية:جزء من نظام حاسوبي أو شريحة مصممة لإجراء العمليات الحسابية على الأرقام الحقيقة ذات الفاصلة العائمة/ العشرية.

FQ راجع (Fair Queuing).

FQDN (Fully Qualified Domain Name) اسم مجال/نطاق مؤهل بالكامل: اسم المجال الكامل لحاسوب معين على الشبكة الدولية ويوفر معلومات تكفي لتحويله إلى عنوان بروتوكول الشبكة الدولية المادي.

FR (Frame Relay) موصل إطار الحزم: بروتوكول تحويل الحزم فائقة السرعة في شبكات المناطق الواسعة.

FR (Full Rate) المعدل الكامل: أول معيار ترميزرقمي للخطابات مُستخدَم في نظام الهواتف الخلوية الرقمية الخاص بالنظام العالمي للإتصالات الخلوية حيث يبلغ معدل الرقم الثنائي لجهاز ترميز وفك ترميز الإشارات 13 كيلوبت/الثانية بيد أن جودة الخطاب المُشفر رديئة نوعاً ما وفقاً للمعايير الحديثة ولكنها أُعتبرت تسوية جيدة في أوائل التسعينيات بين التعقيد والجودة الحاسوبية.

Fractal كسوري، شكل نمطي غير منتظم: شكل هندسي يتكرر ضمن مقاييس أصغر حجماً لإعطاء أشكال وسطوح لا

الطلب من الذين يجدون البرنامج مفيدا أن يرسلوا مساهمة للمؤلف) ولفترة زمنية غير محدودة وفي العادة بدون خدمات دعم فني من الجهة المطورة.

Frequency	تردد، تكرار، تواتر: حدوث ظاهرة معينة بشكل متكرر.
Frequency Division Duplex	نظام مزدوج لتقسيم الترددات.
Frequent access to computer	إذن وصول متكرر للحاسوب.
Fresnel Zone	منطقة فريزنل: مصطلح إتصالات هاتفية لاسلكية مُستخدَم أيضا في الحواسيب اللاسلكية ويُشير الى المساحة المحيطة بالخط المرئي الذي تنشره الموجات الراديوية بعد خروجها من الهوائي.
Fried	مُعطَل: مصطلح عامي يعني الجهاز المُدمّر تماما أو غير قابل للاستخدام.
Front End	طرف أمامي: مصطلح يشير الى جانب المدخلات في النظام.
Front Page	صفحة أمامية: جزء من ذاكرة الفيديو مخصصة لحفظ جدول تعريف الرموز المخصصة للمبرمج والمُستخدَم لعرض النصوص على أنظمة الفيديو ذات المصفوفة الرسومية متعددة الألوان.
Front Panel	واجهة صندوق الحاسوب الأمامية: واجهة التحكم بصندوق الحاسوب التي تحتوي على المفاتيح المقبضية ومفاتيح وصل الدارات وقطعها والمصابيح التي تُمكّن المُشغل من استخدامها.
Front-End Processor	معالج أمامي: حاسوب إتصالات ملحق بحاسوب مضيف يعمل على ضبط الخطوط ومعالجة الرسائل وتحويل الشيفرات وضبط الأخطاء ووظائف تطبيقية أخرى كضبط المحطات الطرفية ذات الأغراض الخاصة.
Free	يحرر، حر، مجاني.
Free Block	جزء شاغر: جزء شاغر من ذاكرة الوصول العشوائي يخصصه نظام التشغيل لبرنامج معين بشكل مؤقت.
Free downloads	مواد مُنزَلَة مجانية.
Free Form	بيانات حرة/مطلقة الشكل (لا تملك هيكلا).
Free Format	تنسيق حر.
Free license	ترخيص مجاني.
Free Software	برمجية مجانية/حرة.
Free Software Foundation	مؤسسة البرامج المجانية: منظمة غير ربحية أنشأها ريتشارد ستالمان تُنادي بحرية تداول البرمجيات وتَهدف إلى رفع القيود عن حقوق استخدام ونسخ وتعديل وإعادة توزيع برامج الحاسوب للأغراض غير التجارية إذ ترى أن نظام الملكية الفكرية العالمي الراهن يُعيق الإبداع لاسيما الإبداع البرمجي.
Freedom	حرية.
Freedom of access to information	حرية الوصول إلى المعلومات.
Freedom of association	حرية التجمع وتأسيس النقابات.
Freedom of information	حرية المعلومات: شعار ينادي به منتقدو نظام حقوق الطبع والنشر التقليدي الذين يرون أنه يؤدي إلى تقييد المعلومات.
Freedom of speech	حرية التعبير.
Free-form Language	لغة حرة: لغة برمجة لا يُشكل فيها موقع الرموز على صفحة نص البرنامج أية أهمية.
Freelance web designer	مصمم موقع شبكي مستقل.
Freenet	شبكة مجانية: عبارة عن تزويد مجاني بخدمات الشبكة الدولية.
Freeware	برمجيات مجانية: كلمة مركبة تختصر Free Software والتي تعني برامج وبرمجيات تُطرح للاستخدام دون مقابل مادي (مع

FTP (Foiled Twisted Pair) سلك ملتوٍ مغطى: نوع من الأسلاك الملتوية الرفيعة المُستخدَمة عادة في كيبلات الهواتف والشبكات مزوَّد بطبقة مغلفة لتوفير مزيد من الحماية

FTP Client عميل بروتوكول نقل الملفات: برنامج يُمكّن المستخدم من تحميل وتنزيل الملفات من وإلى موقع على شبكة مثل الشبكة الدولية باستخدام بروتوكول نقل الملفات.

FTP Commands أوامر بروتوكول نقل الملفات.

FTP Server خادم بروتوكول نقل الملفات: خادم ملفات يَستخدِم بروتوكول نقل الملفات ليتيح للمستخدمين تحميل وتنزيل الملفات عبر الشبكة الدولية أو عبر أية شبكة باستخدام برتوكول التحكم بنقل البيانات/ بروتوكول الشبكة الدولية.

FTP site موقع بروتوكول نقل الملفات: 1- مجموعة الملفات والبرامج الموجودة على خادم بروتوكول نقل الملفات. 2- مزوِّد أو خادم على الشبكة الدولية يحتفظ بالملفات لأغراض التحميل.

FTTB (Fiber To The Building) توصيل إلى مبنى عبر الألياف: شكل من اشكال إتصالات عبر الألياف الضوئية يرتبط فيه ليف بصري مباشرة بمبنى العملاء.

FTTC (Fiber To The Curb) توصيل إلى حاجز حجري عبر الألياف: نظام إتصالات يعتمد على كيبلات الألياف الضوئية التي تتصل ببيئة تشغيل معينة تخدم عدة عملاء.

FTTH (Fiber To The Home) توصيل إلى المنزل عبر الألياف: توفير خدمات الإتصالات عبر الألياف الضوئية الى المنزل أو المكتب.

FRS (Family Radio Service) خدمة راديوية عائلية: نطاق من الترددات التي تُحددها لجنة الإتصالات الفيدرالية للإستخدام من قبل العائلات أو الجماعات أو المنظمات الصغيرة في الإتصالات اللاسلكية المحلية قصيرة المدى حيث لا تتطلب هذه الخدمة رخصة.

fsck (File System Check) فحص نظام الملفات: أداة في نظامي تشغيل يونكس ولينكس للتحقق من الملفات والأقراص.

FSK (Frequency Shift Keying) مفتاح تعديل التردد: شكل من أشكال تضمين التردد يُستخدَم بشكل خاص في التلغراف وبث البيانات والفاكس حيث تُعدَل إشارات تضمين التردد الناتج ضمن قيم محددة مسبقا تنسجم مع ترددات المصادر المرتبطة.

FSO (Free Space Optics) بصريات المساحة الحرة: إرسال إشارات بصرية عبر الهواء باستخدام أشعة ليزر تحت الحمراء.

FSP (Financial-Services Provider) مزوّد الخدمات المالية: شركة تنتمي إلى فئة الصناعة الواسعة التي تشمل البنوك والوساطة وشركات الإستثمار.

Fstype (File system type) نوع نظام الملفات.

FTAM (File Transfer Access and Management) وصول وإدارة نقل الملفات: بروتوكول إتصالات معياري لنقل الملفات بين أنظمة الشركاء التجاريين المختلفين.

FTC (Federal Trade Commission) هيئة التجارة الفيدرالية.

FTP (File Transfer Protocol) بروتوكول نقل الملفات: البروتوكول المستخدم لنسخ الملفات من وإلى نظام حاسوب بعيد عن طريق الشبكة الدولية باستخدام برتوكول التحكم بنقل البيانات/بروتوكول الشبكة الدولية.

Full Text Search — البحث عن نص كامل: البحث عن وثيقة أو سجل واحد أو أكثر بناءً على جميع بيانات النص الفعلية بدلاً من الإعتماد على دليل يحتوي على مجموعة محددة من الكلمات المفتاحية.

Function — وظيفة، عمل، يعمل، يؤدي وظيفته. في البرمجة يُعتبر البرنامج الوظيفي مجموعة من التعليمات التي يتم استدعائها من قبل البرنامج الرئيسي حيث تُرجِع للبرنامج الرئيسي قيمة واحدة فقط.

Function Call — نداء/طلب وظيفة: طلب من برنامج بوصل روتين فرعي واستخدامه.

Function Character — رمز وظيفي (ctrl): رمز لا طباعي يُكتب ضمن النص الجاري إعداده على الشاشة أو يكون من رموز لوحة المفاتيح لإشعار الجهاز أو البرنامج بوجوب إجراء العملية.

Function Key — مفتاح وظيفي: مفتاح موجود على لوحة المفاتيح يقوم بمهمات خاصة (يمكن تخصيصها من قبل المُستخدِم) مثل اغلاق الحاسوب أو تشغيل متصفح الشبكة الدولية أو طلب المساعدة أو تشغيل البرامج وغيرها تقع المفاتيح الوظيفية في أعلى لوحة المفاتيح من F1 إلى F12 .

Function Library — مكتبة الوظائف: مجموعة من روتينات برنامج معين.

Function Overloading — إعادة تحميل الوظيفة: استخدام الإسم نفسه لوظيفتين أو أكثر حيث تُستخدَم الوظيفة المطلوبة بناءً على السياق.

Function Statement — جملة/عبارة وظيفية: العبارة الأولى التي تحتوي اسم العملية أو الوظيفة في مجموعة عبارات برمجية.

FUD (Fear, Uncertainty and Doubt) — خوف وعدم تأكد وشك: مصطلح وضعه جين أمدال بعد أن ترك شركة آي بي إم ليؤسس شركته الخاصة ويتمثل بالخوف وعدم التأكد والشك الذي زرعه موظفو مبيعات شركة آي بي إم في أذهان المستهلكين المحتملين الذي يفكرون بشراء منتجات أمدال وبعد عام 1990 ارتبط هذا المصطلح بشكل وثيق بشركة مايكروسوفت بحيث أصبح مصطلحاً عاماً يشير إلى أي نوع من أنواع التضليل الإعلامي المستخدم كسلاح تنافسي.

Fuel-injection technology — تقنية حقن الوقود.

Full Adder — جامع كامل: عنصر منطقي يعمل على خانتي أرقام ثنائية وخانة ناقلة من مرحلة سابقة.

Full Backup — تخزين احتياطي كامل.

Full Justification — ضبط تام: محاذاة النص بشكل متساوٍ بين الهامش الأيمن والأيسر.

Full Mode — وضعية التمام.

Full Path — مسار تام: اسم مسار يحتوي على جميع المكونات المُمكنة لاسم المسار.

Full Pathname — اسم مسار تام: قائمة في نظام ترتيب الملفات الهرمي بالأدلة أو المجلدات التي تعمل على التوجيه من دليل البدء إلى ملف معين.

Full Scale Computer — حاسوب مكتمل، حاسوب مكتمل الحجم: تسمية عامة تُطلق على الأنواع المختلفة من الحواسيب متعددة الأحجام.

Full Screen — شاشة تامة: القدرة على الإستخدام أو العرض على مساحة كاملة لشاشة عرض.

Function Subprogram — برنامج فرعي وظيفي: برنامج فرعي يتكون من عدة عبارات تمثل وظيفة رياضية لأداء عمل معين.

Functionability — قابلية القيام بالوظيفة.

Functional — وظيفي، عملي، فعّال.

Functional Application — تطبيق وظيفي: نظام حاسوبي أو برمجي يتعامل مع العمليات الأساسية المستمرة للمؤسسة التجارية.

Functional assessment — التقييم الوظيفي.

Functional Design — تصميم وظيفي: التوصيف التفصيلي للعلاقات التي تربط بين عناصر النظام بما في ذلك التصميم المنطقي ووصف المعدات المادية المُستخدَمة في النظام.

Functional Programming — برمجة وظيفية: نوع من البرمجة تُستخدَم فيه الوظائف للتحكم بمعالجة المنطق.

Functional Specifications — مواصفات وظيفية: توثيق لتصميم نظام معلومات معين بما في ذلك قاعدة البيانات والعمليات البشرية والآلية والمدخلات والمخرجات.

Functional specifications — مواصفات وظيفية.

Functionalism — الوظائفية أو الوظيفية: المذهب العملي أو الوظيفي لاسيما في مجال العمارة والذي يشير الى أي تصميم لمبنى على أساس الغرض منه.

Functionality — وظيفية.

FUNI (Frame based User to Network Interface) — واجهة مُستخدِم الشبكات القائمة على الأطر: واجهة تم تطويرها لتزويد المستخدمين بالقدرة على الإتصال بين شبكات صيغة النقل غير المتزامن ومعدات الأطر الحالية مثل المحوّلات.

Future — مستقبل.

Futurism — المستقبلية.

Futurist — مستقبلي.

Futuristic — مستقبلي، ذو علاقة بالمستقبل.

Futz — ضياع الوقت لنشاط غير فعّال: بالعادة تُستخدَم عند الألعاب المصممة للأطفال (الألعاب الحاسوبية).

Fuzzy Computing — حوسبة ضبابية/مشوشة: استخدام الحاسوب لحل المسائل المبهمة وغير المحددة.

Fuzzy Logic — المنطق الضبابي/المشوش، منطق المسائل والبيانات غير المحددة: أسلوب حسابي للتعامل مع البيانات غير المحددة والمسائل التي لها أكثر من حل واحد.

Fuzzy Set — مجموعة ضبابية/ مشوشة/ مبهمة: مجموعات يكون لعناصرها درجات مختلفة من الإنتماء.

FWM (Four Wave Mixing) — خلط الموجات الأربع: تشويه في التضمينات المتداخلة في الأنظمة البصرية.

G

G.Standard	معيار للإتصالات خاص بالإتحاد الدولي للإتصالات: تُستخدم هذه المعايير لفك شيفرة الرموز الخاصة بالكلام بحيث تُحوِّل الصوت إلى شيفرة برمجية.
Gadget	أداة، جهاز ميكانيكي/إلكتروني صغير متخصص: تعبير يُطلق على المنتجات ذات الطبيعة التقنية الاستهلاكية غير المُعمِّرة.
GAID working areas	مجالات نشاط التحالف العالمي لتقنية المعلومات والاتصالات والتنمية.
Gaim	جايم: برنامج عميل/مُستخدِم متعدد بيئات العمل لإرسال الرسائل الفورية يدعم العديد من بروتوكولات الرسائل الفورية شائعة الإستخدام و قد تم تغيير اسمه إلى بيدجين (Pidgin) لأسباب قانونية.
Gain	كسب: المعدل بين الإشارات الخارجة والإشارات الداخلة.
GALILEO (Georgia Library Learning Online)	مكتبة جورجيا للتعلم عبر الشبكة الدولية: هي مكتبة تابعة لجامعة جورجيا تُوفر قواعد بيانات متعددة بالإضافة إلى نصوص كاملة.
Gambling website	موقع شبكي للقمار.
Games	ألعاب.
GAMS (Guide to Available Mathematical Software)	كُتيب إرشاد لبرنامج رياضي/ حسابي متوافر.
GAN (Global Area Network)	شبكة المنطقة العالمية.
Gantt Chart	مخطط جانت: مخطط يصور التقدم في عمل ما بمرور الوقت ويُستخدم غالباً في التخطيط لمشروع ومتابعته.
Gap	فجوة: 1- فراغ بين مجموعات بيانات على شريط مغناطيسي. 2- الفراغ الموجود عند رأس القراءة/الكتابة والذي تتدفق فوقه الطاقة المغناطيسية مما يؤدي إلى مغنطة الشريط أو القرص بالإتجاه المطلوب.
Gap analysis	تحليل الفجوة: التحليل المنطلق من استطلاع الفارق بين قدرات النظام التقني من جهة ومتطلبات العمل من جهة أخرى.
Garbage	بيانات عديمة النفع، مخلفات، نفايات، فضلات: 1- بيانات لا معنى لها موجودة في خلايا ذاكرة أو شريط ممغنط. 2- بيانات أو مناطق في ذاكرة الحاسوب لا يَستخدِمها نظام أو برنامج في أية عمليات حاسوبية ولا بد من إزالة التخصيص عنها ليتم استخدمها مجدداً.
Garbage Collection	جمع المخلفات: مسح المخلفات من خلايا الذاكرة للإستفادة منها أو إزالة أماكن التخزين المستنزفة من ملف ما.
Gate	بوابة: دائرة كهربائية تُنفذ العمليات المنطقية في الحاسوب.
Gateway	مدخل، بوابة: هو جهاز أو أداة أو برنامج إتصال يوفر مدخل إلى شبكة أخرى لنقل البيانات.
Gathering	جمع، تجميع، حشد.
GBIC (Gigabit Interface Converter)	محوِّل واجهة الأجهزة بمعدل جيجابت في الثانية: معيار للأجهزة الطرفية المُرسِلَة والمُستقبِلة يُستخدَم عادة في الإيثرنت وقنوات الألياف بمعدل جيجابت في الثانية.

من مسجلات المعالج يُستخدَم في تخزين النتائج المؤقتة للعمليات الحسابية والبيانات والعناوين.

General systems and procedures specialist — أخصائي الأنظمة العامة والإجراءات: أخصائي أنظمة يهتم بقياس حجم العمل في النظام المطلوب تحليله وبتبسيط إجراءاته ومراقبة النماذج والوثائق.

Generate — يولّد، ينتج.

Generation — جيل أو توليد: فئة مشتقة من فئة سابقة لها مثل جيل الحواسيب الجديدة.

Generation — توليد، جيل.

Generic customizable solutions — حلول عامة قابلة للتخصيص.

Generic top-level domains (gTLDs) — نطاقات المستوى الأعلى العام: احدى فئات نطاق المستوى الأعلى التي تحتفظ بها سلطة الأرقام المخصصة للشبكة الدولية لاستخدامها في اسم النطاق/المجال.

Genetic Algorithm — خوارزميات جينية: أسلوب بحث بالحاسوب للوصول إلى حلول دقيقة أو تقريبية لمسائل البحث.

Genetic Programming — برمجة جينية: برمجة بالخوارزميات الجينية.

GEO (Geostationary Earth Orbit) — قمر صناعي مداري استقراري: 1- قمر صناعي للإتصالات يتحرك بسرعة دوران الأرض على ارتفاع 35,900 كيلو متر فيبدو وكأنه ثابت.
2- مدار أرضي استقراري.

get — أمر جلب/حصول على: أمر من أوامر بروتوكول نقل الملفات يعطي توجيهاً للخادم من أجل نقل ملف محدد إلى برنامج ما.

GFR (Guaranteed Frame Rate) — معدل تدفق بيانات مضمون.

GFS (Global File System) — نظام ملفات عالمي: نظام لمشاركة الملفات بين مجموعة من أجهزة نظام التشغيل لينكس.

Gbps (Gigabit per Second) — جيجابت في الثانية.

GDI (Graphical Device Interface) — واجهه أداة الرسم: واجهة برمجية تقليدية للمخرجات في بيئة نظام التشغيل ويندوز تُستخدَم من قبل أي تطبيق يحتاج الى عرض أو طباعة.

Gearhead — جيرهيد: لعبة حاسوب.

Gecko — جيكو: إسم محرك يُستخدَم في العديد من تطبيقات نيتسكيب وموزيلا ويعد جيكو جزءا من متصفح قادر على قراءة صفحات الشبكة الدولية أينما كانت كما تحددها اللغة المُستخدَمة في الصفحة مثل لغة توصيف النصوص التشعبية.

Geek — شخص موجَّه نحو التقنية.

GENA (General Event Notification Architecture) — معمارية/بنية الاعلام بالحدث العام: بروتوكول يتيح إرسال إخطارات لغة توصيف النصوص التشعبية.

Gender equity — المساواة بين الجنسين.

General information — معلومات عامة.

General Purpose Computer — حاسوب الأغراض العامة: حاسوب يُستعمَل لعدة مهام وعليه تكون جميع الحواسيب من الحواسيب المصغرة وحتى الحواسيب الضخمة عبارة عن حواسيب أغراض عامة.

General Purpose Controller — وحدة التحكم متعددة الأغراض: وحدة تحكم طرفية تَستطيع أن تخدم أكثر من نوع واحد من الأجهزة الطرفية كطابعة وخط إتصالات مثلاً.

General Purpose Interface Bus — ناقل واجهة متعدد الأغراض: ناقل يُستخدَم لوصل المجسات والأدوات القابلة للبرمجة بالحاسوب.

General Purpose Language — لغة متعددة الأغراض: لغة برمجة لا يقتصر إستخدامها على حاسوب معين أو تطبيق متخصص.

General Purpose Register — مسجل متعدد الأغراض: مسجل

استجابات خاطئة تحدث داخل الحاسوب بسبب تفاوت أوقات وصول الإشارات التي يُفترض أن تكون متزامنة.

glob	غلوب: إحدى وظائف مجموعة برامج يونيكس تعمل على تمديد أسماء الملفات بإستخدام مرافق مطابقة الأنماط.
Global	عالمي.
Global Alliance for ICT and Development (GAID)	التحالف العالمي لتقنية المعلومات والاتصالات والتنمية.
Global awareness	وعي العالمية: الإلمام بدائرة الانتماء الكبرى والشخصية الإنسانية العالمية وأسسها وتعدد الثقافات المكونة لها والمخاطر الكبرى التي يتعرض لها العالم بحسبانه وحدة واحدة ذات مصير مشترك كالتلوث والخطر النووي.
Global carbon emission	انبعاث كربوني عالمي.
Global citizen	مواطن عالمي: مواطن ناشط في مجال نشر الوعي والسلام العالميين.
Global community	جماعة عالمية.
Global crimes	جرائم عالمية.
Global criminal	مجرم عالمي.
Global development	تنمية عالمية.
Global Forum on ICT and Innovation for Education	المنتدى العالمي لتقنيات المعلومات والاتصالات والابتكار من أجل التعليم: يجمع هذا المنتدى وزراء حكوميين وواضعي السياسات ورجال الأعمال والمبتكرين من مختلف أنحاء العالم للحوار حول القضايا والتحديات المتعلقة بتقنيات المعلومات والاتصالات من أجل التنمية في مجالات التعليم والابتكار وتشجيع التعاون بين الحكومات والقطاع الخاص والمجتمع المدني.
GGSN (Gateway GPRS Support Node)	وحدة طرفية لدعم خدمات الحزم العامة الراديوية.
Gibberish (hash)	بيانات عديمة النفع.
GIF (Graphic Image Format)	تنسيق صورة رسومية.
Giga	جيجا: وحدة قياس تعادل 2^{30} بالنظام الثنائي أو 10^{9} بالنظام العشري.
Gigabyte (GB)	جيجا بايت: وحدة قياس سعة التخزين والتي تعادل 1024 ميجا بايت أي ما يقارب المليار بايت.
Gigacycle	مليار دورة: وحدة قياس التردد تساوي 10^{9} هيرتز أي ما يعادل مليار هيرتز وهي مرادف لكلمة جيجاهيرتز.
Gigahertz	جيجاهيرتز: وحدة قياس التردد تساوي 10^{9} هيرتز أي ما يعادل مليار هيرتز.
Gigahertz (GHz) - billions of cycles per second	جيجاهرتز- مليارات دورات الزمن في الثانية: وحدة قياس سرعة معالج الحاسوب والتي تعادل مليارات دورات الزمن في الثانية الواحدة.
GIGO (Garbage In Garbage Out)	المدخلات الخاطئة ينتج عنها مخرجات خاطئة.
GIMP (GNU Image Manipulation Program)	برنامج معالجة صور مفتوح المصدر.
GINI (Gateway Interface for Network Initialization)	واجهة بينية للبوابة لتهيئة الشبكات.
GIS (Geographic Information Service)	خدمة المعلومات الجغرافية: هي تطبيق حاسوبي مُستخدَم في تخزين واستعراض وتحليل المعلومات الجغرافية وخاصة الخرائط.
GKS (Graphical Kernel System)	نظام النواة التصويري: نظام معياري ولغة لتوفير صور ثنائية وثلاثية الأبعاد باستخدام العديد من أجهزة العرض.
Glitch	عطل مؤقت أو عشوائي:

	الإلكتروني القائمة على الشبكة الدولية المقدمة من شركة جوجل.
GMDSS (Global Maritime Distress and Safety System)	نظام السلامة والإستغاثة الملاحي العالمي: هو مجموعة من إجراءات السلامة وأنواع المعدات وبروتوكولات الإتصال المتفق عليها عالمياً والمُستخدَمة لتسهيل إنقاذ السفن والقوارب والطائرات المنكوبة.
GMPR (Gaussian Minimum Shift Keying)	نظام تعديل التردد ذو الأطوار المستمرة: تقنية تعديل تنطوي على الترشيح المغناطيسي المندفع للبيانات المُدخَلة قبل تطبيقها في المعدِّل الطوري وينتج عن هذا طيف ضيق وأداء تداخل أفضل للقناة المجاورة.
GMRS (General Mobile Radio Service)	خدمة راديوية متنقلة عامة: هي خدمة راديوية متنقلة أرضية ذات تردد فوق العالي متوفرة في الولايات المتحدة للإتصالات قصيرة المدى باتجاهين من أجل تسهيل نشاطات فرد بالغ يحمل شهادة مرخصة للانتفاع من هذه الخدمة بالإتصال مع أعضاء عائلته المباشرين لأغراض شخصية أو متعلقة بالعمل.
GMT (GREENWICH Mean Time)	توقيت غرينيتش: الوقت القياسي المتفق عليه عالميا الذي تُقاس من خلاله الأوقات في كافة أنحاء العالم، غرينيتش هو اسم مدينة قرب لندن تقع على خط طول صفر من خطوط طول الكرة الأرضية.
GNN (Global Network Navigator)	متنقل/متصفح الشبكة العالمية: أول إعلان تجاري على الشبكة وأول موقع إلكتروني يقدم إعلانات يمكن النقر عليها ويشار إليها الآن ب "ad banner"
Global information infrastructure	البنية التحتية المعلوماتية العالمية: اسم للإطار التقني الذي يتم إعداده لربط جميع المجالات التقنية على مستوى العالم.
Global innovation development	تطوير ابتكاري عالمي.
Global IT management	إدارة تقنية المعلومات العالمية.
Global Operation	عملية عالمية/شاملة: عملية مثل البحث والإستبدال تؤثر تأثيراً شاملاً على وثيقة أو برنامج أو معدة كالقرص مثلاً.
Global positioning system (GPS)	نظام تموضع عالمي: نظام عالمي عبر الاقمار الضناعية يوفِّر للمستخدمين خدماتٍ في مجال تحديد الموقع والملاحة والتوقيت حيث يقوم نظام التموضع العالمي على منظومة من الأقمار الصناعية والحواسيب والمستقبِلات القادرة على تحديد خطوط الطول والعرض الخاصة بمستقبِل على الأرض بحساب فرق الوقت الذي تستغرقه الإشارات الصادرة عن أقمار صناعية مختلفة للوصول إلى المستقبِل.
Global Search and Replace	عملية البحث والإستبدال الشاملة: عملية بحث تَعثُر من خلالها على جميع حالات بند مختار وتُعدلها أينما وجدت في الوثيقة.
Global Variable	متغير عام/ شامل: متغير يمكن الوصول إلى قيمته أو إستخدام هذه القيمة أو تعديلها في برنامج ما ولا يقتصر هذا على وحدات معلوماتية بعينها.
Global warming	الاحتباس الحراري العالمي: ارتفاع درجة حرارة المناخ في العالم الناتج عن التلوث.
Globalizability	القابلية للعولمة.
Globalization	عولمة.
Globe	العالم.
Gmail	بريد جوجل: خدمة البريد

GNOME (GNU Network Object Model Environment)
1- واجهة رسومية مبنية من برامج مفتوحة المصدر.
2- مشروع عالمي يهدف لتطوير هيكل لبناء وإختيار البرامج التي تُستخدَم على سطح المكتب وبرمجة التطبيقات المسؤولة عن تشغيل البرامج والتعامل مع الملفات والتحكم بالنوافذ.

gnomon
تمثيل لنظام المحاور الثلاثي الأبعاد (س، ص، ع) في رسومات الحاسوب.

GNU (Gnu's Not Unix)
جنو ليس يونيكس: جنو عبارة عن مجموعة من البرمجيات الخاصة بنظام يونيكس والمطوّرة من قبل مؤسسة البرمجيات الحرة وموزّع تحت رخصة المستخدمين العامة بشكل مجاني تماماً، وجاءت هذه العبارة من كون جنو نظام تشغيل صُمم ليشبه يونكس لكنه يختلف عنه في كونه حراً ولا يحتوي أياً من شيفرات يونكس.

Go
ابدأ: بدأ تنفيذ العملية في الوقت الحالي أو الإستمرار فيها.

Go To
اقصد، اذهب إلى، انتقل إلى: زر أو أمر ضمن القائمة الرئيسية في الحاسوب يسمح لك بالذهاب إلى خدمات عدة أو تصفح مواقع معينة ويُعتبر مرادف الأمر العالمي "خذني هناك".

Go word
كلمة اقصد/ اذهب/انتقل: الكلمة التي تأتي مع منتدى أو مساحة معينة على خدمة شبكية تجارية تسمح لك بالذهاب إلى المكان الذي تريده بسرعة.

Goals
أهداف.

Google
جوجل: هو أشهر محركات البحث على الشبكة الدولية صُمم من قبل الطالبين سيرجي برين ولاري بيج في 1995 ويعرض جوجل نتيجة بحثه ضمن ثلاثة ملايين موقع وبثلاثين لغة مختلفة منها العربية ويُستخدم هذا المحرك للبحث يومياً بمعدل 150 ألف مرة (نصفهم من الولايات المتحدة الأمريكية) هذا ويعني اسم "جوجل "رقم واحد وأمامه مائة صفر (عشرة مرفوعة للأس مائة)" والذي يعني البحث في عدد كبير جداً من المواقع على الشبكة الدولية المصنفة من قبل محرك البحث.

Gopher
نظام جوفر: خدمة على الشبكة الدولية تقوم بتأمين معلومات نصية وتقدمها للمُستخدِم على شكل قوائم هرمية متفرعة يختار منها المُستخدِم قوائم فرعية أو ملفات أو مستندات يمكن تحميلها وعرضها.

GoS (Grade of Service)
درجة الخدمة: تُستخدَم درجات الخدمة كمقياس لقدرة الشبكة على توجيه حركة المرور وتُطبَق عادةً خلال فترة معينة كساعة الذروة في حركة المرور.

GOTO Statement
عبارة اقصد/ذهاب إلى: عبارة تحكم تُستخدَم في البرامج لنقل التنفيذ إلى جملة برمجية أخرى.

Go-To Structure
هيكلية اقصد/انتقل إلى/اذهب إلى: تركيبة تفرع غير مشروط تُسبب الإنتقال إلى مجموعة خطوات في برنامج ما بدلا من التدفق التسلسلي في تنفيذ الخطوات.

Governance
حوكمة، حاكمية.

Government
حكومة.

Government spending
إنفاق حكومي.

Government to Citizen
من الحكومة للمواطن: تعبير يُطلق على الأعمال التي تهدف لتوفير الخدمات الحكومية للمواطنين من خلال الشبكة الدولية والتطبيقات الإلكترونية.

مايكروسوفت ويندوز إن تي وما بعده من اصدارات والتي توفر إدارة وتهيئة مركزية للحواسيب والمستخدمين عن بُعد.

GPRS (General Packet Radio Services) — خدمات الحزمة العامة الراديوية: خدمة إتصالات لاسلكية مبنية على الحزم والتي توفر سرعة نقل للبيانات تبدأ من 56 كيلوبت في الثانية إلى 114 كيلوبت في الثانية بالإضافة إلى إتصال دائم بالشبكة الدولية للهواتف المحمولة ومستخدمي الحاسوب.

GPS Receiver — مستقبِل نظام التموضع العالمي.

GPSS (General Purpose Simulator System) — نظام محاكاة عام الأغراض: لغة برمجة طورتها شركة آي بي إم لمحاكاة النظم تُستخدَم لبناء نماذج العمليات مثل بيئات التصنيع وأنظمة الإتصالات وأنماط المرور.

GPU (Graphics Processing Unit) — راجع Graphics Controller.

GR (General register) — مسجل عام: ي مسجل ُستخدَم في تخزين النتائج المؤقتة للعمليات الحسابية العامة في البرنامج مثل الجمع والطرح والضرب والقسمة الثنائية.

Grammar Checker — مُدقق القواعد: برنامج البحث عن الأخطاء في قواعد اللغة.

Grandparent File — ملف جد/أقدم: احدى ثلاث نسخ يُحتفظ بها للملف الواحد فبعد أنشاء ملف جديد وفيما لو أُريد إضافة بيانات جديدة إليه أو تعديل بيانات قائمة تُسجل نسخة قبل الإضافة أو التعديل تُسمى الملف الأب أو القديم وتُسجل نسخة أحدث تُسمى النسخة الابن وإذا أُضيفت بيانات جديدة مرة أخرى يصبح الملف الأب الملف الجد وهكذا.

Grant Permission — منح الإذن.

Government to Government — من الحكومة للحكومة: تعبير يُطلق على الأعمال التي تهدف لحوسبة أليات تبادل البيانات بين المؤسسات الحكومية والتي تتم من خلال الشبكة الدولية والتطبيقات الإلكترونية.

Government to Employee — من الحكومة للموظفين: تعبير يُطلق على الأعمال التي تهدف لتوفير الخدمات التنظيمية للموظفين الحكوميين من خلال الشبكة الدولية والتطبيقات الإلكترونية.

Government website — موقع شبكي حكومي.

Governmental transparency — شفافية الحكومة.

Governors — حكام.

GPF (General Protection Fault) — خطأ حماية عام: هو نوع من الأخطاء يحدث في إستخدام المعالج 80386 أو معالج أسرع يعمل بالنمط المحمي عندما يحاول أحد البرامج الوصول إلى منطقة من الذاكرة تقع خارج المنطقة المخصصة له أو عندما يحاول تنفيذ تعليمة خاطئة في بيئة تشغيل ويندوز إن تي وما بعده من اصدارات شركة مايكروسوفت.

GPIB (General Purpose Interface Bus) — ناقل واجهة عام الأغراض: ناقل تم تطويره لتبادل المعلومات بين الحواسيب والمعدات الصناعية القابلة للبرمجة.

GPL (General Public License) — رخصة عامة لنظام التشغيل جي إن يو: رخصة برمجيات من مؤسسة البرمجيات الحرة تضمن تمتع كل مُستخدِم بالحريات الأساسية الواقعة ضمن إطار البرمجيات الحرة والتي لا قيود عليها.

GPO (Group Policy Object) — كيان السياسة الجماعية: إحدى مزايا عائلة أنظمة التشغيل

Graphical Terminal	جهاز طرفي بياني: جهاز طرفي قادر على عرض الصور والنصوص.
Graphical User Interface	واجهة المُستخدِم الرسومية: هي طريقة لإتصال المُستخدِم بالحاسوب حيث يتم تمثيل البرامج والملفات والاختيارات باستخدام أيقونات وقوائم وصناديق حوار يُمكِن للمُستخدِم أن يُشير اليها بنقرة فأرة لتفعيل هذه الخيارات.
Graphics	رسوم، أشكال هندسية، بيانات،: 1-رسم الأشكال المجسمة على سطح ذي بعدين فقط وفقا لقواعد الإسقاط الرياضية. 2-التمثيل البياني أو العرض التصويري للبيانات: إستخدام الرموز المكتوبة والعروض البصرية للحصول على المعلومات.
Graphics Card	بطاقة عرض رسوم، بطاقة إظهار: بطاقة لإظهار الصور البيانية أو الرسوم بالإضافة إلى الحروف والأرقام.
Graphics Controller	وحدة معالجة الرسوم: تُسمى أيضا وحدة المعالجة البصرية وهي جهاز خاص لتحويل ومعالجة الرسومات البيانية في حاسوب شخصي أو محطة عمل أو لوحة ألعاب.
Graphics Export Engine	محرك تصدير الرسوم: تقنية من شركة أبيل لإنشاء وتحرير ورؤية المحتويات متعددة الأوساط حيث يوفر عنصر التصدير واجهة برمجية تُمكِن مشغل quicktime من تصدير الصور لمجموعة متنوعة من أشكال الملفات.
Graphics Import Component	مكون استيراد الرسوم: تقنية طورتها شركة أبيل لإنشاء وتحرير ورؤية محتويات الأوساط المتعددة حيث يوفر العنصر الذي يتم استيراده واجهة برمجية تُمكن مشغل quicktime من تصدير الصور إلى مجموعة من أشكال الملفات.
Granted access	إذن وصول مقبول.
Granular	حُبيبي: مصطلح يُستخدم لوصف عمل حاسوب من النعومة إلى الخشونة، أو ميزة كدقة الشاشة أو عمليات البحث والترتيب فيما يخص حجم الوحدات فكلما كانت الوحدات أكبر كانت "أخشن".
Granularity	مقياس حجم مكونات نظام معين.
Graph	مخطط، رسم بياني، شكل: تمثيل تصويري للبيانات.
Graph Plotter	راسم بياني، جهاز الرسم: جهاز يرسم المخططات باستخدام الحاسوب.
Graphic Character	رمز بياني/رسمي: رمز يُمكِن دمجه مع عدد من الرموز الرسومية الأخرى لإنشاء رسمة معينة مثل الخطوط والصناديق ويمكن للإنسان قراءته وتمثيله مع علامات الترقيم.
Graphic designer	مصمم جرافيكي.
Graphic Display Unit	وحدة عرض الرسوم، وحدة العرض البياني: جهاز يعرض المعلومات بشكل رسومات على شاشة عرض (مثل التلفاز).
Graphic Form	شكل بياني/رسومي: تمثيل تصويري للبيانات كالمخططات البيانية والرسومات الهندسية وغيرها.
Graphic Matrix	مصفوفة رسومية: مجموعة من النقاط على بعدين متعامدين تمثل رمزا من الرموز التي تُستعمَل في تكوين الرسوم أو كتابة الأحرف وتكون في نمط شيفري يُمثَل بالأرقام الثنائية كأي رمز أبجدي أو رقمي آخر.
Graphic Solution	حل بياني، حل بالرسوم: وضع حل للمشكلة بالرسوم البيانية عن طريق حل معادلات رياضية.

حوسبة خضراء: حوسبة منسجمة مع البيئة أو تُساهم في الحفاظ على البيئة وتعزيزها.	Green computing
مراجعة واجبة خضراء: فحص مدى إسهام المؤسسة وسياساتها والتقنيات التي تَستخدِمها في الحفاظ على البيئة وتعزيزها.	Green due diligence
معدات وأجهزة خضراء ذات كفاءة: مكونات حواسيب منسجمة مع البيئة بكفاءة عالية.	Green efficient hardware
تقنية طاقة خضراء: تقنية طاقة تُساهم في الحفاظ على البيئة وتعزيزها.	Green energy technology
إستراتيجية تقنية معلومات خضراء: إستراتيجية تقنية تنشد الحفاظ على البيئة وتعزيزها.	Green Information Technology strategy
مبادرات خضراء: مبادرات تنشد الحفاظ على البيئة وتعزيزها.	Green initiatives
مناصر لتقنية المعلومات الخضراء: مفهوم مفاده تنفيذ الممارسات التقنية الصديقة للبيئة كخفض استهلاك الطاقة والحرارة المنبعثة من الحواسيب.	Green IT advocate
حوسبة تقنية معلومات خضراء: حوسبة تقنية معلومات واتصالات منسجمة مع البيئة أو تُساهم في الحفاظ على البيئة وتعزيزها.	Green IT computing
تغطية تقنية معلومات خضراء: تغطية تقنية منسجمة مع البيئة أو تُساهم في الحفاظ على البيئة وتعزيزها.	Green IT coverage
قرار تقنية معلومات أخضر: قرار تقني منسجم مع البيئة أو يُساهم في الحفاظ على البيئة وتعزيزها.	Green IT Decision
بنية تحتية خضراء لتقنيات المعلومات: بنية تحتية تقنية منسجمة مع البيئة أو تُساهم في الحفاظ على البيئة وتعزيزها.	Green IT infrastructure
سياسة تقنيات معلومات خضراء: سياسة تقنية منسجمة مع البيئة أو تُساهم في الحفاظ على البيئة وتعزيزها.	Green IT policy
برنامج تقنية معلومات خضراء: برنامج تقنية معلومات منسجم مع	Green IT program
مبادرات شعبية في تقنيات المعلومات والاتصالات.	Grassroots ICT initiatives
ابتكارات شعبية: ابتكارات على مستوى القاعدة الشعبية.	Grassroots innovation
شيفرة غراي: شيفرة نظام ثنائي مُعدَلة حيث يتم تمثيل الأعداد التسلسلية بالتعبيرات التي تختلف برقم ثنائي واحد لتقليص الأخطاء.	Gray Code
تدرج اللون الرمادي: مجموعة من الظلال تتدرج من الأبيض إلى الأسود تُستخدَم في رسوم الحاسوب لإضافة التفاصيل للرسوم البيانية أو لتمثيل صورة ملونة على جهاز عرض أحادي اللون.	Gray Scale
أكبر من.	Greater Than
خُلّبي: إستخدام قضبان رمادية أو رسومات أخرى لتمثيل خطوط الرموز الصغيرة جدا والتي لا يمكن عرضها على الشاشة حيث تُستخدَم هذه الطريقة عندما يريد المُستخدِم رؤية الشكل العام للصفحة دون إظهار النصوص نفسها.	Greeking
يُخَضِّر، أخضر.	Green
تقييم أخضر: مفهوم مفاده مدى إسهام تقنيات المؤسسة في تعزيز البيئة والحفاظ عليها.	Green assessment
تدقيق أخضر: فحص مدى التزام المؤسسة بالسياسات المعززة للبيئة والحفاظ عليها.	Green audit
مبنى أخضر: مبنى يُأخذ في تصميمه المساهمة في الحفاظ على البيئة وتعزيزها.	Green building
أعمال خضراء: عمل يساهم في الحفاظ على البيئة وتعزيزها.	Green business
مبنى أعمال أخضر: مبنى أعمال منسجم مع البيئة أو يساهم في الحفاظ على البيئة وتعزيزها.	Green business building

	البيئة أو يُساهم في الحفاظ على البيئة وتعزيزها.
Green IT survey	مسح تقنيات المعلومات الخضراء: مسح ينصب على فحص مدى توظيف حلول تقنية منسجمة مع البيئة أو تُساهم في الحفاظ على البيئة وتعزيزها.
Green printing	طباعة خضراء: طباعة منسجمة مع البيئة أو تُساهم في الحفاظ على البيئة وتعزيزها.
Green technology	تقنية خضراء: تقنية منسجمة مع البيئة أو تُساهم في الحفاظ على البيئة وتعزيزها.
Green technology audit	تدقيق تقني أخضر: فحص مدى إسهام التقنية في الحفاظ على البيئة وتعزيزها.
Greenability	القابلية للتخضير: قابلية النظام أو التقنية أوالتطبيق أن يكون منسجما مع البيئة أو يُساهم في الحفاظ عليها وتعزيزها.
Greenable	قابل للتخضير: امكانية جعل النظام أو التقنية أوالتطبيق منسجما مع البيئة أو يُساهم في الحفاظ عليها وتعزيزها.
Greened	مُخضَّر: جعل النظام أو التقنية أوالتطبيق منسجما مع البيئة أو معززا لها.
Greener IT solutions	حلول تقنيات المعلومات الأشد خضرة: حلول تقنيات المعلومات الاكثر انسجاما مع البيئة أو تعزيزا لها.
Greening	تخضير: جعل االنظام أو التقنية أو التطبيق منسجما مع أو معززا للبيئة.
Greening economic growth	تخضير التنمية الاقتصادية: جعل التنمية الاقتصادية منسجمة مع أو معززة للبيئة.
Greening IT systems	تخضير أنظمة تقنية المعلومات: جعل أنظمة تقنية المعلومات منسجمة مع أو معززة للبيئة.
Green-tech	التقنية الخضراء.
grep (Global Regular Expression Print)	طبعة التعابير العالمية (خدمة جريب): تطبيق في أنظمة تشغيل يونكس ولينكس يقوم بالبحث عن نص معين في ملف أو في مدخلات .
Grid	مقياس شبكة الرسم: شبكة تتألف من مجموعة خطوط عمودية وأخرى رأسية تُستعمَل في تمييز الأنماط لقياس معالم الرسم.
Gridlines	خطوط شبكة الرسم: هي خطوط يُمكِن إضافتها إلى التخطيط لتسهيل عرض البيانات وتقييمها حيث تمتد خطوط الشبكة من علامات التجزئة الموجودة على أحد المحاور إلى ناحية الرسم وهي أيضا الخطوط الرمادية التي تقسم كل خلية وكل صف وكل عمود في أوراق العمل البيانية.
Ground robot	روبوتات أرضي.
Ground Start Line	خط بداية أرضي: نوع من إشارات النداء في تقنية الهاتف فعندما يتم تحويل مكالمة هاتفية إلى مشترك تُطبق شركة الهاتف إشارة أرضية على الجانب الذي لا يرن من الخط حتى قبل إرسال إشارة الرنين.
Group	يجمع، مجموعة.
Group 3	المجموعة 3: البروتوكول العالمي لإرسال مستندات فاكس عبر خطوط الهاتف.
Group 4	المجموعة 4: بروتوكول لإرسال مستندات فاكس عبر شبكات الخدمات المتكاملة الرقمية.
Groupware	برمجيات المجموعة، برمجيات دعم العمل الجماعي: برنامج شبكي مخصص لتمكين مجموعة من المستخدمين على

	للاتصالات النقَّالة.
GSM900	حزمة تردد النظام الموحد للاتصالات النقَّالة 900: أحد ترددات النطاق الراديوي الذي صممه الاتحاد الدولي للإتصالات اللاسلكية لتشغيل النظام الموحد للاتصالات النقَّالة.
GSM-R (Global System For Mobile Communication-Railway)	النظام الموحد للاتصالات النقَّالة الخاص بسكة الحديد: معيار إتصالات عالمي من أجل الإتصالات والتطبيقات الخاصة بسكك الحديد.
Guess	يُخمِّن .
Guessability	القابلية للتخمين.
Guest	ضيف: المُستخدِم الذي يُسمح له بالدخول إلى حاسوب آخر ضمن شبكة الإتصالات المحلية من دون الحاجة لكلمة مرور.
Guest Account	حساب ضيف: مجموعة من المزايا تُمنح لمستخدمين غير مشتركين في نظام أو خدمة ما.
GUI	راجع Interface Graphical User.
GUID (Globally Unique Identifier)	مُحَدِد مُمَيِّز عالمياً: رمز يتكون من ستة عشر بايت يقوم كل من نظام التشغيل ويندوز وتطبيقاته بحسابه لتحديد أي مكون في الحاسوب يتطلب رقماً مميزاً ويُستخدَم هذا الرقم في تحديد حسابات المستخدمين ووثائقهم وبرامجهم وحواسيبهم وواجهات برامجهم البينية وغيرها.
	شبكة معينة من عدة محطات عمل من التعاون في مشروع معين أو الوصول إلى بيانات مشتركة.
Grovel	1- يكد، يجتهد: العمل بجد من دون تقدم واضح. 2- يفحص بدقة: يفحص شيء بدقة وبشكل كامل.
Growth	نمو، نماء.
Growth rate	معدل النمو.
GRUB (GRand Unified Bootloader)	مُحمِّل بدء التشغيل الموحَّد: برنامج من برامج متنقل/متصفح الشبكة العالمية يعمل بمجرد تشغيل الحاسوب ويُمكّن المُستخدِم من إختيار احد أنظمة التشغيل الموجودة.
Grunge	راجع Dead Code.
GSL (Grammar Specification Language)	لغة شكلية، لغة مواصفات القواعد: لغة محددة من خلال صيغ رياضية دقيقة أو صيغ قابلة للمعالجة الحاسوبية.
GSM (Global System For Mobile Communication)	نظام شامل للإتصالات النقَّالة: نظام خاص بالهواتف الخلوية النقَّالة الرقمية.
GSM faza 2	المرحلة الثانية من النظام الموحد للاتصالات النقَّالة: مرحلة تقدم خدمات نقل متقدمة من حيث بيانات ذات سرعة كاملة محسنة.
GSM1800	حزمة تردد النظام الموحد للاتصالات النقَّالة 1800: أحد ترددات النطاق الراديوي الذي صممه الإتحاد الدولي للإتصالات اللاسلكية لتشغيل النظام الموحد للاتصالات النقَّالة.
GSM1900	حزمة تردد النظام الموحد للاتصالات النقَّالة 1900: أحد ترددات النطاق الراديوي الذي صممه الإتحاد الدولي للإتصالات اللاسلكية لتشغيل النظام الموحد للاتصالات النقَّالة.
GSM400	حزمة تردد النظام الموحد للاتصالات النقَّالة 400: أحد ترددات النطاق الراديوي الذي صممه الاتحاد الدولي للإتصالات اللاسلكية لتشغيل النظام الموحد

Guide	جمعية (جايد): منظمة دولية للهيئات التي تستعمل حواسيب آي بي إم أُنشئت في 1995 وكانت في البداية مقتصرة على مستخدمي هذه الحواسيب في التجارة وإدارة الأعمال ومن ثم وُسعَت لتشمل كل مستخدمي هذه الحواسيب.
Gulp	مجموعة أرقام ثنائية، دفعة أرقام ثنائية، قضمة: مصطلح عامي يطلق على مجموعة صغيرة من البيانات (8 أرقام ثنائية).
Guru	مرشد، معلم، خبير فني: الخبير الذي يُعتبر مصدرا للمعرفة والذي يستشيره الاخرون في حل مشاكلهم.
GUTBN (Globally Unique Time Based Number)	رقم فريد عالمي مُعتمِد على الوقت: ينطبق المصطلح على "الشيفرة" الفريدة من نوعها في العالم وتُعد الأرقام الفريدة عالميا المعتمدة على الوقت مُعرِّفات فريدة يمكن إنشاؤها بشكل شخصي وتسجيلها باسم فرد.
Gutter	هامش: المساحة الفارغة أو الهامش الداخلي بين صفحتين متقابلتين في نشرة أو وثيقة معينة من أجل وضع ثقوب وأسلاك تجميع الأوراق.

H

Habitat موطن

Habitual hacker مقتحم متكرر: مقتحم اعتاد الاقتحام لبرنامج أو نظام معلومات أو محتوى شبكي للأخرين.

Habitual internet user مستخدم اعتيادي/متكرر للشبكة الدولية.

Hack يخترق، يقتحم: تعبير يشير الى اقتحام النظام الأمني لبرنامج أو أو نظام معلومات أو محتوى حاسوبي أو شبكي وإجراء تعديلات عليه.

Hackable password كلمة مرور قابلة للاقتحام.

Hacker قرصان، مخترق/مقتحم التحصينات: تعبير يُطلق على كل من يقوم باقتحام النظام الأمني لبرنامج أونظام معلومات أو محتوى حاسوبي أو شبكي وإجراء تعديلات عليه وكذلك يُطلق على هواة الحاسوب الذين يحاولون التدخل في شبكات الإتصالات إما لأغراض تخريبية أو لإثبات قدرتهم على فعل ذلك كما يشير الى كل ناشط معلوماتي يرى أن النظام المعرفي الشبكي العالمي الراهن فيما يتصل بالبرامج الحاسوبية ينطوي على تقييد للمعرفة والعلم وينادي باعتماد أنظمة معلوماتية ومعرفية أكثر انفتاحا.

Hacker blocking منع المقتحم.

Hacking تعبير يطلق على القيام باقتحام النظام الأمني لبرنامج أونظام معلومات أو محتوى حاسوبي أو شبكي وإجراء تعديلات عليه.

Hacking prevention منع الاقتحام.

Hacking software برمجيات الاقتحام/القرصنة.

Hacking threat تهديد بالاقتحام.

HACMP (High Availability Cluster MultiProcessing) معالجة متعددة عنقودية ذات توافرية عالية: هو نظام تكتل من شركة أي بي أم لمنصات الحوسبة المستندة إلى نظام التشغيل التفاعلي المتقدم صدر أول مُنتَج منه في عام 1991 يوفرمعالجة متعددة للمجموعات ذات القدرة العالية على توفير الخدمات حتى عند تعطل احد مكونات النظام.

HAL (Heuristic Algorithm) خوارزمية ارشادية: خوارزمية تكون إجراءات حلها غير متوقعة مسبقاً إلى حد ما ويرجع ذلك بشكل عام إلى إشتمالها على قرارات منطقية يتم إتخاذها بناءً على مقادير يتم احتسابها ضمن الخوارزمية.

Half Adder جامع نصفي: دائرة منطقية تستطيع أن تجمع بيانات رقمين ثنائيين مُدخلين وتكون المخرجات عبارة عن رقم جمع ورقم حمل ثنائيين.

Half Router موجّه نصفي: جهاز يصل شبكة محلية بخط إتصالات باستخدام موديم ويضبط توجيه البيانات إلى محطات مستقلة على الشبكة المحلية.

Half-Duplex بث البيانات بإتجاهين بحيث يكون البث في إتجاه واحد فقط في كل مرة.

Half-Word نصف كلمة: نصف عدد الأرقام الثنائية التي تُشكل كلمة في نظام حاسوب معين.

Halt إيقاف، توقف: أمر إنهاء تنفيذ برنامج معين أو شيفرة عمليات تتسبب بتوقف وحدة المعالجة المركزية.

Hamming Code شيفرة هامنج: شيفرة تُستعمل لتصحيح الأخطاء أثناء نقل البيانات.

HAN (Home Area Network) شبكة منزلية.

Hand-Held محمول باليد.

Handheld Computer حاسوب الجيب/محمول باليد: حاسوب صغير إلى درجة تسمح بحمله على كف اليد والعمل عليه باليد الأخرى.

Handheld devices أجهزة محمولة باليد.

Handheld face scanner ماسح ضوئي للوجه محمول باليد.

Handle يمسك، يعالج، يعالج موضوعا، يعامل، مقبض: أحد المربعات الصغيرة التي تظهر حول رسمة تُمكِن المُستخدِم من تحريك أو تغير شكل الرسمة بالنقر على أحد المقابض وسحبها.

Handling التعامل مع، معاملة.

Handoff / Handover إنتقال خلوي: تحويل بث الهاتف الخلوي من خلية إلى أخرى لدى انتقال مُستخدِمه إلى منطقة خلوية جديدة وتستغرق عملية التحويل المذكورة ربع ثانية بحيث لا يحس بها المتكلم بشكل عام.

Handshaking مصافحة/تعارف: تبادل إشارات أو بيانات بين حاسوبين للتدليل على أن عملية بث البيانات بينهما ستبدأ.

Handtracing تتبع يدوي.

Handwired مُوَصّل يدويا.

Handwriting Input Device جهاز المدخلات المكتوبة بخط اليد.

Handwriting Recognition تمييز خط اليد:
1- قدرة الحاسوب على التعرف على المُستخدِم من خلال تحديد مزايا خطه لاسيما توقيعه.
2- مقدرة الحاسوب على ترجمة النصوص المكتوبة بخط اليد إلى بيانات رمزية طباعية.

Hang تجمد، توقف: توقف مفاجئ أو عدم استجابة الحاسوب لمدخلات لوحة المفاتيح أو الفأرة أثناء العمل على تطبيق برمجي معين وعادة لا يعود البرنامج للعمل إلا بعد إعادة تشغيل الحاسوب من جديد.

Hang يتوقف، متوقف، مُعلَّق.

Hang troubleshooting إزالة الخلل الناجم عن التوقف: إنهاء حالة توقف الجهاز أو النظام.

Hang up يوقف، يقطع: إيقاف الحاسوب بسبب خلل في البرنامج أو خلل في المعدات المادية أو بفصل الموديم عن الخط الهاتفي.

Hanged program برنامج متوقف.

Harass يتحرش، يزعج.

Harasser متحرش، مزعج.

Harassment تحرش: سلوك شائن مخالف للقانون ذو طابع مادي أو معنوي يؤدي للإساءة للغير وإيذائه.

Harassment by computer تحرش بواسطة الحاسوب.

Hard Copy نسخة ورقية.

Hard Disk قرص صلب.

Hard Drive (Or: Hard Disk Drive) محرك الأقراص الصلبة: محرك أقراص يقرأ البيانات المخزَنة على الأقراص الصلبة.

Hard Error خطأ مادي، خطأ قاس:
1- خطأ دائم لا يمكن إصلاحه مثل خطأ في قراءة قرص.
2- مجموعة من الأخطاء التي تتطلب تدخل من المُستخدِم وتشمل أخطاء مثل عدم وجود قرص في المحرك ونفاد ورق الطابعة.

Hard Failure عطل/خلل مادي/ قاس: قصور في عمل المعدات مما يتطلب قيام شخص يتمتع بمعرفة متخصصة بإصلاح الخلل قبل إعادة تشغيل الأجهزة.

Hard Space فراغ ثابت: الرمز الذي يحل محل رمز الفراغ ويهدف إلى إبقاء كلمتين (كلمة مركبة) معا على السطر بدلا من انتقال الثانية أليا إلى السطر التالي.

Hardware upgrade تحديث الاجهزة والمعدات.

Hardware virtualization تحول المعدات والاجهزة للنمط الافتراضي.

Hardwired مُوصَّل بواسطة الأسلاك، محدود المهام: -1مبني في نظام ما باستخدام الاجهزة والمعدات أو مُنجَز بواسطة الدوائر الإلكترونية المادية بدلا عن استخدام الحلول البرمجة. -2 متصل ماديا بنظام أو شبكة معينة مثل لوحة أو كابل إتصال.

Hard-Wired Logic دائرة منطقية مبرمجة بواسطة الدوائر الإلكترونية المادية.

Hard-Wired Service الخدمة الموفَّرة بواسطة الدوائر الإلكترونية المادية.

Harmonic متناسق، متوافق، توافقي.

Harness يُسَخِر.

Harnessing ICT for development تسخير تقنيات الاتصالات والمعلومات للتنمية.

Harvard Architecture بنية هارفارد: بنية معالجة تَستخدِم ناقلات عناوين منفصلة للشيفرة والبيانات.

Harvard Mark هارفارد مارك: آلة حاسبة الكتروميكانيكية صممها هوارد أيكين من جامعة هارفارد في أواخر الثلاثينيات وأوائل الأربعينيات من القرن العشرين وبنتها شركة آي بي إم.

Harvest يحصد، حصاد.

Harvesting جمع، حصاد.

Hash هاش: 1- أمر يُستخدَم في معظم البرامج العملية الخاصة بنظام بروتوكول نقل الملفات لإظهار الإشارة "#" في كل مرة يجري فيها إرسال أو استقبال كتلة من البيانات. 2- البيانات المختزلة: مجموعة أرقام مختلطة في ترتيب غير ترتيبها الأصلي المفيد لغرض استرجاعها بشكل سريع.

Hard Token أداة المصادقة المادية: أداة أمنية مادية كالبطاقة الذكية تُعطى للمستخدمين المفوضين كتصريح دخول إلى شبكة مثلاً.

Hard Copy Printout نسخة ورقية مطبوعة.

Hardening جعل نظام التشغيل أكثر أماناً: يتطلب هذا عادة القيام بعدد من الأعمال مثل تهيئة مكونات النظام والشبكة بالشكل المناسب وتطبيق مجموعة التعليمات الأكثر حداثة.

Hard-to-guess password كلمة مرور صعبة التخمين.

Hardware الاجهزة، المعدات، عتاد الحاسوب: مصطلح يُطلق على مجموعة المكونات الصلبة للحواسيب.

Hardware Abstraction Layer طبقة تجريد الاجهزة والمعدات: طبقة تجريد مُنفذَة في البرنامج بين المكونات الصلبة للحاسوب والبرمجيات التي يتم تشغيلها على الحاسوب.

Hardware Address عنوان الاجهزة والمعدات: العنوان المادي للحاسوب.

Hardware engineer مهندس الاجهزة والمعدات.

Hardware Function وظيفة الاجهزة والمعدات.

Hardware functionality وظيفة/وظيفية الاجهزة والمعدات.

Hardware Profile تشكيل الاجهزة والمعدات: مجموعة من الإعدادات التي تُعرّف تهيئة معينة للأجهزة الطرفية والمحركات وتسمح التشكيلات المتعددة بإعداد أكثر من تهيئة للجهاز.

Hardware reliability اعتمادية الاجهزة والمعدات.

Hardware solutions حلول معداتية.

Hardware specifications مواصفات الاجهزة والمعدات.

Hardware Tree شجرة الاجهزة والمعدات: بنية بيانات في نظام التشغيل ويندوز 95 وما بعده من اصدارات شركة مايكروسوفت وتحتوي على معلومات حول تهيئة ومتطلبات اجهزة ومعدات الحاسوب.

أنظمة التشغيل.

HCM (Hardware Cryptographic Module) أجهزة ومعدات وحدة التشفير.

HDB-3 (High Density Bipolar-3) تقنية إرسال الإشارات ثنائية الأقطاب عالية الكثافة-3.

HDBMS (Hierarchical Database Management system) نظام إدارة قواعد البيانات الهرمية: نظام إدارة يدعم النموذج الهرمي لقاعدة البيانات.

HDC (Hard Disk Controller) وحدة التحكم بالقرص الصلب.

HDCP (High Bandwidth Digital Content Protection) حماية المحتوى الرقمي ذي السعة العالية: نوع من إدارة الحقوق الرقمية التي طورتها شركة إنتيل للتحكم بالمحتوى السمعي والفيديوي فيما ينتقل عبر إتصالات الواجهة البصرية الرقمية أو الواجهة متعددة الوسائط عالية التعريف.

HDF (Hierarchical Data Format) صيغة البيانات الهرمية: صيغة لتخزين أنواع متعددة من البيانات الرسومية والعددية وتحويلها بين مختلف أنواع الأجهزة مع مجموعة من الوظائف لمعالجة هذه البيانات بصورة موّحدة.

HDLC (High level Data Link Control) تحكم الربط عالي المستوى: بروتوكول لربط البيانات من تطوير المنظمة الدولية للمعايير خاص بالإتصال من نقطة إلى أخرى عبر وصلات تسلسلية.

HDMI (High Definition Multimedia Interface) واجهة وسائط متعددة عالية الوضوح: واجهة رقمية من نقطة إلى أخرى للإشارات الصوتية وإشارات الفيديو تم تصميمها لتوفير كابل واحد لأجهزة التلفزيون المسرحي المنزلية ومعدات المستهلك الإلكترونية.

HDML (Handheld Device Markup Language) لغة توصيف الأجهزة المحمولة باليد: نسخة خاصة من لغة توصيف النصوص التشعبية

3- تحويل عددي: تحويل قيمة مميزة أو مفتاح يحمل معنى للمُستخدِم إلى قيمة تشير إلى موقع البيانات الموافقة ضمن بنية ما.

Hash Code رمز مبعثر: القيمة الناتجة عن عملية التحويل العددي (راجع Hash).

Hash Search بحث مبعثر: إحدى خوارزميات البحث التي تَستخدِم البعثرة لإيجاد عنصر ضمن لائحة وهذا النوع من البحث يتمتع بفاعلية عالية لأن البعثرة تُمّكن من الوصول بشكل مباشر أو شبه مباشر إلى العنصر المطلوب.

Hash Total مجموع رقمي: هو مجموع يتم الحصول عليه من خلال جمع أعداد تحمل معانٍ مختلفة بهدف ضمان قراءة الحاسوب للعدد الصحيح من البيانات.

Hash Value قيمة مبعثرة/عشوائية: نتيجة تطبيق دالة بعثرة تشفيرية على رسالة.

Hashing Algorithm خوارزمية البعثرة: خوارزمية تحول مقداراً متفاوت الحجم من النصوص إلى مخرجات ثابتة الحجم.

Haskell هاسكيل: لغة برمجة وظيفية قياسية.

Hayes Compatible متوافق مع هايز: يشير هذا المصطلح إلى المودمات التي يتم التحكم بها من خلال لغة الأوامر هايز.

HCF (Halt and Catch Fire) تشتعل فيها النيران: تعليمات شيفرة آلة غير موثّقة لها آثار جانبية غير مألوفة موجودة داخل المعالج لأغراض إجراء الإختبارات.

HCI (Human Computer Interaction) تفاعل الإنسان مع الحاسوب.

HCL (Hardware Compatibility List) قائمة توافقية الاجهزة والمعدات: قاعدة بيانات بأنماط مجموعة المكونات الصلبة للحواسيب وتوافقها مع أشكال معينة من

Head Slot
الفتحة/الشق الأمامي: فتحة مستطيلة الشكل في الغلاف الخارجي للقرص المرن والتي توفر وصولا للسطح المغنط للقرص من قبل رأس القراءة والكتابة.

Head Switching
تبديل الرأس، تحويل حالة الرأس: 1- عملية التبديل الكهربائي بين الرؤوس المتعددة الخاصة بالقراءة والكتابة في محرك الأقراص. 2- التحويل الآلي لحالة رأس القراءة والكتابة من القراءة إلى الكتابة أو العكس بعد ضبط موضع الرأس قبالة موقع تواجد البيانات.

Header
ترويسة، مقدمة، عنوان: 1- البيانات التي تُكتب في الهامش العلوي للصفحة وتتكرر في كل صفحة مثل رقم الصفحة. 2- البيانات التي تُوضع في بداية الرسالة مثل التاريخ والجهة المُرسلة والمُستقبِلة. 3- البيانات التي تُوضع في بداية الملف أو البرنامج مثل الإسم والتاريخ والوقت.

Header Entry
مدخل الترويسة/العنوان.

Header File
ملف الترويسة/العنوان: هو ملف في برمجة الحاسوب، لاسيما لغة سي وسي ++، يقع في بداية البرنامج ويحتوي على تعريفات وهياكل بيانات شائعة تُستخدَم حسب الحاجة من قبل المبرمج.

Header Label
علامة الترويسة/العنوان/ الافتتاحية/ المقدمة:

1- سجل يُوضع في بداية الملف

مصممة لتُمكّن أجهزة النداء الآلي والهواتف الخلوية وغيرها من الأجهزة اللاسلكية من الحصول على معلومات من صفحات الشبكة الدولية.

HDSL (High-bit-rate Digital Subscriber Line)
خط المشترك الرقمي عالي السرعة: بروتوكول للنقل الرقمي للبيانات عبر خطوط الإتصالات الهاتفية النحاسية بسرعة تصل إلى 1.544 ميجابت بالثانية.

HDTP (Handheld Device Transport Protocol)
بروتوكول نقل الأجهزة المحمولة باليد: بروتوكول مُعدَل لزيادة كفاءة لغة توصيف الأجهزة المحمولة باليد.

HDTV (High Definition Television)
تلفزيون عالي الوضوح: هو تلفزيون يتمتع بضعف عدد خطوط المسح العادية لكل إطار وتُعتَبر تقنية التعريف العالي طريقة لبث واستقبال الإشارات التلفزيونية ذات دقة ووضوح أعلى من تقنية التلفزيون العادي.

HDTV-over-IP
التلفاز عالي التعريف عبر بروتوكول الشبكة الدولية: مشروع البث التلفزيوني عالي التعريف عبر بروتوكول الشبكة الدولية

HDX
راجع Half Duplex.

Head
يرأس، رأس.

Head of ICT
رئيس تقنيات المعلومات والاتصالات: هو الشخص المسؤول عن تقنية المعلومات والاتصالات بالمؤسسة.

Head per track disk unit
وحدة تخزين قرصي برأس لكل مسار: وحدة تُستخدَم فيها رأس قراءة وكتابة لكل مسار على القرص بالمقارنة مع الأنواع التي تَستخدِم رأس واحد متحرك للقرص كله.

Head Positioning
توجيه الرأس، ضبط موضع الرأس: عملية تحريك رأس القراءة والكتابة الخاص بمحرك الأقراص إلى المسار المناسب للقراءة والكتابة.

المتعلقة بالبرنامج التطبيقي المُستخدَم.

مكتب مساعدة: فريق مساعدة تقني وظيفته المساعدة في حل مشاكل المستخدمين مع البرمجيات أو المعدات أو إحالة مثل هذه المشاكل لمن يستطيع حلها. — Help Desk

شاشة مساعدة: شاشة تحتوي على معلومات يتم إظهارها عندما يطلب المُستخدِم مساعدة حول موضوع معين. — Help Screen

المدار البيضاوي المائل: مدار مائل تدور فيه الأقمار الصناعية محاذي لخط الإستواء تكون فيه الإزاحة محددة باتجاه أحد قطبي الكرة الأرضية يُستخدَم لتأمين تغطية لبعض المناطق التي لا يمكن تغطيتها بالمدار المتزامن الذي يغطي 81.4 درجة شمال إلى 81.4 درجة جنوب بالنسبة إلى خط الإستواء. — HEO (Highly Elliptical Orbit)

تردد راديوي عالي الطاقة: أداة تَستخدِم موجات راديوية عالية الكثافة للتشويش على الأجهزة الإلكترونية. — HERF (High Energy radio Frequency)

معلومات تراثية: مجمل المعلومات التي تناقلتها الأجيال في مجتمع تقليدي وعدَّتها جزءاً من تراثها. — Heritage Information

بنية تحتية معلوماتية غير متجانسة. — Heterogeneous IT infrastructure

بيئة غير متجانسة/مختلفة العناصر: بيئة حاسوبية في مؤسسة تَستخدِم برمجيات وأجهزة ومعدات من مُنتِجين أو أكثر. — Heterogeneous Environment

استنباطي، لا منهجي: إجراء يَستخدِم أسلوب التجربة والخطأ أو البحث العشوائي لحل بعض المشكلات ولا يصل إلى الحل الأمثل إلا نادرا ولكنه يصل إلى حل قريب منه يُعد مقبولا. — Heuristic

يُستخدَم في التعرّف على الملف. 2- كتلة من البيانات في بداية الشريط الممغنط تحتوي على معلومات للتعرّف على ملف معين

سجل الترويسة/المقدمة: سجل لمدخلات الحاسوب يحتوي على معلومات شائعة أو ثابتة أو تعريفية للسجلات التالية. — Header Record

مدير إدارة المعلومات الصحية. — Health information management manager

ركام، كومة: جزء من الذاكرة يُخصص لتخزين البيانات مؤقتا أثناء تنفيذ البرنامج ويوجد فيه سلسلة من مواضع التخزين قاعدتها (أي الموضع الذي سيُخزَّن فيه أول بند) هو أدنى موضع وقمتها (أي الموضع الذي سيُخزَّن فيه آخر بند) هو أعلى موضع. — Heap

ترتيب الكومة: هي طريقة فرز تعتمد على إدخال البيانات الى كومة ثم سحب البيانات بشكل مُرتَّب تتميز عن غيرها بكون أسوأ حالة لها أفضل من الحالات الأسوأ لغيرها. — Heap Sort

ارتفاع. — Height

طبقة محاكاة أجهزة ومعدات الحاسوب. — HEL (Hardware Emulation Layer)

برنامج مرحبا بالعالم: هو برنامج حاسوب يطبع عبارة "Hello World" على جهاز عرض ويُستخدَم عند تعليم لغة برمجة جديدة. — Hello World

مساعدة: 1-كلمة أساسية في مزود خدمات الشبكة الدولية تزود الأعضاء بمساعدة سواء في حال الإتصال بالشبكة أو الانفصال عنها.
2-قدرة معظم البرامج التطبيقية على إظهار النصائح أو التعليمات عندما يحتاج إليها المُستخدِم سواء عبر زر ضمن الشاشة أو قائمة أو مفتاح وظيفي.
3-زر على شريط القائمة الرئيسية في واجهة المُستخدِم الرسومية تمكن المُستخدِم من الوصول إلى المساعدة — Help

Hidden Share	المشاركة المخفية: مجلد مُخزّن على جهاز يمكن للأجهزة الأخرى الوصول اليه ولكن لايظهر في قائمة السجلات.
Hide	إخفاء: إيقاف عرض نافذة تطبيق نشطة مع بقاء ذلك التطبيق قيد العمل.
Hierarchical	تسلسلي، تدرجي، هرمي.
Hierarchical Model	النموذج الهرمي/التدرجي: نموذج مُستخدَم في إدارة قواعد البيانات تُنظم فيه السجلات على شكل شجرة/هرم تمثل أصل وتابع.
Hierarchical Data Format	راجع HDF.
Hierarchical Data Structure	هيكلية بيانات هرمي/تدرجي: التكوين المنطقي للبيانات في قاعدة البيانات الهرمية على شكل شجرة/هرم تمثل أصل وتابع.
Hierarchical Database	قاعدة بيانات هرمية/تدرجية: إحدى طرق تصميم قواعد البيانات وهو تركيب منطقي هرمي تكون فيه العلاقة بين الوحدات البيانية- أي السجلات- على شكل أصل وتابع.
Hierarchical Diagram	شكل هرمي/تدرجي: رسم توضيحي للبرنامج أوغيره على هيئة هرم يبين وحدات البرنامج الأساسية وعلاقات أصل وتابع التي تربط بينها.
HiFD (High Density Floppy Disk)	قرص مرن عالي السعة: أقراص تَستخدِم تقنية الأقراص المرنة لكنها توفر زيادة في السعة عن معيار 1.44 ميغابايت.
High Availability	توفرية عالية : نظام معالجة متعدد يستطيع التغلب على العطل في أحد مكوناته.
High Availability Cluster Multiprocessing	راجع HACMP.
High Byte	البايت الذي يحتوي على الأعداد الثنائية من 8 إلى 15.
Heuristic Programming	البرمجة الإستنباطية: وضع البرامج لحل المشاكل بالطريقة التخمينية في حال غياب الطريقة المنهجية.
Hexadecimal (Hex)	نظام العد/الترميز الست عشري: نظام عد/ترميز يقوم على 16 رقما (0..9 و A..F) ويُستعمَل هذا النظام لتمثيل الأعداد الثنائية عندما تصبح طويلة وصعبة التفسير.
Hexadecimal Digit	رقم ست عشري: رقم من العد/الترميز الست عشري يحتمل أن يكون من صفر الى تسعة أومن A الى F.
Hexadecimal Number	عدد ست عشري: توليفة أرقام من نظام العد/الترميز الست عشري.
Hexapod robot	روبوت سداسي القوائم.
HFC (Hybrid Fiber Coax)	كيبل ليفي متحد المحور مُهجّن: مصطلح في مجال الإتصالات اللاسلكية خاص بشبكة النطاق العريض تجمع بين الألياف الضوئية والكابلات متحدة المحور.
HFS (Hierarchical File System)	نظام الملفات الهرمي: نظام طورته شركة أبيل لإستعماله في نظام Mac OS ويقوم بتقسيم القرص إلى حصص وتحتوي كل حصة على كتلة منطقية أو أكثر.
Hibernation	سُبات: حالة يُطفأ فيها الحاسوب بعد حفظ كل شيء في الذاكرة على القرص الصلب ويتم استرجاع التطبيقات إلى سطح المكتب عند تشغيل الحاسوب مرة أخرى.
HID (Human Interface Device)	أجهزة واجهات بشرية: حاسوب قادر على التفاعل المباشر مع الانسان لقبول المدخلات أو طرح المخرجات.
Hidden File	ملف مخفي: ملف لا يظهر ضمن قوائم العرض في الوضع الطبيعي.

High connectivity	قابلية وصل عالية.
High Level Design	تصميم عالي المستوى، تصميم كلي: وضع مواصفات النظام من حيث وظائفه وأجزائه على مستوى إجمالي وليس على مستوى تفضيلي.
High Level Format (Also: Quick Format)	تهيئة عالية المستوى: عملية تهيئة القرص بشكل سريع وذلك عن طريق حذف الفهرس الموجود على القرص دون الحاجة للحذف الفعلي للمعلومات المخزَّنة.
High Level Language	لغة البرمجة عالية المستوى: لغة برمجة حاسوبية تُكتَب فيها التعليمات بشكل مشابه للّغة البشرية وتوفر قدر عالي من التجريد بين لغة البرمجة ولغة الآلة حيث لا تُعرّض المبرمج إلى تفاصيل تطبيق أوامراللغة على مستوى الادوات والمعدات الحاسوبية.
High Order	ترتيب/مرتبة عالية: خانة لها وزن أعلى في تقييم العدد المكون من عدة خانات.
High Pass Filter	دارة إلكترونية تسمح لجميع الترددات التي تزيد عن تردد معين بالمرور عبرها.
High potential ICT start-ups	نشاطات حديثة في مجال تقنيات الاتصالات والمعلومات ذات إمكانيات مرتفعة.
High Resolution	دقة عالية، درجة تحليل عالية: القدرة العالية على إعادة تقديم النصوص والرسومات بوضوح نسبي ودقة في التفاصيل.
High Speed Device	جهاز عالي السرعة.
High tech office	مكتب ذو تقنية عالية المستوى.
High tech war	حرب ذات تقنية عالية المستوى.
High technology business environment	بيئة أعمال ذات تقنية عالية.
High traffic website	موقع شبكي ذو حركة مرور عالية.
High-entropy password	كلمة مرور ذات عشوائية عالية.
Highest Significant Position	أعلى موقع مميز.
High-intensity interactive physical therapy	علاج طبي متفاعل عالي الكثافة.
High-Level Language Programmable Calculator	آلة حاسبة قابلة للبرمجة باللغات عالية المستوى.
Highlight	تظليل، تعليم، تحديد: إختيار أيقونة أو مجموعة أيقونات أو جزء من نص أو صورة لإجراء عملية عليها مثل النسخ أو الحذف ويتم ذلك بالإشارة إلى الكيان والنقر على الزر الأيسر للفأرة مرتين.
High-tech	التقنية عالية المستوى.
High-tech oriented manager	مدير مهتم بالتقنية عالية المستوى.
Highway	الناقل/الموصل العمومي: قناة أو مسار لنقل البيانات والإشارات بين مكونين في جهاز حاسوب.
Hijri Calendar	تقويم هجري.
HIPERLAN (High Performance Radio Local Area Network)	شبكة محلية لاسلكية فائقة الأداء: بروتوكول للشبكات المحلية اللاسلكية طوره المعهد الأوروبي لمعايير الإتصالات بمعدل تدفق بيانات مقداره 23.5 ميغابت/الثانية في نطاق 5 جيجاهيرتز.
HIPERLAN2 (High Performance Radio Local Area Network2)	شبكة محلية لاسلكية فائقة الأداء 2 : نسخة مطورة عن بروتوكول الشبكات المحلية اللاسلكية تم تصميمه كوسيلة إتصال لاسلكية سريعة لكثير من الشبكات.
HIPPI (High Performance Parallel Interface)	واجهة أو وصلة متوازية فائقة الأداء: مقياس إتصال وضعه المعهد القومي الأميركي للمعايير يُستخدَم مع الحواسيب الفائقة.
Historical Journal	دوريات/منشورات تاريخية: النسخ المطبوعة من نصوص البرامج في كل مرحلة من مراحل مشروع حل مشكلة معينة باستخدام الحلول البرمجية وتُحفظ للتمكين من تتبع تطور مشروع البرمجة.

3- صفحة مُدخل لمجموعة من صفحات الشبكة العنكبوتية والملفات أخرى ضمن موقع معين في الشبكة.

Home robot — روبوت منزلي.

HomeRF — تردد راديوي محلي: تقنية لاسلكية من مجموعة عمل متخصصة تم ابتكارها في عام 1998 من قبل شركات كومباك وآي بي إم وإتش بي وغيرها.

Homogeneous Environment — بيئة متجانسة.

Homogeneous Network — شبكة متجانسة.

Hook — موقع في برنامج روتيني يُمكِن للمبرمج من خلاله ربط أو إدخال برامج روتينية أخرى.

Hop — جزء صغير من الطريق بين جهازين على الشبكة الدولية.

Hopper — 1-محور الإدارة أو التحريك: العمود الذي يدور عليه القرص في محرك الأقراص.
2-مستودع تلقيم البطاقات: جهاز في قارئ البطاقات يُمسك بالبطاقات ويهيئها للتلقيم في وحدة القراءة.

Horizontal Market Software — برمجيات السوق الأفقية: مجموعات برامج مثل معالج الكلمات والجدولة الالكترونية التي تستخدمها مختلف القطاعات مثل التأمين والمصارف.

Horizontal Scrolling — تمرير أفقي.

Horology — علم قياس الزمن/الوقت.

Hosed — مُعطَل، متوقف: جهاز لا يُمكِن استخدامه لانجاز أي من الأعمال الموكلة إليه.

Host — يضيف، حاسوب مُضيف: الحاسوب الرئيس في نظام الحواسيب والطرفيات الموصولة عبر وصلات إتصال.

Host Name — إسم الحاسوب المُضيف على الشبكة.

Host Not Responding — الحاسوب المُضيف المقصود لا يجيب: وهي رسالة تدل على وجود خطأً في الاتصال مع الحاسوب المُضيف.

Hit — إصابة، العثور على البيانات: عثور المُستخدِم على السجل أو الملف من خادم الشبكة الدولية/العكبوتية مثل رسمة أو صفحة نصية أو الوصول إلى قاعدة البيانات.

HIT (Human Interface Technology) — تقنية الواجهة البينية البشرية، تقنية معلومات الرعاية الصحية.

Hit on the fly printer — طابعة طارقة دوارة، طابعة تعمل بإستمرار: طابعة يكون فيها الورق أو رأس الطباعة أو كلاهما في حركة مستمرة.

Hi-tech economy — اقتصاد قائم على التقنية العالية.

HLL — راجع High Level Language.

HLR (Home Location Register) — سجل موقع محلي: قاعدة بيانات في نظام خلوي يحتوي على جميع المشتركين ضمن منطقة الخدمة المحلية الخاصة بالمزوّد.

HMA (High Memory Area) — منطقة الذاكرة العالية: هو نطاق العناوين ذات الـ 64 كيلو بايت الذي يأتي مباشرة بعد 1 ميغا بايت في حواسيب آي بي إم.

Hold — يقتني، يوقف، يكبح، يعوق.

Holder — حامل الشيء.

Holistic security — أمن كلي.

Home — الصفحة الرئيسية : هو المجلد الذي يحوي على الملفات الخاصة بالمُستخدِم في أنظمة تشغيل يونكس ولينكس.

Home automation — حوسبة/اتمتة المنزل.

Home automation system — نظام اتمتة/حوسبة المنزل.

Home button — زر البداية: أيقونة موجودة على صفحات الشبكة العنكبوتية تأخذ المُستخدِم إلى صفحة البداية أو الرئيسية الخاصة بالموقع.

Home Page — صفحة البداية/الرئيسية:
1- الصفحة الرئيسة على موقع من مواقع الشبكة الدولية أو الصفحة الأولى التي يُظهرها متصفح الشبكة الدولية.
2- وثيقة مخصصة لتكون نقطة البداية في نظام النصوص التشعبية.

HPD (Hybrid Passive Display) تقنية قامت بتطويرها شركتي توشيبا وشارب حيث تَستخدِم نوعاً جديداً من البلورات السائلة لتوفير عرض أفضل وجودة كلية أعلى للصور.

HPFS (High Performance File System) نظام الملفات عالي الأداء: نظام ملفات يتوفر مع نسخ نظام تشغيل OS/2 الاصدار 1.2 وما بعده من اصدارات.

HQ (High Quality) جودة عالية.

HR (Half Rate) معدل نصفي: نظام لفك شيفرة الكلام للنظام الشامل للإتصالات النقَّالة الذي تم تطويره في أوائل التسعينيات من القرن العشرين.

HREF (Hypertext Reference) مرجع النص التشعبي: مرجع ينقل المستخدم إلى جزء آخر في الوثيقة أو إلى وثيقة أخرى.

HSCSD (High Speed Circuit Switched Data) البيانات المنقولة عبر خطوط الهاتف عالية السرعة: نظام مطور عن النظام الموحد للاتصالات النقَّالة يسمح بربط قنوات سرعتها 14.4 كيلوبت في الثانية لتزويد نقل البيانات بسرعة 57.6 كيلوبت/الثانية.

HSL (Hue, Saturation Lightness) تدرج اللون والإشباع والسطوع: نموذج لتمثيل الألوان يُستخدَم في قياسه درجة اللون ودرجة الإشباع والسطوع.

HSM (Hierarchical Storage Management) إدارة التخزين الهرمية: طريقة لإدارة كميات كبيرة من البيانات يتم فيها تخزين الملفات في وسائط متنوعة وفقاً لتكرارها ووقت استخدامها.

HSP (Host Signals Processing or High Speed Processor) 1-معالجة إشارات المضيف: مصطلح حاسوبي يصف مكونات الحاسوب المادية كالموديم التي تقبل بيانات نظام آخر بدرجات مختلفة.
2-معالج مرتفع السرعة.

Host Timed Out توقف الحاسوب المضيف: حالة خطأ تحصل عندما لا تصل أي إجابة من الحاسوب المقصود خلال عدة دقائق أثناء تبادل المعلومات عبر برتوكول التحكم بنقل البيانات.

Hostile online comment تعليق عدائي على الشبكة الدولية.

Hostile software برمجيات عدائية.

Hosting استضافة.

Hosting plan خطة الاستضافة.

Hosting reliability درجة اعتمادية الاستضافة: مدى الاعتماد على كفاءة الجهة التي تقدم خدمة استضافة الموقع الشبكي.

Hosting service خدمة الاستضافة.

Hot Backup نسخ إحتياطي للبيانات الجاري ادخالها أو استخدامها.

Hotmail موقع إلكتروني لشركة مايكروسوفت يقدم خدمة البريد الإلكتروني المجانية أو المدفوعة بالإعتماد على سعة تخزين وإرفاق الرسائل ودرجة الأمن وغيرها من الخصائص ولقد طورت شركة هوتميل هذا الموقع واستملكته شركة مايكروسوفت في عام 1998.

House منزل، يسكن، يؤوي.

Housekeeping العناية بالبيت: تعبير يطلق على الجهود اليومية لإدارة الأعمال بالمؤسسة والتخلص من الملفات والمعلومات غير اللازمة.

Hover تحليق: تغيير شكل جزء من البرنامج أو ظهور النوافذ أو مربعات الوصف عند ثبات مؤشر الفأرة فوق جزء من واجهة المُستخدِم.

HPA (High Performance Addressing) عنونة عالية الأداء: نظام طورته شركة هيتاشي ويتميز بتقنية عرض باستخدام بلورات سائلة من خلال شاشة عرض المصفوفة السلبية وتوجد بشكل عام في الحواسيب النقالة منخفضة الثمن.

HTTPS (Hyper Text Transfer Protocol Secure)	بروتوكول نقل النصوص التشعبية الآمن: بروتوكول للوصول إلى خادم بروتوكول النص التشعبي عبر الشبكات العامة كالشبكة الدولية بطريقة مُشفَّرة وآمِنة.
HTTP Streaming	بروتوكول بث الصوت والصورة عن طريق بروتوكول النص التشعبي.
Hub	مركز، محور، مُوزِّع: هو جهاز ضمن شبكة يجمع خطوط الإتصال في موقع مركزي مما يوفر نقطة إتصال مشتركة لجميع الأجهزة الموصولة على الشبكة.
Hubbed Mode	نمط عقدي: هو مصطلح يُستعمَل عندما يعمل الموجّه أو المحوّل على بث الإشارات إلى جميع المخارج.
Huffman Coding	شيفرة هافمان: طريقة ضغط إحصائية تعمل على تحويل الرموز إلى سلاسل متغيرة الطول مكونة من أرقام ثنائية.
Human capacity development	تطوير/تنمية القدرة البشرية.
Human development	تنمية بشرية.
Human identification at a distance	تحديد هوية الشخص عن بعد: مفهوم يسعى الى تعظيم قدرات الروبوتات على تعيين هوية البشر المحيطين بهم عن بعد.
Human Interface Device	راجع HID.
Human mind	ذهن بشري.
Human Resources Management system	نظام إدارة الموارد البشرية: مجال مشترك يجمع بين إدارة الموارد البشرية بعملياتها وأنشطتها وتقنيات المعلومات.
Human resources records	سجلات الموارد البشرية.
Human robot interface	واجهة الاتصال بين الإنسان والروبوت.
Human security	أمن بشري.
Human society	مجتمع بشري.
HSSI (High Speed Serial Interface)	واجهة تسلسلية عالية السرعة: واجهة لتلبية احتياجات الإتصالات عالية السرعة على الشبكات الواسعة.
HSTR (High Speed Token Ring)	وصول بالإشارة الحلقية عالية السرعة: طريقة وصول للشبكات المحلية طورتها شركة آي بي إم لتنظيم تدفق البيانات.
HSV (Hue, Saturation, Value)	تدرج اللون والإشباع والقيمة: نموذج لتمثيل الألوان يُستخدَم في قياسه درجة اللون ودرجة الإشباع وقيمة اللون من ناحية تعتيمية.
HSYNC (Horizontal Synchronization)	تزامن أفقي: إشارة تأمر الشاشة بالتوقف عن رسم الخط الحالي والبدء برسم الخط التالي.
HTML (Hyper Text Markup Language)	لغة توصيف النصوص التشعبية: هي لغة لوصف الصفحة أوالمستند لاعلام متصفح الشبكة العنكبوتية بكيفية عرض الصفحة بالإعتمادعلى عدد من الرموز أو Tags.
HTML Code Fragment	مقطع شيفرة لغة توصيف النص التشعبي.
HTML Document	وثيقة لغة توصيف النص التشعبي.
HTTP (Hyper Text Transfer Protocol)	بروتوكول نقل النصوص التشعبية: بروتوكول يُستخدَم لطلب ملفات لغة توصيف النص التشعبي من المزوّد وإرسالها للعميل وخاصة صفحات الشبكة العنكبوتية عبر الشبكة الدولية أو غيرها من شبكات الحاسوب.
HTTP Server	خادم برتوكول نقل النص التشعبي.
HTTPd (HTTP Daemon)	خادم بروتوكول النص التشعبي من مؤسسة أباتشي.
HTTP-ng	الجيل التالي من بروتوكول نقل النصوص التشعبية: نسخة محسنة من بروتوكول نقل النصوص التشعبية والتي تلبي بنيته المقترحة طلبات الأداء المتزايد للقرن الواحد والعشرين.

Human-capital-intensive-company	شركة ذات رأسمال بشري كثيف.
Human-generated password	كلمة مرور معدة من قبل شخص.
Humanity	إنسانية.
Human-machine interaction	التفاعل بين الإنسان والالة.
Humanoid	ذو شكل إنساني.
Humanoid robot	روبوت ذو شكل إنساني: ربوت يتخذ شكل وخصائص بشرية تُمكِنه من التفاعل البشري الروبوتي.
Human-robot communication	الاتصال البشري الروبوتي.
Human-robot interaction	التفاعل بين الإنسان والروبوت.
Humidity reading	قراءة الرطوبة.
Hunger	جوع.
Hunger for knowledge	الجوع للمعرفة.
HyberCard	هيبيركارد: نظام تطوير لتطبيقات ماكينتوش من شركة أبيل حيث كان أول الأدوات البصرية المُستخدَمة في بناء التطبيقات المرتبطة تشعبيا.
Hybrid Computer	حاسوب هجين/مختلط: حاسوب له مزايا رقمية وتناظرية ويعمل فيه الجزء الرقمي كجهاز تحكم لتوفير المنطق ويقوم الجزء التناظري بحل المعادلات التفاضلية وعادة ما تكون هذه الحواسيب سريعة للغاية.
Hybrid Network	شبكة هجينة/مختلطة: هي عبارة عن شبكة إتصالات غير متجانسة مطلوبة للعمل مع إشارات ذات رموز غير متماثلة مثل الأنماط التناظرية والرقمية.
Hybrid Virus	فيروس هجين: فيروس يجمع بين خصائص أكثر من نوع واحد من الفيروسات لتصيب كل من ملفات البرامج وقطاعات النظام.
Hydraulic actuators	مشغل هيدروليكي.
Hyperlink	ارتباط تشعبي: مرجع في وثيقة يَنقل متصفح الوثيقة إلى قسم آخر فيها أو إلى وثيقة أخرى موجودة على موقع شبكي آخر.
Hypermedia	الوسائط التشعبية: هي نظام حاسوب لاسترجاع المعلومات يُمكِّن المستخدم من الوصول إلى النصوص أو التسجلات الصوتية أو المرئية والصور والرسومات البيانية المتعلقة بموضوع معين.
Hyperspace	فضاء تشعبي: فضاء بديل يمكن الوصول إليه عن طريق حقل طاقة.
HyperTalk	هايبر توك: لغة برمجة عالية المستوى تم استحداثها في عام 1987 من قبل دان وينكلير وأُستخدِمت بالارتباط مع برنامج الوسائط التشعبية هيبيركارد في أجهزة شركة أبيل ومخطوطات هذه اللغة تشبه اللغة الإنجليزية المكتوبة وتَستخدِم هيكلاً منطقياً يماثل الهيكل المُستخدَم في لغة البرمجة باسكال.
HyperTerminal	المحطة الطرفية التشعبية: برنامج يسمح لحواسيب نظام التشغيل ويندوز بالإتصال ببعضها البعض عن طريق موديم كما يسمح للحاسوب بالتواصل مع الأجهزة الطرفية.
Hypertext	نص تشعبي: نص يُعرَض على حاسوب أو أي جهاز إلكتروني أخر مع المراجع أو الارتباطات التشعبية التي يستطيع المُستخدِم تصفحها من خلال النقر.
Hypertext Link	رابط النص التشعبي.
Hypertext Markup Language	راجع (HTML).
Hypertext server	خادم النص التشعبي: هو خادم يحوي مجموعة من ملفات لغة توصيف النصوص التشعبية قادر على الاستجابة لطلبات متصفح العميل.

Hypertext Transfer Protocol	راجع HTTP.
Hyper-Threading	الترابط التشعبي: تقنية إبتكرتها شركة انتيل تزيد من إمكانية المعالج على تنفيذ العمليات في آنٍ واحد.
HyperWave	هايبر ويف: خادم للشبكة العنكبتية العالمية متخصصة في التلاعب بقواعد البيانات ووسائط النقل المتعددة.
Hyphen	الواصلة: علامة ترقيم (-) تُستخدَم بين أجزاء الكلمة المركبة أو الإسم المركب أو بين مقاطع الكلمة لاسيما عندما تُقسم الكلمة في نهاية السطر.
Hysteresis	تخلف مغناطيسي: ظاهرة تحدث في المواد المغناطيسية والقابلة للمغنطة يتمثل في تأخر زوال الأثر المغناطيسي بعد زوال المؤثر.
HYTELNET	هاي تلنت: نظام يوفر قائمة بمصادر الشبكة الدولية التي يمكن الوصول إليها بروتوكول الإتصال والتحكم عن بعد (تيل نيت) بما في ذلك قاعدة البيانات ومصادر المراجع وخدمات المعلومات المتعلقة بالشبكة.
HyTime (Hypermedia/Time-based structuring Language)	لغة الهيكلة الزمنية القائمة على الوسائط التشعبية (هاي تايم).
Hz (Hertz)	هيرتز: وحدة قياس التردد.

I

I/O (Input/Output)	الادخال والاخراج، المدخلات والمخرجات: هي عملية الاتصال بين الحاسوب والعالم الخارجي سواء كان ذلك مع مُستخدِم أو حاسوب آخر.
I/O Buffer	مُجمَّع الإدخال والإخراج، مخزن مرحلي للإدخال والإخراج: جزء من الواجهة بين الحاسوب والوحدة الطرفية تُخزّن فيه البيانات المُرسَلة من وإلى الحاسوب لتعويض الفرق بين السرعات المختلفة للوحدات الطرفية والحاسوب.
I2 (Image Intensification)	تكثيف الصورة.
I2C (Inter-integrated circuit)	دائرة متكاملة متداخلة: ناقل حاسوب مُستخدَم لوصل الأجهزة الطرفية منخفضة السرعة بلوحة أُم أو نظام ضمني أو هاتف نقَّال.
I2L (Integrated Injection Logic)	منطق الحقن المتكامل: تصميم دارة تَستخدِم ترانزيستورات ثنائية الأقطاب وتتميز بسرعتها وتوفيرها للطاقة.
I2O (Intelligent Input/Output)	مدخلات/مخرجات ذكية: خاصية في بنية مشغل جهاز الإدخال/ الإخراج مستقلة عن كل من الجهاز الخاضع للتحكم ونظام التشغيل المُضيف.
IA-64 (Intel Architecture-64)	بنية إنتيل-64: بنية معالج مكون من برامج أو أجهزة حاسوبية قادرة على نقل 64 رقم ثنائي في الوقت ذاته.
IAB (Internet Architecture Board)	مجلس هيكلية الشبكة الدولية: هيئة تأسست في عام 1983 بوصفها المجلس المسؤول عن نشاطات الشبكة الدولية وهي جمعية مستقلة مسؤولة عن تصميم وهيكلة وإدارة الشبكة الدولية.
IAC (Information Analysis Center)	مركز تحليل المعلومات: مركز من بين العديد من المؤسسات التي اعتمدتها وزارة الدفاع الأمريكية لتسهيل إستخدام المعلومات العلمية والفنية المتاحة.
IAD (Integrated Access Device)	جهاز الوصول المتكامل.
IAL (International Algebraic Language)	لغة جبرية عالمية: لغة مصممة لتنفيذ العمليات الجبرية المختلفة.
IANA	راجع Internet Assigned Numbers Authority.
IAP (Internet Access Provider)	مزوِّد الوصول إلى الشبكة الدولية.
I-beam pointer	مؤشر على شكل حرف (I) : مؤشر فأرة مُستخدَم في العديد من التطبيقات مثل برنامج معالج الكلمات حينما يكون في وضعية تعديل النص أو تظليله أو إضافة شيء إليه.
IBS (Intelligent Building System)	نظام البناء الذكي.
IC (Integrated Circuit)	دارة متكاملة: مجموعة عناصر دائرة كهربائية تُشكَّل بطريقة كيميائية على قطعة من مادة شبه موصِّلة.
ICA (Independent Computing Architecture)	بنية حوسبة مستقلة: بروتوكول طورته شركة سيتركس لفصل تحديثات الشاشة ومعالجة مدخلات المُستخدِم عن بقية مناطق التطبيق.
ICANN (Internet Corporation For Assigned Names and Numbers)	هيئة الشبكة الدولية المعنية بتخصيص الأسماء والأرقام: منظمة دولية غير ربحية تأسست في الولايات المتحدة في عام 1998 لادارة عناوين الشبكة الدولية وأسماء المجالات وعددا كبيرا من المقاييس المرافقة لبروتوكولات الشبكة الدولية.

تساعد في تمثيل الأيقونة وما هي المهام التي سيتم القيام بها عند النقر عليها.

ICP (Internet Cache Protocol) 1- بروتوكول ذاكرة التخزين المؤقت الخاصة بالشبكة الدولية: بروتوكول يستخدمه خادم تنظيم الحركة على الشبكة الدولية لاسترجاع بيانات صفحة شبكية من الذاكرة المؤقتة دون الحاجة إلى الوصول للشبكة الدولية.
2 - مزوّد بمواد الشبكة الدولية: مؤسسة توفر الأخبار والمواد الصوتية والفيديوية وغيرها عبر موقعها على الشبكة الدولية و/أو توفرها على مواقع شبكية للأخرين.

ICQ (I seek you) أسعى اليك: برنامج رسائل فورية على الشبكة الدولية سَهل الإستعمال قامت بتطويره شركة ميرابيليس المحدودة.

ICSA (International Computer Security Association) الجمعية الدولية للأمن الحاسوبي: جمعية تُعنى بقضايا أمن الحاسوب في الشركات والمؤسسات والوكالات الحكومية في العالم.

ICT academia المجال الأكاديمي لتقنيات المعلومات والاتصالات.

ICT advisor مستشار تقنيات المعلومات والاتصالات.

ICT analysis تحليل تقنيات المعلومات والاتصالات.

ICT analyst محلل تقنيات معلومات واتصالات.

ICT audit تدقيق تقنيات المعلومات والاتصالات.

ICT auditor مدقق تقنيات معلومات واتصالات.

ICT awareness وعي تقنيات المعلومات والاتصالات.

ICT best practices أفضل الممارسات في تقنيات المعلومات والاتصالات.

ICT budget ميزانية تقنيات المعلومات والاتصالات.

I-CASE (Integrated Computer Aided Software Engineering) هندسة البرمجيات بمساعدة الحواسيب المُدمَجة: برنامج يؤدي العديد من وظائف هندسة البرمجيات مثل تصميم البرامج وتشفيرها واختبار جميع أجزاء البرنامج المكتمل أو بعضها.

ICCP (Institute for Certification of Computer Professionals) معهد تصديق محترفي الحاسوب: جمعية تأسست في عام 1973 في الولايات المتحدة وتساعد في تدريب وإختبار معرفة الأفراد في عدة مجالات متعلقة بالحاسوب.

ICE (Information and Content Exchange) تبادل المعلومات والمحتوى: خاصية للتشارك في البيانات تتيح لموقع الشبكة الدولية الحصول على بيانات من موقع آخر.

ICM (Image Color Matching) مطابقة ألوان الصورة: عملية تصحيح مخرجات الصورة بحيث تتطابق الألوان التي مُسحت أو الألوان المدخلة.

ICMP (Internet Control Message Protocol) بروتوكول رسالة التحكم على الشبكة الدولية: بروتوكول يُستخدَم بشكل رئيسي للتبليغ عن الأخطاء في إرسال الرسائل.

ICO (Intermediate Circular Orbit) المدارالدائري المتوسط: مدار للأقمار الإصطناعية متوسط الإرتفاع عن الأرض يُستعمَل لأقمار الملاحة و أقمار الإتصالات التي تغطي القطبين الشمالي والجنوبي.

I-Commerce (Internet Commerce) تجارة عبر الشبكة الدولية.

Icon أيقونة: صورة صغيرة على الشاشة وعادة ما تكون قابلة للنقر لإداء عملية معينة.

Icongrapher مصمم الأيقونات.

Iconic Interface واجهة الأيقونات: 1- واجهة للمُستخدِم قائمة على الأيقونات لا على الأوامر الطباعية المدخلة. 2- واجهة مُستخدِم تتكون من أيقونات أو صور رسومية أخرى

شمولية تقنيات المعلومات والاتصالات.	ICT inclusion
حاضنة تقنيات المعلومات والاتصالات.	ICT incubator
معماري/مصمم البنية التحتية لتقنيات المعلومات والاتصالات	ICT Infrastructure architect
تطوير البنية التحتية لتقنيات المعلومات والاتصالات.	ICT infrastructure development
إدارة البنية التحتية لتقنيات المعلومات والاتصالات.	ICT infrastructure management
مبادرات تقنيات المعلومات والاتصالات.	ICT initiatives
بيئة مؤسسة ذات استخدام كثيف لتقنيات المعلومات والاتصالات.	ICT intensive corporate environment
صناعة ذات انتشار كثيف لتقنية المعلومات والاتصالات.	ICT intensive industry
منظمة افتراضية ذات انتشار كثيف لتقنيات المعلومات والاتصالات.	ICT intensive virtual organization
قوانين تقنيات المعلومات والاتصالات.	ICT laws
تشريع قوانين تقنيات المعلومات والاتصالات.	ICT legislation
جماعة ضغط تقنيات المعلومات والاتصالات.	ICT Lobbyist
مستشار إدارة تقنيات المعلومات والاتصالات.	ICT management consultant
استخبارات سوق تقنيات المعلومات والاتصالات.	ICT market intelligence
طلب براءة اختراع تقنيات الاتصالات والمعلومات.	ICT patent application
نشاط إصدار براءات اختراع متعلقة بتقنيات المعلومات والاتصالات.	ICT patenting activity
صياغة سياسات تقنيات معلومات واتصالات.	ICT policy formulation
توصية بشأن سياسة تقنيات المعلومات والاتصالات.	ICT policy recommendation
إنتاجية تقنيات المعلومات والاتصالات.	ICT productivity
إدارة موازنة تقنيات المعلومات والاتصالات.	ICT budget management
مهام موازنة تقنيات المعلومات والاتصالات.	ICT budgetary tasks
أثار انبعاثات الكربون الناتجة عن تقنيات المعلومات والاتصالات.	ICT carbon footprint
منسق تقنيات المعلومات والاتصالات.	ICT coordinator
جرائم تقنيات المعلومات والاتصالات.	ICT crimes
صنع القرار المتعلق بتقنيات المعلومات والاتصالات.	ICT decision making
انتشار تقنيات المعلومات. والاتصالات.	ICT diffusion
مدير تقنيات المعلومات والاتصالات.	ICT director
الانقسام/الفجوة في مجال تقنيات المعلومات والاتصالات: مصطلح يشير الى الفروقات الواضحة في حجم انتشار واستخدام تقنيات المعلومات والاتصالات بين الدول والاقاليم الجغرافية.	ICT divide
منتجات مُمَكَّنة بتقنيات المعلومات والاتصالات.	ICT empowered products
تقييم الأثر البيئي لتقنيات المعلومات والاتصالات.	ICT Environmental impact assessment
تنفيذيو تقنيات المعلومات والاتصالات.	ICT executives
حوكمة تقنيات المعلومات والاتصالات: هو نظام تقييم استخدام تقنيات المعلومات والاتصالات وتوجيهه لدعم المؤسسة في سعيها لتحقيق أهدافها من استراتيجيات وسياسات.	ICT governance
مرشد في مجال تقنيات المعلومات والاتصالات.	ICT guru
خطة التعامل مع الأحداث المتصلة بتقنيات المعلومات والاتصالات.	ICT incident handling plan
تقرير الأحداث المتعلقة بتقنيات المعلومات والاتصالات.	ICT incident report

ICT research	بحث في مجال تقنيات المعلومات والاتصالات.
ICT risk's mitigability	قابلية مخاطر تقنية المعلومات والاتصالات للتقليص/التخفيف.
ICT start-ups	نشاطات/مؤسسات حديثة في مجال تقنيات الاتصالات والمعلومات.
ICT Sustainability	استدامة تقنيات المعلومات والاتصالات.
ICT system design	تصميم نظام تقنيات المعلومات والاتصالات.
ICT system evaluator	مُقيّم نظام تقنيات المعلومات والاتصالات.
ICT system implementation	تنفيذ أنظمة تقنيات المعلومات والاتصالات.
ICT Systems Analysis	تحليل نظم تقنيات المعلومات والاتصالات.
ICT trainee	متدرب تقنيات المعلومات والاتصالات.
ICT trainer	مدرب تقنيات المعلومات والاتصالات.
ICT tutor	مرشد تقنيات المعلومات والاتصالات.
ICT vision	رؤية تقنيات المعلومات والاتصالات.
ICT visionary	صاحب رؤية تقنيات المعلومات والاتصالات.
ICT's industry rends	توجهات صناعة تقنيات المعلومات والاتصالات.
ICT4D project	مشروع تقنيات المعلومات والاتصالات من أجل التنمية.
ICT-based business model	نموذج تجاري قائم على تقنية المعلومات.
ICT-driven change	تغيير تقوده تقنية المعلومات والاتصالات.
ICT-driven entrepreneurship	مبادرة تقودها تقنية المعلومات والاتصالات.
ICT-driven growth	نمو يقوده تقنيات الاتصالات والمعلومات.
ICT-Driven Society	مجتمع تقوده تقنيات المعلومات والاتصالات.
ICT-empowered development	تنمية مُمَكنة بتقنيات المعلومات والاتصالات.
ICT-empowered learning	تَعلُّم مُمَكن بتقنيات المعلومات والاتصالات.
ICT-empowered service	خدمة مُمَكنة بتقنيات الاتصالات والمعلومات.
ICT-enabled development initiatives	مبادرات تنموية قائمة على تقنيات المعلومات والاتصالات.
ICT-enabled entrepreneurship	مبادرة قائمة على بتقنيات المعلومات والاتصالات.
ICT-enabled government	حكومة قائمة على تقنيات المعلومات والاتصالات.
ICT-enabled innovation	ابتكار قائم على تقنيات المعلومات والاتصالات.
ICT-enabled process innovation	ابتكار عملياتي قائم على تقنيات المعلومات والاتصالات.
ICT-facilitated collaboration	تعاون تُسَّهله تقنيات المعلومات والاتصالات: استخدام تقنيات المعلومات والاتصالات لتسهيل عقد جلسات التعاون والتبادل الفكري وبشكل افتراضي أو شبه افتراضي.
ICT-facilitated collaborative learning	تَعلُّم تعاوني تُسهله تقنيات المعلومات والاتصالات.
ICT-generated employment	توظيف وَلَّدته تقنيات المعلومات والاتصالات.
ICT-generated productivity	إنتاجية وَلَّدتها تقنية الاتصالات والمعلومات.
ICT-generated productivity growth	نمو في الإنتاجية توَلّده تقنيات الاتصالات والمعلومات.
ICT-intensive growth	نمو قائم على تقنيات الاتصالات والمعلومات.
ICT-intensive library	مكتبة ذات استخدام كثيف لتقنيات المعلومات والاتصالات.
ICT-led business opportunity development	تطوير فرص أعمال تقوده تقنيات الاتصالات والمعلومات.
ICT-led development	تنمية تقودها تقنيات الاتصالات والمعلمومات.
ICT-related risk mitigation	تقليص/تخفيف المخاطر المتعلقة بتقنيات المعلومات والاتصالات.

IDS (Intrusion Detection System)	نظام كشف الدخلاء: نظام يكشف التلاعب التخريبي في أنظمة الحاسوب عبر الشبكة الدولية بشكل أساسي.
IDSL (ISDN Digital Subscriber Line)	خط المشترك الرقمي على الشبكة الرقمية للخدمات المتكاملة: هو خط يُرسل بيانات رقمياً على خط هاتف نحاسي عادي عبر خطوط الشبكة الرقمية القائمة بمعدل 144 كيلوبت/الثانية.
IE (Information Engineering)	هندسة المعلومات: منهج لتطوير أنظمة معالجة المعلومات والحفاظ عليها بما في ذلك أنظمة الحاسوب وشبكاته في المؤسسات.
IE (Internet Explorer)	اكسبلورر: متصفح الشبكة الدولية من شركة مايكروسوفت.
IEC (International Electrotechnical Commission)	الهيئة الكهربائية الفنية الدولية: هي هيئة تضع المعايير الدولية المتعلقة بالكهرباء والإلكترونيات حيث أُنشأت عام 1906 في جنيف/سويسرا وتتكون هذه الهيئة من لجان وطنية من أكثر من 60 دولة.
IEE (Institution of Electrical Engineers)	معهد مهندسي الكهرباء في بريطانيا وقد تحوَّل عام 2006 إلى معهد الهندسة والتقنية IET.
IEEE (Institute of Electrical and Electronic Engineers)	معهد المهندسين الكهربائيين والإلكترونيين: هو أكبر جمعية مهنية في العالم ويتوزع أعضاؤها على كافة أنحاء العالم.
IEPG (Internet Engineering and Planning Group)	مجموعة هندسة الشبكة الدولية والتخطيط لها: إجتماع تحضيري غير رسمي يُقام قبل إجتماع فريق مهام هندسة الشبكة الدولية.
IESG (Internet Engineering Steering Group)	مجموعة توجيه هندسة الشبكة الدولية: مجموعة من مجتمع الشبكة الدولية تعمل بالتعاون مع مجلس هندسة الشبكة الدولية على مراجعة المعايير التي تقترحها مجموعة عمل هندسة الشبكة الدولية.
ICT-rich world	عالم غني بتقنيات المعلومات والاتصالات.
ICU (Instruction Cache Unit)	وحدة ذاكرة التعليمات المؤقتة: وحدة معالجة مركزية مستخدمة في معالج أي بي ام بور 2 تُساعد في تقليص وقت المعالجة.
IDE (Intelligent Drive Electronics, Integrated Drive Electronics)	إلكترونيات محرك ذكي، إلكترونيات السواقات المتكاملة: واجهة ترابط بين الحاسوب وأجهزة التخزين عالية السعة مثل الأقراص الصلبة ومحركات الأقراص المُدمَجة.
IDEA (International Data Encryption Algorithm)	الخوارزمية الدولية لتشفير البيانات.
Ideas-driven society	مجتمع تقوده الأفكار.
Identification	مطابقة، معاينة.
Identification devices	أجهزة التعرف.
Identified user	مُستخدِم مُحدَّد الهوية.
Identifier	مُعرِّف: رمز يُقصد منه تحديد مجموعة من البيانات.
Identify	يُعرِّف، يُعاين، يطابق.
Identity Hacking	قرصنة الشخصيات: انتحال شخصية شخص آخر على الشبكة الدولية.
Identity protection	حماية الهوية.
Identity theft	سرقة الهوية.
IDL (Interface Definition Language)	لغة تعريف/تحديد الواجهة: لغة حاسوبية مُستخدَمة لوصف واجهة مكونات البرامج.
Idle	عاطل، غير مُستخدَم، ساكن.
Idle Character	رمز السكون: رمز يتم بثه للمحافظة على تزامن الخط عند عدم وجود بيانات مُرسَلة.
Idle Interrupt	مقاطعة السكون: مقاطعة للعمل يتم إحداثها حينما يتحول جهاز من حالة العمل إلى حالة الإستعداد.
Idle State	حالة السكون: الحالة التي يكون فيها جهاز ما جاهزاً للعمل ولكنه غير مُستخدَم بعد.
Idle Time	فترة عدم الإستخدام: الفترة التي لا يُستخدَم فيها جهاز معين على الرغم من كونه في حالة تشغيل.

If-Then Operation
عملية "إذا...إذن".

IGES (Initial Graphics Exchange Specification)
مواصفة تبادل الرسوم المبدئية: نوع ملفات من تطوير المعهد القومي الأميركي للمعايير يُحدد شكل بيانات محايد يسمح بتبادل المعلومات الرقمي بين أنظمة التصميم بمساعدة الحاسوب.

IGMP (Internet Group Management Protocol)
بروتوكول إدارة مجموعة الشبكة الدولية: بروتوكول إتصالات مُستخدَم لإدارة عضوية مجموعات بروتوكولات الشبكة الدولية متعددة القوالب.

IGP (Interior Gateway Protocol)
بروتوكول البوابة الداخلية: بروتوكول توجيه يُستخدَم لتوجيه البيانات في شبكة مستقلة.

IGRP (Interior Gateway Routing Protocols)
بروتوكولات توجيه البوابة الداخلية: بروتوكول توجيه من شركة سيسكو تم تطويره في عام 1988 للتنسيق بين توجيه عدد من المداخل والبوابات.

IIS (Internet Information Server)
خادم معلومات الشبكة الدولية: خادم خاص بمايكروسوفت يعمل على بيئات تشغيل ويندوز ان تي.

Illegal Command
أمر غير قانوني: أمر لا يُمكِن للحاسوب تنفيذه ويكون ذلك عادة بسبب خطأ في الإدخال.

Illegal downloading
تحميل/تنزيل غير قانوني.

Illegal Operation
عملية غير قانونية، عملية ممنوعة: الإسم الذي يُطلق على حدوث عطل في ويندوز 95 و98 وهو نوع من الأخطاء يحدث عند إستخدام المعالج 80386 أو معالج أسرع يعمل بالنمط المحمي وذلك عند محاولة أحد البرامج الوصول إلى منطقة من الذاكرة تقع خارج المنطقة المخصصة له أو عندما يحاول تنفيذ تعليمة خاطئة.

IETF (Internet Engineering Task Force)
مجموعة عمل هندسة الشبكة الدولية: مؤسسة مكلفة بدراسة المشاكل الفنية التي تواجه الشبكة الدولية واقتراح الحلول على مجلس هندسة الشبكة الدولية.

IF Statement
عبارة إذا: عبارة تحكم تنفذ مجموعة من التعليمات إذا انطبق شرط.

If then else Structure
صيغة "إذا...إذن....وإلا": جملة منطقية تُستخدَم في لغات برمجة عالية المستوى حيث تحدد البيانات التي ينبغي مقارنتها والإجراءات التي ينبغي اتخاذها نتيجة للمقارنة.

IFC (Internet Foundation Classes)
أصناف أسس الشبكة الدولية: مكتبة رسومات جافا طورتها شركة نيتكود بادئ الأمر وأطلقتها شركة نيتسكيب أول مرة في السادس عشر من كانون الأول عام 1996.

IFCP (Internet Fiber Channel Protocol)
بروتوكول القناة الليفية في الشبكة الدولية: بروتوكول بوابة إلى بوابة لتنفيذ بناء قناة ليفية تحل فيها عناصر التحويل والتوجيه لبروتوكول الربط الشبكي محل مكونات القناة الليفية.

IFF (Interchange File Format)
صيغة ملف التبادل: صيغة ملف تسهل نقل بياناته بين البرامج التي تنتجها شركات مختلفة.

IFIP (International Federation for Information Processing)
الإتحاد الدولي لمعالجة المعلومات: مؤسسة غير ربحية وغير حكومية تقع مكاتبها في النمسا وتضم مجامع وطنية تعمل في مجال تقنية المعلومات وفيها ما يزيد على ثمانٍ وأربعين من الدول الأعضاء.

IFS (Installable File System)
واجهة برمجية في ويندوز ان تي واي بي ام OS/2 تُمكّن نظام التشغيل من التعرف الى نظام الملفات.

IMIS (Integrated Management Information System) نظام المعلومات الإدارية المتكامل: نظام معلومات مصمم لمساعدة المدراء في التخطيط للأعمال والعمليات التنظيمية وتوجيهها.

Immediate Access Storage ذاكرة الوصول السريع/تخزين فوري الوصول: مساحة أو ذاكرة تخزين يمكن استرجاع المعلومات منها بسرعة لعدم الحاجة لتحريك أجزاء ميكانيكية من البيانات.

Immediate Processing معالجة فورية/ مباشرة/عند الطلب: قيام نظام حاسوبي بمعالجة البيانات فور وصولها دون الحاجة لتخزين قدر كبير من البيانات.

Immoral لا أخلاقي.

Immorality لا أخلاقية.

I-mode خدمة صنف اي: خدمة معلوماتية تعتمد على الحزم خاصة بالهواتف النقّالة بحيث تزود المشترك بخدمات تصفح الشبكة العنكبوتية والبريد الإلكتروني والتقويم والدردشة والألعاب والأخبار.

Impact يؤثر في، يصدم، تأثير، اصطدام.

Impact Printer طابعة مطرقية/تصادمية: طابعة يتم نقل الحبر فيها إلى ورق الطباعة نتيجة لارتطام رأس الطباعة بورق الطباعة إما مباشرة أو بواسطة شريط مُحبّر.

Implantable devices أجهزة قابلة للزرع.

Implantable medical devices أجهزة طبية قابلة للزرع.

Implanted computers حواسيب مزروعة.

Implement ينفذ.

Implementability قابلية التنفيذ.

Implementable قابل للتنفيذ.

Implementation تنفيذ، تطبيق، نقل فكرة إلى حيز الواقع.

Implementation تنفيذ.

Illicit downloads مواد مُنزّلة غير شرعية.

Illicit file sharing مشاركة ملفات غير مشروعة.

Illicit Information acquisition اقتناء غير شرعي لمعلومات.

IM (Instant Message) رسالة فورية/آنية: هو تبادل للرسائل النصية في الزمن الحقيقي بين شخصين معنيين خارج غرفة الدردشة يُستخدَم كبديل للبريد الإلكتروني.

Image يتخيل، يصف وصفا مفعما بالحياة، يصور، صورة.

Image Feature خاصية الصورة.

Image intensification technology تقنية تكثيف الصورة.

Image Machine ألة صورية: الآلة التي تُخزّن عليها النسخ الكاملة عن ألات/أجهزة أخرى.

Image recognition التعرف على الصورة .

Imageability القابلية للتصوير.

Imageable قابل للتصوير.

Imagemap خارطة الصورة: هي صورة تحتوي أكثر من وصلة تشعبية حيث إن النقر على الأجزاء المختلفة للصورة يؤدي إلى نقل المُستخدِم الى المصدر المحدد للوصلة التشعبية عبر الشبكة العنكبوتية.

Imaging تصوير.

IMAP (Internet Message Access Protocol) برتوكول الوصول إلى رسائل الشبكة الدولية: احد أكثر بروتوكولين مستخدمين لتحميل البريد الالكتروني من الخادم الى المُستخدِم واخر نسخة منه هي IMAP4.

IMEI (International Mobile Station Equipment Identity) المعِّرف العالمي للجهاز الجوّال: رقم مُميز لكل هاتف نقّال يعمل على النظام الموحّد أو النظام العالمي للإتصالات النقّالة ويُطبَع تحت بطارية الهاتف.

Implementation Technology	تقنية التنفيذ: التقنية التي يتم فيها تنفيذ الفكرة.
Impoverishment	إفقار.
IMS (Internet Messaging Standards, Internet Mail Standards)	معايير إرسال الرسائل عبر الشبكة الدولية، معايير بريد الشبكة الدولية: وظائف إرسال البريد الإلكتروني والرسائل عبر الشبكة الدولية بإستخدام معايير الشبكة الدولية.
IMSI (International Mobile Subscriber Identity)	مُعرِّف مُشترِك الهاتف النقال: رقم مميزيرافق كل مستخدمي الهاتف النقَّال عبر النظام الموَّحد أو النظام العالمي للإتصالات النقَّالة ويُخزَن عادة في شريحة أو بطاقة المُستخدِم الموجودة داخل الهاتف.
IMT-2000 (International Mobile Communications 2000)	الإتصالات الخلوية الدولية 2000: معايير للإتحاد العالمي للإتصالات خاص بالجيل الثالث من الهواتف اللاسلكية.
IN (Intelligent Network)	شبكة ذكية: شبكة تسمح لمشغليها بتوفير خدمات إضافية.
In person meeting	مقابلة شخصية.
Inaccessibility	عدم قابلية الوصول، صعوبة الوصول.
Inaccessible	غير قابل للوصول، صعب الوصول.
Inaccessible records	سجلات غير قابلة للوصول إليها.
Inaccurate information	معلومات غير دقيقة.
Inactive File	ملف غير مفعَّل.
Inadequate security awareness	وعي أمني غير ملائم.
Inauthentic	غير أصيل، غير موثوق به، مزيَّف.
Inauthentic user	مُستخدِم غير أصيل/ مزيَّف.
Inbox	صندوق الوارد، صندوق البريد: ملف يستقبل فيه المُستخدِم رسائل البريد الإلكتروني.
Incident	حدث.
Incident management	إدارة الحوادث.
Incident management team	فريق إدارة الحوادث: هو الفريق الذي يواجه أعطال الأجهزة والانظمة ومحاولات الاختراق والهجمات التي تؤدي الى تعطيل البنية التحتية التقنية للمؤسسة.
Incipient failure	تعطُّل أولي.
Inclusion	استعياب، ضم، شمول.
Inclusive	شامل.
Incoming Message	رسالة واردة: الرسائل التي تصل إلى صندوق البريد وتُخزَّن فيه
Incoming traffic	حركة المرور القادمة.
Increment	زيادة، إضافة، خطوة تزايد: عملية حسابية حيث يتم فيها إضافة كمية سالبة أو موجبة إلى شيء ما.
Incremental Backup	نسخة إحتياطية تراكمية: نوع من النسخ الإحتياطي يحتفظ بنسخة كاملة عن الملفات التي تم تعديلها بعد آخر نسخة إحتياطية كاملة وتكون هذه الطريقة مفيدة عندما لا يتم تعديل جميع البيانات في موقع النسخ الإحتياطية.
Incremental Memory	ذاكرة تراكمية/متزايدة: ذاكرة توصل بالذاكرة الرئيسية بواسطة كابل وذلك لزيادة سعة التخزين أو لإستخدامها كذاكرة إحتياطية في حال حدوث عطل ما.
Incubate	يحضن.
Incubation	احتضان.
Incubator	حاضنة.
Indent	هامش داخلي، الإزاحة إلى الداخل.
indentation	مسافة بادئة: ترك مسافة في بداية السطر الاول من كل فقرة.
Independently Operable Computer System	نظام حاسوب قابل للتشغيل المستقل: جزء من نظام حاسوب بإمكانه متابعة العمل لوحده إذا تم فصله عن النظام.

Index	يفهرس، مؤشر، دليل، فهرس: 1-جدول في ذاكرة الحاسوب. 2- مجموعة بنود أو مفردات مرتبة ترتيبا معينا والمعلومات الدليلية المصاحبة لهذه البنود (كأرقام الصفحات التي ترد فيها مفردات الكتاب).
Index Mark	علامة الفهرس: علامة مُستخدَمة لتحديد نقطة بداية مسار معين على محرك القرص الصلب وتكون العلامة عادة حفرة صغيرة.
Indexed Search	بحث مُفهرَس: بحث عن البيانات التي تَستخدِم فهرسا لتحديد موقع عنصر معين.
Indexed Sequential File	ملف متسلسل مُفهرَس: ملف فيه مفتاح رمزي واحد على الأقل يُمكِن المُستخدِم من إسترجاع البيانات بطريقة مرتبة.
Indexing	فهرسة، تقسيم، استعمال الأدلة أو المؤشرات: تكوين فهارس اعتمادا على حقول البيانات أو الكلمات الرئيسية.
Indicator	مؤشر.
Indicators	مؤشرات.
Indigenous people	السكان الاصليين.
Indirect Address	عنوان غير مباشر: هوعنوان في ذاكرة الحاسوب يشير إلى موقع تعليمة مشار إليها أوعنصر بيانات أو معلومات أخرى.
Indirect licensing	ترخيص غير مباشر.
Industrial applicability test	اختبار القابلية للتصنيع: اختبار يتم إجراءه لقياس مدى استحقاق الاختراع لاصدر براءة عنه وذلك من خلال تقييم إمكانيات تصنيع الاختراع ووضعه موضع التطبيق الصناعي.
Industrial Organization	منظمة صناعية: مجموعة من الافراد والمواد والمعدات منظمة لإنتاج وبيع وتوزيع سلع معينة.
Industrial robot	روبوت صناعي.
Industrial technology	تقنية صناعية.
Industry	صناعة، مجال عمل، قطاع اقتصادي.
Industry best practices	أفضل الممارسات في مجال عمل/قطاع اقتصادي.
Inequality	عدم مساواة.
Infected content	محتوى ملوث.
Infected file	ملف ملوث/مصاب.
Infected website	موقع شبكي ملوث/مصاب.
Infection	تلوث، إصابة بالعدوى.
Infiltrate	يرشح، يتسرب، يخترق.
Infiltration	تسريب، اختراق.
Infiltration alert	تحذير بحدوث اختراق.
Infix Notation	تمثيل وسطي: الطريقة الشائعة التي تُستخدَم فيها التعبيرات الرياضية لتمثيل المعادلات حيث يُستخدَم فيها الرمز الحسابي + أو - أو % أو X بين المُعامِلات.
Infoanarchism	الفوضوية المعلوماتية: مسعى لدى عدد من النشطاء ـ ومن بينهم بعض منتقدي نظام الملكية الفكرية التقليدي ـ لرفع القيود عن الوصول للمعلومات وتبادلها وحركتها.
Infobahn	طريق المعلومات السريع: اسم عام يُطلق على الشبكة الدولية وعادة يُستخدَم لوصف أولئك الذين يَستخدمون كيبلات بدلا من الإتصال عن طريق الهاتف.
InfoDev Global Forum on Innovation and Entrepreneurship	المنتدى العالمي حول الابتكار والمبادرة/الريادة: منظمة مدعومة من قبل البنك الدولي لتشجيع روح المبادرة والابتكار في البلدان النامية.
Inforanarchist	فوضوي المعلوماتية: ناشط يؤمن بالفوضوية المعلوماتية.
Inform	يُعلِم، يُخبِر.
Informal Code Inspection	مراجعة غير رسمية للشيفرة: مراجعة مجموعة من المبرمجين لبرنامجهم وبرامج الآخرين.

Information and Communication Technology Manager — مدير تقنيات المعلومات والاتصالات.

Information and Communication Technology project manager — مدير مشاريع تقنيات المعلومات والاتصالات.

Information and records management consultant — مستشار إدارة المعلومات والسجلات

Information Carrying Capacity — سعة معلوماتية، القدرة على نقل البيانات: حجم البيانات الذي يمكن لقناة أتصال نقله كحد أقصى دون أخطاء.

Information codability — قابلية المعلومات للترميز.

Information Code — ترميز المعلومات: تمثيل معين للمعلومات يُصطَلح عليه للتمكن من معالجة هذه المعلومات أو تناقلها عبر خطوط الإتصال.

Information disclosability — قابلية الإفصاح عن المعلومات.

Information dissemination — نشر المعلومات.

Information driven company — شركة تقودها المعلومات.

Information economy — اقتصاد المعلومات.

Information engineering — هندسة المعلومات.

Information exchange — تبادل معلوماتي.

Information filtering system — نظام تصفية المعلومات.

Information flow — تدفق المعلومات.

Information gathering — جمع المعلومات.

Information integrity — سلامة/صحة المعلومات.

Information intensive industry — صناعة ذات استخدام كثيف للمعلومات.

Information leak — تسرب المعلومات.

Information leakage prevention system — نظام منع تسرب المعلومات.

Information loss — ضياع المعلومات.

Information machine — آلة معلومات.

Information management — إدارة المعلومات.

Information management analyst — محلل إدارة المعلومات.

Informal Design Review — مراجعة غير رسمية للتصميم: دراسة تصميم البرنامج أو النظام يقوم بها كل مراجع على حدة ويُبدي نقده وتعليقاته واقتراحاته على التصميم في غضون فترة محددة.

Informatics — المعلوماتية.

Information — معلومات: مجموعة من الحقائق التي تم تنظيمها لاضافة قيمة أو معنى أكبر من قيمة الحقائق نفسها.

Information accessibility — قدرة الوصول للمعلومات.

Information addiction — إدمان المعلومات.

Information age — عصر المعلومات.

Information analysis — تحليل المعلومات.

Information and Communication Technology (ICT) — تقنيات المعلومات والاتصالات: هو مصطلح عام يشير الى دور الاتصالات السلكية واللاسلكية (خطوط الهاتف الارضية والجوال والاشارات اللاسلكية) والحواسيب والبرمجيات وأنظمة تخزين البيانات والأنظمة السمعية والبصرية في معالجة البيانات وخلق المعلومات وتخزينها ونقلها.

Information and Communication Technology as an enabler of carbon reduction — تقنيات المعلومات والاتصالات كمُمَكّن لخفض الكربون: النظر لتقنيات المعلومات والاتصالات كعامل أساسي يُسهم في تقليل معدل الكربون في البيئة وهو إحدى الغايات الكبرى للبشرية في الألفية الجديدة.

Information and Communication Technology due diligence — المراجعة الواجبة لتقنيات المعلومات والاتصالات.

Information and Communication Technology — تقنية المعلومات والاتصالات من أجل التنمية: شعار مفاده توجيه تقنيات المعلومات والاتصالات على نحو يخدم التنمية البشرية.

Information Management specialist — مختص في إدارة المعلومات.

Information pollution — تلوث معلوماتي: تعبير يطلق على عملية ملأ حزمة بمعلومات لا قيمة ولا صلة ولا نفع لها.

Information pool — مُجمَّع معلومات.

Information poverty — فقر معلوماتي: انخفاض مستوى الوعي المعلوماتي لدى مجموعة أو فئة مجتمعية.

Information Processing — معالجة المعلومات: مرادف لمعالجة البيانات وتشير الى اعادة ترتيب البيانات وعلاقاتها ببعضها البعض وتحليل معانيها لاضافة معنى او قيمة جديدة.

Information Processing System — نظام معالجة المعلومات.

Information protection — حماية المعلومات.

Information Representation — تمثيل المعلومات: الطريقة التي يتم فيها تمثيل وتركيب البيانات أو الطريقة التي يتم فيها إستخدام الخصائص المادية لوسط معين لتمثيل المعلومات.

Information request — طلب معلومات.

Information resources — مصادرمعلوماتية.

Information retainability — قابلية الاحتفاظ بالمعلومات.

Information Retrieval System — نظام استرجاع المعلومات: نظام يحتوي على كم هائل من البيانات مرتبة بشكل معين يسمح باستخراج المعلومات المطلوبة منه بطريقة سلسلة وبدون نقل غير ضروري للبيانات حيث يتكون هذا النظام من وحدة تخزين مركزية وعدد من الأجهزة الطرفية لها القدرة على استخراج البيانات المطلوبة.

Information revolution — ثورة المعلومات.

Information security — أمن المعلومات.

Information security breach — خرق معلوماتي أمني.

Information Security engineer — مهندس أمن معلومات.

Information security industry — صناعة أمن المعلومات.

Information security laws — قوانين أمن المعلومات.

Information society — مجتمع المعلومات: مجتمع يعتمد اعتماداً رئيساً على المعلومات في وجوده وتطوره وفي رسم أشكال العلاقات بين فئاته وأفراده.

Information source — مصدر المعلومات.

Information storage system — نظام تخزين المعلومات.

Information storing system — نظام تخزين المعلومات.

Information Superhighway — طريق المعلومات السريع: اسم عام يطلق على شبكة الإتصالات وتشمل الشبكة الدولية والشبكات الأخرى وأنظمة التحويل مثل شبكات الهاتف وشبكات التلفزيون الكابلية.

Information survivability — قابلية المعلومات للبقاء: قابلية المعلومات المخزَّنة للبقاء في حالة جيدة وقدرة النظام على أداء وظيفته بحصول المستخدمين على المعلومات المناسبة في وقت مناسب على الرغم من التعرض إلى هجمات أو حوادث.

Information system — نظام المعلومات: مجموعة من العناصر أو المكونات المترابطة لجمع ومعالجة وتخزين وتوزيع البيانات.

Information system Manager — مدير أنظمة المعلومات.

Information Technology — تقنية المعلومات: هي فرع من المعرفة تتعامل مع استخدام الحواسيب والاتصالات السلكية واللاسلكية لخلق المعلومات وتخزينها ونقلها ومعالجتها.

Information Technology architect — معماري/مصمم بنية تقنيات المعلومات.

Information technology compliance manager — مدير توافقية تقنيات المعلومات.

Information Technology Development — تطوير تقنيات المعلومات.

Information technology implementation — تنفيذ تقنيات المعلومات.

Informational	معلوماتي.
Informational affluence	ثراء معلوماتي.
Informational empowerment	تمكين معلوماتي.
Informational gap	الفجوة المعلوماتية: مفهوم يشير الى الفجوة بين بلدان العالم الغني وبلدان العالم الفقير على المستوى المعلوماتي.
Informational impoverishment	إفقار معلوماتي.
Informational inequality	عدم مساواة معلوماتية.
Informational security	الأمن المعلوماتي.
Informationalism	معلوماتية.
Informationalist	معلوماتي، مختص بالمعلومات.
Informationally poor society	مجتمع فقير معلوماتيا.
Informationally rich society	مجتمع غني معلوماتيا.
Information-based company	شركة قائمة على المعلومات.
Information-intensive business sector	قطاع أعمال ذو استخدام معلوماتي كثيف.
Information-intensive company	شركة ذات استخدام معلوماتي كثيف.
Information-oriented society	مجتمع موجَّه للمعلوماتية.
Informative	غني بالمعلومات.
Informed	مُخبَر، احاطة.
Informed judgment	حكم مستند إلى إحاطة.
Informer	مُخبِر.
Informing	إعلام، اخبار.
Infotainment	ترفيه معلوماتي: الجميع بين المعلومات والترفيه التي تصل إلى المنازل عبر خدمات الهاتف والتلفزيون والشبكة الدولية.
Infranet	إنفرانيت: 1- الإسم المُقترح للشبكة الدولية والتي تتمتع بجودة الخدمة بالإضافة إلى الموثوقية والأمن المحسنين. 2- هيكلية مستقبلية مقترحة للشبكة الدولية مخصصة للشركات والمستخدمين ذوي الاحتياجات الكبيرة
Information technology indicators	مؤشرات تقنيات المعلومات: المؤشرات الموضِحة لحالة تقنية المعلومات في مجتمع أو قطاع اقتصادي أو مؤسسة.
Information Technology Infrastructure Library (ITIL)	مكتبة البنية التحتية لتقنيات المعلومات والاتصالات: مجموعة من المفاهيم والمبادئ والممارسات المثلى لإدارة خدمات تقنية المعلومات والتي يُمكِن تطبيقها في أي منظمة.
Information Technology manager	مدير تقنيات المعلومات.
Information technology operation	عملية تشغيلية لتقنية المعلومات.
Information technology plan	خطة تقنيات المعلومات.
Information technology security advisor	مستشار أمن تقنية المعلومات.
Information technology security audit	تدقيق أمن تقنيات المعلومات.
Information Technology Services Management	إدارة خدمات تقنية المعلومات.
Information Technology use behavior	سلوكيات استخدام تقنية المعلومات.
Information theft	سرقة المعلومات.
Information Theory	نظرية المعلومات: الدراسة المعنية بترميز وإرسال المعلومات بدقة عبر شبكة الإتصالات ونوع قناة الإتصال المُستخدَمة.
Information transmission	نقل معلومات.
Information Utility	مكتب خدمة تقديم المعلومات: هيئة تحتفظ بقواعد معلومات محدثّة لإستخدام الجمهور.
Information war	حرب معلوماتية: هجوم على الحواسب يهدد الاقتصاد أو الأمن مثل إفساد سجلات البورصة أو تعطيل نظم المعلومات العسكرية.
Information Warehouse	مستودع معلومات.
Information's disposability	قابلية التخلص من المعلومات.
Information's exchangeability	قابلية تبادل المعلومات.
Information's storability	قابلية تخزين المعلومات.

Ink Jet	راجع Ink Jet Printer.
Ink Jet Printer	نوع من أنواع الطابعات ترش الحبر على الورق.
Inline	ضمن السياق: 1- هي صورة معروضة بجانب نص تشعبي في لغة توصيف النصوص التشعبية. 2- وضع شيئ ما ضمن سياق: مثل وضع رموز وظيفة خارجية كاملة بدل إسمها في المكان المذكورة فيها.
Inline Processing	معالجة خطية/مباشرة: أسلوب في التشغيل يتمثل في تلقي المدخلات كلا على حدة ومعالجتها وتنقيح السجلات المتعلقة بها أولاً بأول دون تجهيز أو تصنيف مسبق لهذه المدخلات المفردة.
Innocent infringer	مُنتهِك برئ: شخص انتهك ملكية الغير لمادة فكرية دون قصد وبحسن نية.
Innovate	يبتكر، يبتدع.
Innovation	ابتكار، ابداع.
Innovation enabler	مُمَكن للابتكار.
Innovational poverty	فقر ابتكاري: انخفاض مستوى الوعي الابتكاري.
Innovation-driven economy	اقتصاد يقوده الابتكار.
Innovation-oriented society	مجتمع موجَّه للابتكار.
Innovations	ابتكارات، ابداعات.
Innovative	ابتكاري، ابداعي.
Innovative thinking	تفكير ابتكاري.
Innovativeness	ابتكارية، حالة ابداع.
Innovator	مُبتكِر، مُبدع.
Inode (Index NODE or Identification NODE)	عقدة المؤشر/التعريف: مؤشر في ملف نظام يونيكس يحتوي على رقم مُمَيَّز وتوابع الملف بما فيها الإسم والتاريخ والحجم وإذن القراءة والكتابة ومؤشر لموقع الملف.
Infrared Port	منفذ الأشعة تحت الحمراء: منفذ مُستخدَم للاتصالات القريبة المدى يَستعمِل الأشعة تحت الحمراء.
Infrastructure	بنية تحتية.
Infringe	ينتهِك.
Infringed	مُنتهَك.
Infringed website content	محتوى موقع شبكي مُنتهَك.
Infringement	انتهاك، المساس.
Infringement of website content	انتهاك محتوى موقع شبكي.
Infringer	مُنتهِك.
INCITS	راجع Committee for International Information Technology Standards.
Inhibit Pulse	نبضة مانعة، نبضة كافة: نبضة تدخل في الحلقة المغنطة لمنع أي نبضة أخرى من تغيير اتجاه المغنطة في الحلقة.
Inhibit Signal	إشارة المنع: إشارة تمنع حدوث إشارة أخرى أو عملية معينة.
INIT	امتداد INIT: هو امتداد لنظام يُحمَّل على الذاكرة عند التشغيل في حواسيب ماكنتوش القديمة.
Initial Program Loader	مُحمِّل البرنامج الأولي: برنامج قصير في نظام التشغيل يُعد أول جزء من النظام يصل ذاكرة الحاسوب بعد تشغيل الجهاز.
Initialize	يمهد، يعد للبدء، يفتح: 1-تهيئة وسط تخزين مثل قرص أو شريط للإستخدام. 2-تعيين قيمة إبتدائية لمتغير. 3-تشغيل حاسوب أو برنامج.
Initiate	يبادر، يبتدئ.
Initiative	مبادرة.
Initiative for ICT inclusion	مبادرة لشمولية تقنيات المعلومات والاتصالات.
Initiatives	مبادرات.
Initiator	مبادر.

قناة الإدخال/الإخراج: الوصلة المادية التي تربط الحاسوب بوحدات/أجهزة الإدخال أو الإخراج.	Input/output channel
جهاز إدخال/إخراج: جهاز طرفي يُستخدَم لإدخال البيانات إلى الحاسوب (مثل لوحة المفاتيح أوالفأرة) أو عرضها (مثل الشاشة أوالطابعة).	Input/Output Device
واجهة إدخال/إخراج: جهاز بيني يُستخدَم للتحكم بنقل البيانات بين وحدة المعالجة المركزية وأجهزة الإدخال/الإخراج.	Input/Output Interface
إشارة ترسلها الأجهزة الطرفية إلى المُعالج لتنبهه الى وجود عملية إدخال أو إخراج حتى يوقف تنفيذ العملية الحالية ليقوم بالتحكم بالإدخال والإخراج.	Input/Output Interrupt
وسيط الإدخال/الإخراج.	Input/Output Medium
مَنفَذ/ بوابة الإدخال/الإخراج: المَنفَذ الذي تتصل فيه أجهزة الإدخال والإخراج بالحاسوب.	Input/output Port
عبارة الإدخال/الإخراج: عبارة في لغة الحاسوب تلخص/تجمع البيانات في جهاز طرفي أو تسجل البيانات في جهاز الإخراج.	Input/output Statement
خط الإدخال/الإخراج، قناة وصل الإدخال/الإخراج.	Input/output Trunk
استعلام، استفسار: طلب المعلومات.	Inquiry
رقم/مادة مرقومة بالحبر المغنط: طباعة الحروف بالحبر المغنط.	Inscription
روبوت مشابه للحشرة.	Insect-like robot
شبكة موظفين غير آمِنة: شبكة حاسوبية تربط مجموعة من الموظفين تتسم بعدم الأمان.	Insecure employee web
معمارية/بنية شبكة غير آمن.	Insecure network architecture
يدرج ، يدخل، إدراج، إدخال.	Insert
تم إدراجه.	Inserted
إدراج، إدخال.	Insertion
إعلان داخل الصفحة: إعلان عن مُنتَج أو خدمة أو غيره داخل صفحة موقع على الشبكة الدولية.	In-page advertisement
منطقة الإدخال/التغذية: حيز على الشاشة يُمكِن استخدامه لإدخال المعطيات.	Input Area
كتلة الإدخال: كتلة من البيانات المقروءة أو المنقولة إلى الحاسوب (مرادف منطقة الإدخال).	input Block
صندوق الإدخال: صندوق يسمح لك بطباعة النصوص	Input Box
ذاكرة الإدخال المؤقتة: 1- الموقع الذي يحتفظ بجميع المعلومات الواردة قبل انتقالها إلى وحدة المعالجة المركزية. 2- ذاكرات مؤقتة للمعدات المُستخدَمة لتخزين المعلومات قبل معالجتها.	Input Buffer
بيانات مدخلة، مدخلات: ملف يحتوي على معلومات تُستعمل كمعطيات لبرنامج أو جهاز.	Input Data
شيفرة تمثيل بيانات المدخلات.	Input Data Representation Code
وحدة/جهاز إدخال: جهاز طرفي يقوم بتغذية الحاسوب بالبيانات مثل لوحة المفاتيح أو الفأرة أوالماسح الضوئي.	Input Device
وحدات/أجهزة ادخال.	Input devices
قسم الإدخال: جزء من البرنامج يتحكم بقراءة البيانات من الأجهزة الطرفية وتحميلها الى ذاكرة الحاسوب.	input Section
عبارة الإدخال: عبارة برمجية تُستخدَم لطلب البيانات من وحدات الإدخال مثل عبارة Read في لغة برمجة راقية.	Input Statement
تيار/مجرى ادخال: تدفق من المعطيات يُستخدَم في برنامج كسلسلة من الأرقام الثنائية التي ترافق مهمة أو وجهة معينة.	Input Stream

أو تبادل الرسائل بين شخصين أو أكثر متصلين بخدمة التراسل عبر برنامج عرض الرسائل الفورية على شاشة المُستلِم.

Instant messaging technology — تقنية إرسال الرسائل الفورية.

Institute — يؤسس، يقيم، معهد.

Institute of Electrical &Electronic Engineering — معهد هندسة الكهرباء والإلكترونيات: جمعية مهنية تقنية عالمية غرضها الارتقاء بمستوى العاملين في الحقل التقني.

Institution — تأسيس، مؤسسة، معهد.

Instruction — تعليمة، أمر: جملة أو صيغة لتنفيذ عملية واحدة من قبل المعالج المركزي للحاسوب وللتعرف على معطياتها وقد تُكتب بلغة الآلة أو بلغة برمجية.

Instruction Code — راجع Operation Code.

Instruction Counter — عدّاد التعليمات: مُسجّل مخصص في وحدة المعالجة المركزية لتخزين عنوان التعليمة التالية للتعليمة الجاري تنفيذها.

Instruction Cycle — دورة التعليمة: مجموعة الخطوات المتسلسلة الأساسية التي تؤديها وحدة المعالجة المركزية أو الدورة الآلية المُتبعة في عملية تنفيذ التعليمة وتشمل إحضار التعليمة من الذاكرة وتفسيرها وإحضار المعطيات من وحدة الادخال وإجراء العمليات الحسابية أو المنطقية ومن ثم تخزين النتائج.

Instruction Execution — تنفيذ التعليمة: أداء العملية التي تُنص عليها التعليمة ويُقاس زمن التنفيذ بعدد الدورات الآلية الذي يختلف عددها وفقا لنوع التعليمة.

Instruction Set — مجموعة التعليمة: مجموعة تعليمات الآلة التي تتعرف عليها وحدة المعالجة المركزية ويُمكنها تنفيذها.

Instruction Format — صيغة/هيئة التعليمة: الشكل الذي تُوضع عليه الأرقام أو الرموز المكتوبة للتعليمة كي توجِّه الحاسوب لأداء عملية معينة وتُشكل صيغة التعليمة جزءا من شيفرة الآلة الأساسية وتُعين الطريقة التي تُخصص بواسطتها الحروف والرموز لتمثيل الشيفرات الوظيفية لمجموعة تعليمات الحاسوب.

Install — يُركِّب، يُحمِّل، يُثبِّت.

Installability — القابلية للتثبيت.

Installable system — نظام قابل للتركيب/للتثبيت.

Installation — تركيب/تثبيت: 1- تركيب الحاسوب بمعداته المادية والبرمجية في الموقع بما في ذلك إعداد الموقع والمباني ومعدات التكييف وأثاث المكاتب وأماكن التخزين.
2- تثبيت/إضافة برنامج جديد الى الحاسوب.
3- تركيب/إضافة جهاز أو معدة أو مكون مادي جديد الى الحاسوب.

Installation Library — مكتبة التحميل/التثبيت: مجموعة من البرامج والإجراءات العامة المُستخدَمة في عمليات تحميل البرامج الى الحاسوب.

Installation plan — خطة التركيب/التثبيت.

Installations — تثبيتات، تركيبات.

Installer — برنامج التنزيل/التثبيت: هو أي برنامج يُستعمَل لتحميل برنامج أو نظام التشغيل الى الحاسوب.

Instance — حالة: 1- نسخة واحدة عن برنامج نشط وتعني الحالات المتعددة أن البرنامج تم تحميله على الذاكرة عدة مرات. 2- في البرمجة الموجَّهة للكيانات هو كيان مخلوق من فئة معينة.

Instant Messaging — تراسل لحظي/فوري: بث رسالة إلكترونية عبر شبكة حاسوبية

Instruction Time	زمن التعليمة: المدة الزمنية اللازمة لجلب التعليمة من الذاكرة و تنفيذها.
INTA (Interrupt Acknowledge)	قبول المقاطعة: إشارة يرسلها المعالج لإعلام الجهاز الطرفي بأنه قبل المقاطعة التي أرسلها.
Integer	عدد صحيح (موجب أو سالب).
Integratability	القابلية للتكامل.
Integratable	قابل للتكامل.
Integratable devices	أجهزة قابلة للتكامل.
Integrate	يكامل، يتكامل.
Integrated circuit	دائرة متكاملة.
Integrated marketing communication	الرسالة التسويقية المتكاملة: الرسالة التسويقية المشتركة التي تنطق بها عناصر التسويق المختلفة بما في ذلك الدعاية والعلاقات العامة وترويج المبيعات.
Integrated Services Digital Network (ISDN)	الشبكة الرقمية للخدمات المتكاملة.
Integrated solutions	حلول متكاملة.
Integration	تكامل.
Integrity	استقامة، صحة، سلامة
Intellectual development	تطوير/ تنمية فكرية.
Intellectual Freedom	الحرية الفكرية.
Intellectual piracy	قرصنة فكرية.
Intellectual property	ملكية فكرية.
Intellectual property right culture	ثقافة الملكية الفكرية: انتشار احترام حقوق الملكية الفكرية في مجتمع أو مؤسسة.
Intelligence	ذكاء، استخبارات.
Intelligence system	نظام استخبارات.
Intelligent building	مبنى ذكي: مبنى يتسم باعتماد كبير على التقنيات الرقمية التي تجعل استخدامه أكثر سهولة.
Intelligent building control	تحكم ذكي بالمبنى.
Intelligent building system	نظام مبنى ذكي.
Intelligent control	تحكم ذكي.
Intelligent control technology	تقنية التحكم الذكي.
Intelligent document	وثيقة ذكية.
Intelligent network	شبكة ذكية.
Intelligent workplace	مقر عمل ذكي: مقر عمل يرتكز على بنية إلكترونية عالية المستوى تُسهِّل العمل فيه.
Interaction	تفاعل.
Interactive data driven website	موقع شبكي تفاعلي تقوده البيانات.
Interactive media	وسيط تفاعلي.
Interactive Television	تلفزة تفاعلية.
Interactive web-based tutorial	مساق إرشادي تفاعلي قائم على الشبكة.
Interactive website	موقع شبكي تفاعلي.
Interchangeable File	ملف قابل للتبادل: ملف يُكتب بصيغة تسهل نقله بين البرامج التي تُنتجها الشركات المختلفة.
Interconnect devices	أجهزة ربط.
Interface	واجهة: نقطة الاتصال/التفاعل بين المكونات أو العناصر لتعمل معاً وبنفس النمط.
Interlaced	المتداخلة/المتشابكة: رسم الصور على الشاشة من خلال رسم جميع الخطوط الفردية أولاً ومن ثم الخطوط الزوجية.
Intermediate Distribution Facilities(IDF)	تجهيزات التوزيع المتوسط:.الإطار الذي يُستخدَم لربط كابل وسائل الإعلام لمُستخدِم فرد بدوائر خط المُستخدِم وتكون بمثابة نقطة توزيع للكابلات من إطار التوزيع الرئيس.
Intermittent System State	حالة النظام المتقطع: حالة تنطبق على الحواسيب التي تعمل بدون وجود كمية كافية من الكهرباء بحيث تعمل بقدرة أقل لتوفير الطاقة.
Internal Clock	ساعة داخلية: ساعة تعمل على البطارية تُوجد في الدائرة المتكاملة للوحة الحاسوب الرئيسية تُمكّن الحاسوب من متابعة الوقت.
Internal Command	أمر داخلي: أمر يتم تخزينه على ذاكرة النظام ويتم تحميله من command.com.

Internal Interrupt	مقاطعة داخلية: نوع من المقاطعة تتسبب بها تعليمة آلة يتم معالجتها من قبل معالج الحاسوب.
Internal Memory	ذاكرة داخلية: تشير إلى الذاكرة الرئيسية وإلى الذاكرات القائمة على الرقاقات وليس الأقراص أو الأشرطة مثل ذاكرة القراءة فقط والذاكرة النقّالة.
Internal Sort	ترتيب داخلي: الفرز الذي يتم بالكامل في الذاكرة بدون إستخدام أقراص أو أشرطة الملفات المؤقتة.
International Committee for Information Technology Standards	اللجنة الدولية لمعايير تقنيات المعلومات: منتدى من مطوري تقنيات المعلومات معني بنشر المعايير بالتعاون مع المعهد القومي الأمريكي والمنظمة الدولية للمعايير.
International community	جماعة دولية.
International crimes	جرائم دولية.
International criminal	مجرم دولي.
Internaut	تعبير يُطلق على مُستخدِم الشبكة الدولية ذي القدرات التقنية العالية.
Internet	الشبكة الدولية: نظام من الشبكات المتصلة ببعضها البعض يربط الحواسيب حول العالم بواسطة بروتوكول التحكم بنقل البيانات/ بروتوكول الشبكة كما تُعرّف على أنها مجموعة من شبكات الحاسوب المتصلة ببعضها البعض بواسطة بوابات تتولى نقل البيانات وتحويل الرسائل من بروتوكولات الشبكة المُرْسِلة إلى تلك الخاصة بالشبكة المُستقبِلة.
Internet abuse	إساءة استخدام الشبكة الدولية.
Internet addiction	إدمان الشبكة الدولية.
Internet addiction disorder	اضطراب الإدمان على الشبكة الدولية.
Internet Architecture Board	مجلس معمارية الشبكة الدولية.
Internet Assigned Numbers Authority(IANA)	سلطة الأرقام المخصصة للشبكة الدولية (أيانا): أحد ادارات مؤسسة الشبكة الدولية للأسماء والأرقام المخصصة (الأيكان) مسؤولة عن تنسيق بعض العناصرالرئيسية التي تحافظ على سلاسة الشبكة الدولية.
Internet awareness	وعي الشبكة الدولية: الإلمام بالشبكة الدولية ومخاطرها ومغرياتها وإمكانيات التعرض للأذى المادي والمعنوي من الغير.
Internet browser navigability	قابلية متصفح الشبكة الدولية للتنقل بين صفحات المواقع.
Internet censoring - censorship	الرقابة على الشبكة الدولية.
Internet chaos	فوضى الشبكة الدولية.
Internet citizen	مواطن الشبكة الدولية، مواطن شبكي: تعبير يطلق على الشخص الذي يَستخدِم الشبكة الدولية استخداماً كثيفاً وينتمي إلى مجموعات شبكية ويُشترط أن يمتلك الشخص اسم نطاق حتى يكتسب هذا الوصف.
Internet citizenship	مواطنة الشبكة الدولية، مواطنة شبكية: تعبير يطلق على المواطنة القائمة على استخدام الشبكة الدولية استخداماً كثيفاً والانتماء الى مجموعات شبكية ويُشترط أن يمتلك الشخص اسم نطاق حتى يكتسب هذا الوصف.
Internet coaching	تمرين الشبكة الدولية، تمرين شبكي.
Internet community	جماعة الشبكة الدولية.
Internet connectivity	قابلية الوصل للشبكة الدولية.
Internet Content advisor	مستشار محتوى الشبكة الدولية.
Internet Corporation for Assigned Names and Numbers (ICANN)	مؤسسة الشبكة الدولية للأسماء والأرقام المخصصة (الأيكان): هي منظمة غير ربحية مقرها الولايات المتحدة تختص بالاشراف على عدد من المهام المتصلة بالشبكة الدولية مثل أسماء وأرقام النطاقات.
Internet crimes	جرائم الشبكة الدولية، جرائم شبكية.

Internet democracy ديمقراطية الشبكة الدولية، ديمقراطية الشبكة الدولية، ديمقراطية شبكية.

Internet destination وجهة الشبكة الدولية، وجهة شبكية.

Internet detective تحري الشبكة الدولية، تحري شبكي.

Internet Engineering Task Force فريق مهام هندسة الشبكة الدولية: منظمة غير ربحية تأسست في عام 1992 لتوفير المعايير المتعلقة بالشبكة الدولية والتعليم والسياسة تَسعى لتنمية الشبكة وتطويرها واستخدامها لمنفعة الناس في جميع أنحاء العالم.

Internet espionage تجسس عبر الشبكة الدولية، تجسس شبكي.

Internet filtering تصفية عبر الشبكة الدولية، تصفية شبكية.

Internet infiltration اختراق عبر الشبكة الدولية، اختراق شبكي.

Internet infrastructure البنية التحتية للشبكة الدولية.

Internet interaction تفاعل عبر الشبكة الدولية، تفاعل شبكي.

Internet knowledge معرفة الشبكة الدولية، معرفة شبكية.

Internet marketing تسويق عبر الشبكة الدولية، تسويق شبكي: الاعتماد على الشبكة الدولية في تسويق وترويج المنتجات والخدمات.

Internet marketing campaign حملة تسويق عبر الشبكة الدولية، حملة تسويق شبكية.

Internet pornography addiction إدمان المحتوى الاباحي للشبكة الدولية.

Internet Protocol بروتوكول الشبكة الدولية: هو احد بروتوكولات الشبكة الدولية الأساسية المسؤول عن توجيه الحزم عبر الشبكة.

Internet Protocol Address عنوان بروتوكول الشبكة الدولية: عنوان الجهاز المرتبط بالشبكة الدولية.

Internet racism عنصرية عبر الشبكة الدولية، عنصرية شبكية.

Internet route المسار عبر الشبكة الدولية، المسار الشبكي.

Internet security zone منطقة الشبكة الدولية الآمنة.

Internet service provider مقدم خدمة الاتصال بالشبكة الدولية.

Internet service providers موفِّر خدمة الوصولية للشبكة الدولية.

Internet text messaging رسالة نصية عبر الشبكة الدولية.

Internet ticketing solutions حلول إصدار التذاكر عبر الشبكة الدولية.

Internet tracing تتبع عبر الشبكة الدولية، تتبع شبكي.

Internet tracking تعقب عبر الشبكة الدولية، تعقب شبكي.

Internet Traffic حركة المرور عبر الشبكة الدولية، حركة شبكية: تدفق البيانات عبر الشبكة الدولية ويشمل حركة بيانات الشبكة العنكبوتية.

Internet Traffic Load ثقل/كثافة استخدام/حركة المرور عبر الشبكة الدولية.

Internet traffic management إدارة استخدام/حركة المرور عبر الشبكة الدولية.،

Internet traffic records سجلات استخدام/حركة المرور عبر الشبكة الدولية: سجلات إحصائية لوجهات متصفحي مواقع الشبكة الدولية لقياس شعبية هذه المواقع.

Internet user مُستخدِم الشبكة الدولية.

Internet visibility وضوح/رؤية الشبكة الدولية.

Internet world عالم الشبكة الدولية.

Internet-based industry صناعة/قطاع قائم على الشبكة الدولية.

Internet-based tutoring تدريس قائم على الشبكة الدولية.

Internetworking Operating System نظام تشغيل الشبكات المتبادلة: نظام التشغيل المُستخدَم في موجّهات أنظمة سيسكو وبعض محوِّلات الشبكة.

سوى الأشخاص المفوضين وخاصة
موظفي المؤسسة التي تملك تلك الشبكة.

Intrinsic Function — وظيفة جوهرية: وظيفة موجودة في لغة معينة يتولى البرنامج المترجم تنفيذها.

Intrusion detection — اكتشاف الاقتحام: مفهوم مفاده رصد محاولات اقتحام شبكات أوحواسيب الاخرين لاغراض التخريب أو سرقة البيانات.

Intrusion detection software — برمجيات اكتشاف الاقتحام: برمجيات تُستخدم لرصد من يقوم بمحاولة اقتحام حواسيب الاخرين لاغراض التخريب أو سرقة البيانات.

Intrusion prevention — منع الاقتحام.

Intrusion Prevention System — نظام منع الاقتحام.

Invalid — باطل، غير صحيح: خاطئ أو غير قابل للإدراك بسبب خلل في التحليل المنطقي أو المدخلات.

Invasion — غزو، اقتحام، اعتداء.

Invasion of privacy — الاعتداء على الخصوصية.

Invasive monitoring — مراقبة تتسم بالاعتداء على الخصوصية.

Invasive technology — تقنية اقتحامية/اجتياحية/غازية.

Invention — اختراع.

Inventive management consulting — استشارة الإدارة الابتكارية.

Inventive step test — اختبار الخطوة الابتكارية: اختبار يتم إجراءه لقياس مدى استحقاق الاختراع لأن يَصدر عنه براءة وذلك من خلال تقييم مدى انطواء الاختراع على خطوة ابتكارية إبداعية.

Inventive thinking — تفكير إبداعي.

Inventor — مخترع.

Inversion — قلب، عكس: 1-قلب شيء أو عكسه. 2-استبدال مستوىً عالٍ بمستوىً متدنٍ أو العكس في الإشارات الكهربائية الرقمية.

InterNIC — مركز معلومات الشبكة الدولية: مؤسسة كانت مكلفة بتسجيل أسماء المجال وعناوين بروتوكول الشبكة الدولية بالإضافة إلى توزيع المعلومات المتعلقة بالشبكة الدولية حتى تأسيس الأيكان عام 1998.

Interoperability — التوافقية: قدرة تبادل المعلومات وإستخدامها بين بيئات متباينة (عادة ضمن شبكة متعددة العناصر أي تتألف من عدة شبكات محلية).

Interpersonal communication — تواصل بين الاشخاص.

Interpretation — تفسير: ترجمة جملة أو تعليمة برمجية إلى شكل قابل للتنفيذ.

Interpreter — مفسِّر: مترجم لغة برمجة عالية المستوى يترجم برنامجاً وينفذه في الوقت ذاته.

Interprocess Communication — تواصل بين العمليات: قدرة التطبيقات على التشارك بالمعلومات والتعامل مع عدة طلبات في الوقت ذاته.

Interrupt — مقاطعة: حدث يقاطع المعالجة المعتادة ويحوِّل التحكم إلى روتين مسؤول عن التعامل مع المقاطعة.

Interstitials — صفحات متخللة: صفحات تظهر قبل المحتوى المقصود وعادةً ما تكون لإظهار إعلان أو التأكد من بعض المعلومات قبل إظهار المحتوى.

Interviews — مقابلات.

INTR (Interrupt Request) — طلب مقاطعة: عبارة أو تعليمة برمجية تُستخدَم إما للتعبير عن عملية مقاطعة المعالج لعمل شيئ معين أو للتعبيرعن خطوط المقاطعة على المعالج.

Intranet — الشبكة الداخلية/المحصورة (إنترانت): شبكة حاسوب داخلية خاصة لا يستطيع الوصول إليها

خطأ صفحة غير متوفرة: رسالة خطأ تولّدها أنظمة تشغيل مايكروسوفت ويندوز عندما يحاول برنامج معين استدعاء أو تخزين فئة أو كتلة غير موجودة في ذاكرة الحاسوب.	IPF (Invalid Page Fault)
هاتف ايفون: هاتف ذكي من شركة ابيل طُرح في عام 2007 يَدمج بين تقنيات الهاتف الخلوي ومشغل الموسيقى والكاميرا وإرسال الرسائل النصية والبريد الإلكتروني وتصفح المواقع الشبكية.	iPhone
الإسم المطلق على عملية تشغيل حواسيب IBM System/360 و شبيهاتها.	IPL (Initial Program Load)
لغة معالجة المعلومات: لغة أُخترعت في عام 1956 لأغراض العمليات العامة، آخر إصدار منها هو IRL-VI وتم إسبدالها بلغة برمجة معالجة القوائم.	IPL (Information Processing Language)
جيل لاحق من برتوكول الشبكة الدولية (راجع IPV6).	IPng (Internet Protocol Next Generation)
رقم برتوكول الشبكة الدولية.	IP-number
جهاز ايبود: مشغل الأوساط الرقمية المحمولة المشهور تم طرحه من قبل شركة ابيل في عام 2001 وهو قادر على تخزين 40 ألف ملف موسيقي.	iPod
مزوّد الحضور على الشبكة الدولية: مؤسسة تقدم مزيجا من خدمات الشبكة الدولية كاستضافة موقع أو تثبيت محتوى.	IPP (Internet Presence Provider)
أمن بروتوكول الشبكة الدولية: مجموعة من البروتوكولات التي تقوم بتوثيق و تشفير الرسائل المرسلة عبر الشبكة الدولية.	IPSec (IP Security)
يدعو: دعوة لقبول إتصال على الشبكة الدولية أو قبول دعوة للإشتراك في خدمة كالبريد إلكتروني.	Invite
نظام التحكم بالمدخلات والمخرجات: مجموعة من الروتينات المرنة التي تُشرف على مدخلات ومخرجات عمليات الحاسوب عند مستوى لغة الآلة المفصلة.	IOCS (Input/Output control system)
بروتوكول التجارة عبر الشبكة الدولية المفتوح: مجموعة من المعايير لجعل المعاملات التجارية الإلكترونية متوافقة ما بين العملاء والتجار وغيرهم من الأطراف ذات العلاقة بغض النظر عن نظام الدفع.	IOTP (Internet Open Trading Protocol)
راجع Internet Protocol.	IP
عنوان بروتوكول الشبكة الدولية: عدد من 32 بت يُستخدم لتعريف الحواسيب يتكون من أربعة مجموعات من الأرقام مفصولة بنقاط.	IP Address
الإرسال المتعدد لبروتوكول الشبكة الدولية: إرسال الرسائل عبر بروتوكول الشبكة الدولية لأكثر من جهاز.	IP Multicast
عنوان بروتوكول الشبكة الدولية المزيف: إنشاء حزم بروتوكول الشبكة الدولية عن طريق عنوان مُرسِل مُزوَّر.	IP Spoofing
نفق بروتوكول الشبكة الدولية: عملية تغليف رسالة الشبكة الدولية داخل رسالة أخرى لمحاكاة وجود وصلة مادية بينهما.	IP Tunneling
تصنيف الأجزاء الموضحة: ترتيب أجزاء الحاسوب أو أجهزة أخرى في قائمة.	IPB (Illustrated Parts Breakdown)
راجع InterProcess Communication.	IPC ()

IrDA (Infrared Data Association) جمعية نقل البيانات عبر الأشعة تحت الحمراء: الجمعية المسؤولة عن وضع بروتوكولات تبادل المعلومات بإستخدام الأشعة تحت الحمراء.

IRF (Infrared Frequency) تردد الأشعة تحت الحمراء.

IRMA Board لوح توسيع شائع لأجهزة الحاسوب الشخصية وأجهزة ماكينتوش تمكّن هذه الحواسيب من منافسة الوحدات الطرفية لأجهزة أي بي ام 3278 و3279 وتمكن محاكيات أجهزة أي بي ام 3270 من التعامل مع حواسيب آي بي إم العملاقة.

IRQ (Interrupt Request) طلب مقاطعة.

Irrevocable license ترخيص غير قابل للرجوع عنه.

IRS (Interrupt Source) مصدر مقاطعة:الجهاز أو المصدر الذي أرسل رسالة المقاطعة.

IS راجع Information System.

ISA (Industry Standard Architecture) معمارية صناعية معيارية: ناقل معلومات في حواسيب آي بي إم يَستعمل 16 رقم ثنائي في نقل المعلومات ولم يعد مستخدماً.

ISA (Internet Security and Acceleration server) نظام من مايكروسوفت يوفر مزوِّد أمن الشبكة الدولية وتسارعها: مزوِّد لعدة خدمات متعلقة بالشبكة الدولية مثل توفير إتصال بالشبكة الدولية لموظفي شركة وحماية الخوادم الموجودة فيها من المعتدين.

ISACA (Information System Audit and Control Association) جمعية تدقيق وضبط أنظمة المعلومات: هي منظمة عالمية أُنشئت في عام 1967 لإدارة المعلومات ومراقبتها وتدقيقها والحفاظ على أمنها، تقوم الآن بمهمات تدقيق أمن المعلومات والإستشارات والتدريب وتُعرف الآن فقط بإسمها المختصر بسبب توسع نطاق أعمالها.

IPTO (Information Processing Technology Office) مكتب تقنية معالجة المعلومات: هو وكالة مشاريع أبحاث الدفاع المتقدمة أُنشىء في عام 1962 ووظيفته خلق جيل جديد من الأنظمة الحاسوبية والمعلوماتية التي تتمتع بقدرات محسنة.

IPTV تلفاز بروتوكول الشبكة الدولية: نظام بث التلفاز الرقمي بإستعمال بروتوكول الشبكة الدولية.

IPv4 الإصدار الرابع من بروتوكول الشبكة الدولية: النسخة الحالية من بروتوكول الشبكة الدولية.

IPv6 (Internet Protocol v.6) الإصدار السادس من بروتوكول الشبكة الدولية: بدأ العمل عليه في عام 1991 وتم الإنتهاء من إعداد مواصفاته في عام 1997 من قبل فريق عمل هندسة الشبكة الدولية وهو مصمم لإصلاح العيوب في الإصدار الرابع من بروتوكول الشبكة الدولية مثل أمن البيانات والحد الأقصى لعناوين المستخدمين.

IPX (Internetwork Packet Exchange) تبادل الحزم عبر الشبكة الدولية: جزء من نظام تبادل الحزم عبر الشبكة الدولية/ تبادل الحزم المتتابع والمسؤول عن وصول الرسائل إلى الجهاز المستَقبِل من جهاز المرسل.

IPX/SPX (Internetwork Packet Exchange/ Sequenced Packet Exchange) تبادل الحزم عبر الشبكة الدولية/ تبادل الحزم المتتابع: نظام الشبكات المُستخدَم في أنظمة نوفيل نيتوير الذي تم تطويره من قبل منظمة المعايير العالمية.

IR (InfraRed) أشعة تحت الحمراء.

IR (Instruction Register) سجل التعليمات:سجل في المعالج يقوم بتخزين الأمر الذي يقوم المعالج بتنفيذه حاليا.

IRC (Internet Relay Chat) خدمة الدردشة عبر الشبكة الدولية: هو بروتوكول الرسائل النصية عبر الإنترنت وفي الوقت الحقيقي.

ISO (International Standard Organization) — المنظمة الدولية للمعايير: اسم شعبي للمنظمة الدولية للتوحيد القياسي وهي منظمة مقرها جينيفا تأسست في عام 1947 وهي مسؤولة عن وضع المعايير العالمية.

ISOC (Internet Society) — جمعية الشبكة الدولية: مؤسسة ذات عضوية دولية أُسست عام 1992 لتحسين الشبكة الدولية وتطويرها.

ISO-Ethernet — شبكة إيثرنت المنظمة الدولية للمعايير: هو التحسين الذي أدخلته شركة ناشونال سيميكوندكتر على الإيثرنت التقليدي للتعامل مع الصوت والفيديو بالسرعة المطلوبة لكن لم ينتشر المعيار وتم إيقافه.

Isolate — يعزل.

Isolateability — القابلية للعزل.

Isolatable — قابل للعزل.

Isolated — معزول.

Isolation — عزل: خاصية في أنظمة قواعد البيانات تتمثل بعدم إدراك التغيرات التي أجرتها عملية ما من قبل عمليات متزامنة على النظام إلى حين انتهائها.

ISP (Instruction Set Processor) — معالج مجموعة التعليمات: لغة مجموعة التعليمات التي يميزها المعالج والتي يستطيع تنفيذها.

ISP (Internet Service Provider) — مزود خدمات الشبكة الدولية: مؤسسة توفر خدمات إستخدام الشبكة الدولية للأفراد والشركات وغيرها.

ISUP (ISDN User Part) — جزء المستخدم الخاص بالشبكة الرقمية للخدمات المتكاملة: جزء من نظام إصدار الإشارات رقم 7 يُستخدَم لإجراء المكالمات الهاتفية في شبكات المكالمات الهاتفية المحولة العامة.

ISAM (Indexed Sequential Access Method) — طريقة الوصول المتسلسلة المفهرسة: طريقة تخزين المعلومات إبتكرتها شركة آي بي إم لإسترجاع المعلومات بشكل سريع.

ISAPI (Internet Server Application Program Interface) — واجهة برنامج تطبيقات خادم/مزوِّد الشبكة الدولية: واجهة برامج تطبيقات من شركة مايكروسوفت تسمح للمبرمجين بخلق نصوص/برامج قائمة على الشبكة العنكبوتية ليتم تشغيلها على خادم/مزوِّد معلومات الشبكة الدولية وخوادم شبكية شبيهة.

iSCSI (Internet Small Computer Systems Interface) — واجهة الشبكة الدولية لنظام الحاسوب الصغير: معيار أقرته مجموعة عمل هندسة الشبكة الدولية يتيح إستخدام بروتوكول واجهة نظام الحاسوب الصغير على شبكات برتوكول التحكم بنقل البيانات/بروتوكول الشبكة الدولية.

ISDN (Integrated Services Digital Network) — الشبكة الرقمية للخدمات المتكاملة: شبكة هاتفية تسمح بنقل البيانات والصوت بشكل رقمي لتحصيل جودة أعلى وتصل سرعة نقل البيانات إلى 128 كيلوبت في الثانية.

ISIS (Image and Scanner Interface Specification) — مواصفات واجهة الصور والماسح الضوئي: معيار آخر لواجهة برمجيات الصور تتعامل مع مسح الصور ومعالجتها.

ISL (Inter Satellite Link) — رابطة بين قمرين صناعيين.

ISM Band (Industrial, Scientific and Medical band) — النطاق الصناعي والعلمي والطبي: أجزاء من نطاق الراديو الذي يستطيع أي شخص إستخدامه لأغراض صناعية أو علمية أو طبية دون الحاجة إلى ترخيص في معظم الدول.

ISV (Independent Software Vendor)	بائع برمجيات متخصصة: شركة متخصصة في تسويق وبيع برمجيات قياسية كبرامج سماسرة العقارات وموظفي الرعاية الصحية وبرامج مسح شيفرات الخطوط العمودية.
IT	راجع Information Technology.
IT access control	التحكم في الوصول الى تقنيات المعلومات.
IT asset	أصول تقنيات المعلومات: من أمثلة أصول تقنيات المعلومات البرامج والحواسيب والتراخيص التي تمتلكها المؤسسة.
IT audit checklist	قائمة فحص تدقيق تقنيات المعلومات.
IT Business systems analyst	محلل نظم تجارية قائمة على تقنية المعلومات.
IT compliance	توافق تقنية المعلومات.
IT consolidation	دمج عناصر تقنيات المعلومات.
IT Consultant non-disclosure agreement	اتفاق عدم الإفصاح مع استشاري تقنية المعلومات.
IT controller	المتحكم في تقنيات المعلومات: اسم لوظيفة يضطلع شاغلها بالتحكم في نظم وشبكات تقنيات المعلومات.
IT department head	رئيس قسم تقنية المعلومات: المسؤول الأول في المؤسسة عن تقنيات المعلومات.
IT disaster	كارثة متعلقة بتقنيات المعلومات.
IT due diligence checklist	قائمة فحص المراجعة الواجبة على تقنيات المعلومات.
IT energy cost	كلفة الطاقة لتشغيل تقنيات المعلومات.
IT environmental advocate	مناصر بيئي لتقنية المعلومات.
IT environmental cost	الكلفة البيئية لتقنية المعلومات.
IT espionage	تجسس تقني/عبر تقنيات المعلومات.
IT incident	حادث تقني/متصل بتقنيات المعلومات.
IT incident analysis	تحليل الحادث التقني/المتصل بتقنيات المعلومات.
IT incident handling	التعامل مع الحوداث التقنية/ المتصلة بتقنيات المعلومات.
IT incident handling review	مراجعة التعامل مع الاحداث التقنية/أحداث تقنيات المعلومات: مفهوم مفاده تقييم اداء فريق التعامل مع الحدث وتحديد الدروس والعبر المستفادة وتعديل ألية الرد.
IT incident scene	موقع حصول الحادث التقني/المتصل بتقنيات المعلومات: الموقع الذي شهد وقوع الخلل في منظومة تقنيات المعلومات.
IT Industry practices	ممارسات قطاع تقنيات المعلومات.
IT mentoring	ارشاد تقنية المعلومات.
IT operating procedures	إجراءات تشغيل تقنيات المعلومات.
IT optimization	مثالية تقنية المعلومات: رفع كفاءة تقنية المعلومات إلى المستويات القصوى.
IT practitioner	ممارس لتقنيات المعلومات.
IT scheduling	جدولة/توظيف تقنيات المعلومات.
IT security review	مراجعة أمن تقنيات المعلومات.
IT security risk assessment	تقييم مخاطر أمن تقنيات المعلومات.
IT Service desk	مكتب خدمات تقنيات المعلومات: مجموعة من خدمات تقنيات المعلومات والاتصالات تُقدم للموظفين والمستفيدين.
IT solution durability	متانة حلول تقنية المعلومات، قابلية حلول تقنية المعلومات للتحمل.
IT spending	الإنفاق على تقنيات المعلومات.
IT strategist	متخصص إستراتيجيات تقنيات المعلومات.
IT survey	مسح تقنيات المعلومات.
IT threat assessment	تقيم تهديدات تقنيات المعلومات.
IT waste cutting	خفض هدر تقنيات المعلومات.
IT's environmental impact	الأثر البيئي لتقنية المعلومات.

IXC (Interexchange Carrier)	شركات التبادل الهاتفي: الإسم القانوني للشركات التي توفر خدمة الإتصال بين شركات الإتصالات المختلفة داخل الولايات المتحدة الأمريكية.
Italic	مائل: نمط خط تكون فيه الحروف مائلة.
Itanium	إيتانيوم: مجموعة وحدات المعالج المركزي التي تنتجها شركة إنتيل والقائمة على جيلها التالي الذي يتميز بتصميم من نوع 64 رقم ثنائي IA-64.
ITC Solutions Customizability	قابلية حلول تقنية المعلومات والاتصالات للتجهيز/للتخصيص وفقا لطلب المستهلك.
IT-caused global carbon emission	انبعاث كربوني عالمي سببه تقنيات المعلومات.
Item	بند: حقل أو مجموعة حقول بيانات مترابطة.
Iteration	تكرار: تكرار تسلسل تعليمات أو أحداث.
IT-led corporate change	تغيير مؤسسي تقوده تقنية المعلومات.
ITU (International Telecommunication Union)	الإتحاد الدولي للإتصالات: منظمة مقرها جينيف في سويسرا تضع المعايير الدولية للإتصال على خطوط الهاتف والراديو.
ITU-R (ITU-Radio Communication Standardization Sector)	قسم الإتصال الراديوي التابع للإتحاد الدولي للإتصالات.
ITU-T (ITU-Telecommunication Standardization Sector)	قسم تنسيق معايير الإتصالات التابع للإتحاد الدولي للإتصالات.
Iverson's Language	لغة إفيرسون: لغة برمجة رياضية عالية المستوى تتميز بإيجازها وقدرتها على توليد المصفوفات.
IVOD (Interactive Video on Demand)	فيديو تفاعلي حسب الطلب: امتداد لخدمة الفيديو حسب الطلب يتميز بوظائف جديدة مثل التقديم السريع والإرجاع السريع والإيقاف.
IVR (Interactive Voice Response)	استجابة صوتية تفاعلية: وظيفة يضغط فيها المتصلون على زر رداً على منبه صوتي للإستماع إلى معلومات مُسجلة أو توجيه مكالماتهم هاتفياً إلى طرف آخر.

J

J mouse
فأرة جي: نوع من الحلول المتعلقة بالحواسيب المحمولة حيث يُستعمَل فيها حرف ال "J" لتحريك مؤشر الفأرة على الشاشة، لم يعد مستعملا لصعوبة إستخدامه.

J#
لغة البرمجة " جي #": لغة برمجة من شركة مايكروسوفت قائمة على لغة جافا وتتضمن معظم مزايا لغة ++Visual J.

J++
لغة البرمجة " جي ++": نظام تم وضعه من قبل شركة مايكروسوفت لتطوير التطبيقات باستخدام لغة جافا القائمة على برنامج ويندوز.

J2EE (Java 2 Enterprise Edition)
الإصدار المؤسسي الثاني لجافا: بيئة تشغيل من شركة أوراكل (صن ميكروسيستمز قبل الاستحواذ) لبناء تطبيقات موزعة.

Jabber
نظام الدردشة/الثرثرة:
1- نظام مفتوح المصادر للرسائل الفورية.
2- إرسال حزم أكبر من الحد الأقصى المسموح به مما يسبب خللا عفي عمل الشبكة.

Jack
مقبس توصيل.

Jacket
الغلاف المحيط بالقرص المرن لحمايته.

Jaggies
إسم عامي يستعمل لوصف الأماكن الخشنة من الصور (راجع Aliasing).

JANET (Joint Academic Network)
الشبكة الأكاديمية المشتركة: شبكة خاصة في بريطانيا مكرسة لأغراض البحث العلمي والتعليم.

JAR (Java Archive)
أرشيف جافا: صيغة ملف تحتوي ملفات متعددة مضغوطة وتُستخدم لتوزيع تطبيقات جافا على شكل وحدة واحدة.

Jargon
إصطلاحات تستعمل في مجال معين.

Java
لغة جافا: لغة برمجة مشتقة من لغة البرمجة ++C تم تطويرها من قبل جوزلينج من شركة صن ميكروسيستمز في العام 1992 بسيطة وتوفر عزل أكبر عن نظام التشغيل. تُمّكن لغات البرمجة من تحويل البرامج من لغة الانسان الى لغة الالة على شكل سلسة من التعليمات.

Java Applet
برنامج جافا مصغر: برنامج جافا صغير يمكن تضمينه في وثيقة لغة توصيف النصوص التشعبية وتنفيذه منها، كما يوفر مزايا إضافية على صفحات المواقع الشبكية لا يمكن للغة توصيف النصوص التشعبية توفيرها.

Java Card
بطاقة جافا: تقنية تسمح لبرمجيات جافا المصغرة بالعمل على البطاقات الذكية والأجهزة ذات الذاكرة الصغيرة جدا.

Java Card Virtual Machine
آلة بطاقة جافا الإفتراضية: برنامج خاص بتفسير البرامج المخزنة على بطاقات جافا وتنفيذها.

Java Chip
رقاقة جافا: معالج صممته شركة صن ميكروسيستمز يحتوي على تعليمات برمجية بلغة جافا وتوقف إنتاجه عام 1998.

Java Complaint Browser
متصفح موافق للغة جافا: متصفح للشبكة الدولية يدعم تنفيذ تطبيقات لغة البرمجة جافا.

Java File Interchange Format
صيغة تبادل ملفات جافا: معيار لتبادل ملفات الصور من نوع JPEG.

JCL — راجع Language Job Control.

JDBC (Java DataBase Connectivity) — ربط جافا بقواعد البيانات: واجهة برمجية تسمح لتطبيقات جافا بالوصول إلى قاعدة بيانات بواسطة لغة الاستعلام المهيكلة.

JDK (Java Development Kit) — حزمة أدوات تطوير جافا: مجموعة من البرمجيات تستعمل لتطوير التطبيقات بلغة جافا.

Jet SQL — لغة الاستعلام المهيكلة لجت: لغة استفسارية تُستخدم من قبل محرك قواعد البيانات جت المستخدم في بناء نظم إدارة قواعد البيانات من مايكروسوفت.

JetSend Protocol — بروتوكول ارسال جت (جت سيند): بروتوكول طورته شركة إتش بي يوجّه الإتصالات بين أجهزة الشبكة مثل الكاميرات والماسحات والطابعات المستقلة عن أي خوادم أو تطبيقات برمجية.

Jewel box — علبة القرص المضغوط: علبة بلاستيكية تستخدم لتخزين الأقراص المدمجة.

JFC (Java Foundation Classes) — فئات جافا الاساسية: مكتبة طورتها شركة صن ميكروسيستمز في 1997 تحتوي على أطر عمل لبناء واجهات مستخدم رسومية قائمة على لغة جافا.

Jini — جيني: هيكلية برمجية مبنية على جافا طورتها صن ميكروسيستمز لبناء الأنظمة الحوسبية الموزعة.

JIT (Just In Time) — في وقت التجميع (الوقت المناسب) : أحد أنواع المفسرات يقوم بتحويل أوامر اللغة البرمجية إلى لغة أقرب قليلا إلى لغة الآلة لتسريع التنفيذ.

Java HotSpot — نقطة عمل جافا: آلة جافا افتراضية أولية لأسطح المكاتب والخوادم التي وفرتها أنظمة صن ميكروسيستمز.

Java Messaging Service — خدمة إرسال رسائل جافا: واجهة برمجة تُمكّن البرامج من تبادل الرسائل فيما بينها.

Java Naming and Directory Interface — واجهة تسمية ودليل جافا: واجهة برمجة لربط برامج جافا بخدمات التسمية والدليل مثل DNS وLDAP.

Java Native Interface — واجهة جافا الأصلية: واجهة برمجية تمكن البرامج المكتوبة بلغة الآلة من التعامل مع البرمجيات المكتوبة بلغة جافا.

Java Speech Grammar Format — صيغة قواعد كلام جافا: لغة وصفية تستعمل لبيان القواعد المستعملة في التعرف على التعليمات الكلامية أو الصوتية.

Java Virtual Machine — آلة جافا الإفتراضية: مفسّر يترجم ترميز جافا الثنائي إلى تعليمات آلة فعلية وينفذها في نفس الوقت.

JavaBean — حبوب جافا (جافا بين): مكونات برمجية (فئات) بلغة جافا مكتوبة بناء على معيار ما تُستخدم لتغليف عدة كيانات في كيان واحد (الحبة).

JavaMail — بريد جافا: نظام يوفر إطار عمل ذا بيئة تشغيل وبروتوكول مستقلين من أجل بناء تطبيقات للبريد وإرسال الرسائل.

JavaOS — نظام تشغيل جافا : نظام تشغيل طورته شركة صن ميكروسيستمز مكتوب بلغة جافا و يحتوي على آلة جافا الإفتراضية كمكون أساسي.

JavaScript — نص جافا (جافا سكريبت): هي لغة برمجة رمزية قامت بتطويرها شركة نتسكيب عام 1995 لتُستخدم في صفحات لغة توصيف النصوص التشعبية لاضافة وظائف تفاعلية.

جدولة المهام.	Job scheduling
تطوير التطبيقات التشاركي: هي طريقة تطوير للأنظمة والتطبيقات تنطوي على مشاركة فعالة من قبل المستخدمين في نشاطات عملية التطوير.	Joint Application Development
نظام ملفات تسجيلي: نظام ملفات يقوم بإدخال تغييرات على ملف مؤقت قبل كتابتها فعليا على نظام الملفات الرئيسي حيث يقل احتمال حدوث خلل لهذه الملفات في حال انقطاع الكهرباء أو عطل البرنامج.	Journaling File System
لغة جوفيال (نسخة جول من لغة الخوارزميات الدولية): لغة برمجة راقية متخصصة في بناء برامج الأنظمة المدمجة.	JOVIAL (Jules Own Version of the International Algorithmic Language)
عصا التحكم، يد التحكم.	Joystick
مجموعة خبراء التصوير الفوتوغرافي المشترك: مجموعة دولية تضع معايير ترميز الصور الثابتة.	JPEG (Joint Photographic Expert Group)
استعلام جي (جي كويري): برنامج شبكي تطبيقي بسيط يركز على التفاعل بين نص جافا ولغة توصيف النصوص التشعبية.	jQuery
بيئة تشغيل جافا: هي برمجية قامت بتطويرهاشركة صن ميكروسيستمز تسمح لنظام الحاسوب بتشغيل تطبيقات جافا.	JRE (Java Runtime Environment)
صفحات خادم جافا: تقنية توفر طريقة سريعة ومبسطة لتوليد محتوى ديناميكي في موقع شبكي حيث تُمكّن هذه التقنية من تطوير سريع لتطبيقات برمجية معتمدة على الشبكة العنكبوتية ومستقلة عن الخادم وبيئة التشغيل.	JSP (JavaServer Pages)
يحكم على، يقضي، يقدر، يكون رأيا.	Judge
إضطراب الإرسال: تغيرات غير مرغوب بها في الإشارات الموجودة في الدارات أو المرسلة عبر أجهزة الإتصالات.	Jitter
واجهة برمجة تطبيقات إدارة جافا: واجهة برمجية طورتها شركة صن ميكروسيستمز لإدارة الشبكات والأنظمة عبر الشبكة العنكبوتية.	JMAPI (Java Management Application Programming Interface)
راجع Java Messaging Service.	JMS
راجع Java Naming and Directory Interface	JNDI
راجع Java Native Interface.	JNI
وظيفة: مصطلح يستعمل في الأنظمة متعددة المهام للتعبير عن النسخة الفعّالة من البرنامج الموجودة في الذاكرة للتنفيذ.	Job
لغة التحكم بالوظائف: لغة تستعمل في حواسيب آي بي إم العملاقة لتنفيذ مجموعة من البرامج المتلاحقة أو بدأ عملية التشغيل.	Job Control Language
برنامج التحكم بالوظائف: برنامج يقوم بالتنسيق بين الوظائف.	Job control program
جملة التحكم بالوظائف: عبارة تستخدم في توجيه نظام التشغيل للقيام بعملية معينة فيما يخص تنظيم الوظائف.	Job control statement
مجرى إدخال الوظائف: مجموعة من عبارات التحكم بالوظائف.	Job input stream
ادارة الوظائف: ادارة التنسيق بين الوظائف الفعّالة في نظام متعدد المهام.	Job Management
معالجة الوظائف.	Job Processing
طابور/ قائمة انتظارالوظائف: قائمة من البرامج أو المهام التي تنتظر التنفيذها من قبل الحاسوب وتُرتب عادة حسب الأولوية.	Job queue

Jump to .NET	انتقال مستخدم جافا إلى مايكروسوفت دوت نيت: مجموعة من الخدمات تُمكّن مستخدمي جافا من ترحيل مشاريع جافا إلى مايكروسوفت دوت نيت.
Jumper	موصل معدني: يتحكم بفتح وإغلاق الدوائر الإلكترونية.
Junction	تقاطع: مكان تلامس أو إلتقاء مادتين شبه موصلتين متضادتين في القطبية.
Junk Mail	رسائل عديمة الفائدة.
Jurisdiction	الاختصاص القضائي: هو مدى اختصاص المحكمة بالنظر في قضية ما معروضة أمامها وينقسم الاختصاص القضائي إلى اختصاص نوعي يُنظر فيه إلى اختصاص المحكمة من حيث موضوع القضية واختصاص مكاني يُنظر فيه إلى اختصاص المحكمة من حيث حدودها الإقليمية
Jurisdictional	اختصاص قضائي.
Jurisdictions	اختصاصات قضائية.
Justified margin	هامش مضبوط.
JVM	راجع Java Virtual Machine.
Judgment	حكم، قضاء، رأي.
JUG (Java User Group)	مجموعة مستخدمي جافا: مجتمع من مستخدمي لغة جافا البرمجية.
Jughead	برنامج جغ هيد: خدمة على الشبكة الدولية تسمح للمستخدمين بتحديد مواقع الفهارس ضمن فضاء غوفر عن طريق البحث عن كلمات مفتاحية.
Jukebox	خزانة تخزين: جهاز يحتوي على مجموعة من وسائط التخزين يُمكن إختيار إحداها بواسطة ذراع ميكانيكية توفر مساحة تخزين واسعة من خلال جمع مجموعة من مساحات الوسائط.
Julian	جوليان: تقويم سنوي يعد إصلاح للتقويم الروماني وضعه يوليوس قيصر في السنة 46 قبل الميلاد.
Jump Instruction	تعليمة/أمر القفز: عملية برمجية يتم فيها الإنتقال من التسلسل الاعتيادي لتعليمات البرنامج الى تنفيذ أمر غير متتابع بالضرورة (مرادف Branch).
Jump page	صفحة القفز: صفحة شبكية مؤقتة أو دائمة تُستخدم لإعادة توجيه المستخدم إلى صفحة أخرى قد تظهر كنافذة تحث المستخدم على الذهاب إلى موقع للتجارة الإلكترونية أو قد تكون صفحة كاملة تشكل فهرسا للمواقع الأخرى.
Jump Pages/Bridge Page	صفحة القفز/التجسير: هي صفحة شبكية صُممت لتظهر من أجل جذب انتباه المستخدم للترويج لمنتجات أو خدمات أو لجمع معلومات المستخدم.
Jump Table	جدول القفز: مصطلح يُستخدم لوصف طريقة فعالة لتحويل التحكم بالبرنامج من جزء إلى آخر من باستخدام حقل من تعليمات الجدول.

Kerning	تعديل المسافات بين الحروف: عملية تعديل المسافات بين الأحرف بناءا على أشكال الحروف
Key	مفتاح : 1-حقل يُستعمل لتمييز السجلات عن بعضها في قواعد البيانات لضمان عدم التكرار. 2-مجموعة من البيانات في التشفير. 3-مفتاح على لوحة المفاتيح.
Key - Driven Terminal	جهاز طرفي مُشغَّل بلوحة مفاتيح.
Key decision	قرار مفتاحية/ رئيسية.
Key- Driven Data- Entry Device	جهاز إدخال البيانات مُشغَّل بلوحة مفاتيح.
Key- Driven Device	جهاز مشغَّل بلوحة مفاتيح.
Key Performance Indicator	مؤشر الاداء الرئيس: مقياس يساعد الشركات في تقييم مدى التقدم في تحقيق الأهداف المرجوة.
Key System Unit	وحدة خدمة الهاتف الرئيسية: هي وحدة التحكم الرئيسية في نظام الهواتف الداخلية مثل الخطوط المستأجرة والخاصة والخطوط المخصصة لأغراض معينة.
Keyboard	لوحة مفاتيح.
Keyboard Shortcut	إختصارات لوحة المفاتيح: مفتاح أو مجموعة من المفاتيح تؤدي وظيفة محددة عند الضغط عليها.
Keyboard Wedge	وتد لوحة المفاتيح: جهاز أو برنامج يحول البيانات التي تمت قرأتها من قبل جهاز إدخال غير لوحة المفاتيح (الأشرطة المغنطة مثلا) إلى بيانات مشابهة لبيانات لوحة المفاتيح.
Keycap	غطاء المفاتيح: القطعة البلاستيكية الظاهرة من المفتاح على لوحة المفاتيح حيث تغطي الجزء الكهربائي من المفتاح وتبين وظيفة المفتاح أو الحرف المستعمل.
Keying	إدخال البيانات بواسطة لوحة مفاتيح الحاسوب.

K

K5	تقنية كي 5: وحدة معالجة مركزية من أيه إم دي مكافئة لمعالج انتل بنتيوم.
K56flex	تقنية كي 56 فليكس: مجموعة شرائح موديم من شركتي روكويل ولوسينتتوفر للمستخدم إمكانية الحصول على بيانات عن طريق خطوط الهواتف العادية بمعدَّل 56 كيلو بت/الثانية.
K6	تقنية كي6: وحدة معالجة مركزية من شركة أيه إم دي مكافئة لمعالج انتل بنتيوم تحتوي على تعليمات MMX.
Kb/kbit (Kilobit)	كيلو بت: وحدة قياس وتخزين تساوي 1024 عدد ثنائي (بت).
KB (Kilobyte)	كيلو بايت: وحدة قياس سعة التخزين والتي تعادل 1024 بايت.
Kbps (Kilobits Per Second)	ألف عدد ثنائي بالثانية: وحدة قياس سرعة نقل البيانات.
Kcs (Kilo Character per Second)	ألف رمز في الثانية : وحدة قياس سرعة نقل البيانات.
Keep	يفي، يحرس، يبقي، يحافظ على.
Keeper	حارس، محافظ على.
Keeping	الابقاء على،المحافظة على.
Kerberos	تقنية كيربيروس: بروتوكول توثيق الشبكة يتحقق من هوية المستخدمين الذين يحاولون الدخول إلى الشبكة ويشفر إتصالاتهم باستخدام تشفير المفاتيح السرية.
Kernel	نواة نظام التشغيل: هي المكون الرئيس لأنظمة التشغيل والمسؤولة عن تنظيم وظائف الحاسوب.

Keying Device	جهاز إدخال البيانات بواسطة لوحة المفاتيح.
Keying System	نظام إدخال البيانات بواسطة لوحة المفاتيح.
Keypunch	ثقب المفاتيح: جهاز أُستعمل قديما لإدخال البيانات إلى البطاقات المثقبة عن طريق ثقب البطاقات في أماكن معينة عبر لوحة مفاتيح خاصة.
Keystroke	الضغط على مفتاح من لوحة المفاتيح.
Keystroke monitoring software	برمجيات مراقبة ضربات لوحة المفاتيح.
Keyword	1-في قواعد البيانات : كلمة تميز سجل معين عن باقي السجلات 2-في لغات البرمجة: كلمة لا يمكن للمبرمج إستعمالها كإسم متغير لأنها تحمل معنى خاص 3-كلمة تستعمل مع محركات البحث لإيجاد معلومات معينة.
Keyword	كلمة رئيسية/مفتاحية: كلمة أو مجموعة من الكلمات تُستخدم لاسترجاع الوثائق في نظام معلومات أو محرك بحث.
Keywords categorizability	قابلية الكلمات المفتاحية للتصنيف.
Khz (Kilohertz)	كيلوهيرتز: وحدة قياس التردد تساوي 1000 هيرتز.
Kick	إخراج، طرد: إخراج شخص من قناة شبكة الدردشة على الشبكة الدولية وهو خيار متاح لاداري القناة فقط.
Kid tracking	تعقب الأطفال.
Kill File	ملف محذوف، ملف ملغى: ملف مستخدم من قبل إحدى برامج قراءة شبكة المستخدم (USENET) التي تقوم بالتخلص من الرسائل غير المرغوب بها وتكون عادة من مؤلف معين أو في موضوع معين.
Kilobyte (KB)	راجع KB.
kilomega	ألف مليون: وحدة قياس لم تعد مستعملة حيث حل مكانها وحدة الجيجا (Giga).
Kit	أدوات.
Kits	مجموعات أدوات.
K-line	خط المنع (K): مصطلح في الدردشة على الشبكة الدولية ينطبق على مستخدم تم منعه من الوصول لخادم معين لفترة معينة أو بشكل دائم، سُمي بذلك لأن إسم المستخدم المحظور يُخزن في إعدادات الخادم في سطر أوله الحرف k.
Kluge	حل سريع: عملية إصلاح سريعة توصف بأنها حل غير ذكي مثل الخدع البرمجة الذكية التي صُممت من أجل حل قضية معينة.
Knowbie	عالم: هي كلمة عامية تعني الشخص الذي يفهم التفاصيل الدقيقة المتعلقة بشبكات الحاسوب.
Knowbot	راجع Knowledge Robot.
Know-how transfer	تحويل/ نقل المعرفة.
Knowledge	معرفة: هو مصطلح يشمل حقائق ومعلومات وأوصاف ومهارات مكتسبة من خلال التجربة المباشرة أو التعلم.
Knowledge Base	قاعدة معرفية: هو نوع من قواعد البيانات خاص بتوفير وسائل لتجميع وتنظيم واسترجاع المعرفة بطريقة محوسبة.
Knowledge divide	الانقسام/الفرق المعرفي: مصطلح يشير الى فروقات القدرة في الوصول الى المعرفة بين الدول والاقاليم الجغرافية.
Knowledge economy	اقتصاد المعرفة: اقتصاد قائم على استخدام المعرفة لتحقيق نتائج اقتصادية ايجابية.
Knowledge gap	فجوة معرفية: مفهوم يشير الفجوة بين بلدان العالم الغني وبلدان العالم الفقير على المستوى المعرفي.

Knowledge inequality	عدم مساواة معرفية.
Knowledge management system	نظام إدارة المعرفة: مجموعة من الافراد والإجراءات والبرمجيات وقواعدالبيانات والأجهزة والمعدات لإنشاء وتخزين واستخدام والمشاركة بمعارف المنظمة وخبراتها.
Knowledge pool	مُجَمّع معرفي.
Knowledge poverty	فقر معرفي: انخفاض مستوى الوعي المعرفي لدى مجتمع بشري أو فئة من فئاته.
Knowledge Robot	الروبوت المعرفي: وهو عبارة عن برنامج حاسوب ذكي يبحث عن المعلومات على الشبكة الدولية ليستعملها في أداء مهمة معينة.
Knowledge transfer	تحويل/ نقل المعرفة.
Knowledge-driven economy	اقتصاد تقوده المعرفة.
Knowledge-driven growth	نمو تقوده المعرفة.
Knowledge-driven organization	منظمة تقودها المعرفة.
Knowledge-intensive business sector	قطاع أعمال ذو استخدام كثيف للمعرفة.
Knowledge-intensive company	شركة ذات استخدام كثيف للمعرفة.
Knowledge-oriented consulting firm	مؤسسة استشارية في المعرفة.
KPI	راجع Key Performance Indicator.
KSU	راجع Key System Unit.
KTS (Key Telephone System)	نظام الهواتف الرئيس: نظام الهواتف الداخلية المستعمل في المكاتب والشركات.
KVM switch (Key board, Video and Mouse switch)	مفتاح لوحة المفاتيح والفيديو والفأرة: أداة تستخدم لربط لوحة مفاتيح وفأرة وشاشة عرض بجهازي حاسوب أو أكثر.

L

L1 Cache — المستوى الأول لذاكرة التخزين المؤقت: هي أسرع ذاكرة في الحاسوب وباهظة الثمن ايضا.

L2 Cache (Level 2 cache) — المستوى الثاني لذاكرة التخزين المؤقت: هي أكبر من المستوى الأول لذاكرة التخزين المؤقت ولكن أبطأ قليلا.

L2F (Layer 2 Forwarding: also known as level 2) — إعادة إرسال الطبقة الثانية، المستوى الثاني: بروتوكول تم تطويره من قبل شركة سيسكو لخلق شبكات خاصة إفتراضية عبر الشبكة الدولية.

L2S (Layer 2 Switch) — موزع تحويل من الطبقة الثانية : جهاز من أجهزة إنشاء شبكات الحاسوب لتبادل البيانات عبر الأجهزة الطرفية إعتمادا على عناوين التحكم بالوصول إلى الوسط (MAC).

L2TP (Layer Two Tunneling protocol) — بروتوكول إرسال الطبقة الثانية: بروتوكول إرسال مستخدم لدعم الشبكات الخاصة الإفتراضية.

L3F (Layer 3 Forwarding; also known as level 3) — إعادة إرسال الطبقة الثالثة، المستوى الثالث :بروتوكول للشبكات الخاصة الإفتراضية تم تطويره من قبل شركة سيسكو.

L3S (Layer 3 Switch) — موزع تحويل من الطبقة الثالثة: جهاز من أجهزة إنشاء شبكات الحاسوب لتبادل البيانات عبر الأجهزة الطرفية إعتمادا على معلومات الطبقة الثالثة بسرعات عالية جدا.

L3TP (Layer Three Tunneling Protocol) — بروتوكول إرسال الطبقة الثالثة: بروتوكول إرسال مستخدم لدعم الشبكات الخاصة الإفتراضية.

Label — علامة، عنوان: مُعرّف أو اسم يستخدم في برنامج لتعريف أو وصف تعليمة أو عبارة أو رسالة أو قيمة بيانية أو سجل أو عنصر أو ملف أو شريط أو قرص.

Labor intensive company — شركة ذات حضور عماليّ كثيف.

Labor intensive solutions — حلول ذات حضور عماليّ كثيف.

Laboratory — مختبر، معمل.

Lack of — افتقار إلى.

Lack of communication infrastructure — افتقار إلى البنية التحتية للاتصال.

Lack of information — افتقار إلى المعلومات.

Lack of technology — افتقار إلى التقنية.

LAN (Local Area Network) — الشبكة المحلية: هي ربط مجموعة من الحواسيب لمنطقة محدودة المساحة على سبيل المثال في مجموعة من المكاتب المتجاورة أو مجموعة من الطوابق في مبنى واحد عن طريق أجهزة إتصالات تسمح لأي حاسوب بالتفاعل مع الآخر و التشارك بالموارد كالطابعات والماسحات ....الخ.

LANE (LAN Emulation) — محاكاة الشبكة المحلية: القدرة على ربط شبكة الإيثرنت والشبكة الحلقية مع بعضهما البعض من خلال نمط النقل غير المتوافق.

Language — لغة: هي مجموعة من الرموز المستخدمة لكتابة تعليمات وأوامر خاصة ببرنامج حاسوب.

Language Processor — معالج اللغة: برنامج متخصص يؤدي وظائف الترجمة والتفسير بالاضافة لمهام أخرى.

Languages — لغات.

LAP (Link Access Procedure) — أجراء الوصول إلى الرابط: أحد البروتوكولات المستعملة في تصحيح الأخطاء الناتجة عن نقل البيانات عبر الشبكة.

أوالتطبيق أو البنية التحتية ويحدد عدد الوحدات الزمنية اللازمة لإتمام عملية واحدة مثل تحميل صفحة موقع الشبكة الدولية.
2- الوقت الذي ينقضي من لحظة طلب كتابة البيانات على القرص أو طلب قراءتها إلى لحظة بدء عملية الكتابة أو القراءة، وهو الزمن اللازم لوصول موقع تخزين معين على سطح حركة الدوران تحت رأس القراءة والكتابة.

Lattice — تشابك، شبكة ، شبكية، نظام شبكي: الترتيب المتماثل للمكونات في نظام أو شبكة.

Launch — يُطلق.

Law — قانون.

LAWN (Local Area Wireless Network) — شبكة محلية لاسلكية.

Laws — قوانين.

Layout — تخطيط عام، تصميم العام، شكل عام.

LBS (Location Based Service) — خدمة وفق الموقع : خدمة أو معلومات يتم إرسالها إلى جهاز لاسلكي اعتمادا على موقع ذلك الجهاز.

LCD (Liquid Crystal Display) — عرض بلوري، شاشة العرض البلورية، شاشة عرض البلورات السائلة: شاشة مسطحة تستخدم البلوري (الكريستال) السائل مستخدمة في العديد من الحواسيب المحمولة والحاسبات والساعات الرقمية.

L-Commerce (Location based Commerce) — التجارة المستندة للموقع: المعاملات التجارية التي تستهدف الأفراد في مواقع محددة و/أو في أوقات محددة بإستخدام تقنيات معلومات المواقع مثل نظام التموضع العالمي.

LAP-B (Link Access Procedure Balanced) — أجراء الوصول إلى الرابط المتوازن: بروتوكول وصلة البيانات المستخدم في X.25 ويملك قدرات فحص الأخطاء.

LAP-D (Link Access Procedure for D channel) — أجراء الوصول إلى الرابط لقناة دي: بروتوكول وصلة بيانات شبكة المناطق الواسعة المستعمل في ارسال الإشارات وإعداد الإستدعاء في القناة D.

LAP-F (Link Access Procedure for Frame Mode Bearer Services) — أجراء الوصول إلى الرابط لخدمات الحاملات ذات صيغة الأطر: بروتوكول وصلة بيانات شبكة مناطق واسعة (مشابه لـLAPD) مستعمل مع تقنيات ترحيل الأطر.

LAPM (Link access procedure for Modems) — إجراء الوصول إلى الرابط الخاص بالموديم: بروتوكول يستخدم في أجهزة الموديم المصحِّحة للأخطاء V.42.

Laptop Computer — حاسوب شخصي محمول: حاسوب شخصي صغير الحجم والوزن يمكن حمله من مكان إلى آخر بسهولة.

Laptop theft — سرقة الحواسيبت النقالة.

Large Block Addressing — عنونة الكتل الضخمة: نظام يسمح للحواسيب الشخصية بالتعامل مع الأقراص الصلبة التي تكون سعتها أكبر من 528 ميغابايت.

Laser Diode — صمام ليزر ثنائي: صمام يصدر أشعة ليزر عند مرور تيار كهربائي من خلاله.

Laser Printer — طابعة ليزر: طابعة تستعمل أشعة ليزر للطباعة بسرعة فائقة.

Laser sensors — مجسات ليزرية.

Latch — قفل/مزلاج: دارة كهربائية لها حالتان مستقرتان تُستعمل في تخزين عدد ثنائي.

Latency — زمن الإنتظار/ الوصول :
1-عامل قياس اداء النظام

LCOS (Liquid Crystal On Silicon) بلور سائل على السيليكون : تقنية عرض دقيقة جدا تَستخدم بلورات سائلة بدلا من المرايا المفردة في شاشات العرض المسطحة.

LCP (Link Control Protocol) بروتوكول ضبط الرابط: قواعد تحدد نقل البيانات عبر قناة معينة.

LD (LaserDisk) قرص ليزري: قرص مغلف بالبلاستيك يخزن البيانات الرقمية مثل الموسيقى أو النصوص ويتم قراءتها عن طريق أشعة ليزر تمسح سطح القرص.

LDAP (Lightweight Directory Access Protocol) بروتوكول الوصول البسيط إلى الفهارس : بروتوكول للوصول لخدمات الدليل عبر الشبكات.

LDTV (Low Definition Television) تلفزيون متدني الوضوح : تلفزيون يوظف أقل من نحو 200 خط ماسح لكل صورة كاملة.

Lead يقود، يرشد، خيط، مُقدَّم.

Lead programmer مبرمج أول/ رئيس.

Leader قائد.

Leading Decision Loop حلقة القرار: دور تكراري يلزم فيه إختبار الشرط المحدد قبل تكرار الفعل حيث لا يُنفذ المطلوب إلا إذا تحقق الشرط.

Leading Edge الحافة الأمامية: الطرف الأمامي لبطاقة مثقبة والذي يدخل قارئة البطاقات أولا.

Leak يتسرب، يرشح، تسرب، ارتشاح.

Leakable information معلومات قابلة للتسريب.

Leakage تسرب، ارتشاح.

Leapfrog Test إختبار القفز: إختبار لمواضع تخزين في الذاكرة يقوم به برنامج خاص بنظام التشغيل ينتقل من حيز قي الذاكرة إلى أخر إلى أن ينتهي من عملية مسح الذاكرة بأكملها.

Learn يتعلم.

Learnability مقدرة التعلم: مفهوم مُستخدَم عند مصممي الأنظمة لتحديد سهولة تعلم استخدام نظام جديد من قبل المستخدمين لأول مرة.

Learning تعلم.

Learning machine آلة متعلمة.

Leased Line خط إتصالات مؤجَّر: دارة إتصالات محجوزة بصفة دائمة لمستخدم معين بدون أن يشاركه بها أحد تُستعمل للإتصال بالشبكة الدولية.

LED (Light Emitting Diode) صمام ثنائي مشع للضوء: صمام ثنائي مصنوع من مادة شبه موصلة يحول الطاقة الكهربائية الداخلية إلى إشعاع وتستعمل هذه الصمامات كمبينات ضوئية في لوحات التحكم في الأجهزة والآلات الحاسبة وغيرها.

Left Justified محاذى إلى اليسار: ضبط النص على طول هامش اليسار في عمود أو صفحة.

Legacy إرث، ميراث: يشير إلى الجيل السابق من الأجهزة والبرمجيات التي يستمر استخدامها أو كل ما يتعلق بالبيانات أو المستندات التي وُجدت قبل حدث معين. يشير هذا المصطلح على وجه الخصوص إلى تغيير في عملية أو أسلوب ما يتطلب نقل بيانات الملفات السابقة إلى نظام جديد.

Legislate يشرّع.

Legislation تشريع.

Length طول: عدد عناصر البيانات في متغير أو قائمة أو كتلة أو برنامج.

Lengthy password كلمة مرور طويلة.

Letter of Authority كتاب التخويل، خطاب الإسناد: تصريح كتابي بالإذن بإجراء دراسة لنظام العمل في الهيئة أو الشركة يحصل عليه محلل النظم من الإدارة العليا.

الترخيص: هو نشاط يسمح لشخص او مؤسسة بتثبيت وإستخدام برنامج معين.

License plate recognition devices — أجهزة التعرف على لوحة أرقام المركبة.

License subscription agreement — اتفاق الاشتراك في رخصة.

License to display — ترخيص للعرض.

License to distribute — ترخيص للتوزيع.

License to manufacture — ترخيص للتصنيع.

License to perform — ترخيص للأداء.

License to reproduce — ترخيص لإعادة الإنتاج.

License to transmit — ترخيص للنقل.

License to use — ترخيص للاستعمال.

Licensed — مُرخَص، مُرخَص له.

Licensed content — محتوى مُرخَص.

Licensed digital material — مادة رقمية م مُرخَصة.

Licensed software — برمجيات مُرخَصة.

Licensed website content — محتوى موقع شبكي مُرخَص.

Licensees — المُرخَص لهم.

Licensing — ترخيص، إصدار ترخيص أو رخصة.

Licensing due diligence — المراجعة الواجبة السابقة لمنح الترخيص.

Lie detection technology — تقنية كشف الكذب.

LIF — أسلوب لتصميم المقابس بحيث لا يحتاج الشخص المُجمِّع لإستخدام قوة كبيرة لإدخال القطع الإلكترونية فيها.

LIFO (Last In First Out) — آخر داخل أول خارج، الوارد أخيراً الخارج أولاً: طريقة ترتيب بحيث أن ما سيتم استرجاعه هي آخر ما تم تخزينه في سلسلة البيانات.

Light Pen — قلم ضوئي: جهاز إدخال على شكل قلم يسمح للمستخدم بالرسم على الشاشة.

Lighting control — تحكم ضوئي.

Lighting control solutions — حلول التحكم في الإضاءة.

Lighting controller — المتحكم في الإضاءة.

Letter Quality — جودة الرسالة/الحرف: يشير إلى الطباعة التي تكون بنفس جودة الآلات الكاتبة.

Level — يسوي، مستوى.

Level of disclosability — مستوى الإفصاح.

Lexical Scoping — تحديد النطاق المعجمي: طريقة مستخدمة في عدة لغات برمجة تُحدد وصف ووظيفة المتغير حتى يتم التعرف عليه واستخدامه والوصول إليه فقط من داخل مناطق معينة في البرنامج.

LF — راجع LineFeed.

LFAP (Light-weight Flow Admission Protocol) — بروتوكول قبول التدفق خفيف الوزن: بروتوكول يسمح لمعدات الشبكة برصد جميع الحزم التي تمر فيها بدون التأثير على أداء الشبكة.

LFN (Long File Names) — أسماء ملفات طويلة: أسماء ملفات تتجاوز حدود الرموز (8.3) المستخدمة في نظام تشغيل القرص.

LGA (Land Grid Array) — مصفوفة الشبكة الأرضية: واجهة لربط المعالج باللوحة الأم عن طريق مقابس اللوحة الأم.

LHN (Long Haul Network) — شبكة واسعة المدى: شبكة إتصالات إلكترونية ممتدة على نطاق واسع- على مستوى المدن والقرى- تُستخدَم في مختلف وسائط نقل البيانات مثل الكيبلات والألياف البصرية ووصلات الموجات الدقيقة "المايكروويف" والأقمار الصناعية.

Liberty — حرية.

Library — مكتبة: مجموعة البرامج أوملفات أوتطبيقات والأنظمة الخاصة بالحاسوب.

Library archivists — مسئولو حفظ/أرشيف المكتبات.

Licenseability — قابلية الترخيص (اصدار رخص الاستخدام).

Licensable — قابل للترخيص.

License — يرخص، ترخيص، رخصة.

Link	رابط.
Link State Packet	حزمة حالة الرابط: حزمة من المعلومات يولدها موجّه شبكة في بروتوكول توجيه حالة الربط الذي يُدرج جيران الموجّه.
Linker also known as Linkage Editor or Link Editor	محرر الربط: البرنامج الذي يربط مجموعة من الكيانات التي تم إنشاؤها بواسطة مترجم لينشئ برنامج تنفيذي.
Linux	لينكس: هو نظام تشغيل شبيه بنظام تشغيل يونكس والذي يعتبر أحد البرمجيات المجانية ومفتوحة المصدر.
Liquid Crystal Display	راجع LCD.
LISP (List Processing)	لغة برمجة معالجة القوائم : ثاني أقدم لغة راقية في تاريخ لغات البرمجة وهي من أكثر اللغات المستعملة في أبحاث الذكاء الصناعي.
List	1-يسجل، يدرج، قائمة. 2-هيكلية تخزين تُرتب البيانات على شكل قائمة.
List Box	صندوق القوائم: وسيلة في برنامج مايكروسوفت ويندوز تتيح للمستخدم إختيار خيار واحد أو أكثر من قائمة تضم العديد من البدائل.
List Server	خادم القوائم: نظام قوائم بريدية مؤتمتة تحتفظ بقائمة من عناوين البريد الإلكتروني تُستخدم في إرسال البريد الإلكتروني الجماعي.
List Variables	متغيرات قائمية: متغيرات تُسجل البيانات داخلها على شكل قائمة.
Listing	دليل، لائحة: نسخة مطبوعة من شيفرة المصدر الخاصة ببرنامج ما.
Listing of a Program	قائمة البرنامج، مسرد مطبوع للبرنامج: القائمة التي تدرج فيها متغيرات البرنامج.
Lightweight Directory Access Protocol (LDAP)	بروتوكول الوصول إلى الدليل الخفيف: بروتوكول يُستخدَم في شبكات الحاسوب للتحكم بدخول المستخدمين وللاستفسار عن خدمات الأدلة العامة وتعديلها باستخدام بروتوكول التحكم في النقل وبروتوكول الشبكة الدولية.
LIMDOW (Light Intensity Modulated Direct OverWrite)	اعادة الكتابة المباشرة باستخدام كثافة الضوء المتغيرة: النسخ المباشر على بيانات سابقة من خلال تعديل الكثافة الضوئية.
Limited connectivity	قابلية وصل محدودة.
Limited control	تحكم محدود.
Limited license	ترخيص محدود.
Licensing Agreement	اتفاقية ترخيص.
Line	يسطر، يضع خطا، خط، صف.
Line Filter	مصفاة الخط : جهاز إلكتروني يوضع بين معدات إلكترونية وخط سلكي من أجل التخفيف من الترددات الراديوية.
Line Noise	تشويش في خط النقل.
Line Printer	طابعة السطر: أية طابعة تطبع سطراً واحداً في كل حالة طباعة مقارنة مع الطابعات التي تطبع رمزاً واحدا أو صفحة كاملة في كل حالة طباعة.
Line Wrapping	إنتقال آلي إلى سطر جديد، راجع Word Wrap.
Linear Data Structure	هيكلية بيانات خطية: تركيب يخزن البيانات في الذاكرة مرتبة الواحدة تلو الأخرى.
Linear Structure	راجع Linear data structure.
LineFeed	1-تقديم السطر: قيام الطابعة بتحريك الأسطوانة الحاملة للورق بمقدار سطر أو عدد معين من الأسطر. 2-تغذية سطرية: هي رمز تحكم يشير إلى إنتقال الحاسوب أو الطابعة سطرا إلى الأمام بدون تحريك موقع المؤشر الأفقي.

LISTSERV	برنامج ليست سيرف: أول خادم لقوائم البريد الإلكتروني على الشبكة الدولية.
Literacy rate	معدل معرفة القراءة والكتابة .
Literal	حرفي: قيمة تُستخدم في برنامج ويُعبَّر عنها بذاتها بدلاً من أن يُعبَّر عنها كقيمة متغير أو نتيجة تعبير ما.
Litigation case management	إدارة حالات التقاضي.
Little Endian	ذو النهاية الأصغر: تخزين الأعداد بطريقة يتم فيها وضع البايت الأقل أهمية أولا.
Liveware	مقومات بشرية، موارد الحاسوب البشرية: مصطلح عامي يشير عادة إلى الأشخاص المرتبطين بعمليات الحوسبة لتمييزهم عن الأجهزة والبرمجيات.
LL	راجع Local Loop.
LLC (Logical Link Control)	تحكم ربط منطقي: المقياس 802.2 IEEE الذي يحدد بروتوكول مستوى نقل البيانات.
LMDS (Local Multipoint Distribution System)	نظام التوزيع المحلي متعدد النقاط: تقنية إتصال لاسلكية ذات نطاق عريض مصممة أصلا للتلفزيون الرقمي.
LMI (Local Management Interface)	واجهة الإدارة المحلية: مقياس لإرسال الإشارات بين المحولات ومفاتيح ترحيل الإطارات.
LNP (Local Number Portability)	قابلية نقل الأرقام المحلية: قابلية تُقدم للعملاء تسمح للفرد بالإحتفاظ برقم هاتفه إذا انتقل إلى موفر خدمة مختلف.
Load	يحمل، يثقل، يرهق، يلقم، حمل، ثقل. 1-الحِمْل: إجمالي العبء الذي يتحمله نظام حاسوبي. 2-مقدار التيار الذي يستهلكه جهاز الكتروني ما. 3-مقدار تدفق الاشارات في خطوط الاتصالات. 4-نقل التعليمات البرمجية والبيانات الى الذاكرة لأغراض تنفيذ شيفرة البرنامج أو معالجة البيانات.
Load Balancing	موازنة الحِمْل: احدى منهجيات شبكات الحاسوب لتوزيع عبء التنفيذ والمعالجة على عدد من الحواسيب أو وصلات الشبكة أووحدات المعالجة المركزية أو محركات الأقراص أو غيرها من المصادر المتاحة لتحقيق استخدام لأمثل للمصادر وبدرجة أكبر من التساوي.
Load Module	وحدة التحميل: وحدة شيفرة يقوم مُحَمِّل بتحميلها الى الذاكرة.
Load Point	نقطة التحميل: بداية منطقة البيانات الصالحة على شريط ممغنط.
Load Sharing	مشاركة في الحمل: طريقة لإدارة مهمة أو عمل أو عملية واحدة أو أكثر من خلال جدولتها وتنفيذ أجزاء منها بشكل متزامن على معالجين صغيرين أو أكثر.
Load-balancing switch	مفتاح موازنة الاحمال: أحد معدات الشبكة والذي يقوم بمراقبة أحمال الشبكة وتحديد الخادم المتوفر لتنفيذ طلبات العملاء حسب القدرة المتاحة.
Loaded Line	خط مزود بملفات تحميل: كيبل بث مزود بملفات تحميل يبعد الواحد منها ميلاً عن الآخر تقريباً لتقليل مواسعة الخط والتشوه فيه.
Loader	برنامج تحميل، مُحَمِّل: برنامج يُحَمِّل شيفرة التنفيذ الخاصة ببرنامج ما الى الذاكرة لاغراض التنفيذ.
Loader Routine	روتين مُحَمِّل: روتين يُحَمِّل شيفرة قابلة للتنفيذ في الذاكرة وينفذها.
Loading	تحميل، لقم.

Lock — قفل: 1-خاصية برمجية أمنية تتطلب مفتاحاً على شكل وصلة من أجل تشغيل تطبيق ما على النحو الصحيح. 2-قطعة موجودة في بعض أوساط التخزين قابلة للفك لمنع الكتابة على المحتويات القائمة.

Lock Up — تعليق: الحالة التي تُعَلِّق فيها المعالجة والتي لا يقبل فيها البرنامج الذي يتحكم بالنظام أية مُدخلات.

Locked File — ملف مغلق/مقفل: ملف لا يمكن حذفه أو نقله أو التعديل عليه.

Locked-down intranet zone — منطقة شبكة داخلية مغلقة.

Locked-down restricted sites zone — منطقة مواقع مقيدة مغلقة.

Locked-down trusted sites zone — منطقة مواقع موثوق فيها مغلقة.

Locked-down trusted zone — منطقة موثوق فيها مغلقة.

Lockout — إغلاق، إقفال: منع الوصول إلى مصدر معين وذلك عادة للتأكد من عدم استخدام أكثر من برنامج واحد لذلك المصدر في كل مرة.

Locomotion — تحرك، تنقل، سفر.

Locomotive — تحركي، تنقلي، قادر على التحرك المستقل، سيار.

Log — سجل البيانات: تسجيل بيانات تشغيل الجهاز مثل تاريخ الإستعمال وعدد التشغيلات وعمليات الدخول وما شابه.

Log File — ملف سجل البيانات.

Log In — تسجيل الدخول، تسجيل الابتداء: عملية التعريف بالنفس لحاسوب معين بعد الإتصال به من خلال خط إتصالات وقد يتطلب ذلك ادخال إسم المستخدم وكلمة المرور أو إدخال المعلومات التي يحتاجها الحاسوب للبدء بعملية معينة.

Lobby — يستميل، يضغط، منظومة استمالة ، منظومة ضغط.

Lobbying — استمالة، ضغط.

Lobbyist — مُستميل، جماعة ضغط.

Local Loop — خط محلي : الخط الموجود بين مقر المشترك (سواء كان بيتا أو مكتبا) ومقسم الإتصالات الذي يخدم تلك المنطقة.

Local Memory — ذاكرة محلية: هي الذاكرة المخصصة لمعالج معين وغير مستخدمة من قبل المعالجات الأخرى في الأنظمة متعددة المعالجات.

Local Network — شبكة محلية (مرادف LAN).

Local Service desk — مكتب خدمات محلي.

Local Storage — واسطة التخزين المحلية: يشير إلى محرك أقراص أو أشرطة متصل مباشرة بحاسوب المستخدم.

Local Variable — متغير محلي: قيمة متغيرة تُستخدَم فقط ضمن جزء من برنامج أو وظيفة وتكون مقصورة على هذا الجزء بحيث لا يمكن الإشارة إليها أو استرجاعها من خارج هذا الجزء.

LocalHost — المضيف المحلي: الإسم الذي يُستخدَم لتمثيل الحاسوب الذي تنشأ منه رسالة برتوكول التحكم بنقل البيانات/ بروتوكول الشبكة الدولية.

Localization — توطين، تكييف: تعديل برنامج بحيث يكون مناسباً في البلد الذي يُستخدم فيه.

Locatable website — موقع شبكي قابل للتحديد.

Locate member online — تحديد مكان العضو على الشبكة الدولية: خاصية لمزود خدمات الشبكة الدولية يسمح بالبحث عن مشترك أو عضو معين على الشبكة الدولية.

Location — موقع، موضع التخزين، عنوان في الذاكرة.

Location data — بيانات الموقع.

Log Out تسجيل الخروج، تسجيل إنتهاء العمل على الجهاز: إنهاء استخدام معين للحاسوب تم الوصول إليه من خلال خط إتصالات.

Logging تسجيل، طريقة استخدام الحاسوب: الإحتفاظ بسجلات عمليات الحاسوب.

Logic منطق : هو علم دراسة مبادئ الإستنباط والإثبات الصحيحين ويُستعمل في الحاسوب للدلالة على الجبر المنطقي (راجع Boolean algebra).

Logic Analyzer محلل منطقي: جهاز إلكتروني يرسم الإشارات الكهربائية الموجودة في الدارات الرقمية ليتمكن المصمم من التأكد من أن الدارة تقوم بوظيفتها بشكل صحيح.

Logic Chip شريحة منطقية: شريحة إلكترونية توفر بعض العمليات المنطقية.

Logic Diagram مخطط منطقي.

Logic Gate بوابة منطقية: مكوّن كهربائي يستعمل في الدارات الرقمية لإجراء عملية منطقية على مدخل أو أكثر وإنتاج مخرج منطقي واحد.

Logical Conjunction إقتران/إتحاد منطقي.

Logical Design تصميم منطقي: تصميم مجرد يركز على العلاقات بين مكونات النظام.

Logical Machine آلة منطقية.

Logical Operation عملية منطقية.

Logical Operator العامل في الجبر المنطقي مثل "أو" و "نفي".

Logical Symbol رمز منطقي.

Logical Unit كيان في بروتوكول SCSI والذي يقوم بعمليات القراءة والكتابة على الأقراص.

Logical Unit Number رقم الوحدة المنطقية.

Login Name اسم الدخول: الإسم الذي يستعمله المستخدم للولوج الى النظام.

Login Script برنامج الدخول: برنامج يعمل بمجرد دخول المستخدم إلى النظام.

LOL (Laugh(ing) Out Loud) اختصار لعبارة "منفجر من الضحك" تُستخدَم مثل هذه العبارات المختصرة في البريد الإلكتروني وللدردشة عبر الشبكة الدولية.

Long Data Type نوع بيانات طويل:متغير يُستخدَم لخزن قيم كبيرة جداً.

Lookup وظيفة البحث: وظيفة للبحث عن قيمة معينة في برامج الصفحات الجدولية.

Loop تكرار: مجموعة عبارات في برنامج يتكرر تنفيذها لعدد محدد من المرات أو إلى أن يصبح وضع معين صحيحاً أو خاطئاً.

Loop Back Test اختبار راجع: اختبار إرسال وإستقبال البيانات من المنفذ المتسلسل نفسه للتحقق من عمل المنفذ بالشكل الصحيح.

Loop Variable متغير التكرار: المتغير الذي يتحكم بعدد التكرارت المتبقية.

Loophole ثغرة: خطأ نتيجة الإضافة أو الحذف أو السهو يسمح بتجاوز آلية الحماية أو تعطيلها.

Looping تكرار: تنفيذ مجموعة من العبارات بشكل متكرر.

Loran-C (Long Range Navigation Time) وقت ملاحة طويل المدى: تحديد خطوط القطع الزائد للموقع من خلال قياس الفرق بين أوقات إشارات النبض المتزامنة الصادرة من نقطتي بث ثابتتين.

Loss ضياع، فقدان.

Loss of Data فقدان/ضياع البيانات.

Loss of Information ضياع/فقدان المعلومات : خلل في حلقات الذاكرة الممغنطة بسبب تولد شحنات غير مفيدة في المجال المغناطيسي للحلقة تستمر بعد انتهاء نبضة المعلومات وتشوه النبضات التالية مما يسبب فقدان المعلومات.

Lossless Compression	ضغط لا يؤدي إلى فقدان البيانات: ضغط ملف بحيث أن الملف بعد فك ضغطه يطابق الصيغة الأصلية تماماً دون فقدان أية بيانات.
Lossy Compression	ضغط يؤدي إلى فقدان البيانات: خوارزمية لضغط البيانات عادة ينتج عنها فقدان جزء بسيط من البيانات تُستخدَم في ضغط ملفات الفيديو.
Lost Cluster	عنقود ضائع: عنقود (وحدة تخزين على قرص) غير مرتبط باسم ملف في دليل القرص.
Lost data	بيانات مفقودة.
Lost password	كلمة مرور مفقودة.
Lotus 1-2-3	لوتس 1-2-3: حزمة برمجيات متكاملة أنتجتها شركة لوتس ديفيلوبمنت وأصبحت واحدة من أكثر أدوات اتخاذ القرار استخداما وتجمع هذه الحزمة بين وظائف برنامج الجداول الالكترونية والرسومات وإمكانيات إدارة البيانات.
Lotus Notes	لوتس نوتس: برنامج تشاركي يوزّع معالجة تطبيق على الطرف الأمامي والخلفي أنتجته شركة آي بي إم كسطح مكتب متكامل للوصول إلى التقويم والتطبيقات والبريد الإلكتروني الخاصة بالعمل على خادم آي بي إم لوتس دومينو.
Low energy house	منزل ذو طاقة منخفضة: منزل بحاجة لقدر قليل من الطاقة لتشغيل مكوناته.
Low Level Format	تهيئة منخفضة المستوى:عملية تهيئة فعلية للقرص عن طريق مسح جميع البيانات الموجودة عليه وتعيين أماكن المسارات والقطاعات على القرص.
Low Level Languages	لغة البرمجة منخفضة المستوى: لغة برمجية توفر قدر قليل أو معدوم من التجريد القائم بين لغة البرمجة ولغة الآلة لذا توفر هذه اللغة قدرة الاتصال المباشر مع الادوات والمعدات الحاسوبية.
Low Memory	ذاكرة دُنيا/منخفضة: الطرف الأدنى من ذاكرة الحاسوب وذلك بدءاً من الصفر.
Low Order	متدني الترتيب: العنصر الذي يحمل أقل قيمة وخاصة الذي يقع أقصى يمين مجموعته، فالرقم الثاني متدني الترتيب على سبيل المثال هو الرقم الثنائي الذي يقع أقصى يمين مجموعة الأرقام الثنائية.
Low risk solutions	حلول ذات مخاطرة ضئيلة.
Low technology adopter	مُتبني ضعيف للتقنية.
Low voltage wiring	شبكة أسلاك منخفضة الفولتية.
Lower Level Design	تصميم منخفض المستوى: تصميم مُفصّل يحتوي على وصف دقيق لخصائص جميع المكونات.
Lowercase	الأحرف الصغيرة الحجم.
low-res (Low Resolution)	كثافة نقطية منخفضة: جودة عرض أو طباعة متدنية بسبب العدد القليل من النقط أو الخطوط في البوصة المربعة.
Low-yield solutions	حلول ذات مردود منخفض.
LP (Linear Programming)	البرمجة الخطية: عملية تصميم برامج لإيجاد حلول مثلى لأنظمة المعادلات التي تكون عناصرها غير كافية للوصول إلى حل مباشر.
LPF (Low Pass Filter)	المرشح متدني التمرير: دارة إلكترونية تسمح لجميع الترددات التي تقل عن تردد معين بالمرور عبرها.
LPI (Lines Per Inch)	عدد السطور في البوصة: مقياس لكثافة نقاط الطباعة في الأنظمة التي تستخدم عملية تقسيم الصورة إلى عدد كبير من النقاط الصغيرة ويقيس على وجه التحديد مدى تقارب سطور نقاط الصورة من بعضها البعض.

LPM (Lines Per Minute) عدد الخطوط في الدقيقة: مقياس لسرعة الطابعة يحدد عدد أسطر الحروف المطبوعة في الدقيقة الواحدة.

LRC (Longitudinal Redundancy Check) اختبار تكرار البيانات طويل الامد: طريقة للتحقق من الأخطاء حيث يتم ترتيب البيانات في كتل وفقا لقاعدة معينة ويتم تحديد صحة كل رمز ضمن الكتل وفقا للقاعدة.

LS-120 (Laser Servo-120) هيدروليك الليزر120: قرص مرن له سعة تخزين عالية ظهر عام 1997 ولكنه لم ينتشر.

LSB (Least Significant Bit) الرقم الثنائي الأدنى: أدنى رقم ثنائي من حيث ترتيب الارقام الثنائية ضمن تسلسل بايت واحد أو أكثر.

LSC (Least Significant Character) الرمز الأدنى: الرمز الذي يقع أقصى اليمين ضمن سلسلة.

LSD (Least Significant Digit or bit) الرقم الادنى: الرقم الثنائي ذو الترتيب الأدنى في عدد ثنائي أو الخانة الدنيا أو التي تقع أقصى اليمين في التمثيل العادي للأرقام.

LSI (Large Scale Integration) التكامل واسع النطاق: طريقة تصنيع دارات متكاملة تقوم على وضع آلاف الترانزيستورات على الدارة المتكاملة.

LTO (Linear Tape Open) شريط خطي مفتوح: مجموعة معايير الشريط الممغنط المفتوح الذي طورته شركات إتش بي وآي بي إم و كوانتوم.

LU (Logical Unit) وحدة منطقية.

LUG (Linux User Group) مجموعة مستخدمي لينكس: مجموعة من مستخدمين لينكس توفر المساعدة و/أو التعليم للمستخدمين الآخرين وخاصة غير المتمرسين منهم.

Luminance إشراقية، نصوع: مقياس كمية الضوء الناتج عن مصدر معين مثل شاشة الحاسوب.

LUN راجع Logical Unit Number.

LVS (Linux Virtual Server) خادم لينكس الإفتراضي: هو حل موازنة الحِمْل لأنظمة تشغيل لينكس.

Lynx متصفح لِنكس: برنامج تصفح الشبكة الدولية للنصوص فقط يعمل ضمن بيئة تشغيل أنظمة يونكس.

LZW Algorithm خوارزمية إل زد دبليو: خوارزمية ضغط لا تؤدي إلى فقدان البيانات سريعة التنفيذ ولكن لا تُعتبر الحل الأمثل لمحدودية قدرتها في تحليل البيانات.

M

MAC (Media Access Control) — التحكم بالوصول إلى الوسائط: البروتوكول المسؤول عن الوصل المادي بين الأجهزة المتوافرة عبر شبكة محلية.

Macaulay Computer Algebra System — نظام جبر حاسوب ماكولي: حقيبة من الحسابات الرمزية التابعة للجبر التبادلي.

Machinable (Machine-readable) — مقروء آليا: قابل للقراءة والتنفيذ والتعامل معه من قبل الحاسوب.

Machine — آلة.

Machine Address — عنوان الآلة: العنوان الفعلي للموقع الذي سيتم تخزين التعليمات أو البيانات فيه أو الذي سيتم استرجاعها منه.

Machine Aided Translation — ترجمة بمساعدة الآلة، الترجمة الآلية: هو استخدام الحاسوب في ترجمة نصوص مكتوبة بلغة بشرية إلى لغة بشرية أخرى دون تدخل بشري.

Machine behavior — سلوك الآلة.

Machine Code — راجع Native Code.

Machine Cycle — دورة الآلة، دورة المعالجة: الزمن الذي يحتاجه الحاسوب للقيام بعملية معينة.

Machine Function — وظيفة الآلة.

Machine Independence — استقلالية الآلة: كتابة برنامج بطريقة لا تعتمد على خصائص معالج معين بحيث يمكن تشغيله على عدة أنواع من الالات والحواسيب.

Machine Language — لغة الالة: مجموعة الرموز القابلة للتطبيق مباشرة من قبل الحاسوب دون الحاجة إلى ترجمة وتُعد اللغة البرمجية الوحيدة التي يفهمها الحاسوب وتتكون تعليماتها من مجموعات من الاصفار والاحاد.

Machine Language Programming — برمجة لغة الآلة.

Machine Learning — تعلم الالة: جزء من علم الذكاء الإصطناعي يهتم بتطوير الخوارزميات التي تُمكّن الحواسيب من التعلم وتطوير لوغاريتمات تُمكّن الحاسوب من تطوير مسالك جديدة للتعامل مع البيانات.

Machine learning technology — تقنية تعلم الآلة: حقل من علوم الحاسوب التي تتضمن العديد من التقنيات لتطوير أنظمة قابلة للتعلم من البيانات الموجودة في محيطها ومن ثم اتخاذ القرار لمواجهة وضع جديد.

Machine Logic — منطق الآلة: قدرة الحاسوب على اتخاذ القرارات من حيث بنية الحاسوب والعمليات التي يؤديها ونوع البيانات المستخدمة داخليا وشكلها.

Machine Oriented Language — لغة موجهة للآلة، لغة مهيأة للآلة:هي لغة برمجية منخفضة المستوى تم تطويرها للاستخدام على حاسوب معين أو خط حواسيب معينة ينتجها أحد المصنعين وتكون أشبه بلغة الألة منها بلغة الإنسان.

Machine psychology — علم إحساس الآلات.

Machine Readable Data — بيانات مقروءة آليا، بيانات قابلة للقراءة بالآلة.

Machine Readable File — ملف مقروء آليا ، ملف قابل للقراءة بالآلة.

Machine Readable Form — صيغة مقروءة آليا، صيغة قابلة للقراءة بالآلة: طريقة تخزين يمكن للحاسوب قراءتها.

Machine Script — نص الآلة: أي بيانات مكتوبة بشيفرة يمكن للحاسوب قراءتها.

Machine Tool	أداة/عدة الآلة: جزء من ألة يقوم بتشكيل كيان ما حيث يُستخدَم الحاسوب للتحكم بهذه الآلات لضبط تشغيلها والعمل بفعالية وسرعة.
Machine/Machinery	الة، آلية.
Machinelike	كالآلة.
Machines	ألالات.
Machinist	ضابط مراقبة الآلات (ميكانيكي): كل من يتعامل مع الآلة.
Mechanization	الأتمتة، المكننة، التشغيل الآلي: جعل الشيء يعمل آليا.
Mechanize	يؤتمت، يمكنن، يشغل اليا: يجعل الشيء يعمل آليا.
Macro	راجع Macro instruction.
Macro Assembler	مُجمِّع كلي: برنامج يترجم برامج لغة التجميع إلى رمز آلة ويسمح للمبرمج بتعريف تعليمات الماكرو وهي مجموعة متكاملة من التعليمات يتم استدعاؤها كوحدة خلال البرنامج.
Macro Code	شيفرة كلية/مُجمَلة (شيفرة الماكرو): شيفرة برمجة تسمح باستخدام كلمات مفردة لإنتاج تعليمات حاسوب متعددة خلال عملية الترجمة.
Macro Facility	مرفق مُركَّب/كلي/مُجمَل (مرفق الماكرو): برنامج داخلي يُرفَق ببرنامج الترجمة التجميعية لإنشاء تعليمات الماكرو أو تفصيلها إلى التعليمات الأساسية المكونة لها عندما ترد ضمن برنامج أكبر.
Macro Instructions	أوامر/تعليمات مُركَّبة/ كلية/مُجمَلة (أوامر/تعليمات الماكرو): خط ترميز برامج الحاسوب ينتج عنه خط واحد أو أكثر من خطوط ترميز برامج الحاسوب خلال عملية الترجمة للبرنامج.
Macro Processor	معالج مُركَّب/كلي/مُجمَل معالج الماكرو): برنامج يستبدل تعليمة بمجموعة من التعليمات المرادفة التي تعمل كوحدة واحدة متكاملة.
Macro Programming	برمجة مُركَّبة/ كلية/مُجمَلة (برمجة الماكرو): عملية كتابة الأوامر التي تنفذ عند إستعمال التعليمة المُركَّبة.
Macro Virus	فيروس الماكرو: فيروس حاسوبي مكتوب بلغة الماكرو ينتقل محمولا مع الوثيقة المرتبط بها عند تحميل وتنفيذ الوثيقة في البرنامج الخاص بها
Macrocell	خلية مُركَّبة/ كلية/مُجمَلة (خلية الماكرو): في أنظمة الهواتف الخلوية هي الخلية الموجودة على برج وتوفر تغطية لمنطقة واسعة.
Macsyma (MAC's Symbol Manipulation)	برمجية المعالجة الرمزية: هي نظام حاسوبي لمعالجة العمليات الرياضية الرمزية غير العددية.
MAD (Michigan Algorithm Decoder)	خوارزمية ميشيغان لفك الرموز: هي لغة برمجة قائمة على لغة الجبر الدولية طورتها جامعة ميتشيغن كإحدى اللغات الممتدة في عام 1959.
Magnetic resonance imaging	تصوير الرنين المغنطيسي.
Magnetic Cell	خلية مغناطيسية.
Magnetic Disk	قرص ممغنط: تُستخدَم الأقراص الممغنطة كوحدات تخزينية ثانوية وبخلاف الأشرطة الممغنطة توفر الاقراص وصولية مباشرة للبيانات المخزنة.
Magnetic Disk Storage	ذاكرة التخزين في الأقراص الممغنطة.
Magnetic Disks	الأقراص الممغنطة.

Mail Abuse Prevention System — نظام الحماية من إنتهاك البريد: منظمة توفر دعم ضد البريد الغير مرغوب فيه عن طريق توفير لائحة بعناوين مسيئي إستخدام الشبكة الدولية.

Mail Bomb — قنبلة البريد الإلكتروني: مفهوم مفاده إرسال عدد ضخم من الرسائل الإلكترونية أو إرسال بريد إلكتروني مُحمَّل بملف كبير للغاية من أجل إزعاج المُستقبِل والتسبب بملء أقراص حاسوبه وتحميل نظام البريد الالكتروني بشكل مفرط.

Mail Bombing — إلقاء قنابل بريدية: تعبير يطلق على عملية إرسال رسائل إلكترونية كثيرة لشخص أو جهة مما يسبب ازدحام صندوق البريد الخاص بالمُستقبِل.

Mail servers — خوادم البريد الإلكتروني.

MailBox — صندوق البريد الإلكتروني: منطقة في الذاكرة مخصصة لمستخدم معين لاستقبال رسائل البريد الإلكتروني.

Mailer-daemon — المرسل الخفي: احدى برمجيات خادم البريد الإلكتروني مسؤول عن ارجاع الرسائل للمرسل في حال الخطأ في الارسال.

Mailing List — قائمة البريد/ المراسلات: قائمة بأسماء وعناوين مستخدمين الشبكة الدولية أو غيرها من شبكات الحاسوب الذين تُرسل اليهم نسخة من البريد الإلكتروني.

Main Data Storage — مخزن البيانات الرئيس: مكان خزن البيانات في الذاكرة.

Main Line (of Program) — الخط الرئيس: خطوات البرنامج المنطقية الرئيسة.

Main Line Path — مسار الخط الرئيس: مجموعة تعليمات رئيسية في برنامج تتكرر إلى أن يتم تنفيذ شرط معين.

Magnetic Drum — أسطوانة ممغنطة: أول جهاز تخزين أُستعمل كذاكرة رئيسية في الحاسوب ويتكون من أسطوانة تُكتب عليها البيانات بواسطة البطاقات المثقبة.

Magnetic Drum Storage — تخزين بواسطة الأسطوانة الممغنطة.

Magnetic Head — رأس الكتابة والقراءة: هو مغناطيس كهربائي يحوّل النبضات الكهربائية إلى تغيرات في المغنطة على سطح تخزين.

Magnetic Ink — حبر ممغنط: هو حبر يستعمل للكتابة على الشيكات.

Magnetic Ink Character — حرف الحبر الممغنط.

Magnetic Ink Character Reader — قارئ حروف الحبر الممغنط.

Magnetic ink character recognition (MICR) devices — أجهزة التعرف على حروف الحبر الممغنط.

Magnetic stripe card — بطاقة الشريط الممغنطة.

Magnetic Tape — شريط ممغنط: وسيلة تخزين تحتوي على شريط بلاستيكي مغطى بطبقة ممغنطة تُستخدَم كوحدات تخزينية ثانوية لتخزين النسخ الاحتياطية للبيانات المؤسسية الحساسة.

Magnetic Tape Drive — مشغل الأشرطة الممغنطة: هو عبارة عن معدات إلكترونية للتسجيل على أو تشغيل الأشرطة الممغنطة (دون وجود مضخمّات للصوت أو سمّاعات) تشكل جزءاً من النظام الصوتي.

Magnetic tapes — الأشرطة الممغنطة.

Magnetic Wand Reader — جهاز إلكتروني لقراءة الأشرطة الممغنطة.

Magneto-Optical Disk — قرص مغناطيسي بصري: قرص تخزين يُكتب عليه بالضوء ويخزن البيانات بشكل مغناطيسي.

Mail — يرسل بالبريد، بريد، مواد بريدية.

MAN راجع Network Metropolitan Area.

Managed Code التعليمات البرمجية المدارة: شيفرة برنامج يقوم بترجمتها مفسّر قبل تنفيذها.

Management إدارة، الإدارة.

Management information system أنظمة المعلومات الإدارية: هي مجموعة من الافراد والإجراءات والبرمجيات وقواعد البيانات والأجهزة والمعدات لتوفير البيانات الروتينية للمدراء ومتحذي القرار.

Management software برمجيات إدارية.

Manager مدير.

Mandatory Data بيانات إجبارية: بيانات يجب على المستخدم إدخالها.

Manipulability قابلية التلاعب/التحكم.

Manipulate يتلاعب بـ يتحكم بـ

Manipulation تلاعب، تحكم.

Manipulation Circuits دوائر معالجة البيانات: الدوائر التي تُجري العمليات الحسابية المنطقية.

Manipulative robot روبوت قادر على التحكم.

Manipulator متلاعب، متحكم.

Mantissa المعامل في الرقم الكسري.

Manual يدوي، كتيب، دليل إستخدام.

Manual Control تحكم يدوي: تحكم يحتاج لتدخل بشري مقارنة مع التحكم الالي عن طريق البرامج والحواسيب.

Manual Information System نظام معلومات يدوي: مجموعة من الافراد والاجراءات المستخدمة في جمع ومعالجة وتخزين وتوزيع البيانات.

Manual work schedule جدول عمل يدوي.

Manually يدويا: تشغيل جهازأو تنفيذ عملية بتدخل بشري.

Manually operated scheduling system نظام جدولة يُشغَّل يدويا.

Manually retained information معلومات مُحتفَظ بها يدويا.

Manually-operated library مكتبة تُشغَّل يدويا.

Main Memory الذاكرة الرئيسة: أحدى مكونات الحاسوب توفر منطقة تخزين ذات وصول عشوائي للبرامج والبيانات متطايرة/غير دائمة.

Main Menu قائمة رئيسية: القائمة التي تظهر في بداية تشغيل برنامج أو موقع.

Main Program برنامج رئيس: الجزء من البرنامج الذي يبدأ بالعمل عندما يقوم نظام التشغيل بتنفيذ البرنامج.

Main Storage الذاكرة الرئيسة، المخزن الرئيس: راجع Memory Main.

Main Storage Address عنوان الذاكرة الرئيسة: عنوان موقع في الذاكرة الرئيسة يحتوي على بيانات تجري معالجتها.

Mainboard لوحة رئيسية: اللوحة التي يركب عليها المعالج و اللوحات الأخرى.

Mainframe Computer الحاسوب المركزي/الضخم: حاسوب كبير الحجم وقوي الاداء تستعمله المؤسسات للتطبيقات الحساسة يشترك في استخدامه عشرات أو مئات المستخدمين المتزامنين عبر شبكة محلية.

Mainstream technology تقنية الاتجاه السائد.

Maintain يحافظ على،يصون، يديم.

Maintainability قابلية الصيانة.

Maintainable قابل للصيانة.

Maintenance صيانة.

Majority Carrier ناقل الاغلبية: ناقلات التيار ذات العدد الأكبر في أشباه الموصلات

Making صناعة، صنع.

Malware برمجيات ضارة: برمجيات يتم استخدامها لاختراق حواسيب الأخرين بغرض الحاق الضرر.

Malware detection اكتشاف البرمجيات الضارة: مفهوم مفاده اكتشاف البرمجيات التي تهدف الى الحاق الضرر بحواسيب الاخرين كتدمير البيانات وايقاف البنية التحتية التقنية عن العمل.

التنكر/الخداع: أحدى اليات خداع مستخدمي مواقع الشبكة الدولية عن طريق تظاهرالموقع بالأصالة لاعادة توجيه المستخدم لموقع بديل بهدف الحصول على اسم وكلمة المرور للمستخدم.	Masquerading/Spoofing
اتصال جماعي، اتصال جماهيري.	Mass communication
تخزين ضخم: تخزين كميات ضخمة من البيانات.	Mass Storage
نظام تخزين ذو سعة كبيرة.	Mass Storage System
مجتمع خاضع للمراقبة الجماعية: مجتمع تخضع فئاته للمراقبة اليومية وعلى نحو كثيف باستخدام حلول تقنيات المعلومات والاتصالات وأبرزها الكاميرات الرقمية.	Mass surveillance society
الملف الرئيس: ملف يحوي على مجموعة من السجلات حول أعضاء مهمين في أنظمة المعلومات مثل العملاء والموظفين والمنتجات.	Master File
جدول الملف الرئيس: جزء من نظام ملفات NTFS يحوي معلومات عن الملفات الموجودة على القرص.	Master File Table
كلمة مرور رئيسية.	Master password
سجل رئيس: مجموعة من البيانات عن كيان أو شخص معين مثل عميل أو موظف.	Master Record
روبوت رئيس.	Master robot
يقارن/يطابق السجلات.	Match
مقارنة/مطابقة السجلات.	Matching
مادة، مادي، ملموس.	Material
التضمين أو الشرط المادي.	Material Implication
إدارة المواد: إدارة شاملة للتدفق المادي من عمليات الشراء والشحن والتخزين والانتاج وتوزيع المنتج.	Materials Management
تخطيط متطلبات المواد: جدولة تدفق المواد وطرق الإنتاج متعددة المستويات.	Material Requirements Planning
يرسم خريطة، خريطة.	Map
بروتوكول أتمتة التصنيع: بروتوكول إتصالات يشمل المعايير الشائعة المستخدمة في وصل الحواسيب وأدوات الآلات القابلة للبرمجة في المصانع والتي تُستخدم لأغراض التحكم بالآليات والعمليات الصناعية.	MAP (Manufacturing Automation Protocol)
واجهة تطبيقات المراسلة البرمجية: واجهة تطبيقية توفر للبرامج إمكانية إرسال الرسائل.	MAPI (Messaging Application Programming Interface)
بيانات يمكن عرضها كخريطة.	Mappable data
تخصيص مواقع في الذاكرة.	Mapping
مسجل عنوان الذاكرة: مسجل يحوي عنوان الأمر التالي في البرنامج.	MAR (Memory Address Register)
هامش: فراغ محاذي للنص المكتوب في صفحة.	Margin
أجهزة تحديد الموقع البحري.	Marine locator devices
علامة، رمز.	Mark
نظام معلومات السوق.	Market information system
استخبارات السوق.	Market intelligence
نظام استخبارات السوق: نظام محوسب يُستخدَم في الحصول على معلومات عن السوق والمنافسين.	Market intelligence systems
تسويق.	Marketing
اتصالات التسويق.	Marketing communication
سوق.	Marketplace
لغة توصيف النص: هي لغة تقوم على مجموعة من التلميحات تحدد كيف يُنظِّم أو يُنسّق النص.	Markup languages
قناع: هو نمط من الرموز أو الأرقام الثنائية التي تُستخدَم للتحكم في إزالة أو استعادة نمط آخر من الرموز أو الأرقام الثنائية.	Mask
تقنيع: تغيير بعض الأرقام الثنائية في مسجل أو في ذاكرة بإستخدام قناع.	Masking

MCI (Malicious Caller Identification)	تحديد/تعقب المكالمات الضارة/سيئة النية: خيار يُمكّن مستقبل الإتصال الهاتفي من تصنيف المكالمة على أنها ضارة (تهدف إلى التحرش أو التهديد) مما يُمكّن النظام الهاتفي من تعقب المكالمة تلقائياً باشراف السلطات الأمنية.
MCMP (Multi-channel Multi-point)	خدمة التوزيع متعددة مراكز الإتصال ومتعددة القنوات.
MCP	راجع Professional Microsoft Certified.
MCSA (Microsoft Certified Systems Administrator)	مسؤول أنظمة مُعتمَد من مايكروسوفت: شهادة صادرة عن شركة مايكروسوفت تشهد بأن الشخص مسؤول أنظمة معتمد.
MCU (Multimedia Communication Unit)	وحدة إتصال متعددة الوسائط: وحدة إتصال تُستعمل لربط عدة مصادر مؤتمرات فيديوية.
MDF (Main Distribution Frame)	إطار التوزيع الرئيسي: صندوق يحتوي على لوحة توصيلات يربط الخطوط الخارجية بالخطوط الداخلية ويُستخدَم هذا الصندوق لربط الخطوط العامة أو الخاصة في المبنى بالشبكات الداخلية.
MDG priority areas	مجالات ذات الأولوية في أهداف التنمية الألفية.
MDGs advancement	تعزيز أهداف التنمية الألفية.
MDGs e-enabler	مُمَكن إلكتروني لتحقيق أهداف التنمية الألفية.
MDRAM (Multibank DRAM)	ذاكرة الوصول العشوائي المتحركة متعددة المخازن: حيث تُقسّم الذاكرة إلى أجزاء صغيرة حتى يتمكن المعالج من إسترجاع المعلومات من أكثر من وحدة ذاكرة في نفس الوقت لزيادة السرعة.
ME (Millennium Edition)	نسخة الألفية: إحدى اصدارات نظام التشغيل ويندوز من شركة مايكروسوفت.
Mechanical Mouse	فأرة ميكانيكية: فأرة تستعمل كرة بلاستيكية لتمييز الحركة.
Mathematical Model	نموذج رياضي.
Mathematical Symbol	رمز رياضي.
Matrimonial website	موقع شبكي للزواج.
Matrix	مصفوفة.
Matrix Matching	مطابقة المصفوفات.
Matrix Printer	طابعة نقطية: طابعة تطبع الحروف على شكل مصفوفات من النقاط.
MAU	راجع Multistation Access Unit.
Maximum entropy password	كلمة مرور ذات عشوائية قصوى.
MBM (Magnetic Bubble Memory)	ذاكرة فقاعية ممغنطة: هي ذاكرة تخزن البيانات على شكل فقاعات أو دوائر على شريط مصنوع من سيليكات ممغنطة تشبه ذاكرة الوصول العشوائي ولكنها غير متطايرة (لا تُفقد البيانات المخزنة في حال إغلاق الحاسوب)، لم تعد مستخدمة في معظم أجهزة الحاسوب.
Mbone (Multicast Backbone)	عمود التراسل الفقري: عمود فقري تجريبي لنقل الرسائل متعددة المستقبلين.
MBS (Mobile Research)	شركة البحوث الخلوية: شركة قائمة في واشنطن توفر خدمات وأدوات الهاتف الخلوي.
MC (megacycle)	مليون دورة في الثانية.
MCA	راجع Micro Channel Architecture.
MC-CDMA (Multi-carrier Code Division Multiple Access)	وصول متعدد بتجزئة الرموز متعدد النواقل: إرسال الرسائل من عدد كبير من أجهزة الإرسال عبر قناة واحدة من خلال تعيين شيفرة عشوائية مزيفة (ما يزيد عن 2000 رمز لكل رقم ثنائي) بحيث تكون الشيفرات مستقلة من الناحية الرياضية عن بعضها البعض.
Machine Configuration	تهيئة الآلة.

Mechatronics	الميكانيكية الإلكترونية (ميكاترونيكس): احدى فروع الهندسة الذي يهتم باليات وانظمة التحكم الميكانيكية الإلكترونية.
Media	وسيط، وسائل الإعلام، وسائط التخزين.
Media coverage	تغطية إعلامية.
Media destruction	تدمير وسائط التخزين.
Media Eraser	ماسح وسائط التخزين: جهاز حذف البيانات من وسائط التخزين من خلال كتابة بيانات لا تحمل أي معنى فوق البيانات المراد حذفها نهائيا.
Media Filter	تصفية وسائل الاعلام: برنامج تعديل ملفات الصوت والصورة لتحسين الجودة أو لإضافة تأثير معين.
Media Player	مُشغِّل وسائل الاعلام: مُشغِّل ملفات الصوت والصورة.
Media Stream	تدفق وسائل الاعلام: بيانات صوت و صورة يشغلها الحاسوب فور وصولها.
Media-driven consumer-oriented culture	ثقافة يسوقها الإعلام ذات توجه استهلاكي.
Medical engineering	هندسة طبية.
Medical monitoring devices	أجهزة مراقبة طبية.
Medium Model	نموذج الذاكرة: نموذج ذاكرة لعائلة معالج إنتل 86 × 80 يسمح هذا النموذج بحفظ 64 كيلوبايت من البيانات فقط وما يصل إلى 1 ميجابايت من الشيفرة.
Medium Size Computer	حاسوب متوسط الحجم.
Meeting	مقابلة، اجتماع.
Megabyte (MB)	ميجا بايت: وحدة قياس سعة التخزين والتي تعادل 1024 كيلو بايت أي ما يقارب المليون بايت.
Megahertz (MHz) - millions of cycles per second	ميغاهيرتز. وحدة قياس سرعة معالج الحاسوب والتي تعادل ملايين دورات الزمن في الثانية الواحدة.
Megapixel	ميجابيكسل: وحدة قياس جودة الصور وتعادل مليون بيكسل.
Melissa	ميليسا: فيروس ماكروي على شكل رسائل كبيرة الحجم غير مرغوب بها مما استدعي البعض إلى تصنيفه كدودة.
Millennium development goals	أهداف تنمية الألفية: تُعتبر الأهداف الإنمائية الثمانية للألفية التي تبنتها الامم المتحدة مرشداً لجهود المنظمات العاملة في مجال التنمية ومقياس اداء وهي القضاء على الفقر المدقع والجوع وتحقيق التعليم الابتدائي الشامل وتشجيع المساواة بين الجنسين وتمكين المرأة من أسباب القوة وتخفيض معدل وفيات الأطفال وتحسين صحة الأمهات ومكافحة فيروس نقص المناعة البشرية /الإيدز والملاريا وغيرهما من الأمراض وضمان الاستدامة البيئية وإقامة شراكة عالمية من أجل التنمية.
Meltdown	توقف كامل لشبكة الحاسوب.
Member	جزء، عضو.
Members Assisting Others	الأعضاء الذين يخدمون أعضاء آخرين.
Member Directory	دليل العضوية.
Member Profile	الملف الشخصي للأعضاء.
Member Services	خدمات الأعضاء.
Memo Field	حقل المذكرة: حقل بيانات يحتفظ بكمية متغيرة من النصوص ومن الممكن تخزين النص في ملف مرافق ولكن يتم التعامل معه كما لو أنه جزء من سجل البيانات.
Memorable	قابل للتذكر/للحفظ.
Memorable phrase	عبارة سهلة التذكر.
Memorization	تذكر/حفظ.
Memory	ذاكرة.

Memory Map	خريطة الذاكرة: خارطة تبين البيانات المخزنة في الذاكرة.
Memory Mapped Input / Output	الإدخال/الإخراج المُعين بالذاكرة: طريقة للتعامل مع أجهزة الإدخال والإخراج بحيث يرى المعالج هذه الأجهزة على أنها جزء من الذاكرة.
Memory Module	وحدات الذاكرة: مجموعة من شرائح الذاكرة العشوائية الموجودة على لوحة الدارات.
Memory Scrubbing	حك الذاكرة: عملية إكتشاف وتصحيح أخطاء البيانات الموجودة في الذاكرة.
Memory Size	حجم الذاكرة.
Memory Stick	الذاكرة العصا: شكل لبطاقة الذاكرة (الفلاش) القابلة للنقل الذي أطلقته شركة سوني في أكتوبر عام 1998.
Memory techniques	أساليب التذكر.
Memos archiving	حفظ/أرشفة المذكرات /المراسلات.
MEMS (Micro Electro-Mechanical System)	نظام ميكانيكي إلكتروني صغير.
Mental state	حالة ذهنية.
Mentor	مرشد، معلم خاص.
Mentoring	ارشاد، تعليم خاص.
Menu	قائمة.
Menu Bar	شريط القوائم.
Menu Driven	يعمل باستخدام القوائم.
Menu Item	عنصر في القائمة.
MEO (Medium Earth Orbit)	مدار الأرض المتوسط: مدار للأقمار الإصطناعية متوسط الإرتفاع عن الأرض يُستعمل لأقمار الملاحة وأقمار الإتصالات التي تغطي القطبين الشمالي والجنوبي.
Merced	ميرسيد: أحد معالجات إيتانيوم قدمته إنتيل وإتش بي في عام 1998.
Merge Facility	مرفق الدمج: أداة تدمج بيانات من مصادر متشابهة.
Memory Bank	مصرف الذاكرة: الموقع المنطقي للذاكرة على اللوحة الرئيسية في الحاسوب حيث يمكن تثبيت شريحة الذاكرة.
Memory Board	لوحة الذاكرة.
Memory Buffering	التخزين المؤقت/المرحلي في الذاكرة: عملية التسجيل المرحلية للبيانات حيث تمر البيانات الداخلة والخارجة عبر مسجل خاص لتسهيل تحويلها من ذاكرة الحاسوب والوحدات المساعدة المستخدمة وإليها.
Memory Capacity	سعة الذاكرة.
Memory Card	بطاقة الذاكرة: بطاقة تخزين بيانات صغيرة الحجم وهي نوع من أنواع الذاكرة العشوائية غير المتطايرة (أي التي لا تفقد البيانات إذا إنقطع عنها التيار الكهربائي) تُستعمل في الكاميرات والهواتف الخلوية.
Memory card recovery software	برمجيات استعادة بطاقة الذاكرة.
Memory Cartridge	خرطوشة الذاكرة: وسيط تخزين يتصل بالأجهزة لتمكينها من تخزين كمية بيانات أكثر.
Memory Cell	خلية الذاكرة: تُعتبر المكون الأساسي في بناء أنظمة الذاكرة.
Memory Chip	شريحة/رقاقة الذاكرة: شريحة صغيرة قادرة على تخزين البيانات.
Memory Controller	المتحكم بالبيانات/لوحة السيطرة على الذاكرة: جزء من المعالج يتحكم في تدفق البيانات من وإلى الذاكرة.
Memory Dump	تفريغ ذاكرة الحاسوب: عرض محتويات الذاكرة على الشاشة أو كتابتها في ملف.
Memory Location	موقع في الذاكرة: جزء من الذاكرة يسجل جزء صغير من البيانات.
Memory Management	إدارة الذاكرة: عملية حجز المواقع لتخزين البيانات والتخلي عنها لتخزين بيانات جديدة.

Merge Program	برنامج الدمج: برنامج يدمج بيانات من مصادر متشابهة.
Merge Sort	عملية ترتيب: إنتاج سلسلة واحدة من البنود المرتبة وفقاً لقاعدة معينة من سلاسل مرتبة مسبقاً أو غير مرتبة دون تغيير حجم وتركيب وإجمالي عدد البنود.
Merging	دمج.
Mesh Network	شبكة الخيوط: شبكة إتصالات تملك القدرة على تغيير الطرق التي تسلكها الرسائل في حالة إنقطاع إحدى الوصلات.
Message	يرسل رسالة، رسالة.
Message Board	لوحة الرسائل: نظام يخزن ويظهر الرسائل والنقاشات بين مستخدميه.
Message Filtering	تصفية الرسائل: نظام يمنع الرسائل غير المرغوب فيها من المرور.
Message Header	ترويسة الرسالة: الجزء الذي يوفر معلومات عن الرسالة مثل المرسل والخوادم التي مرت منها الرسالة.
Message Queuing	قائمة انتظار الرسائل: ترتيب الرسائل داخل نظام البريد الإلكتروني لتنظيم التعامل معها.
Message Reflection	انعكاس الرسالة: دالة في بيئات البرمجة الموجهة للكيانات تسمح لأداة التحكم بالتعامل مع رسالتها الخاصة.
Message Switching	تحويل الرسائل: طريقة لإيصال البيانات عبر الشبكة لم تعد مستخدمة تقوم بإرسال الرسائل المكونة لملف واحد من نفس الطريق بدل إختيار الطريق الامثل.
Message Window	نافذة الرسالة: نافذة تُظهر رسالة معينة كتحذير أو سؤال.
Messages archiving	حفظ/أرشفة الرسائل.
Messaging	إرسال.
Messaging Application	تطبيقات إرسال الرسائل.
Messenger	المرسل: خدمة إرسال الرسائل عبر الخوادم للمستفيدين من شركات ياهو ومايكروسوفت وبلاك بيري وغيرهم.
Meta Tag	علامة وصفية/تعريفية: علامة دلالية في لغة توصيف النصوص التشعبية تحتوي على معلومات وصفية حول صفحة شبكية ولا تظهر عند عرض الصفحة في المتصفح.
Metacharacter	رمز وصفي/تعريفي: رمز يحمل معنى خاص (بدلاً من المعنى الحرفي) فيما يخص برنامجاً حاسوبياً معيناً.
Meta-Content Format	تنسيق المحتويات الوصفية.
Metadata (data about data)	بيانات وصفية/تعريفية: بيانات وصفية او تعريفية حول بيانات أخرى.
Metafile	ملف وصفي: تنسيق ملف يستطيع تخزين أنواع متعددة من البيانات ويتضمن تنسيقات ملفات الرسوم.
Metaflow	شركة ميتافلو: شركة تصميم معالجات دقيقة قائمة في مدينة لاجولا في كاليفورنيا تأسست عام 1988 ولم يتم تصنيع أي من تصاميمها.
Metalanguage	لغة وصفية/تعريفية: لغة تستخدم في وصف لغة أخرى.
MetaSearch Engine	محرك بحث وصفي: محرك بحث يرسل طلبات المستخدم إلى عدة محركات بحث و/أو قواعد بيانات أخرى ويحصل على النتائج من كل محرك بحث.
Metropolitan area network	شبكة مدنية: ربط لمجموعة من الحواسيب لمدينة أو جزء من مدينة.
MFC (Microsoft Foundation Classes)	مجموعة من الفئات (تعريفات عامة تستخدم في البرمجة الموجهة للكيانات) تُستخدَم في بناء التطبيقات طورتها شركة

Mickey ميكي: وحدة لقياس حركة فأرة الحاسوب تعادل 1/200 بوصة.

MICR (Magnetic Ink Character Recognition) تمييز الرموز المكتوبة بالحبر المُمغنَط: إستعمال جهاز لقراءة الحروف المكتوبة بالحبر المغنط والمستعملة في كتابة الشيكات.

Micro مصغر، دقيق (مايكرو):
1-جزء من المليون.
2-مجهري، دقيق الحجم، جزئي، صغير، مايكروي.

Micro Channel Architecture بنية//معمارية القناة المصغرة: ناقل توسعي طورته شركة آي بي إم يستخدم سعة 16 أو 32 بايت يُستخدم في أجهزة الحاسوب المكتبية من نوع PS/2 يسمح هذا الناقل بربط بطاقات إضافية باللوحة الأم مما يزيد من عدد منافذ الادخال/ الاخراج.

Micro spotting technology تقنية تحديد الموقع المصغرة.

Microbrowser المتصفح المصغر: متصفح مصمم للعمل على الحواسيب المحمولة باليد أو الهواتف الخلوية النقالة.

Microchip راجع IC.

Microcircuit راجع IC.

Microcode البرنامج المصغر: برنامج صغير يقوم بتجميع تعليمات أساسية في المعالجات لبناء تعليمات أكبر منها يُستعمل لتوفير تكلفة بناء.

Microcomputer الحاسوب المصغر: الإسم السابق للحواسيب الشخصية وسُميَ بذلك نسبة لصغر حجمه مقارنة مع الحواسيب العملاقة يستخدِم معالج صغير ذا قدرة محدودة يُخصص لاستخدام فرد واحد لتشغيل عدة برامج ومن أشكاله الحاسوب المكتبي والمحمول.

مايكروسوفت كواجهة لتسهيل التعامل مع الوظائف الأساسية لنظام التشغيل ويندوز.

Mflops (Million Floating point Operating Per Second) مليون عملية كسرية في الثانية: مقياس سرعة تنفيذ المعالج للحسابات (عدد العمليات المنجزة في الثانية).

MFM (Modified Frequency Modulation) تضمين التردد المعدَّل: طريقة لحفظ البيانات على القرص المغنَط تُستعمَل عن طريق اعتماد ترميز كل رقم ثنائي على طريقة ترميز الرقم الثنائي السابق له في التسجيل.

MFP (Multifunction peripheral) أداة طرفية متعددة الوظائف: جهاز طرفي يجمع بين وظائف عدة أجهزة مثل الطابعة والفاكس والماسح الضوئي.

MFS (Macintosh File System) نظام ملفات ماكينتوش: نظام ملفات صممته شركة أبيل لإستعمال الأقراص المرنة من حجم 400 كيلوبايت.

MFT راجع Master File Table.

mget (Multiple get) أمر جلب/حصول متعدد: أمر في بروتوكول نقل الملفات يقوم باسترجاع أكثر من ملف.

MHS (Message Handling Service) خدمة مناولة الرسائل: بروتوكول طورته شركة نوفيل أُستعملَ في نقل البريد الإلكتروني.

MHTML (Multipurpose Internet Mail Extension HyperText Markup Language) لغة توصيف النصوص التشعبية الموسّعة لبريد الشبكة الدولية متعدد الاغراض: ترميز يستعمل لضم صفحات شبكية مع الصور الموجودة فيها في ملف واحد لتسهيل نقلها عبر الشبكة الدولية.

MHz راجع Megahertz.

MI راجع Multiple Inheritance.

MIB (Management Information Base) قاعدة إدارة المعلومات: قاعدة بيانات تستعمل في إدارة الأجهزة المربوطة الى شبكة إتصالات.

الفيلم المصغر/الدقيق/ المجهري (مايكروفيلم): أحد وسائط تسجيل البيانات وهو فيلم يتم تصوير المواد المطبوعة من وثائق أو صور عليه بحجم مصغر جدا وقد يكون الفيلم على شكل شريط طويل ملفوف أو إطار مستقل أو بطاقة مصغرة.	Microfilm
صورة مصغرة/دقيقة/المجهرية (صورة مايكروفيلم): النقش الموجود في إطار المايكروفيلم والنسخ الموجودة على المايكروفيلم من كلمات وأرقام أوبيانات أخرى.	Microfilm Image
تقنية التصوير المصغر/الدقيق/ المجهري: الطرائق المتبعة لإعداد الصور المجهرية وخاصة استعمالها لإدخال المعلومات إلى الحاسوب أو لتسجيل المخرجات.	Micrographic Technology
روبوت ذو جاذبية جزئية: روبوت يستطيع أن يعمل في أحوال تفتقرللجاذبية الكاملة.	Micro-gravity robot
تعليمة مصغرة: تعليمة مفصلة تستخدم في بعض المعالجات لبناء تعليمات أكثر تعقيدا.	Microinstruction
نواة مصغرة: نواة نظام تشغيل مصغرة توفر العمليات الأساسية لنظام التشغيل بينما باقي العمليات مثل التحكم في نظام الملفات تقوم بها برامج أخرى.	Microkernel
منطق مصغر: مجموعة من التعليمات المخزنة على شكل أرقام ثنائية أو مجموعة من الدارات الكهربائية تتحكم بالعمليات ضمن المعالج المصغر.	Micrologic
مكونات صغيرة/مجهرية.	Microminiature
عملية مصغرة: عملية دقيقة مفصلة تُستخدَم في بعض المعالجات لبناء عمليات أكثر تعقيدا.	Microoperation
نظام النقل في الحواسيب المصغرة: مجموعة توصيلات تربط وحدة المعالجة المركزية في الحاسوب بجميع الوحدات والأجهزة الطرفية الخاضعة لتحكمها وترسل عبرها الإشارات الإلكترونية التي تمثل البيانات وعناوين البيانات والتعليمات وإشارات التحكم.	Microcomputer Bus System
محتوى مصغر: المحتوى الذي يحمل فكرة واحدة أو مفهوم أساسي واحد ويمكن الوصول إليه من خلال عنوان شبكي واحد مكتوب بشكل ملائم من أجل العرض باستخدام البريد الإلكتروني ومتصفحات الشبكة الدولية أو الأجهزة المحمولة باليد.	Microcontent
متحكم مصغر: حاسوب صغير مكون من رقاقة تحوي ذاكرة ومعالج صغيرين يُستعمل للتحكم بأجهزة مثل السيارات والألعاب.	Microcontroller
عرض مصغرة: عرض مصغر ودقيق بشاشة لا يتجاوز قطرها بوصتين.	Microdisplay
محرك مصغر: محرك أقراص صغير الحجم مصمم ليُستخدَم مع مشغلات Compact Flash.	Microdrive
إلكترونيات دقيقة/ مصغرة: فرع من الإلكترونيات متخصص بدراسة وتصنيع المكونات والدارات الكهربائية المجهرية.	Microelectronics
البطاقة المصغرة/الدقيقة/ المجهرية (المايكروفيش): أحد أنواع الفيلم المجهري (مايكروفيلم) وهي شريحة فيلمية على شكل بطاقة قادرة على استيعاب وحفظ قدر لا بأس به من الوثائق والصور بشكل مصغر.	Microfiche

مباعدة مصغرة: ضبط موقع الحروف تجهيزا للطباعة بتحريكها أفقيا أو عموديا.	Microspacing
معاملة مصغرة: عملية تجارية تتعلق بمقدار صغير من المال يقل عن 5 دولارات.	Microtransaction
خدمة الإتصالات الخاصة بالأنسجة المزروعة: المواصفات الموضوعة لإستخدام الترددات بين 4.2 و 4.5 ميجاهيرتز للتواصل مع المعدات الطبية التي تُزرع في جسم الإنسان.	MICS (Medical Implant Communication Service)
برمجيات وسيطة: برمجيات تخدم كوسيط بين عدة تطبيقات او برمجيات.	Middleware
واجهة رقمية للآلات الموسيقية: بروتوكول يُمكّن الأجهزة الموسيقية الإلكترونية والحواسيب من الإتصال والتزامن والتحكم ببعضها البعض.	MIDI (Musical Instrument Digital Interface)
حاسوب متوسط :مصطلح يطلق على الحواسيب الأسرع من الحواسيب الشخصية والأكبر منها وفي نفس الوقت أصغر حجما من الحواسيب الضخمة/المركزية واقل سرعة وهي حواسيب متعددة المستخدمين ذات مكونات صلبة وأنظمة تشغيل خاصة بها.	Midrange Computer
قدرة النقل: القدرة على نقل البيانات والبرمجيات من حاسوب إلى آخر.	Migratability
النقل/التحويل: نقل بيانات والبرمجيات من جهاز حاسوب إلى آخر.	Migration
هندسة عسكرية.	Military engineering
روبوت عسكري.	Military robot
خلل الألفية: خلل برمجي في شفرة البرمجيات وانظمة المعلومات التي تم تطويرها قبل الالفية الثالثة حيث كانت السنة تُمثل بآخر عددين فقط من رقم السنة.	Millennium Bug
الدفعات الصغيرة: دفعات مالية عبر الشبكة الدولية لسلع تكلف بضعة سنتات الى دولار.	Micropayments
لاقط صوت (مايكروفون): أداة لتحويل الموجات الصوتية إلى تيار كهربائي في مُضخّم صوت أو مسجل.	Microphone
علم الضوئيات/الفوتونات المصغر: الفرع من التقنية الذي يتعامل مع توجيه الضوء على نطاق بالغ الصغر ويُستخدَم في الإتصال الضوئي عبر الشبكات.	Microphotonics
معالج مصغر، وحدة المعالجة الدقيقة: وحدة معالجة مركزية على شكل دارة مندمجة على شريحة واحدة.	Microprocessor
برنامج مصغر: برنامج صغير يوضع على رقاقة حاسوب ينفذ عمليات بسيطة.	Microprogram
البرمجة المصغرة: طريقة تستعمل لبناء معالجات رخيصة وذلك ببناء دارات كهربائية للتعليمات الأساسية فقط وبرمجة التعليمات الأخرى بتجميع التعليمات الأساسية بأشكال مختلفة.	Microprogramming
جزء من مليون من الثانية.	Microsecond
شركة مايكروسوفت.	Microsoft
إمكانية الوصول الفعالة من مايكروسوفت: تقنية صُممت لتحسين طرق تعامل البرامج مع وسائل شركة مايكروسوفت للتعامل مع ذوي الإحتياجات الخاصة.	Microsoft Active Accessibility
محترف/مهني مُعتمَد من مايكروسوفت: شهادة صادرة عن شركة مايكروسوفت تشهد بأن الشخص مهني معتمد.	Microsoft Certified Professional
تسوية مصغرة: عملية إضافة فراغات صغيرة بين الحروف لتسوية السطور.	Microspace Justification

Millennium Declaration	إعلان الألفية: إعلان تبناه عدد من قادة العالم في نيويورك في سبتمبر من عام 2000 تضمن أبرز الغايات التي تم الاتفاق على السعي لتحقيقها في الالفية الجديدة.
MILNET (Military Network)	الشبكة العسكرية: الجزء من شبكة الأبحاث المتقدمة المستخدم في نقل بيانات وزارة الدفاع.
MIMD (Multiple Instruction, Multiple Data)	تعليمات متعددة وبيانات متعددة: تقنية تُستعمل في بعض الحواسيب لتمكين الحاسوب من تنفيذ أكثر من عملية في نفس الوقت وذلك عن طريق إستخدام عدة معالجات تعمل بشكل مستقل عن بعضها البعض.
MIME (Multipurpose Internet Mail Extension)	إمتداد بريد الشبكة الدولية متعددة الأغراض: معيار يُمكّن رسائل البريد الإلكتروني من دعم مزايا إضافية مثل الصور والأحرف غير الإنجليزية.
MIMR (Magnetic Ink Mark Recognition)	تمييز مغناطيسي للعلامات الحبرية.
Mind	يهتم، يعترض، ينتبه، ذهن.
Mine	يّنجم، ينقب، يلغم، منجم.
Mine robot	روبوت ألغام: روبوت مهئ لنزع الألغام.
Mini robot	روبوت متناهي الصغر.
Minicomputer	إسم قديم ل(computer midrange) و لم يعد مستخدما.
Minimize	تصغير: إخفاء النافذة الفعّالة في شريط المهام.
Minimize button	زر التصغير.
Mining	تنجيم، استخلاص، البحث عن شئ ذي قيمة.
miniSD (Mini-Secure Digital)	بطاقة رقمية آمنة متناهية الدقة: هي عبارة عن جهاز ذاكرة محمول وقابل للنزع يُستخدَم في الهواتف الخلوية والكاميرات الرقمية ومشغلات MP3 وعدد من الأجهزة الأخرى.
Minor technology	تقنية محدودة.
Mipmapping	تقنية تقوم على إستخدام عدة نسخ متعددة الأحجام في الرسوم الثلاثية الأبعاد لتحسين السرعة.
MIPS (Million Instruction Per Second)	مليون تعليمة في الثانية.
Mirror Image	صورة مرآة: صورة طبق الأصل مع فارق عكس المحاور.
Mirror Site	موقع بديل: مزوّد/خادم ملفات يحتوي على نسخ لعدد من الملفات التشعبية القائمة في بيئة التشغيل ويُستعمل لتخفيف الضغط عن المزوّد/الخادم الرئيسي.
Misguided judgment	حكم مُضلِل.
Misleading information	معلومات مضلِلة.
Mission Critical	تقنيات مؤثرة على مهمة المؤسسة: مصطلح يشير إلى التطبيقات الضرورية لإدارة العمل اليومي لمؤسسة ما.
Misuse	إساءة استخدام/ إستعمال خاطئ.
Mitigability	قابلية التقليص/التخفيف: استراتيجية تقليص الاثر الناجم عن المخاطرة على النشاط أو المشروع بشكل تفاعلي.
Mitigator	مُقلِص.
Mixed mode university	جامعة ذات نظامين: جامعة ذات وجود فيزيائي وافتراضي في نفس الوقت.
MLPPP (Multilink point-to-point Protocol)	بروتوكول إتصال متعدد نقطة لنقطة :بروتوكول للربط بين جهازين يقوم بتوفير وصلات حسب الحاجة.
MMC (Microsoft Management Console)	لوحة التحكم الإداري لمايكروسوفت: هيكلية من شركة مايكروسوفت توفر واجهة تحكم متقدمة لمستخدمي ويندوز 2000 والاصدارات التالية.
MMC (multimedia card)	بطاقة متعددة الوسائط: بطاقة ذاكرة صغيرة الحجم تستعمل تقنية الذاكرة النقّالة.

Mnemonic Symbol	رمز مختصر: رمز يعبر عن عملية ويتكون من الحروف المختصرة لها.
Mnemonics	فن التذكر، فن تقوية الذاكرة.
MNP (Microcom Networking Protocol)	بروتوكولات الشبكات من مايكروكوم: بروتوكول أُستخدم في اجهزة الموديم القديمة لتصحيح أخطاء الإرسال.
MNRU (Modulated Noise Reference Unit)	وحدة مرجع التشويش المتغيرة: أسلوب يستعمل الصوت الأصلي لإلغاء التشويش كوسيلة لتحسين جودة الصوت.
Mobile	متحرك، قابل للحركة، هاتف جوّال.
Mobile Commerce (mCommerce)	التجارة الجوّالة: المعاملات التجارية الإلكترونية في بيئة لاسلكية.
Mobile Computing	حوسبة جوّالة/متحركة: استخدام الحاسوب أثناء التنقل.
Mobile government	حكومة جوالة: يطلق هذا التعبير على الحكومة التي تعتمد اعتمادا واسعا على استخدام التطبيقات الإلكترونية عبر الهواتف الجوّالة في إدارة شؤون مواطنيها.
Mobile government service	خدمة الحكومة الجوّالة: الخدمات الحكومية التي يتم تقديمها عبر الهاتف الجوّال للمواطنين والمؤسسات.
Mobile hacking	اقتحام/قرصنة الهاتف الجوال.
Mobile Information Server	خادم المعلومات الجوّالة/ المتحركة: مزوّد/خادم من شركة مايكروسوفت يوفر خدمات البريد الإلكتروني والتعاون التشاركي لمستخدمي الأجهزة المحمولة باليد والهواتف الجوّالة.
Mobile IP	بروتوكول الشبكة الدولية الجوّال: برتوكول معياري من مجموعة عمل هندسة الشبكة الدولية مصمم لتمكين المستخدمين من الإنتقال من شبكة هواتف خلوية إلى أخرى مع الإحتفاظ بعنوان الشبكة الدولية نفسه.
MMDS (Multichannel multipoint Distribution System)	نظام توزيع متعدد النقاط ومتعدد القنوات: تقنية إتصال لاسلكية تُستعمَل في الشبكات الحاسوبية كبديل لخدمة البث لتلفزيوني عبر الكابل.
Metasearch	البحث الوصفي/الوسيط: محرك بحث يستخدم خدمات محركات بحث أخرى لتنفيذ طلب المستخدم.
Microwave Relay	موصل الموجات الصغرى: رابط اتصالات يستخدم البث الراديوي والتلفزيوني من نقطة إلى أخرى بترددات أعلى من 1 غيغاهيرتز.
MMM (Mobile Media Mode)	صيغة وسائل الاعلام والنقال: رمز مستعمل للتعبير عن الوسائط المتعددة المعدة للحواسيب المحمولة باليد والهواتف.
MMS (Microsoft Management System)	نظام ادارة مايكروسوفت: بروتوكول طورته شركة مايكروسوفت لبث بيانات الصوت و الصورة عند الطلب.
MMU (Memory Management Unit)	وحدة إدارة الذاكرة: الوحدة من المسؤولة عن تنظيم الوصول إلى الذاكرة.
MMX (MultiMedia eXtension, Multiple Math eXtension, or Matrix Math eXtension)	امتداد الوسائط المتعددة: مجموعة تعليمات أضيفت إلى معالجات انتل بنتيوم تمكن المعالج من التعامل مع عدة متغيرات بعملية واحدة.
Mnemonic	1-مساعد للذاكرة، ذاكري، متعلق بالذاكرة. 2-موجز: يطلق على كل تسمية مختصرة لعناوين الموضوعات.
Mnemonic password	كلمة مرور ذاكرية: كلمة مرور قابلة للتذكر بأسلوب خاص.
Mnemonic password formula	صيغة كلمة المرور الذاكرية: اسلوب لتشكيل كلمة مرور من المعلومات المحيطة بالمستخدم قائم على معادلة قابلة للحفظ.

	بتحديد توزيع مقالات ومنتديات الشبكة الدولية ومراقبة محتواها.
Modifier Key	مفتاح التعديل: هو مفتاح يُمكّن المستخدم من تنفيذ وظائف بديلة لمكونات لوحة المفاتيح.
Modify Structure	هيكلية تعديل: عبارة في برامج التحكم في قواعد البيانات لتعديل بنية السجلات.
mods (Hacker slang for modification to hardware or software)	كلمة عامية تطلق على التعديلات على الحواسيب والبرمجيات.
Modular Computer	حاسوب بنيوي/مُجزأ/نسقي/ نمطي: حاسوب يمكن تعديل مكوناته القائمة أو إضافة مكونات جديدة دون التأثير على عمل الحاسوب.
Modular Construction	بنية تجزيئية/نسقية/نمطية: بناء الحواسيب عن طريق تجميعها من مكونات أساسية يمكن تبديلها أو الاضافة اليها لاحقا دون التأثير على عمل الحاسوب.
Modular Design	تصميم بنيوي/ مُجزأ/نسقي/ نمطي: تصميم يتكون من أجزاء مستقلة يسهل تبديلها والاضافة اليها .
Modular Programming	برمجة بنيوية/ تجزيئية/نسقية/ نمطية: أسلوب برمجي يقوم على تجزئة البرنامج إلى وحدات مستقلة مسؤولة عن اداء وظائف البرنامج.
Modular Software	برمجيات بنيوية/ تجزيئية/نسقية/ نمطية: نمط في تطوير البرمجيات يقوم على تجزئة البرمجية إلى وحدات مستقلة مسؤولة عن اداء وظائف البرمجية.
Modularity	البنيوية، التجزيئية، النسقية، قابلية التركيب.
Modularization	البنيوية.
Modulate	تضمين: تحميل إشارة على إشارة.
Modulated Wave	موجة محمَّلة على موجة أخرى.

Mobile medical service	خدمة طبية جوّالة.
Mobile Message's traceability	قابلية رسالة الجوّال للتتبع.
Mobile robot	روبوت متحرك/جوّال.
Mobile social networking technology	تقنيات التواصل الاجتماعي الجوّالة.
Mobile virtualization	تحول الجوال للنمط الافتراضي.
Mobile workforce software	برمجيات خاصة بقوى العمل الجوالة.
Mobility	التحركية، القابلية للتحرك.
Mobilization	تعبئة، تحريك.
Mobitex	شبكة لاسلكية عامة تُستعمل لأغراض الشرطة والإسعاف والإطفاء في الولايات المتحدة الأمريكية.
Mode	شكل/ نمط/ أسلوب/ طريقة/ وضع.
Mode of operation	صيغة التشغيل.
Modec	موديك: جهاز موديم يبث إشارات تناظرية بشكل رقمي وهي دمج بين مصطلحي Modem و Codec.
Model	يضع نموذجا، يصوغ على غرار، نموذج، تصميم، محاكاة الواقع.
Modeling	تصميم نموذج، نمذجة.
Modem (Modulator-demodulator)	مودم: جهاز لإرسال البيانات الرقمية عبر خطوط الهاتف من خلال تحويل البيانات إلى إشارة تناظرية لإرسالها وتحويل الإشارة التناظرية إلى بيانات من أجل استقبالها.
Modem Initialization String	سلسلة تهيئة المودم: نص يحتوي على مجموعة من الأوامر تُرسَل إلى الموديم لتهيئته للعمل.
Modem Profile	مجموعة بيانات المودم: معلومات تعريف تشغيل المودم.
Moderate	يتوسط، معتدل، يخضع للإشراف.
Moderated	خضع للإشراف: نص تم تدقيقه من شخص قبل نشره للتأكد من محتواه وملاءمته للمعايير.
Moderator	المشرق/الوسيط: الشخص المخول

Modulating Signal	إشارة محمَّلة على موجة.
Modulation	تضمين، تحميل.
Modulation Standards	معايير التضمين، معايير التحميل.
Modulator	مُضمّن، جهاز تحميل.
Module	وحدة تركيبية.
MOH (Music On Hold)	عملية تشغيل موسيقى على الهاتف عند الإنتظار حتى لا يمل المتصل.
MOM (Message-Oriented Middleware)	هيكلية مستخدم/خادم تسهل عمل برمجيات وسيطة تراسلية: تطبيق مكوناته موزعة على عدة أجهزة عبر شبكة.
Monetizability	قابلية التحول للعائد النقدي.
Monetizable website	موقع شبكي قابل للتحول للعائد النقدي.
Monetization	التحول للعائد نقدي.
Monetize	يحوّل شئ الى عائد نقدي.
Monitor	شاشة، برنامج مراقبة.
Monitor	يراقب، مرقاب، شاشة.
Monitorability	قابلية المراقبة.
Monitorable inter-company messaging	إرسال بين شركتين قابل للرقابة.
Monitored zone	منطقة مُراقَبة.
Monitoring	مُراقَبة.
Monitoring device failure	مُراقَبة تعطل الجهاز.
Monitoring system performance	مُراقَبة أداء النظام.
Monitoring technology	تقنية مُراقَبة.
Monochrome	جهاز عرض أحادي اللون: صورة بلون واحد فقط وتباين فاتح وغامق.
Monospace Font	خط ذو حيز موحد: خط يأخذ كل حرف فيه المساحة نفسها.
Monostable	جهاز أحادي الإستقرار: هي حالة استقرار لجهاز ما وإذا انتقل الجهاز إلى حالة أخرى فإنه يعود إلى الحالة المستقرة بعد مدة معينة تُستخدَم في الإلكترونيات لوصف دارة معينة أو جزء من دارة.
MOO (Multi-User Dungeon (MUD) Object Oriented)	ألعاب متعددة المستخدمين موجهة بالكيانات: بيئة ألعاب افتراضية متعددة المستخدمين تعتمد التفاعل فيما بين امستخدمين.
Moral	أخلاق.
Moral machine	آلة أخلاقية.
Moral robot	روبوت أخلاقي.
Morale	معنويات.
Moralistic	أخلاقي، تزمتي.
Morality	أخلاقية، درس أخلاقي، مبادئ أخلاقية.
Morphing	تحويل صورة بالتدريج إلى صورة أخرى.
MOS (Mean Opinion Score)	متوسط نتيجة الرأي: مقياس لجودة إشارة الصوت والصورة بعد ضغطها وإرسالها.
Mosaic	متصفح موزاييك: أول متصفح شبكة دولية تصويري أطلق في بداية 1993.
MOSPF (Multicast Open Shortest Path Protocol)	بروتوكول أقصر مسار مفتوح متعدد البث: إمتداد لبروتوكول "افتح المسار الأقصر أولاً - OSPF" يدعم إرسال الحزم إلى عدة مستقبلين.
Mother Board	اللوحة الأم: اللوحة الرئيسية في الحاسوب والتى يتم تركيب المكونات الرئيسية للحاسوب عليها.
Motion JPEG	رسوم مجموعة خبراء التصوير الفوتوغرافي المشترك المتحركة: معيار لتخزين تسجيلات الفيديو عن طريق ضغط كل صورة على شكل ملف JPEG.
Motion planning algorithm	خوارزمية تخطيط الحركة: خوارزمية تُمكّن الروبوت من بناء خطة لتحركه من خلال احتساب المسافة التي تفصله عن الأشياء المحيطة به لتفادي الاصطدام بها.
Motorola	شركة موتورولا: شركة صناعة معالجات مصغرة.

MOUS (Microsoft Office User Specialist)	مستخدم مايكروسوفت اوفيس المتخصص: شهادة من شركة مايكروسوفت تشهد بأن الشخص متخصص في إستخدام تطبيقات مايكروسوفت.
Mouse	الفأرة.
Mouse button	زر الفأرة.
Mouse Scaling	مقياس الفأرة: زيادة سرعة حركة مؤشر الشاشة إذا زادت مسافة تحريك الفأرة عن حد معين.
mov	نمط ملفات لأفلام كويك تايم تقوم بتخزين المسارات المتزامنة للصورة والصوت والنص.
Move	أمر النقل: أمر نقل وتحريك الملفات من موقع لاخر.
Movie downloading	تحميل/تنزيل فيلم/عرض.
Mozilla	متصفح موزيلا: متصفح الشبكة الدولية مفتوح المصدر.
MP/M (Multitasking Program for Microcomputers)	برنامج متعدد المهام للحواسيب المصغرة.
MP3	ملفات إم بي 3: ملفات ذات إمتداد mp3 تُستعمَل لتخزين الصوت كالأغاني.
MP3 Player	مشغل إم بي 3: أداة يمكنها تشغيل ملفات إم بي 3.
MPC (Multimedia PC)	حاسوب شخصي متعدد الوسائط.
MPEG (Moving Picture Experts Group)	مجموعة خبراء الصور المتحركة: مجموعة مسؤولة عن وضع معايير تخزين ملفات الصوت والصورة.
MPEG-1	إم بيج-1: معيار أصلي من معايير ضغط وتشفير وتخزين واسترداد ملف الصوت أو الصورة من مجموعة خبراء الصور المتحركة المصمم لتقنية الأقراص بمدى تردد مقداره 1.5 ميغابايت وقناتي صوت وفيديو غير مترابطتين.
MPEG-2	إم بيج-2: امتداد لمعيار إم بيج-1 مصمم للبث التلفزيوني بمدى تردد مقداره 40 ميغابايت وخمس قنوات صوت ومدى أكبر من أحجام الإطارات وفيديو مترابط.
MPEG-3	إم بيج-3: بامتداد لمعيار إم بيج-2 مصمم للتلفزيونات فائقة الوضوح غير مستخدم.
MPEG-4	معيار قيد التطوير حاليا مصمم لتطبيقات الوسائط والهاتف المرئي يتميز بقدرته على ضغط البيانات عالي الجودة دون فقدان البيانات.
MPI (Message Passing Interface)	واجهة تمرير الرسائل: بروتوكول يُستعمَل في الأنظمة التجميعية حيث يُمكّن الأجهزة المكونة لهذه الأنظمة من تبادل الطلبات والرسائل.
MPLS (Multiprotocol Label Switching)	تبديل تسمية البروتوكولات: بروتوكول يوفر امكانية نقل حزم بيانات متنوعة عبر الشبكة.
MPOA (Multi-Protocol Over ATM)	بروتوكول صيغة النقل غير المتزامن: بروتوكول يوظف عملية نقل حزم بيانات بروتوكول الشبكة الدولية عبر شبكات صيغة النقل غير المتزامن.
MPP (Massive Parallel Processing)	معالجة متوازية هائلة: مصطلح في معمارية الحواسيب يُستعمَل للتعبير عن حاسوب يحتوي على مجموعة من المعالجات.
MPR (MultiPath Routing)	توجيه متعدد المسارات: طريقة لنقل حزم البيانات عبر الشبكة الدولية تقوم بتحديد عدة مسارات لهذه الحزم من أجل الحصول على جودة نقل وحماية أعلى.
MPT (Ministry of Post and Telecommunication)	وزارة البريد والإتصالات: هيئه لتنظيم قطاع الراديو والتلفاز.

MSI (Microsoft Installer)	مُثبّت مايكروسوفت: برنامج من شركة مايكروسوفت لتحميل التطبيقات على أنظمة التشغيل ويندوز.
MSN (Microsoft Network)	شبكة مستخدمي مايكروسوفت.
MSP (Managed Service Provider)	مزوّد الخدمة المُدارَة: مزوّد يوفر خدمة إدارة الخوادم المؤجرة.
MSP (Message Security Protocol)	بروتوكول أمن الرسالة: بروتوكول يوفر حماية للرسائل المرسلة بين بعض الخوادم وعملائها.
MSP (Message send protocol)	بروتوكول الارسال: بروتوكول مسؤول عن نقل الرسائل الصغيرة بين الحواسيب المترابطة عبر شبكة محلية.
MT (Machine Translation)	ترجمة آلية: ترجمة بواسطة الحاسوب من لغة إلى أخرى.
MTA (Mail Transfer Agent)	عميل نقل البريد: البرنامج المسؤول عن نقل رسائل البريد الإلكتروني بين الخوادم عبر الشبكة الدولية.
MTBF (Mean Time Between Failure)	متوسط الفترة بين عطلين: وحدة قياس تُستخدَم لتقويم عطل المعدات وتُعتبر أحد المؤشرات الدالة على كفاءة الآلة.
MTSO (Mobile Telephone Switching Office)	مكتب تبادل وإدارة إتصالات الهواتف النقالة: النظام المسؤول عن تخصيص الترددات المستعملة لكل مكالمة في أنظمة الهواتف.
MTTR (Mean Time to Repair)	متوسط فترة الإصلاح: معدل الفترة اللازمة لجهاز معين ليتعافى من الأعطال.
MTU (Maximum Transmission Unit)	وحدة الإرسال الأقصى: حجم أكبر حزمة يمكن لجهاز معين إرسالها أو إستقبالها.
Multi-media data	بيانات الوسائط المتعددة.
Multiboot	تشغيل متعدد: تحميل عدة أنظمة تشغيل على نفس الجهاز.
MPU (Microprocessing Unit)	وحدة المعالجة المصغرة:إسم لوحدة المعالجة المركزية منتشر أكثر مع معالجات الإشارات الرقمية.
MR (Maintenance Request)	طلب صيانة.
MRAM (Magnetoresistive Random Access Memory)	ذاكرة الوصول العشوائي المغناطيسية: من أنواع ذاكرة الوصول العشوائية غير المتطايرة أي التي لا تزول البيانات المخزنة فيها بانقطاع التيار الكهربائي.
MRP (Material Requirements Planning)	تخطيط المستلزمات والمواد.
MRU (Maximum Receive Unit)	وحدة الإستقبال الأقصى: بيانات تُرسل إلى المُستقبِل في عملية تبادل البيانات لإبلاغه عن أكبر حزمة يمكن إرسالها.
MS (Mobile Station)	محطة متحركة.
MSAA	راجع Accessibility Microsoft Active.
MSAU	راجع Unit Multistation Access.
MSB (Most Significant Bit)	العدد الثنائي الأعلى منزلة.
MSC (Mobile Switching Center)	مركز تبادل وإدارة إتصالات الهواتف النقالة: الجزء من شبكة الإتصالات الخلوية الذي يقوم بتنظيم إجراء المكالمات وإرسال الرسائل القصيرة.
MSCS (Microsoft Cluster Server)	خادم تجميع مايكروسوفت: برمجية مصممة لتسمح لخوادم متعددة بالعمل معا كآلة واحدة.
MSDN (Microsoft Developer Network)	شبكة مطوري مايكروسوفت: شبكة أسستها مايكروسوفت لتسهيل الإتصال بين مستخدمي أدوات تطوير وأنظمة تشغيل مايكروسوفت.
MS-DOS (Microsoft DOS)	راجع DOS.
MSI (medium scale integration)	تكامل متوسط النطاق: طريقة تصنيع دارات متكاملة تقوم على وضع مئات الترانزيستورات على الدارة المتكاملة.

Multibus	ناقل بيانات متعدد: ناقل بيانات يستعمل في الأنظمة الصناعية.
Multicore microprocessor	متعدد المعالجات: حاسوب يجمع بين معالجين اثنين أو أكثر.
Multidisciplinary ICT research	بحث تقنيات المعلومات والاتصالات متعدد التخصصات.
Multifunction Application	تطبيق متعدد الوظائف.
Multi-legged robot	روبوت ذو أرجل متعددة.
Multimedia	متعدد الوسائط: برامج تكون وظيفتها الرئيسية متعلقة بالصوت والصورة.
Multi-Modal Interaction	تفاعل متعدد: هو إستخدام أكثر من طريقة لعرض المعلومات وإدخال البيانات من أجل المساعدة على زيادة التفاعل ما بين المستخدم والنظام الحاسوبي.
Multipartite Virus	فيروس متعدد الأجزاء: فيروس يمكنه الهجوم على أكثر من نوع من الأنظمة.
Multipass Sort	ترتيب متعدد الممرات: قراءة سجلات البيانات وترتيبها داخلياً أكثر من مرة لإكمال عملية الترتيب.
Multiple Inheritance	وراثة متعددة: خاصية لبعض لغات البرمجة الموجهة للكيانات تسمح لصنف جديد أن يتم اشتقاقه من عدة أصناف موجودة بحيث يجمع الصنف الجديد خصائص الأصناف الموروثة.
Multiplex Mode	نمط الإتصال المتعدد: طريقة في نقل البيانات بين وحدة التشغيل المركزية وعدد من الوحدات الطرفية في وقت واحد بحيث تكون الوحدة البيانية المنقولة بايت واحد.
Multiplexing technology	تقنية الإرسال المتعدد.
Multiplicand	الرقم الذي يضرب برقم آخر.
Multiplier	دارة كهربائية قادرة على إنجاز عملية الضرب.
Multiprocessing	معالجة متعددة: تنفيذ تعليمات برنامجين أو أكثر في الوقت نفسه ضمن بيئة حاسوب يحتوي على معالجين مركزيين أو أكثر وذاكرة عامة مشتركة.
Multi-purpose combat robot	روبوت قتالي ذو غايات متعددة.
Multi-robot operator	مشغل متعدد الروبوتات.
Multisearch	بحث متعدد: محرك بحث يملك معلوماته الخاصة ويستخدم محركات بحث اخرى.
Multistation Access Unit	وحدة الوصول متعددة المحطات: جهاز يربط عدة محطات إستقبال وبإمكانه إهمال المحطات المعطلة.
Multisystem Network	شبكة متعددة الانظمة: شبكة تُستخدَم فيها عدة أنواع من أنظمة التشغيل.
Multitasking	تعدد المهام: القيام بأكثر من مهمة في وقت واحد باستخدام حاسوب واحد.
Multithreading	خاصية تعدد الأجزاء: عملية تجزئة البرنامج الذي يتم تنفيذه إلى عدة أجزاء صغيرة يُمكن لكل جزء منها تنفيذ عمليات متعددة لزيادة سرعة البرنامج.
Multitier Architecture	معمارية/بنية متعددة المستويات: هيكلية عميل/خادم يتم من خلالها تنفيذ طلبات العميل من قبل عدة أجزاء منفصلة في الخادم.
Multi-touch screen technology	تقنية الشاشة متعددة اللمس.
Multi-User	تعدد المستخدمين: طريقة تشغيل يتشارك فيها أكثر من مستخدم في مصادر الحاسوب .
Multi-User System	نظام متعدد المستخدمين: نظام يُمكّن عدة مشاركين من استخدام حاسوب واحد في الوقت نفسه.
Multivalued Operation	عملية متعددة المتغيرات.

Multiway Decision Point	نقطة القرار المتعدد: النقطة التي يتحتم عندها اختيار البديل الامثل من بين عدة بدائل.
MURS (Multi-Use Radio Service)	خدمة الإتصال الراديوي متعدد الإستخدام.
Museum	متحف.
Mute	كتم الصوت.
Mutual Exclusion	الإلغاء المتبادل: حسابات تُستخدَم في البرمجة المتزامنة لتفادي الإستخدام المتزامن لمصدر مشترك.
MX Record (Mail Exchange Record)	سجل تبادل البريد: سجل في أنظمة النطاقات يعلن عن الخوادم المسؤولة عن إستقبال البريد الإلكتروني المُرسَل إلى نطاق معين.
MySQL	برنامج إدارة قواعد بيانات مفتوح المصدر .

N

NAK (Negative Acknowledgment)	إشعار سلبي: رسالة تُرسَل عبر محطات نقل البيانات لتدل على أن البيانات المستلمة التي تم تفحصها غير صحيحة ويجب إعادة بثها.
Name Server	خادم الأسماء: جهاز شبكي يعمل على تحويل أسماء المجال مثل (tagorg.com) إلى عنوان رقمي مثل (89.8.2217.117) وبالعكس.
Namespace	فضاء الإسم: بيئة مجردة تسمح للمبرمجين بتعريف عدة متغيرات مترابطة لها نفس الإسم وعدة قيم بحيث لا تتضارب مع بعضها البعض.
Naming Convention	إتفاقية التسمية: مجموعة القواعد التي يتبعها المبرمجون لتسمية المتغيرات والكيانات في البرامج.
NAND (not AND)	نفي ال"و": عملية منطقية يكون ناتجها عكس عملية "و" حيث يكون الناتج خاطئ فقط عندما تكون جميع المدخلات صحيحة.
NAND Circuit	دارة تقوم بعملية نفي ال"و": راجع NAND.
NAND Element	عنصر نفي ال"و": راجع NAND.
NAND Gate	بوابة نفي ال"و": راجع NAND.
Nanosecond	وحدة زمنية قدرها جزء واحد من بليون جزء من الثانية تستخدم لقياس سرعة تشغيل الحاسوب.
Napster	نابستر، نظام مشاركة الملفات: تطبيق شبكي شاع إستخدامه في أواخر التسعينات من القرن الماضي للمشاركة بملفات الأغاني وتم إغلاقه بسبب تعديه على حقوق الملكية الفكرية ومن ثم تم تحويله الى موقع لبيع الأغاني على الشبكة الدولية.
Narrowband	موجة ضيقة: يشير المصطلح إلى نظام تبادل البيانات الذي ينقل كم محدود من البيانات عبر قناة الاتصال.
NAT (Network Address Translation)	تقنية ترجمة عناوين الشبكة: نظام يتيح لعدة حواسيب الإتصال بالشبكة الدولية بإستخدام عنوان واحد وذلك عن طريق تغيير عنوان المرسل في الحزم الخارجة الى عنوان المشترك.
National ICT vision	رؤية وطنية لتقنيات المعلومات والاتصالات.
Native Application	تطبيق محلي/مخصص: برنامج مصمم خصيصاً لنوع معين من المعالجات المصغرة أي برنامج متوافق توافقاً ثنائياً مع المعالج.
Native Code	شيفرة محلية: شيفرة مكتوبة بلغة الآلة ولا تحتاج إلى مفسّر لتنفيذها.
Native Compiler	مترجم محلي: مترجم يترجم شفرة مكتوبة بلغة برمجة راقية إلى لغة الآلة.
Native File Format	صيغة ملف محلي: الصيغة التي يستخدمها تطبيق ما داخلياً لمعالجة البيانات.
Native people	شعب محلي.
Natural Language	لغة طبيعية: أي لغة بشرية بالمقارنة مع اللغات الإصطناعية المستخدمة في البرمجة.
Natural Language Processing	معالجة اللغة الطبيعية: فرع من علم الحاسوب واللغويات يدرس أنظمة الحاسوب التي تستطيع أن تميز لغة الإنسان المكتوبة والمحكية وتتفاعل معها.
Natural Language Query	سؤال باللغة الطبيعية: سؤال بلغة مثل الإنجليزية أو العربية يُطرح على قواعد البيانات من خلال وحدة الادخال.

شركة مايكروسوفت بالتعاون مع شركة COM3.

NDMP (Network Data Management Protocol) — بروتوكول إدارة بيانات الشبكة: بروتوكول صممته شركتا NetApp وLegato لنقل البيانات بين أجهزة التخزين الموصولة على الشبكة.

NDS (Novell Directory Services) — خدمات دليل نوفيل: هي برمجيات طورتها شركة نوفيل تُستخدَم لإدارة الوصول إلى موارد الحاسوب ومتابعة مستخدمي شبكة معينة من نقطة إشراف واحدة.

NEC (National Electrical Code) — معيار كهربائي وطني: دليل مقبول محليا من أجل تركيب آمن للمعدات والأسلاك وهو غير مرتبط بتصميم خاص وإنما بتوصيات لبناء آمن لحماية الأشخاص والمباني.

Needs — احتياجات.

Needs assessment — تقييم تقدير الاحتياجات: مفهوم مفاده تقدير الحاجة للمعلومات بهدف ضمان تقديم المعلومات المناسبة.

Needs assessment interviews — مقابلات تقييم الاحتياجات: مقابلات يجريها مديرو تقنيات المعلومات لتحديد احتياجات مشاريعهم المستقبلية.

Negation — النفي : تحويل "خاطئ" إلى صحيح أو العكس.

Negative Feedback — تغذية راجعة سلبية: عملية عكس أحد المخرجات للدارة ومن ثم إستخدامه كمدخل لتحسين جودة الدارة.

Negative Integer — عدد صحيح سالب.

Negative Logic — منطق سلبي: استخدام جهد عال للحالة صفر(0) وجهد منخفض للحالة (1).

Negative Number — عدد سالب.

Natural Number — عدد طبيعي: عدد صحيح يساوي صفر أو أكبر من صفر.

Navigability — قابلية التنقل بين صفحات المواقع.

Navigable map — خريطة قابلة للتنقل: خريطة يمكن التنقل بين أجزائه.ا

Navigable website — موقع شبكي قابل للتنقل.

Navigation — تنقل، تجول، تصفح.

Navigation Bar — شريط التصفح: جزء في صفحة من موقع شبكي تحتوي على ارتباطات نصوص تشعبية لتصفح صفحات الموقع.

Navigation Keys — مفاتيح التصفح: مفاتيح تستخدم لتحريك مؤشر الشاشة وتشمل هذه المفاتيح مفاتيح الأسهم الأربعة ومفتاح صفحة للأعلى ومفتاح صفحة للأسفل ومفتاح البداية ومفتاح النهاية.

Navigation upgrade — تحديث التنقل: تحسين قدرة التنقل عبر صفحات مواقع الشبكة الدولية.

Navigator — متنقل، ملاح، متجول: تعبير يُطلق على المتنقل عبر مواقع الشبكة الدولية بغرض التصفح.

NBP (Name Binding Protocol) — بروتوكول تخصيص الأسماء: بروتوكول مستخدم في شبكات Apple Talk المحلية لتنظيم أسماء المستخدمين.

NCITS (National Committee for Information Technology Standards) — الجنة الوطنية لمعايير تقنيات المعلومات: الإسم القديم للجنة الدولية لمعايير تقنيات المعلومات.

NCP — راجع Protocol Network Control.

NCSA (National Center for Supercomputing Applications) — المركز الوطني لتطبيقات الحوسبة الفائقة: مركز أبحاث تم تأسيسه في 1985 في الولايات المتحدة الأميركية كجزء من مؤسسة العلوم الوطنية يتخصص في مهام الحوسبة الفائقة.

NDIS (Network Driver Interface Specification) — مواصفات واجهة بطاقات الشبكة: واجهة برمجية للتحكم ببطاقات الشبكات صممتها

الإلكترونية.

مواطن الشبكة: تعبير يطلق على الشخص الذي ينتمي إلى مجموعات شبكية ويستخدم الشبكة الدولية بشكل كثيف. — Netizen

قناع الشبكة: قناع يتكون من 32 رقم ثنائي ويستخدم لتقسيم عنوان مزود الشبكة الدولية إلى شبكات فرعية. — Netmask

الاجتماع الشبكي: تطبيق عبر الشبكة الدولية للاتصال المرئي والمسموع لمجموعة من الافراد. — NetMeeting

متصفح نيتسكيب نافيجيتور: حزمة برمجية لتصفح مواقع الشبكة الدولية طورته شركة نتسكيب كوميونيكيشنز سيطر لفترة من الزمن على سوق متصفحات الشبكة الدولية لكن فقد معظم حصته في السوق لصالح مستعرض إنترنت إكسبلورر الذي أطلقته شركة ميكروسوفت. — Netscape Navigator

نيتسكيب نيتكاستر: هو احد تطبيقات نتسكيب كومينكيتر الذي طورته شركة نتسكيب كوميونيكيشنز يُمكّن المستخدم من نقل حزم البيانات وتصفح مواقع الشبكة الدولية دون اتصال. — Netscape Netcaster

نيتوير: نظام تشغيل الشبكة المحلية طورته شركة نوفل يعمل على منصات معدات وتعريفات مختلفة. — Netware

شبكة. 1- مجموعة حواسيب متصِّلة ببعضها وتُتيح لمستخدِميها الاشتراك في الموارد والأجهزة المتصلة بالشبكة مثل الطابعة ومحرك القرص المدمج وغيرهم.
2-مجموعة رسمية أوغير رسمية من الافراد على اتصال فيما بينهم للتشارك بالأفكار والخبرات غالباً — Network

درجة سلبية: المقدار الثابت المستعمل في العد التنازلي من الأكبر إلى الأصغر. — Negative Step

ناف: عنصر منطقي له مدخل ثنائي واحد ومخرج ثنائي واحد بحيث يكون مدخله عكس مخرجه أي أن الإشارة الداخلة عكس الإشارة الخارجة. — Negator

هيكلية تحكم متداخلة. — Nested Control Structure

دورة/تكرار متداخل. — Nested Loop

هيكلية متداخلة. — Nested Structure

برنامج فرعي متداخل: مجموعة برامج فرعية متضمنة في برامج فرعية أخرى. — Nested Subroutine

جملة إذا الشرطية المتداخلة: جملة إذا موجودة داخل جملة إذا أخرى. — Nested-if

التضمين، التداخل، الإحتواء: — Nesting
1-وجود برنامج فرعي ضمن برنامج أكبر.
2-إدخال تركيب لغوي في آخر .

يربح ربحا صافيا، شبكة، مقدار صاف، نهائي، اختصار للشبكة الدولية. — Net

ركوب الشبكة الدولية: التنقل بين مواقع الشبكة الدولية. — Net surfing

واجهة المستخدم الموسّعة لنظام الإدخال/الإخراج الأساسي للشبكة: بروتوكول محسن لأنظمة عمل الشبكات طوّرته شركة مايكروسوفت. — NetBEUI (NetBIOS Extended User Interface)

نظام الإدخال/الإخراج الأساسي للشبكة: بروتوكول الشبكات لأنظمة تشغيل الحواسيب دوس وويندوز يسمح للتطبيقات بالاتصال عبر شبكة محلية. — NetBIOS (Network Basic Input Output System)

آداب الشبكة: الآداب والتقاليد التي يتوجب على مستخدم الشبكة الدولية الالتزام بها أثناء المراسلات والدردشات — Netiquette (Internet Etiquette)

	باتباع عدد من الأهداف التي تساعد على توجيه شبكة العمل. 3- مجموعة متكاملة من مكونات وأدوات ودوائر الكترونية وأجهزة تربط بينها وصلات أو خطوط اتصال توفر نظام يُستخدَم لتسهيل تطبيقات البرمجة المتعددة المتشاركة في الوقت وبث بيانات الحاسوب والبرامج عن طريق الأقمار الصناعية.
Network access control	التحكم في الوصول إلى الشبكة.
Network access protection	حماية إذن الوصول إلى الشبكة.
Network access providers	موفِّر الوصولية للشبكة: مؤسسة متخصصة بتوفير خدمات الوصول إلى الشبكة الدولية للعملاء وبشكل مباشر.
Network Administrator	مسؤول شبكات.
Network admission control	التحكم في الدخول للشبكة.
Network architecture	معمارية/بنية الشبكة.
Network Boot	تحميل شبكي: عملية تحميل نظام تشغيل من شبكة معينة بدلاً من قرص محلي وتُستخدَم طريقة التحميل هذه من قبل محطات العمل الخالية من الأقراص في ظل ذاكرة تخزين مركزيةً.
Network builder	مختص بناء الشبكات.
Network Control Protocol	بروتوكول التحكم بالشبكة: بروتوكول لتحديد إعدادات طبقة الشبكة.
Network controller	المتحكم في الشبكة.
Network Data Structure	هيكلية/بنية بيانات الشبكة: التكوين المنطقي الذي تكون عليه البيانات في قاعدة بيانات شبكية.
Network Database	قاعدة بيانات شبكية: 1- قاعدة بيانات مبنية على معمارية عميل/ خادم 2-قاعدة بيانات تخزن عناوين مستخدمي الشبكة. 3-بنية بيانات مرتبة بشكل شبكي.
Network development	تطوير الشبكة.
Network disablement	ايقاف/تعطيل الشبكة.
Network Drive	مشغل أقراص إفتراضي في بيئة التشغيل ويندوز يحصل على بياناته من دليل مشترك على الشبكة.
Network enablement	تشغيل الشبكة.
Network failure	تعطُّل الشبكة.
Network failure detection	اكتشاف عطل الشبكة.
Network failure recovery	إصلاح عطل الشبكة.
Network hacking system	برمجيات اقتحام/قرصنة الشبكات.
Network hub	محور الشبكات: مكان اتصال الشبكات وترابطها.
Network infrastructure	البنية التحتية للشبكة.
Network intrusion prevention system	نظام منع اقتحام الشبكة.
Network Latency	زمن الوصول إلى الشبكة.
Network Layer	طبقة الشبكة: الطبقة الثالثة ضمن نموذج ربط الأنظمة المفتوح (OSI) ذي الطبقات السبع ونموذج بروتوكول الربط الشبكي (بروتوكول التحكم بنقل البيانات/ بروتوكول الشبكة الدولية) ذي الطبقات الخمس (تُسمى هذه الطبقة في النموذج الأخير بطبقة الشبكة الدولية) حيث تستجيب طبقة الشبكة لطلبات تقديم الخدمات من طبقة النقل وتصدر طلبات تقديم الخدمات إلى طبقة رابط البيانات.
Network licensing	ترخيص الشبكة.
Network load balancing services	خدمات توازن أحمال الشبكة.

Network strategy	إستراتيجية الشبكة.
Network Switching	نقل/تبديل عبر الشبكات: انتقال البيانات من واجهة بينية الى واجهة بينية أخرى من خلال اختيار المسار الأمثل.
Network Terminator	جهاز إنهاء الشبكة: جهاز يقبل إشارة ثنائية الإتجاه من شركة الإتصالات الهاتفية ويحولها إلى إشارة رباعية الاتجاه تُرسل إلى وتُستقبل من الأجهزة الموجودة في المنزل أو المؤسسة.
Network Topology	هيكلية/جغرافية الشبكة: أليات ترتيب وتخطيط عناصر شبكة معينة (الروابط، العُقد، إلخ) وخاصة العلاقات المتبادلة المادية (الحقيقية) والمنطقية (الإفتراضية) بين العُقد.
Network vulnerability	ضعف الشبكة.
Network-attached storage (NAS)	مرفق التخزين الشبكي: مخزن قرص صلب تم إعداده مع عنوان شبكي خاص به للسماح لعدد من العملاء بالتخزين عليه عوضا عن ربطه بحاسوب واحد
Networked storage	مخزن شبكي.
Network-enabled espionage	تجسس مدعوم بالشبكة.
Networking	ربط/إقامة الشبكات: أي الربط والإتصال مع مجموعة من الأنظمة والاجهزة الطرفية.
Networks	شبكات.
Neural Network	شبكة عصبية: نظام حقيقي أو إفتراضي يحاكي دماغ الإنسان ويعالج عدة عناصر مرتبطة ببعضها البعض من خلال تبني الأنماط السابقة والتعلم منها.
Neurohabilitation	إعادة تأهيل عصبية: عملية طبية معقدة تهدف الى المساعدة على الشفاء من اصابة في الجهاز العصبي وتقليل و/أو التعويض عن أي تغييرات وظيفية ناتجة عنها.
Network management software	برمجيات ادارة الشبكة: نظام برمجي لحماية البرمجيات من سوء الاستخدام مثل النسخ أو التعديل أوالتحميل غيرالمشروع ومعالجة أعطال الاتصالات السلكية واللاسلكية والاخطاء الاخرى المحتملة للشبكة.
Network map	خريطة الشبكة: خريطة توضح عناصر الشبكة التقنية.
Network Meltdown	تعطل الشبكة: الحالة التي بالكاد تقوم فيها الشبكة بوظائفها بسبب مقدار الأعمال المفرط.
Network navigability	قابلية الشبكة للتنقل.
Network operating system (NOS)	نظام تشغيل الشبكة: نظام برمجي يتحكم في أنظمة الحواسيب والأجهزة الأخرى عبر الشبكة.
Network optimizability	قابلية الشبكة للمثالية:إمكانية رفع كفاءة الشبكة إلى المستويات القصوى.
Network performance	أداء الشبكة.
Network performance management	إدارة أداء الشبكة.
Network programmability	قابلية الشبكة للبرمجة.
Network scan	مسح الشبكة: فحص الشبكة لاستطلاع وجود نقاط ضعف أو تلوث أو خلل.
Network security	أمن الشبكة.
Network security assessment	تقييم أمن شبكة.
Network security assessor	مقيّم أمن الشبكة.
Network security officer	مسئول أمن الشبكات.
Network Service Provider	مزود خدمات الشبكات: شركة أو مؤسسة توفر خدمات نقل البيانات عبر الشبكة والدخول إلى الشبكة من خلال الشبكة الدولية.
Network Services	خدمات الشبكة.
Network solutions	حلول شبكية.

نظام كشف الدخلاء الشبكي: نظام يكشف عن الإعتداءات على الحواسيب المرتبطة بشبكة من خلال معاينة حزم البيانات المتبادلة.	NIDS (Network-based Intrusion Detection System)
أجهزة رؤية ليلية.	Night vision devices
تقنية رؤية ليلية.	Night vision technology
البنية التحتية الوطنية للمعلومات: سياسة الحكومة الأمريكية في إدارة التقنيات المتطورة طورتها حكومة الرئيس كلينتون (1993-2001) لتوفير شبكات اتصالات عامة وخاصة وخدمات تفاعلية لجعل المعلومات في متناول أيدي المستخدمين.	NII (National Information Infrastructure)
شريط ذو 9 مسارات: شريط ممغنط عرضه نصف بوصة (12.65 ملم) يحتوي على 8 مسارات للبيانات ومسار واحد للكشف عن الأخطاء يُستخدَم لتخزين الرموز المكونة من 8 أرقام ثنائية مما يزيد السعة الكلية للشريط.	Nine Track Tape
متمم التسعة.	Nine's Complement
خدمة معلومات الشبكة: بروتوكول خدمة دليل الخادم الخاص بالعملاء من شركة صن مايكرو سيستمز لتوزيع بيانات تهيئة النظام مثل اسم المستخدم والمضيف بين أجهزة الحاسوب المرتبطة بالشبكة.	NIS (Network Information Service)
المعهد الوطني للمعايير والتقنية: وكالة حكومية ضمن وزارة التجارة الأميركية مهمتها تطوير وتطبيق التقنية والمعايير والمقاييس بما يتماشى والمصلحة الوطنية الأميركية.	NIST (National Institute of Standards and Technology)
امتداد نواة الشبكة: يوفر طريقة لتوسيع وتعديل البنية التحتية للشبكة في نظام التشغيل	NKE (Network Kernel Extension)
تقنية عصبية.	Neuro-technology
وظيفة/وظيفية جديدة.	New functionality
مستخدم/قادم جديد.	Newbie
موقع شبكي حديث البناء.	Newly constructed website
خادم الاخبار: نظام/تطبيق شبكي يستضيف مجموعة من المقالات والردود.	News Server
مجموعة أخبار/نقاش: هي حيز شبكي مخصص لتبادل النقاشات في موضوع محدد.	Newsgroup
تداخل صوتي طرفي: هو تداخل إلكتروني مغناطيسي قد يحدث في محطات مضخمات الإتصالات الهاتفية عندما تتسرب الإشارات الخارجة من مضخم إلى النهاية الطرفية لمضخم الآخر.	NEXT (Near End Crosstalk, NEXT loss)
نقطة توصيل، نقطة تقاطع.	Nexus
نظام ملفات الشبكة: 1-نظام ملفات يدعم مشاركة الملفات والطابعات وغيرها من المصادر عبرشبكة حاسوب. 2-بروتوكول صممته شركة صن مايكرو سيستمز يسمح للعميل بالدخول إلى فهرس مشترك بشكل سهل.	NFS (Network File System)
الجيل القادم من الشبكة الدولية: عدد من المشاريع التي تهدف إلى تحسين اداء الشبكة الدولية و/أو جودة المحتويات ذات الأحجام والمواقع المختلفة.	NGI (Next Generation Internet)
أربع أعداد ثنائية، نصف بايت.	Nibble
بطاقة الإتصال المتبادل في الشبكة: لوحة دوائر الكترونية توصل مع محطة أو شبكة وتتحكم بتبادل البيانات عبر الشبكة.	NIC (Network Interface Card)
إسم مستعار: الإسم الذي يطلقه الشخص على نفسه في تطبيقات الدردشة الشبكية.	Nickname

Non internet e-government	حكومة إلكترونية غير شبكية: يطلق هذا التعبير على الحكومات التي تعتمد على تقنيات غير قائمة على الشبكة الدولية كالفاكس في إدارة شؤون المواطنين والمؤسسات.
Non internet e-government tools	أدوات حكومية إلكترونية غير شبكية.
Non profit website	موقع شبكي غير ربحي.
Non recoverable database	قاعدة بيانات غير قابلة للإصلاح: قاعدة بيانات لا يمكن إصلاحها عند إصابتها بخلل أو عند فقدانها.
Non Return to Zero	عدم الرجوع إلى الصفر: طريقة لنقل البيانات يتم فيها تمثيل أرقام الصفر والواحد بقطبيات موجبة وسالبة.
Non secure content	محتوى غير آمن.
Non transmittable	غير قابل للنقل.
Non trusted website	موقع شبكي لا يمكن الوثوق به.
Non virtualizable	غير قابل لتحويله للصيغة الافتراضية.
Non-archiveability	عدم القابلية للحفظ/للأرشفة.
Non-attainable	غير قابل للحصول عليه.
Nonbreaking Space	مسافة غير مقسمة: رمز مسافة يمنع تقسيم السطر التلقائي وقد يُستخدَم للحصول على مسافات متعددة في سطر معين كما هو الحال في لغة توصيف النصوص التشعبية حيث يقلل تسلسل المسافات المعتادة إلى مسافة واحدة فقط.
Non-changeable	غير قابل للتغير.
Non-commercial use	استعمال غير تجاري.
Non-confidential password	كلمة مرور غير سرية.
Non-controlled building	مبنى غير خاضع للتحكم.
Non-cryptic password	كلمة مرور غير مشفرة.
Nondedicated Server	خادم غير مخصص لغرض معين.
Non-delegateable decision	قرار غير قابل للتفويض.
Non-deleteability	عدم القابلية للحذف.
	MAC OS X بينما تعمل نواة النظام دون الحاجة إلى إعادة تجميع أو إعادة ربط أو إعادة تحميل النواة.
NL (New line Character)	رمز السطر الجديد.
NLP (Natural Language Processing)	راجع Natural Language Processing.
NLS (Natural Language Support)	دعم اللغة الطبيعية.
NLSP (NetWare Link Services Protocol)	بروتوكول خدمات ربط أنظمة تشغيل الشبكات (نت وير).
NMI (Nonmaskable Interrupt)	إشارة مقاطعة غير قابلة للحجب: إشارة مقاطعة هامة يستجيب لها المعالج حتى لو كان في وضع تجاهل المقاطعات.
NMS (Network Management System)	نظام إدارة الشبكات: مجموعة من الأجهزة والبرامج لمراقبة الشبكة والتحكم في مواردها.
NNI (Network to Network Interface)	واجهة بين الشبكات.
NNTP (Network News Transfer Protocol)	برتوكول نقل أخبار الشبكة.
NOC (Network Operations Center)	مركز تشغيل الشبكة: المكتب المسؤول عن صيانة الشبكة وسلامتها وتطويرها.
Node	عقدة: هي نقطة اتصال إما لإعادة توزيع البيانات أو نقطة نهاية ولدى العقدة قدرة برمجية أو هندسية لمعرفة أو معالجة أو نقل الإرسال إلى عقد أخرى.
Noise	تشويش.
Non categorizable	غير قابل للتصنيف.
Non changeable ICT culture	ثقافة تقنيات معلومات واتصالات غير متغيرة.
Non codifiable language	لغة غير قابلة للترميز.
Non commercial website	موقع شبكي غير تجاري.
Non copyable content	محتوى لا يجوز/لا يمكن نسخه.
Non Customizable	غير قابل للإعداد حسب الطلب.
Non deleteable	غير قابل للحذف.

Non-deleteable data	بيانات غير قابلة للحذف.
Nondestructive Readout	بيانات لا تُتلف بعد القراءة.
Non- digitalizeability	عدم قابلية الرقمنة، عدم القابلية للتحول للصيغة الافتراضية.
Non-digitalizeable	غير قابل للرقمنة، غير قابل للتحول للصيغة الافتراضية.
Non-disposable	غير قابل للتخلص منه.
Non-disposable information	معلومات لا يمكن التخلص منها.
None	لا شيء، مطلقاً.
Non-empowerable	غير قابل للتمكين، لا يمكن تمكينه.
Non-equi-join	علاقة ربط غير متكافئة: هي علاقة ربط غير مباشرة بين جدولين أو أكثر في قاعدة بيانات حيث لا تتبع عملية الربط المنهج الاعتيادي في خلق العلاقة بين مفتاح رئيسي ومفتاح مرجعي.
Nonequivalence Operation	عملية عدم التكافؤ، عملية غير متكافئة.
Non-exclusive license	ترخيص غير حصري.
Nonexecutable Statement	جملة غير قابلة للتنفيذ: هي جملة في لغة برمجة عالية المستوى لا يمكن أن ترتبط بتعليمات في برنامج لغة الآلة الناتج عن عملية الترجمة حيث تزود المجمّع بمعلومات هامة يحدد من خلالها الخصائص التنظيمية للبرنامج النهائي مثل تخصيص التخزين.
Non-functional	غير قادر على اداء الوظيفة المطلوبة.
Non-governmental stakeholders	أطراف معنية غير حكومية.
Non-imageable	غير قابل للتصوير.
Non-imageable document	وثيقة غير قابلة للتصوير.
Nonimpact Printer	طابعة غير التصادمية: جهاز ينتج صورة دون طرق الصفحة التي تمت طباعة الصورة عليها.
Non-implementable	غير قابل للتنفيذ.
Non-infrangible technology	تقنية غير قابلة للانتهاك.

Non-Installable	غير قابل للتثبيت/للتركيب.
Non-integratable	غير قابل للتكامل.
Non-interactive media	وسيط غير تفاعلي.
Non-invasive monitoring technology	تقنية مراقبة غير اجتياحية.
Non-mappable data	بيانات غير قابلة للعرض كخريطة جغرافية.
Non-mitigateable	غير قابل للتقليص/للتخفيف.
Non-negotiated license	ترخيص غير قابل للتفاوض.
Non-obviousness test	اختبار عدم البديهية: اختبار يتم إجراءه لقياس مدى استحقاق الاختراع أن يصدر عنه براءة وذلك من خلال تقييم مدى عدم بديهية الاختراع.
Non-operable	غير قابل للتشغيل.
Non-overlapped Processing	تشغيل غير متداخل: طريقة تشغيل تسلسلية حيث تُنفذ عمليات القراءة والكتابة بشكل متتالي.
Non-pirateable software	برمجيات غير قابلة للقرصنه
Nonprinting Character	رمز غير طباعي: راجع Control Character.
Non-processable	غير قابل للمعالجة.
Non-procedural Language	لغة غير اجرائية: لغة الوصول إلى قواعد البيانات والتحكم بها تم تطويرها للعمل ضمن بيئة التشغيل مايكروسوفت-دوس وابيل II.
Non-programmable circuit	دائرة غير قابلة للبرمجة.
Non-recoverability	عدم القابلية للاستعادة.
Non-resident	غير مستقر في الذاكرة: برنامج يتم إزالته من الذاكرة بمجرد إنتهاء وظيفته.
Non-restructureable	غير قابل لإعادة الهيكلة.
Non-retainability	عدم القابلية للابقاء/للحفظ.
Non-retainable information	معلومات غير قابلة للاحتفاظ بها.
Non-runnable	غير قابل للتنفيذ.
Non-runnable software	برمجيات غير قابلة للتشغيل.
Non-schedulable	غير قابل للجدولة.
Non-searchable	غير قابل للبحث.
Non-sharable file	ملف غير قابل للاشتراك.

Non-specifiable	غير قابل للتحديد.
Non-storable	غير قابل للتخزين.
Non-structureable	غير قابل للهيكلة.
Non-sub licensable license	ترخيص غير قابل لاعادة البيع.
Non-transferable license	ترخيص غير قابل للتحويل.
Non-transferrable	غير قابل للتحويل.
Nontrivial	غير اعتيادي، غير بديهي.
Non-upgradable	غير قابل للتحسين/للترقية.
Non-upgradable solutions	حلول غير قابلة للتحسين.
Non-verbal communication	اتصال غير شفهي، اتصال غير اللفظي.
Non-virtualizeability	عدم قابلية للتحول الافتراضي.
Nonvolatile Memory	ذاكرة غير متطايرة: ذاكرة لا تفقد محتوياتها عند انقطاع التيار الكهربائي.
Non-waverable license	ترخيص غير قابل للتنازل عنه.
Nonzero	أي قيمة غير الصفر.
No-op (No Operation)	راجع Instruction No-Operation.
No-Operation Instruction	تعليمة عدم تشغيل: عملية لا تؤدي إلى ناتج يستخدمها المجمّع في حال إنشغال دارات المعالج بعمليات أخرى.
NOR	نفي "أو": عملية منطقية يكون ناتجها عكس عملية "أو" حيث يكون الناتج "صحيح" فقط عندما يكون جميع المدخلات خاطئة.
NOR Circuit	دارة تقوم بعملية نفي " أو": راجع NOR.
NOR Gate	بوابة نفي "أو": راجع NOR.
Normal mode of operation	صيغة التشغيل الطبيعية.
North-south divide	الانقسام بين الشمال والجنوب: مصطلح يشير الى الفروقات الواضحة في حجم انتشار التقنيات الرقمية واستخدامها بين دول شمال الكرة الارضية وجنوبها.
NOS (Network Operating System)	نظام تشغيل الشبكة: نظام يتحكم بالشبكة وسريان الحزم فيها وينظم وصول المستخدمين إلى مواردها.
NOT	أداة النفي: عملية منطقية ينتج عنها عكس ما يُدخل إليها فإذا أُدخل إليها صفر ينتج عنها واحد وإذا أُدخل إليها واحد ينتج عنها صفراً.
Not Applicable	غير قابل للتطبيق.
NOT Circuit	دائرة النفي: راجع NOT.
NOT Element	عنصر النفي: راجع NOT.
NOT Gate	بوابة النفي: راجع NOT.
Notch	الثلم: ثلم على قرص التخزين يمنع التسجيل عليه إذا تمت تغطيته.
Notebook	الحاسوب الدفتري المحمول.
Notepad	نوت باد: برنامج معالجة نصوص بسيط طورته شركة مايكروسوفت.
Notification	إشعار، إخطار.
Novelty test	اختبار الحداثة: اختبار يتم إجراءه لقياس مدى استحقاق الاختراع أن يصدر عنه براءة وذلك من خلال تقييم مدى الحداثة التي ينطوي عليها الاختراع.
Novice User	مستخدم جديد: أي مستخدم ليس لديه خبرة بمجال النظام أو اسلوب استخدامه.
NRZ	راجع Non Return to Zero.
NRZI (Non Return to Zero Inverting)	عكس عدم الرجوع إلى الصفر: طريقة مغناطيسية لتسجيل البيانات ونقلها بحيث تُعكس قطبية الرقم الثنائي عند وجود رقم ثنائي قيمته واحد وتُسجل جميع أرقام الصفر التي تتبع الرقم واحد بالقطبية نفسها.
NSAP (Network Service Access Point)	نقطة دخول خدمات الشبكة.
NSAPI (Netscape Server Application Programming Interface)	واجهة برمجية لتطبيقات خادم نيتسكيب: واجهة برمجية لاستخدامات تطبيقات خادم الشبكة الذي طورته شركة نتسكيب كوميونيكيشنز.

NSF (National Science Foundation)	جمعية العلوم الوطنية: هي وكالة مستقلة تابعة للحكومة الأمريكية مسؤولة عن دعم الأبحاث الأساسية والتعليم في العلوم والرياضيات والهندسة. تمنح هذه الوكالة تمويلاً للأبحاث وتقدم دعماً للبرامج التعليمية في الرياضيات والعلوم.
NSFNET (National Science Foundation Network)	شبكة جمعية العلوم الوطنية: برنامج أُطلق من قبل جمعية العلوم الوطنية عام 1985 لتعزيز البحوث المتقدمة وشبكات التعليم في الولايات المتحدة.
NSI (Network Solutions Inc.)	شركة حلول الشبكة: أول شركة خاصة لتسجيل أسماء المجال أُنشئت عام 1979 وتم بيع هذه الشركة في عام 2007 لشركة جينرال أتلانتيك وتوسيع سلسلة خدماتها لتشمل استضافة المواقع الشبكية وتصميم صفحات المواقع وحلول التجارة الإلكترونية لمؤسسات الأعمال الصغيرة.
NSP (Name Server Protocol)	بروتوكول أسماء الخوادم: بروتوكول لأسماء المجال أُستعمل في شبكة وكالة الدفاع الأمريكية في السابق.
NSAPA (Network Service Access Point Address)	عنوان نقطة دخول خدمات الشبكة: أحد أنواع العناوين المستخدمة في طبقة الشبكة في نموذج ربط الأنظمة.
NTFS (New Technology File System)	نظام الملفات حديث التقنية: نظام الملفات الذي أُستحدث في نظام التشغيل ويندوز ان تي وما تلاه من اصدارات.
NTP (Network Time Protocol)	بروتوكول وقت الشبكة: بروتوكول ضبط ساعات أنظمة الحواسيب المرتبطة بشبكة نقل بيانات على شكل حزم في أزمان وصول متغيرة.
Nudge	وكزة: أداة في برنامج Messenger MSN تعمل على لفت إنتباه الطرف الآخر في غرف الدردشة.
Null	فارغ: رمز جميع أرقامه الثنائية مساوية للصفر يُستعمل للدلالة على أن المؤشر لا يشير الى أي كيان.
Null Character	رمز الفراغ : حرف تحكم ذو القيمة صفر متوفر في معظم لغات البرمجة يُستخدم للامتناع عن اداء اي مهمة.
Null Pointer	مؤشر الصفر: مصطلح برمجي يشير إلى القيمة صفر قد يكون القيمة الإبتدائية في المؤشر أو قد يُستخدم كإستجابة لعملية بحث غير ناجحة.
Null String	سلسلة فارغة: سلسلة نصية لا تحتوي أي قيمة.
Num Lock Key	مفتاح تشغيل الأرقام: زر تشغيل الأرقام على يمين لوحة المفاتيح.
NUMA (Non Uniform Memory Access)	وصول متباين للذاكرة: تصميم لذاكرة الحاسوب مُستخدَم في المعالجات المتعددة حيث يعتمد وقت الوصول إلى الذاكرة على موقع الذاكرة بالنسبة للمعالج.
Number Representation	تمثيل الأعداد: طريقة للدلالة الى الأرقام باستخدام الرموز.
Numeral	عددي: رمز أو حرف أو مجموعة رموز أو حروف تُستعمَل لتمثيل الأرقام.
Numeral System	نظام عددي.
Numeric Bit	رقم ثنائي عددي.
Numeric Character	رمز عددي: أحد رموز مجموعة الأرقام من 0 الى 9.
Numeric Data	بيانات عددية: بيانات مكوَّنة من رموز الأرقام من 0 إلى 9.
Numeric Pad	لوحة مفاتيح عددية: لوحة مفاتيح تحوي رموزا رقميةً فقط.

Numerical Analysis	التحليل العددي: هو علم دراسة الخوارزميات العددية لإجراء التحليلات الكمية ودراسة الأخطاء الحسابية.
Numerical Value	قيمة عددية.
Numerical Variable	متغير عددي.
NVOD (Near Video-on Demand)	مشاهدة الفيديو بناءً على طلب العميل: هي خدمة مدفوعة الأجر لمشاهدة ملفات الفيديو حسب رغبة المشاهد وانتقاءه.
Nybble	نصف بايت: راجع Nibble.

O

OAGI (Open Applications Group, Inc.)	مجموعة التطبيقات المفتوحة: منتدى غير ربحي مقره أطلنطا-الولايات المتحدة الامريكية لتطوير معايير تكامل تطبيقات الأعمال الإلكترونية.
OAN (Optical Access Networking)	شبكة الوصول الضوئي.
OASIS (Organization for The Advancement of Structured Information Standards)	منظمة تطوير معايير المعلومات الهيكلية.
Object Code	شيفرة الهدف: تمثيل ثنائي للشيفرة الأصلية بلغة الآلة يحتوي مجموعة من التعليمات ويستخدم محرر الربط لبناء الملفات القابلة للتنفيذ.
Object Database	قاعدة بيانات موجّهة للكيانات: قاعدة بيانات يتم تخزين البيانات فيها على شكل كيانات بدلا من سجلات.
Object File	ملف الهدف: ملف يحتوي على شيفرة هدف لبرنامج أو روتين.
Object Language	لغة الهدف: وهي اللغة الناتجة عن عملية ترجمة مثل التجميع.
Object manipulation	التلاعب/التحكم بالكيانات: قدرة الروبوت على التلاعب/ التحكم بالأشياء.
Object Model	نموذج كياني: وصف لبنية موجّهة بالكيانات بما في ذلك تفاصيل بنية الكيانات والواجهات والخصائص والوظائف الأخرى.
Object Program	برنامج الهدف (راجع Executable File).
Object Program Deck	مجموعة البطاقات المثقبة المدون عليها البرنامج.
Objectionable images filter	مصفاة لصور تثير الاعتراض.
Object-oriented programming	البرمجة الكينونية/الموجهّة بالكيانات: اسلوب برمجي يجمع بين الخصائص والوظائف في حيز واحد ويعتمد على استخدام الفئات والكيانات في صياغة تعليمات البرنامج.
OBR (Optical Bar Code Reader)	جهاز قراءة شيفرة الخطوط العمودية الضوئي. راجع Bar Code.
Obscene content detection	كشف المحتوى البذئ.
Obscene content filter	مصفاة المحتوى البذئ.
Observeability	القابلية للملاحظة.
Observation	ملاحظة.
Obsolete information	معلومات متقادمة/منتهية الجدوى/منتهية الصلاحية.
Obsolete technology	تقنية متقادمة/منتهية الصلاحية.
Obsolete technology infrastructure	بنية تقنية متقادمة/منتهية الصلاحية.
OCR (Optical Character Recognition)	التعرف الضوئي للرموز: نظام للتعرف على الرموز المطبوعة عن طريق الإحساس بها ضوئيا وترجمتها إلى لغة أخرى.
OCR Character	رمز قابل للتعرف الضوئي: رمز مُعد لأجهزة التعرف الضوئي.
OCR Reader	جهاز قراءة التعرف الضوئي للرموز.
Octal	نظام العد/الترميزالثماني: نظام عد/ترميز يقوم على ثمانية أرقام (0..7).
Octal Digit	رقم ثماني.
Octal System	نظام العد الثماني: : نظام العد الذي يستخدم الأعداد من صفر إلى سبعة للتعبير عن الأرقام.
ODBC (Open Database Connectivity)	إرتباطية قواعد البيانات المفتوح: معيار مفتوح ذو واجهة تطبيقات برمجية تم تطويره من قبل شركة مايكروسوفت يوفر لغة مشتركة لتطبيقات ويندوز

	للواجهة بين الخدمات المصرفية الإلكترونية وبرنامج التمويل الشخصي Money Microsoft.
Off	مفصول، خالٍ.
Off highway Multiplexing technology	تقنية الإرسال المتعدد/المتشعب خارج الشبكة الرئيسية.
Off line back up	نسخ احتياطي دون الاتصال بالشبكة.
Off line censorship	الرقابة دون الاتصال بالشبكة.
Off Page Connector	وصلة الربط بين الصفحات: رمز مستخدم للربط بين عدد من الصفحات المتسلسلة.
Off the Shelf	جاهز: مصطلح يشير إلى البرمجيات والبرامج والمعدات المتوفرة للبيع المباشرمن المتاجر.
Offending	مخالف/ معتدي.
Offensive keywords	كلمات رئيسية/مفتاحية مسيئة.
Office	مكتب.
Office Automation	أتمتة/حوسبة المكتب: استخدام تقنيات المعلومات والإتصالات وتطبيقات الحاسوب لتحسين أداء وإنتاجية الموظفين والإداريين.
Office automation system	نظام اتمتة/حوسبةالمكتب.
Officer	مسؤول، ضابط، مدير.
Official website	موقع شبكي رسمي.
Offline	1-بدون إتصال، غير متصل، غير موصول بالشبكة، مفصول: عدم قدرة المكون المادي/ الجهازعلى الإتصال بالشبكة أو التحكم به من قبل الحاسوب. 2-معدات أو أجهزة لا تعمل تحت رقابة مباشرة من قبل وحدة المعالجة المركزية.
Offline Navigator	متصفح منفصل/دون الاتصال بالشبكة: تطبيق برمجي يسمح بتصفح البريد الإلكتروني وخدمات الشبكة الدولية الاخرى حتى بعد الانقطاع عن الشبكة.
	للوصول إلى قواعد البيانات المختلفة مثل أكسس وDBase وDB2 في بيئة شبكية باستخدام جمل وصل قواعد البيانات المفتوحة.
Odd Parity	أولوية فردية، تكافؤ فردي: طريقة لإكتشاف الأخطاء في عمليات تخزين ونقل البيانات عن طريق إستعمال رقم ثنائي إضافي مع كل حزمة بيانات منقولة بحيث يكون عدد الارقام الثنائية التي يكون قيمتها واحد فرديا.
ODF (Open Document Format)	بنية الوثيقة المفتوحة: صيغة ملفات للوثائق الإلكترونية مثل مستندات الجداول الالكترونية والرسوم البيانية ومستندات معالجة النصوص.
ODI (Open Data-link Interface)	واجهة ربط البيانات المفتوحة: واجهة محركات الشبكة تم تطويره من قبل شركة نوفيل.
ODMA (Open Document Management API)	واجهة برمجة تطبيقات إدارة الوثائق المفتوحة: معيار تكامل تطبيقات سطح المكتب يوفر واجهة معيارية بين أنظمة إدارة الوثائق وتطبيقات المستخدم النهائي.
ODN (Optical Distribution Network)	شبكة التوزيع الضوئي.
ODP (OverDrive Processor)	معالج اوفردرايف: معالج مصغر من انتاج شركة إنتل مصمم ليحل محل المعالجات i486SX وi486DX.
OECD Global Forum on Trade, Innovation and Growth	المنتدى العالمي حول التجارة والابتكار والتنمية التابع لمنظمة التعاون الاقتصادي والتنمية.
OEM	راجع Original Equipment Manufacturer.
OFC (Open Financial Connectivity)	ارتباطية مالية مفتوحة: صيغة ملفات متقادمة من تطوير شركة مايكروسوفت وهو مواصفة

	خلال وصول متعدد الأبعاد إلى البيانات وقدرة حسابية مكثفة وتقنيات فهرسة متخصصة.
OLE (Object Linking and Embedding)	ربط وتضمين الكيانات: تقنية لربط الكيانات كالصور والرسوم البيانية والتشارك بها بين عدة تطبيقات.
OLRT (Online Real Time Operation)	عملية آنيّة عبر الشبكة.
OLT (Optical Line Termination)	ايقاف الخط البصري.
OLTP (On-line Transaction Processing)	معالجة الحركات عبر الشبكة: نظام يسهل عملية معالجة الطلبات ومن ثم تحديث الملفات الرئيسية في نظام إدارة قاعدة البيانات.
OMA (Object Management Architecture)	بنية/معمارية إدارة الكيانات: تعريف لنموذج كياني معياري من مجموعة إدارة الكيانات يُحدد سلوك الكيانات في بيئة موزّعة.
OMG (Object Management Group)	مجموعة إدارة الكيانات: منظمة دولية تأسست في 1989 تُصادق على المعايير المفتوحة للتطبيقات الموجهة للكيانات.
OMNITAB	اومنيتاب: هي لغة عالية المستوى تُستخدم في التحليل الإحصائي.
OMR (Optical Mark Reader)	جهاز قراءة العلامات الضوئي: هو جهاز مسح يقرأ العلامات المكتوبة بقلم الرصاص على أوراق مصممة لأغراض خاصة مثل الإستمارات وأوراق الإجابة والنماذج.
On / Off	تشغيل/إيقاف.
On highway Multiplexing technology	تقنية الإرسال المتعدد/المتشعب عبر الشبكة الرئيسية.
One Address Instruction	تعليمات أحادية العنوان: هي تعليمات برمجية رقمية تصف بوضوح عملية واحدة وموقع تخزين واحد.
One Chip Microprocessor	معالج صغير أحادي الشريحة.

Offline Operation	عملية منفصلة/ غير متصلة بالشبكة.
Offline Processing	معالجة منفصلة/ غير متصل بالشبكة.
Offline Storage	تخزين منفصل/دون الاتصال بالشبكة: مصطلح يشير إلى الأقراص والأشرطة غير المتوفرة حاليا لاغراض تخزين البيانات.
Offline System	نظام منفصل/غير متصل بالشبكة.
Offlining	عمل في وضع الفصل عن الشبكة.
Offset	1-بعد: قيمة معينة تُستعمَل للإشارة إلى الموضع الفعلي لعنوان البيانات في الذاكرة بالنسبة لأول عنوان فيها وبخاصة في انظمة التخزين التي تُقسم فيها الذاكرة إلى أقسام موحدة الحجم لزيادة عدد عناوين مواضع التخزين التي يمكن الإشارة إليها. 2-إزاحة: إخراج جزئي لبطاقات معينة من مجموعة لإظهارها وتسهيل الإشارة إليها. 3-عادلة: الفرق بين القيمة أو الوضع المرغوب فيه وما تم إنجازه فعليا.
Offsite paper records storage	مخزن سجلات ورقية خارج الموقع.
Offsite storage	مخزن خارج الموقع.
OHCI (Open Host Controller Interface)	واجهة المُتحكم بالمضيف المفتوحة.
OID (Object Identifier)	مُعرّف كيانات.
OLAP (Online Analytical Processing)	المعالجة التحليلية عبر الشبكة: فئة من التطبيقات تعمل على تحليل البيانات الموجودة في قاعدة بيانات معينة لبيان تصور عام عن التغيرات التي طرأت على نظام في فترة معينة.
OLAP Database (OnLine Analytical Processing Database)	قاعدة بيانات المعالجة التحليلية عبر الشبكة: نظام قاعدة بيانات ترابطي قادر على التعامل مع الإستفسارات الأكثر تعقيدا من

One Dimensional Array مصفوفة أحادية البعد.

One Gap Read / Write Head رأس قراءة/ كتابة أحادي الفجوة.

One Pass Compiler مترجم أحادي المرور: هومترجم يقرأ شيفرة المصدر لكل وحدة تجميع مرة واحدة فقط أي لا يأخذ المترجم بعين الإعتبار أي شيفرة قام بمعالجتها مسبقاً.

One to One Relationship علاقة واحد لواحد: هي علاقة ربط بين جدولين في قاعدة بيانات بحيث يرتبط السجل في الجدول الأول بسجل واحد فقط في الجدول الثاني.

One-person license ترخيص صادر لشخص واحد.

Ones Complement متمِّم الواحد: رمز مُشتَق من خلال تغيير قيم الارقام الثنائية لرمز في مجموعة الرموز الثنائية (أي باستبدال الاصفار باحاد والعكس).

One-to-Many Relationship علاقة واحد لمتعدد: هي علاقة ربط بين جدولين في قاعدة بيانات بحيث يرتبط السجل في الجدول الأول بسجلين أو أكثر في الجدول الثاني.

Online 1-متصل، مباشر الإتصال: متصل بالشبكة او الخادم/ الحاسوب الرئيسي. 2-المعدات أو الأجهزة التي تعمل تحت رقابة مباشرة من وحدة المعالجة المركزية.

Online archival research بحث أرشيفي عبر الشبكة.

Online back up نسخ احتياطي عبر الشبكة.

Online Broker وسيط إلكتروني عبر الشبكة الدولية.

Online Comment تعليق على الشبكة الدولية.

Online Database قاعدة بيانات متوفرة عبر الشبكة الدولية.

Online Direct Access System نظام الوصول المباشر عبر الشبكة الدولية.

Online government حكومة الاتصال الشبكي، حكومة متوفرة عبر الشبكة الدولية: يطلق هذا التعبير على الحكومة التي توظف الشبكة توظيفا واسعا في إدارة شؤون مواطنيها وتقدم خدماتها للمواطنين والمؤسسات عبرالشبكة الدولية.

Online governmental transparency شفافية حكومة الاتصال الشبكي.

Online Information Service خدمة الحصول على المعلومات عبر الشبكة الدولية.

Online Operation عملية عبر الشبكة الدولية.

Online piracy قرصنة شبكية.

Online Processing معالجة على الشبكة الدولية.

Online retailing transaction معاملة/حركة تجزئة عبر بالشبكة.

Online Routing توجيه على الشبكة الدولية.

Online Service Provider مزوِّد الخدمات عبر الشبكة الدولية.

Online spying تجسس عبر الشبكة الدولية.

Online System نظام متوفر عبر الشبكة الدولية.

Online Tape Library مكتبة الأشرطة الممغنطة عبر الشبكة الدولية: جهاز لتخزين البيانات على الأشرطة الممغنطة عبر الشبكة الدولية.

Online theft سرقة عبر الشبكة الدولية.

On-line trading addiction إدمان المتاجرة عبر الشبكة الدولية: إدمان ناتج عن اعتياد بعض الافراد على المتاجرة في الأسهم والعملات من خلال الشبكة الدولية وعدم قدرتهم على التوقف عن ممارستها.

Online university جامعة الاتصال الشبكي.

Online Updating تحديث آلي، تحديث عبر الشبكة الدولية.

Onsite paper records storage مخزن سجلات ورقية داخل الموقع.

Onsite storage مخزن داخل الموقع.

On-the-fly Printer طابعة سريعة.

ONU (Optical Network Unit) وحدة الشبكة الضوئية.

Open Source Initiative: مبادرة المصدر المفتوح: هيئة ذات نفع عام تأسست عام 1998 في الولايات المتحدة غرضها تشجيع المشاركة التقنية لمواجهة الآثار السلبية لنظام الملكية الفكرية التقليدي وتشجيع الجمهور على اعتماد تراخيص مرنة.

Open source license: ترخيص المصدر المفتوح: ترخيص قامت بإعداده والترويج له مبادرة المصدر المفتوح يوفر مرونة شديدة ويعطي صلاحيات واسعة للمُرخَص له بعكس الترخيص التقليدي المؤسس على نظام حق النشر التقليدي.

Open source software: برمجيات المصدر المفتوح.

Open System: نظام مفتوح: نظام حاسوب يوفر واجهات رئيسية موثقة ومتوفرة للعامة.

Openers: فاتح.

OpenGL (Open Graphics Library): مكتبة الرسومات المفتوحة: واجهة برمجية توفر مجموعة من الوسائل للتعامل مع الرسوم الثلاثية الأبعاد.

Operand: مُعامِل.

Operand Field: حقل/خانة المُعامِل.

Operand Register: مسجل المُعامِل: مسجل يُنقَل المُعامِل إليه من الذاكرة الرئيسية لتجري عليه العملية في وحدة الحساب والمنطق.

Operating Environment: بيئة التشغيل.

Operating system: نظام تشغيل: مجموعة من البرامج التي تسيطرعلى معدات ومكونات الحاسوب الملموسة وتوفر واجهة اتصال مع التطبيقات البرمجية.

Operating System Control Program: برنامج نظام التحكم بالتشغيل.

Operating System Processing Program: برنامج معالجة نظام التشغيل.

Operation: عملية تشغيلية، تشغيل.

OOP: راجعObject-oriented programming.

Op (Operation): عملية.

OPA (Online Privacy Alliance): تحالف الخصوصية على الشبكة الدولية: مجموعة من الشركات والمؤسسات التي تعمل على تطوير إجراءات دعم حماية خصوصية الأفراد في تطبيقات الأعمال التجارية عبر الشبكة الدولية وتشجيع استخدامها.

Opcode: راجع Operation Code.

OPD (Outsourced Product Development Company): شركة التطوير الخارجي للمنتجات.

Open Architecture: بنية/معمارية مفتوحة: تصميم حاسوب أو برمجيات يسمح بإضافة وتحديث واستبدال المكوّنات.

Open Ended: مفتوح النهاية.

Open Firmware: البرامج الثابتة المفتوحة.

Open Shop: مركز مفتوح: مركز خدمات آلي يُمكّن العملاء من تنفيذ برامجهم بأنفسهم.

Open Skies Policy: سياسة الأجواء المفتوحة، سياسة حرية استخدام السماء: تشريع سنته الولايات المتحدة يسمح لأي شركة مؤهلة بإطلاق أقمار اتصال اصطناعية لتقديم خدمات حتى لو كانت تتنافس مع خدمات شبكات الإتصالات الأرضية.

Open source: مصدر مفتوح: مفهوم أسسته مبادرة المصدر المفتوح التي وفرت ترخيص شديد المرونة لبرامج الحاسوب يعطي المُرخَص له صلاحيات واسعة في التعامل مع البرنامج الحاسوبي وذلك وفقا لقواعد تختلف عن قواعد الترخيص التقليدية التي تنطلق من نظام حق النشر التقليدي.

خطاباً أو صوراً أو بيانات أو غيرها من المعلومات والتي تتخذ عادة شكل ضوء ليزر.

Optical data readers قارءات البيانات الضوئية.

Optical Drive محرك ضوئي: محرك أقراص يمكنه قراءة وكتابة البيانات على أقراص ضوئية مضغوطة.

Optical Fibers ألياف ضوئية: ألياف مرنة مصنوعة من البلاستيك أو الزجاج تُستعمَل في نقل البيانات على شكل موجات تقع تردداتها قرب تردد الضوء.

Optical Font خط ضوئي: خط يُمكن تمييزه أو قراءته بأجهزة التعرف الضوئي للرموز.

Optical Mark Page Reader جهاز قراءة صفحة العلامات الضوئية: جهاز قارئ العلامات الضوئية بالصفحة الكاملة.

Optical Media وسائط ضوئية.

Optical Mouse فأرة ضوئية.

Optical Reader قارئ ضوئي: جهاز يَستخدِم إحدى طرق التعرف الضوئي لقراءة علامات أو خطوط أو حروف أو أرقام مكتوبة بصورة معينة وإدخال بياناتها الى الحاسوب.

Optical Recognition Technique طرق التعرف الضوئي: طرق التعرف على الرموز والعلامات المطبوعة بواسطة أجهزة حساسة للضوء.

Optical Scanner ماسحة ضوئية.

Optical Scanning Station وحدة المسح الضوئي.

Optical secondary storage devices وحدات التخزين الضوئية الثانوية: هي وحدات تخزين ثانوية تعتمد على أشعة الليزر في قراءة وكتابة البيانات ومن أمثلتها القرص المضغوط وأقراص الفيديو الرقمية.

Optical Spectrum الطيف الضوئي: طيف كهرومغناطيسي يشمل الموجات تحت الحمراء والمرئية والفوق بنفسجية.

Operation Code شيفرة تشغيلية: الجزء من الأمر أو التعليمة الذي يُحدد طبيعة العمل الذي سيتم تنفيذه.

Operation robot روبوت عمليات: روبوت يتم توظيفه في إجراء العمليات الطبية الجراحية.

Operational arm الذراع التنفيذية.

Operational Manager مدير العمليات ، المدير التشغيلي.

Operational network شبكة تشغيلية.

Operational state حالة التشغيل.

Operations Research (OR) بحوث العمليات: فرع من الرياضيات التطبيقية يبحث في حل مشاكل العمليات العسكرية والصناعية ونظم تشغيل الحاسوب.

Operator مُشغِّل: من يقوم بتشغيل الجهاز.

Operator Associativity اتجاه تنفيذ العوامل المنطقية: خاصية تُستخدَم في تحديد الترتيب الذي يُتبَع في تنفيذ العمليات في تعبير معين في حال عدم استخدام الأقواس.

Operator Overloading تحميل العامل فوق طاقته: القدرة على استخدام العامل ذاته لتنفيذ عمليات مختلفة.

Operator Precedence أسبقية العمليات.

Opportunity-driven entrepreneur مُبَادر تقوده الفرص.

OPS (Open Profiling Standard) معيار البيانات الشخصية: معيار مقترح يتعلق بكيفية تحكم مستخدمي الشبكة الدولية بمعلوماتهم الشخصية التي يدخلونها الى المواقع الإلكترونية.

Optical Character Recognition Device جهاز التعرف الضوئي للرموز: جهاز يستخدم إحدى طرق التمييز الضوئي لتحليل الرموز والتعرف اليها.

Optical Communication اتصالات ضوئية: استخدام الموجات الكهرومغناطيسية في منطقة الطيف قرب الضوء المرئي لإرسال الإشارات التي تمثل

Optical Switching	التحويل البصري.
Optical Wand	العصا الضوئية: جهاز مسح صغير لقراءة الرموز الضوئية.
Optically Readable Symbol	رمز مقروء ضوئياً.
Optimal use of ICT	استعمال مثالي لتقنيات المعلومات والاتصالات.
Optimechanical Mouse	فأرة ميكانيكية ضوئية: هي فأرة ميكانيكية تَعمل باستخدام المجسات الضوئية.
Optimizeability	القابلية للمثالية: القابلية لرفع الكفاءة إلى المستويات القصوى.
Optimization	المثالية، الكمال، تحقيق الحالة المُثلى، رفع الكفاءة إلى المستويات القصوى.
Optimization software	برمجيات رفع الكفاءة للمستويات القصوى.
Optimize	يماثل: يرفع الكفاءة إلى المستويات القصوى.
Optimized	أمثل/مثالي: يتمتع بمستويات كفاءة قصوى.
Optimized automatic schedule	جدول عمل مثالي: جدول عمل تم رفع كفاءته للمستويات القصوى.
Optimized productivity	إنتاجية مُثلى: إنتاجية تم رفع كفاءتها للمستويات القصوى.
Optimized working environment	بيئة عمل مثالية: بيئة عمل تم رفع كفاءتها للمستويات القصوى.
Optimized workplace	مقر عمل مثالي: مقر عمل تم رفع كفاءته للمستويات القصوى باستخدام التقنيات الرقمية.
Optimizing Compiler	مترجم تحسيني: مترجم لغات برمجة يعمل على تعزيز الأداء و/أو يقلل من حجم برنامج الآلة الناتج ويتطلب هذا المترجم مروراً متعدداً لكي يحلل البرنامج كاملاً ويزيد من إعادة استخدام الشيفرة.
OR	"أو": عملية منطقية يكون ناتجها "خاطئ" فقط عندما تكون جميع المدخلات خاطئة.

OR Circuit	دائرة "أو". راجع OR.
OR Element	عنصر " أو". راجع OR.
OR Function	دالة " أو". راجع OR.
OR Gate	بوابة " أو". راجع OR.
OR Operation	عملية " أو". راجع OR.
Oral Input	مدخلات شفوية.
Order	1-يأمر، يطلب، يرتب، نظام، ترتيب، طلب، مرتبة: 2-أمر حاسوبي.
Order Relation	علاقات ترتيب البيانات.
Ordering	طلب، عمل طلب.
Ordinate	إحداثي سيني أو صادي.
Organic light-emitting diodes (OLEDs)	شاشات الثنائيات العضوية المضيئة: شاشة تستخدم طبقة من المواد العضوية تقع بين طبقتين اثنتين من الموصلات.
Organization	منظومة، منظمة.
Organization Chart	هيكل تنظيمي.
Organizational communication	اتصال مؤسسي.
Original Document	وثيقة أصلية.
Original Equipment Manufacturer	مُصنّع معدات أصلي: شركة تقوم ببيع المستخدم النهائي منتجات مصنوعة من قبل شركات أخرى.
Originate / Answer Telephone Interface	واجهة بينية تليفونية: قطعة تصل الحاسوب بخط الهاتف لأغراض إرسال الحزم واستقبالها.
Originate-Only Telephone Interface	واجهة بينية تليفونية مُرسلة: قطعة تصل الحاسوب بخط الهاتف لأغراض الإرسال فقط.
OR-ing	تنفيذ عملية ""أو."
Orphan File	ملف يتيم: ملف يبقى في النظام بعد التوقف عن استخدامه حيث يتم إنشاء ملف من أجل تطبيق معين ويبقى الملف حتى بعد حذف التطبيق.
OS	راجع Operating System.

Output Area منطقة المخرجات: منطقة في الذاكرة مخصصة للبيانات التي ستُرحَّل منها.

Output Buffer مستودع انتقالي للمخرجات.

Output Channel قناة توصيل أجهزة الإخراج.

Output Device جهاز/ أداة الإخراج: جهاز طرفي يستخدم لاخراج البيانات من الحاسوب.

Output devices أجهزة اخراج/عرض.

Output Editing تحرير المخرجات.

Output Queue طابور/ قائمة المخرجات.

Output Section قسم المخرجات.

Output Simulation محاكاة المخرجات.

Output Statement بيان/وصف المخرجات.

Output Stream تدفق المخرجات.

Outsource الاعتماد على مصادر خارجية: الإستعانة بمصادر خارجية لإجراء مهمات مثل إدخال البيانات والبرمجة.

Over the Counter Service خدمات جاهزة: خدمات الحاسوب التي تقدمها مراكز متخصصة.

Overclocking رفع تردد التشغيل: زيادة سرعة تشغيل الحاسوب إلى معدَّل يفوق معدَّل سرعة النبضات في ساعة الحاسوب، التي حددتها جهة التصنيع، وذلك لتسريع الأداء.

Overflow فائض: حالة تُنتج فيها عملية حسابية وحدة كبيرة من البيانات لا يمكن تخزينها في الموقع المخصص لها.

Overflow Bit الرقم الثنائي الفائض: إشارة لوجود نوع من الحمل الزائد في السعة.

Overflow Error خطأ فائض: حالة تكون فيها النتيجة العددية لعملية ما تتجاوز سعة المُسجل.

Overflow Position موقع فائض: موقع إضافي في مُسجّل يُمكن أن يؤدي إلى رقم فائض.

OS/2 نظام التشغيل/2: عائلة من أنظمة التشغيل متعددة الوظائف لأجهزة x86 من تطوير شركة آي بي إم.

OSD (Open Source Definition) تعريف المصدر المفتوح: مجموعة من المتطلبات لتحديد ما إذا كان بالإمكان اعتبار رخصة برمجيات أنها مفتوحة المصدر.

OSF (Open Software Foundation) مؤسسة البرمجيات المفتوحة: مؤسسة أنشئت عام 1988 لإستحداث معيار مفتوح لتنفيذ نظام التشغيل يونيكس.

OSI (Open System Interconnection) نموذج ربط الأنظمة.

OSPF (Open Shortest Path First) بروتوكول افتح المسار الأقصر أولاً: بروتوكول توجيه للشبكات الداعمة لبروتوكول الشبكة الدولية يحسب المسار إرسال الرسائل الأقصر لكل عقدة.

OSS راجع Open Source Software.

OTDR (Optical Time Domain Reflectometer) مقياس انعكاس المجال الزمني الضوئي: أداة اختبار تُستخدم لتحلل الخسارة البسيطة الحاصلة في الألياف الضوئية وتحديد الأخطاء تعمل بإرسال نبضة ضوئية وقياس انعكاسها.

OTP (One Time Password) كلمة مرور ذات استخدام لمرة واحدة.

Out مُخرج.

Out of Sequence Routine ترتيب التعامل مع البيانات المخالفة للترتيب.

Outbox بريد صادر.

Outdent فقرة معلَّقة: فقرة كل خطوطها لها مسافة بداية.

Outer Join صلة خارجية: مصطلح يستخدم عند كتابة جمل الإستعلام في قواعد البيانات الإرتباطية.

Outgoing Message رسالة صادرة.

Outgoing traffic حركة المرور الخارجة.

Overhead (Time)	وقت التشغيل التمهيدي: الوقت الذي يجري فيه تشغيل عام لإعداد جهاز الحاسوب لتشغيل برنامج ما مثل تعيين المكونات أو الموارد اللازمة وإجراء عمليات حماية أمن البيانات والبرامج، الخ.
Overlaid Windows	نوافذ مرتبة فوق بعضها البعض.
Overlapped Processing	معالجة متزامنة/متداخلة.
Overlapping	تزامن/تداخل: إسترجاع كلمتين بشكل متوازٍ في حال حدّد المعالج وجود التعليمات الحالية واللاحقة في وحدات تخزين متكاملة مختلفة.
Overload	يحمل بإفراط، يحمل بأكثر مما يحتمل، حمل زائد.
Overreliance	اعتماد مُفرِط.
Overreliance on technology	اعتماد مُفرِط على التقنية.
Override	يتفوق على، يسود فوق شيء.
Overrun	يتجاوز، يتعدى.
Overscan	تجاوز الاظهار: إظهار الصورة خارج منطقة العرض المستطيلة العادية على شاشة عرض.
Overshoot	تجاوز الوقت: عندما تعاني الأنظمة من تأخير في الوقت.
Overstrike	الطباعة الفوقية.
Overwrite Mode	صيغة الكتابة الفوقية: نمط الكتابة عند موقع المؤشر مما يتسبب بمسح المعلومات المكتوبة في ذلك الموقع.
Overwrite Virus	فيروس الكتابة الفوقية: فيروس ينسخ ملفاً بشيفرته الخاصة عدة مرات مما يؤدي إلى انتشار الفيروس في الملفات وأجهزة الحاسوب الأخرى.
OVR (Overtype Mode)	نمط الطباعة الفوقية: نمط إدخال نص تحل فيه الحروف الجديدة محل الحروف الموجودة أو تدخل إلى يسار نقطة الإدخال الحالية.
Own Coding	ترميز شخصي: إضافة الشيفرة المكتوبة من قبل المستخدِم إلى برنامج معياري لمعالجة متطلبات خاصة.
OXC (Optical Cross Connect)	جهاز الربط التبادلي الضوئي: جهاز مُستخدَم من قبل حاملات الإتصالات لتحويل الإشارات الضوئية عالية السرعة إلى شبكة من الألياف الضوئية.
Oz	لغة البرمجة أوز: لغة البرمجة الموجهة للكيانات التوافقية في معالجة البيانات.

P

P2P (Peer to Peer)	نظير لنظير/الند للند: تقنية/ طريقة ربط الحواسيب ببعضها البعض لتبادل البيانات وعمليات المعالجة بشكل مباشر ودون الحاجة لوساطة خادم.
PABX (Private Automatic Branch Exchange)	مقسم هاتفي فرعي خاص آلي.
Package	يرزم، يحزم، رزمة، حزمة. الحزمة هي تطبيق برمجي عام او مجموعة من التطبيقات البرمجية العامة.
Packages	حزم.
Packed Storage Matrix	مصفوفات تخزين.
Packet	حزمة/رزمة بيانات شبكية.
Packet Switching	تحويل/ تبادل حزم/رزم البيانات الشبكية: طريقة إرسال البيانات على شكل قطع صغيرة تُنقل عبر قناة مخصصة للارسال بسرعة.
Packet Vector	مُتَجَه الرزم الشبكية.
PAD (Packet Assembler Disassembler)	مُجمّع مُفكِّك الحزم/الرزم: جهاز إتصال يربط مجموعة من الوحدات الطرفية بحاسوب مركزي واحد.
Paddle Handle Switch	مفتاح مقبض المجداف: يتكون من مقبض عريض موجود في معظم حواسيب آي بي إم الشخصية.
PAE (Physical Address Extension)	امتداد العنوان المادي: نظام يسمح للمعالجات التي تعمل بنظام 32 بت بالعمل مع أكثر من 4 غيغابايت من العناوين.
Page	يُرقِّم، صفحة. الصفحة في الذاكرة هي جزء من برنامج أو بيانات لها طول محدَّد ويمكن نقلها بين الذاكرة الرئيسية وذاكرة التخزين الثانوي.
Page Frame	إطار الصفحة: منطقة تخزين فعلية تستطيع تخزين صفحة كاملة.
Page of Data	صفحة بيانات.
Page Printer	طابعة الصفحات: طابعة خاصة تطبع صفحة كاملة مرة واحدة مثل طابعات التصوير الجاف.
Pager	منبه: جهاز تنبيه لإعطاء إشارة أن الوظيفة أُدخلت إلى الجهاز المسؤول عن المعالجة او التنفيذ.
Paging	نقل الصفحات الذاكرية: طريقة لتوسيع سعة الذاكرة ظاهرياً وذلك من خلال تقسيم البرنامج إلى وحدات ذات أطوال محدَّدة (صفحات) ومن ثم يتم نقل هذه الصفحات من وحدة التخزين الخارجي إلى الذاكرة الرئيسية وحسب الحاجة إليها.
Paid downloads	مواد مُنزَّلة بمقابل مادي.
Paid up license	ترخيص مُسدَّد القيمة.
PAL (Phase Alternation Line)	خط التناوب المرحلي: نظام تشفير للألوان يُستخدم في أنظمة البث التلفزيوني.
PAM (Pulse Amplitude Modulation)	تضمين اتساع النبضة أو تضمين ذروة الموجّة الحامل للنبضات.
Pane	جزء الشاشة: مساحة محددة من النافذة/الواجهة مخصصة لعرض البيانات وليس لإدخالها.
Paper Clip	مشبك الورق.
Paper data storage	مخزن بيانات ورقي.
Paper file	ملف ورقي.
Paper Tape Punch	خرّامة الأشرطة الورقية: جهاز يترجم شيفرة الحاسوب إلى شيفرة خارجية على شريط ورقي.
Paper Tape Reader	قارئ الأشرطة المخرومة: جهاز يترجم الثقوب إلى لغة الآلة وينقل البيانات إلى وحدة التشغيل المركزية.

Paperless	بلا أوراق.
Paperless management system	نظام إدارة بلا أوراق: نظام إدارة يعتمد على الحواسيب وقواعد البيانات والشبكات وادوات الاتصال والأجهزة الأخرى عوضا عن استخدام الأوراق.
Paperless office	مكتب بلا أوراق: مكتب يعتمد العاملون فيه على إستخدام الحواسيب والشبكات وادوات الاتصال والأجهزة الأخرى لحفظ البيانات وتبادلها عوضا عن استخدام الأوراق.
Paperless Office (office automation)	مكاتب غير ورقية: المكاتب الإلكترونية المؤتمتة التي تستخدم الحواسيب والشبكات وادوات الاتصال والأجهزة الأخرى عوضا عن استخدام الورق.
Paperless society	مجتمع بلا أوراق: تعبير يطلق على المجتمع الذي يستخدم التقنيات الرقمية والحواسيب والشبكات وادوات الاتصال والأجهزة الأخرى عوضا عن استخدام الورق.
Paper Jam	ازدحام الورق :تشابك الورق في الطابعة.
Paradigm	اسلوب تفكير.
Parallel	على التوازي، متوازي: معالجة جميع عناصر وحدة المعلومات بشكل متزامن.
Parallel Adder	جامع متوازي: جامع ينجز العمليات عن طريق جمع الأرقام من كل الكميات المشتركة بشكل متزامن.
Parallel Card Reader	قارئ البطاقات المتوازي: قارئ بطاقات يقرأ سطراً تلو الآخر.
Parallel computing	المعالجة المتوازية: تنفيذ مهمة واحدة باستخدام مجموعة من المعالجات للحصول على نتائج أسرع.
Parallel Input	إدخال متوازي: إدخال البيانات بشكل متزامن.
Parallel Interface	واجهة بينية متوازية: واجهة متعددة الفتحات يتم تركيبها في الجهاز لتوصيله بأي معدات تعمل على التوازي بحيث يتم إرسال الإشارات في مجموعات بعدد الفتحات الموجودة في الوصلة.
Parallel Logic Computer	حاسوب ذو دوائر منطقية متوازية.
Parallel Operation	عملية متوازية: معالجة كل أرقام البايت الثنائية بشكل متزامن وذلك عن طريق إرسال كل رقم في قناة أو خط اتصال منفصل.
Parallel Port	منفذ/موصل متوازي (جهاز أو آلة): مخرجات تجعل حاسوب يرسل معلومات إلى آلة أخرى بالية الإرسال أو البث المتوازي أي بتناقل عدة أرقام ثنائية تُرسل في وقت واحد من خلال خطوط نقل منفصلة.
Parallel Printer	طابعة متوازية: طابعة تتصل مع الحاسوب عبر واجهة بينية متوازية.
Parallel Processing	معالجة متوازية: معالجة عدة برامج بشكل متزامن وباستخدام عدة وحدات معالجة حسابية ومنطقية.
Parallel Punch	خرامة متوازية: خرامة بطاقات تخرم الثقوب في الصف بأكمله بشكل متزامن.
Parallel Server	خادم متوازي: حاسوب يُستخدَم كخادم يعمل على توفير درجات متنوعة من المعالجة المتزامنة.
Parallel Transmission	إرسال متوازي: إرسال مجموعة من الإشارات الكهربائية التي تمثل وحدة بيانية كاملة مثل البايت بشكل متزامن عن طريق تخصيص خط إرسال لكل إشارة.
Parallel Adder	جهاز الجمع المتوازي.

Parameter	معامِل: قيمة ثابتة أو متغيرة في عبارة جبرية لنقل قيم البيانات بين البرنامج المنادي والبرنامج المنادى عليه.
Parameter Passing	نقل المعامِل: الطرق المستعملة في البرمجة لنقل القيم بين الوظائف عندما تستدعي وظيفة معينة وظيفة أخرى.
Parameter RAM	ذاكرة الوصول العشوائي للمعاملات: شكل خاص من ذاكرة الوصول العشوائي تعمل على البطارية (لا تعاني من تطاير البيانات) في بعض حواسيب ماكينتوش تحوي معلومات حول تهيئة الحاسوب مثل الوحدات الموصولة بكل منفذ في الحاسوب وتُستخدَم لتخزين معلومات النظام مثل التاريخ والوقت.
Parameter-Driven	مُقاد بالمعامِلات: برنامج يعمل على حل مشكلة موصوفة بشكل جزئي أو كامل باستخدام القيم البينية التي يتم إدخالها في سطر الأوامر عندما يتم استدعاء البرنامج.
Parentheses	الأقواس.
PARC (Palo Alto Research Center)	مركز بالو آلتو للأبحاث.
Parent / Child	علاقة الأب مع الإبن: في مجال إدارة البيانات تظهر هذه العلاقة بين ملفين يحتوي الملف الأب على بيانات كيان معين مثل الموظفين أوالعملاء أما الملف الإبن فيحتوي سجلات تعتبر نتاج الملف الاب مثل طلبات العميل.
Parity	تكافؤ القيمة: خاصية تدقيقية للحاسوب تعتمد على عد الارقام الثنائية في البايت.
Parity Bit	رقم التكافؤ الثنائي: رقم ثنائي يُضاف إلى بايت ويُستخدَم لتدقيق صحة نقل البيانات وتعتمد قيمة الرقم (1،0) على عدد الارقام الثنائية ذات القيمة 1 داخل وحدة البيانات.
Parity Character	رمز التكافؤ.
Parity Check	التحقق من التكافؤ: اختبار يتم إجراؤه من خلال التحقق من التكافؤ الزوجي أو الفردي لوحدة بيانات (بايت) لتحديد ان حدث خطأ أثناء قراءة أو كتابة أو نقل المعلومات.
Parity Error	خطأ التكافؤ: خطأ في نقل البيانات يتم اكتشافه عن طريق فحص تكافؤ القيمة.
Park	موقف: سحب رأس القراءة/ الكتابة الموجود على القرص الصلب إلى موقعه الأصلي من أجل منع حدوث الأضرار.
Parse	تحليل: تجزئة الكيان إلى مكونات أصغر حجما لتسهيل المعالجة.
Parser	محلل: برنامج حاسوب يعمل على تجزئة الشيفرة إلى مكونات وظيفية أصغر حجما.
Partial Screen Transmit	إرسال جزئي لمحتوى الشاشة: إمكانية إرسال أجزاء محدَّدة من البيانات المعروضة على الشاشة إلى وحدة المعالجة حيث تتوفر هذه الإمكانية في بعض وحدات العرض المرئي.
Participation	مشاركة.
Participatory democracy	ديمقراطية تشاركية.
Partition	قسم: جزء صالح للتخزين على القرص الصلب.
Partition Boot Sector	قسم تهيئة نظام التشغيل.
Partition Table	جدول التقسيم: جزء من سجل تهيئة نظام التشغيل الرئيسي يصف كيفية تقسيم القرص إلى قطاعات

Partitioned Screen شاشة مجزَّأة: خاصية تتميز بها بعض وحدات العرض المرئي وتتضمن إمكانية تجزئة الشاشة إلى عدة أجزاء يُطلَق عليها نوافذ بحيث تكون كل نافذة مستقلة عن النوافذ الأخرى.

Parts Count عدد الأجزاء: عدد المكوّنات أو القطع الموجودة في الجهاز وكلما قل عدد الأجزاء قلّت احتمالية حدوث الأعطال.

Pascal باسكال: لغة برمجة عالية المستوى قام بتطويرها البروفسور السويسري نيكلاوس ريث في أوائل السبعينات وسُميت باسم عالم الرياضيات الفرنسي بليز باسكال. باسكال مصممة لدعم البرمجة المهيكلة وتُستخدم في تطوير التطبيقات وبرمجة الأنظمة.

PASP (Pocket Active Server Pages) صفحات الخادم النشطة الجيبية.

Pass تمرير، نقل :
1-تنفيذ سلسلة كاملة من الأحداث.
2-إرسال البيانات من جزء في البرنامج إلى جزء آخر.

Pass by Address تمرير/نقل بواسطة العنوان.

Pass by Reference تمرير/نقل بواسطة المرجع.

Pass by Value تمرير/نقل بواسطة القيمة.

Pass On تمرير، نقل.

Pass phrase عبارة مرور.

Passivation جعل الدائرة الكهربائية خاملة أو غير فعالة.

Passive خامل، غير فعال.

Passive Hub مُجمَّع خامل: جهاز ربط مركزي في شبكة يعمل على وصل الأسلاك من عدة محطات على شكل نجمة حيث لا يوفر أية معالجة أو إعادة توليد للإشارات.

Passive Node عقدة عنقودية خاملة.

Passive-Matrix Display شاشة العرض بالمصفوفات الخاملة.

Pass-Through منفذ، مسار.

Password كلمة المرور/السر/العبور: مجموعة رموز تُستخدَم من أجل السماح للمستخدم بالولوج إلى نظام الحاسوب او الوصول للمصادر المتاحة عبر الشبكة وذلك لحماية المعلومات من التلاعب.

Password Attack مهاجمة/سرقة كلمة المرور.

Password Authentication Protocol بروتوكول التحقق من كلمة المرور.

Password breaking اختراق كلمة المرور .

Password complexity صعوبة كلمة المرور.

Password cracker مُحطِم/مُخترِق كلمات المرور.

Password creation انشاء كلمة مرور.

Password entropy قوة كلمة المرور: مقياس لمدى فعّالية كلمة المرور في مقاومة التخمين والهجمات بالاعتماد على طول الكلمة وتعدد الاحرف والارقام المستخدمة فيها.

Password expiration انتهاء صلاحية كلمة المرور.

Password guessability قابلية كلمة المرور للتخمين.

Password guessing Program برنامج تخمين كلمة المرور.

Password hacking software برمجيات اختراق/قرصنة كلمات المرور.

Password manager مدير كلمة المرور.

Password policy سياسة كلمة المرور.

Password Protection حماية كلمة المرور.

Password recovery software برمجيات استعادة كلمات المرور.

Password retrieveability قابلية كلمة المرور للاسترجاع.

Password Shadowing إخفاء كلمة المرور: عملية تُستخدَم لرفع مستوى أمن كلمات المرور في أنظمة التشغيل يونيكس من خلال إخفاء كلمات المرور المشفرة عن المستخدمين العاديين.

Password Sniffing التنصت على/سرقة كلمة المرور.

Password strength قوة كلمة المرور.

Password vulnerability ضعف كلمة مرور.

Password's corruptibility قابلية كلمة المرور للإعطاب.

Password's recoverability قابلية كلمة المرور للاستعادة.

Paste — لصق: وضع المحتويات التي تم نسخها أو قطعها في مكان معين.

Patch — 1-شيفرة مستهدفة يتم إدخالها في برنامج قابل للتنفيذ كإصلاح مؤقت للعطل.
2-في مجال البرمجة ، إصلاح عطل في عمل روتين أو برنامج قائم كإستجابة لحاجة غير متوقعة أو مجموعة من ظروف التشغيل.

Patent — يستصدر براءة اختراع، براءة اختراع، براءة.

Patent application — طلب براءة اختراع.

Patent licenseability — قابلية ترخيص براءة: القيمة التي يمكن الحصول عليها من ترخيص براءة اختراع.

Patentability — إمكانية استصدار براءة اختراع.

Patentability test — اختبار القابلية لبراءة الاختراع: اختبار يتم إجراءه لقياس مدى استحقاق الاختراع لأن يصدر عنه براءة.

Patenting activity — نشاط إصدار البراءات.

Patent-pending technology — تقنية بانتظار براءة الاختراع.

Path — فرع في المخطط البرمجي، اتجاه أو مسار منطقي.

Path (of Logic) — مسار (منطق البرنامج): التسلسل المنطقي للتعليمات الذي يُتَّبع في تنفيذ البرنامج.

Path Menu — قائمة المسارات.

Pathname — اسم المسار: الإسم المحدد بالكامل لملف حاسوبي بما في ذلك موقع الملف في هيكل دليل ملفات النظام.

Pattern — يُنمِّط، نمط.

Pattern Recognition — تمييز الأنماط، التعرف على الأشكال: التعرف الآلي على الصور أو الرموز أو الأشكال أو الأنماط من دون التدخل الفعال للإنسان في عملية صنع القرار.

Patterns — أنماط.

Pause Key — مفتاح الإيقاف.

Payload — البيانات المرسلة عبر الشبكة الدولية.

Payment card — بطاقة الدفع: هي جميع أنواع البطاقات البلاستيكية المستخدمة للدفع مقابل عمليات الشراء الالكترونية عبر الشبكة الدولية.

Payment processing service providers — مقدمي خدمات معالجة الدفعات: الشركات المتخصصة في تقديم خدمات معالجة بطاقات الدفع.

PayPal — باي بال: مؤسسة تجارية مملوكة بالكامل من قبل شركة إي باي منذ عام 2002 تُسَّهل نشاطات التجارة الإلكترونية عن طريق إجراء الدفعات والحوالات النقدية عبر الشبكة الدولية مقابل رسم معين كبديل لطرائق الدفع الورقية التقليدية مثل الشيكات والأوامر النقدية.

PayTV piracy — قرصنة التلفزة مدفوعة القيمة.

PB (Petabyte) — راجع Petabyte.

PB SRAM (Pipeline Burst Static Random Access Memory) — ذاكرة الوصول العشوائي الثابتة المندفعة: ذاكرة وصول عشوائي تعمل باستخدام تقنيات تزامن تنفيذ العمليات وتُعتبَر من أكثر أنواع الذاكرات استخداما حالياً حيث تسمح للمعالج بأداء أكثر من مهمة بالوقت نفسه.

PBE (Private Branch Exchange) — مقسم هاتفي فرعي خاص.

PC (Program Counter) — عداد البرامج: مسجل مخصص في وحدة المعالجة المركزية يُنقل إليه تلقائيا عنوان التعليمة التالية للتعليمة الجاري تنفيذها. مرادف Instruction counter.

PC (Personal Computer) — حاسوب شخصي: حاسوب صغير للإستخدام الفردي في المنزل أو لأغراض التعليم.

PC Card Slot — فتحة/مقبس بطاقة الحاسوب الشخصي.

PC Expo	معرض الحواسيب: عُقد هذا المعرض لأول مرة في نيويورك عام 1983 بمشاركة 120 شركة وحضور 9600 شخص وهو معرض تجاري لشركات معدات وبرمجيات الحاسوب ومدراء الشركات والمهنيين الفنيين من تنظيم شركة سي إم بي ميديا التابعة لشركة يونايتد بيزنيس ميديا.
PC Memory Card	بطاقة ذاكرة الحاسوب الشخصي.
PC/XT (IBM Personal Computer XT)	حاسوب شخصي ذو التقنية الممتدة: هو المنتج رقم 5160 لشركة آي بي إم حيث أُطلق في 8 مارس 1983 وكان أحد أجهزة الحاسوب الأولى المصحوبة بقرص صلب.
PC/XT Keyboard	لوحة مفاتيح جهاز الحاسوب الشخصي ذو التقنية الممتدة.
PC-Compatible	متوافق مع الحاسوب الشخصي: حاسوب قادر على تشغيل البرمجيات المخصصة لجهاز الحاسوب الشخصي من شركة آي بي إم.
PC-DOS	نظام التشغيل دوس للحاسوب الشخصي: نظام التشغيل الذي طورته شركة مايكروسوفت واستخدمته شركة آي بي إم لتشغيل أجهزة الحاسوب الشخصية الخاصة بها قبل أن تعتمد ويندوز كنظام التشغيل القياسي الخاص بأجهزتها.
P-Channel MOS (P-Channel Metal Oxide Semiconductor)	شبه موصل الأكسيد المعدني ذو القناة الموجبة: نوع من الدوائر الإلكترونية الدقيقة التي تكون فيها المادة الأساسية مشحونة بشحنات موجبة أُستخدمت في في المعالجات الدقيقة والمنتجات رخيصة الثمن كالآلات الحاسبة وساعات اليد.
PCI (Peripheral Component Interconnect)	وصلة المكونات الطرفية: ناقل الإدخال/الإخراج الأكثر استخداماً في الحواسيب من كافة الأحجام حيث يوفر مسار للبيانات المشتركة بين وحدة المعالجة المركزية والأجهزة الطرفية.
PCI Card	بطاقة وصلة المكونات الطرفية: لوحة دوائر ناقل وصلة الوحدات الطرفية في الحاسوب وتحتوي على إلكترونيات التحكم بالجهاز الطرفي.
PCI Expansion Slot	فتحة/مقبس التوسع لوصلة المكونات الطرفية.
PCI Industrial Computer Manufacturers Group	مجموعة مصنّعي أجهزة الحاسوب الصناعية: اتحاد تم تأسيسه عام 1994 يتكون من ما يزيد عن 450 شركة تعمل معاً على وضع مواصفات الأداء العالي في الإتصالات وتطبيقات الحوسبة الصناعية من حيث معايير السطوح الخلفية وربط المعدات الإلكترونية.
PCI Local Bus	ناقل محلي وصلة المكونات الطرفية.
PCIX (PCI-eXtended)	تقنية وصلة المكونات الطرفية الممتدة.
PCL (Printer Command Language)	لغة أوامر الطباعة: لغة وصف الصفحات الخاصة بآلات الطباعة ليزرجيت من انتاج شركة إتش بي.
PCM (Pulse Code Modulation)	تضمين/تحميل رمز النبض: تمثيل إشارة تناظرية مستمرة عن طريق أخذ عينات في معدل منتظم وتحويل العينات إلى أرقام ثنائية.
PCMCIA (Personal Computer Memory Card International Association)	الجمعية العالمية لبطاقة ذاكرة الحاسوب الشخصي: مجموعة صناعية تأسست في عام 1989 لإصدار معايير موحدة للبطاقات التوسعية بحجم بطاقات الإعتماد مع موصل في أحد طرفيها.
PCMCIA Card	بطاقة الذاكرة في الحواسيب الشخصية.

ضخمة من البيانات عبر معدات نقل رقمية مثل الألياف الضوئية وأنظمة الموجات الصغيرة اللاسلكية.

PDL (Page Description Language) لغة وصف الصفحات: لغة عالية المستوى تحدد تنسيق الصفحة التي تنتجها آلة الطباعة حيث تتم ترجمتها إلى شيفرات محددة من قبل أي آلة طباعة تدعم هذه اللغة.

PDM (Pulse Density Modulation) تعديل مدة النبضة: تعديل حامل النبضات حيث تُنتج كل قيمة عينة لحظية لموجة التعديل نبضة ذات مدة تناسبية من خلال تغيير الحافة الأمامية للنبضة أو الخلفية أو كليهما.

PDN (Public Data Networks) شبكات نقل البيانات العامة.

PDO (Portable Distributed Objects) كيانات موزعة محمولة: واجهة برمجة تطبيقية لاستحداث شيفرة موجّهة للكيانات يُمكن تنفيذها عن بعد عبرشبكة من الحواسيب.

PDP (Programmable Data Processor) معالج البيانات القابلة للبرمجة.

PDS (Processor Direct Slot) فتحة/مقبس المعالج المباشر: مقبس توسعي مفرد في بعض نماذج حواسيب ماكينتوش القديمة أُستخدِم لربط الوحدات الطرفية عالية السرعة ووحدات المعالجة المركزية الإضافية.

PDU (Protocol Data Unit) وحدة بيانات البروتوكول.

PE File (Portable Executable File) ملف محمول قابل للتنفيذ.

Peachy Virus فيروس خوخي: فيروس يصيب المستندات المحفوظة بصيغة المستندات المحمولة.

PEAR (PHP Extension and Application Repository) مستودع تطبيق وامتداد المعالج الأولي للنص التشعبي.

Pebibyte (PiB) بيبي بايت: وحدة قياس تخزين البيانات تعادل 2^{50} بايت.

PCMCIA Connector وصلة بطاقة الذاكرة في الحواسيب الشخصية.

PCMIA Device جهاز بطاقة الذاكرة في الحواسيب الشخصية.

PCMICA Slot فتحة/مقبس بطاقة الذاكرة في الحواسيب الشخصية.

PCN (Personal Communication Network) شبكة الإتصالات الشخصية: شركة الهواتف النقالة الرقمية الأوروبية التي تم تطويرها وفقا لمعايير النظام الموحد للإتصالات النقّالة.

P-Code راجع Pseudocode.

PCS (Personal Communication System) نظام الإتصالات الشخصية.

PCT (Private Communication Technology) تقنية الإتصالات الخاصة.

pd (Public Domain) مجال/نطاق عام: مجموعة الأعمال الخلاّقة مثل الكتب والموسيقى والبرمجيات غير المشمولة في حقوق المؤلف أو أي حقوق حماية ملكية أخرى.

PDA (Personal Digital Assistant) مساعد رقمي شخصي: حاسوب صغير بحجم الكف يُستخدَم كمنظم شخصي.

PD-CD drive مشغل القرص المحمول/القرص المُدمَج.

PDD (Program Description Document) وثيقة وصف البرنامج.

PDF (Portable Document Format) صيغة المستندات المحمولة: تنسيق للملفات الحاسوبية المُستخدَمة في نشر وتوزيع المستندات الإلكترونية (النصوص أو الصور أو المعلومات المحفوظة بوسائط متعددة) بخصائص التصميم والتنسيق ونوع الخط للمستند الأصلي حيث يمكن فتح هذه الملفات وعرضها باستخدام أي جهاز حاسوب أو نظام تشغيل.

PDH (Plesiochronous Digital Hierarchy) الهيكل الرقمي شبه المتزامن: تقنية مستخدمة في شبكات الإتصال عن بعد لنقل كميات

Peek	تعليمات فحص المحتويات: الأوامر الموجودة في لغة بيسك تُستخدَم للوصول مباشرة إلى محتويات الذاكرة في عنوان مطلق.
Peer	نظير: عقدة في شبكة حواسيب توفر وظيفة عقدة أخرى نفسها.
Peer-to-Peer Architecture	معمارية/بنية نظير لنظير: هي نوع من الشبكات تملك فيها كل محطة عمل القدرات والمسؤوليات ذاتها.
Peer-to-Peer Communications	إتصالات نظير لنظير، إتصالات بين النظراء: إتصالات يملك كلا الجانبين فيها مسؤولية متساوية في بدء الجلسة وصيانةها وإنهائها.
Peer-to-Peer Network	شبكة نظير إلى نظير.
Pel	راجع Pixel.
PEM (Privacy Enhanced Mail)	البريد مُحسّن الخصوصية: هو معيار لحماية إرسال البريد الإلكتروني عبر الشبكة الدولية حيث يدعم هذا المعيار التشفير والتواقيع والشهادات الرقمية إضافة إلى الطرائق الرئيسية الخاصة والعامة.
Pen Computer	الحاسوب القلمي: جهاز حاسوب يسمح للمستخدم بإدخال واسترجاع البيانات من خلال الكتابة بقلم حبر مباشرة على شاشة العرض.
Pen input devices	أجهزة الإدخال بقلم الحبر.
Pen Plotter	راسمة باستخدام قلم الحبر.
Pen-Based Computation	الحساب القائم على قلم الحبر.
Penguin	البطريق تكس: شعار نظام التشغيل لينوكس الذي تم تطويره في فنلندا.
Pentium	بنتيوم: مجموعة من شرائح وحدات المعالجة المركزية المكونة من 32 رقم ثنائي الذي أنتجته شركة إنتل.
Pentium Upgradable	قابل للترقية إلى بنتيوم: لوحة أم لمعالج قديم يُمكن ملاءمتها مع معالج انتل بنتيوم.
People	شعب، قوم، ناس.
PEP (Packet Ensemble Protocol)	بروتوكول مجموعة الحزمة.
Per Seat Licensing	رخصة لكل مستخدم: رخصة برمجية استنادا إلى عدد المستخدمين المخولين بالدخول إلى البرمجية.
Per Server Licensing	رخصة لكل خادم: رخصة برمجية تُمنح للخادم بغض النظر عن أعداد المستخدمين.
Percentage	نسبة.
Perfboard	لوحة مُثقبَة: قاعدة لنماذج لوحات الدارات.
Performability	القابلية للأداء.
Performable IT task	مهمة تقنية قابلة للتنفيذ.
Performance	أداء.
Performance management	إدارة الأداء.
Performance Monitor	مراقبة الأداء.
Period	فترة.
Peripheral	طرفي.
Peripheral Component Interconnect	ربط العناصر الطرفية.
Peripheral Device	جهاز/أداة طرفية: وحدة خارجية ملحقة بالحاسوب مثل الطابعة.
Peripheral Power Supply	مزود الطاقة للأداة الطرفية: مصدر طاقة ثانوي مُستخدَم من قبل الحاسوب أو الجهاز الطرفي كمصدر طاقة بديل في حال انقطاع التيار الكهربائي الاصلي.
Perl (Practical Extraction and Report Language)	بيرل (لغة التقارير والاستخراج العملية): هي لغة برمجة عالية المستوى تُعتبر واحدة من أقوى لغات البرمجة في التعامل مع النصوص.
Permalink (Permanent link)	اتصال ثابت.
Permanent access	إذن وصول دائم.
Permanent Storage	تخزين دائم: لا يمكن إزالته أو مسحه.

Permanent Swap File	ملف التبديل الدائم: ملف مؤلف من قطاعات أقراص متجاورة مستخدمة لعمليات الذاكرة الافتراضية.
Permanent Virtual Circuit	دارة إفتراضية ثابتة: اتصال منطقي ثابت بين قطبين على شبكة تبادل حزم.
Permission	تصريح/ إذن: تفويض للوصول إلى مصدر معلومات تشاركي محدد.
Permission Class	فئة التصريح.
Permission Object	كيان التصريح.
Permissions Log	سجل التصريحات: ملف يحتوي على معلومات التصريحات.
Permutation	تبادل، تنظيم: أي ترتيب من الترتيبات الممكنة لمجموعة بنود أو لأفراد على سبيل مثال مع مجموعة الأرقام 1،2،3 ثمة ستة تبديلات محتملة لرقمين: 12، 21، 13،31، 23، 32.
Perpendicular Recording	تسجيل عامودي: طريقة لزيادة سعة وسط التخزين من خلال ترتيب ثنائيات الأقطاب حيث تُحدِد البتات اتجاهاتها في اتجاه متعامد مع سطح التسجيل.
Perpetual license	ترخيص دائم.
Per-Pixel Lighting	إضاءة لكل عنصر/خلية صورة.
Persistent Data	بيانات دائمة: البيانات المخزَّنة في ملف أو قاعدة بيانات على قرص ويستطيع البرنامج استدعاءها وقت ما شاء.
Persistence	ثبات/ديمومة: زمن استمرار عرض الصورة على الشاشة أو الاحتفاظ بالبيانات على قرص التخزين.
Persistent Client Connection	صلة ربط المستخدم الدائمة.
Persistent Connection	ربط دائم.
Persistent Link	وصل دائم.
Persistent Storage	تخزين دائم.
Person	شخص.
Personal Area Networks	الشبكة الشخصية: ربط مجموعة من الحواسيب في منطقة محدودة المساحة لا تتجاوز العشر أمتار.
Personal coaching	تمرين شخصي.
Personal Communication Services	خدمات الإتصال الشخصية.
Personal Digital Assistant	راجع PDA.
Personal Finance Manager	مدير التمويل الشخصي: تطبيق برمجي لمساعدة المستخدم على أداء عمليات مالية بسيطة.
Personal Handyphone System	نظام الهاتف الشخصي.
Personal Identification Number	رقم التعريف الشخصي.
Personal Information Manager	مدير المعلومات الشخصي: تطبيق يتضمن كتاب عناوين يقوم بتنظيم المعلومات غير المترابطة.
Personal integrity	السلامة/الاستقامة الشخصية.
Personal privacy	خصوصية شخصية.
Personal robot	روبوت شخصي.
Personal Web Server	خادم الشبكة الدولية الشخصي: خادم مصمم لتوفير صفحات الشبكة الدولية للأفراد أو الموظفين.
Personalizeability	قابلية التخصيص، قابلية إضفاء الطابع الشخصي.
Personalization	التخصيص، إضفاء الطابع الشخصي.
Personalization engine	محرك التخصيص: محرك لجعل المحتوى المسترجع متوافق مع متطلبات المستخدمين الفردية.
Personalization Technology	تقنية التخصيص: وسائل إضافة طابع شخصي إلى واجهة البرامج.
Personalize	يخصص، يضفي الطابع الشخصي.
Personalized program	برنامج قابل للتخصيص/لإضفاء الطابع الشخصي.
Personalized tutoring program	برنامج تدريس قابل للتخصيص/ قابل لإضفاء الطابع الشخصي.

	موجة حامل معين من أجل نقل المعلومات المُتضَمنة في الإشارة.
Phase-Change Recording	تسجيل التغير في فترة.
Phase-Locked	إقفال الفترة.
Phase-Shift Keying	ادخال إزاحة الفترة: هو مخطط تضمين رقمي لنقل البيانات من خلال تغيير أو تحوير الفترة لإشارة مرجعية.
PHI (Packet Handler Interface)	واجهة بينية موجّهة للحزم.
Phishing	الاحتيال: إستغلال الضعف في نظام أسماء نطاقات خادم البرمجيات للحصول على إسم النطاق لموقع شبكي وإعادة توجيه حركة المرور على الموقع الى موقع آخر غير قانوني بهدف الحصول على كلمات المرور واسماء المستخدمين.
Phoenix BIOS	نظام الإدخال والإخراج الأساسي فينيكس: مجموعة أساسية من إجراءات إعداد مكونات الحاسوب الملموسة حيث يُزوِّد بمشغلات البرمجيات الأساسية لجميع التقنيات الطرفية بما في ذلك لوحة المفاتيح والفأرة والشاشة والقرص الصلب كما تسمح المشغلات للمستخدم بتعديل إعدادات التعريف وللمعدات بالحصول على نظام التشغيل.
Phone Connector	أداة ربط الهاتف.
Phone Line	خط هاتفي.
Phoneline Networking	شبكات خطوط الهاتف.
Phoneme	فونيم: أصغر صوت من وحدات الكلام التي يميزها الحاسوب.
Phono Connector	موصل صوتي: وصلة لجهاز صوتي مثل مكبرات الصوت أو السماعات أو الميكروفون.
Phosphor	فوسفور: أي مادة قادرة على إصدار وهج عند إسقاط الضوء عليها.
Perspective	منظور، وجهة نظر.
Perspective View	منظر ثلاثي الأبعاد: طريقة لعرض الصور أقرب للحقيقية بثلاثة أبعاد (طول وعرض وارتفاع).
PERT	طرق تقييم ومراجعة البرامج: اسلوب من اسليب ادارة الزمن في المشاريع يهدف لتخطيط وتنسيق وضبط نشاطات المشاريع باستخدام اسس كمية يوفر رسم بيلني لحياة المشروع باستخدام تقويم.
peta-	بيتا- :سابقة بمعنى مليون مليار.
Petabyte (PB)	بيتا بايت: وحدة قياس سعة التخزين تعادل 1024 تيرا بايت أي ما يقارب كوادرليون بايت.
PGA (Professional Graphics Adapter)	محوّل/مُوفِّق الرسوم الاحترافي.
PgDn Key (Page Down Key)	مفتاح صفحة للأسفل: مفتاح من لوحة مفاتيح الحاسوب للانتقال لاسفل الصفحة الفعّالة.
PGP (Pretty Good Privacy)	خصوصية جيدة جدا: برنامج لتشفير البيانات أُصدر على شكل برمجية مجانية وأُستخدم بشكل واسع في تشفير رسائل البريد الإلكتروني وحماية الملفات وهو متوفر للإستخدام التجاري والشخصي.
Phage Virus	فيروس بكتيري: فيروس يقوم بتدمير جميع ملفات التطبيقات عند الاصابة به ولكن لا يؤثر بقواعد البيانات.
Pharming	تزوير العناوين: استغلال الضعف في نظام أسماء نطاقات خادم البرمجيات لنسخ البرمجيات من مواقع قانونية إلى مواقع غير قانونية.
Phase	فترة، طور، مرحلة.
Phase Encoding	ترميز فترة.
Phase Modulation	تضمين فترة: نوع من التضمين الإلكتروني يتم فيه تغيير طور

Photo Cell خلية كهروضوئية.

Photo Editor محرر الصور: تطبيق لمعالجة البيانات رقميا.

Photo recovery software برمجيات استعادة الصور.

PhotoCD تقنية فوتو سي دي: نظام رقمي يسمح بتخزين أفلام وصور ومسودّات ورقائق على قرص مُدمَج.

Photocomposition تركيب الصور: تحضير مخطوطات للطباعة من خلال إسقاط الصور ذات حروف الطباعة على فيلم فوتوغرافي يُستخدم فيما بعد لعمل صفائح طباعة.

Photoconductor ناقل ضوئي: مادة صلبة غير معدنية تزيد موصليتها عند تعرضها لإشعاع كهرومغناطيسي.

Photoelectric Device جهاز كهروضوئي.

Photolithography ليثوغرافيا ضوئية، طباعة حجرية ضوئية: عملية طباعة مستوية تَستخدِم صفائح مصنوعة وفقا للصورة الفوتوغرافية.

Photomask قناع ضوئي: فيلم أو لوح زجاجي ذو صور عالية الوضوح مستخدم في أشباه الموصلات والدارات المُدمجَة.

Photonics الضوئيات: دراسة أو تطبيقات الطاقة الكهرومغناطيسية وحدتها الأساسية هي الفوتون أو وحدة الكم الضوئي.

Photorealism صور شبه حقيقية: طريقة من الرسم تشبه التصوير تراعي أدق التفاصيل.

Photoresist مقاوم للضوء: طلاء حساس للضوء يتم كسو صفيحة أو لوح به ويتم تعريضه وتحميضه قبل التنميش بالمواد الكيميائية.

Photosensor مجس ضوئي: أداة حساسة للضوء مستخدمة في آلة المسح الضوئي.

Photoshop فوتوشوب: أول محرر صور رخيص التكلفة قابل للتحميل على الحواسيب الشخصية طورته شركة أدوبي.

Phototypesetter الة طباعة صورية: تقنية متقادمة استَخدمت عملية التصوير لتوليد الأعمدة على لفافة من ورق الصور الفوتوغرافية.

Photovoltaic cell الخلية الكهروضوئية: تُعرف بالخلايا الشمسية لأنها تقوم بتحويل أشعة الشمس إلى كهرباء وتعتبر طاقتها من أشكال الطاقة المتجددة غير الملوثة للبيئة.

PHP (PHP: Hypertext Preprocessor) المعالج الأولي للنص التشعبي: لغة برمجة مفتوحة المصدر كينونية ظهرت في عام 1995 تهدف لتطوير صفحات مواقع الشبكة الدولية التفاعلية.

Phrase يصوغ، فقرة، عبارة.

Phreak1 مُقتحم نظام الهواتف: هو شخص يخترق نظام الهواتف بشكل غير شرعي إما لإجراء مكالمات طويلة أو لمتابعة المكالمات باستخدام صندوق مُصَمَّم لذلك.

PHS (Packet handling system/ personal handy phone system) نظام التعامل مع الحزمة أو نظام الهاتف الشخصي.

Physical مادي/ملموس.

Physical Address عنوان مادي.

Physical archiving الحفظ/الأرشفة المادية/الملموسة.

Physical asset intensive company شركة ذات أصول مادية كثيفة.

Physical auction مزاد مادي.

Physical database قاعدة بيانات مادية.

Physical demolition of data storage media التدمير المادي لوسائط تخزين البيانات.

Physical desktop سطح مكتب مادي.

Physical environment بيئة مادية.

Physical Layer طبقة مادية: إحدى طبقات نموذج أنظمة الربط المفتوحة التي تقوم بنقل الأرقام الثنائية عبر وسط الشبكة.

Physical Machine آلة مادية.

Physical Memory ذاكرة مادية.

مخطط دائري، رسم بياني دائري: نوع من الرسومات البيانية الدائرية يُمثل القيم بصورة نسب مئوية.	Pie Chart
لغة بايلوت (الإستفسار أو التعلم أو التعليم المبرمج): لغة برمجة راقية تُستخدَم في مجال التعليم بمساعدة الحاسوب.	PILOT
فحص أولي: برنامج فحص إشارة الإتصالات.	Pilot Check
برتوكولات نقل البيانات المُستقِل: هو مجموعة من برتوكولات توجيه نقل البيانات المتزامن توفر توزيعاً متعددا للبيانات من مرسل واحد إلى أكثر من مُستقبِل أو من عدة مرسلين إلى مُستقبِل واحدة عبر الشبكة الدولية.	PIM (protocol Independent Multicast)
إبرة: الإبر هي أطراف التلامس الناتئة من الموصل أو المقبس والذي يُعرَّف بعدد الإبر.	Pin
رقم التعريف الشخصي: رقم فريد (مثل شيفرة الصراف الآلي) يُستخدَم للتحقق من هوية المستخدم المخول.	PIN
تغذية بالإبر: طريقة لتحريك الورق باستمرار باستخدام الإبر.	Pin Feed
مصفوفة الشبكة الإبرية.	Pin Grid Array
عجلة دوّارة.	Pinch Roller
راسمة العجلة الدوارة.	Pinch-Roller Plotter
متوافق إبريا: صفة للمقبس أو الموصل يحتوي على إبر مكافئة لمقبس أو موصل آخر.	Pin-Compatible
برنامج أخبار الشبكة الدولية والبريد الإلكتروني: أداة لقراءة وإرسال وإدارة الرسائل الإلكترونية تم تطويره من قبل جامعة واشنطن مصمم أصلا للمستخدمين عديمي الخبرة البريد الإلكتروني.	Pine
شبكة مادية.	Physical Network
سجل مادي: مجموعة من رموز البيانات المتجاورة مُسجَّلة على وسط تخزين مفصولة ماديا عن السجلات الأخرى تُقرَأ وتُكتَب بواسطة تعليمة إدخال أو إخراج.	Physical Record
الأمن المادي/الملموس.	Physical security
إدارة الأمن المادي/ الملموس.	Physical security management
خزان مادي: وسط التخزين الفعلي للبيانات والتعليمات.	Physical Storage
برنامج الوحدة المادية: برنامج مسؤول عن إدارة موارد العقدة مثل روابط البيانات.	Physical Unit Program
حرب مادية/ملموسة.	Physical war
ملف الصورة المادية/الملموسة.	Physical-Image File
بيكا: حرف مطبعي بحجم 12 نقطة.	Pica
راجع PCI Industrial Computer Manufacturers Group.	PICMG
بيكو: سابقة في النظام الدولي للوحدات تشيرالى واحد بالمليون من واحد بالمليون أو 10^{-12}.	Pico-
بيكو جافا: خاصية لمعالج مصغر مخصص لتنفيذ شيفرة جافا بدون الحاجة إلى مُفسّر.	Picojava
بيكو ثانية: وحدة قياس الزمن تُشير الى واحد بالمليون من واحد بالمليون من الثانية.	Picosecond
منصة اختيار محتوى الشبكة الدولية: معيار يُمكّن المستخدم من ترشيح المواقع التي يصل إليها تلقائيا.	PICS (Platform for Internet Content Selection)
هيئة ملف معياري لرسوم بيانية خاصة.	PICT
عنصر الصورة.	Picture Element
أنبوب الصورة: أنبوب شعاع مهبطي مستخدم في التلفاز لإظهار الصور.	Picture Tube

PING (Packet Internet Grouper)	مُجمِّع حزم الشبكة الدولية: هو برنامج متاح عبر الشبكة المحلية لاختبارالاتصال بين أجهزة الحواسيب المرتبطة بالشبكة يُستخدَم لاختبار ما إن كان من الممكن الوصول إلى مضيف معين عبر شبكة بروتوكول الشبكة الدولية.
Ping of Death	مُجمِّع حزم الشبكة الدولية/أزيز الموت: شكل من أشكال انتهاكات الشبكة الدولية تستلزم إرسال حزمة أكبر من 64 بايت المعتادة من خلال بروتوكول مُجمِّع حزم الشبكة الدولية إلى حاسوب بعيد.
Ping Pong	أزيز وارتداد (بينغ بونغ): تقنية تغيير اتجاه الإرسال والإستقبال في الإتصالات بحيث يصبح المرسل مستقبلا والمستقبل مرسلا.
Ping1	مُجمِّع حزم الشبكة الدولية /أزيز "1" وهو المنفذ الأول الذي من خلاله يتم ربط الحاسوب بالشبكة وكذلك معرفة عنوان بروتوكول الشبكة الدولية.
Ping2	مُجمِّع حزم الشبكة الدولية /أزيز "2" وهو المنفذ الثاني الذي من خلاله يتم ربط الحاسوب بالشبكة وكذلك معرفة عنوان بروتوكول الشبكة الدولية.
Ping-Pong Buffer	ذاكرة مؤقتة للأزيز والارتداد: ذاكرة مضاعفة لتسريع عمليات إدخال وإخراج البيانات.
Pink Contract	عقد وردي: عقد من مزود خدمة الشبكة الدولية يعفي فيه إلى موزع الإعلانات من بنود الخدمات الاعتيادية التي تمنع الإعلانات.
Pinout	مخطط الإبر: وصف أو مخطط بياني للإبر في رقاقة أو في موصل.
PIO (programmed Input Output)	إدخال/إخراج مبرمج: طريقة لنقل البيانات بين وحدة المعالجة المركزية وجهاز طرفي.
Pipe Processing	معالجة بالتجزئة/متزامنة: طريقة معالجة تسمح بإجراء معالجة سريعة متوازية للبيانات من خلال تداخل العمليات أو نقل البيانات من عملية إلى أخرى عبر الذاكرة.
Pipeline	خط التنفيذ المتزامن للعمليات.
Pipelining	التنفيذ المتزامن: تزامن تنفيذ تعليمات برمجية في وحدة المعالجة المركزية من خلال تجزئة التعليمات وتنفيذ الاجزء الواحد تلو الآخر.
Piping and Instrument Diagram	مخططات الانابيب وأجهزة القياس: طريقة لترميز مخططات التحكم والمتضمنة حلقات التحكم والمجسّات.
Piracy	قرصنة: انتحال وسرقة مؤلفات واختراعات الآخرين.
Pirated data	بيانات مُقرصَنة.
Pirated information	معلومات مُقرصَنة.
Pirated software	برمجيات مُقرصَنة.
Pitch	كثافة الخط: قياس مستخدم في الخطوط الصغيرة يصف عدد الحروف في بوصة أفقية.
Pivot Year	محور السنة: يُستخدَم في تفسير التواريخ من خلال تعريف السنة باستخدام عددين فقط.
Pivot chart	مخطط محوري.
Pivot table	جدول محوري: أداة لتلخيص البيانات في برامج معالجة البيانات من حيث الترتيب والعد وايجاد المجموع .
Pixel (Picture Element)	عنصر صورة/شاشة (بيكسيل): نقطة في شبكة تحوي آلاف النقاط المشابهة التي تشكل معاً صورة على شاشة أو ورقة ويُعتبَر العنصر الجزء الأصغر الذي يمكن معالجته عند إنشاء الأحرف أو الأعداد أو الرسوم.

PLA (Programmable Logic Array)	جدول/ مصفوفة منطقية قابلة للبرمجة: دارة متكاملة تحوي مصفوفات منطقية تُستخدَم لبرمجة الإتصالات بين البوابات المنطقية.
Placeholder	العنصر النائب: رمز يمكن تبديله بأي رمز آخر في المجموعة.
Plagiarism	انتحال: سرقة الأعمال الفكرية لشخص/مؤسسة ما.
Plain Old Telephone Service	خدمات الهاتف الصوتية التقليدية: توصيلات هاتفية أساسية للعامة تُمكّن الأشخاص في المنازل والمؤسسات من إجراء المكالمات الهاتفية عبر شبكة الهاتف، وقد بقيت هذه الخدمات موجودة رغم ظهور خدمات هاتفية متطورة كخدمة الهاتف المحمول وغيرها.
Plain Text	نص عادي.
Plain Vanilla	الإصدار الأول.
Plan	يخطط، خطة.
Planar	مستوي.
Planar Transistor	ترانزستور مستوي.
Planning	تخطيط.
Plasma Display	جهاز/شاشة عرض بلازمية: جهاز لعرض الرسوم والبيانات يتكون من شاشة مسطحة تَستخدِم آلاف الخلايا الذكية المتكونة من أقطاب كهربائية وغازي النيون والزينون الّذين يتم تشغيلهما الكترونيا لينبعث الضوء منها.
Plastic Leadless Chip Carrier	ناقل رقاقة بلاستيكية غير موجّهة.
Plastic Transistor	ترانزستور بلاستيكي.
Platen	أسطوانة الآلة الكاتبة.
Platform	منصة، بيئة العمل، منبر.
Platform for Internet Content Selection	منصة اختيار محتوى الشبكة الدولية.
Platform for Privacy Preference	بيئة تفضيلات الخصوصية: معيار يُمكّن المستخدم من ترشيح المواقع التي يصل إليها تلقائيا.
Pixel Image	صورة عناصر الشاشة: تشير الى تمثيل الصور الملونة في ذاكرة الحاسوب نقطيا.
Pixel Map	خريطة عناصر الشاشة: هيكل بيانات يصف عناصر الصورة مثل الألوان والوضوح والأبعاد ونمط التخزين وعدد البتات المستخدمة لوصف كل عنصر.
PJL (Printer Job Language)	لغة وظيفة الطباعة.
PKI (Public Key Infrastructure)	بنية تحتية لشيفرة المفتاح العام.
PKUNZIP	احدى البرمجيات المجانية لفك ضغط الملفات.
PKZIP	احدى البرمجيات المجانية لضغط الملفات وضم أكثر من ملف في ملف واحد مضغوط.
PL	راجع Language Programming.
PL/1	لغة البرمجة/1: لغة برمجة اجرائية مصممة للاستخدامات العلمية والتجارية والهندسية وبرمجة الأنظمة طورتها شركة آي بي إم لجمع الصفات الرئيسية للغات البرمجة فورتران وألغول وكوبول لإنتاج برمجية متعددة المهام لكنها لم تلاقي قبولاً لتعقيد بنيتها.
PL/C	لغة البرمجة/سي: إصدار من لغة البرمجة/1 طورتها جامعة كورنيل لاستخدام الحواسيب الكبيرة.
PL/M	لغة برمجة للحواسيب المصغرة: لغة برمجة مشتقة من لغة البرمجة/1 تم تطويرها في بداية السبعينات من قبل شركة انتل.
PL/SQL (Procedural Language/Structured Query Language)	اللغة الإجرائية/لغة الاستعلام الهيكلية: لغة برمجة طورتها شركة أوراكل لكتابة دارات الإنطلاق والإجراءات المخزّنة القابلة للتنفيذ.

p-Machine — شبه آلة: معالج مُحاكي برمجيا يمكنه تشغيل عدة منصات دون الحاجة إلى إعادة التجميع.

PMML (Predictive Model Markup Language) — لغة توصيف النموذج التنبؤي: لغة توفر طريقة لتحديد نماذج بحث البيانات والإحصائيات ومشاركة النماذج المطابقة.

PMMU (Page and memory management unit) — وحدة إدارة الذاكرة والصفحة.

PMR (Private Mobile Radio) — راديو متنقل خاص.

PMS (Pantone Matching System) — نظام مطابقة بانتون: نظام قياسي لمواصفات الالوان يتم فيه إرفاق كل لون برقم خاص من بين 500 رقم متوفر.

PMU (Power Management Unit) — وحدة إدارة الطاقة.

PNG (Portable Network Graphic) — رسوم الشبكة المحمولة: امتداد ملفات الصور النقطي.

PNNI (Private Network to Network Interface) — واجهة بينية شبكية خاصة.

PNP Transistor — ترانزستور صِّل وشغِّل.

Pocket Active Server Pages — صفحات الخادم النشط لحاسوب الجيب.

Pocket Excel — إكسل الجيب: إصدار من مايكروسوفت- إكسل (برمجية الجداول الالكترونية) مصمم لنظام تشغيل ويندوز سي اي (نظام التشغيل الخاص بالانظمة المضمنة).

Pocket PC — حاسوب الجيب: حاسوب مصغر يُحمل باليد ويعمل بالبطارية ويمكنه تشغيل العديد من التطبيقات.

Pocket Word — وورد الجيب: إصدار من مايكروسوفت - وورد (برمجية معالج النصوص) مصمم لنظام تشغيل ويندوز سي اي (نظام التشغيل الخاص بالانظمة المضمنة).

POCSAG (Post Office Code Standardization Advisory Group) — المجموعة الاستشارية لتوحيد الرموز البريدية: معيار غير متزامن لبث البيانات إلى أجهزة النداء الآلي.

Platform Invoke — استدعاء المنصة: تقنية تُستخدَم للقيام بوظائف وأعمال لا يمكن القيام بها من خلال دوت نيت.

Platter — صفيحة/ أسطوانة: أحد أقراص البيانات المعدنية ضمن مشغل الأقراص الصلبة.

Player — مُشغِّل.

PLCC — راجع Plastic Leadless Chip Carrier .

PLD — راجع Programmable Logic Device .

PLM (Product Lifecycle Management) — إدارة دورة حياة المنتج.

PLMN (Public Land Mobile Network) — شبكات خلوية أرضية عامة: وهي شبكة تنشئها وتديرها إدارة معينة أو وكالة تشغيل مُعترَف بها من أجل توفير خدمات الإتصالات النقّالة والأرضية للعامة.

Plotter — راسمة: وحدة اخراج تُستخدَم في التصميم ورسم المخططات بتوجيه من الحاسوب.

PLP (Packet Level Protocol) — بروتوكول على مستوى الحزم.

Plug — صِّل، قابس.

Plug and Play — صِّل وشغِّل: مجموعة من المواصفات طورتها شركة انتل تسمح للحاسوب بتعريف نفسه تلقائيا للعمل مع الأجهزة الطرفية مثل الشاشة أو الموديم أو الطابعة.

Plug In — 1- وظيفة إضافية، برنامج مساعد: برنامج صغير يُضاف إلى تطبيق من أجل تزويده بوظائف إضافية.
2-ارتباط: ارتباط برمجية صغيرة بتطبيق أو عنصر برمجي في متصفح لاكسابه وظيفة جديدة.

Plugboard — لوحة توصيل.

Plug-Compatible — متوافق مع القابس: جهاز طرفي قابل للوصل مع الحاسوب بدون تعديل.

PM — راجع Phase Modulation.

Point	نقطة.
Point Chart	رسم بياني تحليلي: رسم مؤلف من نقاط تمثل قيم البيانات يُستخدَم لمقارنة بين متغير أو أكثر ومجموعة فحص.
Point Diagram	مخطط نقطي.
Point Listing	قائمة النقاط.
Point of Presence (POP)	نقطة حضور: نقطة يمكن وصلها بشبكة حاسوب من خلال خطوط الإتصال الهاتفية.
Point of Sale	جهاز البيع الطرفي، طرفية نقطة البيع: هو جهاز طرفي يُستعمَل في المعاملات التجارية لتسجيل البيانات المتعلقة بالمخزون والسلع والأسعار وعمليات البيع وحسابات العملاء يتكون الجهاز من مسجل إلكتروني للنقد وأجهزة أخرى لإدخال البيانات وإخراجها.
Point1	نقطة 1: برنامج يُستخدَم لإعداد العروض التقديمية الجذابة المبهرة.
Point2	نقطة 2: إصدار مُطور من برنامج نقطة 1 ذو خصائص أفضل في معالجة الصور والرسومات الخ.
Pointcast	تحديد النقطة: أول تطور في تقنية ضغط البيانات يَستخدِم أيقونات الحاسوب.
Pointer	مؤشر: رمز يظهر على شاشة العرض في الواجهة البينية يسمح للمستخدم باختيار أمر من خلال النقر بواسطة الفأرة أو الضغط على مفتاح "إدخال".
Pointer Field	حقل المؤشر، خانة المؤشر.
Pointing Device	أداة تأشير.
Point-of-sale devices	أجهزة البيع الطرفي، طرفيات نقاط البيع.
Point-to-Point Message System	نظام إرسال نقطة إلى نقطة.
Point-to-Point Protocol	بروتوكول نقطة إلى نقطة: معيار يحكم إتصالات الحواسيب من خلال الأرقام الهاتفية بالشبكة الدولية عبر ملقم هاتفي.
Point-to-Point Tunneling	تقنية النفق من نقطة إلى نقطة.
Poke	حشر، جمع: إحدى تعليمات تخزين البيانات في أماكن معينة.
Polar Coordinates	احداثيات قطبية.
Polarity	قطبية: تحديد تدفق التيار.
Polarized Component	عنصر قطبي: عنصر خضع لتقطيب الضوء.
Polarizing Filter	مصفاة قطبية.
Police records	سجلات الشرطة.
Policy	سياسة، لائحة.
Polish Notation	علامات الرموز البولندية: طريقة خاصة في كتابة التعبيرات الرياضية اخترعها عالم بولندي تتسم بوضع المعاملات الى يسار المتغيرات.
Polling Cycle	دورة الإستفتاء/الاقتراع.
Polling System	نظام اقتراع: نظام متبع في مجموعة أجهزة لتحديد أولوية استخدام المصادر المشتركة حيث تكون الأولوية لأول جهاز يتم استجوابه.
Pollutant	مُلَوث، مُدنِّس.
Pollute	يُلَوث، يُدنِّس.
Pollution	تَلَوث.
Pollution-reduction devices	أجهزة خفض التَلَوث.
Polygon	مضلع، متعدد الأضلاع.
Polyline	متعدد الخطوط.
Polymorphism	تعدد الأشكال.
PON (Passive Optical Network)	شبكة ضوئية سالبة: شبكة وصول ضوئية من نقطة واحدة إلى عدة نقاط لا تحتوي على أجهزة إعادة توليد إشارات البيانات تُستخدَم لتجاوز منطقة البث (ولذلك سميت بالسالبة) والهدف من هذه الشبكات توفير شبكة ألياف ضوئية عالية السرعة للمشتركين ضمن مسافات القصيرة.

Port منفذ، بوابة، مدخل قناة سير البيانات، محطة اتصالات الأجهزة الطرفية:
1-المنفذ في أجهزة الحاسوب والإتصالات السلكية واللاسلكية هو مكان محدود لجهاز ما للاتصل بجهاز آخر بصورة فيزيائية على هيئة مقبس وقابس وغالبا ما يتم تزويد الحاسوب الشخصي بمنفذ تسلسلي واحد أو أكثر وبمنفذ متوازي واحد.
2-المنفذ في البرمجة هو منطقة اتصال منطقية تستعمل بروتوكول التحكم بنقل البيانات/ بروتوكول الشبكة الدولية للسماح لبرنامج عميل باختيار برنامج مزوّد على حاسوب ما في شبكة ما.

Port Enumerator عدّاد البوابات: برنامج يعد البوابات القابلة للإستعمال على خادم.

Portability إمكانية النقل/التناقل/الحمل: قابلية جهاز الحاسوب للحمل أو النقل أو قابلية برنامج معين للنقل من بيئة تشغيل لأخرى.

Portable قابل للحمل/النقل، محمول، نقّال.

Portable Computer حاسوب محمول/نقّال: حاسوب صغير يمكن نقله من مكان إلى آخر.

Portable devices أجهزة محمولة/نقّالة.

Portable Digital Document وثيقة رقمية محمولة/نقّالة.

Portable Distributed Objects كيانات موزّعة محمولة/نقّالة.

Portable Keyboard لوحة مفاتيح محمولة/نقّالة.

Portable Language لغة محمولة/نقّالة.

Portable Program برنامج نقّال: برنامج قابل للنقل من بيئة تشغيل إلى أخرى.

Portal بوابة: موقع شبكي يقدم مجموعة من الخدمات للأفراد أو الموظفين بما في ذلك خدمات البحث في مواقع الشبكة الدولية والأخبار والبريد الإلكتروني وغيرها مثال ذلك بوابة ياهو.

Pong بونغ: أول لعبة فيديو واسعة الانتشار وكانت احدى مسببات ثورة ألعاب الحاسوب.

Pool يجمع، مُجمَّع، بركة.

Poor decision قرار ضعيف.

Poor navigability قابلية ضعيفة للتنقل.

POP (Post Office Protocol) بروتوكول مكتب البريد: احد بروتوكولات البريد الالكتروني الذي يُستخدَم لتنزيل رسائل البريد الإلكتروني على مضيف محلي من خادم بريد متوفر عبر شبكة بروتوكول التحكم بنقل البيانات/ بروتوكول الشبكة الدولية وحذف البريد من على الخادم والاستعلام عن وصول بريد جديد.

Pop Up قائمة منبثقة، شاشة مفاجئة.

POP3 (Post Office Protocol 3) بروتوكول مكتب البريد 3: الاصدار الثالث من بروتوكول مكتب البريد يتسم بخصائص أمنية أفضل من الاصدارين الاول والثاني.

Popularity شعبية.

Populate تأهيل/تكييف.

Population سكان، عدد سكان.

Population above poverty line حزمة سكانية فوق خط الفقر.

Population below poverty line حزمة سكانية تحت خط الفقر.

Pop-Under Ad إعلان مفاجئ سفلي: إعلان يظهر فجأة في أسفل صفحة موقع الشبكة الدولية.

Pop-Up Ad إعلان مفاجئ علوي: إعلان يظهر فجأة في أعلى صفحة موقع الشبكة الدولية.

Pop-Up Help شاشة المساعدة: شاشة مساعدة تظهر في نافذة مستقلة.

Pop-Up Menu قائمة مفاجئة: قائمة تظهر فجأة.

Pop-Up Messages رسائل مفاجئة.

Portmapper مخطط البوابة.
Portrait Mode النمط العامودي.
Portrait Monitor شاشة عامودية.
PoS راجع Point of Sale
POSIT (Profiles for Open Systems Internetworking Technology) بيانات/ملفات تقنية شبكات الأنظمة المفتوحة.
Position تموضع، وضع، خانة، موقع، مكان، موضع.
Position Distribution توزيع المواقع.
Position locating devices أجهزة تحديد الموقع.
Position Notation تدوين موضعي: نظام لكتابة الأرقام حيث يؤثر موقع الرقم على قيمته.
Position Value قيمة الخانة/الموضع.
Positionability قابلية التموضع.
Positional Representation تمثيل موضعي: تمثيل الكميات الحسابية بمجموعة من الأرقام حيث يعتمد دور كل رقم في على مكانه في المجموعة.
Positioned متموضع.
Positioner محدد الموقع.
Positioning تموضع.
Positioning data بيانات التموضع.
Positioning devices أجهزة تموضع.
Positioning system نظام تموضع.
Positioning Time زمن التموضع: الزمن اللازم لتعديل وتحريك رأس القراءة والكتابة ليصبح بالإمكان قراءة البيانات من القرص أو كتابة البيانات على القرص.
Positive Feedback تغذية راجعة إيجابية: تغذية راجعة ينتج عنها نمو أو تضخيم في إشارة الناتج.
Positive Integer رقم صحيح موجب: رقم صحيح قيمته أكبر من صفر.
Positive Logic منطق موجب: منطق يتمثل فيه الجهد الكهربائي الموجب بالوضع (واحد) والأقل من ذلك بالوضع (صفر).
Positive Number عدد موجب: عدد قيمته أكبر من صفر سواء كان عددا صحيحا أو كسرا.
POSIX (Portable Operating System Interface) واجهة نظام التشغيل النقّال: مجموعة من المعايير طورها معهد المهندسين الكهربائيين والإلكترونيين لضمان توافق بيئات أنظمة التشغيل.
Post ينشر، يعلق، يدرج، مركز، منصب، يعلق على الشبكة، رسالة إلكترونية.
POST (Power-On Self-Test) فحص ذاتي أثناء التشغيل.
Post copyright age عصر ما بعد حق النشر: مفهوم يروج له مناهضو نظام حقوق النشر الذين يرون أنه ينطوي على قيود على حركة الفكر والإبداع.
Post service satisfaction الرضا بعد تقديم الخدمة: مؤشرقبول/ارتياح مستخدم تقنية المعلومات والاتصالات لمستوى تشغيل التقنية عقب تقديم الخدمة.
Post1 الترحيل الأول.
Post2 الترحيل الثاني.
Posted منشور على الشبكة الدولية.
Posterization تكبير الصور.
Postfix Notation تدوين لاحق.
Posting نشرعلى الشبكة الدولية.
Posting illicit content نشرمادة غير شرعية على الشبكة الدولية.
Posting slanderous material نشرمادة فضائحية على الشبكة الدولية.
Postmaster مدير البريد: مدير برنامج خادم البريد الإلكتروني الذي ينقل رسائل البريد الإلكتروني من حاسوب إلى آخر.
Postmortem تالٍ للحدث، عقب الحدث.
Postmortem analysis تحليل ما بعد الحدث: تحليل الحدث التقني الذي أصاب المنظومة بعد حصوله مباشرة للوقوف على الدروس المستفادة.
Postprocessor معالج لاحق.

Postscript	بوست سكريبت: 1-هي لغة برمجة ديناميكية متسلسلة أُستخدمت كلغة وصف الصفحات في مجالات النشر المكتبي والإلكتروني ابتكرها كل من جون وورنوك وشارلز جيشكي في ثمانينيات القرن الماضي. 2-حاشية أو ملاحظة تالية في ذيل الرسالة.
PostScript Font	خط بوست سكريبت: الخط المعياري الذي وضعته شركة أدوبي سيستمز لتنسيق الملفات الرقمي حيث يستخدم تنسيق ملف بوستسكريبت لترميز معلومات الخط.
Pot	جهد كهربائي.
Potential patent licensees	مُرخَص لهم محتملون لبراءات الاختراع.
Potentiometer	مقسم الجهد/مقدار الإحتمالية.
POTS	راجع Plain Old Telephone Services .
Poverty	فقر.
Poverty indicators	مؤشرات الفقر.
Poverty rate	معدل الفقر.
Poverty reduction	خفض الفقر.
Poverty reduction indicators	مؤشرات خفض الفقر.
Power	يحرك، يشغل، قوة، سلطة، تحريك، طاقة، قدرة.
Power Conditioning	تكييف الطاقة.
Power deactivator	مُعطِّل مصدر الطاقة.
Power Down	قطع مصدر الطاقة، اغلاق الحاسوب.
Power Failure	انقطاع مصدر الطاقة.
Power Mac	بور ماك: حواسيب من انتاج شركة أبيل.
Power Management	إدارة الطاقة.
Power Supply	مزوّد الطاقة.
Power Surge	تدفق مفاجئ للتيار.
Power Switch	مفتاح مصدر الطاقة.
Power Up	اعادة مصدر الطاقة، تشغيل الحاسوب.
Power User	مستخدم مصدر الطاقة.

PowerBook	بور بوك: حاسوب محمول من انتاج شركة أبيل.
Powered	مُحرَك.
Powered by	مُحرَك بواسطة.
Powerful password	كلمة مرور قوية.
Powering	تحريك، تشغيل.
Power-On Key	مفتاح التشغيل.
PowerPC	بور بي سي: حاسوب من انتاج شركة أبيل يتميز بقدرة تنفيذ برمجيات حواسيب آي بي إم.
PowerPC Platform	منصة حواسيب بور بي سي.
PowerPC Reference Platform	منصة حواسيب بور بي سي المرجعية.
PowerPoint	تطبيق باوربوينت: تطبيق طورته شركة مايكروسوفت يمنح القدرة على تنفيذ شرائح العروض التقديمية.
PPC (Pay Per Click)	ادفع مقابل كل نقرة.
PPCP	مجلة بور بي سي بلي: أحد أكثر مجلات الحاسوب مبيعا في أستراليا.
PPI (Pixel Per Inch)	عنصر شاشة/صورة (بكسل) لكل بوصة.
ppm (Pages per minute)	صفحة في الدقيقة: معدّل الصفحات المطبوعة في الدقيقة الواحدة.
PPM (Project portfolio management)	إدارة محفظة المشاريع.
PPP (Point to Point Protocol)	راجع Point-to-Point Protocol.
PPPoE (Point to point protocol Ethernet)	بروتوكول نقطة إلى نقطة عبر الإيثرنت.
PPTP (Point to Point Tunneling Protocol)	بروتوكول النفق من نقطة إلى نقطة.
PRA ISDN (Primary Rate Access ISDN)	وصول بالمعدل الرئيس عبر قنوات الشبكة الرقمية للخدمات المتكاملة: معيار إتصالات لبث إشارات صوت وبيانات متعددة بواقع 64 كيلوبيت/ثانية بين موقعين.

Practice	يمارس، يزاول، ممارسة، تدريب.
Practices	ممارسات.
Practitioner	ممارس، مزاول.
PRAM (Parameter Random Access Memory)	معاملات/إعدادات ذاكرة الوصول العشوائي.
P-Rating (performance rating)	تقدير الأداء: تقييم فاعلية عمل المعالجات المصغرة.
PRC (Primary Reference Clock)	ساعة مرجعية أساسية: ساعة لضبط تزامن أجهزة الحاسوب حيث يُضبط وقت الأجهزة ليكون متماثلاً في جميع ساعات أجهزة الحاسوب.
Prebinding	ربط مسبق.
Precaution	إحتياط، إجراء وقائي.
Precedence	اسبقيات، أولويات.
Precision	دقة.
Precompiler	مترجم مُسبَق: برنامج حاسوب يتعرف على أخطاء ملف التعليمات والمشاكل في البرنامج قبل تحويلها إلى اللغة الآلية.
Predecessor	سابق: العنصر الذي يأتي قبل عنصر آخر في قائمة مفردات أو في شريحة بيانية.
Predictive Report	تقرير تنبؤي: أحد مخرجات نظم المعلومات الإدارية وهوتقرير يُعد باستعمال التحليلات الإحصائية والنماذج الرياضية.
Predictability	التنبؤية،التوقعية: خاصية لدى المستخدم تشير الى توقع حدوث نفس ردة الفعل عند استعمال زر معين بالإعتماد على خبرة المستخدم السابقة.
Preemptive Multitasking	مهمات وقائية متعددة: عمليات آنية تتم بواسطة وحدة المعالجة المركزية لمعالجتين أو أكثر.
Preferences	خيارات، تفضيلات.
Prefetch	إحضار البيانات.
Prefix Notation	علامات رموز البداية: طريقة لتكوين تعبيرات رياضية حيث تسبق كل عملية معاملاتها الحسابية.
PReP (PowerPC Reference Platform)	المنصة المرجعية لبور بي سي: مواصفات أجهزة حاسوب من تطوير شركتي آي بي أم وأبيل تسمح بتنفيذ عدة أنظمة تشغيل.
Preparation	تجهيز، إعداد، تحضير.
Preprocessing	معالجة أولية: تهيئة وتدقيق البيانات قبل البدء بالمعالجة الفعلية.
Preprocessor	معالج أولي.
Preprogrammed Calculator	آلة حاسبة مبرمجة مسبقاً.
Preprogrammed Function	وظيفة مبرمجة مسبقاً.
Presence Technology	تقنية الوجود.
Presentation Broadcast	بث العروض: هو بث عروض تقديمية حية ومباشرة عبر الشبكة الدولية مع امكانية تسجيلها.
Presentation Graphics	عروض رسومية.
Presentation Layer	طبقة العرض: هي المستوى السادس من نموذج ترابط الأنظمة المفتوحة ذي المستويات السبعة مسؤولة عن تسليم وتهيئة المعلومات إلى طبقة التطبيق للمعالجة الاضافية أو العرض.
Pressure reading	قراءة الضغط.
Pressure sensors	مجسات الضغط.
Prevention	منع.
Prevention plan	خطة منع.
Prevention system	نظام منع.
Preventive Maintenance	صيانة وقائية.
Preview	مراجعة.
PRI (Primary Rate Interface ISDN)	مرادف لـ Access Primary Rate) (ISDN.
Primary Channel	قناة رئيسية.
Primary Domain Controller	متحكم/ضابط المجال الرئيسي: يحوي النسخة الأصلية من أسماء المستخدمين و كلمات السر والسياسات.
Primary information	معلومات أولية.
Primary Key	المفتاح الرئيسي.

Primary Storage	تخزين رئيسي، مخزن رئيسي.
Primitive Operation	عملية بدائية.
Principles	مبادئ: مجموعة من المفاهيم التي تُكّون قاعدة بديهية تعتمد عليها تطبيقات مختلفة.
Print	يطبع، يبصم، يسم، مادة مطبوعة، نسخة مطبوعة، بصمة، سمة.
Print Area	منطقة الطباعة.
Print Barrel	أسطوانة الطباعة.
Print Buffer	ذاكرة مؤقتة للطباعة.
Print Quality	جودة الطباعة.
Print Queue	صف الطباعة: قائمة طلبات الطباعة مرتبة حسب الاولوية.
Print Screen	مفتاح على لوحة المفاتيح وظيفته أخذ نسخة عن صورة سطح مكتب الحاسوب عند الضغط عليه.
Printable	قابل للطباعة.
Printer	طابعة، عامل الطباعة.
Printer Driver	مشغل الطابعة.
Printer File	ملف الطابعة.
Printing	طباعة.
Printing Pool	تجمع الطابعات.
Printout	نسخة مطبوعة/ورقية: نسخة مطبوعة من المعلومات.
Priority	أولوية.
Priority areas	مجالات ذات أولوية.
Privacy	خصوصية: حق الفرد في حجب معلوماته الخاصة عن الاساخدام العام أو تحديد المعلومات التي يمكن التشارك بها وسبب ذلك.
Privacy Act	قانون الخصوصية.
Privacy Controls	ضوابط الخصوصية.
Privacy laws	قوانين الخصوصية.
Privacy legislation	تشريع الخصوصية.
Privacy Policy	سياسة الخصوصية.
Privacy protection	حماية الخصوصية.
Private	خاص.
Private Folders	ملفات خاصة/ مجلدات سرية.
Private Key	مفتاح خاص.
Private Library	مكتبة البرامج الخاصة: مجموعة برامج مسجلة على وسيلة تخزين لدى الجهة التي تستخدم نظام الحاسوب.
Private sector initiatives	مبادرات القطاع الخاص.
Privileged access	إذن وصول ذو امتياز.
Privileged Instruction	تعليمات برمجية ذات امتياز خاص.
Privileged Mode	وضع ذو امتياز خاص.
PRMA (Packet Reservation Multiple Access)	وصول متعدد لحجز الحزم: مُجمَّع لحزم الوسائط المتعددة لنقل إشارات الصوت والفيديو والبيانات يعمل على ضمان مضاعفة إشغال خانات روابط الوصول المتعدد لتقسيم الوقت.
PRML (Partial Response Maximum Likelihood)	أرجحية قصوى للإستجابة الجزئية: أسلوب يُستخدَم لتمييز الإشارة من التشويش من خلال قياس معدل التغير عند فواصل زمنية متعددة للموجة.
PRN (The logical device name for a printer)	إسم منطقي لجهاز الطباعة.
Probability	أرجحية/ إحتمالية.
Problem Board	لوحة المشكلة.
Problem Definition	تحديد/تعريف المشكلة.
Problem focused thinking	تفكير متركز حول المشكلة.
Problem management	إدارة المشاكل.
Problem Oriented Language	لغة موجهة للمشاكل.
Problem prevention plan	خطة منع المشاكل.
Processability	القابلية للمعالجة.
Procedural	إجرائي.
Procedural Language	لغة إجرائية.
Procedural solutions definition	تحديد الحلول الإجرائية.
Procedure	إجراء، لائحة
Procedure Call	استدعاء الإجراء.
Procedure Execution	تنفيذ الإجراءات.
procedure-oriented language	لغة موجهة للإجراءات.

Procedures إجراءات.

Process يعالج، يعامل، عملية، طريقة، مُعالَجة.

Process Box صندوق المعالجة.

Process Control تحكم بالعمليات أو المُعالَجات.

Process virtual machine آلة/حاسوب افتراضي عملياتي: آلة تعمل كتطبيق عادي داخل نظام التشغيل المضيف لدعم عملية واحدة.

Processed مُعالَج.

Processing مُعالَجة.

Processing devices أجهزة المُعالَجة.

Processing Modes صيغ/أنماط المُعالَجة.

Processing Program برنامج مُعالَجة.

Processing Run تنفيذ المُعالَجة.

Processing Section قسم المُعالَجة.

Processing system نظام المُعالَجة.

Processor مُعالِج.

Processor clock speed سرعة المُعالِج: سلسلة من النبضات الإلكترونية المُنتَجة بمعدل محدد مسبقا والتي تؤثر على دورة زمن الحاسوب/الالة وغالبا ما تقاس بالميغاهيرتز أو الغيغا هيرتز أو بالنانو ثانية (جزء من مليار من الثانية) أو بالبايكو ثانية (جزء من تريليون من الثانية) أو بملايين التعليمات في الثانية الواحدة.

Product مُنتَج، نتاج.

Product reliability اعتمادية المُنتَج.

Product visibility قابلية المُنتَج للرؤية.

Production engineering هندسة الإنتاج.

Production Run تطبيق برنامج، تشغيل فعلي للحاسوب.

Production scheduling software برمجيات جدولة الإنتاج.

Production System نظام إنتاج.

Productive مُنتِج، وافر الإنتاج.

Productivity إنتاجية.

Products مُنتجَات.

Professional integrity السلامة/الاستقامة المهنية.

Professional privacy خصوصية مهنية.

Professional Services Automation أتمتة الخدمات المهنية.

Profile يعد تعريفا موجزا، تعريف موجز، بيانات شخصية.

Profiling إعداد التعريفات الموجزة.

Profit-driven IT project مشروع تقنية معلومات تقوده الربحية.

Programmable قابل للبرمجة.

Program يبرمج، برنامج. 1-البرنامج من الناحية الادارية هو مجموعة من المشاريع والنشاطات الاخرى ذات الصلة. 2- من الناحية التقنية البرنامج هو مجموعة من التعليمات التي تحدد وظائف المعدات الخاصة بالحاسوب ويشير المصطلح إلى الشيفرة الأصلية أو إلى شيفرة الآلة القابلة للتنفيذ.

Program Abend بتر البرنامج: توقف البرنامج أثناء التنفيذ بسبب حدوث خطأ من نوع لا يمكن معه استمرار التنفيذ.

Program activation تفعيل البرنامج.

Program Address Counter عدّاد عناوين البرامج: مرادف Instruction counter.

Program Cards بطاقات البرنامج: مجموعة البطاقات المثقبة التي تُمثّل تعليمات البرنامج.

Program Checkout فحص البرنامج: مراجعة وتدقيق البرنامج قبل تشغيله.

Program Coding كتابة شيفرة البرنامج، تدوين البرنامج.

Program Control Register مسجل ضبط البرنامج: مرادف Instruction counter.

Program Counter عدّاد البرنامج: مسجل في وحدة التحكم الخاصة بوحدة المعالجة المركزية يُستخدَم لمتابعة عنوان التعليمات الحالية أو التالية.

Program crash	انهيار/تعطل برنامج.
Program designability	قابلية البرنامج للتصميم.
Program Development Environment	بيئة تطوير البرنامج.
Program Disk	قرص البرامج: قرص تسجيل يخصص للبرامج فقط.
Program Evaluation and Review Technique	راجع PERT.
Program File	ملف البرنامج.
Program Flowchart	مخطط انسياب البرنامج: مخطط يصور تسلسل تعليمات البرنامج.
Program Generator	مولِّد البرامج: برنامج يسمح للحاسوب بكتابة برامج أخرى آلياً.
Program Logic	منطق البرنامج: المنطق الكامن وراء تصميم وبناء برنامج معين أو تسلل تعليمات البرنامج لحل مشكلة معينة.
Program Maintenance	صيانة البرنامج: تحديث برامج الحاسوب بتصحيح الأخطاء تعديل البرامج واضافة وظائف مستحدثة.
Program Module	وحدة برمجية: ملف يحوي تعليمات إما تكون على شكل شيفرة مصدر أو بلغة الآلة.
Program personalizeability	قابلية البرنامج للتخصيص/ لإضفاء الطابع الشخصي.
Program Specification	مواصفات البرنامج.
Program State	حالة البرنامج.
Program Structure	هيكلية/بنية البرنامج: برمجة حاسوبية تُنَظم فيها البيانات بطريقة معينة لتقليص الخطأ أو سوء التفسير.
Program virus	فيروس برامج.
Program's readability	قابلية قراءة البرنامج.
Programmability	قابلية البرمجة.
Programmable circuit	دائرة قابلة للبرمجة.
Programmable Logic Array	مصفوفة منطقية قابلة للبرمجة: نوع من الشرائح المنطقية القابلة للبرمجة تحتوي على مصفوفات من بوابات "و" و "أو" القابلة للبرمجة (لم تعد مستخدمة).
Programmable Logic Device	جهاز منطقي قابل للبرمجة: مجموعة متنوعة من الشرائح المنطقية القابلة للبرمجة في موقع العميل.
Programmable network	شبكة قابلة للبرمجة.
Programmable network infrastructure	بنية تحتية شبكية قابلة للبرمجة.
Programmable robot	روبوت قابل للبرمجة.
Programmable system	نظام قابل للبرمجة.
Programmed Function	وظيفة مبرمجة: عملية لأداء وظيفة معينة في شكل تعليمات برمجية لا بشكل مادي.
Programmed Instruction	تعليمة مبرمجة: تعليمة مكونة من تعليمات أساسية أخرى.
Programmed Logic	منطق مبرمج: دارات كهربائية تُبرمَج بنظام محدد لتأدية عمليات منطقية محددة.
Programmer	مبرمج. 1-الشخص الذي يكتب ويفحص برامج الحاسوب. 2-جهاز مُستخدَم لبرمجة شرائح ذاكرة القراءة.
Programmer Analyst	محلل برامج: الشخص الذي يحلل ويصمم أنظمة المعلومات ويصمم ويكتب برامج التطبيقات للنظام.
Programming	برمجة: عملية تصميم وتخطيط و كتابة برنامج حاسوبي.
Programming Language	لغة برمجة: لغة مستخدمة في كتابة التعليمات (حسب قواعد اللغة) التي يمكن ترجمتها إلى لغة الآلة عن طريق مترجم أو مفسر خاص بلغة البرمجة ومن ثم تنفيذها من قبل الحاسوب.
Programming Librarian	أمين مكتبة البرامج: نظام من أنظمة التشغيل يتولى حفظ مكتبة البرامج وخدمتها وتنظيمها.
Programming perspective	منظور البرمجة: يعد تحديد منظور البرمجة من عناصر وظيفة مدير تقنية المعلومات والاتصالات.

Propagated Error — خطأ منتشر: خطأ ينتج عنه عدة أخطاء.

Propagation Delay — تأخير الإنتشار: المدة اللازمة لانتقال الإشارة في دارة.

Property — ملكية، مُلك.

Proportional Spacing — تباعد تناسبي: طريقة في تحديد تباعد الحروف حيث تكون المسافة التي يشغلها كل حرف مناسبة لحجمه.

Propositional Function — وظيفة شَرطية.

Protect — يحمي، يذود عن.

Protectability — القابلية للحماية.

Protectable data — بيانات قابلة للحماية.

Protected file — ملف محمي .

Protected Format — صيغة/نمط محمي.

Protection — حماية.

Protocol — بروتوكول. مجموعة من القواعد والخوارزميات والسياسات وغيرها من الآليات التي تُمكّن البرمجيات والحواسيب المرتبطة بالشبكة من التحكم بالإتصال أو المراسلة أو نقل البيانات بين نقطتين.

Protocol Analyzer — محلل البروتوكولات.

Protocol Layer — طبقة البروتوكول.

Protocol Stack — كومة/كدس بروتوكولات: مجموعة البروتوكولات المستخدمة في شبكة اتصالات معينة.

Prototype — نموذج أولي.

Proven technology licenseability — قابلية الترخيص المُثبِتة لاختراع.

Provide — يقدم، يزود.

Provider — مزوّد، مُقدم.

Provider of technology consulting services — مُقدم خدمات استشارات تقنية.

Proximity sensors — مجسات القرب: أجهزة استشعار للتعرف الى الاجسام المحيطة دون لمسها.

Programming Shop — قسم البرمجة.

Programs functional specifications — مواصفات البرامج الوظيفية .

Project — يستشرف، يقذف، يسلط، خطة، مشروع. المشروع هو نشاط أو مبادرة مؤقتة لتحقيق مخرج غير متكرر باستهلاك أو استخدام المصادر لانجاز مجموعة من النشاطات.

Project control manager — مدير السيطرة/التحكم في المشروع.

Project Life Cycle — دورة حياة المشروع: مجموع الفترات الزمنية للمشروع من الاطلاق حتى الاغلاق.

Project Management — إدارة المشاريع. تطبيق المعرفة والأدوات والمهارات والاساليب على أنشطة المشروع لتحقيق أهداف المشروع.

Project management skills — مهارات إدارة المشاريع.

Project management software — برمجيات إدارة المشاريع.

Project Manager — مدير المشروع.

Project scheduling — جدولة المشروع.

Project scheduling software — برمجيات جدولة المشاريع.

Prolog — لغة برولوج: لغة برمجة مستخدمة في تطوير تطبيقات الذكاء الاصطناعي (ترجمة اللغة الطبيعية، أنظمة الخبراء، حل المشكلات، الخ) تم تطويرها في فرنسا عام 1973.

PROM (Programmable Read Only Memory) — ذاكرة القراءة فقط القابلة للبرمجة: شريحة ذاكرة دائمة يقوم العميل بتحديد المحتوى فيها بدلا من صانع الشريحة.

Promiscuous Mode — نمط النقل غير الموجّه: نمط تَقبَل العقدة فيه أي اتجاه بغض النظر عن وجهة البيانات.

Prompt — رسالة توجيه: رمز أو أكثر تُحدِّد متى يتوجب على المستخدم إدخال الأوامر.

Pronounceable password — كلمة مرور قابلة للنطق.

Proxy	الوكيل/الوسيط: وسيط بين الجهاز والشبكة الدولية يوفر خدمة طلب وعرض الصفحات الشبكية.
Proxy Server	خادم وكيل/وسيط: أحد مكونات الجدار الناري الذي يقوم بإدارة حركة المرور من الشبكة الدولية إلى الشبكة المحلية حيث يوفر خصائص مثل إخفاء الوثائق والتحكم بحركة المرور.
PS NEXT (Power-Sum Near-End Crosstalk)	مجموع قوة التشويش الكهرومغناطيسي للطرف القريب: هو المجموع الجبري لقوة التشويش الكهرومغناطيسي لأزواج الأسلاك الثلاثية وتأثيرها على الزوج الرابع في ناقل/كيبل رباعي الازواج.
PSDN (Public Switched Data Network)	شبكة البيانات العامة: شبكة عامة منفصلة عن خدمة المكالمات الصوتية تدعم بث البيانات ضمن مجموعات صغيرة وبسرعة عالية.
PSE (Packet Switching Exchange)	مُبدِّل الحزم: يقوم بفحص كل حزمة ويُحدِد المكان الذي ستُرسل إليه ليقربها إلى وجهتها النهائية.
Pseudo code	شبه الشيفرة: خوازمية حاسوبية شبيهة بشيفرة برنامج لكن دون التفاصيل الدقيقة التي لا تؤثر على فهم هذه الخوارزمية.
Pseudo-random password	كلمة مرور شبه عشوائية.
PSK	راجع Phase-Shift Keying.
PSN (Packet Switching Network)	شبكة تحويل الحزم.
PSNR (Peak Signal to Noise Ratio)	نسبة ذروة الاشارة الى التشويش: نسبة بين أقصى قوة ممكنة لإشارة والضجيج التشويشي الذي يؤثر على دقة الإشارة.
PSTN (Public Switched Telephone Network)	شبكة خدمة المكالمات الهاتفية الصوتية.
Psychology	علم النفس.
PTM (Packet Transfer Mode)	طريقة تحويل الحزمة: طريقة لنقل البيانات بواسطة بث الحزم ضمن مجموعات صغيرة تتيح التشارك الفعّال بين مصادر الشبكة.
PUB (Physical Unit Block)	سجل الوحدة المادية: سجل في برامج التحكم في المدخلات والمخرجات يحتوي الإسم الرمزي لوحدة أو جهاز مذكور في برنامج جاري تنفيذه والإسم الفعلي لهذه الوحدة أو الجهاز بلغة الآلة.
Public	عام، عمومي، جمهور.
Public Access	إذن وصول عام.
Public Domain	اسم مجال عام.
Public Domain Software	برمجيات المجال العمومي.
Public File	ملف عام.
Public Folder	مجلد عام.
Public information	معلومات عامة.
Public Rights	حقوق العامة.
Public sector initiatives	مبادرات القطاع العام.
Publication	نشر، إعلام، إذاعة.
Publication date	بيانات نشر.
Publisher	ناشر.
Publishing	نشر.
PUC (public utility commission)	لجنة الاستخدام العام.
Pull	سحب: عملية استرجاع البيانات من شبكة معينة.
Punch Area	منطقة التثقيب.
Punched Card	بطاقة مثقوبة.
Punched Card Interpreter	مفسّر البطاقة المثقوبة.
Punched Card Machine	آلة ثقب البطاقات.
Purchase and License agreement of Custom Software Program	شراء واتفاق ترخيص لبرنامج حاسوبي مُخصَص.
Purge	التطهير: إزالة البيانات غير المرغوب بها من السجل أو الملف.
Purpose-built computers	حواسيب مبنية لغرض خاص.

Push	دفع: 1-إضافة عنصر جديد إلى شبكة. 2-إرسال بيانات أو برنامج من خادم إلى عميل.
PVC (Permanent Virtual Circuit)	دارة افتراضية دائمة: دارة ظاهرية يتم تأسيسها لمدة محدَّدة باتفاق بين المشتركين وشبكة الإتصالات.
Python	الثعبان هو لغة برمجة عالية المستوى للأغراض العامة تركز على قابلية قراءة التعليمات البرمجية.

Q

Q.931	كيو.931: هو بروتوكول لإرسال الإشارات عبر الشبكة الرقمية للخدمات المتكاملة يُستخدَم في خدمة الإتصال الهاتفي عبر بروتوكول الشبكة الدولية.
QA	راجع Quality Assurance.
QAM (Quadrature Amplitude Modulation)	تضمين الإتساع الرباعي: عملية تضمين البيانات على موجتين متعامدتين عن طريق تغيير سعة الموجتين.
QBasic	كويك بيسك: هو مفسر للغة البرمجة بيسك يعمل ضمن بيئة نظام تشغيل القرص (دوس).
QBE (Query By Example)	الاستعلام حسب المثال: برمجية مستخدمة للبحث عن معلومات ذات تنسيقات ونطاقات قيم محددة في قواعد البيانات بجمل شبيهة باللغة الإنجليزية.
QDT (Quiet Drive Technology)	تقنية التشغيل الهادئ : تقنية من تطوير شركة ماكستورلتخفيف الإزعاج الناتج عن عمل أجهزتها.
QIC (Quarter Inch Cartridge)	شريط ممغنط بقياس ربع بوصة: وسيلة تخزين طورتها شركة M3 عام 1972.
QMAC (Quad Media Access Controller)	متحكم رباعي بالوصول إلى الوسائط: أداة تحكم مستخدمة في الموجّهات والمحوّلات التي تدعم الشبكات الحلقية.
QoS (Quality of Service)	جودة الخدمة: مجموعة من التقنيات لإدارة حركة المرور الشبكية لتعزيز رضا المُستخدِم تسمح بقياس عرض النطاق الترددي والكشف عن الظروف المتغيرة للشبكة وتحديد أولويات المرور بإعطاء بعض الحزم أفضلية على غيرها بناءا على عدة عوامل مثل نوع البروتوكول المُستخدَم.
QPSK (Quadrature Phase Shift Keying)	ادخال ازاحة الفترة الرباعية.
Qualified security assessor	مُقيم أمن مُعتمد.
Qualitative information	معلومات نوعية.
Qualities	خصائص.
Quality	خاصية، جودة: الجودة هي مجموعة من المعايير للتحكم باداء منتج أو خدمة أو نظام أو شبكة.
Quality Assurance	ضمان الجودة: نظام من الإجراءات لضمان أن المنتج أو الخدمة أو أو النظام أوالشبكة تتقيد بمعايير الجودة المعمول بها.
Quality control manager	مدير التحكم في الجودة.
Quality of SW	جودة البرمجيات: أستخدام مجموعة من العوامل والقياسات الكمية والنوعية للحصول على أفضل مخرجات للبرمجية.
Quantitative information	معلومات كمية.
Query	استعلام: إستفسار يقوم من خلاله نظام ادارة قواعد البيانات باسترجاع جزء من البيانات المخزنة في جداول القاعدة بناء على شرط أو دون شروط.
Query Language	لغة الاستعلام.
Question Mark	علامة السؤال (؟).
Queue	طابور/قائمة انتظار: سلسلة من البيانات أو البرامج المحملة للذاكرة الرئيسية والتي تنتظر المعالجة من قبل وحدة المعالجة المركزية.
Quicksort	ترتيب سريع: خوارزمية ترتيب فائقة السرعة تعتمد على إختيار إحدى قيم القائمة (والذي يُسمى المحور) وتوزيع القيم الأخرى إلى قائمتين إحداهما تحتوي على

القيم التي تكون أكبر من المحور والأخرى
على القيم التي تكون أقل منه ومن ثم
ترتيب القائمتين بنفس الطريقة ودمجهما.

Quinary
خماسي: نظام عد مستوحى من أصابع
يد الإنسان يستخدم الارقام من صفر الى
تسعة لترميز الاعداد.

QWERTY Keyboard
لوحة المفاتيح: لوحة المفاتيح الاكثر
انتشارا واستخداما في العالم والتي يبدأ
السطر الأول فيها من اليسار بالحروف
التالية (QWERTY).

R

R/W (Read /Write)	اقرأ /اكتب: إختصار يوضع على قارء الأقراص المدمجة ليبين للمستخدم أنه يستطيع الكتابة على القرص المدمج والقراءة منه.
R/W Memory (Read/Write Memory)	ذاكرة قراءة وكتابة: ذاكرة تسمح للبرامج بقراءة و/أو كتابة البيانات في أي موضع من الذاكرة.
Racism	عنصرية.
Racist	عنصري.
Rack server	خادم رف: أحد مكونات مراكز البيانات وهي خزائن قادرة على احتواء حاسوب متكامل لاستخدامه كخادم.
Radio	لاسلكي، إشعاعي، راديوي.
Radio controlled vehicle	مركبة يُتحكَّم بها بواسطة موجات الراديو.
Radio frequency identification (RFID)	تحديد الترددات الراديوية: استخدم المجالات الكهرومغناطيسية للترددات الراديوية في بيئة لاسلكية لنقل البيانات من علامة تُضاف الى كيان ما لأغراض التعرف والتتبع الآليين دون الحاجة للمس الكيان.
Radio receiver	مستقبل راديو.
Radiologic technologist	تقني أشعة: هو طبيب يقوم بإعطاء مريض الورم جرعات من الأشعة لمواجهة الخلايا السرطانية.
RADIUS (Remote Authentication Dial In User Service)	خدمة التحقق عن بعد من طلب المستخدم الهاتفي: هو نظام للحسابات والتوثيق تعتمده كثير من شركات تقديم خدمة الشبكة الدولية للتحقق من هوية المستخدم فعند الإتصال بالشبكة الدولية وادخال اسم المستخدم وكلمة المروريتحقق مزود الخدمة من سلامة المعلومات ومن ثم يصادق عليها لتبدأ خدمة الإتصال بالشبكة الدولية.
Radix	أساس: الأساس أو القاعدة المستخدم في نظام العد مثل الأعداد الثنائية قاعدتها 2 والعشرية قاعدتها 10 الخ.
Radix Complement	مُتمِّم/مُكمِّل الأساس: متمم الأساس هو ناتج طرح كل رقم من أرقام العدد المعين من رقم الأساس ناقصا واحد ثم إضافة واحد إلى المجموع.
Radix Point	نقطة الأساس، علامة الأساس، الفاصلة في نظام العد: الفاصلة بين العدد الصحيح والكسر تُسمى في النظام العشري العلامة/ الفاصلة العشرية وفي النظام الثنائي العلامة الثنائية وهكذا.
Radix Representation	تمثيل الأساس: الصيغة الرياضية البحتة لتمثيل عدد معين باستعمال أساس النظام العددي المعين كعامل يُضرب فيه أرقام العدد.
Radix-Minus-One Complement	مُتمِّم/مُكمِّل الأساس ناقص واحد: متمم رقم ثنائي ناقص واحد.
RADSL (Rate Adaptive Digital Subscriber Line)	خط المشترك الرقمي ذو المُعدَّل المُتكيف: هو شكل من اشكال خط المشترك الرقمي غير المتناظر يتمتع بسرعة تحميل ثابتة وسرعة رفع غير ثابتة يتحكم فيها طول وجودة الأسلاك الموصلة للمودم من شبكة خدمة الإتصالات.
RAID (Redundant Array of Inexpensive Disks)	مصفوفة أقراص رخيصة فائضة عن الحاجة: هي طريقة مستخدمة في تخزين البيانات في أماكن متعددة على أقراص صلبة مختلفة عن طريق عمليات إدخال وإخراج متوازنة ومتفقة مع بعضها لتحسين الأداء.

RAID 1 — مصفوفة أقراص رخيصة فائضة عن الحاجة -1: المستوى الأول من مستويات مصفوفة الأقراص الرخيصة الفائضة عن الحاجة حيث يتم تخزين البيانات في قرصين صلبين (تكرار بنسبة كاملة) وعند فشل أحد القرصين يمكن الوصول إلى البيانات على الفور عن طريق القرص الآخر دون أدنى تأثير على مستوى الآداء أو سلامة البيانات.

RAID 2 — مصفوفة أقراص رخيصة فائضة عن الحاجة -2:المستوى الثاني من مستويات مصفوفة الأقراص الرخيصة الفائضة عن الحاجة وهو قرص التخزين المتطابق حيث تُستخدَم أقراص إضافية مع بتات بيانات شريطية عبر أقراص البيانات.

RAID 3 — مصفوفة أقراص رخيصة فائضة عن الحاجة -3: المستوى الثالث من مستويات مصفوفة الأقراص الرخيصة الفائضة عن الحاجة حيث يٌستخدَم قرص مكرر مفرد (يُسمى قرص التماثل) لكل مجموعة من محركات الأقراص.

RAID 4 — مصفوفة أقراص رخيصة فائضة عن الحاجة -4: المستوى الرابع من مستويات مصفوفة الأقراص الرخيصة الفائضة عن الحاجة حيث يتم تقسيم البيانات إلى أشرطة عبر محركات القرص الثابت.

RAID 5 — مصفوفة أقراص رخيصة فائضة عن الحاجة -5: المستوى الخامس من مستويات مصفوفة الأقراص الرخيصة الفائضة عن الحاجة حيث يتم تقسيم بيانات التماثل إلى أشرطة عبر جميع محركات الأقراص.

RAID 6 — مصفوفة أقراص رخيصة فائضة عن الحاجة -6: المستوى السادس من مستويات مصفوفة الأقراص الرخيصة الفائضة عن الحاجة حيث يعمل بنفس ألية المستوى الاول ولكن يُنشئ نسخ مكرره للبيانات على أقراص اخرى.

RAID 7 — مصفوفة أقراص رخيصة فائضة عن الحاجة -7: المستوى السابع من مستويات مصفوفة الأقراص الرخيصة الفائضة عن الحاجة حيث يضمن العمل باسلوب الوقت الحقيقي ويعمل على تضمين نظام التشغيل كمتحكم يتم إخفاؤه عبر ناقل عالي السرعة.

RAIT (Redundant Array of Inexpensive Tape) — مصفوفة أشرطة رخيصة فائضة عن الحاجة: وهي طريقة يتم من خلالها توزيع البيانات على عدة محركات للأشرطة.

RAM Chip (Random Access Memory Chip) — رقاقة ذاكرة الوصول العشوائي.

RAND (Random Number) — عدد عشوائي.

Random — عشوائي، جزافي.

Random Access — وصول عشوائي/مباشر: عملية يتم الوصول من خلالها إلى البيانات بترتيب غير تسلسلي وعلى فترات غير منتظمة من الوقت.

Random Access Memory — ذاكرة الوصول العشوائي: أحدى مكونات الذاكرة الرئيسة تتسم بأنها مؤقتة ومتطايرة أي لا تُستخدم للتخزين الدائم.

Random Number — رقم عشوائي.

Random Number Generator — مولد الأعداد العشوائية/ برنامج توليد الأعداد العشوائية.

Random password — كلمة مرور عشوائية.

Rate يسعر، يقدر، معدل، نسبة.

Rational Rose Tool أداة رشونال روز:هي جزء من مجموعة ادوات رشونال وظيفتها تحويل معطيات ومتطلبات النظام إلى نماذج تساعد المحلل والمصمم على معرفة شكل النظام وهيكليته وكيفية تنفيذ المهام المطلوبة منه.

Rational Software برمجية رشونال: هو مجموعة متكاملة من الأدوات طورتها شركة راشونال كوربورايشن (التي استحوذت عليها شركة أي بي ام في عام 2003) لدعم أفراد فريق تطوير الانظمة وهندسة البرمجيات في جميع مراحل تطوير النظام/البرمجية من حيث التحليل والتصميم والبرمجة والتعديل.

Raw Data بيانات أولية: بيانات لم يجر تحريرها أو معالجتها.

Raw File ملف أولي: ملف يحتوي على بيانات أولية.

RBL (Realtime Blackhole List) قائمة الحجب في الزمن الحقيقي: قائمة لعناوين بروتوكول الشبكة الدولية لمرسلي البريد الإلكتروني المزعج.

RC 2 (Ron's Code 2) رمز رون 2: طريقة لتشفير البيانات وضعها رون رايفست عام 1987 تَستخدِم مجموعة أرقام ثنائية ثابتة الحجم في كل عملية تشفير.

RC 4 (Ron's Code 4) رمز رون 4: طريقة لتشفير البيانات على شكل سلسلة أرقام ثنائية بحيث يتم تشفير رقم ثنائي واحد كل مرة.

RC 5 (Ron's Code 5) رمز رون 5: طريقة لتشفير البيانات تُعتبر أكثر أماناً من طريقة رمز رون 4 وأقل سرعة حيث تعتمد حجم كتلة متغير (32أو 64 أو 128 بت) و حجم مفتاح متغير (من صفر الى 2040 بت) وعدد دورات متغير.

Randomize يجعل الشيء عشوائيا.

Randomizing جعل الشيء عشوائيا.

Randomizing equipment معدة التعامل العشوائي: معدة تستخدم لابتكار كلمات المرور على نحو يجعل من الصعب تخمينها.

Randomly عشوائيا، جزافا.

Randomness عشوائية: احدى سمات كلمة المرور القوية أن تكون عشوائية في إعدادها وطويلة بحيث يصعب تخمينها وتستعصي على الاختراق.

Range مدى، نطاق، حد: القيم القصوى والدنيا التي يمكن تخزينها في متغير أو الحدود العليا والدنيا لمصفوفة.

Rank يرتب، يصنف، ينظم وفقا للرتب، رتبة، منزلة، درجة، ترتيب، تصنيف، عدد الأبعاد في مصفوفة: عملية ترتيب مجموعة من العناصر تصاعدياً أو تنازلياً.

Ranked ترتيب، ، معطى رتبة، مرتبا

Ranking تحديد مرتبة، إعطاء رتبة، مُرتبا حسب.

Rankings ترتيبات، تصنيفات.

RAP (Route Access Protocol) بروتوكول الوصول الى المسار.

RAR رار: هو امتداد يرمز لملف مضغوط بإستخدام برنامج رار.

RAS (Remote Access Server) خادم الوصول عن بعد: خادم اوحاسوب ضمن شبكة يوفر وصولاً للمستخدمين عبر الشبكة الدولية أو الإتصال الهاتفي.

Raster النقطية، نمط خطوط المسح: هو نمط مسحي للخطوط المتوازية التي تشكل طريقة عرض الصورة على شاشة الحاسوب.

Raster Graphic رسومات بيانية مسحية: رسوم خرائط البتات.

Raster Lines خوط المسح: الخطوط التي تُعرض على شاشة الحاسوب أو التلفاز.

Read Into يقرأ بين السطور.

Read Only Memory ذاكرة القراءة فقط: أحدى مكونات الذاكرة الرئيسية تتسم بأنها غير متطايرة تتيح تخزين دائم للبيانات والتعليمات التي لا تتغير أبدا.

Read Operation عملية القراءة.

Read Pulse نبضة القراءة: إشارة بدء القراءة.

Readability قابلية القراءة.

Readable قابل للقراءة.

Readable / Addressable Cursor مؤشر قابل للقراءة والعنونة.

Reader قارئ.

Readiness استعداد.

Reading قراءة.

Reading (of data) قراءة البيانات.

Reading Brush فرشاة القراءة.

Reading Mechanism آلية القراءة.

Reading Unit وحدة القراءة.

Readme ملف إقرَأني: ملف مصاحب للبرامج والأجهزة يشمل معلومات غير متوفرة في الوثائق الورقية يستفيد منها أو يحتاجها المستخدم لتشغيل البرنامج او الجهاز.

Ready مستعد.

Real واقعي، أصلي، حقيقي.

Real Data بيانات حقيقية.

Real Number عدد حقيقي: عدد يتكون من عدد صحيح وفاصلة عشرية وكسر.

Real Root جذر حقيقي.

Real Storage تخزين حقيقي: يشير الى ذاكرة مادية في نظام ذاكرة فعلي أو تخزين حقيقي ملحق بوحدة المعالجة المركزية.

Real Time زمن حقيقي/فعلي:
1-الوقت الفعلي لحدوث النشاط وتحصيل نتيجته ورجوع أثره.
2-خاصية معالجة البيانات المدخلة الى الحاسوب والحصول على النتيجة فورا.

Real world عالم فعلي/حقيقي.

RC 6 (Ron's Code 6) رمز رون 6: طريقة لتشفير البيانات تعتمد استخدام مفتاح تشفير غير متماثل مستمد من رمز رون 5.

RCS (Revision Control System) نظام التحكم بالمراجعة: تطبيق برمجي يقوم بالتحكم آليا بالتخزين والإسترجاع والتوثيق ودمج المراجعات.

RDF (Resource Description Framework) إطار وصف المصادر: مجموعة تنتمي إلى مواصفات مجمَّع الشبكة العنكبوتية العالمية.

RDNS (Reverse DNS Lookup) بحث عكسي عن نظام اسم المجال: عملية تحديد اسم المضيف أو المضيف المصاحب لعنوان بروتوكول معين أو عنوان مضيف.

RDP (Remote Desktop Protocol) بروتوكول سطح المكتب اعن بعد: بروتوكول يتحكم بالمدخلات/المخرجات بين عميل ويندوز طرفي وخادم ويندوز طرفي.

RDRAM (Rambus Dynamic Random Access Memory) ذاكرة الوصول العشوائية الديناميكية من شركة رامبس.

RDS (Radio Data System) نظام البيانات الراديوية.

Reactance مفاعلة: إعاقة تدفق التيار المتناوب من خلال المواسعة والحث في دائرة بديلاً عن المقاومة.

Read يقرأ، يطالع.

Read / Write Head رأس القراءة/الكتابة.

Read / Write Head Assembly مُجمّع رؤوس القراءة/الكتابة.

Read / Write Indicator مؤشر القراءة/الكتابة.

Read / Write Memory ذاكرة القراءة/الكتابة.

Read and Print Program برنامج القراءة والطباعة: برنامج يقرأ البيانات الموجودة على جزء من جهاز الحاسوب ويكتبها على جزء آخر.

Read Coil ملف القراءة في أجهزة التسجيل المغنطة.

Read Feed Unit وحدة تغذية القراءة.

Read Instruction تعليمة القراءة: تعليمة في برنامج تعطي إيعازاً بالقراءة.

Reality	واقع، حقيقة.
Reality hacking	اقتحام الواقعية: تعبير يُطلَق على قيام الناشطين المعلوماتيين الذين يرون أن البشر أصبحو غير مكترثين بالتعامل مع الكوارث البشرية لكثرة اخبارها باستخدام التقنيات اليومية للفت انتباه البشر للكوارث.
Real player	مشغل ريل بلير: برنامج لتشغيل الملفات الصوتية والفيديوية.
Real-Time Data	بيانات فورية: المعلومات التي تنتج مباشرة بعد التجميع.
Real-Time Input	مدخلات فورية: البيانات المدخلة الى نظام أثناء زمن الإنتاج من قبل نظام آخر.
Real-time operating system	نظام تشغيل فوري، نظام تشغيل الزمن الحقيقي: نظام تشغيل يعمل ضمن الزمن الحقيقي.
Real-Time Processing	معالجة فورية: معالجة البيانات المُدخلة بسرعة تكفي لضمان أن التعليمات التي يولّدها الحاسوب ستؤثر على عملية المراقبة في الوقت الحقيقي.
Real-Time Program	برنامج فوري/الزمن الحقيقي: برنامج يستلزم المعالجة التقديمية.
Real-time sensing devices	أجهزة استشعار فورية.
Real-time simulation	محاكاة فورية.
Receive	يستقبل.
Receiver	مستقبل.
Recognition	التمييز/ التَعرّف: طريقة للتعرّف على المعلومات المدخلة إلى الحاسوب بواسطة الرموز البصرية أو المغناطيسية.
Recognizeability	قابلية التَعرّف.
Recognize	يتعرّف.
Recognizer	مُتعرّف على.
Recommend	يوصي.
Recommendation	توصية.
Recommended	موصى به.
Reconfiguration	إعادة التهيئة.
Record	يسجل، يثبت، سجل، تثبيت: السجل هو مجموعة من البيانات المرتبطة التي تعامل كوحدة واحدة.
Record Array	مصفوفة السجلات: مجموعة بنود متجاورة تربط بينها صلة ما ويمكن تمييز كل بند منها إما بموقعه النسبي في المجموعة أو بتسمية علامة خاصة. مرادف Table.
Record Format	صيغة السجل: كيفية ترتيب الحقول في السجل.
Record Head	رأس السجل: أداة تكتب إشارات على الشريط.
Record keeping behavior	سلوك الاحتفاظ بالسجلات.
Record keeping behavior Analyst	محلل سلوك الاحتفاظ بالسجلات.
Record Key	مفتاح السجل: الرمز الذي يلحق بالسجل لتمييزه وتسهيل الإشارة إليه عند البحث عنه بين عدد من السجلات.
Record Layout	شكل السجل: نموذج يُظهِر وضع الحقول ضمن سجل معين ويوفر معلومات عن كل حقل.
Record Length	طول السجل: عدد الرموز الكلي للمعلومات في سجل معين.
Record Locking	إقفال السجل: تقنية إدارة البيانات في بيئة متعددة المستخدمين حيث أن المستخدم الذي يصل أولا للسجل يحجب المستخدمين الآخرين عن إستخدامه.
Record management policy	سياسة إدارة السجلات.
Record management solutions	حلول إدارة السجلات.
Record Number	رقم السجل: الرقم التسلسلي المخصص لكل سجل مادي في ملف معين.
Record Size	حجم السجل.
Recorder	مُسجِّل.

Recording Density	كثافة التسجيل.
Record-keeping categories	أصناف الاحتفاظ بالسجلات.
Record-keeping categories analysis	تحليل أصناف الاحتفاظ بالسجلات.
Records	سجلات.
Records management	إدارة السجلات.
Records management program	برنامج إدارة السجلات.
Records retention	الاحتفاظ بالسجلات.
Records retention schedules	جداول الاحتفاظ بالسجلات.
Records storage	مخزن سجلات.
Recover	يستعيد، يسترد، يصلح، يعود إلى وضع سوي.
Recoverability	الاستعادة/ الإصلاح: مقدرة المستخدم على تصحيح الخطأ الذي يقع به بعد إكتشافه.
Recoverability	القابلية للاستعادة/ للإصلاح: إمكانية استعادة احد مكونات النظام لحالته التشغيلية بعد تعرضه للإخفاق.
Recoverable database	قاعدة بيانات قابلة للاستعادة/ للإصلاح: إمكانية استعادة/ إصلاح قاعدة البيانات بعد إصابتها بخلل أو عند فقدانها.
Recoverable password	كلمة مرور قابلة للاستعادة.
Recovered	مُستعَاد.
Recovered file	ملف مُستعَاد.
Recoverer	مُستعيد، مُصلح.
Recovery	الإسترجاع، الإسترداد، التعافي، الاصلاح، العودة إلى وضع سوي: إستعادة البيانات المفقودة بعد فشل في النظام أو إعادة نظام الحاسوب للحالة التي كان عليها قبل حدوث الخلل.
Recovery software	برمجيات الاستعادة/الإصلاح.
Recovery Time	زمن الاستعادة/الإصلاح: أقصى فترة زمنية يمكن أن يبقى فيها الحاسوب أو الشبكة أو النظام أو التطبيق معطلا بعد حدوث خلل أو كارثة.
Recruitment	توظيف، استقطاب، تجنيد.
Recursion	تكرار مستمر لحدوث العملية.
Recursive Function	دالة متكررة: وظيفة يمكن تفعيلها عبر مجموعة من العمليات أو الحسابات أو اللوغاريتمات.
Recycled files	ملف مُعَاد استخدامه.
Recycling	إعادة تدوير.
Redirect	إعادة توجيه: عملية توجيه القراءة أو الكتابة إلى ملف أو جهاز أخر غير المصدر أو المُستهدف.
REDUCE	لغة رديوس: لغة برمجية راقية تُستخدَم في تشغيل الصيغ الرياضية.
Reducible environmental impact	أثر بيئي قابل للتقليص.
Reduction	خفض.
Redundancy	تكرار، زيادة: 1-جزء فائض من البيانات يمكن حذفه دون تغير في معنى البيانات المنقولة. 2-تكرار حدوث عنصر بيانات أو إقرار برمجي أكثر من مرة.
Redundancy Check	فحص الزيادة/الفائض: طريقة لفحص أخطاء الحاسوب بإستخدام أرقام فائضة أو بيانات إضافية.
Redundant Bit	رقم ثنائي فائض/زائد: رقم ثنائي لا يحمل معلومات ولكنه يُضاف إلى رمز أو مجموعة الرموز التي تحمل المعلومات لتحديد دقتها.
Redundant Element	عنصر فائض/مكرر.
Re-engineering	إعادة الهندسة.
Reference	مرجع، إشارة: 1-نوع من البيانات يشير إلى كائن في مكان آخر من الذاكرة ويُستخدَم لتكوين مجموعة متنوعة واسعة من هياكل البيانات. 2-يشير، يرجع إلى: الوصول إلى متغير على شكل عنصر في مصفوفة أو مجال في سجل.

عملية إعادة طباعة النص باستخدام لوحة المفاتيح.

Relation علاقة ارتباطية.

Relational Algebra علم الجبر الارتباطي: هو علم يستخدم المعادلات العلائقية ومجموعة من الرموز لتمثيل كيفية إسترجاع البيانات والإستعلام عنها من قاعدة بيانات قبل تنفيذها كأوامر بشكل عملي.

Relational Database قاعدة بيانات ارتباطية/علائقية: قاعدة بيانات تحتفظ بمجموعة من الجداول المستقلة المرتبطة ببعضها البعض توفر اليات للإستفسار وطباعة التقارير عند الحاجة.

Relational Model نموذج ارتباطي: صورة منطقية للبيانات منظمة حسب الشكل الطبيعي الثالث لنظام قاعدة البيانات.

Relative Addressing عنونة نسبية: هو إضافة عنوان إلى عنوان أساسي للحصول على عنوان آخر مطلوب التوجّه إليه.

Release management إدارة الإصدار: أحدى عمليات هندسة البرمجيات وإدارة خدمات تقنية المعلومات في مكتبة البنية التحتية لتقنية المعلومات تهدف الى الإشراف على تطوير وفحص ونشر ودعم إصدارات البرمجيات المختلفة.

Reliability الاعتمادية: قدرة النظام أو احد مكوناته على أداء الوظائف في الظروف الاعتيادية ولفترة محددة من ا لزمن في بيئة معادية أوغيرمتوقعة.

Reliable موثوق/ مُعتمَد.

Reliable يمكن الاعتماد عليه.

Reliable host مُضيف ذو اعتمادية.

Refresh تحديث، تجديد، إنعاش:
1-خاصية من خصائص برامج تصفح الشبكة الدولية تُستخدَم لإعادة تحميل الصفحة المفتوحة في حال لم تُعرض الصفحة بطريقة سليمة أو لم تُعرض بعض مكوناتها بسبب خلل في نقل البيانات من المزود إلى العميل.
2-يُنعش، يُنشِّط: تمرير الطاقة على فترات منتظمة عبر الذاكرة أو شاشة العرض لتقوية الإشارة باستمرار.

Refresh Rate معدّل التحديث/التجديد/التنشيط: عدد مرات تنشيط الشاشة من أجل الإحتفاظ بصورة ثابتة.

Regeneration استعادة، تجديد، إنعاش: الجزء الراجع من الإشارة عند استعادة المواد المخزَّنة.

Regex (Regular Expression) تعبير اعتيادي: مجموعة من الرموز المستخدمة للبحث عن نص أو للبحث والاستبدال.

Register مُسجِل: مناطق تخزين عالية السرعة تستخدم لتحميل وحدات صغيرة من تعليمات البرامج والبيانات.

Register to Storage Operation عملية التنقل من المُسجِل إلى وسط التخزين: عملية يجري فيها نقل البيانات من المُسجِل في وحدة المعالجة المركزية إلى وسط التخزين.

Registry سجل: قاعدة بيانات هيكلية مركزية تُستخدَم لتخزين المعلومات اللازمة لتصميم نظام لأكثر من مُستخدِم أو تطبيق أو جهاز.

Reinforcement learning تَعلُّم تعزيزي: مصطلح يشير الى جعل الآلة أكثر كفاءة في التعامل مع محيطها.

Rekeying Operation عملية إعادة تثقيب البطاقات،

Remote Access	وصول عن بعد: إتصال وحدات الإتصال البعيدة بالحاسوب الرئيس عبر خطوط الإتصالات السلكية او اللاسلكية.
Remote Access Server	خادم الوصول عن بعد.
Remote Administration	إدارة عن بعد.
Remote armament	تسليح عن بعد.
Remote armament solutions	حلول للتسليح عن بعد.
Remote back up	نسخ احتياطي عن بعد.
Remote command	أمر عن بعد.
Remote control	تحكم عن بعد.
Remote control technology	تقنية التحكم عن بعد.
Remote Network Monitoring	مراقبة الشبكة عن بعد.
Remote Procedure Call	طلب إجراءات عن بعد: واجهة برمجة تسمح لبرنامج بإستخدام خدمات برنامج آخر موجود على حاسوب بعيد حيث يرسل البرنامج الأول رسالة وبيانات إلى البرنامج الثاني الذي يتم تنفيذه فيتم إرسال النتائج إلى البرنامج الأول.
Remote robot operation	عملية تشغيلية روبوتية عن بعد.
Remote server administration	ادارة الخادم عن بعد.
Remote System	نظام التحكم عن بعد.
Remote Terminal	وحدة طرفية بعيدة: وحدة طرفية موجودة في مكان بعيدعن وحدة المعالجة المركزية لنظام ولكن ملائم لمستخدم النظام.
Remote User	مستخدِم عن بعد.
Remote Users	مستخدمون عن بعد.
Removable discontinuity	توقف قابل للإزالة.
Removal	إزالة .
Rename	إعادة التسمية.
Render	يعالج: عملية تحويل صورة أو ملف إلى شكل آخر وإجراء تعديلات رسومية كتعديل الألوان والظل للصورة.
Renewable energy technology	تقنية طاقة متجددة.
Repeat website visitor	زائر متكرر للموقع الشبكي.
Repeatable field	خانة مكررة: خانة في قاعدة بيانات قابلة للتكرار.
Repetition	تكرار.
Repetition Control Structure	بنية التحكم التكراري.
Replay Attack	هجوم مُعاد: اختراق المعلومات المخزنة بصورة غير مسموح بها وإعادة إرسالها لخداع المستقبِل في عمليات غير مسموح بها.
Replication	تكرار: إستخدام وحدات متشابهة ضمن أجهزة الحاسوب بما يسمح باستبدال بعضها ببعض في حال عطل إحداها.
Reply	يرد، يجيب.
Report	يرفع تقرير، يبلغ، تقرير، محضر. التقرير هو عرض تحليل مطبوع بلغة يفهمها المُستخدِم.
Report Generator	برنامج إنتاج التقارير: برنامج يترجم البيانات المخزنة بلغة الآلة إلى اللغة البشرية ويضعها في على شكل تقارير مختلفة.
Repository	مستودع، مخزن.
Representation	تمثيل، ترميز: وضع رمز أو مِثْل للشيء.
Representative Construction	تركيب نموذجي أو تمثيلي.
Representative Structure	هيكل نموذجي، بنية نموذجية، بنية تمثيلية.
Reprocessability	قابليةإعادة المعالجة.
Reprocessable	قابل لإعادة المعالجة.
Reprocess	يعيد المعالجة ، اعادة المعالجة.
Request	يطلب، طلب.
Request for expression of interest	طلب الاعلان عن الاهتمام: يُستخدَم الطلب لاستقطاب العروض بحسب المواصفات والشروط العامة المعلنة.
Requested Permission	إذن مطلوب.
Requirement	مُتطلَب.

Resize تغيير/تعديل الحجم.

Resolution درجة وضوح الصورة: عدد الأرقام الثنائية المستخدمة لتسجيل قيمة معينة على شكل إشارة رقمية.

Resolve يحل.

Resolved failure عُطل تم حله.

Resolving حل.

Resolving failures حل الأعطال.

Resonant frequency تردد رنين.

Resource مصدر، مورد، مرجع.

Resource Allocation تخصيص الموارد/المصادر: تحديد أفضل الإستخدام للموارد.

Resource Data بيانات الموارد/المصادر.

Resource File ملف الموارد/المصادر.

Resource ID بطاقة تعريف الموارد/المصادر.

Resource identification معاينة الموارد/المصادر.

Resource Sharing مشاركة/ اقتسام الموارد/ المصادر: مشاركة عدد من المستخدمين أو النهايات الطرفية في وحدة المعالجة المركزية.

Resource Type نوع المورد/المصدر.

Resource-efficient solutions حلول كفوءة من حيث استهلاك/استخدام المصادر.

Resources الموارد، المصادر.

Resources management إدارة الموارد/المصادر: ادارة الاستخدام الكفوء والفعَّال لمصادر المنظمة البشرية والمالية والمعلوماتية.

Response استجابة.

Response Time زمن الإستجابة: الفرق الزمني بين طلب المساعدة والإستجابة له حيث يزداد زمن الإستجابة كلما ازداد عدد مستخدمي النظام.

Response to incident الاستجابة للحدث: مواجهة الخلل الذي يصيب تقنيات المعلومات.

Responsible internet citizenship مواطنة شبكية مسؤولة: تعبير يطلق على الاستخدام الأخلاقي للشبكة من قبل مواطن الشبكة.

Requisite-Pro Tool أداة ركويزت برو: هي جزء من مجموعة ادوات رشونال هدفها إدارة المتطلبات والمعطيات المتعلقة بنظام المعلومات.

Reread Operation عملية إعادة القراءة.

Rescue robot روبوت إنقاذ.

Research يبحث، يفتش، يقوم ببحث علمي.

Resend إعادة الإرسال.

Reserved Accumulator مُجمِّع احتياطي: مسجل تخزين مساعد مرتبط بالمجمع الرئيس في وحدة المعالجة المركزية.

Reserved Character رمز محجوز: رمز غير أبجدي أو رقمي مثل @، #، $، %، &، *.

Reserved Date تاريخ محجوز.

Reserved Memory ذاكرة محجوزة.

Reserved Word كلمة محجوزة: كلمة تستخدم فقط للغرض المحدد في لغة البرمجة المعنية.

Reset Button زر اعادة الضبط: مفتاح يُستعمل لإرجاع الالة او النظام للحالة الابتدائية للتعافي من الخطأ.

Resident مُقيم في الذاكرة.

Resident Area حيز البرنامج المُقيم: الحيز المخصص للبرنامج المُقيم في الذاكرة الرئيسة.

Resident Button زر الإقامة.

Resident Program برنامج مُقيم: برنامج يَشغل منطقة مخصصة في ذاكرة الحاسوب الداخلية.

Resile يرجع/ يرتد إلى وضع سابق.

Resilience المرونة: قدرة النظام على التكيف أو قدرة أحد مكونات النظام على التعافي من الإخفاق أو الأعطال.

Resilient مرن، رجوع.

Resilient network شبكة مرنة: تعبير يطلق على الشبكة التي يمكن إعادتها إلى حالتها الأصلية السليمة.

Return Address	عنوان العودة.
Return Code	رمز العودة: قيمة تُرسَل إلى برنامج طلب عملية ما من قبل برنامج اخر أو خادم للإبلاغ عن النتيجة أو نجاح العملية أو فشلها.
Return Key	مفتاح الرجوع: زر الإدخال.
Return Recipe	وصفة الرجوع.
Reusability	القدرة على إعادة الإستخدام.
Reverse Byte Ordering	طلب البايت المعكوس.
Reverse Engineering	هندسة عكسية: اسلوب هندسي ينص على الرجوع من المنتج النهائي أو النظام المكتمل الى المكونات الأساسية.
Reverse Path Forwarding	توجيه عكسي.
Reverse Polish Notation	الصيغة البولندية العكسية: تعبير رياضي تسبق فيه الأرقام المُعاملات الحسابي فعلى سبيل المثال، يتم التعبير عن العملية (3+4) بالتالي (+ 4 3).
Reverse Video	نمط العرض العكسي.
Revert	يعكس، يعود، يرجع.
Review	يراجع، مراجعة.
Revision Mark	علامة المراجعة.
Revocable license	ترخيص قابل للرجوع عنه.
Revolution	ثورة.
Revolutionizing	تثوير.
Rewind	يعيد الشريط لبدايته.
Rewrite Operation	عملية إعادة الكتابة.
REXX (Restructured Extended Executor)	المُنفِّذ الموسَّع المعاد هيكلته: لغة برمجة مُفسَّرة ومهيكلة قام باستحداثها مايك كوليشو من شركة آي بي إم تسمح بكتابة البرامج والخوارزميات بطريقة واضحة ومنظمة تم تصميمها للإستخدام من قبل المهنيين والمستخدمين العاديين وللعمل في عدة تطبيقات متنوعة.
RF (Radio Frequency)	تردد راديوي/لاسلكي.
Responsiveness	قدرة الاستجابة: معدل إستجابة النظام لطلبات المستخدم عند الإستخدام.
Restore	استعادة، استرداد: إرجاع الحاسوب أو قاعدة البيانات إلى وضعها السابق.
Restricted Function	وظيفة محصورة الإستخدام: وظيفة في نظام التشغيل لا يمكن إستخدامها من قبل البرامج التطبيقية.
Restricted website	موقع شبكي مقيد الدخول إليه.
Restructureability	قابلية إعادة الهيكلة.
Restructureable	قابل لإعادة الهيكلة.
Restructure	يعيد الهيكلة.
Restructured business model	نموذج تجاري مُعَاد هيكلته.
Result	نتيجة.
Retain	يحافظ، يستبق.
Retainability	قابلية الاحتفاظ.
Retained information	معلومات قابلة للاحتفاظ بها.
Retention	احتفاظ، استبقاء.
Retention Cycle	دورة الإحتفاظ: الفترة الزمنية التي يتم فيها الإحتفاظ بالسجلات غير الفعّالة حيث تُستخدَم هذه الفترة الزمنية لحذف السجلات منتهية الصلاحية أو الملغاة ألياً بعد فترة محددة مسبقاً من الزمن.
Retrace	يقتفي/ يستعيد.
Retrievability	قابلية الاسترجاع.
Retrievable	قابل للاسترجاع.
Retrievable file	ملف قابل للاسترجاع.
Retrieval	استرجاع.
Retrieve	يسترجع.
Retrieved	مُسترجَع.
Retrieved password	كلمة مرور مُسترجَعة.
Retro Virus	فيروس عكسي/رجعي: فيروس مُصمم لتجنب الكشف عنه من خلال الهجوم بفعالية على البرامج المضادة للفيروسات.
Return	يعيد، يرجع، إعادة، عودة، رجوع.

	يستخدمه المضيف لتحديد أفضل موجّه يمكن إستخدامه عند إرسال البيانات.
RISC (Reduced Instruction Set Computer)	حوسبة مجموعة التعليمات المختصرة: تصميم لجهاز حاسوب يعمل على الحد من تعقيد الشرائح بإستخدام تعليمات بسيطة.
RISC (Remote Instruction Set Computing)	حوسبة مجموعة التعليمات اعن بعد.
Risk assessment report	تقرير تقييم المخاطر.
Risk management	إدارة المخاطر: عملية تحديد عوامل الخطر التي قد تعيق المشروع أو النشاط عن تحقيقه لهدفه وتحليلها وتخطيط الاستجابة لها.
Rival website	موقع شبكي منافس.
RJ11/RJ45	أر جيه 11/أر جيه 45: 1- مقياس ربط الشبكات لنقل البيانات سلكياً أو لا سلكيا. 2- مقبس أسلاك الشبكة الداخلية.
RJE (Remote Job Entry)	إدخال المهام عن بعد: نقل حزم العمليات الى المعالجة المركزية عن بعد باستخدام وحدة طرفية أو جهاز حاسوب.
RJR (Remote Job Receipt)	استلام المهام عن بعد.
RLE (Run Length Encoding)	ترميز طول التنفيذ/التشغيل: طريقة بسيطة لضغط البيانات بتخزين سلاسل البيانات المتكررة مرة واحدة.
RLIN (Research Library Information Network)	شبكة المعلومات مكتبة البحوث.
RLL (Run Length Limited)	طول التنفيذ/التشغيل المحدود: طريقة تشفير مستخدمة في الأشرطة الممغنطة لتخزين البيانات.
RFC (Request For Comments)	طلب إبداء الملاحظات: هي سلسلة من المذكرات التي تتضمن أبحاثاً جديدة وابتكارات ومنهجيات قابلة للتطبيق على تقنيات الشبكة الدولية.
RFD (Request For Discussion)	طلب النقاش.
RFI (Radio Frequency Interface)	واجهة التردد الراديوي/ اللاسلكي.
RFP (Request for Protocol)	طلب البروتوكول.
RGB (Red Green Blue)	أحمر، أخضر، أزرق: طريقة لإنتاج الألوان من خلال مزج الضوء المؤلَّف للألوان الرئيسية الحمراء والخضراء والزرقاء.
Rich Content	سياق غني: هي طريقة تحتوي على مجموعة متكاملة من القواعد الأساسية لمساعدة المصمم على تصميم النظام بشكل صحيح ومتماسك.
Rich Feedback	تغذية رجعية غنية: هي جميع الوسائل والطرق المتاحة لإعلام المستخدم بكل عملية يقوم بتنفيذها ونتيجتها.
Rich Text	نص غني: نص منسَّق وفقاً لتنسيق النص الغني.
RIFF (Resource Interchange File Format)	تنسيق ملف تبادل الموارد.
Right Click	النقر على الزر الأيمن للفأرة أو أجهزة التأشير الأخرى.
Right Justified	محاذاة إلى جهة اليمين.
Right to Information Act	قانون الحق في الوصول للمعلومات.
Ring Network	شبكة حلقية.
RIP (Routing Information Protocol)	بروتوكول معلومات التوجيه.
RIPX	برتوكول المعلومات الموجَّهة لتبادل الحزم عبر الشبكة الدولية: بروتوكول تستخدمه الموجّهات لتبادل المعلومات على شبكة تبادل الحزم حيث

RLLE (Run-Length Limited Encoding)	ترميز طول التنفيذ/التشغيل المحدود: طريقة لتخزين المعلومات في الحاسوب ومحركات الأقراص الصلبة والمرنة والأقراص المدمجة والأقراص الرقمية .
RLP (Resource Location Protocol)	بروتوكول موقع المصادر: هو إجراء طلب/رد بسيط.
RLSD (Received Line Signal Detect)	كاشف إشارة الخط المُستقبَل.
RMI-IIOP (Remote Method Invocation over Internet Inter-ORB Protocol)	استدعاء نموذج عن بعد عبر بروتوكول وسيط طلب الكيانات البيني عبر الشبكة الدولية.
RMM (Read Mostly Memory)	ذاكرة القراءة غالباً.
RMM (Real Mode Mapper)	مخطط النمط الحقيقي: تحسين تم إدخاله على أنظمة ويندوز X.3 يسمح بالوصول إلى نظام الملفات المكونة من 32 رقم ثنائي.
RMON (Remote Monitoring)	مراقبة عن بعد: تحسينات يتم إدخالها على هيكل قاعدة المعلومات الإدارية المستخدمة من قبل بروتوكول إدارة الشبكة البسيط.
RMON 2	مراقبة عن بعد 2: إصدار جديد من "مراقبة عن بعد" تركز على الطبقات العليا لمشاكل الشبكة وتزويد الوظائف التحليلية.
RMS (Root Means Square)	جذر المتوسط التربيعي/ جذر معدل المربع: الجذر التربيعي لمتوسط مربعات عدد من الأعداد يُستخدَم في قيم التيارات الكهربائية.
RMTP (Reliable Multicast Transport Protocol)	بروتوكول النقل الموثوق متعدد الارسال: تقنية توزيع المستندات متعددة الوسائط كالصحف الإلكترونية والمعلومات التسويقية على عدد من المستخدمين بالتزامن.
RO (Receive only)	استلام فقط.
Roaming	خدمة التجوال: قدرة أجهزة الإتصال مثل الهاتف الخلوي على الإنتقال من نقطة وصول إلى أخرى دون فقدان الإتصال.
Roaming User Profile	تجوال ملف المستخدم: مفهوم في أنظمة تشغيل مايكروسوفت ويندوز تسمح لمستخدم يملك جهاز حاسوب مرتبط بخادم ويندوز بتسجيل دخوله من أي حاسوب على الشبكة والوصول إلى ملفاته وإعداداته.
Robot	روبوت، إنسان آلي.
Robot aided rehabilitation facility	مرفق إعادة التأهيل بمساعدة الروبوت.
Robot architecture	معمارية/بنية الروبوت.
Robot autonomy	ذاتية/استقلالية الروبوت: قدرة الروبوت على القيام بمهام على نحو ذاتي ودون تدخل خارجي.
Robot awareness	وعي الروبوت: درجة إحاطة الروبوت بما يدور حوله.
Robot building	بناء/مبنى الروبوت.
Robot consciousness	وعي الروبوت.
Robot control	التحكم بالروبوت.
Robot ethics	أخلاق الروبوت: تعبير يطلق على قدرة الروبوت على التمييز بين الخطأ والصواب.
Robot failure	تعطُّل الروبوت.
Robot industry	صناعة الروبوتات.
Robot knowledge	معرفة الروبوت.
Robot learning	تَعلُّم الروبوت.
Robot locomotion	تحرك الروبوت: دراسات كيفية تزويد الروبوت بأنظمة تُمكنه من التحرك.
Robot manipulability	قابلية الروبوت للتلاعب/للتحكم بالأشياء.
Robot mind	ذهن روبوتي.
Robot operation	عملية تشغيلية روبوتية.
Robot programmability	قابلية الروبوت للبرمجة.
Robot self-consciousness	وعي الروبوت بذاته.
Robot understandability	قابلية فهم الروبوت.

Robot upgrade	تحديث الروبوت.
Robot usability	سهولة الاستخدام الروبوت.
Robot's anthropomorphic qualities	خصائص الروبوت البشرية.
Robot's behavior	سلوك الروبوت.
Robot's empathy	تقمص الروبوت العاطفي.
Robot's memorization	تذكر الروبوت.
Robot's object manipulation	تلاعب/تحكم الروبوت بالأشياء.
Robot's sensors	مجسات الروبوت.
Robot's traverseability	قابلية الروبوت على التحرك جيئة وذهابا.
Robot-aided	بمساعدة الروبوت.
Robot-aided neurohabilitation	إعادة التأهيل العصبية بمساعدة الروبوت.
Robot-aided therapy	علاج بمساعدة الروبوت.
Robot-assisted	بمعونة الروبوت.
Robotic	روبوتي.
Robotic applications	تطبيقات روبوتية.
Robotic arm	ذراع روبوتي.
Robotic armament	تسليح روبوتي.
Robotic assessment	تقييم روبوتي.
Robotic book scanner	ماسح كتب روبوتي.
Robotic decision making	صنع قرار الروبوتي.
Robotic devices	أجهزة روبوتية.
Robotic engineering	هندسة روبوتية.
Robotic espionage system	نظام تجسس روبوتي.
Robotic paradigm	نموذج روبوتي: نموذج تصميم الروبوتات.
Robotic strategy	إستراتيجية روبوتية، إستراتيجية صناعة الروبوتات.
Robotic system	نظام روبوتي.
Robotic technologist	تقني روبوتي.
Robotic therapy	علاج روبوتي.
Robotic welding	تلحيم روبوتي.
Robotic welding technology	تقنية تلحيم روبوتي.
Robotics	الروبوتية.
Robotics practitioner	ممارس للروبوتية.
Robotization	التحول للروبوتية.
Robotization of industry	تحول الصناعة للروبوتية.
Robotization of mining operations	تحول عمليات التنجيم إلى الروبوتية.
Robotized operation	عملية تشغيلية تم تحويلها للروبوتية.
Robot-mediated	بواسطة الروبوت.
Robot-mediated therapy	علاج بواسطة الروبوت.
Robot-robot awareness	وعي الروبوت بالروبوت: درجة إحاطة الروبوت بالروبوتات المجاورة.
Robots' traverseability assessment	تقييم قابلية الروبوتات على التحرك جيئة وذهابا.
Robotize	يُحوِّل إلى الروبوتية.
Robust	نظام متين: نظام يبدي القدرة على استعادة وضعه السابق من خلال مجموعة المدخلات والحالات الإستثنائية في بيئة معينة.
Robust password	كلمة مرور قوية.
ROI (Region Of Interest)	منطقة الإهتمام: عيّنات يتم تحديدها ضمن مجموعة بيانات لغرض معيّن.
ROI (Return On Investment)	العائد على الإستثمار.
ROM	راجع Read Only Memory.
ROM BIOS	نظام الإدخال/الإخراج الأساسي المخزّن على ذاكرة القراءة فقط.
Root	جذر، اساس.
Root Directory	الدليل الأساسي: نقطة البداية في نظام ملفات هرمي.
ROS (Read Only Storage)	تخزين/ ذاكرة القراءة فقط.
Rotary Dialing	إتصال عبر قرص الهاتف الدوار.
Rotational Delay	تأخير دوراني: الزمن الذي يستغرقه القرص في الدوران حتى يصل رأس القراءة/الكتابة الى الموقع المطلوب.
Rotational Speed	السرعة الدورانية.
Round Packets	الحزم الدائرية.
Round Robin	تسلسل متكرر.
Rounding	تدوير (لأقرب عدد عشري):

RPN	انظر Notation Reverse Polish.
RPROM (Reprogrammable Programmable Read-Only Memory)	ذاكرة القراءة فقط قابلة لاعادة البرمجة.
RS (Recommended Standard)	معيار مُوصى به.
RS 232C	المعيار الموصى به رقم 232: معيار قامت بوضعه جمعية الصناعات الإلكترونية للتحكم بالواجهة بين معالجة البيانات ومعدات تبادل البيانات وهو مستخدم على نطاق واسع لربط أجهزة الحاسوب الصغيرة بالأجهزة الطرفية.
RS 422	المعيار الموصى به رقم 422: معيار جمعية الإتصالات الإلكترونية/ ائتلاف الصناعات الإلكترونية للواجهات التسلسلية التي تعمل على توسيع المسافات والسرعات بشكل يتعدى المعيار الموصى به رقم 232 ويُعتبَر هذا المعيار نظاماً متوازناً يتطلب أكثر من زوجين من الأسلاك من نظيره المعيار 232 ويهدف إلى إستخدامه في الخطوط متعددة النقاط.
RS 423	المعيار الموصى به رقم 423: يحدد واجهة أحادية الإتجاه بين جهاز إرسال واحد وعدة أجهزة إستقبال ويسمح هذا المعيار بالوصول إلى مسافات تصل إلى 4000 قدم لكن يحد من معدلات نقل البيانات لتصل إلى 100 كيلوبت/الثانية لعشرة أجهزة استقبال كحد أقصى.
RS 449	المعيار الموصى به رقم 449: يحدد الخصائص الوظيفية والميكانيكية للواجهة بين المعدات الطرفية لنقل البيانات ومعدات تبادل البيانات.
RS 485	المعيار الموصى به رقم 485: معيار جمعية الإتصالات الإلكترونية/ ائتلاف الصناعات الإلكترونية فيما يخص خطوط الإتصال متعددة النقاط.
Roundtripping	القدرة على تحويل البيانات إلى تركيب مختلف ومن ثمّ تحويلها مرة أخرى إلى شلكها الأصلي دون فقدان أي منها.
Routable Protocol	بروتوكول قابل للتوجيه.
Route	يوجه، يسير، يرسل، طريق، مسلك، مسار، جهة.
Router	موجِّه/جهازالتوجيه: جهاز وسيط في الإتصالات الشبكية يُسهِّل توزيع الرسائل وتوجيه حزم البيانات عبر شبكتين أو أكثر نحو وجهتهم من الحواسيب باختيار المسارات الشبكية المُثلى.
Routine	روتين: مجموعة من التعليمات البرمجية المصممة لإجراء مهمة محددة.
Routine Maintenance	صيانة الروتين.
Routing Table	جدول التوجيه: قاعدة بيانات محفوظة في الموجّه تحتوي على عناوين المصادر (الحواسيب والاجهزة الطرفية) لتسهيل وتسريع نقل الحزم البيانية الى وجهتها.
Royalty bearing license	ترخيص مدر للرسوم.
Royalty-free license	ترخيص خال من الرسوم.
RPC (Remote Procedure Call)	واجهة طلب إجراءات عن بعد: واجهة برمجة بينية تسمح لبرنامج ما بإستخدام خدمات اجراء مخزَّن في جهاز أخر.
RPELTP (Regular Pulse Excitation Long Term Prediction)	إثارة النبضات العادية بإستخدام التنبؤ طويل الأجل.
RPG (Report Program Generator)	مولّد البرامج التقريرية: لغة برمجة غير إجرائية توفر طريقة ملائمة لإنتاج مجموعة متنوعة من التقارير.
RPM (Revenue Per 1000 Impression)	العائد لكل 1000 انطباع: العائد المكتَسب لكل 1000 انطباع يأخذه الزائر عن الإعلانات الموجودة على المواقع الإلكترونية.

RSA (Rivest, Shamir, Adleman)	رايفست وشامير وأديلمان: نظام تشفير وتوثيق على الحزم المابادلة عبر الشبكة الدولية يستخدم خوارزمية تم تطويرها عام 1977 من قبل رون رايفست وآدي شامير وليونارد أديلمان.
RSAC (Recreational Software Advisory Council)	المجلس الإستشاري لبرمجيات الترفيه: مؤسسة غير ربحية مستقلة أُنشئت في الولايات المتحدة الأمريكية عام 1994 من قبل جمعية ناشري البرمجيات إلى جانب قادة آخرين في القطاع كاستجابة للجدل حول ألعاب الفيديو وتهديدات التنظيم الحكومي.
RSI (Really Simple Indication)	اشارة بسيطة حقا: خدمة تُستخدَم لنشر المحتوى الذي يتم تحديثه بشكل متكرر مثل عناوين الأخبار الرئيسية والملفات الرقمية ومدخلات المدونات.
RSS (RDF Site Summary)	ملخص موقع إطار وصف المصادر.
RSVP (Resource Reservation Protocol)	بروتوكول المصادر المحجوزة: بروتوكول التحكم الذي يُمكّن تطبيقات الشبكة الدولية من الحصول على جودة متباينة من الخدمة فيما يخص تدفقات البيانات.
RTCP (Real Time Control Protocol)	بروتوكول ضبط الزمن الحقيقي.
RTE (Runtime Environment)	بيئة تشغيل البرنامج.
RTF (Rich Text Format)	صيغة النصوص الغنية.
RTFM (Read The Freaking Manual)	اقرأ كتيب التشغيل: الملاذ الأخير لحل مشكلات المعدات أو البرمجيات.
RTOS	راجع Real-Time Operating System.
RTP (Real Time Protocol)	بروتوكول الزمن الحقيقي.
RTS (Real Time System)	نظام الزمن الحقيقي
RTS (Request to Send)	طلب الإرسال: إشارة خاصة بالمعيار الموصى به رقم 232 يتم إرسالها من محطة البث إلى محطة الإستقبال لطلب إذن البث.
Rubber Handling	مَدّ الخط أو الصورة: مصطلح يُستخدَم لوصف عملية مدّ جزء من الخط أو الصورة من قبل المستخدم.
Rule Based System	نظام قائم على القواعد.
Rule of Inference	قاعدة الإستدلال.
Rules	قواعد.
Rumble robot	روبوت مدمدم.
Run	تشغيل: عملية تشغيل برنامج أو روتين تبدأ بتحميل البرنامج والبيانات اللازمة له في الذاكرة ومن ثم تنفيذ تعليمات البرنامج ومن ثم نقل نتائج البرنامج من إلى الذاكرة الثانوية.
Run	يجري، يشغِل، ينفذ، عرض، دفق.
Run Time Error	خطأ في زمن التشغيل.
Run Time Library	مكتبة زمن التشغيل: مجموعة من البرامج التكرارية ذات الغرض العام تُشكل جزءاً من مترجم لغة وتسمح بتشغيل برامج الحاسوب بإستخدام نظام تشغيل معين.
Run Time Version	نسخة مكتبة زمن التشغيل: نسخة من مجموعة البرامج المرجعية التي تعمل ضمن زمن التشغيل.
Runnable	قابل للتشغِيل.
Runnable software	برمجيات قابلة للتشغيل.
Running	تشغيل.
Running Program	برنامج جاري تنفيذه.
Runtime	وقت تشغيل البرنامج.
RUP (Rational Unified Process)	عملية راشونال الموحدة: اسلوب تطوير انظمة المعلومات وهندسة البرمجيات طورته شركة راشونال كوربورايشن (التي استحوذت عليها شركة أي بي ام في عام 2003) تعتمد تكرار

	نشاطات التطوير في فترات زمنية متلاحقة.
Rural development	تنمية الريف، تنمية ريفية.
RxD (Retrieve Data)	استخراج/استرجاع البيانات: عملية الحصول على البيانات عن طريق البحث عنها في الملفات أو في بنك المعلومات أو في أي جهاز تخزين.

S

SAA (System Application Architecture) تصميم تطبيقات النظام: مجموعة من المعايير لبرمجيات الحاسوب طورتها شركة آي بي إم في الثمانينيات وتم تطبيقها على أنظمة تشغيل آي بي إم وOS/2.

SaaS (Software as a Service) توفير البرمجيات كخدمة: نموذج لتطبيق البرمجيات حيث يستضيف ويدير مالك البرمجية (إما بشكل مستقل أو من خلال طرف ثالث) التطبيق لأستخدامه من قبل مستخدمي العميل عبر الشبكة الدولية دون الحاجة للدفع مقابل امتلاك هذه البرمجيات.

Safe Mode وضع آمن.

Safety alarm جهاز إنذار السلامة.

Sample عينة.

Sampling أخذ/اختبار العينات.

Sanitary engineering هندسة صحية.

SAP (Service Advertising Protocol) بروتوكل الإعلانات الخدمية: أحد بروتوكولات تبادل حزم الشبكة الدولية حيث يجعل عملية إضافة الخدمات الى الشبكة وإزالتها عملية مرنه.

SAR (Specific Absorption Rate) معدل الإمتصاص المحدد:معدل الترددات الراديوية المُمتصَة من قبل أنسجة الجسم بالنسبة للزمن تقاس بالواط لكل كيلوجرام وتتناسب طرديا مع مربع شدة الحقل الكهربي في حالة الترددات الأعلى من 100 كيلوهرتز وتعتبر هذه الكمية المرجعية التي تُبنى عليها إجراءات الوقاية من التأثيرات البيولوجية للترددات الراديوية.

SAS (Single Attached Station) محطة متصلة وحيدة.

SATA (Serial Advanced Technology Attachment) مرفق التقنية الحديثة التسلسلي.

SATAN (Security Administrator's Tool for Analyzing Networks) أداة مدير النظام لتحليل الشبكات: مرفق يحلل نقاط ضعف أمن الشبكة الدولية.

Satellite Communication إتصال عبر الأقمار الصناعية: إستخدام أجهزة راديو مُرسلة ومُستجيبة مدارية أو مُرحِلات أمواج دقيقة لنقل البيانات حول العالم عبر الأقمار الاصطناعية.

Satellite TV piracy قرصنة تلفزة الأقمار الصناعية.

Satisfaction رضا.

Save as حفظ بإسم: أمر في قائمة الملف يسمح بتكوين نسخة عن المستند أو الصورة الحالية وحفظها إما بإسم جديد أو بموقع جديد أو بإسم وموقع جديدين.

S-band نطاق إس: نطاق من الترددات اللاسلكية تمتد من 1550 إلى 5200 ميجاهيرتز.

SCA (Single Connector Attachment) رابط أحادي: نوع من الربط للكيبلات الداخلية لأنظمة واجهات الحواسيب الصغيرة.

Scalability قابلية التدرج/التوسع: قابلية النظام أوالتطبيق أو البنية التحتية للنمو في جميع الأبعاد (زيادة ونقصان) لتوفير المزيد من الخدمات وعادة ما تقاس بمجموع عدد المستخدمين وعدد المستخدمين المتزامنين أو بحجم الحركات المنفذة.

Scale مقياس مدرج، ميزان، مقياس نسبي، نظام العد ، يُدرج.

Scale Down يُخفِّض نسبيا.

Scale Factor عامل القياس/التدريج.

Scale Integration تكامل النطاق: طريقة تصنيع دارات متكاملة تقوم على وضع عدد من الترانزيستورات على رقاقة بتصغير شديد وبمقياس رسم ثابت.

Scale of Two	نظام العد الثنائي.
Scale Up	يرفع نسبيا.
Scan	يمسح، يفحص، مسح ضوئي، فحص، قراءة آلية: 1-تمرير شعاع ضوئي على الكيان المراد فحصه ثم تحويل الإشعاع المنعكس من سطحه إلى قيم رقمية على هيئة مصفوفة ذات بعدين. 2-فحص جميع السجلات في ملف تسلسليا لإيجاد السجلات التي تفي قيمها بمعيار معين.
Scanable document	وثيقة قابلة للمسح الضوئي.
Scanable file	ملف قابل للمسح الضوئي.
Scanner	الماسح الضوئي: جهاز يقوم بعملية تحويل الصور أو الملفات الورقية الى ملفات رقمية.
SCC (Serial Communications Controllers)	مُتحكّم الإتصالات المتسلسلة: تقنية تم تكييفها لنقل البيانات إلى الذاكرة عن طريق مقاطعة الوصول المباشر.
Scene	موقع، مشهد.
SCEPTRE	لغة سكيبتر: لغة برمجة عالية المستوى تُستخدَم قي تحليل وتصميم الدوائر الكهربائية.
Schedulable task system	نظام مهام قابل للجدولة.
Scheduleability	قابلية الجدولة.
Schedule	يجدول، جدول زمني.
Scheduled	مُجدوَل.
Scheduled Maintenance	صيانة مُجدوَلة/دورية.
Scheduler	مُجدوِل.
Schedules	جداول.
Scheduling	الجدولة.
Scheduling software	برمجيات الجدولة.
Scheduling system	نظام جدولة.
Schematic	رسم تخطيطي، مخطط: رسم يظهر وصلات العناصر في دارة إلكترونية.
School	مدرسة.
Sci-fi robot	روبوت الخيال العلمي.
Screen	شاشة.
Screen of Data	شاشة البيانات.
Screen Shot	لقطة الشاشة: صورة رقمية يلتقطها الحاسوب لتسجيل المواد المرئية المعروضة على الشاشة أو جهاز إخراج مرئي آخر.
Script	نص مكتوب، نص برمجي (سكريبت): برنامج مكتوب بلغة برمجة عامة أو خاصة الأغراض لأتمتة تنفيذ المهام بدل تنفيذها الواحد تلو الآخر من قبل انسان.
Scripting	الكتابة النصية، كتابة برنامج نصي.
Scripting language	لغة كتابة البرنامج النص: هي لغة برمجة تدعم كتابة النصوص البرمجية لأتمتة تنفيذ المهام.
Scroll Bar	شريط التمرير.
Scroll Down	تمرير/تحريك إلى أسفل.
Scroll Wheel	عجلة التمرير (في الفأرة).
SCSI (Small Computer System Interface)	واجهة بينية لنظام حاسوب صغير: هي عبارة عن واجهة بينية قياسية تُستخدَم في أجهزة الحاسوب الشخصية لتوصيل ما يصل إلى 7 أجهزة طرفية.
SCSP (Server Cache Synchronization Protocol)	بروتوكول تزامن ذاكرة الخادم المؤقتة: بروتوكول لتزامن الذاكرة المؤقتة يُستخدَم عندما ترغب مجموعة من الخوادم بتوقيت المعلومات في ذاكراتها المؤقتة حول حالة العميل الذي يتم خدمته.
SD (Secure Digital)	حماية رقمية.
SDP (Session Description)	بروتوكول وصف الجلسات: صيغة لوصف جلسات الوسائط المتعددة كالإعلان عن الجلسات والدعوة إليها.
SDRAM (Synchronous Dynamic Random Access Memory)	ذاكرة الوصول العشوائي الديناميكي المتزامن.
SDU (Service Data Unit)	وحدة بيانات الخدمات: مجموعة من البيانات يرسلها مُستخدِم خدمات طبقة معينة إلى مُستخدِم خدمة أخر دون تغيير دلالي.

SDXC (Synchronous Digital Cross Connect)	عمليات الربط الرقمية المتزامنة.
Seamless connectivity	قابلية وصل غير منقطعة.
Search	يبحث، بحث.
Search Engine	محرك البحث: هو أحد تطبيقات الشبكة الدولية المُخصَص لمساعدة المستخدمين في العثور على المواقع والوثائق المخزنة على خوادم الشبكة العنكبوتية أو حتى على الحاسوب الشخصي للمستخدم.
Search engine marketing	تسويق محرك البحث: تسويق يعتمد توظيف محرك البحث لزيادة الرؤية الشبكية للمادة المسوقة.
Search engine optimization	مثالية محرك البحث:رفع كفاءة محرك البحث إلى المستويات القصوى.
Search optimization software	برمجيات رفع كفاءة محرك البحث للمستويات القصوى.
Searchability	القابلية للبحث.
Searchable	قابل للبحث.
SECC (Single Edge Contact Cartridge)	خرطوشة الإتصال أحادية الأطراف: شق -A 22 مُدبَب على اللوحة الرئيسية تحوي وحدة المعالجة المركزية الخاصة بشركة إنتيل.
Secondary information	معلومات ثانوية.
Secret information	معلومات سرية.
Secret information theft	سرقة معلومات سرية.
Secret-Key Cryptography	تشفير مفتاح سري: أكثر أشكال التشفير شيوعا يَستخدِم مفتاح واحد لتشفير وفك تشفير رسالة معينة.
Sector	يقسم القطاعات، قطاع.
Sector Boot Virus	فايروس قطاع بدء تشغيل الحاسوب: فايروس ينسخ نفسه في الذاكرة الرئيسية عند بدء نظام التشغيل مما يؤدي إلى إعاقة إستكمال تحميل نظام التشغيل.
Sector Chart	رسم بياني دائري، رسم قطاعي.
Secure	يؤمِّن، آمِّن.
Secure access	إذن وصول آمِّن.
Secure Electronic Transfer (SET)	النقل الالكتروني الآمِّن: نظام لضمان أمن المعاملات المالية عبر الشبكة الدولية مدعوم من قبل شركات ماستركارد وفيزا ومايكروسوفت ونتسكيب وغيرها حيث يتم منح المستخدم محفظة إلكترونية (شهادةرقمية) ويتم إجراء المعاملات والتحقق منها باستخدام مزيج من الشهادات والتوقيعات الرقمية بين المشتري والتاجر وبنك المشتري بطريقة تضمن الخصوصية والسرية.
Secure employee web	شبكة موظفين آمنة: شبكة حاسوبية تربط مجموعة من الموظفين تتسم بالأمان.
Secure Hypertext Transfer Protocol (SHTTP)	بروتوكول نقل النص التشعبي الامن: بروتوكول يُستخدَم لتوفير اتصالات مُشفَّرة وأمنة لأغراض الدفع الالكتروني عبر الشبكة الدولية أو لاجراء المعاملات ضمن أنظمة معلومات حساسة.
Secure network	شبكة آمنة.
Secure Socket Layer (SSL)	طبقة المقبس الآمن: بروتوكول الأمن الرئيسي على الشبكة الدولية يسمح باتصال أمن بين حاسوبين عبر الشبكة الدولية أو أي شبكة عامة من خلال تشفير المعلومات لنقل الوثائق.
Secure transfer	تحويل آمِّن.
Secure usage	استعمال آمِّن.
Secure website	موقع شبكي آمِّن.
Secure zone	منطقة آمِّنة.
Security	أمِن، حماية.
Security alert	تحذير أمني.
Security assessment	تقييم الأمن.
Security assessment checklist	قائمة فحص تقييم الأمن.
Security attack	هجمة أمنية: هجمة إلكترونية لاختراق أمن النظم و/أو الشبكة.

	رمزي خاطئ في برنامج حاسوبي.
Semantics	علم المعاني، علم دلالات الألفاظ.
Semi automatic lighting control	تحكم شبه آلي بالاضواء.
Semi-autonomous robot	روبوت شبه مستقل.
Semi-Colon	فاصلة منقوطة (;).
Semiconductor	مادة شبه موصّلة.
Semiconductor devices	أجهزة أشباه الموصّلات.
Semiconductor Memory	رقاقة ذاكرة مصنعة من مواد شبه موصّلة.
Semiconductor Monolithic Storage	وحدة التخزين الأحادية المصنوعة من مواد شبه موصّلة.
Semi-obsolete technology	تقنية شبه متقادمة/منتهية الجدوى.
Semiotics	علم الرموز.
Semi-randomly generated password	كلمة مرور معدَّة بشكل شبه عشوائي.
Senior applications developer	مطور تطبيقات أول.
Senior Information analyst	محلل معلومات أول.
Senior site architect	المعماري المشرف على موقع على الشبكة الدولية.
Senior Software creator	مبتكر/مُنشئ برمجيات أول.
Senior software engineer	مهندس برمجيات أول.
Sense	حاسة، يحس.
Sense Pulse	نبضة الإستشعار.
Sense Wire	سلك الإستشعار.
Sensed	محسوس به، مُستشعَر.
Sensible password policy	سياسة كلمات مرور مقبولة.
Sensing	إحساس، استشعار.
Sensitive data	بيانات حساسة.
Sensitive information	معلومات حساسة: معلومات يتوجب التعامل معها وفق ضوابط معينة أساسها احترام خصوصية الافراد.
Sensor	مجَسّ، أداة إستشعار،حساس.
Sensors	مجَسّات، أجهزة استشعار.
Sensors system	نظام مجَسّات.
Sensory devices	أجهزة استشعارية.
Security Auditing	تدقيق أمني: اختبار للشبكات وأنظمة الحاسوب من قبل مستشار مستقل لتحديد مدى تعرض منظمة ما للاحداث الامنية مما قد يسبب ضياع البيانات او ايقاف العمليات التجارية.
Security awareness	وعي أمني: درجة الإلمام بالشؤون الأمنية للأنظمة والبرمجيات والشبكات.
Security back up	نسخ احتياطي أمني.
Security camera	كاميرا أمنية.
Security divide	الانقسام/الفجوة الأمنية.
Security engineer	مهندس أمن.
Security hardware	المعدات والاجهزة الخاصة بالأمن.
Security incident	حدث أمني.
Security management	إدارة الأمن.
Security officer	مسؤول أمن.
Security sensors	مجسات أمنية.
Security software	برمجيات الأمن والحماية.
Security threat	تهديد أمني.
Security vulnerability	ضعف أمني.
Seek	يسعى، يبحث،سعي، بحث.
Selection	اختيار.
Selection Control Structure	هيكلية التحكم بالاختيار: استخدام شرط لتحديد كيفية تنفيذ الحاسوب لتعليمات برمجية ما.
Selective dissemination of information	نشر انتقائي للمعلومات.
Selector Channel	قناة الاختيار: وحدة تربط بين أجهزة الإدخال/الإخراج عالية السرعة مثل الأشرطة المغنطة والأقراص والأسطوانات بذاكرة الحاسوب.
Selector Mode	نمط الإختيار.
Self Contained Computer	حاسوب متكامل.
Self-destructive file	ملف ذاتي التدمير.
SEM	راجع Search Engine Marketing.
Semantic	متصل بمعنى الكلمة، لفظي.
Semantic Error	خطأ يتعلق بالمعنى: إستخدام اسم

Serviceability	الخدمية: مفهوم يشير إلى قدرة موظفي الدعم التقني على تركيب المنتجات الحاسوبية ورصد وتحديد الأخطاء وتصحيحها وتحليل الأسباب الجذرية لحدوثها وتوفير الأجهزة و/أوالبرمجيات لغرض الصيانة في السعي وراء حل المشكلة وإعادة المنتج إلى بيئة التشغيل.
Service-level management	إدارة مستوى الخدمة.
Services	خدمات.
Servlet	بريمج: تطبيق لغة البرمجة جافا الذي يتم تشغيله من قبل خادم الشبكة العنكبوتية أو أي خادم تطبيقي لتوفير الوصول إلى قاعدة البيانات أو أداء معاملات التجارة الالكترونية وتُستخدَم هذه التطبيقات على نطاق واسع فهي مصممة للتعامل مع طلبات بروتوكول نقل النص التشعبي.
Session	جلسة، قناة تخاطب.
Session Layer	طبقة الجلسة: المستوى الخامس من مستويات نموذج أنظمة الربط المفتوحة ذي المستويات السبع تستجيب هذه الطبقة للطلبات الصادرة من طبقة العرض وتصدر طلبات خدمة إلى طبقة النقل.
Set	مجموعة، فئة.
SET (Secure Electronic Transaction)	المعاملة الإلكترونية الآمنة: بروتوكول قياسي لحماية معاملات بطاقات الإئتمان عبر الشبكات غير الآمنة وخاصة الشبكة الدولية.
SET Protocol (Secure Electronic Transactions Protocol)	بروتوكول المعاملات الإلكترونية الآمنة
Setup	يهيء، يعد، تهيئة، إعداد.
Setup Program	برنامج تهيئة/اعداد: هو عبارة عن برنامج يعمل على إعداد تطبيق معين أو حزمة برمجيات ليتم تشغيله من قبل جهاز الحاسوب.
Sensory-motor integration	تكامل المحرك والاستشعار: التكامل بين أجهزة الحركة وأجهزة الاستشعار من أبرز خصائص الروبوتات.
Sentence	جملة.
SEO (Search Engine Optimization)	مثالية محركات البحث: عملية تحسين كمية ونوعية الانتقال إلى موقع الكتروني من محركات البحث عبر نتائج البحث.
Sequence	تسلسل.
Sequence Logic	تسلسل منطقي.
Sequencing of Packets	تسلسل الحزم.
Sequential Processing	معالجة تتابعية.
Serial Port	منفذ/مدخل تسلسلي: مدخل في الحاسوب يُستخدَم لتوصيل جهاز حدة طرفية أو غيرها من الأجهزة التسلسلية عبر واجهة بينية تسلسلية بطيئة السرعة نسبيا.
Serial Printer	طابعة تسلسلية: طابعة تطبع الرموز واحداً تلو الاخر بحيث يتحرك الورق أو جهاز الطباعة إلى الأمام والخلف بشكل متعاقب.
Server	خادم، مزوِّد، حاسوب مركزي: الخادم هو برنامج حاسوبي يعمل بنظام تشغيل للاستجابة لطلبات البرامج الأخرى (العملاء) بتنفيذ بعض المهام كاسترجاع البيانات.
Server consolidation	دمج الخوادم/الحواسيب المركزية.
Server Side Scripting language	لغة البرامج النصية من جانب الخادم.
Servers	خوادم، حواسيب مركزية.
Service	يخدم، خدمة.
Service desk	مكتب خدمات.
Service Level Agreement	اتفاقية مستوى الخدمة المقدمة.
Service Organization	مؤسسة خدمات، منظمة خدمية.
Service Pack	حزمة خدمات: مجموعة من ملفات التحديثات والإصلاحات و/أو التحسينات التي تُضاف لبرمجية على شكل حزمة واحدة قابلة للتحميل.
Service provider	مُقدِّم خدمة.

Shadow Memory	ذاكرة الظل: تقنية في الحاسوب حيث يملك كل بايت يُستخدَم في برنامج معين أثناء تنفيذه بايت نظير له غير مرئي بالنسبة للبرنامج الأصلي ويُستخدَم لتدوين المعلومات حول البيانات الأصلية.
Sharable file	ملف قابل للمشاركة.
Share	مشاركة.
Share	يشارك، حصة.
SHARE (group)	شير: مؤسسة مستقلة تطوعية تزود المحترفين في التقنيات المؤسسية بالتعليم المستمر والشبكات المهنية والتأثير الفعّال بقطاع التقنيات.
Share-alike license	ترخيص للمشاركة: ترخيص لاستعمال عمل فكري وفق أحد نماذج تراخيص منظمة العموم المبدع.
Shared Contact Center	مركز الإتصال المشترك: يعمل على دمج الخبرة الإدارية والمالية والمتعلقة بالإتصالات لإنشاء مراكز إتصال قوية للشركات التي تنتشر عملياتها عادة في أنحاء العالم.
Shared Directory	فهرس مشترك: هي الطريقة الأكثر شيوعا للوصول إلى المعلومات والمشاركة بها على شبكة محلية بحيث يكون الفهرس أو المجلد متاح لعدد من المستخدمين.
Shared File	ملف مشترك: أداة تخزين مباشرة الوصول تُستخدَم من قبل أكثر من حاسوب أو مُستخدِم أو نظام لمعالجة البيانات.
Shared Logic	منطق مشترك: هو توزيع قدرات المعالجة الخاصة بجهاز واحد بما في ذلك القدرة على إستخدام الأجهزة الطرفية على أجهزة الحاسوب الأخرى.
Setup String	سلسلة تهيئة/اعداد: مجموعة من الأوامر التي تَعِدّ جهازاً معيناً للإستخدام مثل آلة الطباعة.
Setup Time	زمن التهيئة/الاعداد.
Seven Segment Display	شاشة المقاطع السبعة: عرض شائع الإستخدام في ساعات اليد الرقمية وشاشات العرض يظهر كسلسلة تتكون من سبع خطوط تُشكل الرقم 8 ويتكون كل رقم من إضاءة لما يصل إلى 7 خانات منفصلة.
Seven-Track Tape	شريط ممغنط ذو سبع مسارات لتخزين البيانات.
SFTP (Secure File Transfer Protocol)	بروتوكول نقل الملفات الآمن: نسخة آمنة من بروتوكول نقل الملفات يَستخدِم أوامر البروتوكول لنقل الملفات بأمان بين الحسابات سواء أكانت على الجهاز نفسه أو على أجهزة متعددة.
SGML (Standard Generalized Markup Language)	لغة التوصيف العامة القياسية: نظام يُشفِّر التركيب والمحتوى المنطقي لمستند معين بدلاً من تنسيق عرضه أو الوسط الذي سيتم عرض المستند عليه ويُستخدَم هذا النظام على نطاق واسع في أعمال النشر ولإنتاج الوثائق الفنية.
SGSN (Serving GPRS Support Node)	عقدة دعم نظام خدمة الحزم العامة اللاسلكية: عقدة مسؤولة عن توصيل حزم البيانات من وإلى المحطات المتنقلة داخل منطقة الخدمة الجغرافية وتتضمن مهامها توجيه ونقل الحزم وإدارة حركة البيانات (إرفاق/فصل وإدارة المواقع) وإدارة الربط المنطقي وغيرها.
SHA (Secure Hash Algorithm)	خوارزمية هاش الآمنة: خوارزمية مستخدمة من قبل مُرسِل ومُستقبِل الرسالة للتحقق من من وصول الرسالة كاملة دون تعديل.
Shading	التظليل.

Shockwave شوك ويف: برمجية مُستخدمة في تشغيل ملفات دمج الصوت والصورة المُنشأة بإستخدام منتجات شركة ماكروميديا المختلفة حيث تقوم بضغط الملفات لتحميلها بسرعة وهكذا يُمكِن للمستخدم أن يسمع ويرى بمجرد بدء تحميل الصفحة الشبكية.

Short Messaging Service رسائل نصية قصيرة.

Short Precision دقة قصيرة/بسيطة: إستخدام كلمة واحدة حاسوبية للدلالة على قيمة عددية في العمليات الحسابية.

Short Precision Storage تخزين الدقة القصيرة/البسيطة.

Shortcut اختصار: أيقونة تشير إلى ملف برنامج أو حافظة ملفات يُمكِن إنشاؤها على سطح المكتب أو تخزينها في أي موقع آخر.

Shorthand Notation صيغة عددية مختصرة.

Shrink-wrap license ترخيص نزع الغلاف: ترخيص غير قابل للتفاوض يُوضع داخل غلاف بعض المنتجات ويُعَد نزع الغلاف موافقة على الترخيص.

SHTML (Server-parsed HTML) خادم تحليل لغة توصيف النص التشعبي: لغة توصيف النص التشعبي المُحلَّلة لإستخدام خادم.

Shut Down إغلاق.

Sibling قريب، سليل: عملية أو عقدة في شجرة بيانات منحدرة من عمليات أو عقد سابقة.

SIG (Special Interest Group) مجموعة ذات اهتمام خاص.

Sign يُوقِّع، علامة، إشارة.

Sign Bit خانة العلامة: هو رقم ثنائي واحد يُحدِّد اشارة العدد، إذا كانت قيمة خانة العلامة 1 يكون العدد سالباً أما إذا كانت صفر فيكون العدد موجباً.

Sign Bit Position موقع بث الإشارة، موقع خانة الإشارة، موقع الرقم الثنائي التأشيري.

Shared Memory ذاكرة مشتركة: جزء من ذاكرة الحاسوب يُمكِن الوصول إليها من أكثر من تطبيق واحد في الوقت ذاته.

Shared Processor معالج مشترك.

Shared Resources موارد مشتركة: المشاركة بجهاز طرفي (قرص، طابعة) بين عدة مستخدمين.

Shareware برمجيات تشاركية: برمجيات محفوظة الحقوق متوفرة لعدة مستخدمين.

Sharing مشاركة.

Sharpness حدة الصورة، دقة وضوح الصورة.

Sheet Feeder جهاز تلقيم الورق (في الطابعة أو الماسحة الضوئية).

Shelfware برمجيات مُكدَّسة: برمجيات غير مباعة أو غير مستخدمة.

Shell Sort تصنيف شيل: خوارزمية تختبر كل عنصر في قائمة مع عنصر أخر على الطرف المعاكس للقائمة وإذا كان العنصران خارج التسلسل المطلوب يحصل تبادل بينهما.

Shift نقل، تحريك.

Shift Characters رموز النقل: الحروف التي تظهر عند الضغط على مفتاح النقل ومفتاح الرمزعلى لوحة المفاتيح.

Shift Key مفتاح النقل (ضمن لوحة مفاتيح الحاسوب).

Shift Register مُسجِل النقل: دارة عالية السرعة تَحتفِظ بعدد من الأرقام الثنائية بهدف نقلها وتُستخدَم داخل المعالج لإجراء عمليات الضرب والقسمة والتحويل التسلسلي/ المتوازي وعمليات أخرى متعلقة بالتوقيت.

Shift System نظام النقل.

Shifting إنتقال، تغيير.

Sign Digit	رقم الإشارة الثنائي (سالب أو موجب).
Sign Off	تسجيل الخروج.
Signal	يشير، يعطي إشارة، إشارة.
Signal Cable	كيبل نقل الإشارات.
Signatory	مُوقِّع.
Signature	توقيع.
Signed Number	أرقام محددة بعلامة.
Signing	توقيع.
SIIA (Software and information industry Association)	جمعية صناعة البرمجيات والمعلومات.
SIL (Single in Line Package)	حزمة مباشرة مفردة: جهاز الكتروني يجمع الاشارات في صف واحد من نقاط الإتصال.
SIM (Subscriber Identity Module)	وحدة هوية المشترك.
SIM Card (Subscriber Identity Module Card)	بطاقة وحدة هوية المشترك: هي الشريحة المستخدمة لتفعيل الهواتف النقالة و تزويدها بالخدمة.
SIMD (Single Instruction Multiple Data)	تعليمة مفردة متعددة البيانات: هي طريقة مُستخدَمة حاليا في الحواسيب الشخصية وأُستخدمت سابقا في الحواسيب الفائقة لمعالجة المعلومات بشكل متوازي.
SIMM (Single Inline Memory Module)	وحدة الذاكرة الداخلية المفردة.
Simple Brackets	أقواس بسيطة.
Simple installations	تثبيتات/تركيبات بسيطة.
Simple Mail Transfer Protocol (SMTP)	بروتوكول نقل الرسائل البسيط: احد بروتوكولات البريد الالكتروني الذي يَصِف شكل رسالة البريد وألية إدارة البريد في خادم البريد وألية نقل البريد عبر الشبكة الدولية.
Simple Object Access Protocol (SOAP)	بروتوكول الوصول لكيان بسيط: بروتوكول لإرسال البيانات من تطبيق برمجي إلى آخرعبر الشبكة.
Simple passwords	كلمة مرور بسيطة.
Simple Sequence	تسلسل بسيط.
Simple Substitution Code	شيفرة الإستبدال البسيطة: نظام لتشفير البرنامج عبر استبدال الحروف الأصلية بأخرى مُشفَّرة وفقا لنظام معين.
Simplex	نقل البيانات باتجاه واحد.
Simplex Transmission	إرسال البيانات باتجاه واحد.
Simplified Address	عنوان مُبسَّط.
SIMSCRIPT	سيمسكريبت: لغة محاكاة ظهرت في بداية الستينيات أُستخدمت كمعالج أولي للغة فورتران.
SIMULA	سيميولا: لغة محاكاة موجهة بالكيانات ظهرت في أواخر ستينيات القرن الماضي أُستخدمت في نمذجة سلوك الأنظمة المعقدة.
Simulate	يحاكي.
Simulation	محاكاة.
Simulation Language	لغة محاكاة.
Simulator	محاكي.
Simultaneous	متزامن.
Simultaneous Operation	عملية متزامنة.
Simultaneous Processing	معالجة متزامنة.
Single address Instruction	تعليمات أحادية العنوان: هي تعليمات برمجية رقمية تصف بوضوح عملية واحدة وموقع تخزين واحد.
Single Density Disk	الأقراص منفردة الكثافة: الجيل الأول من الأقراص المرنة.
Single Font OCR	جهاز قراءة الرموز الضوئية المكتوبة بخط واحد.
Single Form	نموذج مفرد.
Single Inline Pinned Package	ذاكرة الحزمة الداخلية المفردة: هي احد أنواع ذاكرة الوصول العشوائي تقوم على لوحة الكترونية تُثبَّت عليها رقاقات الذاكرة بواسطة دبابيس نحاسية الكترونية.
Single Mode	نمط مفرد، أحادي.
Single Precision	دقة مفردة، ضبط مفرد.
Single Precision Data	بيانات أحادية الدقة.

Single Precision Storage	تخزين أحادي الدقة.
Single Threading	تشغيل مفرد.
Single sided Disk	قرص أحادي الوجه.
Single sign-in service (SSI)	خدمة تسجيل الدخول مرة واحدة: خدمة تتيح للمُستخدِم تسجيل الدخول باستخدام اسم وكلمة مرور واحدة لعدد من الانظمة والبرمجيات.
Single User Computer	حاسوب أحادي المستخدم.
Single User License	رخصة أحادية المستخدم: رخصة إستخدام برمجية لشخص واحد فقط.
SIP (Session Initialization Protocol)	بروتوكول بدء الجلسة، بروتوكول إنشاء قناة التخاطب.
SIP (SMDS Interface Protocol)	بروتوكول واجهة خدمة البيانات متعددة الميجابيت المُحوَّلة.
SIRDS (Single Image Random Dot Stereogram)	الصور المجسمة ذات النقاط العشوائية: نظام يستخدم نقاط الرسم الثنائي لخلق وهم لدى الإنسان بأن الصورة ثلاثية الأبعاد.
SIS (Single Image Stereogram)	صورة مُجسَّمة أحادية.
Site	يختار موقعا، موقع، موقع إلكتروني.
Site Certificate	شهادة حيازة موقع إلكتروني.
Site License	ترخيص إستخدام البرمجيات: اتفاقية شراء مؤسسة لعدة نسخ من البرمجية ذاتها.
Site visitor traceability	قابلية زائر موقع إلكتروني للتتبع.
Six Sigma	معايير سيغما السداسية: نظام لضمان الجودة طوَّرته شركة موتورولا يقوم على انجاز العمل بشكل صحيح من المرة الأولى للوصول الى نسبة اخطاء لا تزيد عن 3.4 في المليون.
Size	حجم.
Size of a File	حجم الملف: عدد المقاطع التخزينية التي تحتوي على بيانات الملف.
Skeletal Code	هيكل رئيسي للبرنامج، الشيفرة الهيكلية، البرنامج الهيكلي: برنامج جاهز يتضمن الخطوات المنطقية الرئيسة ويترك أسطرا خالية في مواضع مناسبة للخطوات التفصيلية أو القيم المُحدَّدة.
Skill	مهارة.
Skills	مهارات.
SKIP (Simple Key Management for Internet Protocols)	إدارة المفاتيح البسيطة لبروتوكولات الشبكة الدولية: بروتوكول تم تطويره للمشاركة بمفاتيح التشفير.
SLA (Service Level Agreement)	اتفاقية مستوى الخدمة: عقد بين مزود الخدمة والمستخدم يُحدِّد مستوى الخدمة المتوقع تقديمها خلال فترة العقد.
Slamming	تغير مزود الخدمة: ممارسة غير قانونية لتغيير مزود خدمة الهاتف بعيد المدى دون إذن العميل.
Slash	"/": حرف من حروف الطباعة على شكل خط مائل.
Slave	تابع: هو جهاز تشغيل يخضع لتحكم جهاز تشغيل آخر في نظام يستخدم جهازي تشغيل أو أكثر.
Slave password	كلمة مرور تابعة.
Slave robot	روبوت تابع.
SLED (Single Large Expensive Drivers)	محرِّكات فردية كبيرة باهظة الثمن.
Sleep	سبات: هو حالة يدخل فيها الحاسوب بعد توقفه عن النشاط بفترة من الزمن تهدف لتوفير الطاقة كما تتيح العودة مباشرة للنقطة التي توقف عندها عند اعادة تشغيله.
SLI (Scalable Link Interface)	واجهة الربط المتدرِّجة: واجهة وحدة معالجة الرسومات المتعددة من تطوير شركة نفيديا لربط محوِّلين إلى أربعة محوِّلات عرض معا من أجل عرض أسرع على شاشة أو اثنتين.
Slide Rule	مسطرة حسابية/الحاسبة.

Small Computer	حاسوب صغير.
SMAR (Source Memory Address Register)	مُسجِّل عناوين الذاكرة المصدرية.
SMART (Self-Monitoring, Analysis and Reporting Technology)	تقنية المراقبة الذاتية والتحليل وإعداد التقارير: نظام مراقبة الأقراص الصلبة لكشف الأعطال وإعداد التقارير بناءً على مؤشرات موثوقة أملاً في توقع الاعطال المستقبلية.
Smart building	مبنى ذكي.
Smart building technology	تقنيةالأبنية الذكية.
Smart Card	بطاقة ذكية: بطاقة بحجم بطاقات الإعتماد تحتوي دارة متكاملة بإمكانها تنفيذ بعض العمليات البسيطة.
Smart Computer	حاسوب ذكي.
Smart Device	جهاز ذكي: جهاز مختص بالتعامل مع نوع محدد من معلومات المهام.
Smart device programmability	قابلية جهاز ذكي للبرمجة.
Smart door opener	فاتح أبواب ذكي.
Smart environment	بيئة ذكية.
Smart Linkage	رابط ذكي.
Smart organization	منظمة ذكية.
Smart workplace	مقر عمل ذكي: مقر عمل يرتكز على بنية إلكترونية عالية المستوى تُسِّهل العمل فيه.
Smartphone	هاتف ذكي: هاتف خلوي يوفر مجموعة من الخدمات المعلوماتية مثل الخدمة الصوتية الرقمية وخدمة البريد الالكتروني والرسائل الفورية والوصول إلى الشبكة العنكبوتية بالاضافة للكاميرا ومشغل التلفزيون/الفيديو الخ.
SMB (Server Message Block) also known as Common Internet File Systems (CIFS)	خادم رسائل التطبيقات (المعروف بنظام ملف الشبكة الدولية المشترك): بروتوكول شبكي مستخدم في نظام التشغيل ويندوز على مستوى التطبيقات يوفر
Slide Switch	مفتاح مُنزَلِق/سَحَّاب: مفتاح كهربائي يتحرك عبر مجرى معين بين وضعي القفل والفتح.
SLIP (Serial Line Internet Protocol)	بروتوكول الشبكة الدولية تسلسلي الخط: وسيلة لإستخدام خط هاتفي وموديم لاجراء إتصال بالشبكة الدولية.
SLIP/PPP (Serial Line Internet Protocol/Point to Point Protocol)	بروتوكول الشبكة الدولية تسلسلي الخط/بروتوكول نقطة إلى نقطة.
Slot	منفذ الحاسوب: هو تقنية هندسية على شكل شق صغير لإضافة قدرات جديدة للحاسوب تقدم بعض الإمكانيات الخاصة مثل تسريع الفيديو والصوت أو التحكم في محرك الأقراص حيث أن أغلب الحواسيب المكتبية مجهزة بمجموعة من المنافذ للتوسعة لإضافة المعدات.
Slow loading	تحميل بطيء.
Slow-Speed Device	جهاز بطيء السرعة: جهاز سرعته منخفضة بسبب طبيعة تشغيله مثل قارئة البطاقات.
SLP (Service Location Protocol)	بروتوكول موقع الخدمة: بروتوكول يسمح للحواسيب والأجهزة الأخرى بإكتشاف الخدمات على الشبكة المحلية.
SLSI (Super Large Scale Integration)	تكامل على نطاق فائق جدا: طريقة تصنيع دارات متكاملة تقوم على وضع 50,000 إلى 100,000 عنصر على الدارة المتكاملة.
SLT (Solid Logic Technology)	تقنية المنطق الصلب: مجموع الوسائل المستخدمة في صناعة الوحدات المصغرة كمكونات أجهزة الحاسوب لتقليل المسافات التي يقطعها التيار مما يؤدي إلى زيادة سرعة الدوائر في العمل.
Small Business Computer	حاسوب الاعمال الصغيرة: حاسوب يستخدم للأعمال صغيرة الحجم.
Small Caps	حروف صغيرة الحجم.

SMS (Short Message Services)	خدمةالرسائل القصيرة: الطريقة التي يتم من خلالها تبادل الرسائل النصية بين الهواتف المحمولة.
SNA (Systems Network Architecture)	هيكلية شبكات الأنظمة: معيار بروتوكول شبكي يُستعمَل في حواسيب آي بي إم الكبيرة والحواسيب الكبيرة المتوافقة مع آي بي إم.
Snail Mail	بريد حلزوني:هو نوع من البريد الإلكتروني الذي يحتاج عدة أيام للتوصيل بعكس الأنواع الأخرى من البريد الإلكتروني والتي تصل فى ثوان معدودة.
Snapshot	لقطة، مقتطف: 1-نسخة محفوظة عن الذاكرة تشمل جميع محتويات الذاكرة وسجلات الأجهزة ومؤشرات الوضع. 2-نسخة محفوظة عن ملف قبل أن يتم تحديثه.
Snapshot Dump	إفراغ لحظي: تفريغ لأجزاء معينة من الذاكرة كطريقة لاكتشاف الأخطاء في البرنامج أثناء التنفيذ حيث تُنسخ محتويات جزء من الذاكرة ومسجلات وحدة التسجيل وتُعرض على الشاشة في مراحل معينة لتحديد احتمال احتواءها على خطأ.
Sniffer programs	برامج الشم: برمجيات مستخدمة لتسجيل المعلومات التي تمرعبرحاسوب أوجهاز توجيه.
SNMP (Simple Network Management Protocol)	بروتوكول إدارة الشبكة البسيط: هو بروتوكول لمراقبة نسب استخدام المعالج وكمية البيانات المتدفقة عبر منفذ شبكي من مجموعة برتوكولات التحكم بنقل البيانات/ بروتوكول الشبكة الدولية حيث تتم مراقبة فعاليات أجهزة الشبكة وحفظ معلومات التحكم لكل جهاز في بنية خاصة تُعرف بكتلة معلومات الإدارة. بشكل أساسي وصول مشترك إلى الملفات والطابعات والمنافذ التسلسلية والإتصالات المختلفة بين العقد على الشبكة.
SMDS (Switched Multimegabit Data Services)	خدمة البيانات متعددة الميجابيت المُحوَّلة: خدمة إتصالات للبيانات المحوَّلة فائقة السرعة تقدمها شركات الهاتف المحلية.
SMI (Simple Mail Interface)	واجهة البريد البسيطة: مجموعة من وظائف بروتوكول VIM تستخدمه التطبيقات لإرسال البريد الإلكتروني ومرفقاته.
SMIL (Synchronized Multimedia Integration Language)	لغة تكامل الوسائط المتعددة المتزامنة: لغة خاصة تسمح بإنشاء العروض التي تَستخدِم الوسائط المتعددة كالصوت والفيديو عبر صفحات الشبكة الدولية.
Smiley	وجه ضاحك: تعبير عن المشاعر يتم طباعته في رسالة أو برنامج تخاطب بإستخدام رموز لوحة المفاتيح.
SMIME (Secure Multiple Internet Mail Extension)	امتدادات بريد الشبكة الدولية المتعدد الآمن: معيار لتشفير المفاتيح العامة وتوقيع البريد الإلكتروني.
SMM (System Management Mode)	نمط إدارة الأنظمة: نمط للحفاظ على الطاقة يقوم خلال الفترات غير النشطة للحاسوب بتشغيل نمط السبات.
Smoke sensors	مجسّات الدخان.
SMON (Switch Monitoring)	مراقبة التبادل: قاعدة معلومات إدارية تُستخدَم لوصف وإدارة أدوات التبادل والتحويل الشبكي.
Smooth running of ICT system	تشغيل سلس لنظام تقنيات الاتصالات والمعلومات.
SMP (Symmetrical Multiprocessor Processing)	معالجة متعددة غير متماثلة: طريقة لمعالجة البيانات حيث تقوم المعالجات بالتعامل مع البيانات في نفس الوقت ظاهريا.

SNOBOL (String Oriented Symbolic language)	لغة رمزية موجهة السلاسل: هي لغة برمجة راقية تُستعمَل في مجال تشغيل السلاسل الرمزية ومضاهاة الأنماط.
SOA (Service Oriented Architecture)	معمارية/بنية موجَّهة للخدمة: مجموعة من المنهجيات والمبادئ لتصميم وتطوير البرمجيات على شكل خدمات قابلة للتشغيل المتبادل واعادة الاستخدام.
SOC (System On a Chip)	تقنية النظام على الشريحة: مجموعة الأجزاء الإلكترونية لمنتج مُجَمَّعة على شريحة.
Social empowerment	تمكين اجتماعي.
Social Engineering	هندسة إجتماعية: مصطلح يُستخدم لإختراق التقنيات عن طريق خداع الافراد مثل الوصول لكلمات المرور عبر معرفة معلومات عن واضعيها.
Social network service	خدمة الشبكة الاجتماعية.
Society	مجتمع، جمعية.
Socio-economic development	تنمية اجتماعية اقتصادية.
Socket	مقبس: فتحة يتم إدخال قابس كيبل التوصيل أو الأطراف المدببة للدائرة فيها.
Socket API	واجهة برمجة التطبيقات للمقابس: هي واجهة برمجة التطبيقات التي تبنته عدد من أنظمة التشغيل الحديثة للإتصالات متداخلة العمليات.
SO-DIMM (Small Outline Dual In-Line Memory Module)	وحدة ذاكرة خطية مزدوجة صغيرة: وحدة ذاكرة تُستخدَم عادة في الحواسيب المحمولة.
Soft Boot	بدء تشغيل الحاسوب اللين: عملية إعادة تشغيل الحاسوب التي يقوم بها نظام التشغيل دون قطع الكهرباء.
Soft Copy	نسخة لينة/غير مطبوعة.
Soft Error	خطأ بسيط/قابل للاصلاح.
Soft Font	خط رقيق: نوع خطوط غير مخزَّن في ذاكرة القراءة فقط حيث يتم نقل الخط الى الطابعة مع الوثيقة المراد طباعتها ومن ثم يتم حذفه بعد الانتهاء من الطباعة أو عند إيقاف تشغيل الطابعة كما يجب اعادة تحميله عند الحاجة إليه.
Soft Patch	إصلاح لين: تثبيت سريع للغة الآلة الموجودة في الذاكرة لفترة مؤقتة.
Soft Return	اعادة لينة: شيفرة يتم إدخالها من قِبَل برنامج معالجة النصوص لتحديد نهاية السطر بناء على ضبط معين للهوامش.
Soft Token	جهاز تشكيل كلمات المرور اللين: أداة أمن حاسوبية تتيح للمستخدمين المفوضين الوصول إلى أنظمة حاسوبية محمية عن طريق تشكيل كلمات مرور بشكل الي.
Softmodem	مودم لين/برمجي: مودم مصمم لإستخدام موارد الحاسوب المُضيف لأداء مهام المكونات المادية للمودم العادي.
Softswitch	مفتاح لين: أداة مركزية في شبكة الهاتف تربط المكالمات من خط هاتف إلى آخر من خلال برمجيات النظام الحاسوبي.
Software	برمجية، برمجيات: مجموع البرامج والتراكيب العامة للبيانات والتعليمات المخزنه إلكترونيا والتي يمكن إستخدامها في حاسوب معين لإدارة المعدات المادية للحاسوب والتحكم بها.
Software activation	تفعيل برمجية.
Software anti-tamper technology	تقنية مواجهة التلاعب في البرمجيات.
Software architect	معماري/مصمم بنية البرمجيات.
Software architecture	معمارية/بنية البرمجيات.
Software asset management	إدارة الأصول البرمجية.

Software bug	خلل البرمجيات.
Software components automatability	قابلية اختبار مكونات البرمجيات اليا.
Software components controllability	درجة التحكم في مكونات البرمجية.
Software components isolateability	قابلية عزل مكونات البرمجيات.
Software components observeability	قابلية ملاحظة مكونات البرمجيات.
Software components understandability	قابلية فهم مكونات البرمجيات.
Software Conversion	تحويل البرمجيات.
Software creation	انشاء برمجية.
Software design	تصميم البرمجيات.
Software design engineer lead	مهندس تصميم البرمجيات، قائد فريق تصميم البرمجيات : المهندس المسؤول عن تصميم البرمجيات في المؤسسة.
Software designer	مصمم برمجيات.
Software Developer	مطّور البرمجيات.
Software development	تطوير البرمجيات.
Software Distribution Agreement	اتفاق توزيع البرمجيات.
Software engineer	مهندس برمجيات.
Software engineering	هندسة البرمجيات: مصطلح ظهر في نهاية ستينيات القرن الماضي يشير الى تطبيق نهج منتظم ومنظم وقابل للقياس الكمي لتصميم البرمجيات وتطويرها وتشغيلها وصيانتها.
Software enhancement	تعزيز البرمجيات.
Software expiration	انتهاء أجل البرمجيات.
Software failure	تعطُّل برمجية.
Software failure analysis	تحليل أعطال البرمجية.
Software freedom	حرية البرمجيات: حرية تداول البرمجيات والبرامج الحاسوبية وهو شعار ينادي به منتقدو نظام حق النشر التقليدي الذين يرون أن هذا النظام يؤدي إلى انحسار الإبداع.
Software functionality	وظيفة /وظيفية البرمجيات.
Software Handshake	تخاطب البرمجيات: التخاطب المؤلف من إشارات مرسلة عبر خطوط نقل البيانات مثل الإتصال من مودم إلى آخر عبر خطوط الهاتف.
Software House	مؤسسة تطوير البرمجيات.
Software implementation	تنفيذ البرمجيات.
Software industry	صناعة البرمجيات.
Software license agreement	اتفاق ترخيص برمجية.
Software Marketing and Licensing Agreement under Private Label	اتفاق تسويق البرمجيات وترخيصها الصادر تحت ملصق تعريفي خاص.
Software optimizeability	قابلية البرمجية للمثالية:إمكانية رفع كفاءة البرمجية إلى المستويات القصوى.
Software Package	حزمة برمجية: مجموعة من التطبيقات ذات الصلة.
Software packages	حزم برمجية.
Software Publishing	نشر البرمجيات: تطوير وتسويق البرمجيات.
Software reliability	اعتمادية البرمجيات.
Software solutions	حلول برمجية.
Software specification Agreement	اتفاق مواصفات البرمجيات.
Software Supplier	مورِّد البرمجيات.
Software support services agreement by Licensor	اتفاق خدمات دعم البرمجيات من قبل المرخِّص.
Software system	نظام برمجيات: مجموعة من البرامج التي تنسق أنشطة ومهام الأجهزة والبرامج الأخرى.
Software testability	قابلية البرمجية للاختبار.
Software testing	اختبار البرمجية.
Software Tools	أدوات برمجة، معدات برمجية: برامج أو تطبيقات يستخدمها مطورو البرمجيات لإنشاء البرامج والتطبيقات أو تصحيح الخلل فيها أو الحفاظ عليها.
Software upgradability	قابلية البرمجية للتحديث.
Software usability	قابلية البرمجية لسهولة الاستخدام.
Software vulnerability	ضعف برمجي.

وسيط طلب الكيانات العام.

Son (file)	ملف ابن.
SONET (Synchronous Optical Network)	شبكة بصرية متزامنة.
Sophisticated password	كلمة مرور معقدة.
Sort / Merge Program	برنامج تصنيف ودمج.
Sort Software	برمجية تصنيف.
Sorting	تصنيف: ترتيب سجلات البيانات وفق ألية معينة.
Sound Analysis	تحليل الصوت.
Sound Card	بطاقة الصوت.
Sound Synthesis	تركيب الصوت.
Source	يجلب، مصدر.
Source Code	شيفرة المصدر: تعليمات برمجية مكتوبة بلغة المصدر.
Source code Agreement	اتفاق شيفرة المصدر.
Source Computer	حاسوب المصدر: الحاسوب المستعمل لإعداد المسائل لإدخالها إلى حواسيب أخرى.
Source Contact	الإتصال بالمصدر.
Source Data	بيانات المصدر: البيانات كما هي قبل إعدادها وتهيئتها للإدخال أي كما انتجها المصدر.
Source Document	وثيقة مصدرية: المستند الأصلي الذي تُجهَّز منه البيانات القابلة للقراءة من قبل الحاسوب.
Source File	ملف المصدر/الأساسي.
Source Language	لغة مصدر (اللغة الأصلية): لغة البرمجة التي تُكتَب بها تعليمات البرامج والتي يتم تحويلها من قبل المترجم إلى لغة الآلة.
Source Program	برنامج المصدر: البرنامج في حالته الأولى بعد كتابته بإحدى لغات البرمجة وقبل تجميعه إلى برنامج قابل للتطبيق.
Source Program Deck	حزمة بطاقات برنامج المصدر: مجموعات البطاقات المخرمة المدون عليها برنامج أصلي.
Source Program List	قائمة برامج المصدر.
Software vulnerability assessment	تقييم نقاط ضعف البرمجيات.
Software's createability	قابلية البرمجية للابتكار.
Software's envisionability	قابلية البرمجيات للتخيل/ للتصور.
SOHO (Small Office/ Home Office)	مكتب صغير/مكتب منزلي: يشير إلى المستخدم الذي يؤدي عمله أو أعماله التجارية من منزله.
Solaris	سولاريس: نظام تشغيل طورته شركة صن ميكروسيستمز بالاعتماد على عدة أنظمة تشغيل متفرعة من يونكس.
Solid	صلب.
Solid Character	رمز صلب: الرمز الكتابي الذي يُرسَم مليئا كما في الكتابة بالقلم أو الريشة بالمقارنة مع الرمز النقطي.
Solid State Device	أداة الحالة الصلبة: أداة إلكترونية مصنوعة من مادة صلبة لا تحوي أجزاء مستقلة متحركة بل كتلة واحدة دقيقة الحجم تسمح بمرور التيار الكهربائي والتحكم فيه باستغلال الخواص الإلكترونية للمواد الصلبة.
Solution	حل.
Solution reliability	اعتمادية الحل.
Solution's changeability	قابلية الحل للتغيير.
Solution's upgradability	قابلية الحل للتحديث.
Solution-focused thinking	تفكير مترکز حول الحلول.
Solutions	حلول.
Solutions architect	معماري/مصمم بنية الحلول.
Solutions functional specifications	مواصفات الحلول الوظيفية.
SOM (Self Organizing Map)	خارطة تنظيم ذاتي: خارطة ثنائية الأبعاد تُظهر العلاقات في شبكة عصبية يستخدمها النظام لتمييز الاجسام.
SOM (System Object Model)	نموذج كيانات النظام: بيئة مستقلة اللغة من تطوير شركة آي بي إم تُطبِّق معايير معمارية

Spamdexter — مصاحب البريد المزعج: طرق وأساليب يستخدمها بعض مسوقي الشبكة الدولية لاظهار موقعهم الإلكتروني أعلى قائمة نتائج محرك البحث أو بالقرب منها.

Spammer — مُرسِل البريد المزعج.

SPARC (Scalable Processor ARChitecture) — تصميم معالج متدَرِج: مجموعة التعليمات التي يجمعها نظام ترميز تلقائي ويستطيع نظام حاسوب أو معالج بيانات تنفيذها.

Sparce Array — مصفوفة تصميم معالج قابل للتغيير (بالتكبير أو التصغير).

Sparce Infector — فيروس تصميم المعالج.

Spatial Data Management — إدارة البيانات الفضائية.

Speakeasy — سبيك ايزي: لغة عالية المستوى تُستعمَل في التطبيقات العلمية الرقمية.

Speaker Dependent Recognition — تمييز الكلام: قدرة الحاسوب على إجراء مقارنة بين أنماط الإشارات القادمة إليه من مايكروفون وأنماط الصوت المخزَّنة في ذاكرته للتعرف على الكلمات المنطوقة لمتكلم معين.

Special Character — رمز خاص: رمز غير عددي أو ألفبائي مثل علامة الإستفهام والتعجب وغيرهما.

Special Purpose Computer — حاسوب الأغراض الخاصة: حاسوب مصمم ليلائم تطبيقاً معيناً.

Special Purpose Language — لغة الأغراض الخاصة.

Specialist — متخصص، مختص، أخصائي.

Specialized Mobile Radio — راديو نقّال مختص: خدمات الإتصالات التي تستخدمها الشرطة وسيارات الإسعاف وسيارات الأجرة والشاحنات ومركبات التوصيل الأخرى.

Specification — مواصفة: بيان أو تعريف دقيق للأهداف والمتطلبات والشروط والبرامج والعمليات المطلوبة وغيرهم.

Source Statement — تعليمة المصدر: أمر برمجي مكتوب بلغة المصدر.

Sourcing — جلب، استقدام، الحصول.

SPA (Secure Password Authentication) — تحقق أمِن لكلمة المرور.

Space — مسافة: المسافة بين كلمتين أو رمزين.

Space Character — رمز المسافة، المساحة الخالية.

Space Division Multiplexing — الإرسال المتعدد بتقسيم الفضاء: هو استخدام أسلاك نقطة إلى نقطة مختلفة لقنوات مختلفة في الاتصالات السلكية اما في الاتصالات اللاسلكية فهو بث لعدة مناطق جغرافية على نفس التردد عبر الهوائيات.

Space robot — روبوت فضائي.

Space warfare technology — تقنية حرب الفضاء.

Spacebar — مفتاح شريط المسافة: المفتاح المستعمل للمباعدة بين الكلمات على لوحة المفاتيح.

Spacing — ضبط المسافات: المباعدة بين الكلمات أو الرموز.

Spaghetti Code — شيفرة غير مترابطة: شيفرة برنامج ذي بنية غير مترابطة منطقيا حيث ينتقل تسلسل تنفيذ البرنامج إلى تعليمات من الصعب متابعتها.

Spam — البريد الالكتروني المزعج: مصطلح يشير الى البريد الإلكتروني غير المرغوب به والمُرسَل لاغراض تجارية مثل تسويق المنتجات والخدمات.

Spam Blocking — مانع البريد المزعج: برنامج يمنع كافة رسائل البريد الإلكتروني غير المرغوب بها والواردة من مصادر غير أمنة.

Spambot — البريد المزعج الألي: برنامج شبكي مصمم لخلق حسابات بريدية وهمية لارسال بريد الكتروني غير مرغوب به للعناوين البريدية المُجمَّعة.

Spindle	محور/ عمود الدوران: عمود دوَّار في محرك الأقراص.
Split Screen	شاشة مُقسَّمة: عرض مجموعتين أو أكثر من البيانات على الشاشة في الوقت ذاته.
SPM (Self Phase Modulation)	تضمين فترة ذاتي: طريقة لضغط البيانات في موجة ذات تيار متردد من خلال تغيير الطور الحالي للموجة الحاملة ويمكن إستخدام هذه الطريقة في البيانات الرقمية أو التماثلية بطور تيار متردد متغير بطريقة مستمرة أو بطريقة مفاجأة.
Spoiler	مُفسِد: ملاحظة تكشف عناصر مهمة في حبكة الكتب أو الأفلام وبالتالي تحرم القارئ من التشويق خلال قراءة الكتاب أو مشاهدة الفيلم.
Sponsored top-level domains (sTLD)	نطاقات المستوى الأعلى ذات الرعاية: المجالات التي تعمل مباشرة ضمن سياسات عمليات مؤسسة الشبكة الدولية للأسماء والأرقام المخصصة.
Spoofing	خداع: تضليل من خلال العمليات الإلكترونية مثل متابعة البث على تردد معين بعدما تم تشويشه تماما او استخدام عنوان شبكي لجهاز اخر.
Spool	بكرة الشريط.
Spooler	منسق العمليات الطرفية المتزامنة، المشغل المباشر للعمليات الطرفية.
Spooling (Simultaneous Peripheral Operations On Line)	تشغيل مباشر للعمليات الطرفية المتزامنة: طريقة تستخدمها بعض نظم التشغيل للتحايل على بطء أجهزة الإدخال والإخراج بالنسبة لسرعة وحدة التشغيل المركزية.
Spot Function	وظيفة موضعية: هو إجراء برنامج بوست سكريبت المُستخدَم لخلق نوع معين من الشاشات.
Specifications	مواصفات.
Specifier	مُحدِّد: رمز اصطلاحي يسمي كياناً معيناً مثل محرك الأقراص.
Spectral Color	لون طيفي: لون طول موجة ضوئية يبدأ باللون البنفسجي فالنيلي فالأزرق فالأخضر فالأصفر فالبرتقالي منتهياً بالأحمر.
Spectral Response	تجاوب طيفي: النتائج المتغيرة لجهاز حساس للضوء يعتمد على لون الضوء الذي يدركه.
Speech Recognition	تمييز الكلام، التعرف الصوتي: مقدرة الآلة أو البرنامج على تمييز وتنفيذ الأوامر الصوتية أو كتابة ما يُملى عليه وبشكل عام يشير المصطلح الى مماثلة الأنماط الصوتية مع مجموعة من المفردات اللغوية المُجهزَّة أو المُكتسبَة.
Speech recognition devices	أجهزة تمييز الكلام/التعرف الصوتي: أجهزة تحويل الكلمات المنطوقة إلى نص.
Speech Synthesis	تركيب الكلام: توليد أصوات آلية عن طريق ترتيب وحدات الكلام لتكوين كلمات.
Spell Checking	تدقيق الإملاء/التهجئة: آلية التحقق من الأخطاء الإملائية في المستندات.
Spelling Checker	مدقق الإملاء: هي تقنية لكشف الأخطاء الإملائية في المستندات عن طريق التأكد من صحة تهجئة الكلمات في برامج معالجة النصوص.
Spending	إنفاق.
Spew	غزارة: إرسال عدد كبير من رسائل البريد الإلكتروني أو رسائل الأخبار عن طريق الشبكة الدولية.
Spider	عنكبوت: برنامج بحث آلي يبحث في مواقع الشبكة الدولية عن وثائق وصفحات شبكية جديدة.

Spotting devices	أجهزة تحديد الهدف.
SPP (Scalable Parallel Processing)	معالجة متوازية متدرجة: هياكل معالجة متعددة قابلة لإضافة معالجات ومستخدمين دون تعقيد أوضعف في الأداء.
SPR (Single Path Routing)	توجيه أحادي المسار: توجيه حزم البيانات عبر مسار واحد.
Spreadsheet	الجداول الإلكترونية: عرض البيانات على شكل صفوف واعمدة ذات علاقات وروابط منطقية.
Spreadsheet Program	برنامج الجداول الإلكترونية: تطبيق حاسوبي تفاعلي لتنظيم وتحليل المعلومات على شكل جداول يُستخدم في الموازنات والمقارنات والتنبؤ حيث يقوم بترتيب قيم البيانات في خلايا ذات علاقات معروفة بصيغ محددة والتغيير في إحدى الخلايا ينتج عنه تغيير في الخلايا الأخرى المتعلقة بها كما يتيح التطبيق تمثيل النتائج بمخططات ورسوم ومنحنيات بيانية.
SPS (Shock Protection System)	نظام الحماية من الصدمات.
SPSS (Statistical Program for the Social Sciences)	البرنامج الإحصائي للعلوم الإجتماعية: حزمة تحليل إحصائي تم تطويرها في عام 1968 وأصبحت المنتج التأسيسي لشركة البرمجيات التحليلية في الولايات المتحدة.
SPX (Sequenced Packet Exchange)	تبادل الحزم المتتالي: بروتوكول إتصالات يُستخدَم للتحكم بنقل الرسائل عبر الشبكة.
Spy	يتجسس، جاسوس.
Spying	تجسس.
Spyware	برمجيات التجسس: هو نوع من البرمجيات الضارة تقوم بجمع المعلومات عن المستخدمين دون علمهم وعادة ما يتم إخفاء وجود برمجيات التجسس عن المستخدم ويصعب الكشف عنها.
Spyware detection	اكتشاف برمجيات التجسس: مفهوم يهدف الى اكتشاف البرمجيات التي تهدف الى جمع المعلومات حول المستخدمين دون علمهم أو موافقتهم المسبقة.
Spyware detection system	نظام اكتشاف برمجيات التجسس.
SQL (Structured Query Language)	لغة الاستعلام الهيكلية: هي اللغة التي تسمح بالوصول إلى قواعد البيانات ومن ثم التعامل معها مثل SQL Server واوراكل وأكسس وMySQL وDB2 وغيرهم.
Square Brackets	أقواس مربعة (علامتا [ ]): تُستخدمان لتضمين مادة مكتوبة أو مطبوعة أو الإشارة إلى تعبير رياضي.
SRAM (Static RAM)	ذاكرة وصول عشوائي ساكنة: ذاكرة أسرع وأكثر اعتمادية من ذاكرة الوصول العشوائي لا تتطلب التحديث مثل ذاكرة الوصول العشوائي المتحركة.
SRAPI (Speech Recognition Application Programming Interface)	واجهة برمجة تطبيقات التعرف على الكلام: واجهة برمجة طورتها شركة نوفيل للتعرف على الكلام.
SRES (Signed Response)	رد مُوَقَّع.
SSA (Serial Storage Architecture)	هيكل التخزين المتسلسل: بروتوكول نقل تسلسلي يُستخدَم لربط محركات الأقراص بالخوادم.
SSD (Solid State Disk)	قرص الحالة الصلبة: محرك أقراص يَستخدِم شرائح ذاكرة بدلا من اللوائح الدوارة لتخزين البيانات ويعتبر بديل أسرع من الأقراص العادية.
SSE (Streaming SIMD Extension)	امتدادات التعليمة المفردة متعددة البيانات المتدفقة: مجموعة من أوامر المعالجات طورتها شركة إنتيل عام 1999 وأطلقتها مع معالجات بنتيوم 3.

	لآخرى بتدخل بسيط من المُشغِّل أو دون تدخل منه نهائياً.
Stacker Drum	أسطوانة حفظ البطاقات المثقبة.
Stacking Order	أمر تكديس.
Stackware	برمجيات التكديس: تطبيق لبرنامج هايبر كارد مُكّون من مجموعة بيانات ومبرمج بلغة هايبر توك.
Staging Web	مواقع إلكترونية مرحلية/مؤقتة.
Staging Web Server	خادم الشبكة العنكبوتية المرحلي/ المؤقت: خادم برتوكول نقل النص التشعبي مُستخدَم لمرحلة انتقالية كآلية لفحص الصفحات الشبكية قبل نشرها على الشبكة الدولية.
Stakeholders	الأطراف المعنية، أصحاب المصالح.
Stale Link	صلة تالفة: رابط تشعبي لمستند تم حذفه أو إزالته من الشبكة العنكبوتية العالمية.
Stale Pointer Bug	مؤشر علة تالف: مرادف لِ Aliasing Bug.
Standalone	مُستقِل: 1- برنامج يعمل دون الحاجة لنظام تشغيل. 2-مكون مادي يُضاف الى الحاسوب بشكل مستقل عن اللوحة الأم.
Standard	معيار، مقياس، معياري، قياسي.
Standard Disclaimer	بيان خصوصية معياري/قياسي.
Standard Function	وظيفة معيارية/قياسية: وظيفة تتوفر من خلال مرجع بسيط في لغة برمجة راقية.
Standardization	تقييس، توحيد المقاييس، توحيد المعايير.
Standby	حالة الاستعداد: خاصية في نظام تشغيل الحاسوب لتوفير الطاقة تتيح تحويل الجهاز إلى حالة توقف مرحلي حيث يتم إيقاف عمل القرص الصلب والشاشة والمراوح ووحدة المعالجة المركزية.
SSH (Secure Shell)	الصَدَفة الآمنة: بروتوكول شبكات يسمح بتبادل البيانات عبر قناة آمنة بين حاسوبين.
SSI (Server Side Includes)	ما يحتويه الخادم: لغة برامج نصية من جانب الخادم مستخدمة في تطبيقات الشبكة العنكبوتية.
SSI (Small Scale integration)	تكامل صغير النطاق: طريقة تصنيع دارات متكاملة تقوم على وضع خمس مئة ترانزيستور في المتوسط على الدارة المتكاملة.
SSO (Single Sign On)	تسجيل مرة واحدة: طريقة للتحكم بوصول المستخدمين لأنظمة المعلومات المتعددة ذات الصلة حيث يقوم المستخدم بتسجيل الدخول مرة واحدة فقط للوصول لجميع الانظمة.
SSP (Storage Service Provider)	مزوِّد خدمة التخزين: هي شركة توفر مساحة تخزين على جهاز حاسوب بالاضافة لخدمات الإدارة ذات العلاقة كحفظ النسخ الاحتياطية والأرشفة الدورية لاي راغب بالاستفادة من الخدمة تجاريا.
S-STP (Screened STP)	زوج الاسلاك الملتوية المحمية المعزولة: سلك شبكات مزدوج مبروم محمي بعازل لحماية البيانات من الضوضاء او المتغيرات الخارجية.
Stable State	حالة مستقرة.
Stack	كومة، كدس 1- مجموعة من المُسجِلات. 2-مساحة محجوزة في الذاكرة من أجل العمليات الحسابية. 3-التسلسل الهرمي لمستويات البروتوكولات أو البرامج.
Stack Pointer	مؤشر الكومة: مؤشر سجل يحتوي على العنوان الأخير ضمن كومة من العناوين.
Stacked Job Processing	معالجة الوظائف المكدسة: إنتقال أوتوماتيكي من وظيفة

Startup Screen	شاشة بدء التشغيل.
Start-ups	نشاطات/مؤسسات حديثة.
Stat Mux (Statistical Multiplexer)	متعدد الإشارات الإحصائي.
State	يقر، حالة، دولة.
Stateful	حسب الحالة: القدرة على الحفاظ على وضع عملية أو معاملة.
Stateful Inspection Technology	تقنية فحص الحالة: تقنية جدار الحماية طورتها شركة تشيك بوينت لمتابعة نشاطات كافة روابط الاتصالات حيث تقوم برفض أي حزمة من خارج جدار الحماية ما لم تكن مرتبطة بمصدر خارجي موثوق.
Stateless	بدون حالة: مصطلح يشير إلى البرمجيات التي لا تتابع إعدادات التهيئة أو المعلومات المتعلقة بالمعاملات أو أية بيانات أخرى خاصة بالجلسة التالية.
Statement	عبارة برمجية: الوحدة الأساسية المنطقية في لغات البرمجة وتمثل خطوة من خطوات البرنامج.
Statement Field	حقل العبارة البرمجية: المساحة المخصصة لكتابة عبارات البرامج.
Statement Function	وظيفة العبارة البرمجية: عبارة تُقّيم تعبير معين وتقدم جوابا إما "صح" أو "خطأ" بناء على حالة البيانات.
Static	سكوني، راكد، جامد، دائم، ثابت.
Static Allocation	تخصيص دائم/ثابت.
Static Binding	ربط دائم: تحديد أنواع البيانات كمتغيرات أثناء تفسير برنامج الحاسوب بدلاً من أداء ذلك عند وقت التشغيل.
Static Buffer	وحدة التخزين المؤقت الثابتة.
Static Memory	ذاكرة ثابتة: ذاكرة حاسوب تحتوي على معلومات ثابتة وتحافظ على حالتها دون الحاجة الى تنشيط الإشارات المختزنة فيها كهربائيا بصفة دورية.
Star Dot Star	تقنية نجمة نقطة نجمة (*.*): تعبير يُستخدَم في الأوامر لاسترجاع جميع الملفات حيث تعني النجمة الأولى "كافة الملفات" وتعني النجمة الثانية "كافة الإمتدادات".
Star Network	شبكة نجمية: شبكة تكون فيها جميع الأجهزة الطرفية مرتبطة بحاسوب أو جهاز تحكم أو موزع مركزي.
STAR TAP (Science, Technology and Research Transit Access Point)	نقطة وصول انتقالية للعلوم والتكنولوجيا والبحوث: برنامج لجعل واجهة تطبيقات الحواسيب الكفية شبيهة بواجهة الحواسيب الشخصية.
Start / Stop Transmission	بدء/ إيقاف البث أو الإرسال.
Start Application	تطبيق البداية.
Start Bit	رقم ثنائي مبدئي: أول رقم ثنائي يتم إرساله في نقل البيانات اللاامتزامن للإشارة إلى بداية الكلمة.
Start Button	زر البداية: زر اساسي في واجهات أنظمة تشغيل مايكروسوفت ويندوز 95 وما تلاها من اصدارات.
Start Page	صفحة البداية: الصفحة الرئيسة/ الأولى في مواقع الشبكة الدولية والتي يتم عرضها عند الولوج للموقع.
Starter website	موقع شبكي مبتدئ.
Startup	تشغيل الحاسوب أو تحميل البرنامج.
Start-up	نشاط/مؤسسة حديثة.
Startup Disk	قرص بدء التشغيل.
Startup Message	رسالة البداية: رسالة تظهر عند تشغيل برنامج حاسوب تحتوي على معلومات تتعلق بالبرنامج أو تطرح خيارات على المستخدم.
Startup ROM	ذاكرة القراءة فقط المستخدمة في بدء التشغيل.

StickyKeys	مفاتيح مصاحبة: خاصية تسمح للمستخدمين باداء وظائف اضافية باستخدام لوحة المفاتيح القائمة عند الضغط على مفتاح Ctrl أو Alt أو Shift ومفتاح الوظيفة المطلوبة.
Stock control system	نظام التحكم بالمخزون.
Stop Bit	رقم الايقاف الثنائي: هو رقم ثنائي يرسل بعد كل رمز.
Stop Error	عطل الايقاف: هو عطل يحدث في نظام التشغيل ويندوز مما يؤدي إلى توقف الحاسوب وتحول الشاشة إلى اللون الأزرق.
Storability	إمكانية التخزين.
Storable	قابل للتخزين.
Storage	وسط التخزين، خازنة، مخزن: المكان الذي توضع به البيانات التي لا تحتاج إلى معالجة حالية بصفة دائمة.
Storage Address	عنوان التخزين.
Storage Area Network (SAN)	منطقة التخزين الشبكية: شبكة مخصصة الغرض عالية السرعة توفر اتصال مباشر بين عدد من أجهزة تخزين البيانات مثل أقراص التخزين والخوادم.
Storage as a service	التخزين كخدمة: نموذج لتخزين البيانات حيث يستأجر الافراد والمنظمات مساحة تخزينية من مزوِّد خدمات.
Storage Capacity	سعة وسط التخزين: حجم البيانات التي يمكن لوسط تخزين مثل القرص أن يحتويه.
Storage Card	بطاقة تخزين.
Storage Device	جهاز تخزين.
Storage Dump	تفريغ وسط التخزين: عرض أو طباعة محتويات الذاكرة.
Storage hardware	معدات خاصة بالتخزين.
Storage Location	موضع التخزين: حيز في الذاكرة أو وسط التخزين يحتوي على وحدة من البيانات ويُدَّل عليه بعنوان.
Static Routing	توجيه ثابت: تحديد كيفية انتقال البيانات عبر الشبكة بشكل مُسبَق الإعداد.
Static Web Page	صفحة شبكية ثابتة/راكدة: صفحة شبكية غير قابلة للتحديث الالي.
Static website	موقع شبكي ثابت/راكد: موقع شبكي غير قابل للتحديث الالي.
Stationary robot	روبوت ثابت.
Stationary Slot Scanner	الماسح الضوئي الثابت ذو الفتحة: هو جهاز لقراءة شيفرة الخطوط العمودية المُثبَّت داخل منضدة المبيعات في المحلات التجارية حيث يقرأ شيفرة المواد المباعة ويسجل سعرها ورقمها.
Stationery	قرطاسية.
Status Bar	شريط الحالة.
Status Code	رمز الحالة: هي قيمة يرسلها الخادم إلى العميل تُبيِّن حالة العملية المطلوبة من حيث نجاح أو فشل التنفيذ.
Steal	يسرق.
Stealing traffic	سرقة حركة المرور: توجيه حركة المرور الشبكي بطرق غير شرعية نحو موقع معين و/أو منعها من التوجه نحو موقع أخر.
Stealth virus	فيروس شبح: فيروس غير قابل للكشف باستخدام البرمجيات المضادة للفيروسات.
Steganography	إخفاءالمعلومات: أحد أليات حماية البيانات من الاستخدام غير المرخَّص عبر الشبكات العامة من خلال إخفاء البيانات داخل صورة أو ملف صوتي.
Step-Rate Time	زمن معدل الخطوة: هو تحديد الفترة التي يحتاجها مشغل القرص المرن لتحريك رأس القراءة أو الكتابة بين مسارات البيانات.
Stereogram	صورة مجسمة (ثلاثية الأبعاد).

Stored Program Instruction	تعليمة البرنامج المُخزَّن: إحدى التعليمات التي يتألف منها البرنامج المُخزَّن وتُفسرها وحدة المعالجة المركزية على أنها عملية يلزم إجراؤها.
Stored Reference Character Matrix	مصفوفة رمزية مرجعية مُخزَّنة.
Storefront	واجهة أمامية : الصفحة الشبكية التي يستعرضها زبائن مواقع التسوق عبر الشبكة الدولية.
Storing	تخزين.
Storing system	نظام تخزين.
STP (Shielded Twisted Pair)	زوج الاسلاك الملتوية المَحمية: نوع خاص من أسلاك الهاتف والشبكات مصنوع من النحاس ويتم إضافة غطاء خارجي إلى الأسلاك تعمل كعازل وحامي للبيانات المنتقلة عبره.
Straight Line Program	برنامج خطي قائم على مجموعة من المعادلات المترابطة.
Straight Line Programming	برمجة خطية: برنامج يتم تنفيذ تعليماته بالتسلسل دون تفرعات.
Strategic Manager	مدير استراتيجي.
Strategies	إستراتيجيات.
Strategist	متخصص بالإستراتيجيات.
Strategize	يضع إستراتيجية.
Strategy	إستراتيجية: خطة لتحقيق هدف معين على المدى الزمني البعيد باستخدام/استهلاك مجموعة من المصادر.
Stream	يتدفق، دفق، تيار، مجرَى، سيل، تدفق. 1-مجرى البيانات من المصدر إلى جهاز التحكم. 2-التدفق المستمر للبيانات من موقع إلى آخر. 3-مجموعة متجاورة من الأرقام الثنائية أو كتلة من البيانات.
Stream Cipher	شيفرة متسلسلة.
Storage Media	وسائط تخزين.
Storage Medium	وسط التخزين: أي جهاز أو وسط تسجيل يمكن نسخ البيانات عليه والإحتفاظ بها لوقت لاحق ومن ثم استرجاع كامل البيانات الأصلية منه.
Storage Memory	ذاكرة التخزين.
Storage Module	وحدة التخزين: الوحدة المادية لذاكرة الحاسوب.
Storage Print Out	طباعة محتويات وسط التخزين: إحدى طرق اكتشاف أخطاء البرامج وفيها يتم طباعة نسخة عن محتويات الذاكرة الخاصة بتنفيذ البرنامج بلغة الآلة ليطَّلع عليها المبرمج ويتتبع خطوات تنفيذ البرنامج لاكتشاف الخطأ إن وجد.
Storage Register	سجل التخزين: سجل في الذاكرة الرئيسة للحاسوب تَنتقِل إليه التعليمة من الذاكرة لتفسيرها وتنفيذها من قبل وحدة التشغيل كما تُنقَل منه البيانات إلى الذاكرة الرئيسة.
Storage software	برمجيات التخزين.
Storage Structure	هيكلية التخزين: طريقة تصميم دوائر الذاكرة وكيفية عنونتها.
Storage system	نظام تخزين.
Storage to Register Operation	عملية التنقل من وسط التخزين إلى المُسجِلات.
Storage to Storage Operation	عملية التنقل من وسط تخزين الى أخر.
Storage Tube	أنبوب التخزين.
Store	يُخزِّن، محل.
Store-and-Forward	خَزِّن ثم أرسل (البيانات).
Stored Program	برنامج مُخزَّن/مختزن: برنامج حاسوبي يُحفظ في وسط التخزين الرئيسي للحاسوب وتقوم وحدة المعالجة المركزية بتنفيذه وفقا للتعليمات.

مخطط هيكلي: تمثيل منطقي للبرنامج أو النظام يرتكز على تحديد الوظائف الفرعية والرئيسية.	Structure Diagram
تصميم هيكلي: أسلوب نظامي لتصميم البرامج يستخدم الرموز الرسومية للتوثيق والإتصال والتصميم الفعّال لمساعدة المبرمجين.	Structured Design
رسوم هيكلية: رسوم حاسوبية تعتمد على إستخدام الخطوط والمنحنيات.	Structured Graphics
برمجة هيكلية.	Structured Programming
إشارة نقل متزامنة: معيار لنقل البيانات عبر شبكة بصرية متزامنة.	STS-n (Synchronous Transport Signal)
تقنية العمليات الآمنة: عملية تم تشفيرها من أجل نقلها عبر الشبكة الدولية.	STT (Secure Transaction Technology)
كعب البرنامج، جذل: برنامج فرعي صغير يتم وضعه في برنامج رئيسي ويوفر وظيفة مشتركة.	Stub
استديو.	Studio
برنامج ستفلت: برنامج لضغط البيانات والصور يُستخدَم في بيئات تشغيل ويندوز وماك ولينوكس.	Stufflt
خط مُنمّط: خط كتابي يتبع أسلوبا خاصا وقواعد معينة في رسم أشكال الحروف وأحجامها.	Stylized Font
قلم الرسم، مرقم: أداة تشبه القلم تُستخدَم لرسم الصور أو إجراء الإختيارات من القوائم.	Stylus
طابعة إبرية/نقطية: طابعة يتكون رأس الطباعة فيها من عدة إبر مختلفة الحجم والألوان.	Stylus Printer
تجميع فرعي: وحدة مُجمّعة تشكل مكونا يتم دمجه في تجميع أكبر.	Subassembly
أمر فرعي: أمر من القائمة الفرعية.	Subcommand
مُشغّل جهاز الواجهة البينية بين الوحدات الطرفية.	Stream Interface Device Driver
ملف مُتدفّق: ملف قائم على تدفق الرموز كالصوت او الصور المتحركة.	Stream Oriented File
تقنية التدفق: تقنية تدفق البيانات تُقرأ أولاً بأول وقبل أن يكتمل تحميلها على الجهاز.	Streaming
تدفق، جريان.	Streaming
ذاكرة مؤقتة تعمل بين المنتِج النهائي (مصدر البيانات) والمستهلك النهائي (مستقبل البيانات.	Streaming Buffer
خادم التدفق: خادم إرسال البيانات بشكل متدفق.	Streaming Server
قوة.	Strength
حذف: طباعة حرف فوق حرف آخر على الشاشة مما يؤدي إلى مسح الحرف القديم.	Strikeover
سلسلة رموز: مجموعة من الرموز المتتابعة.	String
معالجة السلاسل الرمزية: مجموعة العمليات التي تجري على السلاسل الرمزية وأهمها الربط وتعيين السلاسل الجزئية المكونَة للسلاسل الرئيسة ومضاهاة الأنماط والتحويل من نظام إلى أخر.	String Processing
لغات معالجة السلاسل الرمزية: لغة برمجة راقية مزوّدة بمرافق لتركيب وفك السلاسل الرمزية والبحث عنها وإجراء عمليات الأخرى.	String Processing Languages
ضوء ومضي.	Strobe
سماكة الرمز.	Stroke
وصلة قوية.	Strong connection
كلمة مرور قوية.	Strong password
طباعة قوية: خاصية بلغات البرمجة توفر تقيدا تاما بقواعد الطباعة.	Strong Typing

تقسيم الشبكة: تجزئة الشبكة إلى مجموعات فرعية.	Subnetting
شبكة إتصالات فرعية: مرادف لِ Subnet.	Subnetwork
حاسوب دفتري صغير جدا: حاسوب محمول يزن أقل من أربعة باوند.	Subnotebook
حاسوب محمول صغير جدا.	Subportable
برنامج فرعي: برنامج حاسوب يتم تضمينه في برنامج آخر يعمل بشكل شبه مستقل عن البرنامج الذي يحتويه.	Subprogram
تقرير فرعي.	Subreport
روتين فرعي: مجموعة من التعليمات المتكاملة تؤدي مهام محددة لبرنامج رئيسي يتم استدعائه من قبل البرنامج بعبارة استدعاء.	Subroutine
روتين برنامج فرعي: برنامج فرعي على شكل روتين فرعي مستقل يُلحَق ببرنامج معين يُرجِع للبرنامج الرئيسي أكثر من قيمة واحدة بخلاف البرنامج الفرعي الوظيفي الذي يُرجِع قيمة واحدة كما أن البرنامج الرئيسي يستدعيه بعبارة استدعاء كاملة بخلاف الروتين الفرعي الوظيفي.	Subroutine Subprogram
مخطط فرعي: نظرة المستخدم الجزئية الفردية لقاعدة البيانات.	Subschema
يشترك، اشتراك.	Subscribe
1- نص سُفلي: الرموز التي تُطبَع أسفل الخط في المستندات. 2- دليل ضمني: هو رقم أو مجموعة من الأرقام التي تُحدد موقع عنصر ضمن مصفوفة أو جدول في البرمجة.	Subscript
متغير ذو الدليل الضمني/ذو رمز سفلي.	Subscripted Variable
فهرس فرعي: فهرس موجود داخل فهرس آخر.	Subdirectory
مجال فرعي: مكّون لإسم المجال ذو مستوى أدنى.	Subdomain
حقل فرعي: جزء من خانة مقسومة الى أجزاء مثل العنوان والعنوان الفرعي.	Subfield
نموذج/واجهة فرعية.	Subform
وظيفة فرعية: جزء من وظيفة رئيسة يتم التعامل معه كوحدة متكاملة	Subfunction
فهرس المواضيع.	Subject catalogue
فهرسة المواضيع.	Subject cataloguing
انحراف عن الموضوع: الإنحراف عن الموضوع الرئيس للنقاش ونتائج ذلك على الموضوع.	Subject Drift
حقل الموضوع: حقل وصف المحتوى في المراسلات و البريد الالكتروني.	Subject Field
خط الموضوع.	Subject Line
شجرة الموضوع: نوع من فهارس الشبكة العنكبوتية العالمية يتم تصنيفها وفقا للموضوع وتقسيمها إلى فروع حيث يتضمن المستوى الأدنى روابط لصفحات شبكية معينة.	Subject Tree
ترخيص قابل لاعادة البيع من الباطن.	Sub-licensable license
قائمة فرعية: قائمة تظهر نتيجة لاختيار عنصر أو أكثر من قائمة ذات مستوى أعلى.	Submenu (Sublist)
فائق الصغر، مُصغَّر.	Subminiature
شبكة فرعية: شبكة فرعية تابعة لشبكة أكبر على شكل نطاق من العناوين المنطقية ضمن مساحة العناوين المخصصة للمؤسسة.	Subnet
قناع الشبكة الفرعية: طريقة لتمييز الجزء المخصص للشبكة من الجزء المخصص للأجهزة الطرفية في عنوان بروتوكول الشبكة الدولية.	Subnet Mask

Suitcase حقيبة: ملف حواسيب ماكنتوش يحتوي على حرف أو أكثر أو إضافات مكتبة معينة.

Sum مجموع: النتيجة الحاصلة من جمع عددين.

Summand مُضاف، حاصل الجمع، مجموع: أي عددين أو أكثر تُضاف قيم كل منها إلى الأخر للحصول على مجموع هذه القيم.

Summary ملخص، موجز: تلخيص ما تحتويه وحدة بيانية من معلومات.

Summation تجميع، جمع.

Summit قمة.

S-UMTS (Satellite-UMTS) النظام العالمي للإتصالات الخلوية عبر الأقمار الصناعية.

SunOS نظام تشغيل صن: نظام تشغيل يونيكس يُستخدَم في أنظمة حواسيب صن مايكروسيستمز.

Super VAR (Super Value-Added Reseller) جهة إعادة البيع ذات القيمة المضافة الفائقة.

Superclass فئة علوية: فئة من المستويات العليا تؤرِث الخصائص والعمليات إلى الفئات الفرعية.

Superconductor مادة فائقة التوصيل.

Supercomputer حاسوب فائق: جهاز الحاسوب الأكثر ضخامة أو سرعة أو قوة من بين الأجهزة.

Supercomputers الحواسيب الفائقة.

Superconductivity موصلية فائقة.

SuperNetting تجميع الشبكات: تجميع الشبكات على شكل شبكة واحدة.

Superpipelining تنفيذ الخطوات المتزامنة الفائق: تنفيذ العمليات البرمجية ونقل البيانات بخطوات أطول وأكثر مما يتم في الإجراء العادي.

Superscalar تنفيذ متواقت فائق، تقنية التدرج الفائق: بنية معالجات تضمن مستويات أداء أعلى عن طريق تنفيذ أكثر من تعليمة في دورة الساعة الواحدة.

Superscript رمز أو علامة فوقية.

Subscription Computing إشتراك حوسبي: المزودون الذين يوفرون بيئة مستخدم كاملة بما في ذلك كافة المعدات اللازمة والتطبيقات والوصول إلى الشبكة كحزمة اشتراك شهري.

Subscription Site موقع الإشتراك.

Subset مجموعة جزئية، فئة فرعية: مجموعة من التعليمات لا تتمتع بجميع قدرات المواصفة الأصلية.

Substitution Cipher شيفرة الإبدال السرية: شيفرة يتم وفقها احلال رموز الرسالة الأصلية برموز أخرى وفقا لمفتاح معين.

Substitutivity قابلية الإبدال: قابلية المدخلات والمخرجات للاحلال العشوائي.

Substrate طبقة رئيسة، طبقة حاملة، قوام: مادة شبه موصلة مستخدمة في تصنيع العازل الأساسي لمكونات الدارات.

Substring السلسلة الفرعية: مقطع من الرموز المتعاقبة ضمن سلسة معينة.

Subsystem نظام فرعي: وحدة أو جهاز يُعَّد جزءا من نظام حاسوبي أكبر.

Subtitle عنوان فرعي.

Subtracter جهاز يقوم بعملية الطرح: جهاز حاسوب يقوم بعملية إخراج الفرق بين رقمين أو كميتين.

Subtransaction عملية فرعية: عملية تجري ضمن عملية أكبر ويمكن إلغاء العمليات الفرعية دون الحاجة إلى إلغاء العملية الرئيسية.

Subtree شجرة فرعية: أي عقدة ضمن شجرة بالإضافة إلى أي اختيار من العقد المرتبطة المنحدرة منها.

Subweb شبكة عنكبوتية فرعية: كلمة ابتدعتها شركة مايكروسوفت تُستخدَم في برمجيات تصميم الصفحات الشبكية.

Successor تالي، لاحق.

Superserver	خادم فائق: خادم شبكات يتمتع بقدرات عالية فيما يتعلق بالسرعة وتخزين البيانات.
SuperStitial	إعلانات الشبكة الدولية المتحركة: شكل للإعلانات على الشبكة الدولية يجمع بين تقنية الرسوم المتحركة و برمجة جافا لإخراج إعلانات شبكية فيديوية.
Supertwist Display	شاشة العرض الدوارة الفائقة: شاشة عرض من البلوري السائل خفيفة الوزن وقليلة إستهلاك الطاقة.
Superuser	مُستخدِم فائق: شخص ذو صلاحيات غير محدودة يمكنه أداء جميع العمليات الحاسوبية.
Supervisor	المشرف (نظام التشغيل).
Supervisor Area	حيز المشرف.
Supervisor State	حالة المشرف: نمط لمعدات الحاسوب حيث يقوم نظام التشغيل بتنفيذ التعليمات غير المتوفرة للتطبيقات.
Supervisory Program	برنامج إشرافي.
Supply chain management	إدارة سلسلة التوريد.
Supply chain management software	برمجيات إدارة سلسلة التوريد.
Support	دعم، مساندة.
Support system	نظام دعم/مساندة.
Suppression	حذف، إزالة.
Surd	الجذر الأصم في الرياضيات.
Surf	تصفح/يتصفح مواقع الشبكة الدولية.
Surface Modeling	نمذجة السطح: طريقة لتصنيع الدوائر الكهربائية حيث يتم تثبيت الرقاقات مباشرة على سطح اللوح بدلا من تثبيتها في حفر.
Surfed websites	مواقع شبكية تم تصفحها.
Surfer	المُتنقِل عبر المواقع الشبكية.
Surfing	تصفح مواقع الشبكة الدولية.
Surveillance	مراقبة.
Surveillance devices	أجهزة مراقبة.
Surveillance software	برمجيات المراقبة.
Surveillant	مراقب، مشرف.
Survey	يمسح، يجري مسحا، مسح.
Survivability	القابلية للبقاء.
Survivable information	معلومات متبقية: معلومات نجت من هجمة أو عطل أو حادث تقني.
Survivable information storage system	نظام تخزين معلومات قابل للتعافي.
Survivable infrastructure information system	نظام معلومات البنية التحتية القابل للتعافي: نظام معلوماتي خاص بالبنية التحتية قابل للنجاة من الهجمات والأعطال.
Survive	يبقى، ينجو.
Suspected IT security incident	حدث متوقع متصل بأمن تقنيات المعلومات.
Suspend	تعليق: وقف عملية معينة مؤقتا.
Suspend Mode	نمط التعليق: هو حالة مؤقتة يدخل فيها الحاسوب بعد توقفه عن النشاط بفترة من الزمن دون إغلاق لتوفير الطاقة.
Sustainability	الاستدامة.
Sustainable	مُستدام.
Sustainable building	مبنى مستدام.
Sustainable computing	حوسبة مستدامة.
Sustainable development	تنمية مستدامة.
Sustainable development indicators	مؤشرات التنمية المستدامة.
Sustainable economic development	تنمية اقتصادية مستدامة.
Sustainable ICT-driven educational change	تغيير تعليمي مستدام تقوده تقنيات المعلومات والاتصالات.
SVC (Switched Virtual Circuit)	دارة إفتراضية محوّلة: دارة إفتراضية شبكية مبنية على أساس إجراء مكالمة واحدة كل مرة لتوفير إتصال مؤقت.
SVD (Simulated Voice and Data)	محاكاة الصوت والبيانات: البث الآني للصوت والبيانات الذي يقوم به الملقم على خط هاتف تناظري واحد.

اسم يمثل سجلا أو قيمة مطلقة أو عنوان ذاكرة.

Symbol Processing معالجة الرموز: مجموع العمليات التي يجريها الحاسوب على الرموز التي تمثل البيانات.

Symbol Table جدول الرموز.

Symbolic Address عنوان رمزي: رمز مبرمجي يحدد موقع عنصر بيانات معين أو تعليمة أو برنامج فرعي.

Symbolic Assembly Language لغة التجميع الرمزية: قائمة المُحددات التي يتم التعامل معها ا عند تجميع برنامج بالإضافة إلى مواقعها وخصائصها مثل المُتغير والبرنامج الفرعي وغيرهما.

Symbolic Code شيفرة رمزية. راجع Pseudocode.

Symbolic Language لغة رمزية: لغة برمجة راقية تَستخدِم الرموز للتعبير عن العمليات و معالجة الرموز.

Symbolic Language Programming برمجة باللغة الرمزية.

Symbolic Logic منطق رمزي: تمثيل لقوانين المنطق حيث تُستخدَم الرموز للتعبير عن العبارات والعلاقات بدلا من التعابير اللغوية العادية.

Symmetric connections اتصالات متماثلة: توفر عرض نطاق ترددي متساوي في كلا الاتجاهين.

Symmetric encryption (private-key encryption) التشفير المتناظر/تشفير المفتاح الخاص: ألية تشفير الرسائل وفكها باستخدام مفتاح رقمي واحد بتطبيق أحد خوارزميات التشفير للتشفير وفك التشفير.

Synchronous / Asynchronous Operation عملية متزامنة/لامتزامنة.

Synchronous Input / Output إدخال/إخراج تزامني: عمليات إدخال وإخراج البيانات تحدث في أوقات ثابتة أثناء تنفيذ البرنامج وبترتيب ثابت يحدده المبرمج.

SVG (Scalable Vector Graphics) لغة الرسومات المتجهة المتشعبة: لغة قائمة على لغة التوصيف القابلة للتوسيع تُستخدَم للوصف ثنائي الأبعاد المستقل عن الأجهزة.

SVGA (Super Video Game Array) مصفوفة إظهار الرسوم الفائقة: معيار فيديوي تم تطويره عام 1989 لتوفير عرض ذي ألوان أكثر وضوحا للحواسيب المتوافقة مع آي بي إم يُستخدَم مع ألعاب الفيديو التي تتطلب مواصفات عرض فائقة.

Switch يحول، يبدل، تحويل، تبديل، مفتاح.

1-قاطع أو واصل الدارة الكهربائية.

2-جهاز اساسي في شبكات الحاسوب يقوم بربط الاجهزة الطرفية ببعضها البعض.

Switch Box صندوق التحويل: جهاز يُستخدَم لربط لوحة مفاتيح وفأرة وشاشة بحاسوبين أو أكثر.

Switched Line خط مُحوَّل: الرابط الذي يتم إنشاؤه في شبكة التحويل مثل نظام الهاتف الذي يعمل على طلب الشبكة الرقمية للخدمات المتكاملة.

Switches مُحوِّلات/مبدّلات: جهاز لتوزيع الرسائل المُستلمَة على جميع الحواسيب المرتبطة بالشبكة باستخدام عنوان الحاسوب الفعلي.

Switching Hub مركز تحويل: جهاز يعمل كموصِّل بين الاجهزه الطرفية عبر الشبكة.

SYLK File (Symbolic LinkFile) ملف ربط رمزي: شكل خاص يُستخدَم لتبادل بيانات الجداول الإلكترونية بطريقة يتم فيها الحفاظ على شكل المعلومات وعلاقات القيم بين البيانات داخل الخلايا.

Symbol رمز: وحدة من البيانات يتم التعامل معها بشكل مستقل أو

Sustained Translate Rate	معدل نقل مستمر: معيار سرعة نقل البيانات إلى جهاز التخزين مثل القرص أو الشريط الذي يُمكِن أن يحافظ عليها الجهاز لفترة ممتدة من الزمن.
System	نظام: مجموعة من العناصر أو المكونات المترابطة القادرة على تحقيق هدف أو غاية. في الحاسوب هو مجموعة برامج مستقلة ومتكاملة تُسهِم في أداء وظيفة معينة مثل نظام تشغيل الحاسوب.
System Administrator	مدير النظام: الشخص المسؤول عن إدارة أنظمة الحاسوب متعددة المستخدمين وأنظمة الإتصالات أو كليهما وتشمل مهامه تخصيصَ حسابات المستخدمين وكلمات المرور وبناء مستويات وصول آمنة وتخصيص مساحات التخزين ومراقبة وتحليل الوصول غير المصرَّح به لوقاية النظام من المخاطر.
System Analysis	تحليل النظام: دراسة النظام بغرض اقتراح تحسينات عليه وتحديد متطلبات حل اية مشكلة فيه.
System Analysis services	خدمات تحليل النظام: الخدمات المتنوعه التي تقوم بها الجهة المسؤولة عن تحليل النظام.
System Analyst	محلل الأنظمة: الشخص المسؤول عن تحليل النظام كأحد مراحل تطوير نظام المعلومات.
System and Procedures Department	دائرة النظم والإجراءات: دائرة تنشأ في المؤسسات الكبرى وتكون وظيفتها إجراء التحليلات على الأنظمة المعمول بها وتطويرها.
System architect	معماري/مصمم بنية الانظمة.
System Area Network	شبكة منطقة النظام: شبكة إتصال فائقة الأداء يمكنها الربط بين عدة حواسيب.
Synchronous System	نظام متزامن: نظام إتصالات تعمل فيه أجهزة الإستقبال والإرسال باستمرار وإلى حد كبير بالمعدل نفسه.
Synchronous Transmission	نقل/بث متزامن: عملية إرسال يتم فيها نقل البيانات بشكل مجموعات من الارقام الثنائية تفصل بينها فترات زمنية متساوية.
Syntactic	نحو، قواعد التركيب النحوي، تركيب الجمل، بناء الجمل.
Syntactic Error	خطأ لغوي/نحوي: خطأ في صياغة عبارة برمجية يخالف قواعد لغة البرمجة المستخدمة أو خطأ يحصل عندما لا يتمكن البرنامج من فهم الأمر الذي تم إدخاله.
Syntax	بناء جملة: تركيب أو استعمال كلمة أو عبارة في جملة.
Syntax Checker	مدقق قواعدي: برنامج فرعي خاص بالمُجمِّع أو المترجم يدقق برنامج المصدر للبحث عن أي أخطاء نحوية ويرسل تقريرا عن هذه الأخطاء.
Syntax Error	خطأ قواعدي. مرادف لِ Syntactic Error.
Synthesis	توليف، تركيب: جمع عناصر منفصلة مع بعضها لتشكيل وحدة متكاملة .
Synthesizability	قدرة التوليف: دعم المستخدم من لتقييم تأثير فعل سابق على الحالة الحالية.
Sysgen (System Generation)	توليد/تكوين النظام: 1- المرحلة التمهيدية في بناء نظام التشغيل في الحاسوب. 2- بناء نظام تشغيل جديد أو منقح.
Sysop	مُشغِّل النظام: الشخص الذي يدير نظام إتصالات أو لوحة إعلانات على الشبكة الدولية.

System Flowchart مخطط انسيابي للنظام: وصف للبيانات والمعالَجات التي يتم إجراؤها على البيانات بينما تنتقل من مرحلة إلى أخرى كما يشمل المواقع التي يتم فيها تخزين البيانات في وسط دائم.

System Folder مجلد النظام: مصطلح مُستخدَم في نظام ماكنتوش يشير الى ملف القرص الصلب الذي يحتوي نظام التشغيل.

System functionality وظيفة /وظيفية النظام.

System functionality assessment تقييم وظيفية النظام.

System functionality evaluation تقييم وظيفية النظام.

System implementability قابلية النظام للتنفيذ.

System Implementation تنفيذ/تطبيق النظام: عملية تثبيت نظام جديد على المكونات الملموسة للحاسوب.

System Integration تكامل النظام: 1- الإجراءات المتعلقة بالجمع بين عدة وحدات لتعمل معا كنظام متكامل. 2- تطوير نظام حاسوب بجمع منتجات مصنعين مختلفين.

System integrity سلامة النظام.

System Interrupt مقاطعة النظام: إشارة تصدر للحاسوب تقوم بإيقاف تنفيذ برنامج نَشِط حتى يتم تنفيذ وظيفة آخرى.

System Library مكتبة النظام: مجموعة منظمة من برامج الحاسوب يتم الإحتفاظ بها في جهاز تخزين ثانوي ويتم إدارتها عن طريق نظام التشغيل.

System Life Cycle دورة حياة النظام: مجموع الفترات الزمنية التي يمر فيها النظام من البداية الى النهاية التي يصبح فيها النظام غير صالح للإستخدام.

System Linkage Area حيز ربط النظام: حيز على وسط تخزين نظام التشغيل يُخصص لعملية ربط أجزاء البرنامج الذي تجري ترجمته إلى لغة الآلة.

System behavior سلوك النظام.

System Command أمر النظام: تعليمة خاصة يتم إصدارها لنظام الحاسوب ليقوم بوظيفة معالجة معينة مثل السماح لمستخدم معين بالوصول إلى النظام أوتشغيل برنامج أوتفعيل مترجم أوإصدار تقرير حالة.

System Console طرفية النظام: مركز التحكم بنظام الحاسوب أما في الأنظمة الموزعة أو أنظمة الشبكات.

System controller المُتحكِم في النظام.

System Conversion تحويل النظام.

System core functionality وظيفة /وظيفية النظام الجوهرية.

System crash انهيار/تعطل نظام.

System Design تصميم النظام: تحديد المتطلبات التشغيلية الدقيقة للنظام وتحليلها إلى هياكل ملفات وأشكال من المدخلات والمخرجات وعلاقة كل منها بالمهام الإدارية ومتطلبات المعلومات.

System developer مطوِّر الأنظمة.

System Development تطوير النظام: عملية تعريف نظام جديد وتصميمه واختباره وتنفيذه.

System Documentation توثيق النظام: معلومات مفصلة إما بشكل مكتوب أو آلي عن نظام معين بما في ذلك هيكلته وتصميمه وتدفق بياناته ومنطق البرمجة الخاص به و طريقة عمله.

System Error خطأ النظام: الحالة التي تطرأ على نظام التشغيل وتجعله غير قادر على الإستمرار بالعمل وهذا النوع من الأخطاء قد يحتاج إعادة تشغيل النظام.

System failure تعطُّل النظام.

System File ملف النظام: ملف قابل للتنفيذ (في لغة الآلة) يُعَد جزءا من نظام التشغيل أو أي برنامج تحكم آخر ويشير المصطلح أيضا إلى ملف التهيئة المستخدم من قبل البرامج التحكم.

System Loader	مُحمِّل النظام: برنامج حاسوب يقوم بتحميل جميع البرامج بما فيها نظام التشغيل إلى الذاكرة الرئيسة للحاسوب.
System Memory	ذاكرة النظام: الذاكرة المستخدمة في نظام التشغيل.
System Operator	مُشغِّل النظام: الشخص الذي يدير نظام إتصالات أو لوحة إعلانات على الشبكة الدولية.
System Paging	نظام النداء: نظام يرسل إشارة لشخص معين يفيده بأنه مطلوب.
System performance	أداء النظام.
System performance indicators	مؤشرات أداء النظام.
System productivity	إنتاجية النظام.
System programmability	قابلية النظام للبرمجة.
System programmer	مبرمج الأنُظمة.
System Programming	برمجة النظام: تطوير أو صيانة أو إدارة الأجزاء البرمجية لنظام تشغيل معين.
System Project	مشروع النظام : مشروع متكامل لإنشاء نظام معين.
System Prompt	مطالبة النظام: رمز على الشاشة يشير إلى أن نظام التشغيل جاهز لإستقبال الأوامر.
System Recovery	إنعاش/استعادة النظام: عملية لإعادة النظام إلى الوضع الطبيعي بعد فشل تشغيله في مرحلة ما.
System Registry	سجل النظام: دليل يُخزِن الإعدادات والخيارات لنظام التشغيل الخاص بمايكروسوفت ويندوز (أنظمة 32 و64 بت) ونظام ويندوز موبايل.
System reliability	اعتمادية النظام .
System Request Key	مفتاح طلب النظام: 1-هو المفتاح الموجود على لوحات مفاتيح الحواسيب الشخصية التي لا تتمتع بإستخدام معياري 2-مفتاح في الحواسيب المتوافقة مع أجهزة آي بي إم لتزويد وظيفة طلب النظام الموجودة على طرفية حاسوب رئيسي من آي بي إم.
System Reset	إعادة تشغيل النظام: إعادة تشغيل النظام بعد أن كان قد بدأ وذلك كبديل لإغلاق الجهاز عند حصول خطأ ما أو بغرض استكشاف سبب خلل معين.
System Residence Device	جهاز مقر النظام: وحدة تخزين ثانوية موصولة بالحاسوب لتخزين برامج نظام التشغيل عليها واستدعائها منها.
System scan	مسح النظام.
System Support	دعم النظام: توفير الخدمات والمصادر لإستخدام وصيانة وتحسين نظام يجري تنفيذه.
System task scheduleability	قابلية مهام النظام للجدولة.
System Timer (System Clock)	موقِّت النظام: جهاز يولد إشارات دورية تُستعمَل في توفيق التزامن بين عدة دورات منطقية في جهاز الحاسوب.
System Trunking	نظام توصيل رئيسي: نظام يتم التحكم به من قبل حاسوب أو مركز تحكم رئيسي يعمل بشكل متوازي مع حاسوب التحكم ويتم وصلهما عن طريق موجات أو دارات هاتفية دقيقة.
System Unit	وحدة النظام: وحدة تجمع معدات الحاسوب الرئيسة.
System weakness	ضعف النظام.
system.ini	ملف بدء/إطلاق النظام: ملف تهيئة يصف الحالة الراهنة لبيئة نظام الحاسوب أُستخدم أول مرة في ويندوز 3.0.
System's installability	قابلية النظام للتثبيت على المعدات.
System's performability	قابلية النظام للأداء.
Systray	خانة حالة النظام: خانة على الجانب الأيمن من شريط المهام في نظام التشغيل ويندوز تعرض حالة العديد من الوظائف مثل صوت السماعة وبث الملقم.

Table Variable متغير الجدول.

Tabulating Card بطاقة جدولة: بطاقة مثقوبة حسب شيفرة معينة تُستعمَل في أجهزة إعداد الجداول.

Tabulation جدولة.

TACS (Total Access Communication System) نظام الإتصالات كامل الوصول: نظام تناظري للهواتف النقالة مُستخدَم بشكل كبير في أوروبا.

Tactical Manager مدير تكتيكي.

Tabulator المُجَدوِل: نوع من الجداول لعرض البيانات.

Tag علامة دليلية، حاشية، ذيل: رقم ثنائي أو أكثر يُضاف إلى كلمة كعلامة للتمكين من الإشارة إليها واسترجاعها من ذاكرة الحاسوب وذلك باستخدام مفتاح بحث حيث يتم استرجاع كل الكلمات التي تبدأ بعلامة مماثلة للمفتاح.

Tag Sort ترتيب الحاشية.

Tallying إضافة، عد، إحصاء: طريقة العد بالعلامات/التسجيل.

Tamper technology تقنية تلاعب.

Tape شريط: شريط مغناطيسي أو ورقي يُستخدَم لتسجيل البيانات.

Tape Backup تخزين إحتياطي باستخدام الأشرطة الممغنطة.

Tape Deck حامل الأشرطة: جهاز التسجيل على الشريط المغنط يتكون من وحدة تحريك الشريط ورأس للكتابة ورأس للقراءة.

Tape Drive محرك الشريط: آلية التحكم بحركة الشريط المغنط تُستخدَم في تحريك الشريط المغنط أمام رأس القراءة/الكتابة أو الرجوع العكسي التلقائي للشريط.

T

T.30 معيار تي 30: معيار الإتحاد العالمي للإتصالات للمجموعة الثالثة من أجهزة الفاكس التي تحدد المصافحة والبروتوكولات وتصحيح الأخطاء.

T.38 معيار تي 38: معيار الإتحاد العالمي للإتصالات لإرسال رسائل الفاكس عبر الشبكة الدولية في الوقت الحقيقي.

T1/T3 تي 1/ تي 3: أنواع الخطوط المُستأجرة المستخدمة في شبكات الحواسيب طويلة المسافات.

Tab علامة، مؤشر جدول، علامة تبويب، مفتاح قفز: موضع محدد مسبقا يقفز مؤشر الشاشة إليه بضغط مفتاح القفز بدلا من تحريكه خطوة بخطوة.

Tab Character رمز قفز: يستعمل في الطابعات لتنسيق الجداول.

Tab Key مفتاح القفز: مفتاح لتحريك مؤشر الشاشة للموضع التالي.

Tab Menu قائمة التبويب.

Tab Stop موقف الحقل: واحد من المواقع منتظمة المسافات. التي يقف عندها مؤشر الشاشة.

Table جدول.

Table Lookup بحث/تفتيش الجدول:
1-طريقة للحصول على قيمة وظيفة معينة من جدول وظيفي مناظر لدالة محددة.
2-البحث في جدول لتعيين العناصر المرتبطة بكلمات أو رموزمعينة.

مهمة: أصغر وحدة عمل يقوم بها الحاسوب وهي عبارة عن مجموعة تعليمات برمجية وما يلزمها من بيانات ورموز تحكم أخرى.	Task
هي عبارة عن مجموعة من النماذج هدفها توضيح آلية عمل المهام في نظام معين.	Task Analysis
شريط المهام.	Task Bar
زر المهمة.	Task Button
فرقة /فريق مهام.	Task force
إدارة المهمة: الإشراف على تنفيذ خطوات برنامج التشغيل وتُعتبَر إحدى وظائف برامج التحكم.	Task Management
نظام مهام.	Task system
مهام.	Tasks
سجلات ضريبية.	Tax records
قاعدة الحاسوب الآمِنة: مجموعة مكونات الحاسوب الملموسة والبرامج الدائمة في الذاكرة و/أو مكونات البرنامج الحساسة لأمن وسلامة نظام الحاسوب.	TCB (Trusted Computing Base)
لغة أوامر الأدوات/مجموعة الأدوات: لغة نصية مُترجَمة تُستخدَم لتطوير سلسلة من التطبيقات بما فيها واجهات المُستخدِم الرسومية ونصوص واجهة التداخل المشترك.	TcI/Tk (Tool Command Language/Tool kit)
تعديل تشابكي: هو خطة تضمين تسمح بنقل عالي الكفاءة للمعلومات عبر قنوات محدودة النطاق مثل خطوط الهاتف.	TCM (Trellis Coded Modulation)
شبكة حاسوب متسلسلة.	TCN (Train Computer Network)
تكلفة إجمالية للملكية: تكلفة الحصول على أصل معين وتشمل تكلفة الشراء والتشغيل والصيانة.	TCO (Total Cost of Ownership)
برتوكول التحكم بنقل البيانات/ بروتوكول الشبكة الدولية.	TCP/IP (Transmission Control Protocol/Internet Protocol)
رمز تلقيم الشريط: رمز يتألف من عدة ثقوب في مجاري معينة على الشريط الورقي يدل على وجود مسافة خالية من الرمز على الشريط لتحريك الشريط خطوة ليتمكن الجهاز من قراءة الثقوب التالية.	Tape Feed Code
ملف الشريط: ملف محفوظ على الشريط المغنط.	Tape File
علامة (لاصق) الشريط: مجموعة رموز لتمييز مفردة بيانية كملف أو سجل في ملف.	Tape Label
إدارة الشريط.	Tape Management
علامة الشريط: رمز خاص يُسجَّل على ملف شريط ممغنط لتجزئته أو يوضع على نهاية الشريط ليدل على انتهائه.	Tape Mark
جهاز تثقيب الشريط الورقي.	Tape Punch
جهاز قراءة الشريط.	Tape Reader
بكرة الشريط.	Tape Reel
محطة الشريط: جهاز تُوضَع عليه الأشرطة المغنطة لقراءة البيانات المحفوظة فيها أو التسجيل عليها.	Tape Station
وحدة الأشرطة: جهاز الأشرطة المغنطة ودوائر التحكم المرتبطة به.	Tape Unit
واجهة برمجة تطبيقات الهاتف: واجهة تطبيق تُمكِّن الحاسوب الشخصي من تشغيل نظام مايكروسوفت ويندوز لاستعمال الخدمات الهاتفية.	TAPI (Telephony Application Programming Interface)
اللغة المستهدفة (المُترجَم إليها): لغة الالة التي يتم ترجمة تعليمات البرنامج اليها من لغة المصدر.	Target Language
المجموعة البشرية المستهدفة.	Target population
حركة مرور شبكية معينة: تعبير يُطلق على حركة المرور الشبكية التي ينشد أصحابها الوصول إلى موقع شبكي لهم رغبة ومصلحة في الوصول إليه.	Targeted internet traffic

TD-CDMA (Time Division CDMA)	الوصول المتعدد بتقسيم الشيفرة والزمن: هو تقنية نقل رقمية تسمح لعدد من المستخدمين بالوصول إلى قناة أحادية التذبذب اللاسلكي دون أي تشويش من خلال تخصيص فترات زمنية لكل مستخدم.
TDD (Time Division Duplex)	إرسال مزدوج بالتقسيم الزمني: هو تطبيق الإرسال المتعدد بالتقسيم الزمني لإشارات صادرة وواردة.
TDM (Time Division Multiplexing)	إرسال متعدد بالتقسيم الزمني: نقل إشارتين أو أكثر على المسار نفسه في أوقات مختلفة.
TDMA (Time Division Multiple Access)	وصول متعدد بالتقسيم الزمني: تقنية تسمح لعدة مستخدمين موزعين جغرافياً بالوصول إلى قناة إتصالات من خلال منح كل مستخدم وصولاً كاملاً لفترة محدودة من الزمن ثم ينتقل حق الوصول إلى مستخدم آخر.
TDR (Time Domain Reflector)	جهاز كشف الأعطال.
Team	يؤسس فريق، ينضم الى فريق، فريق.
Tech	اختصار لكلمة تقنية.
Tech coordinator	منسق تقني.
Technical lead	تقني أول/رئيس: المسؤول عن التقنية بالمؤسسة.
Technical needs definition	تحديد الاحتياجات التقنية.
Technical solutions	حلول تقنية.
Technical solutions definition	تحديد الحلول التقنية: تحديد وظائف ومواصفات الحلول التقنية المطلوبة.
Technical specifications	مواصفات تقنية.
Technique	أسلوب: هو إجراء يُتبَّع لإنجاز نشاط أو مهمة محددة بشكل ناجح.
Techniques	أساليب.
Technological age	العصر التقني.
Technological attainment	التحصيل التقني.
Technological barrier	مانع تقني.
Technological disparity	تباين تقني.
Technological empowerment	تمكين تقني.
Technological empowerment of marginalized individuals	تمكين تقني لأفراد مهمشين.
Technological inequality	عدم مساواة تقنية.
Technological poverty	فقر تقني: انخفاض مستوى الوعي التقني لدى فئة أو مجتمع.
Technological strategic capabilities	قدرات تقنية إستراتيجية.
Technologically-based empowerment of indigenous peoples	تمكين الشعوب الاصلية المرتكز الى التقنية.
Technologist	تقني.
Technology	تقنية: تعبير يشمل أي تطوير أواستخدام أومعرفة بالأدوات والآلات والأساليب والحرف والأنظمة و الطرق لحل مشكلة أو لأداء وظيفة محددة.
Technology acquisition	اقتناء تقنية.
Technology addict	مُدمِن تقنية.
Technology acquirer	مستحوذ على تقنية.
Technology coaching	تمرين تقني.
Technology consulting	استشارة تقنية.
Technology consulting service	خدمة استشارات تقنية.
Technology dependent children	أطفال معتمدون على التقنية.
Technology dependent person	شخص معتمد على التقنية.
Technology diffusion	انتشار التقنية: مقياس لمدى انتشار التقنية في جميع أنحاء المؤسسة.
Technology Enabled transformation of government organization	تحول منظمة حكومية قائم على التقنية.
Technology gap	فجوة تقنية: مفهوم يشير الى الفجوة بين بلدان العالم الغني وبلدان العالم الفقير على المستوى التقني.
Technology infrastructure	البنية التحتية التقنية.

Technology infusion	إدخال التقنية: مقياس لمدى انتشار التقنية في أحد ادارات المؤسسة.
Technology laws	قوانين التقنية.
Technology mentor	مرشد التقنية.
Technology PD	تقنية المجال العام.
Technology SLR/MLR	تقنية الكاميرا أحادية العدسة/ الكاميرا متعددة العدسات.
Technology sourcing	الحصول على التقنية.
Technology specific electronic-government	حكومة إلكترونية ذات تقنية محددة: حكومة إلكترونية قائمة على استخدام نوع محدد من تقنيات المعلومات والاتصالات مثل تطبيقات الهواتف الجوالة.
Technology transfer	نقل التقنية.
Technology vision	رؤية تقنية.
Technology's adaptability	قابلية التقنية للتكييف.
Technology-based business	عمل تجاري قائم على التقنية.
Technology-based firm	مؤسسة مرتكزة على التقنية.
Technology-based personality disorder	اضطراب بالشخصية ناتج عن استخدام التقنيات.
Technology-driven business solutions	حلول أعمال تقودها التقنية.
Technology-driven business strategy	إستراتيجية أعمال تقودها التقنية.
Technology-driven society	مجتمع تقوده التقنية.
Technology-enabled citizen participation	مشاركة وطنية قائمة على التقنية: مشاركة المواطن في الحياة العامة والعملية السياسة من خلال قنوات تقنية.
Technology-enabled government operation	عملية تشغيلية حكومية قائمة على التقنية.
Technology-enhanced learning	تعلم مُعزز بالتقنية.
Technology-focused firm	مؤسسة ترتكز على التقنية.
Technology-focused research	بحث حول التقنية.
Technology-reliant business	عمل تجاري معتمد على التقنية.
Technology-reliant business environment	بيئة أعمال معتمدة على التقنية.
Technology-reliant company	شركة معتمدة على التقنية.
Techonomy	اقتصاد التقنية.
Telecommunication Network	شبكة إتصال عن بعد.
Telecommunication service provider	مقدم خدمة الاتصال الآلي.
Telecommunications laws	قوانين الاتصالات.
Telecommuter	العمل من المنزل: موظف يعمل من بيته باستخدام تقنيات المعلومات والاتصالات مما يغنيه عن الحاجة للتنقل الى مكان عمله.
Telecommuting	العمل عبرالهاتف/عن بعد: العمل مع الآخرين باستخدام تقنيات المعلومات والاتصالات السلكية واللاسلكية.
Teleconference	التواصل عن بعد: مؤتمر يُعقَد بين أشخاص في مناطق مختلفة بإستخدام معدات الإتصال عن بعد مثل تلفاز مغلق الدارة.
Teleconference meeting	اجتماع عن بعد: اجتماع أو مقابلة بإستخدام معدات الإتصال عن بعد مثل تلفاز مغلق الدارة.
Teleconferencing	التواصل/التشاور عن بعد.
Telehealth technology	تقنية الرعاية الصحية عن بعد: تقديم الخدمات والمعلومات الصحية عن طريق تقنيات المعلومات والاتصالات السلكية واللاسلكية بدءاً من مناقشة حالة صحية من خلال الهاتف الى الجراحة الروبوتية.
Telemarketing	التسويق عبرالهاتف.
Telematics	تقنيات المعلومات والإتصالات: الإستخدام المتكامل لأجهزة الإتصال عن بعد والمعلومات وعلى وجه التحديد إرسال وإستقبال وتخزين المعلومات عبر أجهزة الإتصال عن بعد.

Telemedicine	الطب عن بعد: تعبير يطلق على مجال طبي يتسم بتوظيف عالي للتقنية التفاعلية في تقديم العلاج.
Telenet	تلينيت: اول خدمة شبكة تحويل الحزم متاحة للعامة منذ سبعينيات القرن الماضي.
Telephone network	شبكة هاتفية.
Telephonic meeting	مقابلة هاتفية.
Teleprinter	آلة طباعة عن بعد.
Teleprinter Terminal	آلة طباعة طرفية.
Teleprocessing	معالجة عن بعد.
Teleprocessing System	نظام المعالجة عن بعد.
Teletext	تلتكست: نص تلفزيوني إلكتروني.
Teletype	علامة تجارية لآلات الطباعة عن بعد.
Teletype Interface	واجهة بينية لآلة الطباعة عن بعد.
Television	تلفزة.
Telex	تلكس: نظام إتصالات يتكون من آلات طابعة مرتبطة بشبكة تلفونية لإرسال واستقبال الإشارات كما يشير المصطلح الى الرسالة المرسلة أو المستقبلة عبر هذا النظام.
Telnet	بروتوكول الإتصال والتحكم عن بعد (تيل نيت): بروتوكول وتطبيق يُستخدمان لتسجيل الدخول إلى حاسوب عن بعد باستخدام برتوكول التحكم بنقل البيانات/ بروتوكول الشبكة الدولية.
Temperature reading	قراءة درجةِ الحرارة.
Temperature sensors	مجسات درجة الحرارة.
Template	قالب: 1-نموذج تطبيق يتم تعديله من قبل مصمم النظام. 2-مستند مصمم مسبقاً أو ملف بيانات مُنسق لأغراض شائعة (مثل فاكس أو فاتورة أو خطاب عمل) حيث تتم تعبئة المستند بالبيانات.
Temporary Storage	وحدة تخزين مؤقتة.
Temporary storing of information	تخزين مؤقت للمعلومات.
Ten's Complement	مُتمِّم العشرة.
Terabyte (TB)	تيرا بايت: وحدة قياس سعة التخزين تعادل 1024 جيجا بايت أي ما يقارب التريليون بايت.
Terahertz	ترليون دورة في الثانية: هي وحدة تعادل 10^{12} هيرتز.
Term-bank	بنك المصطلحات: مصطلح يُطلق على بنك المفاهيم لأي مؤسسة تكنولوجية أو مالية.
Terminal	وحدة طرفية: وحدة ادخال واخراج حاسوبية (لوحة مفاتيح وشاشة عرض) بدون وحدات معالجة أو تخزين تُستخدَم لإدخال أو عرض البيانات فقط.
Terminal NT	وحدة طرفية لِويندوز إن تي.
Terminal VSAT	وحدة إرسال طرفية صغيرة جداً: محطة أرضية للأقمار الصناعية ثنائية الإتجاه تتكون من هوائي طبقي الشكل عرضه أقل من 3 أمتار ويتراوح تدفق البيانات عبر هذه المحطة ما بين نطاق ضيق إلى 4 ميجابايت/الثانية.
Terminals	محطات طرفية.
Termination Section	فقرة الإنهاء: الجزء المتعلق بانهاء أمر أو مجموعة أوامر.
Terminator	مُنهي: 1-رمز ينهي سلسلة من الرموز المكونة من أحرف وأرقام. 2-مكون مادي موصول بالجهاز الطرفي الأخير لسلسلة معينة أو بالعقدة الأخيرة في شبكة معينة.
Ternary	ثلاثي، ثالثي، يقع في المرتبة الثالثة.
Ternary Number System	نظام أرقام ثلاثي.
Terrestrial Private Line Service	خدمة الخط الأرضي الخاص.

المعلومات.

Text messaging	رسائل نصية.
Text mining	تنقيب النص: استخلاص معلومات ذات قيمة عالية من نص.
Text Processing	معالجة النص: هي عملية متكاملة لإنشاء النص وتنقيحه بالحذف والإضافة والتعديل ووضعه في الشكل النهائي من حيث تنظيم الصفحة وتقسيم الفقرات ثم تخزينه على وسط خارجي كما تتضمن عملية معالجة النص إجراء عمليات أخرى مثل اكتشاف الأخطاء المطبعية ونقل أجزاء من النص من مكان إلى آخر والبحث عن حرف أو كلمات أو عبارات معينة وتحديد مواضعها وترقيم الصفحات واستخراج نسخة ورقية منه.
TF (Tape Feed)	تلقيم الشريط: تقنية تلقيم الأشرطة الممغنطة لمشغلاتها.
TFT (Thin Film Transistor)	ترانزيستور ذو فيلم رقيق.
Thanks In Advance (See TIA)	شكرا سلفا: كلمة مركبة تُستخدَم في المحادثة عبر الشبكة الدولية.
The Academy of ICT Essentials for Government Leaders	أكاديمية أساسيات تقنية المعلومات والاتصالات للقادة الحكوميين.
The digital Opportunity Task Force	فريق عمل الفرصة الرقمية: إطار منبثق عن قمة الثماني التي انعقدت في العام 2000.
The Global Forum on Technology and Innovation in Teaching and Leading	المنتدى العالمي للتقنية والابتكار في التعليم والقيادة: منتدى عالمي مقره دولة الإمارات العربية المتحدة غايته دعم التطبيقات التقنية في مجال التعليم والقيادة.
Theft	سرقة.
Therapeutic	علاجي.
Therapist	مُعالِج.
Therapy	عِلاج.
Terrorism-related keywords	كلمات رئيسية/مفتاحية متصلة بالإرهاب.
Test	يختبر، يُجرِّب، اختبار، تجربة.
Test Case	حالة إختبار: مجموعة من بيانات وبرامج الاختبار ونتائجها المتوقعة تُصادق على متطلب واحد أو أكثر من متطلبات النظام.
Test Data	بيانات إختبار: مجموعة من البيانات المُعدَّة خصيصاً لإختبار ملائمة نظام حاسوب وقد تكون البيانات إما حقيقية مأخوذة من عمليات سابقة أو مبتكرة للغرض.
Test Matrix	مصفوفة اختبار: هي صفوف وأعمدة تمثل معايير وطرق الإختبار المختلفة.
Test Run	تنفيذ/تشغيل تجريبي.
Test Word	كلمة اختبار.
Testability	القابلية للاختبار.
Testing	اختبار: التأكد من أن البرنامج أو النظام المُطبق يحل المشكلة التي انشئ بسببها.
TETRA	تيترا: 1-هو أحد أكثر الأنظمة الرقمية استخداما لنقل الإتصالات الصوتية والمعلومات لاعتماده على تقنيات متطورة. 2-كلمة تستخدم كسابقة تعني رابع.
Text	نص.
Text Box	مربع نصي: مساحة في صندوق الحوار يُدخل بها النص المراد طباعته.
Text Editor	مُحرِّر النصوص: تطبيق لإضافة أو إزالة رموز النص حسب الحاجة.
Text File	ملف نصي: ملف يحتوي على نصوص فقط (وقد يحتوي على تعليمات تهيئة) باستعمال الرمز القياسي الأمريكي لتبادل

بي ام.

Three-tier client/server architecture	معمارية الخادم والعميل ثلاثية المستوى: خادمان ومجموعة من العملاء لتنفيذ الطلبات على شكل رسائل مرسلة ومستلمة تتيح معالجة إضافية قبل استجابة الخادم لطلب العميل.
Throttling	تخفيف سرعة وحدة المعالجة المركزية.
Throughput	الإنتاجية: عامل قياس اداء النظام أوالتطبيق أو البنية التحتية ويحدد عدد العمليات المنجزة في فترة زمنية معينة وتشير إلى عدد مستخدمي نظام المتزامنين.
Ticketing solutions	حلول إصدار التذاكر.
Tie Line	خط توصيل: وصلة بين المقاسم في نظام هاتفي خاص.
Tier	مستوى: طبقة من طبقات معمارية البرمجيات المتعددة الطبقات.
Tier1	المستوى 1:شبكة عامة توفر امكانية الربط بالشبكة الدولية عبر إتصال مجاني يوفره مزودو خدمة الشبكة الدولية.
Tier2	المستوى 2:مزود خدمة الشبكة الدولية يشارك في خدمة توفير تبادل البيانات مع الشبكات الأخرى.
TIFF (Tagged Image File Format)	صيغة ملف الصور النقطية.
Tilde (~)	علامة (~): رمز مُستخدَم في نظام التشغيل ويندوز ابتداءً من نسخة 95 يحتفظ بنسخة مقتضبة من اسم ملف أو قائمة ملفات طويلة للتوافق مع نسخة ويندوز 3.1 ونظام تشغيل القرص.
Tilt sensors	مجسات المَيلان.
Time efficient solutions	حلول كفوءة من حيث الوقت.
Thermograph	مِرسام حراري: جهاز يُمكِّن الآلات من التعرف على المشاعر لدى الناس كالخوف والضغط من خلال قياسات يجريها على أجزاء في جسم الإنسان.
Thick Client	عميل سميك: حاسوب أوجهاز فرعي عميل يقوم بأداء عمليات معالجة البيانات دون الحاجة للاعتماد على الخادم.
Thick Film Memory	ذاكرة ذات فيلم/غشاء سميك.
Thief	سارق، لص.
Thin Client	عميل نحيف: حاسوب أوجهاز فرعي عميل يعتمد بشكل مطلق على الخادم في أداء عمليات معالجة البيانات بينما تتمثل وظيفة العميل في عرض نتائج المعالجة.
Thin Film Memory	ذاكرة ذات فيلم/غشاء رفيع.
Thinking	تفكير
Thinking machine	آلة مُفكِّرة: يُطلق هذا التعبير على الآلات شديدة التطور وعلى الروبوتات القادرة على أداء السلوك البشري.
Thread	خيوط المعالجة: مجموعة من تعليمات الحاسوب التي يُمكِن تنفيذها على التوازي مع مجموعة أخرى.
Threaded Discussion	نقاش إلكتروني عبر الشبكة الدولية.
Threaded Newsreader	برنامج قراءة الأخبار إلكترونياً.
Threat	يهدد، تهديد.
Threat assessment	تقييم التهديدات.
Threat assessment report	تقرير تقييم التهديدات.
Three Dimensional Array	مصفوفة ثلاثية الأبعاد.
Three Dimensional Model	نموذج ثلاثي الأبعاد.
Three Finger Salute	تحية الاصابع الثلاثة: الضغط المتوازي على أزرار لوحة المفاتيح Ctrl وAlt وDlt لتنفيذ أمر إعادة تشغيل الحاسوب أواستدعاء مدير المهام في الحواسيب المتوافقة مع اي

إطار زمني.	Timeframe
معاينة الإطار الزمني: تحديد الوقت اللازم لتنفيذ تطبيق ما.	Timeframe identification
إنهاء: خدمة ينقطع بواسطتها الإتصال بعد فترة من التعطل أو انعدام النشاط.	Timeout
موَقِت، ساعة توقيت.	Timer
هجوم زمني: هجوم على أجهزة الحوسبة الضعيفة مثل البطاقات الذكية للحصول على الأسرار المُحتفَظ بها في نظام أمني من خلال مراقبة الوقت الذي يلزم النظام للرد على مختلف الإستفسارات.	Timing Attack
دارة توقيت.	Timing Circuit
بلورة التوقيت: مذبذب يستخدم بلورة للتحكم في ذبذباته لضبط الوقت.	Timing Crystal
إشارات التوقيت: نبضات كهربائية يتم توليدها في المعالج أو الأجهزة الطرفية لضبط زمن عمليات الحاسوب.	Timing Signals
برنامج تينكربيل: برنامج مراقبة مُستخدَم في قطع الإتصالات الواردة عبر الشبكة وإصدار التحذيرات عند ورود إتصالات من مواقع الكترونية معينة أو عند إستخدام أسماء تعريفية معينة لتسجيل الدخول.	Tinkerbelle Program
نموذج مصغر.	Tiny Model
تلميحات: خصائص في نظام التشغيل يونكس لإجراء إتصال بجهاز طرفي عبر الملقم.	Tips
شريط العنوان: شريط في رأس نافذة متصفح الشبكة الدولية يُظهِر عنوان الصفحة التي يتم استعراضها.	Title Bar
فهرس العناوين: فهرس يحتوي على بطاقات العناوين مرتبة هجائيا.	Title catalogue
كم زمني: فاصل زمني يتيح لنظام تشغيل متعدد البرامج معالجة برنامج واحد معين.	Time Quantum
مخطط السلسلة الزمنية: مخطط يُظهِرأكثر من سلسلة زمنية بألوان مختلفة.	Time Series Chart
خادم ضبط الوقت: جهاز رصد الزمن باستخدام الأقمار الصناعية الخاصة بنظام التموضع العالمي وبرتوكول الزمن عبر الشبكة الدولية لتحديد الوقت في الحواسيب الشخصية والخوادم وأجهزة التوجيه في الشبكة المحلية.	Time Server
عملية مشتركة زمنيا.	Time Shared Operation
المشاركة الزمنية: إستخدام مصادر الحاسوب من قبل عدة مستخدمين لتنفيذ أكثر من عملية في نفس الوقت.	Time Sharing
بيئة المشاركة الزمنية.	Time Sharing Environment
نظام المشاركة الزمنية.	Time Sharing System
تغيير الزمن: تسجيل برنامج معين على وسط تخزين لمشاهدته أو الإستماع إليه في وقت لاحق.	Time Shifting
جزء زمني: الفترة الزمنية التي يقوم خلالها نظام المشاركة الزمنية بمعالجة برنامج حاسوبي واحد.	Time Slice
ختم الوقت: الزمن المُسجَّل لاداء معاملة/وظيفة معينة يُستخدَم لأغراض ضبط الزمن لترتيب المعاملات في حال تعطل النظام.	Time Stamp
زمن البقاء: تحديد الفترة الزمنية أو عدد التكرارات أو عمليات الإرسال لحزمة بيانات في حاسوب أو شبكة حواسيب قبل التخلص منها.	Time To Live
استغلال الوقت.	Time utilization
نظام مستهلك للوقت.	Time-consuming system

TLA (Three Letter Acronym) اختصار مكون من ثلاثة أحرف.

TLS (Transport Layer Security) أمن طبقة النقل: بروتوكول أمِن يستخدم هوية رقمية للتحقق من المستخدم ومن الشبكة.

TLU راجع Table Lookup.

TMN (Telecommunication Management Network) شبكة إدارة الإتصالات: نموذج بروتوكول قدمه الإتحاد الدولي للإتصالات لإدارة الشبكات المتقدمة مثل النظام الموحد للاتصالات النقَّالة والهرمية الرقمية المتزامنة (SDH).

TMSI (Temporary Mobile Subscriber Identity) هوية مؤقتة للمشترك بخدمة الهاتف النقَّال: رقم هوية عشوائي يُخصص لهاتف محمول.

TOF (Top of File) بداية الملف.

Toggle Switch مفتاح مفصلي: مفتاح يفتح دارة كهربائية أو يغلقها بعتلة مفصلية.

Token قطعة معدنية، علامة، رمز اشارة: هي سلسلة من الرموز المميزة والفريدة من نوعها.

Token Ring وصول بالإشارة الحلقية: طريقة وصول إلى الشبكة المحلية طورّتها شركة آي بي إم متوافقة مع معيار معهد المهندسين الكهربائيين والإلكترونيين رقم 802.5 تربط ما يصل إلى 255 عقدة على شكل توزيع حلقي بمعدل 4 أو 16 أو 100 ميجابايت في الثانية.

Token-Based Authentication تحقق بالإشارة: تفويض قائم على إستخدام سلسلة من الرموز تخول المستخدمين الدخول إلى خادم أو شبكة أو نظام أمني.

Tomography التصوير المقطعي.

Toner cartridge recycling إعادة تدوير حافظات الحبر.

Tool أداة: برنامج تطبيقي يعدل برنامجاً آخراً أو يحلله أو يبتكره.

Tool Bar شريط الأدوات.

Tools أدوات.

Tooltip أداة توضيح: عنصر شائع الإستخدام في الواجهات الرسومية فعندما يُحرِك المُستخدِم مؤشر الفأرة حول كيان معين دون النقر عليه يظهر مربع صغير يحتوي على معلومات تتعلق بالكيان المُشار إليه.

Top Function دالة عُليا.

Top Posting عرض علوي: مصطلح يشير إلى إعادة عرض رسالة معينة بحيث تظهر في أعلى قائمة.

Top-Down Design تصميم هرمي (من الاعلى إلى الادنى).

Top-Down Development تطوير هرمي (من الاعلى إلى الادنى).

Top-Down Programming برمجة هرمية (من الاعلى إلى الادنى): تقنية تطوير البرمجيات تبدأ بتحديد حل في المستوى الأعلى ومن ثم تجزئته إلى برامج أصغر بحيث يُمكِن توثيقها وتشفيرها بسهولة.

Top-Down Structure هيكل هرمي ((من الاعلى إلى الادنى).

Top-Down Testing اختبار هرمي (من الاعلى إلى الادنى).

Top-Level Domain (TLD) نطاق المستوى الأعلى: هو آخر جزء في اسم النطاق يُعيّن حسب تصنيف المنظمة المالكة للموقع والبلد أو الإقليم المستقل لمكان وجود الخادم.

Topology هيكلية/جغرافية: الترتيب الذي ترتبط من خلاله العقد بشبكة محلية.

Total Solution حلول كاملة.

Touch Pad لوح اللمس: جهاز إدخال شائع الإستخدام في أجهزة الحاسوب المتنقلة يُستخدَم لتحريك مؤشر الشاشة بإستخدام حركة الإصبع.

Touch Screen	شاشة تعمل باللمس.
Touch Tone Dialing	إتصال هاتفي باللمس.
Touch Tone Telephone	هاتف الإتصال باللمس.
Touchscreen technology	تقنية الشاشة التي تعمل باللمس.
Touchscreenable	شاشة قابلة للعمل باللمس.
Tour	جولة.
Tourism	سياحة.
Tourist	سائح.
TP (Terminal Portability)	قابلية نقل الوحدات الطرفية.
TP Monitor (Transaction Processing Monitor)	مراقب مُعالَجة المعاملات.
TPC (Transaction Processing Council)	مجلس معالجة المعاملات.
TRAC (Text Reckoning And Compiling)	تراك: لغة برمجة نصية عالية المستوى وضعها كالفن مورز في عام 1960.
Trace	يتتبع، تتبع، أثر.
Trace Program	برنامج تتبع.
Traceability	القابلية للتتبع.
Traceable hacker	مقتحم يمكن تتبعه.
Traceroute	تتبع المسار: أداة في شبكة الحاسوب مستخدمة في تحديد المسار الذي تتخذه الحزم عبر الشبكة الدولية.
Tracing	تتبع.
Track	يتعقب،يتابع، تعقب، مسار.
Trackability	قابلية التعقب.
Trackball	كرة التحكم: أداة تأشير تحتوي على كرة متحركة يتم تدويرها بالأصابع أو براحة اليد.
Tracking	تعقب.
Tracking devices	أجهزة تعقب.
Tractor Feeder	آلية التغذية الورقية بطريقة السحب.
Trademark piracy	قرصنة العلامات التجارية.
Traditional forms of governance	أشكال حوكمة تقليدية.
Traditional techniques	أساليب تقليدية: هي تحديثات وتغييرات تقنية لما هو تقليدي من أعمال فنية أو صناعية لتتناسب والعصر الذي تطبق فيه.
Traffic	يسلك، حركة سير، يشتغل بتجارة غير مشروعة. في الحاسوب تشير حركة المرور الى حركة البيانات عبر نظام إتصال.
Traffic camera	كاميرا حركة المرور.
Traffic generation	توليد حركة المرور: تعبير يطلق على السعي نحو جذب مستخدمي الشبكة الدولية إلى موقع شبكي معين.
Traffic generation software	برمجيات توليد حركة المرور: برمجيات تُستخدَم لزيادة توجه مستخدمي الشبكة الدولية نحو موقع معين.
Traffic Shaping	تنظيم حركة البيانات عبر الشبكة.
Trailer	شيفرة النهاية: شيفرة أو مجموعة شيفرات تشكل الجزء الأخير من رسالة منقولة.
Trailer Label	علامة السجل الأخير: سجل يظهر في نهاية الشريط المغنط.
Trailing Edge	حافة النهاية/ حافة طرفية.
Trailing Sign	إشارة نهائية.
Trailing Zeros	أصفار واقعة إلى يمين الرقم: سلسلة من الأصفار في التمثيل العشري لرقم حيث لا تتبعها أي أرقام أخرى.
Trailing-Decision Loop	حلقة القرار النهائي.
Train	يدرب، قطار.
Trainee	مُتدرِب.
Trainer	مُدرِب.
Transact	يجري معاملة/حركة.
Transaction	معاملة، حركة.
Transaction File	ملف المعاملات: مجموعة من السجلات تحوي تفاصيل المعاملات مثل المواد والأسعار والفواتير ويُستخدَم لتحديث ملف قاعدة بيانات رئيسي.
Transaction Log	سجل المعاملة.
Transaction Processing	معالجة المعاملات: تحديث قاعدة البيانات المناسبة فور إدخال معاملة إلى الحاسوب.

Transfer Rate — معدل نقل البيانات.

Transfer Statement — عبارة نقل: عبارة في لغة برمجة تنقل سير التنفيذ من موقع إلى آخر في البرنامج.

Transfer Time — وقت النقل: المدة الزمنية اللازمة لبث أو تحريك البيانات من مكان إلى آخر وهي المدة الفاصلة بين بدء النقل ونهايته.

Transferability — قابلية التحويل.

Transformation — تحوّل، تحويل.

Transformer — مُحوِّل: أداة تحويل مقدار الجهد من قيمة إلى أخرى.

Transient — حالة عابرة: تغيير مؤقت على حالة نظام لا يدوم طويلا.

Transient Area — حيز البرامج العابرة: منطقة في الذاكرة تُستخدَم للإحتفاظ ببرامج التطبيقات مؤقتا للمعالجة.

Translated File — ملف مُترجَم.

Translation — ترجمة: 1- تحويل البيانات من صيغة بيانية إلى أخرى من دون تغيير للمعلومات.
2-تحويل برنامج من لغة إلى أخرى.

Translator — مُترجم: برنامج يحول نص من لغة أو صيغة معينة إلى أخرى.

Transmission — إرسال، نقل، بث: نقل المعلومات من موضع إلى آخر عبر مسار نقل.

Transmission Channel — قناة النقل/ الإرسال.

Transmission Control Protocol (TCP) — بروتوكول التحكم في النقل: هوواحد بروتوكولات الشبكة الدولية الأساسية يُستخدَم لنقل البيانات من حاسوب إلى آخر على بشكل موثوق به.

Transmission efficiency — كفاءة النقل.

Transmission Rate — معدل/سرعة البث: سرعة بث البيانات الثنائية المشفرة.

Transmit — ينقل، يبث، يرسل: إرسال المعلومات عبر خط إتصالات أو دارة كهربائية.

Transmitability — قابلية النقل.

Transmitter — ناقل.

Transaction processing system — نظام معالجة الحركات: مجموعة من الافراد والإجراءات والبرمجيات وقواعد البيانات والأجهزة والمعدات لتسجيل الحركات والمعاملات التجارية مثل سداد الرواتب والشهرية والضرائب.

Transaction Record — سجل المعاملة: سجل يضم بيانات معاملة واحدة يُستخدَم لتعديل المعلومات في سجل رئيسي مقابل.

Transactional e-mail — بريد إلكتروني تسويقي: نوع من التسويق القائم على الشبكة العنكبوتية تُباع من خلاله السلع والخدمات عبر رسالة البريد الإلكتروني دون الرجوع إلى الموقع الإلكتروني الخاص ببائع التجزئة.

Transcription — نسخ، تسجيل، نقل البيانات بالنسخ: استنساخ البيانات من وسط تخزين إلى آخر كنقل البيانات من البطاقات المثقبة إلى الشريط الورقي أو من الشريط المغنط إلى القرص المغنط.

Transducer — محوِّل الطاقة: جهاز يحوِّل الطاقة من شكل إلى آخر لاسيما من شكل غير كهربائي إلى شكل كهربائي.

Transfer — ينقل، يحول، تحويل، نقل:
1-نقل البيانات بين الأجزاء الداخلية لوحدة المعالجة المركزية أو بين الحاسوب والوحدات الطرفية.
2-تحويل سير التحكم في تنفيذ البرنامج من جزء إلى آخر.
3-استنساخ البيانات من جزء إلى آخر في الذاكرة.

Transfer of date — تحويل التاريخ.

Transfer of Frivolous information — تحويل معلومات غير جادة.

Transfer of Trade libelous information — تحويل المعلومات التجارية التشهيرية: نقل معلومات ينتج عنها تحمل مسؤولية قانونية.

Transparency شفافية.
Transparent شفاف.
Transparent governance حوكمة شفافة.
Transparent transfer of data تحويل شفاف للبيانات.
Transponder متلقي: جهاز استقبال/إرسال في قمر صناعي يستقبل إشارة صغيرة الموجة من الأرض ويضخمها ثم يعيد إرسالها إلى الأرض بتردد مختلف.
Transponding devices أجهزة تلقي.
Transport Layer طبقة النقل.
Transport Log سجل نشاطات الحاسوب.
Trap Handler برنامج التعامل مع حالات التوقف: روتين خاص يتم تنفيذه عند حدوث حالة توقف معينة.
Trash المهملات البرامج أو الملفات محذوفة.
Trashing التخلص من الملفات في سلة المهملات.
Traverseability القابلية للتحرك جيئة وذهابا.
Traverse يتحرك جيئة وذهابا، يجتاز، يعبر، يتحرك على محور، التحرك جيئة وذهابا، اجتياز، عبور.
Traverse robot روبوت قادر على التحرك جيئة وذهابا.
Tree شجرة (بيانية).
Tree Diagram مخطط الشجرة.
Trendline خط الاتجاه/الميل: العلاقة بين المتغيرات في معادلة خطية.
Trends توجهات، نزعات.
Triage تصنيف قائم على الأولوية.
Trial downloads مُواد مُنزَّلة تجريبية: مواد شبكية يتم تنزيلها على سبيل الفحص والاختبار.
Trigger نبضة أو دائرة البداية.
Trinary Number System نظام العد الثلاثي.
Triode صمام ثلاثي.
Triple-Click ثلاث نقرات.
Trojan Horse فيروس حصان طروادة: برنامج يبدو بأنه قانوني ولكنه مصمم ليقوم بأعمال لها آثار مدمرة على جهاز الحاسوب.
Troll تصفح الشبكة الدولية.
Trouble Shooting ازالة الخلل، إصلاح الأعطال، حل المشكلات.
Troubleshoot يزيل الخلل.
Troubleshootable network شبكة قابلة لإزالة الخلل.
Troubleshooting إزالة الخلل
Troubleshooting plan خطة معالجة الخلل.
True Complement مُتمِّم صحيح.
True Form نموذج فعلي.
Truetype خطوط تروتايب: تقنية خط رقمي طورَّته شركة أبيل مستخدمة من قبل أبيل ومايكروسوفت في أنظمة التشغيل الخاصة بهم.
Truncation قطع: حذف الأرقام أو الأحرف المتقدمة أو الأخيرة من بيانات معينة دون الأخذ بعين الإعتبار دقة الأحرف المتبقية ويحدث هذا عادة عند تحويل البيانات إلى سجل جديد أقل طولاً من السجل الأصلي.
Trunking خطوط الربط الرئيسية: إستخدام عدة كيبلات في الشبكة.
Trustable website موقع شبكي يمكن الوثوق به.
Trusted file sharing network شبكة تسمح بالمشاركة في الملفات موثوق بها.
Trusted information source مصدر معلومات موثوق به.
Trusted network detection اكتشاف شبكة موثوق بها.
Trusted website موقع شبكي موثوق به.
Truth حقيقة، صواب.
Truth Function دالة حقيقية.
TTY (Teletype) آلة طابعة.
Tube أنبوب.

TUP (Telephone User Part) جزء مستخدم الهاتف: بروتوكول يوفر خدمات الهاتف المقدمة من شبكة الإتصالات الهاتفية العامة عبر شبكة نظام إرسال الإشارات رقم 7 (SS7).

Tuple سجل في قاعدة البيانات العلائقية.

Turnaround Document مستند دوّار: وهو مستند ينتجه الحاسوب ويمكن أن يقرأه الإنسان ويمكن قراءته من قبل الآلة مرة أخرى.

Turnaround Time زمن دوّار: الوقت بين طلب تنفيذ وظيفة من نظام معالجة البيانات واستكمال تنفيذها.

Turnkey جاهز للتشغيل الفوري: نظام كامل من المعدات والبرمجيات جاهزة للإستعمال في مؤسسة العميل.

Turnkey System نظام التشغيل الفوري.

TUTOR تيوتر: لغة برمجة عالية المستوى طورّتها جامعة إلينوي عام 1965 تُستخدَم في نظام المنطق المبرمج لعمليات التعليم الآلي.

Tutor يعطي درسا، إرشاد، مرشد.

Tutorage إرشاد، تدريس.

Tutoress مرشدة.

Tutorial مساق إرشادي.

Tutoring تدريس.

Tutorship إرشاد، رعاية.

Two Dimensional Array مصفوفة ثنائية البُعد.

Two-Address Instruction تعليمة ذات عنوانين: تعليمة يُستخدَم أحد الموقعين المعنونين فيها لحفظ نتيجة تنفيذ العملية الحسابية.

Two-Gap Read / Write Head رأس القراءة والكتابة ذو الفجوتين.

Two's Complement مُتمِّم الاثنين: عدد في النظام الثنائي يكون المتمم الحقيقي لعدد آخر.

Two-tier client/server architecture معمارية الخادم والعميل ثنائية المستوى: خادم واحد ومجموعة من العملاء لتنفيذ الطلبات على شكل رسائل مرسلة ومستلمة.

Two-Valued Operation عملية ذات قيمتين.

Two-Valued Variable متغير ذو قيمتين.

TxD (Transmitted Data) البيانات المرسلة.

Type طباعة الأحرف.

Type Face شكل أو تصميم الأحرف المطبوعة.

Type Font خط الأحرف المطبوعة.

Type Setting إعداد طباعة الأحرف.

Typo (Typographical Error) خطأ مطبعي.

Typographical مطبعي، متعلق بالطباعة.

المعلومات بينهما دون أن يعرف كل منهما البناء الداخلي للآخر.

UHF (Ultra High Frequency) التردد العالي جدا: تردد من 300 إلى 3000 مليون دورة في الثانية.

UI (User Interface) واجهة المستخدم: كل ما صُمم في آلالة أو التطبيق أو الموقع الشبكي للتفاعل مع المُستخدِم بما في ذلك شاشات العرض ولوحة المفاتيح والفأرة ورسائل المساعدة.

ULSI (Ultra Large Scale Integration) تكامل فائق النطاق: أعلى كثافة ممكنة لتجميع العناصر في دارة متكاملة حيث تحوي أكثر من مليون عنصر.

Ultra DMA (Ultra Direct Memory Access) وصول مباشر فائق السرعة إلى الذاكرة: برتوكول لنقل البيانات عبر مسارات البيانات بين مشغل القرص الصلب وذاكرة الوصول العشوائي.

Ultra DMA/33 وصول مباشر للذاكرة فائق المستوى: بروتوكول طُوّر حديثاً لنقل المعلومات اعتمادا على الوصول المباشر إلى الذاكرة.

Ultra Wavelength Division Multiplexing التوزيع الفائق بتقسيم طول الموجة.

Ultralight Computer حاسوب فائق الخفة: حاسوب مصمم لنقله بسهولة من مكان لآخر.

UMA (Upper Memory Area) منطقة الذاكرة العليا: ذاكرة في الحاسوب الشخصي ما بين العناوين 640 و1024 كيلوبايت في الحواسيب المتوافقة مع أي بي ام.

UMB (Upper Memory Block) كتلة الذاكرة العليا: كتلة من الذاكرة تُوجد في منطقة الذاكرة العليا يُمكِن إستخدامها لمشغّلات الأجهزة أو البرنامج المقيم في الذاكرة.

UML راجع Language Unified Modeling.

U

UA راجع (User Agent)

UART (Universal Asynchronous Receiver Transmitter) مرسل/مستقبل لا متزامن عام الأغراض: جهاز يرسل ويستقبل البيانات من محطة تتابعية حيث يقوم المرسل بتحويل البيانات المتوازية إلى متسلسلة للإرسال ويقوم المستقبل بعكس العملية.

UBR (Unspecified Bit Rate) معدل رقم ثنائي غير محدد: مستوى لا متزامن للخدمات التي لا تضمن عرض نطاق متوفر.

UCAID (University Corporation for Advanced Internet Development) إئتلاف الجامعات والشركات للتطوير المتقدم للشبكة الدولية: إئتلاف غير ربحي أُسِّس عام 1997 لتطوير الشبكة الدولية ضمَّ أربعة وثلاثين جامعة بادئ الأمر ليصل خلال عام واحد إلى أكثر من مئة جامعة وعشرين شركة.

UCE (Unsolicited Commercial E-mail) بريد الكتروني تجاري غير مرغوب به.

UCITA (Uniform Computer Information Transactions Act) قانون معاملات المعلومات الحاسوبية الموحد: قانون أخلاقي يتعامل مع عقود وتراخيص البرمجيات في الولايات المتحدة.

UDP (User Data Protocol, User Datagram Protocol) بروتوكول بيانات المستخدم: هو برتوكول إتصالات لتبادل الرسائل بين عدة حواسيب عبر برتوكول الشبكة الدولية دون الحاجة لاتصالات مسبقة لانشاء قناة نقل.

UDT (Uniform Data Transfer) نقل البيانات الموحد/المنتظم: خدمة تُمكّن تطبيقين في بيئة نظام التشغيل ويندوز من تبادل

UMTS (Universal Mobile Telecommunication System)	النظام العالمي للإتصالات النقَّالة: تطبيق النظام الموحد للإتصالات النقَّالة للجيل الثالث من نظام الهواتف اللاسلكية.
UN e-governance readiness index	مؤشر جاهزية الحوكمة الإلكترونية التابع للأمم المتحدة: مؤشر أسسته الأمم المتحدة لترتيب البلدان حسب نشاطاتها في مجال التحول للحوكمة الإلكترونية.
UN ICT Task Force	فريق مهام تقنية المعلومات والاتصالات التابع للأمم المتحدة: فرقة مهام متعددة المشاركين لتعظيم الجهد العالمي لجسر الهوة الرقمية وتعظيم الفرصة الرقمية لأغراض التنمية.
Unary	أحادي: عملية أو كيان واحد.
Unary Operator	عملية أحادية: عملية تأخذ مُعامل واحد فقط كإشارة السالب مثلا.
Unassembly	فك التجميع/ الترجمة التجميعية.
Unauthorized access	إذن وصول غير مصرح.
Unauthorized downloading	تحميل/تنزيل دون تصريح.
Unauthorized electronic storing of content	تخزين إلكتروني لمحتوى غير مصرح به.
Unauthorized storing of confidential information	تخزين معلومات سرية غير مصرح به.
Unauthorized user	مستخدم غير مُخَوَّل.
Unblocked Records	سجلات غير مكتَّلَة، سجلات: سجل حقيقي يحتوي على سجل منطقي واحد.
Unbreakable password	كلمة مرور غير قابلة للاختراق.
Unbuffered	غير مدعوم بذاكرة مؤقتة: هو كل مكون حاسوبي لا يخزن البيانات في الذاكرة بل يتعامل معها مباشرة عند وصولها إليه.
Unbundled System	نظام منفرد: برامج وأجهزة تُباع بشكل منفصل بالمقارنة مع النظام المُجمَّع والذي يُباع بسعر واحد ويشمل تكلفة كل من الجهاز والبرامج اللازمة لتشغيله.
UNC (Universal Naming Convention)	مصطلح التسمية الموحد: نظام شبكي لتسمية الملفات بحيث يكون لكل ملف على أي حاسوب اسم مسار واحد للوصول إليه من أي حاسوب آخر عبر الشبكة.
Uncompress	فك الضغط: استعادة محتويات ملف مضغوط في شكلها الأصلي. مرادف لِ Decompress.
Unconditional Branch	تفرع غير مشروط: تعليمة تتسبب بنقل التحكم إلى جزء آخر من البرنامج دون الإعتماد على شرط معين.
Unconditional Jump	قفزة غير مشروطة: مرادف لِتفرع غير مشروط.
Unconditional Transfer	نقل غير مشروط: نقل التحكم من وحدة برمجية إلى أخرى دون وجود شرط العودة إلى الوحدة الاولى.
Unconnectable	غير قابل للربط.
Uncorruptable	غير قابل للإعطاب/الإفساد.
Uncrackable	غير قابل للتحطيم.
Uncrackable password	كلمة مرور غير قابلة للاختراق.
Uncreatable software	برمجيات غير قابلة للانشاء.
Undelete	إلغاء الحذف: استرداد الملفات أو المجلدات التي تم حذفها سابقا.
Undeliverable	غير قابل للتسليم/التوصيل: عدم إمكانية توصيل ملف أو مستند أو بريد الكتروني إلى مستلم معين.
Under construction web site	موقع شبكي في طور البناء.
Under-developed country	دولة تفتقر للتطور.
Underflow	قصور.
Underline	وضع خط تحت الرمز/الكلمة.
Undernet	شبكة اندرنت: هي احدى أكبر شبكات خدمة الدردشة عبر الشبكة الدولية تصل هذه الشبكة المستخدمين لإجراء محادثات فورية فيما بينهم من خلال أكثر من 12 خادم و11,000 قناة.

Unidentified user	مستخدم غير محدّد الهوية.
Unified Messaging	إرسال موحّد للرسائل: الوصول إلى البريد الإلكتروني والبريد الصوتي وأجهزة الفاكس عن طريق تطبيق حاسوبي مشترك أو من خلال الهاتف.
Unified Modeling Language	لغة النمذجة الموحَّدة: مجموعة من الرموز المعيارية لتمثيل مكونات نظام المعلومات الموجّه للكيانات يساعد محللي الانظمة والمصممين على فهم آلية عمل النظام.
Uniform Resource Locator	مُحدّد المصادر الموحَّد: اسم الموقع الشبكي الذي يرغب الزائر بتصفحه.
Uninformed judgment	حكم غير مستند إلى إحاطة.
Uninstall	إزالة: إزالة برنامج أو مكون مادي من نظام الحاسوب.
Union-Compatible	اتحاد متوافق: صفة لصلة بين جدولين في قواعد البيانات لهما نفس العدد من الخصائص.
Unipolar	أحادي القطبية: جهاز أو اشارة تَستخدِم قطبية الفولتية نفسها (موجبة أو سالبة) لتمثيل الحالات الثنائية مثل التشغيل والإقفال.
Unipolar Device	جهاز أحادي القطب.
Unipolar Transistor	ترانزيستور أحادي القطبية: ترانزيستور يعمل بفعل حاملات شحنة الأكثرية فقط بعكس الترانزيستور ثنائي القطبية الذي يعمل بفعل حاملات شحنة من نوعي الأكثرية والأقلية.
Unique password	كلمة مرور فريدة.
Unit	وحدة.
Unit Position	موضع الوحدة، خانة الآحاد: موقع الآحاد في عدد يتألف من عدة أرقام على سبيل المثال موضع الوحدة/خانة الآحاد للرقم 164 هو 4.
Underscore	رمز الخط السفلي: يستخدم رمز الخط السفلي (_) كبديل عن المساحات الفارغة في أسماء الملفات والحقول.
Understandability	القابلية للفهم.
Undisclosable information	معلومات لا يتوجب الإفصاح عنها.
Undo	إلغاء، عكس آخر عملية: الرجوع عن آخر عملية تم القيام بها.
Undock	فصل: 1- فصل حاسوب عن محطة إرسال. 2-جعل شريط أدوات حر الحركة في النافذة.
Unfold	إظهار: عملية تتم أثناء البرمجة لاستبدال استدعاء تابع بنسخة عن التابع في نص البرنامج واستبدال المتغيرات الصورية بالمتحوّلات الحقيقية وفي لغة توصيف النص التشعبي تعني ظهور صورة بجانب نص تشعبي مُنسق (مرادف لِ inline).
Unforgettable password	كلمة مرور غير قابلة للنسيان.
Unguessable	غير قابل للتخمين.
Unhackable	غير قابل للاختراق.
Unhackable password	كلمة مرور غير قابلة للاختراق.
UNI (User Network Interface)	واجهة بين الشبكة والمُستخدِم: الحد الفاصل بين مسؤولية مزوّد الخدمة ومسؤولية المشترك.
Unibus	ناقل موحد: بنية ناقلة طوّرتها شركة المعدات الرقمية في عام 1970.
Unicast	الإرسال الأحادي: إرسال حزم بيانات من نقطة إلى نقطة أخرى. وهو عكس بث النطاق العريض.
UNICODE (UNIque Universal and Uniform Character enCoding)	ترميزموحد: هي مجموعة رموز لتعريف الحروف المستخدمة في أغلب لغات العالم تُستخدَم لتسهيل عرض المعلومات وإرسالها بغض النظر عن اللغة المستخدمة.

الصوت والفيديو والنصوص وذلك استجابة لطلبات بروتوكول نقل النصوص التشعبية.
2-خادم من تطوير شركة آي بي إم (انفورمكس قبل الاستحواذ).

Universal Synchronous Receiver Transmitter	مرسل مستقبل تزامني جامع: دائرة إلكترونية ترسل البيانات وتستقبلها من خلال منفذ تسلسلي.
Universal usability	سهولة الاستخدام للجميع: مبدأ قوامه جعل تقنيات المعلومات والاتصالات قابلة للاستعمال من قبل الجميع بما في ذلك ذوي التحديات الذهنية والجسدية.
University	جامعة.
UNIX	يونيكس: نظام تشغيل متعدد المهام متعدد الإستخدام استحدثته مختبرات "بيل" يُستخدَم في بعض أنواع الحواسيب الصغيرة والكبيرة بوصفه برنامج التحكم الرئيس في الخوادم ومحطات التشغيل.
UNIX Shell Account	حساب أوامر يونكس: حساب مشترك لدى مزوِّد خدمات شبكي يتطلب إدخال أوامر يونكس لإرسال البريد والملفات واستقبالها.
Unix Wizard	مبرمج يونكس بارع: شخص بارع في فهم أليات عمل يونكس يُستخدَم كصفة او مسمى وظيفي في بعض المؤسسات.
Unknown Host	مضيف مجهول: رد يشير إلى أن الشبكة غير قادرة على إيجاد العنوان المحدد لخادم.
Unknown Recipients	مستقبلون مجهولون: رد على رسالة بريد إلكتروني يشير إلى أن خادم البريد عاجز عن إيجاد العنوان المحدد.
Unlicensed content	محتوى غير مرخص.
Unlicensed software	برمجيات غير مرخصة.
Unit Record	سجل الوحدة: 1-أي مجموعة من السجلات التي تتمتع بالشكل ذاته وعناصر البيانات ذاتها. 2-بطاقة التثقيب التي تحوي سجل بيانات كامل.
United Nations University	جامعة الأمم المتحدة: جامعة هدفها إجراء البحوث التي تخدم البشرية وتعزز الأمن البشري.
UNIVAC I (Universal Automatic Calculator I)	يونيفاك 1 (حاسبة أوتوماتيكية شاملة1): أول حاسوب مجدي تجارياً يتعامل مع معلومات نصية ورقمية صممه كل من جيه بريسبر و جون موكلي عام 1951.
Universal access to information	إذن وصول جامع: مفهوم مفاده جعل المعلومات متاحة للجميع على السواء بما في ذلك من يعانون من تحديات جسدية أوذهنية أو تقنية أو مادية.
Universal accessibility	الوصولية للجميع: مفهوم مفاده جعل أنظمة تقنيات المعلومات والاتصالات ومنتجاتها متاحة للجميع على السواء بما في ذلك من يعانون من تحديات جسدية أوذهنية أو تقنية أو مادية.
Universal Description, Discovery and Integration Specification (UDDI)	مواصفات الوصف والاكتشاف والتكامل الشامل: مجموعة من البروتوكولات لتحديد مواقع خدمات الشبكة العنكبوتية ووصفها.
Universal design	تصميم جامع: مفهوم مفاده جعل تصميمات تقنيات المعلومات والاتصالات متاحة للجميع بما في ذلك من يعانون من تحديات جسدية أوذهنية أو تقنية أو مادية.
Universal Server	خادم جامع: 1- برنامج من تطوير شركة أوراكل يوفر محتويات قاعدة البيانات بعدة أشكال مثل

Unlike Signs	علامات (جبرية) غير متماثلة: هما علامتا الزائد والناقص المُستخدمتان في العمليات الحسابية.
Unload	تفريغ: إخراج برنامج من الذاكرة أو إخراج قرص أو شريط من مشغِله.
Unmanaged Code	شيفرة غير مُدارَة: شيفرة ينفذها المعالج مباشرة دون الحاجة إلى مفّسر.
Unmanned aerial vehicle	مركبة جوية بلا طيار.
Unmoderated	مُوَزَّع آلياً على الجميع: صفة لمجموعة نقاش أو قائمة بريد بحيث أن جميع المقالات أو الرسائل التي يستقبلها الخادم متوفرة أو تُوَزَّعُ آلياً على جميع المشتركين.
Unmonitorable	غير قابل للمراقبة.
Unmount	إخراج: إخراج قرص أو شريط من الإستخدام النشط.
Unnavigable website	موقع شبكي غير قابل للتنقل.
Unpack (To restore packed data to its original Format)	فك ضغط البيانات: إرجاع البيانات المضغوطة إلى شكلها الأصلي.
Unpopulated Board	لوح فارغ: لوح دارات فارغ لم تُركَّب عليه أية رقائق أو قطع إلكترونية.
Unprotectable data	بيانات غير قابلة للحماية.
Unprotected storage	مخزن مفتقر للحماية.
Unread	غير مقروء.
Unreadable information	معلومات لا يمكن قراءتها حاسوبيا.
Unrecoverable	غير قابل للاستعادة/للإصلاح.
Unrecoverable Error	خطأ يمنع التنفيذ: خطأ فادح لا يستطيع البرنامج إصلاحه دون الإستعانة بأساليب خارجية.
Unrecoverable password	كلمة مرور غير قابلة للاستعادة.
Unreliable Protocol	برتوكول غير جدير بالاعتماد: بروتوكول لا يضمن وصول البيانات سالمة أو لا يضمن وصولها على الاطلاق.
Unremoveable discontinuity	توقف غير قابل للإزالة.
Unsafe internet connection	وصلة شبكية غير آمِنة.
Unsafe internet content	محتوى شبكي غير آمِن.
Unscanable document	وثيقة غير قابلة للمسح للضوئي.
Unscanable file	ملف غير قابل للمسح الضوئي.
Unsecure access	إذن وصول غير آمِن.
Unsecure network	شبكة غير آمِنة.
Unsecure transfer	تحويل غير آمِن.
Unsecure usage	استعمال غير آمِن.
Unsecure zone	منطقة غير آمِنة.
Unstable State	حالة غير مستقرة.
Unsubscribe	يلغي الاشتراك: 1- إزالة مجموعة نقاش من قائمة الاشتراك. 2-إزالة مشتقبِل من قائمة البريد من خلال عبارة "ألغِ الإشتراك" في رسالة الرد.
Untargeted traffic	حركة مرور غير معينة: تعبير يطلق على حركة المرور الشبكية التي يصل أصحابها إلى موقع معين دون أن يكون لهم رغبة أو مصلحة في الوصول إليه.
Untraceable	غير قابل للتقصي.
Untraceable downloading	تنزيل غير قابل للتتبع.
Untrackable	غير قابل للتعقب.
Unusable media	وسيط غير قابل للاستخدام.
Up Time	زمن عمل الحاسوب: الوقت الذي يكون فيه الحاسوب عاملاً وليس به أي عطل.
Update	تحديث: تعديل البيانات الموجودة في ملف أو قاعدة بيانات.
Upflow	تدفق صاعد.
Upgradability	القابلية للتحديث.
Upgrade	التحديث: استبدال برمجيات أو معدات بإصدار حديث مُحسَّن.
Upgrade	يُحسِّن، يُحدِّث، تحسين، تحديث.

Uplink	رابط علوي: 1- إرسال من محطة أرضية إلى قمر صناعي. 2- منفذ في جهاز شبكي يتم توصيله بجهاز شبكي آخر بدلاً من توصيله بالخادم.
Upload	تحميل: نقل البيانات أو البرامج من جهاز طرفي إلى جهاز مركزي.
UPnP (Universal Plug and Play)	صِل وشغِّل جامع: مجموعة من البروتوكولات المُعدَّة من أجل تهيئة الأجهزة آلياً واكتشاف الخدمات وتوفير نقل البيانات بين النظراء عبر بروتوكول الشبكة الدولية.
UPnP Forum	منتدى التركيب والتشغيل الجامع: مبادرة خاصة بالصناعة الحاسوبية تتيح إتصال بسيط ونشط للأجهزة المستقلة والحواسيب الشخصية من مختلف الموردين.
UPnP Networking	شبكات التركيب والتشغيل الجامع: إقامة شبكات بإستخدام تقنية التهيئة الألية لنقل البيانات بين الأجهزة عبر بروتوكولات الشبكة الدولية.
Uppercase	أحرف كبيرة.
UPS (Uninterruptible Power Supply)	مصدر طاقة غير قابل للإنقطاع.
UPS Line Interactive	مصدر الطاقة غير قابل للإنقطاع التفاعلي الخطي.
UPS Off-Line	مصدر الطاقة غير قابل للإنقطاع الغير المتصل بالشبكة.
UPS True On-Line	مصدر الطاقة غير قابل للإنقطاع المتصل بالشبكة.
Upstream	تحميل/للاعلى: من المستهلك إلى مزوِّد الخدمة.
Upstream bandwidth (upload bandwidth)	سعة التحميل: كمية البيانات القابلة للتحميل من حاسوب المستخدم إلى الشبكة الدولية.
Uptime	مدة/زمن التشغيل، زمن قابلية الإستخدام: المدى الزمني الذي يبقي فيه الحاسوب نشطاً دون توقف.
Upward Compatibility	توافق تصاعدي: قدرة جهاز حاسوب أحدث أو أكبر على قبول برامج من جهاز حاسوب أقدم أو أصغر.
URC (Uniform Resource Citation)	مُحدِّد الموارد الموحَّد: مجموعة من الصفات/القيم التي تصف كيانً ما.
URI (Uniform Resource Identifier)	معرّف الموارد الموحَّد: سلسلة مُدمجَة من الرموز تُستخدَم في تحديد أو تسمية مورد معين.
URL	راجع Uniform Resource Locator.
Usability	سهولة الاستخدام.
Usability driven software architecture	معمارية/بنية برمجيات تقودها سهولة الاستخدام.
Usability driven website design	تصميم موقع شبكي تقوده سهولة الاستخدام.
Usable	قابل للإستخدام.
Usage	إستخدام، استعمال.
Usage Analysis	تحليل الإستخدام.
Usage-based licensing	ترخيص قائم على الإستخدام.
USART (Universal Synchronous Asynchronous Receiver Transmitter)	جهاز الإرسال/الإستقبال المتزامن/غير المتزامن العالمي.
USASCII	راجع ASCII.
USB (Universal Serial Bus)	ناقل تسلسلي جامع: أداة بينية لمنافذ الأجهزة الطرفية تُستخدَم نقل البيانات بسرعة كبيرة.
Use	يستعمل، يستخدم، يوظف، استعمال، استخدام، فائدة.
User	مُستخدِم: شخص يستخدم نظام الحاسوب ويتفاعل معه على مستوى التطبيق.
User Account	حساب المستخدم: يحتوي على اسم المستخدم وكلمة المرور.

User Agent	عميل المُستخدِم: برنامج يُستخدَم للوصول إلى الخوادم على شبكة معينة ويشير المصطلح إلى أي برنامج في حاسوب المُستخدِم يحاول الوصول إلى خدمة على الشبكة الدولية.
User Control	ضبط حساب المُستخدِم.
User Defined Data Type	بيانات مُحدَّدة من قبل المُستخدِم.
User Defined Function Key	مفتاح وظيفي قابل للتحديد من قبل المستخدم.
User Documentation	وثائق الإستخدام: وثائق لإرشاد المُستخدِم لكيفية إستخدام الأجهزة أو البرامج.
User File	ملف تعريف المستخدم.
User Friendly	سهل الإستخدام.
User ID	هوية المُستخدِم.
User Name	اسم المُستخدِم.
User Oriented	ملائم للمُستخدِم.
User Profile	ملف المُستخدِم.
User Programmable	قابل للبرمجة من قبل المُستخدِم.
User Programmable Processor	معالج قابل للبرمجة من قبل المُستخدِم.
User satisfaction	رضا المُستخدِم: مؤشر قبول/ارتياح مُستخدِم تقنية المعلومات والاتصالات لمنتج و/أو خدمة.
User State	وضع المُستخدِم.
User-content license	ترخيص محتوى المُستخدِم.
User-generated content	محتوى صادر عن المُستخدِم.
Users	مستخدمون.
USRT (Universal Synchronous Receiver Transmitter)	المرسل/المستقبل المتزامن الشامل.
UTC (Universal Time Coordinate)	وقت عالمي مُنسَّق: مرادف توقيت غرينتش يُستخدَم من أجل مزامنة أجهزة الحاسوب على الشبكة الدولية.
Utilities	المنافع/ الأدوات.
Utility Computer	حاسوب الخدمات: حاسوب يوفر خدمة عبر خطوط الهاتف بناءً على مشاركة متزامنة للمشتركين الذين لديهم أجهزة طرفية مناسبة.
Utility Program	برنامج منافع/خدمات: برنامج مصمم لإجراء أعمال الصيانة على النظام أو على مكوناته.
Utilization	توظيف، استغلال، استخدام.
Utilize	يوظف، يستغل، يستخدم.
UTP (Universal Transfer Protocol)	بروتوكول نقل البيانات الشامل.
UTRA (UMTS Terrestrial Radio Access)	وصول لاسلكي أرضي: وصول عبر النظام الموحد للاتصالات النقَّالة (أحد تقنيات الجيل الثالث من الهواتف الخلوية).
UTRAN (Universal Terrestrial Radio Access Network)	شبكة الوصول اللاسلكي الأرضي العالمية.
UUCP (Unix to Unix Copy)	نسخ ملفات من نظام يونكس إلى نظام يونكس آخر.
UUID (Universal Unique Identifier)	مُعرِّف فريد عالمياً: طريقة لحوسبة المُعرفات تَستخدِم رقماً تسلسلياً في بطاقة إثيرنت المحلية بالإضافة إلى تاريخ ووقت إنتاج رقم ثنائي مكون من 128 رقماً.
UUS (User to User Signaling)	إرسال الإشارات بين المستخدمين.

V

V Series
سلسلة في:
1-مجموعة من معايير الإتصالات الخاصة بالبيانات الموصى بها من قبل الإتحاد الدولي للإتصالات.
2-مجموعة من الحواسيب متوسطة وصغيرة الحجم من انتاج شركة يونيسيس.

V.120
معيار في 120: معيار وضعه الإتحاد الدولي للإتصالات للتحكم بعدد من الإتصالات عبر خطوط الشبكة الرقمية للخدمات المتكاملة.

V.14
معيار في 14: معيار وضعه الإتحاد الدولي للإتصالات في عام 1993 خاص ببث رموز التوقف/الإنطلاق
عبر قنوات نقل البيانات المتزامنة.

V.17
معيار في 17: معيار وضعه الإتحاد الدولي للإتصالات في عام 1991
خاص ببث الفاكس كامل الإزدواجية عبر خطوط الهاتف العادية والذي يبلغ 1400 بت/الثانية.

V.21
معيار في 21: معيار وضعه الإتحاد الدولي للإتصالات في عام 1964 خاص بالإتصال كامل الإزدواجية
بين جهازي موديم تناظريين عبر خطوط الهاتف العادية بسرعة 300 بود لحمل البيانات الرقمية بمعدل 300 بت/الثانية.

V.22
معيار في 22: معيار وضعه الإتحاد الدولي للإتصالات في عام 1980 خاص بالإتصال كامل الإزدواجية بين جهازي موديم تناظريين عبر خطوط الهاتف العادية بسرعة 600 بود لحمل البيانات الرقمية بمعدل 1200 أو 600 بت/الثانية.

V.22bis
معيار في 22 بيس: معيار وضعه الإتحاد الدولي للإتصالات في عام 1984 ويُعد امتداد لمعيار في 22.

V.23
معيار في 23: معيار وضعه الإتحاد الدولي للإتصالات في عام 1964 خاص بالإتصال نصف المزدوج بين جهازي موديم تناظريين عبر خطوط الهاتف العادية بسرعة تصل إلى 600 أو 1200 بود لحمل البيانات الرقمية بمعدل 600 و1200 بت/الثانية على التوالي.

V.24
معيار في 24: معيار وضعه الإتحاد الدولي للإتصالات في عام 1964 يحدد وظائف جميع الدارات الخاصة بواجهة RS-232.

V.26
معيار في 26: معيار وضعه الإتحاد الدولي للإتصالات في عام 1968 خاص بالإتصال كامل الإزدواجية بين جهازي موديم تناظريين عبر خطوط الهاتف العادية بمعدل 2400 بت/الثانية عبر الخطوط المستأجرة رباعية الأسلاك.

V.27
معيار في 27: معيار وضعه الإتحاد الدولي للإتصالات في عام 1972 خاص بالإتصال كامل الإزدواجية بين جهازي موديم تناظريين عبر خطوط الهاتف العادية بسرعة 4800 بت/الثانية عبر الخطوط المستأجرة رباعية الأسلاك.

V.27 Terbo
معيار في.27 تيربو: معيار وضعه الإتحاد الدولي للإتصالات في عام 1976 خاص بالإتصال نصف المزدوج بين جهازي موديم تناظريين يستخدمان الإتصال عبر خطوط الهاتف العادية بسرعة 2400 و4800 بت/الثانية على التوالي.

1994 خاص بموديم يسمح ببث ثنائي الإتجاه للبيانات يصل إلى 28.8 كيلو بت /الثانية.

V.34bis معيار في 34 بيس: معيار وضعه الإتحاد الدولي للإتصالات خاص بموديم يسمح ببث البيانات بسرعة تصل إلى 33600 بت/الثانية.

V.35 معيار في 35: معيار وضعه الإتحاد الدولي للإتصالات في عام 1968 لمجموعة من أجهزة الموديم التي تجمع بين عرض النطاق الخاص بعدة دارات هاتف لتحقيق معدلات أعلى من البيانات.

V.42 معيار في 42: معيار وضعه الإتحاد الدولي للإتصالات في عام 1989 وهو بروتوكول لتصحيح الأخطاء.

V.42bis معيار في 42 بيس: معيار وضعه الإتحاد الدولي للإتصالات في عام 1989 خاص بضغط بيانات الموديم.

V.44 معيار في 44: معيار وضعه الإتحاد الدولي للإتصالات في عام 2000 خاص بضغط بيانات الموديم.

V.54 معيار في 54: معيار وضعه الإتحاد الدولي للإتصالات في عام 1976 خاص بتحديد عملية أجهزة الاختبار الحلقية في أجهزة الموديم حيث يمكن وصله بأجهزة الموديم لاختبار دارة الهاتف وعزل مشاكل البث.

V.80 معيار في 80: معيار وضعه الإتحاد الدولي للإتصالات في عام 1996 كمعيار تحكم ضمن حزمة معدات إتصالات البيانات وأنماط البيانات المتزامنة.

V.28 معيار في 28: معيار وضعه الإتحاد الدولي للإتصالات في 1972 يحدد جميع الخصائص الكهربائية لدارات التبادل مزدوجة التيار غير المتوازنة.

V.29 معيار في 29: معيار وضعه الإتحاد الدولي للإتصالات في عام 1976 خاص بموديم يسمح بأنماط بث البيانات بسرعات 4.8 كيلو بت/الثانية و7.2 كيلو بت/الثانية و9.6 كيلو بت/الثانية.

V.32 معيار في 32: معيار وضعه الإتحاد الدولي للإتصالات في عام 1984 خاص بموديم يعمل كدارة كاملة الإزدواجية عبر أربعة أسلاك أو دارة نصف مزدوجة ذات سلكين تسمح ببث ثنائي الإتجاه للبيانات إما بسرعة 9.4 كيلو بت/الثانية أو 4.8 كيلو بت /الثانية.

V.32 Standard معيار في 32 القياسي: معيار وضعه الإتحاد الدولي للإتصالات في عام 1984 خاص بموديم يعمل كدارة كاملة الإزدواجية عبر أربعة أسلاك أو دارة نصف مزدوجة ذات سلكين تسمح ببث ثنائي الإتجاه للبيانات إما بسرعة 9.4 كيلو بت/الثانية أو 4.8 كيلو بت/الثانية.

V.32bis معيار في 32 بيس: معيار وضعه الإتحاد الدولي للإتصالات في عام 1991 خاص بموديم يسمح ببث ثنائي الإتجاه للبيانات يصل إلى 14.4 كيلو بت/الثانية.

V.32terbo معيار في 32 تيربو: معيار خاص باجهزة موديم تصل سرعتها إلى 19200 بت/الثانية يستخدمه بعض مصنعي أجهزة الموديم.

V.34 معيار في 34: معيار وضعه الإتحاد الدولي للإتصالات في عام

Validity	صحة/صلاحية البيانات.
Validity Check	اختبار صلاحية البيانات، إجراء التحقق: مجموعة إجراءات في برامج إدخال البيانات تقوم باختبار المدخلات للتحقق من صحتها.
Valuable undisclosed information	معلومات قيمة غير مُفصَح عنها.
Value	يُقيِّم، قيمة.
Value added	قيمة مُضافة.
Value List	قائمة القيم: قائمة بالقيم التي تستخدمها بعض التطبيقات مثل قاعدة البيانات كسلسلة للبحث أو كقيم استقصاء.
Value of knowledge	قيمة المعرفة.
Value Type	نوع القيمة.
Value-focused thinking	تفكير مترکز حول القيمة.
Valueless information	معلومات فاقدة القيمة.
VAN (Value Added Network)	شبكة القيمة المضافة: شبكة اتصالات بالاضافة الى توفيرها قنوات إتصالات توفر خدمات اكتشاف وتصحيح الاخطاء آليا وتحويل البروتوكولات وتخزين وإعادة إرسال الرسائل.
Vaporware	برمجيات/أجهزة متبخرة: مصطلح يشير الى برمجية أو جهاز تم الإعلان عنه ولكن لم يتم إصداره مطلقاً.
VAR (Value Added Reseller)	بائع القيمة المضافة: مؤسسة تضيف خصائص إلى منتج موجود ومن ثم تعيد بيعه كمنتج أو حل متكامل.
Variable	متغير: مقدار تتغير قيمته الحسابية خلال تنفيذ البرنامج.
Variable Length Field	حقل متغير الطول: بنية سجل تستوعب حقولا ذات أطوال مختلفة تبعا لمجموع البيانات التي تحتويها.
Variable Length Record	سجل متغير الطول: سجل يحتوي على حقول متغيرة الطول.
V.90	معيار في 90: معيار وضعه الإتحاد الدولي للإتصالات في عام 1998 خاص بموديم يسمح بتنزيل البيانات بسرعة 56 كيلو بت/الثانية وتحميل البيانات بسرعة 33.6 كيلو بت/الثانية.
V.91	معيار في 91: معيار وضعه الإتحاد الدولي للإتصالات في عام 1999 خاص بموديم رقمي يعمل بسرعة بث بيانات تصل إلى 64000 بت/الثانية للاستخدام في دارة رباعية الأسلاك ودارات رباعية الأسلاك مستأجرة من نقطة إلى نقطة.
V.92	معيار في 92: الإصدار المعدّل لمعيار الإتحاد الدولي للإتصالات رقم 90 الذي يرفع معدل نقل البيانات من 33.6 كيلو بت/ الثانية إلى 48 كيلو بت/الثانية.
V.FC (Very Fast Class)	فئة عالية السرعة: مجموعة عناصر تمتاز بخواص متشابهة.
V.Standard	معيار في.
V20	في 20: معالج من انتاج شركة ان اي سي يُعتبر تحسين بسيط على معالجات انتيل 8088 و8086.
VAB (Voice Answer Back)	خدمة الرد الصوتي: استخدام رسائل صوتية مسجلة للرد على الأوامر والإستفسارات.
VAC (Value Added Carrier)	ناقل القيمة المضافة: شركة توفر خدمات شبكة القيمة المضافة.
Valid	شرعي، صالح، مقبول.
Valid Date Interval	فترة الصلاحية.
Validation Server Controls	ضوابط خادم التحقق من صحة بيانات: تقنية تُستخدَم للتأكد من صحة مدخلات المُستخدِم حيث تظهر رسالة تحذير إن لم تنجح البيانات في عملية التدقيق.
Validation Suite	مجموعة برامج التحقق: مجموعة برامج للتدقيق في صحة مكونات كيان ما.

VC (Virtual Circuit) دائرة افتراضية:1- دائرة منطقية يتم إنشاؤها لتأمين إتصالات بين عُقدتين أو جهازي حاسوب في عبر الشبكة تمتاز الإتصالات عبر الدوائر الإفتراضية بموثوقيتها العالية. 2- مسار إتصالات مؤقت يتم إنشاؤه بين الأجهزة في نظام الإتصالات المحوّلة.

VC (Virtual Container) مستوعَب إفتراضي.

VCACHE ذاكرة التخزين المؤقت في: برنامج ذاكرة الأقراص المؤقتة في أنظمة تشغيل ويندوز 95 و98.

VCalendar صيغة تقويم في: صيغة معيارية للتقويم وتحديد المواعيد.

VCI (Virtual Channel Identifier) معرّف القناة الإفتراضية: وسيلة تعريف فريدة من نوعها تشير إلى دائرة إفتراضية معينة على شبكة ما.

VCOM (Virtual Connect Manager) مدير الإتصالات الإفتراضي: برنامج يدير أجهزة إتصالات تسلسلية ومتوازية يُعتبر مكون معالجة الإتصالات المركزي في في أنظمة تشغيل ويندوز 95 و98.

VCPI (Virtual Control Program Interface) واجهة تطبيق برامج التحكم الافتراضية: مواصفات نُشرت في عام 1989 تسمح لبرامج نظام تشغيل القرص بالعمل في في نمط محمي.

VCR-Style Mechanism آلية شريط فيديوي.

VDD (Virtual Display Device Driver) مشغل جهاز عرض إفتراضي: نوع خاص من مشغلات أنظمة تشغيل ويندوز يسمح بإنجاز وظائف لا يمكن أن تتم بواسطة تطبيقات ويندوز بالطريقة الاعتيادية.

VDL (Vienna Definition Language) لغة تعريف فيينا: لغة التحديد الجبري باستخدام معاني الكلمات التنفيذية.

VDM (Video Display Metafile) ملف عرض الصور.

Variable Length Word كلمة متغيرة الطول: كلمة حاسوب يحدد طولها المبرمج.

Variable Name اسم متغير: اسم ابجدي رقمي لتمثيل متغير في برنامج يشير إلى ما يعالجه البرنامج ويستعمله لفترة مؤقتة وقد يأخذ قيمة مختلفة في كل تنفيذ.

Variable Step خطوة/درجة متغيرة: زيادة في العدد تتغير في كل مرة.

Variable-Length Operation عملية متغيرة الطول: عملية حاسوبية لمعاملاتها عدد متغير من الأرقام الثنائية أو الرموز.

VAX (Virtual Access Extension) امتداد العناوين الافتراضية: هو أنجح تصاميم الحواسيب صغيرة الحجم في تاريخ صناعة الحواسيب طوَّرته شركة المعدات الرقمية في عام 1978.

VBA (Visual Basic for Applications) لغة فيجيوال بيسيك للتطبيقات: إصدار من لغة فيجيوال بيسيك المستخدمة في برمجة معظم تطبيقات ويندوز 95 وعدد من تطبيقات شركة مايكروسوفت.

VBNS (Very high speed Backbone Network) شبكة أساسية فائقة السرعة: شبكة عالم تعمل بسرعة 622 ميغابت/الثانية.

VBR (Variable Bit Rate) معدل أرقام ثنائية متغير: هو مصطلح مُستخدَم في الحواسيب والإتصالات السلكية واللاسلكية يتعلق بمعدل الأرقام الثنائية المستخدم في تشفير بيانات الصوت والفيديو.

VBS/VBSWG Virus (Visual Basic Script/ Visual Basic Script Worm Generator) فيروس البرمجة النصية للغة فيجيوال بيسيك/مولّد دودة لغة البرمجة النصية لفيجيوال بيسيك.

VBScript (Visual Basic Scripting Edition) إصدار البرمجة النصية للغة فيجيوال بيسيك: فرع من لغة فيجيوال بيسيك لتطبيقات المواقع الشبكية.

VBX (Visual Basic Extension) إمتداد إسم ملف لغة فيجيوال بيسيك.

Version Control	مراقبة الاصدار/النسخة.
Version Number	رقم الاصدار/النسخة: طريقة تتبع التغييرات التي تمت على البرمجيات من قبل المنتِج.
Verso	فيرسو: الصفحة اليسرى من الكتاب أو ظهر الكتاب.
Vertical Application	تطبيق عمودي: برنامج يوضع وفق متطلبات سوق واحد مثل برنامج خاص لطبيب كإدارة ملفات المرضى أو لشركة تأمين كإدارة فواتير التأمين.
Vertical Bandwidth	عرض حزمة عمودية.
Vertical Blanking Interval	فترات تعتيم عمودية: هي الفترة الزمنية الواقعة بين نهاية آخر خط من إطار أو حقل عرض شبكة خطوط العرض وبداية خط آخر.
Vertical Recording	تسجيل عمودي
Vertical Retrace	تقفي الأثر العمودي: عودة شعاع الإليكترون إلى أعلى الشاشة عند نهاية كل حقل في شاشة التلفاز.
Vertical Scan Rate	معدل المسح العمودي.
Vertical Scrolling	عرض عمودي: الانتقال بشاشة الحاسوب لاستعراض المخرجات بشكل عمودي (من أعلى الى أسفل أو من أسفل الى أعلى).
Vertical Service Provider	مزود خدمات عمودي: مزود خدمات تطبيقات يغطي إحتياجات سوق أو قطاع مثل القطاع المصرفي، التصنيع، التعليم، العقارات، الحكومة، الخ.
Vertical Sweep	مسح عمودي.
Vertical Sync	تزامن عمودي: يشير عادةً إلى تزامن تغييرات الدورة الزمنية مع وقت التعتيم العمودي.
Vertical Sync Signal	إشارة التزامن العمودي.
Very Large Scale Integration (VLSI)	تكامل على نطاق كبير جداً: طريقة تصنيع دارات متكاملة تقوم على وضع حوالي 30000 بوابة إلكترونية على الدارة المتكاملة.
VDSL (Very High Digital Subscriber Line)	خط مشترِك رقمي فائق السرعة: هو خط مشترِك رقمي يوفر نقل أسرع للبيانات عبر زوج أسلاك نحاسي.
VDT (Visual Display Terminal)	طرفية العرض المرئي: جهاز طرفي ذي لوحة/ شاشة عرض مرئية لعرض المخرجات. مرادف لِوحدة العرض مرئية.
VDU (Visual Display Unit)	وحدة العرض المرئي: هي أجهزة عرض المخرجات البصرية الإلكترونية في الحواسيب.
Vector	متَجه، متجه الكمية، كمية موجَّهة: 1- جدول أعداد مذكورة بشكل خطي. 2-خط يُظهر المقدار والإتجاه معاً.
Vector Display	عرض المتجه: عرض خطوط مستقيمة بين نقطتين.
Vector Font	نمط خط المتَجه.
Vector Markup Language	لغة المتجَّهات: لغة توصيف قابلة للتوسُّع تُستخدَم لإنتاج صور متجَّهات.
Vector Processing	معالجة المتجَّهات: إجراء عمليات المعالجة على الكميات أو المصفوفات المتجَّهة والتي تتطلب أجهزة تشغيل خاصة مزوَّدة بعدد مناسب من المسجلات في وحدة المعالجة المركزية لتستوعب أرقام الكميات المتجَّهة.
Vector Table	جدول المتجَّه.
Vehicle	مركبة، وسيلة.
Verbose	مطنب: صيغة او اعداد للحصول على معلومات موسَّعة وعرضها غالباً ما يُستخدَم لعرض حالة/ وضع العمليات.
Verify	تحقق من.
VERONICA (Very Easy Rodent-Oriented Netwide Index to Computerized Archives)	فيرونيكا: محرك بحث شبكي طوّره كل من ستيفن فوستر وفريد باري من جامعة نيفادا عام 1992 خاص بالبحث عن موارد معينة من خلال الوصف وليس الاسم فقط.

VESA (Video Electronics Standards Association)	اتحاد مقاييس الإلكترونيات الفيديوية: هو إتحاد دولي تأسس في أواخر الثمانينات من القرن الماضي يهدف إلى وضع مقاييس العروض الفيديوية ذات كثافة نقطية تعادل 800×600.
VESA DDC (VESA Display Data Channel)	قناة بيانات العرض لاتحاد مقاييس الإلكترونيات الفيديوية: قناة إتصال قياسية بين مهّيئ العرض والشاشة تُستخدَم لنقل بيانات تعريف العرض المخزنة في الشاشة.
VFAT (Virtual File Allocation Table)	جدول توزيع الملفات الإفتراضي: جزء من أنظمة تشغيل ويندوز 95 والاصدارات اللاحقة يتعامل مع أسماء الملفات الطويلة التي لا يمكن أن يتعامل معها جدول توزيع الملفات الأصلي.
VGA (Video Graphic Array)	مصفوفة الرسومات الفيديوية.
VHF (Very High Frequency)	تردد عالي جداً.
VHLL (Very High Level Languages)	لغات برمجة عالية المستوى جداً: لغات برمجة ذات اعتماد عالي على مبادئ التجريد تُستعمَل كأداة لقياس إنتاجية مبرمج.
VHSIC (Very High Speed Integrated Circuit)	دارة متكاملة عالية السرعة: مصطلح انبثق عن برنامج أطلقته وزارة الدفاع الأمريكية في عام 1980 لتطوير تقنية الدارات المتكاملة الرقمية.
VIA (Virtual Interface Architecture)	معمارية/بنية واجهة إفتراضية.
Vibration sensing devices	أجهزة استشعار الاهتزاز/ الذبذبة.
Video	فيديو.
Video Disk	قرص مرئي/بصري (فيديوي).
Video Games	ألعاب الفيديو: ألعاب ترفيهية إلكترونية أو حاسوبية تَستخدِم صورا معالجة يتم عرضها على وحدة عرض مرئية أو شاشة تلفاز.
Video posting	نشرمادة مرئية على الشبكة الدولية.
Videotex	نظام البث النصي (فيديوتيكس): خدمة توفير المعلومات يتم من خلالها نقل البيانات عبر أسلاك التلفاز أو خطوط الهاتف وعرضها على شاشة التلفاز أو الحاسوب الموجود في المنزل.
View Data	نظام عرض البيانات: نظام فيديوتيكس تفاعلي يمكن من خلاله استرجاع البيانات وإرسالها.
Virtual	إفتراضي.
Virtual academy	أكاديمية افتراضية.
Virtual archiving	حفظ/أرشفة افتراضية.
Virtual art	فن افتراضي.
Virtual assault	اعتداء افتراضي.
Virtual auction	مزاد افتراضي.
Virtual bombardment	قصف قنابل افتراضي.
virtual bullying	مضايقة الغير الافتراضية.
Virtual burglary	سطو افتراضي.
Virtual Campaigning	حملة انتخابية افتراضية.
Virtual channel	قناة افتراضية.
Virtual circuit	دائرة افتراضية.
Virtual community	جماعة افتراضية
Virtual computing environment	بيئة حاسوبية افتراضية.
Virtual consulting	استشارة افتراضية.
Virtual consulting firm	مؤسسة استشارية افتراضية.
Virtual crimes	جرائم افتراضية.
Virtual database	قاعدة بيانات افتراضية.
Virtual desktop	سطح مكتب افتراضي.
Virtual economy	اقتصاد افتراضي.
Virtual electorate	وحدة انتخابية افتراضية.
Virtual harassment	تحرش افتراضي: تحرش ضمن فضاء الشبكة الدولية.
Virtual Host	مضيف إفتراضي.
Virtual ICT solutions	حلول تقنيات معلومات واتصالات افتراضية.
Virtual industry	صناعة افتراضية.
Virtual infringement	انتهاك افتراضي.
Virtual infringement of copyrighted material	انتهاك افتراضي لمادة تتمتع بحقوق النشر والطبع.

Virtual interaction تفاعل افتراضي.
Virtual jurisdiction اختصاص قضائي افتراضي.
Virtual keyboard لوحة مفاتيح افتراضية.
Virtual learning environment بيئة تعلم افتراضية.
Virtual library مكتبة افتراضية.
Virtual Machine آلة إفتراضية: برنامج يقوم بتنفيذ برامج على أنه حاسوب حقيقي.
Virtual machines software برمجيات الآلات الافتراضية.
Virtual material مادة افتراضية.
Virtual Memory ذاكرة إفتراضية.
Virtual mobile technology تقنية افتراضية محمولة.
Virtual museum متحف افتراضي.
Virtual office مكتب افتراضي.
Virtual organization منظمة افتراضية.
Virtual political campaign حملة سياسية افتراضية.
Virtual Private Network (VPN) الشبكة الخاصة الافتراضية. نظام نقل آمن للبيانات عبر الشبكة الدولية باستخدام آلية تغليف البيانات قبل ارسالها عبر شبكة عامة.
Virtual processes عمليات افتراضية.
Virtual reality الواقع الافتراضي: واقع رديف للواقع الملموس يتم خلقه باستخدام تقنيات المعلومات والاتصالات التي تتيح بناء بيئة تحاكي الواقع.
Virtual reality technology تقنية الواقع الافتراضي.
Virtual school مدرسة افتراضية.
Virtual security management إدارة الأمن الافتراضي.
Virtual Service desk مكتب خدمات افتراضي.
Virtual society مجتمع افتراضي.
Virtual spying تجسس افتراضي.
Virtual Storage وحدة تخزين إفتراضية.
Virtual studio استديو افتراضي.
Virtual tapes الأشرطة الافتراضية: وحدات تخزين ثانوية تُستخدَم لتخزين البيانات ذات الطلب المحدود.
Virtual team فريق افتراضي: هو فريق عمل يتواصل أعضاؤه باستخدام تقنيات المعلومات والاتصالات بالاخص الشبكة الدولية لتسهيل عقد الاجتماعات والعمل التعاوني كبديل عن الحاجة للتنقل الى موقع الاجتماع.
Virtual theft سرقة افتراضية.
Virtual thief لص افتراضي.
Virtual tour جولة افتراضية.
Virtual tourist سائح افتراضي.
Virtual university جامعة افتراضية.
Virtual voting تصويت افتراضي.
Virtual war حرب افتراضية.
Virtual workplace مقر عمل افتراضي.
Virtual world عالم افتراضي.
Virtualizeability القابلية للتحول للنمط الافتراضي.
Virtualizeable operating system نظام تشغيل افتراضي.
Virtualization التحول للنمط الافتراضي.
Virtualization company شركة النمط الافتراضي.
Virtualization infrastructure بنية تحتية للنمط الافتراضي.
Virtualization plan خطة التحول إلى النمط الافتراضي.
Virtualization risk analysis تحليل مخاطرة التحول إلى النمط الافتراضي.
Virtualization service خدمة التحول إلى النمط الافتراضي.
Virtualization software برمجيات التحول إلى النمط الافتراضي.
Virtualization technology تقنية النمط الافتراضي.
Virtualized تم التحول للنمط الافتراضي.
Virtualized company شركة متحولة للنمط الافتراضي.
Virtualized data centre مركز بيانات متحول للنمط الافتراضي.
Virtualized desktop سطح المكتب متحول للنمط الافتراضي.
Virtualized IT infrastructure بنية تحتية لتقنية المعلومات متحولة للنمط افتراضي.

Virtualized university	جامعة متحولة للنمط الافتراضي.
Virtualizer	محوِّل للنمط الافتراضي.
Virus	فيروس: أحدى أنماط البرمجيات الضارة التي تهدف الى احداث الضرر بالحواسيب مثل اعطالها أو حذف البيانات والملفات المخزنة فيها.
Virus- bearing file	ملف حامل لفيروس.
Virus bearing message	رسالة تحمل فيروس.
Virus detection	اكتشاف الفيروسات.
Virus scanner	ماسح الفيروسات: برمجية تُستخدَم لمنع البرمجيات الضارة وكشفها وإزالتها بما في ذلك فيروسات الحاسوب وديدان الحاسوب وفيروسات حصان طروادة وبرامج التجسس.
Visibility	قابلية الرؤية.
Visible	قابل للرؤية، مرئي.
Vision	رؤية، نظرة مستقبلية: هي النظرة الشاملة لشكل المؤسسة في المستقبل وتشمل وصف لما تطمح المؤسسة لتحقيقه على شكل أهداف عريضة وواضحة.
Vision communication	توصيل الرؤية.
Visionary	صاحب رؤية.
Visitor	زائر.
Visual Basic	لغة فيجويل بيسيك: إصدار من لغة البرمجة بيسك قامت بإنتاجه شركة مايكروسوفت لتطوير تطبيقات أنظمة تشغيل ويندوز.
Visual Display	شاشة الحاسوب.
Visual Indicator	مؤشر بصري/مرئي.
Visual J++	فيجويل جافا ++: نسخة من لغة البرمجة جافا طورتها شركة مايكروسوفت لتعمل ضمن بيئة أنظمة تشغيل ويندوز فقط وبشكل أسرع من لغة جافا المعيارية.
Visual O (Visual Output)	مخرجات بصرية/مرئية.
Visual recorder	مسجل بصري/مرئي.
Visual technology	تقنية بصرية/مرئية.

VLAN (Virtual Local Area Network)	شبكة محلية افتراضية.
VLB (VESA Local Bus)	ناقل محلي لاتحاد مقاييس الإلكترونيات الفيديوية: ناقل يوفر مسار بيانات عالي السرعة بين وحدة المعالجة المركزية والوحدات الطرفية.
VLF (Very Low Frequency)	تردد متدني للغاية.
VLR (Visitor Location Register)	سجل موقع الزائر.
VoATM (Voice over Asynchronous Transfer Mode)	الصوت عبر شبكة صيغة النقل غير المتزامن: خدمة تُستخدَم لنقل اشارات الصوت عبر شبكة صيغة النقل غير المتزامن.
VOD (Video On Demand)	خدمة الفيديو عند الطلب: أنظمة تسمح للمستخدمين باختيار ومشاهدة شريط فيديو عبر شبكة معينة كجزء من نظام تلفزيوني تفاعلي.
VoData	خدمة فوداتا: خدمة تسمح بضبط خدمات المعلومات الخاصة بالهاتف الخلوي بما في ذلك الأخبار ونتائج الألعاب الرياضية وحالة الطقس وغيرها الكثير.
	إرسال صوتي عبر بروتوكول إرسال البيانات بالحزم
VoFR (Voice Over Frame Relay)	نقل الصوت عبر موصل إطار الحزم.
Voice Button	زر الصوت.
Voice Data Entry Terminal	وحدة طرفية لإدخال البيانات صوتياً.
Voice Input	الإدخال الصوتي.
Voice Output	مخرجات صوتية.
Voice patterns	أنماط صوتية.
Voice Recorder	مسجل صوتي.
Voice Recognition	التعرف على الصوت.
Voice recognition devices	أجهزة التعرف على الصوت: أجهزة تحويل الصوت الى تعليمات مفهومة من قبل الحاسوب.
Voice Synthesis	تركيب الأصوات.

Void	فارغ، خالي.
VoIP (Voice Over Internet Protocol)	نقل الصوت عبر برتوكول الشبكة الدولية: خدمة الإتصال الصوتي الرقمي عبر برتوكول الشبكة الدولية.
Volatile Memory	ذاكرة متطايرة: الذاكرة تتسم بأنها مؤقتة لا تُستخدم للتخزين الدائم.
Volume	وحدة تخزين (مثل القرص الصلب أو القرص المرن).
Volume Control	تحكم بوحدة التخزين.
Volume Label	سجل وحدة التخزين: سجل يحتوي معلومات حول محتويات جهاز تخزين معين عادة ما يكون قرصاً أو شريطاً ممغنطاً وتكون هذه المعلومات مكتوبة في مكان ما على ذلك الجهاز.
Vote	يصوت، صوت.
Voting	تصويت.
VPI (Virtual Path Identifier)	معرّف المسار الإفتراضي.
VRAM (Virtual Random Access Memory)	ذاكرة الوصول العشوائي الإفتراضية.
VRC (Vertical Redundancy Check)	تحقق عمودي متكرر: طريقة للتحقق من الأخطاء تعمل على إنتاج واختبار رقم ثنائي تدقيقي لكل بايت من البيانات يتم نقله أو إرساله.
VRML (Virtual Reality Modeling Language	لغة نمذجة الواقعية الإفتراضية: لغة توصيف الكيانات والبيئات ثلاثية الأبعاد عبر الشبكة العنكبوتية.
VSAT (Very Small Aperture Terminal)	وحدة إرسال طرفية صغيرة جداً: هوائي يُستخدَم في استقبال البث والإتصالات التفاعلية عبر الأقمار الصناعية المتزامنة مع الأرض.
VSELP (Vector Sum Excited Linear Prediction)	تنبؤ خطي لمجموع المتجهّات: طريقة لتشفير الخطابات.
VTAM (Virtual Telecommunications Access Method)	طريقة الوصول عبر الإتصالات الإفتراضية.
VTOC (Volume Table of Contents)	جدول محتويات المجلد: قائمة بكافة الملفات الموجودة في وحدة تخزين مادية معينة مع وصف لمحتوياتها ومواقعها.
Vulnerability	هشاشة، ضعف: مدى ضعف النظام القائم على تقنيات المعلومات والاتصالات وإمكانية اختراقه و/أو تعطيله.
Vulnerability assessment	تقييم نقاط الضعف.
Vulnerability assessment report	تقرير تقييم نقاط الضعف.
Vulnerability management	إدارة نقاط الضعف: إدارة الانظمة التقنية على نحو يتوخى مواجهة الاختراقات وجعلها أكثر أمنا.
Vulnerability management capability	قدرة إدارة نقاط الضعف.
Vulnerability scanner	ماسح نقاط الضعف.
Vulnerable	هش، ضعيف.
Vulnerable network	شبكة هشة/ضعيفة.
Vulnerable web	شبكة ضعيفة/هشّة.
Vulnerable website	موقع شبكي هش/ضعيف.

W

W3C (World Wide Web Consortium)	رابطة الشبكة العنكبوتية العالمية: الرابطة المسؤولة عن وضع معايير الشبكة العنكبوتية تأسست عام 1994 لوضع بروتوكولات ترويج وتطوير الشبكة وضمان قابلية التشغيل المتبادل حيث تضم الجمعية مؤسسات من كافة أرجاء العالم وتتمثل نشاطاتها في مجالات التصميم وواجهات التطبيق والتقنية والمجتمع.
WAE (Wireless Application Environment)	بيئة التطبيق اللاسلكي.
Wafer	رقاقة: المادة الأساسية في صنع الشرائح.
WAI (Web Accessibility Initiative)	مبادرة الوصول للشبكة: هي إحدى مجالات عمل رابطة الشبكة العنكبوتية العالمية وهي مبادرة لتحسين قدرة الشبكة في التعامل مع أصحاب التحديات والاحتياجات الخاصة.
WAIS (Wide Area Information Server)	خادم معلومات المنطقة الواسعة: نظام بحث لإسترجاع بيانات الكتب من خادم مركزي.
Wait State	حالة الإنتظار: هو تأخير يحصل عندما يحاول معالج الحاسوب الوصول لذاكرة أو أي أداة خارجية بطيئة التجاوب.
Walking robot	روبوت سيّار.
Walkthrough	مراجعة تصميم البرمجيات أو الأنظمة أو الشيفرات: مراجعة دقيقة خطوة بخطوة لبرنامج أو نظام حاسوب أثناء تصميمه للبحث عن الأخطاء والمشاكل.
Wand	عصا، قلم قارئ، قارئ شيفرة: أداة صغيرة مثل القلم تُحمل في اليد وتُستعمَل في قراءة الأشرطة المشفرة ضوئيا.
Wanderer	مُتجوِل: متصفح مكونات الملف لنظام تشغيل أروس.
WAP (Wireless Application Protocol)	بروتوكول التطبيقات اللاسلكية: هو مقياس نقل واستعراض البيانات بين الأجهزة لاسلكياً مشابه لبروتوكولات الشبكة.
WAP Forum	منتدى بروتوكول التطبيقات اللاسلكية: منظمة تم تأسيسها عام 1997 لتطبيق مواصفات/معايير تطوير تطبيقات الإتصال اللاسلكي.
War	حرب.
War zone	منطقة حرب.
WARC (World Administration Radio Conference)	المؤتمر الإداري العالمي للإتصالات اللاسلكية: مؤتمر للاتحاد الدولي للإتصالات يُقام على فترات منتظمة لتحديد توزيع نطاق الخدمات المتنوعة.
Warehouse	يخزن، مخزن، مستودع.
Warez	منتديات البرمجيات: تشير إلى البرامج والملفات الموزعة بشكل يخالف قوانين الملكية الفكرية.
Warm Boot	راجع Soft Boot.
Warming	احتباس، تدفئة، تسخين.
Waste reduction	خفض النفايات.
WATFIV	لغة "واتفيف": لغة برمجة مطورة عن لغة "واتفور"
WATFOR	صيغة خاصة في لغة البرمجة فورتران لتدريس برمجة الحاسوب للمبتدئين.
W-ATM (Wireless ATM)	نمط النقل اللامتزامن اللاسلكي.
Wave	موجة: 1-موجة صوتية. 2-موجة حاملة لنقل البيانات.
Waveform	شكل/هيئة الموجة.

Wavelength	طول الموجة:المسافة بين قمتي (ذروتي) الموجة.
Wavelength Division Multiplexing	إرسال متعدد بتقسيم الأطوال الموجية: تقنية تَستخدِم إشعاعات ليزر متعددة وتبث في الوقت ذاته ضوءا بأطوال موجية متعددة على طول ليف ضوئي واحد.
Waverable license	ترخيص قابل للتنازل عنه.
WBEM (Web Based Enterprise Management)	إدارة المؤسسات بالإعتماد على الشبكة: هو مصطلح لإستعمال تقنيات الشبكة الدولية لإدارة أنظمة وشبكات المؤسسة باستعمال متصفحات وتطبيقات المعلومات الشبكية.
WCDMA (Wideband Code Division Multiple Access)	الوصول المتعدد بتقسيم الشيفرة ذو النطاق العريض: تقنية شبكية للإتصالات المتنقلة الدولية قائمة على الوصول المتعدد بتقسيم الشيفرة بإرسال البيانات بحزم تصل سرعتها إلى 2 ميغابت في الثانية.
Wdef	فايروس تم إكتشافه في ديسمبر 1989 يعمل على أنظمة ماكينتوش.
WDL (World Digital Library)	المكتبة الرقمية العالمية: مبادرة تهدف لتوفير مكتبة الكونغرس على الشبكة الدولية مجاناً وبعدة لغات لتعزيز التفاهم والوعي الثقافي وتوفير المعلومات والمساهمة في البحث الدراسي حيث تضم مكتبة الكونغرس عدة مواد هامة من مختلف ثقافات العالم (نصوص وخرائط وكتب نادرة وقطع موسيقية وتسجيلات وأفلام ومنشورات مطبوعة وصور ورسومات معمارية).
WDM	راجع Multiplexing Wavelength Division.
WDP (Wireless datagram Protocol)	بروتوكول حزمة البيانات اللاسلكي.
Weak artificial intelligence	ذكاء اصطناعي ضعيف.
Weak password	كلمة مرور ضعيفة.
Weak typing	كتابة فضفاضة: خاصية في لغات البرمجة تمكنها من تحويل المتغيرات إلى أنواع أخرى دون حاجة المبرمج لطلب ذلك.
Weakness	ضعف.
Weapon guidance technology	تقنية توجيه السلاح.
Wearable Computer	حاسوب قابل للإرتداء: جهاز حاسوب بالإمكان أن يضعه المستخدم على جسمه طُبقت هذه الأنواع من أجهزة الحاسوب في أنظمة المراقبة الصحية والسلوكية عندما تكون أيدي وصوت وعيون وانتباه المستخدم مشغولة وتستعملها المؤسسات الحكومية والعسكرية في عملياتها اليومية.
Wearable computing	حوسبة قابلة للارتداء.
Wearable devices	أجهزة قابلة للارتداء.
Wearable health monitoring technology	تقنية مراقبة صحية قابلة للارتداء.
Wearable technology	تقنية قابلة للارتداء.
Web	نسيج، ينسج، شبكة، الشبكة العنكبوتية العالمية.
Web access	إذن الوصول للشبكة العنكبوتية.
Web Address	عنوان الشبكة العنكبوتية: مُحدّد المصادر الموحَّد لصفحة معينة على الشبكة العنكبوتية.
Web Application	تطبيق الشبكة العنكبوتية: تطبيق يتم الدخول إليه عبر متصفح الشبكة الدولية.
Web Architect	مهندس الشبكة العنكبوتية: الشخص الذي يبني وينفذ تصميما فنيا لوجود المنظمة أو المؤسسة على الشبكة الدولية.
Web Author	مؤلف الشبكة العنكبوتية: برنامج إنشاء صفحات الشبكة العنكبوتية.

Web Index	فهرس الشبكة العنكبوتية: موقع إلكتروني لتمكين المستخدم من تحديد موقع الموارد على الشبكة العنكبوتية قد يحتوي على محرك بحث أو وصلات للموارد المفهرسة.
Web Mail	خدمة البريد الإلكتروني عبر الشبكة العنكبوتية.
Web Page	صفحة الشبكة العنكبوتية: مستند تشعبي يحوي الملف التشعبي مع الملفات المرفقة للرسوم والنصوص في فهرس خاص وغالبا ما تحوي على وصلات إلى صفحات أخرى.
Web Page Embedding	وضع صفحة شبكية داخل صفحة شبكية أخرى.
Web Phone	هاتف شبكي: هاتف يجري المكالمات الهاتفية عبر الشبكة الدولية.
Web Rage	غضب شبكية: غضب المستخدم الشديد عند إستخدامه للشبكة العنكبوتية.
Web Server	راجع HTTP Server.
Web services	خدمات الشبكة العنكبوتية: أنظمة برمجية تدعم التشغيل البيني لآلتين عبرشبكة.
Web Services Description Language (WSDL)	لغة وصف خدمات الشبكة العنكبوتية: لغة تصف خصائص الوحدات المنطقية التي تشكل خدمات شبكية معينة.
Web site development and hosting agreement	اتفاق تطوير واستضافة موقع على الشبكة الدولية.
Web traffic analysis	تحليل استخدام موقع على الشبكة العنكبوتية.
Web traffic assessment	تقييم استخدام موقع على الشبكة العنكبوتية.
Web traffic control	تحكم في حركة استخدام الشبكة العنكبوتية.
Web traffic overload	حركة استخدام شبكية أكثر من المحتمل.
Web based back up	نسخ احتياطي لموقع الشبكة الشبكة العنكبوتية.
Web Bug	براغيث شبكية: كيان يمكن وضعه في صفحة شبكية أو بريد إلكتروني لا يراه المستخدم في العادة ويسمح بتفقد ما إن كان المستخدم قد تصفح الصفحة أو البريد الإلكتروني.
Web Clipping	تشذيب/قص الشبكة العنكبوتية: تقنية استخلاص جزء صغير من عناصر نصية ورسومية من صفحة شبكية لعرضه بفعّالية على جهاز حاسوب محمول باليد.
Web CLUT (Color Lookup Tables)	جداول بحث الالوان الشبكية: أداة شبكية تحوّل أعداد الألوان المنطقية المخزنة في كل بيكسيل من ذاكرة الفيديو إلى ألوان مادية.
Web Container	حاوية الشبكة العنكبوتية.
Web Content Agreement	اتفاق محتوى الموقع على الشبكة العنكبوتية.
Web content team leader	قائد فريق المحتوى الشبكي.
Web Development	تطوير الشبكة العنكبوتية: تصميم وتشفير صفحات شبكية.
Web diary	دفتر يوميات شبكي.
Web Directory	دليل الشبكة العنكبوتية: قائمة من المواقع الإلكترونية تحوي عناوين المواقع ووصف كل منها.
Web Forms	نماذج الشبكة العنكبوتية: نموذج يسمح للمستخدم بإدخال البيانات التي تُرسل إلى الخادم للمعالجة.
Web Graphics	رسومات شبكية.
Web Host	مضيف الشبكة العنكبوتية: شركة توفر خادم شبكي مشترك لمجموعة من العملاء.
Web host	مُضيف مواقع شبكية: المؤسسة المتخصصة بخدمات استضافة مواقع الشبكة العنكبوتية.

	الشبكة العنكبوتية باستخدام تكنولوجيا التدفق من الخادم إلى العميل.
WebCrawler	محرك بحث ويب كرولر: محرك بحث وصفي أنشأته شركة أميركا أون لاين و باعته لاحقا.
WebDAV (Web Distributed Authoring and Versioning)	تأليف وتحويل موزَّع عبر الشبكة العنكبوتية: تحسينات على بروتوكول نقل النصوص التشعبية تُحول الشبكة العنكبوتية إلى قاعدة بيانات مستندية تسمح بالانشاء والتحرير والبحث المتعاون من مواقع بعيدة أخرى.
Weblication	راجع Web Application.
Weblog	مدونة: موقع إلكتروني يعرض الترتيب الزمني لجميع المواضيع التي يضعها فرد أو أكثر وعادة تحوي وصلات للتعليق على مواضيع معينة.
Webmaster	مسؤول الشبكة العنكبوتية: شخص مسؤول عن إنشاء وصيانة موقع شبكي ويكون أحيانا مسؤولا عن الرد على البريد الإلكتروني والتأكد من عمل الشبكة بفعّالية وتحديث صفحات الشبكية والحفاظ على البنية والتصميم الكلي للموقع الشبكي.
Webmistress	مسؤولة النظام: راجع Webmaster.
Webpad	دفتر الشبكة العنكبوتية: جهاز لاسلكي من دون لوحة مفاتيح يُحمل باليد مصمم لتصفح المواقع الشبكية.
Webring	حلقة الشبكة العنكبوتية: مجموعة من المواقع الإلكترونية المرتبطة ببعضها في هيكلية دائرية بحيث يشير كل موقع إلى موقعين آخرين.
Web world	عالم الشبكة العنكبوتية.
Web-Based Backup	نسخة إحتياطية مستندة إلى الشبكة العنكبوتية.
Web-based innovations	ابتكارات قائمة على الشبكة العنكبوتية.
Web-based knowledge	معرفة قائمة على الشبكة العنكبوتية.
Web-based political mobilization	التعبئة السياسية القائمة على الشبكة العنكبوتية.
Web-based social network	شبكة اجتماعية مرتكزة على الشبكة العنكبوتية.
Webby Award	جائزة ويبي: هي جائزة تمنحها الأكاديمية الدولية للفنون والعلوم الرقمية لأفضل مواقع الشبكة العنكبوتية منذ عام 1996.
Webcam	كاميرا الشبكة العنكبوتية (ويبكام) : آلة تصوير رقمية قادرة على تنزيل الصور إلى حاسوب من أجل بثها عبر الشبكة الدولية أو أي شبكة أخرى.
Webcast	إذاعة/بث عبر الشبكة العنكبوتية: 1-بث لحدث معين أو تسجيل لحدث ما عبر شبكة الويب العالمية. 2-إرسال برامج فيديو أو تسجيلات عبر الشبكة العنكبوتية 3-إرسال معلومات منتقاه قائمة على الشبكة العنكبوتية إلى مستخدمي الشبكة الدولية وفقا للمتطلبات الفردية.
Webcaster	1- جهاز بث شبكي: جهاز إرسال عبر الشبكة العنكبوتية. 2- مرسل عبر الشبكة الدولية: الشخص الذي يقوم ببث حدث أو مناسبة عبر الشبكة العنكبوتية.
Webcasting	إرسال/بث عبر الشبكة العنكبوتية: مصطلح يشير الى إذاعة ملفات الصوت والفيديو عبر

Website Management Agreement	اتفاق إدارة موقع شبكي: اتفاق ينظم حصول طرف على خدمات طرف آخر فيما يتعلق بإدارة موقع شبكي والإشراف عليه وتنظيم استعماله.
Website monetization	جعل الموقع الشبكي ذا عائد نقدي.
Website monetization	قابلية الموقع الشبكي لأن يكون ذا عائد نقدي.
Website navigability	قابلية الموقع الشبكي للتنقل.
Website needs assessment	تقييم احتياجات الموقع الشبكي.
Web-site optimization	مثالية الموقع الشبكي: رفع كفاءة الموقع الشبكي إلى المستويات القصوى.
Website optimization software	برمجيات رفع كفاءة موقع شبكي للمستويات القصوى.
Website personalization	إضفاء الطابع الشخصي على الموقع الشبكي.
Web-site popularity	شعبية موقع شبكي.
Website powering	تشغيل موقع شبكي.
Website Promotion & Development Agreement	اتفاق تطوير موقع شبكي وترويجه: اتفاق لتنظيم حصول طرف على خدمات طرف آخر فيما يتعلق بشد انتباه الجمهور نحو موقع شبكي وتطوير ذلك الموقع.
Website scripting	البرمجة النصية الشبكية.
Website statistics gathering	جمع الإحصاءات المتعلقة بالموقع الشبكي.
Website traffic	حركة المرور الخاصة بموقع شبكي.
Website traffic builder	مختص بجذب المتصفحين لموقع شبكي: تعبير يطلق على الشخص المختص بجذب المتصفحين لموقع معين.
Website traffic ranking	تصنيف حركة المرور الخاصة بالموقع الشبكي.
Website usability	قابلية الموقع الشبكي لسهولة الاستخدام.
Websafe Color Palette	لوحة ألوان الشبكة العنكبوتية المضمونة.
Website	موقع إلكتروني/ شبكي.
Website access control	التحكم في دخول الى الموقع الشبكي.
Web-site administrator	مدير الموقع على الشبكي.
Website affiliate agreement	اتفاق ارتباط بموقع شبكي: اتفاق يقوم بموجبه طرف بترويج خدمات و/أو منتجات يقدمها موقع آخر على موقع الاول على الشبكة الدولية.
Web-site awareness	الإحاطة بالموقع الشبكي: إدراك المستخدمين المحتملين لوجود موقع معين على الشبكة الدولية.
Website block	مانع مواقع الشبكة الدولية: تطبيق يمنع عرض محتوى المواقع غير المرغوب بها على الشبكة الدولية.
Website branding	ابتكار علامة لموقع شبكي.
Website builder	مُختص ببناء المواقع الشبكية.
Website content	محتوى موقع شبكي.
Website Content License Agreement	اتفاق ترخيص محتوى موقع شبكي.
Website content licensing	ترخيص محتوى موقع شبكي.
Website developer	مطور الموقع الشبكي.
Website development	تطوير الموقع لشبكي.
Website Development Agreement	اتفاق تطوير موقع شبكي.
Website host	مضيف مواقع شبكية.
Website hosting	استضافة المواقع الشبكية.
Website Hosting Agreement	اتفاقية استضافة موقع شبكي: اتفاق بين جهة راغبة بالحصول على موقع على الشبكة الدولية وبين موفر للخدمة قادر على استضافة الموقع ولفترة محددة.
Website hosting plan	خطة استضافة المواقع الشبكية.
Website hosting service	خدمة استضافة مواقع شبكية.
Website Licensing Agreement	اتفاق ترخيص موقع شبكي.

لوح أبيض: لوح كتابة إلكتروني بين مجموعة من المستخدمين عن بعد حيث يسمح بمشاهدة رسومات المستخدمين الآخرين على شاشة الحاسوب. — Whiteboard

من هو: قواعد بيانات توفر معلومات حول صاحب اسم مجال أو موقع إلكتروني معين. — WHOIS

الشبكة الواسعة: ربط مجموعة من الحواسيب الموزعة في عدة مناطق جغرافية كمجموعة من الدول أو قارة كاملة وتُعتبر الشبكة الدولية مثالاً للشبكة الواسعة. — Wide Area Network (WAN)

قطعة: منطقة على الشاشة توفر وسيلة تفاعل مع المستخدم كإظهار بيانات أو إدخالها. — Widget

واي فاي: علامة تجارية للمصادقة على المنتجات التي تحقق معايير معينة تتعلق بإرسال البيانات عبر الشبكات اللاسلكية. — Wi-Fi

الوصول الامن لنقاط واي فاي: بروتوكول امني يوفر حماية لنقاط الوصول للشبكة اللاسلكية. — Wi-Fi Protected Access (WPA)

وحدة الهوية اللاسلكية: وحدة أمن في بطاقة وحدة هوية المشترك تسمح باستخدام توقيع رقمي بالإضافة إلى خدمات الأمن الاخرى. — WIM (Wireless Identity Module)

موديم ويندوز: موديم مخصص للإستخدام مع نظام التشغيل ويندوز يحتوي على الحد الأدنى من سعة المعدات يَستخدِم مصادر الحاسوب المُضيف لإنجاز معظم المهام الخاصة بمعدات الموديم التقليدي. — Win Modem

زائر الموقع الشبكي. — Website visitor

مواقع شبكية. — Websites

تلفزيون شبكي: هو نظام للوصول إلى الشبكة الدولية وعرض الصفحات الشبكية عبر شاشة التلفاز ومن الجدير بالذكر أن أول خدمة تلفزة على الشبكة الدولية تم تطويرها عام 1996. — WebTV

مجلة شبكية: مجلة تُنشر على الشبكة العنكبوتية. — Webzine

وصلة ضعيفة. — Week connection

قائمة انتظار عادل موزونة. — Weighted Fair Queuing

صفحة الترحيب: هي الصفحة الأولى التي يتم عرضها عند تصفح الموقع الشبكي أو أول شاشة معلومات المساعد الرقمي الشخصي تُوفر القائمة الرئيسية ونقطة البداية لبقية المحتوى على الموقع أو الجهاز. — Welcome Page

يلحم، لحم. — Weld

عامل اللحام، آلة اللحام. — Welder

لحم. — Welding

موطن ذو ترابط جيد: موطن تربط عناصره روابط تقنية جيدة. — Well-connected habitat

خوارزمية تشفير تستعمل لحماية الشبكات اللاسلكية. — WEP (Wired Equivalent Privacy)

راجع Weighted Fair Queuing. — WFQ

صندوق أبيض: نظام يمكن معرفة محتوياته و آلية عمله و عادة لا يمكن التعديل عليه — White Box

فحص الصندوق الأبيض: تصميم الإختبارات بناءا على محتويات النظام وآلية عمله. — White Box Testing

ضجيج أبيض: تشويش يحتوي جميع الترددات بالتساوي. — White Noise

حيز أبيض: منطقة في الصفحة لا تحتوي نصوص أو صور وقد أُشتق المصطلح من ورق الطباعة الأبيض. — White Space

Wiring Board — لوحة توصيلات سلكية: لوح فيه مقابس لإحداث توصيلات مؤقتة بين مكونات الجهاز مرادف للوحة التحكم المستخدمة لتغيير بعض الإعدادات في النظام التشغيلي للحاسوب أو لتشغيل أداة معينة.

Wiring Diagram — مخطط توصيلات سلكية: رسم تصويري مبسط يبين أجزاء الدائرة الكهربائية أو الإلكترونية وتوصيلاتها باستخدام الخطوط والرموز.

Wizard — مساعد: برنامج خدمي في تطبيق معين يُساعد على إنجاز مهام محددة.

WLAN (Wireless LAN) — شبكة محلية لاسلكية: شبكة محلية تبث البيانات عبر الهواء بنطاق تردد 2.4 أو 5 غيغا هيرتز.

WLL (Wireless Local Loop) — الحلقة المحلية اللاسلكية: استخدام رابط الإتصالات اللاسلكية لتوفير الخدمات الهاتفية وشبكة الحزمة العريضة لعملاء الإتصالات اللاسلكية.

WML (Wireless Markup Language) — لغة التوصيف اللاسلكي: لغة تعمل على برمجة مواقع شبكية للتصفح من هاتف خلوي.

Word — يعبر، كلمة.

Word Bank — بنك الكلمات: قاموس شامل يتم تخزينه في ذاكرة الحاسوب ويُدار ببرنامج بحث عن الكلمات والعثور على مقابلها بلغة أخرى.

Word Length — طول الكلمة: عدد الارقام الثنائية التي يمكن للمعالج التعامل معها في عملية واحدة.

Word of mouth marketing — تسويق شفهي: تعبير يطلق على التسويق الذي يعتمد على تزكية المستهلك للمنتَج.

Word Processor — معالج النصوص: تطبيق لإنشاء ومعالجة المستندات النصية.

Window — نافذة: جزء مستقل من الشاشة لعرض البيانات وتعديلها والطباعة عليها بشكل مستقل عن النوافذ الأخرى أو لعرض البيانات عن برنامج أو قسم من البرنامج نفسه.

Window of vulnerability — نافذة ضعف: النطاق الزمني الذي يكون فيه النظام الحاسوبي منكشفا أمنيا وعرضة لهجوم.

Windows — ويندوز: عائلة أنظمة التشغيل المطورة من قبل شركة مايكروسوفت الأكثر استخداماً في الحواسيب المكتبية والشخصية والمحمولة توفر واجهة بينية للمستخدم وبيئة مكتبية يتم عرض التطبيقات فيها على شكل نوافذ متحركة حجمها قابل للتعديل.

Windows CE — إصدار من ويندوز يعمل على الحواسيب المحمولة باليد.

Wire — يربط بسلك، بزود بسلك، يبرق، يرسل تلغرافيا، سلك، سلك كهربي، سياج أسلاك.

Wire Lead — سلك طرفي، سلك توصيل.

Wire Matrix Printer — طابعة المصفوفة السلكية: نوع من الطابعات يُظهر الرمز على شكل مجموعة من النقاط الصغيرة.

Wired equivalent privacy (WEP) — مايعادل الخصوصية السلكية: نظام تشفير يستخدم مفتاح طوله 64 بت الى 128 بت.

Wireless — لاسلكي.

Wireless ASP — مزود خدمات التطبيقات اللاسلكي: راجع Application Service Provider.

Wireless communication channels — قنوات اتصال لاسلكية.

Wireless control — تحكم لاسلكي.

Wireless world — عالم لاسلكي.

Wiring — شبكة أسلاك.

عالم.	World
التحالف العالمي لتقنية المعلومات وخدماتها.	World Information Technology and Services Alliance
نظام عالمي.	World order
النظام العالمي في مجال التقنية.	World order of technology
قمة العالم بشأن مجتمع المعلومات: قمة عالمية لبحث قضية مجتمع المعلومات دعت إليها الجمعية العامة للأمم المتحدة.	World Summit on Information Society
الشبكة العنكبوتية العالمية.	World Wide Web
الإنفاق العالمي على تقنية المعلومات.	Worldwide IT spending
ترخيص عالمي النطاق.	Worldwide license
يتسلل، يتملص، ينال بالتوسل، دودة: أحدى أنماط البرمجيات الضارة التي تهدف الى احداث الضرر بالحواسيب حيث يسهل نسخها من حاسوب لآخر عبر الشبكة وتُؤثر على أدائها.	Worm
الكتابة لمرة واحدة والقراءة عدة مرات.	WORM (Write Once, Read Many)
بروتوكول تشفير الحزم المرسلة على الشبكات اللاسلكية.	WPA (Wi-Fi Protected Access)
مقسم هاتفي فرعي خاص آلي لاسلكي.	WPABX (Wireless PABX)
ملف الكتابة.	Write Coil
عملية كتابة.	Write Operation
نبضة الكتابة: النبضة التي تتسبب في تسجيل الرقم الثنائي في الحلقة الممغنطة.	Write Pulse
سلك الكتابة.	Write Wire
كتابة البيانات.	Writing (of data)
لغة وصف خدمة الشبكة العنكبوتية: لغة قائمة على لغة التوصيف القابلة للتوسُّع توفر نموذجا لوصف خدمات الشبكة العنكبوتية.	WSDL (Web Service Description Language)
بروتوكول الجلسة اللاسلكي.	WSP (Wireless Session Protocol)
حجم الكلمة: عدد الارقام الثنائية التي تستطيع وحدة المعالجة المركزية معالجتها في وقت واحد يعتمد على حجم السجلات في الوحدة وعلى عدد خطوط البيانات في الناقل.	Word Size
التفاف الكلمات، التفاف النص، انتقال الكلمات إلى السطر الجديد: خاصية موجودة في برمجيات معالجة النصوص حيث تنقل مؤشر الشاسة الى سطر جديد تلقائيا بعد أن يصل إلى نهاية السطر الحالي.	Word Wrap
كلمات، حشو في الكلام، عدد الكلمات، اختيار الكلمات.	Wordage
منطقة العمل، حيز العمل: جزء من الذاكرة الرئيسية مخصص لتخزين النتائج المؤقتة أثناء عمليات المعالجة.	Work Area
ملف العمل/التشغيل: ملف يتم إنشاؤه لحفظ البيانات بشكل مؤقت أثناء المعالجة.	Work File
جدول العمل.	Work schedule
قوة عمل.	Workforce
برمجيات إدارة القوى العاملة.	Workforce management software
حلول إدارة القوى العاملة.	Workforce management solutions
برمجيات رفع كفاءة القوى العاملة للمستويات القصوى.	Workforce optimization software
منطقة في الذاكرة مخصصة للتخزين المؤقت أثناء العمل.	Working Storage
إدارة عبء العمل.	Workload management
مقر عمل.	Workplace
حلول رفع كفاءة مقر العمل للمستويات القصوى.	Workplace optimization solutions
صفحة في ملفات برمجيية اكسل.	Worksheet
تحوّل مكان العمل للنمط الافتراضي.	Workspace virtualization
محطات العمل: حواسيب أقوى من الحواسيب الشخصية ذات حجم صغير تتناسب مع سطح المكتب	Workstations

WTA (Wireless Telephony Application)	تطبيق هاتفي لاسلكي.
WTLS (Wireless Transport Layer Security)	أمن طبقة النقل اللاسلكية.
WTP (Wireless Transaction Protocol)	بروتوكول المعاملات اللاسلكية.
WWW	راجع World Wide Web.

X

X Button (Close Button) زر الإقفال: زر على الجانب العلوي الأيمن من نافذة ويندوز يؤدي النقر عليه الى اقفال النافذة أو التطبيق.

X Consortium رابطة يونكس: جمعية كان هدفها تطوير الواجهة الرسومية لأنظمة يونكس.

X.21 برتوكول إكس 21: الواجهة البينية لإرسال الإشارات الرقمية بين المعدات الطرفية للبيانات الخاصة بالعملاء ومعدات نقل البيانات الخاصة بالحامل تُستخدَم بشكل أساسي في معدات الإتصال عن بعد.

X.25 برتوكول إكس 25: البروتوكول أو المعيار الذي يقنن تدفق البيانات عبر شبكات تحويل الحزم ويمثل الواجهة بين مفاتيح التبديل (معدات إتصال البيانات) وبين معدات طرفية تمثل حواسيب متوافقة مع بروتوكول X.25.

X.28 معيار إكس. 28: معيار الإتحاد الدولي للإتصالات تم وضعه في عام 1977 لتبادل المعلومات بين نمط تجميع وتفكيك كتل البيانات المحلي ونمط تجميع وتفكيك كتل البيانات البعيد.

X.29 معيار إكس. 29: معيار الإتحاد الدولي للإتصالات يحدد الإجراءات اللازمة لتبادل معلومات التحكم وبيانات المستخدم بين نمط تجميع وتفكيك كتل البيانات ونمط حزم البيانات.

X.3 معيار إكس. 3: معيار الإتحاد الدولي للإتصالات تم وضعه في عام 1977 لتجميع وتفكيك كتل البيانات حيث يُقسِّم رسائل البيانات إلى حزم ليتم بثها عبر شبكة تحويل حزم البيانات ويعيد تجميعها في الطرف المستقبل.

X.400 معيار إكس. 400: مجموعة من توصيات الإتحاد العالمي للإتصالات يُعرِّف معايير شبكات إتصالات البيانات لنظام التعامل مع الرسائل المعروف بالبريد الإلكتروني.

X.425 معيار إكس. 425.

X.500 معيار إكس. 500: سلسلة من معايير شبكات الحاسوب من الإتحاد الدولي للإتصالات تغطي خدمات الدليل الإلكترونية.

X.75 معيار إكس. 75: معيار إتصالات عالمي طورته اللجنة الدولية الإستشارية للبرق والهاتف ويدعم إرسال إشارات داخل شبكة الإتصالات واستخدام القمر الصناعي ودارات حقيقية متعددة.

X10 إكس 10: لغة برمجة صُممت لبناء تطبيقات الحوسبة المتعددة.

X2 معيار إكس2: معيار خاص بالإتحاد الدولي للإتصالات لموديم يتصل بمجرى تنزيل سرعته 56 كيلو بت/ثانية ومجرى تحميل سرعته 33.6 كيلوبت/ثانية ويُستخدم مع خدمات الشبكة الدولية المتصلة رقميا مع نظام هاتف.

X3D معيار إكس ثلاثي الأبعاد: هو معيار المنظمة الدولية للمعايير لصور ورسومات ريل تايم الثلاثية الأبعاد.

XHTML (Extensible Hypertext Markup Language)	لغة توصيف النصوص التشعبية القابلة للتوسيع: هي لغة صفحات شبكية من تطوير رابطة الشبكة العنكبوتية العالمية تقوم بدمج كل من لغة توصيف النصوص التشعبية ولغة التوصيف القابلة للتوسيع في شكل واحد.
XIP (Execute In Place)	تنفيذ فوري (مباشر): القدرة على تنفيذ تطبيق مباشرة من الذاكرة الثانوية دون الحاجة إلى نقله لذاكرة الوصول العشوائي.
XLANG	اكس لانغ: لغة قابلة للتوسيع تُستخدَم في خادم نشاطات مايكروسوفت التجارية وتعتمد على لغة وصف خدمات الشبكة العنكبوتية.
XLink	اكس لنك: هي قواعد إضافة ربط متشعب لوثائق لغة متغيرة.
XMI	لغة بيانات متغيرة: عرض لغة النمذجة الموحدة بالاعتماد على لغة التوصيف القابلة للتوسيع تُستخدَم لتحويل الرسومات البيانية الى لغة النمذجة الموحدة لمختلف أدوات وضع النماذج.
XML (Extensible Markup Language)	لغة التوصيف القابلة للتوسيع: لغة وصفية مكتوبة بلغة التوصيف العامة القياسية تسمح بتصميم لغة توصيف وتُستخدَم لتسهيل تبادل الوثائق على الشبكة العنكبوتية العالمية.
XML Element	عناصر اللغة القابلة للتوسيع: يشير الى أي كيان من علامة بدء العنصر وحتى علامة نهاية العنصر.
XML Entities	كيانات لغة التوصيف القابلة للتوسيع.
XML Schema	مخطط بيانات لغة التوصيف القابلة للتوسيع: تحديد وثيقة لغة التوصيف القابلة للتوسيع التي تشمل عناصر اللغة والعلاقات فيما بينها.
XAML (Transaction Authority Markup Language)	لغة توصيف المعاملات وخدمات الشبكة العنكبوتية.
Xbox	نظام ألعاب فيديو مايكروسوفت.
XCMD	أمر خارجي: أمر بطاقات مستخدم مكتوب بلغات مثل لغة سي وباسكال.
xDSL (xDigital Subscriber Line)	تكنولوجيات خط المشترك الرقمي: مصطلح يشير إلى تكنولوجيات خط المشترك الرقمي مثل خط المشترك الرقمي غير المتناظر وخط المشترك الرقمي فائق السرعة وخط المشترك الرقمي المتناظر وخط مشترِك رقمي فائق السرعة.
Xerographic Page Printer	طابعة صفحات التصوير الجاف (الزيروغرافية): طابعة تطبع صفحة كاملة كل مرة باستخدام مبدأ التصوير الجاف ويُستخدَم هذا الأسلوب في آلات النسخ.
Xerox Research Center	مركز الأبحاث زيروكس: هو مركز الأبحاث الذي قام بإبتكار أول واجهة تطبيق رسومية تبنتها فيما بعد شركة أبيل ماكنتوش ووضعت معاييرها وطورتها فيما بعد شركة مايكروسوفت.
XFCN (External Function)	وظيفة/ دالة خارجية: مصدر شيفرات خارجي يُستعمَل مع برنامج الوسائط المتشعبة (هايبر كارد) مكتوب بلغة برمجة مثل سي أو باسكال.
XFDL (Extensible Forms Description Language)	لغة وصفية ممتدة الأشكال: لغة برمجية راقية تُسهِّل تعريف الأشكال ككيانات مفردة مستقلة باستخدام عناصر لغة التوصيف القابلة للتوسيع.
XGA (eXtended Graphics Array)	نسق الرسوم الممتدة: مقياس متقدم خاص بنمط الإظهار ويستخدم دقة إظهار 7681024 X بيكسيل.

للتوسيع مشتقة من لغة مسار اكس حيث تَستعمِل تركيبة وجمل التعابير نفسها.

XSD (XML Schema Definition) تعريف مخطط بيانات لغة التوصيف القابلة للتوسيع:الإسم غير الرسمي لمخطط بيانات لغة التوصيف القابلة للتوسيع لرابطة الشبكة العنكبوتية العالمية.

XSDL (XML Schema Description Language) لغة تعريف مخطط بيانات لغة التوصيف القابلة للتوسيع.

XSLT (Extensible Style Sheet Language Transformation) تحويل لغة شكل الورقة القابلة للتوسيع: برنامج يحول وثيقة لغة التوصيف القابلة للتوسيع إلى شكل آخر مثل لغة توصيف النصوص التشعبية أو صيغة المستندات المحمولة أو نص.

XML-RPC (eXtensible Markup Language- Remote Procedure Call) لغة التوصيف القابلة للتوسيع - استدعاء إجراء عن بعد: واجهة تطبيق برمجية تسمح لبرنامج استخدام خدمات برنامج آخر عن بعد حيث يقوم البرنامج الاول بإرسال رسالة طلب وبيانات للبرنامج الثاني ومن ثم يتم إعادة نتائج التنفيذ للبرنامج الاول.

Xmodem بروتوكول اتصالات غير متزامن: أول بروتوكول بسيط لنقل الملفات مُستخدَم على نطاق واسع في الحواسيب الشخصية قام وارد كريستين بتطويره حيث يستطيع اكتشاف أغلب أخطاء الإرسال.

XMS (Extended Memory Specifications) مواصفات الذاكرة الموسَّعة.

XNS (Xerox Network System) نظام شبكات زيروكس: بروتوكول وضعته شركة زيروكس للشبكات.

XON/XOFF (Transmitter on/ Transmitter off) مرسل نشط/مرسل غير نشط: بروتوكول لتنسيق تراسل البيانات.

XOR Gate (Exclusive OR gate) دارة عملية "أو" الحصرية.

XOR Operation عملية "أو" الحصرية: عملية يكون ناتجها صحيح إذا كان أحد مدخليها فقط صحيح.

XORing إجراء عملية "أو " الحصرية.

Xpath مسار اكس: لغة تعبيرية لوصف أجزاء من وثيقة لغة التوصيف القابلة للتوسيع أو لحساب قيم (رموز أو أرقام أو قيم منطقية) بناءً على محتوى وثيقة لغة التوصيف القابلة للتوسيع.

Xpointer مؤشر اكس: نظام لوصف مكونات لغة التوصيف القابلة للتوسيع بناءً على وسائط الشبكة الدولية.

Xquery استعلام اكس: لغة مستخدمة لطلب وثائق لغة التوصيف القابلة

Y

Young entrepreneur	مبادر شاب.
Youth development	تنمية الشباب، التنمية الشبابية.
Youth entrepreneurship	مبادرة الشباب: توجه الشباب نحو خوض غمار الاعمال والابتكار والاختراع وتوظيف تقنيات المعلومات والاتصالات وحلوها لتعزيز التنمية ومشاركة الشباب في الاعمال والمجتمع.
Y2K (Year 2000)	مشلكة عام 2000 المتعلقة بالتعامل مع التواريخ.
Yahoo!	ياهو: منفذ المعلومات الرائد على الشبكة الدولية (بأكثر من 20 لغة) يجذب ملايين الاشخاص إلى شبكته المكونة من عدة مواقع إلكترونية من الأخبار والترفيه والتسوق إلى جانب محرك البحث وخدمة البريد الإلكتروني والدردشة.
Yahoo! Mail	خدمة البريد الإلكتروني من ياهو.
Yahoo! Messenger	ياهو مسنجر: خدمة الرسائل الفورية النصية والإتصال الهاتفي ومشاركة الملفات من ياهو.
Yanoff List	قائمة يانوف: 1-هي قائمة مجانية شاملة ومصنفة حسب الموضوع تحتوي على آلاف المواقع الإلكترونية والأدوات والعناوين. 2-روابط شبكية خاصة.
YB (Yotta Byte)	يوتّا بايت: وحدة تخزين تعادل 10^{24} بايت.
Yellow Pages	الصفحات الصفراء: دليل هواتف الشركات والمؤسسات مرتب أبجدياً حسب المجال.
Yes/No Data type	بيانات من نوع نعم / لا.
Yettie (Young, Entrepreneurial Tech-based Twenty-something)	شاب يملك أو يدير شركة تعمل في مجال تقنيات المعلومات والاتصالات.
Ymodem	موديم واي: بروتوكول لنقل الملفات بين أكثر من موديم حيث ينقل أكثر من ملف في الوقت ذاته.

Z

Z39.50 Standard	معيار زي 39.50: هو بروتوكول إتصالات قياسي مقبول عموماً ومُستخدَم على نطاق واسع للبحث عن البيانات المتعلقة بالكتب المنشورة وإسترجاعها من قواعد بيانات شبكية.
Z80	زي 80: أول معالج مكون من 8 أرقام ثنائية قامت بإنتاجه شركة زيلوغ وكان أكثر معالج من فئته استخداما في سبعينات وثمانينات القرن الماضي.
ZB (Zeptobyte)	زيبتو بايت: وحدة قياس سعة تخزين البيانات تعادل 10^{21} بايت.
Zepto	زيبتو: وحدة قياس تعادل 10^{21} بايت في النظام العشري 2^{70} في النظام الثنائي.
Zero Elimination	إزالة الأصفار.
Zero Flag	إشارة الأصفار: رقم ثنائي في سجل يتم ضبطه على الرقم 1 ليدل على أن العملية التي تم إجراءها نتج عنها صفر أو على تعادل قيمتين مقارنتين وعلى 0 ليدل على عكس ذلك.
Zero Insertion Force	قوة إدخال معدومة: مفهوم مُستخدَم في تصميم مقابس الدارات المتكاملة لتجنب المشاكل التي تسببها القوة الناتجة عند الإدخال والإستخلاص.
Zero Out	يُصَفِّر، تصفير: يجعل قيمة الرقم صفر.
Zero Suppression	إلغاء أو حذف الأصفار.
Zero wait State	حالة الإنتظار الصفرية: تصف بناء معالج لا يتعين عليه الإنتظار للوصول إلى الذاكرة.
Zero-emission technology	تقنية عديمة الانبعاثات.
Zero-energy house	منزل ذو طاقة صفرية: منزل لا يستهلك طاقة.
Zeroize	تصفير.
Zero-Length String	سلسلة ذات طول صفري.
Zetta	زيتّا: وحدة قياس تعادل 10^{21} بايت في النظام العشري 2^{70} في النظام الثنائي.
Z-folder Paper	ورق المجلد زي: جهاز يقوم بإحتواء جميع أحجام الأوراق المراد طباعتها.
ZIF	راجع Force Zero Insertion.
ZIF Socket	مقبس قوة الإدخال المعدومة: هي تقنية مستخدمة في مقابس اللوحة الأم ووحدة المعالجة المركزية تسمح بإدخال وإخراج الشرائح بسهولة باستخدام عدد كبير من الدبابيس القابلة للثني.
Zinc-Air Battery	بطارية الزنك المؤكسد: بطارية كيميائية كهربائية غير قابلة للشحن يتم إنتاجها من خلال أكسدة الزنك بواسطة الأوكسجين المتوفر في الهواء وتحتوي على كثافة عالية جداً من الطاقة وإنتاجها غير باهظ الثمن نسبياً.
ZIP (Zig-zag In-line Package)	الحزمة الخطية المتعرجة: تقنية حزم للدوائر المتكاملة وخاصة شرائح ذاكرة الوصول العشوائي الديناميكية كان الهدف من هذه الحزمة أن تكون بديلاً عن الحزم الخطية المزدوجة و لم تعد مستخدمة.
Zip Drive	القرص المضغوط: نظام تخزين ذو قرص قابل للتحريك وسعة متوسطة قامت بإنتاجه شركة لوميغا في عام 1994.

Zipped file	ملف مضغوط.
Zmodem	موديم زي: بروتوكول نقل ملفات يهدف إلى تحسين نقل البيانات على شبكة إكس.25.
Zone	يقسم إلى مناطق، يعين منطقة، نطاق، منطقة.
Zone Bit Recording	تسجيل الأرقام الثنائية للمنطقة: تقنية تخزين مستعملة في الأقراص الصلبة تتمثل في تخزين بيانات أكثر على المسارات الخارجية.
Zone monitoring	الرقابة على منطقة.
Zone Punch	ثقب المناطق: أعلى مرتبتين في كل عامود في البطاقات المثقبة وهما النقطتان الحادية عشر والثانية عشر أُستعملتا للدلالة على إشارة العدد المُمثَل في العامود.
Zoning	التقسيم إلى مناطق.

Made in the USA
Coppell, TX
25 March 2022

75538702R20210